AMBROS JOSEF PFIFFIG

DIE ETRUSKISCHE SPRACHE

ALBUS
elementar

AMBROS JOSEF PFIFFIG

DIE ETRUSKISCHE SPRACHE

SCHRIFT · ALPHABET · FORMENLEHRE
SYNTAX · ÜBUNGEN

ALBUS

VMA-VERLAG WIESBADEN

Titelbild:

Die Goldbleche von Pyrgi

ALBUS im VMA-Verlag 1998
Wiesbaden

Lizenzausgabe der Ausgabe von 1969
der ADEVA, Graz

Druck und Bindung: Media-Print Informationstechnologie
ISBN 3-928127-55-1

INHALT

VORWORT

Vorgänger dieser Darstellung der etruskischen Sprache, allerdings nach anderen Gesichtspunkten aufgebaut, sind „La lingua etrusca" von Alfred TROMBETTI (Florenz 1928) und die in Studi Etruschi IV, 1930, 193ff. von PALLOTTINO unter dem Titel „Nuovi contributi alla soluzione des problema etrusco" (dalle ultime note manoscritte di Alfredo Trombetti) veröffentlichten Nachträge dazu, die „Elementi di lingua etrusca" von Massimo PALLOTTINO (Florenz 1936), die „Elementi di grammatica etrusca" von Mario BUFFA (Pescia 1950), die „Etruskische Sprachlehre" von Hans L. STOLTENBERG (Leverkusen 1950), desselben Autors „Die Sprache der Etrusker" (Leverkusen 1958), schließlich die kurze Zusammenfassung von M. PALLOTTINO „Was wissen wir von der etruskischen Sprache" (Zürich 1955) und die jüngste Darstellung des gesamten Sprachproblems in „Die Etrusker" (Fischer Bücherei 604, 1965), S.183–219 desselben Autors.

Für die Vorlage einer neuen Darstellung der etruskischen Sprache waren verschiedene Gründe bestimmend.

Das Werk TROMBETTIS war zu rasch gearbeitet; die etymologische Methode, die immer wieder durchbricht, verrät zwar eine Unsumme von Wissen und Einzelkenntnissen, geht aber derart am Wesen der etruskischen Sprache vorbei, daß das Buch im allgemeinen nur mehr historisches Interesse beanspruchen kann.

PALLOTTINOS Werk folgt zwar noch sehr den Spuren seines Lehrers Trombetti, stellt aber schon als das Wichtigste die Morphologie heraus.

BUFFAS „Elementi" sind ein zwiespältiges Gemisch aus richtigen Beobachtungen, falschen Schlüssen und jenem Mangel an Genauigkeit, der auch seine „Nuova raccolta di iscrizioni etrusche" (NR, Florenz 1935) so sehr belastet.

STOLTENBERG spricht in der Einleitung seiner „Sprachlehre" von einer „in langjähriger Arbeit sie alle (nämlich Torp, Schulze, Trombetti, Fiesel, Leifer, Cortsen, Olzscha, Vetter und noch viele andere) weit hinter sich lassende(n) Gesamtdarstellung . . .", an deren Stelle die „Sprachlehre" (10 Seiten!) und in einer Reihe von Einzelpublikationen die „bloßen Ergebnisse" der erwähnten Gesamtdarstellung veröffentlicht worden sind. Das 1958 erschienene Werk „Die Sprache der Etrusker" gibt wieder nur „Ergebnisse", das heißt zum größten Teil Behauptungen, aber keinerlei Begründungen und Beweise. Diese beiden Darstellungen (denen man eine große Kenntnis des Materials nicht absprechen kann) geben ein völlig subjektives, verzerrtes und unkontrollierbares Bild der etruskischen Sprache, das nur in die Irre führen kann.

Die vorliegende Arbeit gibt eine rein d e s k r i p t i v e Darstellung des Etruskischen, vor allem jener Phase der Sprache, in der die Mehrzahl der Dokumente abgefaßt ist. Dadurch konnte auf eine Erörterung der sprachlichen Zugehörigkeit des Etruskischen verzichtet und die (methodisch unrichtig gestellte) Frage nach der „Herkunft der Etrusker" in die allgemein orientierende Einleitung verwiesen werden.

Aufgebaut konnte nur auf den „Elementi" PALLOTTINOS werden; dies geschah aber unter fast völligem Verzicht auf die etymologische Methode, unter prinzipiellem Zweifel an einer angeblichen „Oszillation der etruskischen Suffixe", unter methodischem Zweifel an jedem aprioristischen Indogermanismus und unter stärkster Berücksichtigung der Morphologie.

Die von OLZSCHA inaugurierte und von PALLOTTINO übernommene „quasi-bilinguistische" oder „kulturhistorische" Methode kam hier nur gelegentlich in Frage. Wie weit und mit welchen prinzipiellen Einschränkungen diese neue und wichtige Methode gültig und erlaubt ist, habe ich in den „Studien zu den Agramer Mumienbinden" (Denkschr. Öst. Akad. d. Wiss., phil.-hist. Kl. Bd. 81, 1963) mehrfach erörtert.

Größter Wert wurde auf die Epigraphik gelegt. Ansonst ausgezeichnete Arbeiten namhafter Forscher verwenden als Belege, ja Beweiselemente Wörter und Formen, die überhaupt nicht existieren (*„ghost-words, ghost-forms"*), weil man fast allgemein glaubt, mit den Lesungen der Erstpublikationen oder des CIE etc. auskommen zu können. Tatsächlich ist aber ein fundiertes Studium des Etruskischen ohne ausreichende Kenntnis der etruskischen Epigraphik schlechthin unmöglich. Die Vernachlässigung der Epigraphik gründet sich auch auf die einmal vorgebrachte und dann immer wieder nachgeschriebene und geglaubte Behauptung, das Inschriftenmaterial enthalte in seiner Masse praktisch nichts anderes als Namen. Nichts ist unrichtiger als das. Abgesehen von der Wichtigkeit einer gründlichen Kenntnis des etruskischen Namensystems, bietet das epigraphische Material genug an Appellativen, Verben und anderem Wortmaterial, daß wir neben den Grabinschriften eine Reihe von Bauinschriften, Besitzer- und Weiheinschriften, Signaturen und Inschriften mit *cursus honorum* feststellen können. Überdies verdanken wir einer speziellen Gruppe, den etruskolateinischen Bilinguen, nach den Namen des griechischen Mythos im Etruskischen (siehe FIESEL), das Meiste und Beste, was wir über die Phonetik des Etruskischen wissen.

Wenn von mancher Seite eingewendet wird – und auch diese Arbeit rechnet mit dieser Kritik –, es sei noch zu früh für eine Arbeit von der Art der vorliegenden „Grammatik", dann muß darauf hingewiesen werden, daß es nicht länger angeht, die Interessierten in Unklarheit darüber zu lassen, wieviel wir vom Etruskischen tatsächlich bereits wissen, wieviel und was die einzelnen Mitforscher an gültigem Einzelmaterial bereits zusammengetragen haben, und welches Bild diese Sprache beim jetzigen Stand der Forschung und bei unvoreingenommener Darstellung – also ohne Festlegung auf eine bestimmte „Zugehörigkeit" – bietet.

Hier handelt es sich nicht darum, eine neue „Lösung des etruskischen Rätsels" anzubieten, sondern zusammenzutragen, was an richtigen Erkenntnissen in Büchern und Fachzeitschriften vergraben liegt, es zu ordnen und systematisch darzustellen.

Vgl. dazu OLZSCHA (Historia VI, 1957, 34): „Die Literatur ist in den 200 Jahren seit dem Beginn der etruskologischen Forschung so ungeheuer angeschwollen, daß das Problem heute nicht mehr darin zu liegen scheint, den armseligen Resten der etruskischen Sprache einen Sinn abzugewinnen, sondern auch oder vielmehr darin, die Schätze zu heben, die in dem Berg der Literatur begraben liegen und vielleicht die richtige Lösung vieler Probleme enthalten."

Die Synthese des bisher Erarbeiteten wird selbst immer mehr zur Quelle neuer Erkenntnisse und neuer Möglichkeiten zu besserer Formulierung des Erkannten. Hier liegt dann auch der eigene Beitrag des Autors zur Forschung.

Es soll aber mit dieser Arbeit auch allen denen gedankt werden, die durch ihre Arbeit, ihren Rat und ihr Interesse eine solche Synthese ermöglicht haben. Die Namen meiner Lehrer E. VETTER (Wien), M. PALLOTTINO (Rom und Perugia), und H. KRONASSER (Wien) mögen für die aller jener stehen, denen dieser Dank gilt.

Besonderen Dank schulde ich auch meinem Kollegen und Freund, Univ.-Dozent Dr. W. MERLINGEN, der mit Rat und Tat bei der Darstellung der Lautlehre des Etruskischen mitgeholfen hat.

Es soll schließlich mit dieser Arbeit auch gezeigt werden – gewisse mit periodischer Regelmäßigkeit erscheinende Publikationen fordern dazu heraus –, daß es *überflüssig* und *sinnlos* ist, der etruskischen Sprache mit einem fertigen Schlüssel (sei er griechischer, albanischer, hethitischer oder sonstiger Provenienz) zu Leibe rücken zu wollen.

Es gibt bis heute im gesamten deutschen Sprachgebiet keine Lehrkanzel für Etruskologie, unter deren wegweisender Obhut die Sprachforschung (die ja nur ein Teil der Etruskologie ist) in wissenschaftlicher Weise betrieben werden könnte. Diesem Mangel möchte die vorliegende Arbeit in bescheidener Weise begegnen.

Das Material wird nach Möglichkeit der handlichen und allgemein zugänglichen Sammlung „Testimonia linguae Etruscae" (TLE) von M. PALLOTTINO entnommen. Das Lese- und Übungsbuch, das der Grammatik beigegeben ist, soll die ernste Beschäftigung mit dem Etruskischen anregen und erleichtern.

Vom selben Autor ist erschienen:
Die etruskische Religion

ISBN 3-928127-54-3

QUELLEN

A. AM = Agramer Mumienbinden (Liber linteus). Ausgaben:
RUNES M., Der etruskische Text der Agramer Mumienbinde.
Mit einem Glossar von S.P. CORTSEN; - PALLOTTINO M., TLE 1;
VETTER E., Zur Lesung der Agramer Mumienbinden;
V e r f ., Studien zu den Agramer Mumienbinden;
LP = Goldbleche von S.Severa/Pyrgi, gefunden 1964, veröffentlicht in Archeologia Classica XVI, 1964, 49ff.

B. CIE = Corpus inscriptionum etruscarum
CII = Corpus inscriptionum italicarum
Furtwängler = FURTWÄNGLER F., Die antiken Gemmen. Leipzig 1900
Gerh.-Körte = GERHARD-KÖRTE, Etruskische Spiegel I-V, Berlin 1884-1897
NR = BUFFA, Nuova raccolta di iscrizioni etrusche. Florenz 1935
TLE = PALLOTTINO, Testimonia linguae etruscae. Florenz 1954
SE = Studi Etruschi. Seit 1927

ABKÜRZUNGEN

Abk.	=	Abkürzung
Adv.	=	Adverb
adv.	=	adverbiell
Akk.	=	Akkusativ
AM	=	Agramer Mumienbinden
Aor.	=	Aorist
Appell.	=	Appellativ
CAP	=	Tontafel von Capua
cas. rect.	=	casus rectus
CIE	=	Corpus inscriptionum etruscarum
CII	=	Corpus inscriptionum italicarum
CIL	=	Corpus inscriptionum latinarum
CIP	=	Cippus von Perugia
CN	=	Cognomen
Dat.	=	Dativ
defin.	=	definit-
deikt.	=	deiktisch-
dem.	=	demonstrativ-
durat.	=	durativ-

emph. = emphatisch-
EN = Eigenname
enkl. = enklitisch-
essiv. = essivum
expl. = explizit-
f. = für
GCN = Gentilcognomen
Gen. = Genitiv
GN = Gentilnomen
Imp. = Imperativ
indef. = indefinit-
int. = intransitiv-
Intens. = Intensitivus
interr. = interrogativ-
Kaus. = Kausativ
Konj. = Konjunktiv
Koll. = Kollektiv
Juss. = Jussiv
Lem. = lemnisch, Lemnosstele
Lok. = Lokativ
LP = Goldbleche von Pyrgi, gef. 1964
m. = männlich
Mod. = Modalis
mod. = modal-
MP = Mediopassivum
met. = metonymisch
morph. = morphologisch
Nom. = Nominativ
nom. = nominal-
Nom. ag. = Nomen agentis
NR = Nuova raccolta di iscrizioni etrusche (BUFFA)
Num. = Numerale
op. oss. = operculum ossuarii
Opt. = Optativ
Partiz. = Partizip
Pl. = Plural
PN = Pränomen
Praes. = Präsens
Praet. = Präteritum
Pron. = Pronomen
pronom. = pronominal-
pers. = personal
redet. = redeterminiert
s. (a.) = siehe (auch)
sep. = sepulcralis
Sing. = Singular
schw. = schwach-
st. = stark-
teg. = tegula
temp. = temporal-
TLE = Testimonia linguae etruscae (PALLOTTINO)
tr. = transitiv
u.a. = und andere
u.ö. = und öfter
verb. = verbal-
w. = weiblich

Quid erat futurum, si nemo plus effecisset eo quem sequebatur?
nihil in poetis super Livium Andronicum,
nihil in historiis supra pontificum annales haberemus.
ratibus adhuc navigaretur.

(Quintilian, inst. orat. X,2,7)

EINLEITUNG

1. ETRURIEN

Verhältnismäßig gut bekannt sind uns nur die Grenzen jener „Etruria", die nach der Verwaltungsreform des Augustus die Regio VII Italiens bildete.

Vor dem Bundesgenossenkrieg scheint der nördlichste Punkt Etruriens am Tyrrhenischen Meer das etwa 5 km nördlich von der Mündung des *Caecina* gelegene *„Ad Fines"* der Itinerarien gewesen zu sein. Von hier ging die Grenze nordöstlich an den *Arnus,* den sie etwa 30 km westlich von seiner Mündung erreichte. Den weiteren – ungefähren – Verlauf zeigt Karte I.

Die Grenzen der einzelnen etruskischen Stadtstaaten sind kaum mit Sicherheit festzustellen. Alle Versuche, sie kartographisch zu erfassen, können nur zu annähernden Resultaten führen. Neben der Benützung der weit in das frühe Mittelalter zurückführenden Angaben über die Grenzen der kirchlichen Diözesen in der Toskana[1] und in Umbrien ist das einzige Mittel, die Grenzen der Stadtstaaten annähernd zu ermitteln, die Beobachtung und Feststellung des epigraphischen, sprachlichen und künstlerischen (stilistischen) Einflusses der Metropole.

Die in Karte I gegebene Darstellung ist eine nach den Ergebnissen dieser Feststellungen und einer eingehenden historischen Studie vorgenommene Überarbeitung der Karte „Kernland der Etrusker" bei Westermanns Atlas zur Weltgeschichte I, 25.

2. ZUR ORGANISATION UND GESCHICHTE ETRURIENS

Es hat nie einen g e s a m t e t r u s k i s c h e n Staat gegeben. Was die antiken Schriftsteller „Etrurien" nannten, war ein loser, mehr religiös und kulturell als politisch zusammengefaßter Bund von souveränen Polis-Staaten[2], an deren Spitze in der älteren Zeit Könige *(lucumones),* später patrizische Beamte standen (Form der Adelsrepublik). Erst zu Beginn des 3.Jhs. erlangten nach einem harten Ständekampf die Gemeinen bürgerliche Rechte und

---

[1] S. E. REPETTI, Dizionario storio-geografico della Toscana.

[2] Zum Städtebund Etruriens und seinen Mitgliedern s. E. BORMANN, Arch.-epigr. Mitt. 1887, 103ff.; ALTHEIM F., Der Ursprung der Etrusker. Baden-Baden 1950. – FISCHER E., Zur Rassenfrage der Etrusker, Sitzb. Preuß. Akad. d. Wiss., phys.-math. Kl. XXV, 1938, spricht mehrmals in unzutreffender Weise von einem „Etruskerreich".

Anteil an der Verwaltung der Stadtstaaten (vgl. u.a. den Ständekampf in Volsinii mit dem die Adeligen begünstigenden Eingreifen Roms 265/4 v.Chr.!).

Es gab schon sehr früh – im 7. oder 6.Jh. – eine etruskische Expansion nach Norden in die Padana; ob und wieweit die dortigen etr.Siedlungen mit dem Mutterland politisch verbunden waren, entzieht sich unserer Kenntnis. Bei der etr. Ausdehnung nach dem Süden, nach Latium und nach der Campania, hat es sich – etwa zwischen 550 und 450 v.Chr. – allem Anschein nach nur um ein kulturelles, nicht ein politisches Dominium gehandelt. Das gleiche gilt für Rom unter der Herrschaft einer etruskischen Dynastie aus Tarquinii (etwa 600–500 v.Chr.) und mehr noch für den *Ager Faliscus,* der, wie die historischen Quellen und die archäologischen und epigraphischen Gegebenheiten zeigen, zwar ein treuer Verbündeter der Etrusker – erst Vejis, dann Tarquiniis – war, aber selbständig handeln konnte.

Es ist hier nicht der Platz, die Geschichte der Etrusker, soweit sie uns aus röm. und griech. Quellen bekannt ist, *in extenso* darzustellen. Es sollen nur drei, für die Gesamtschau sehr wichtige Punkte herausgegriffen werden.

a Die Frage nach der Herkunft der Etrusker.

Die Frage ist methodisch verfehlt. „Etrusker“ nennen wir jenes Volk, das uns in historischer Zeit auf dem Boden der alten Toskana (etwa mit den Grenzen Arno – Apennin – Tiber – Tyrrhenisches Meer) entgegentritt. Als solches, in diesem Gebiet mit einer eigenen Sprache und Kultur ausgestattet, ist es dort aus mehreren Elementen zusammengewachsen. Dies dürfte zu Beginn des letzten Jahrtausends v.Chr. in der *Etruria maritima* begonnen haben; in Nordost-Etrurien ist die spezifisch etruskische Kultur nicht vor 500 v.Chr. zu finden.

Die „Etrusker“ sind weder aus Kleinasien in Italien eingewandert (Herodot und Hellanikos), noch sind sie autochthon (Dionys v. Halikarnaß), noch sind sie aus dem Alpengebiet nach Süden gewanderte Italiker (moderne Autoren). Wohl aber dürften die wesentlichen Elemente der Volkwerdung in Italien eine aus dem Osten stammende Komponente – die „Tyrrhener“ –, ein vorindoeuropäisches, autochthones Substrat und die ebenfalls eingewanderte indoeuropäische, italische Komponente sein. So ist erklärlich, daß jede der drei Herkunftshypothesen – falsch durch den totalitären Geltungsanspruch – bestimmte Erscheinungen im Etruskertum zufriedenstellend erklärt, während sie bei anderen Erscheinungen durchaus versagt.

Den „Tyrrhenern“, den Trägern einer hochstehenden Stadtkultur, dürfte das Wesentliche der Sprache, der Religion und der materiellen Kultur zuzuschreiben sein. Trotzdem aber ist das Etruskertum, das wir kennen, ohne die anderen Komponenten (neben denen es wahrscheinlich noch andere, weniger in Erscheinung tretende gegeben hat) weder denkbar noch erklärbar.

b Die „Unterwerfung“ Etruriens

Es ist ein Gemeinplatz fast aller historischen Darstellungen, auch der akademischen, daß um die Mitte des 3.Jhs. v.Chr. ganz Etrurien von den Römern unterworfen worden sei. Dies ist absolut unrichtig. So werden heute noch von namhaften Autoren, Historikern und Etruskologen die zuletzt von den Quellen vermeldeten vierzigjährigen *indutiae* als Unterwerfung bzw. Friedensschluß aufgefaßt. Der Irrtum geht hauptsächlich auf Mommsen (Röm.Staatsrecht III, 1165) zurück, der nur die einjährigen *indutiae* für einen

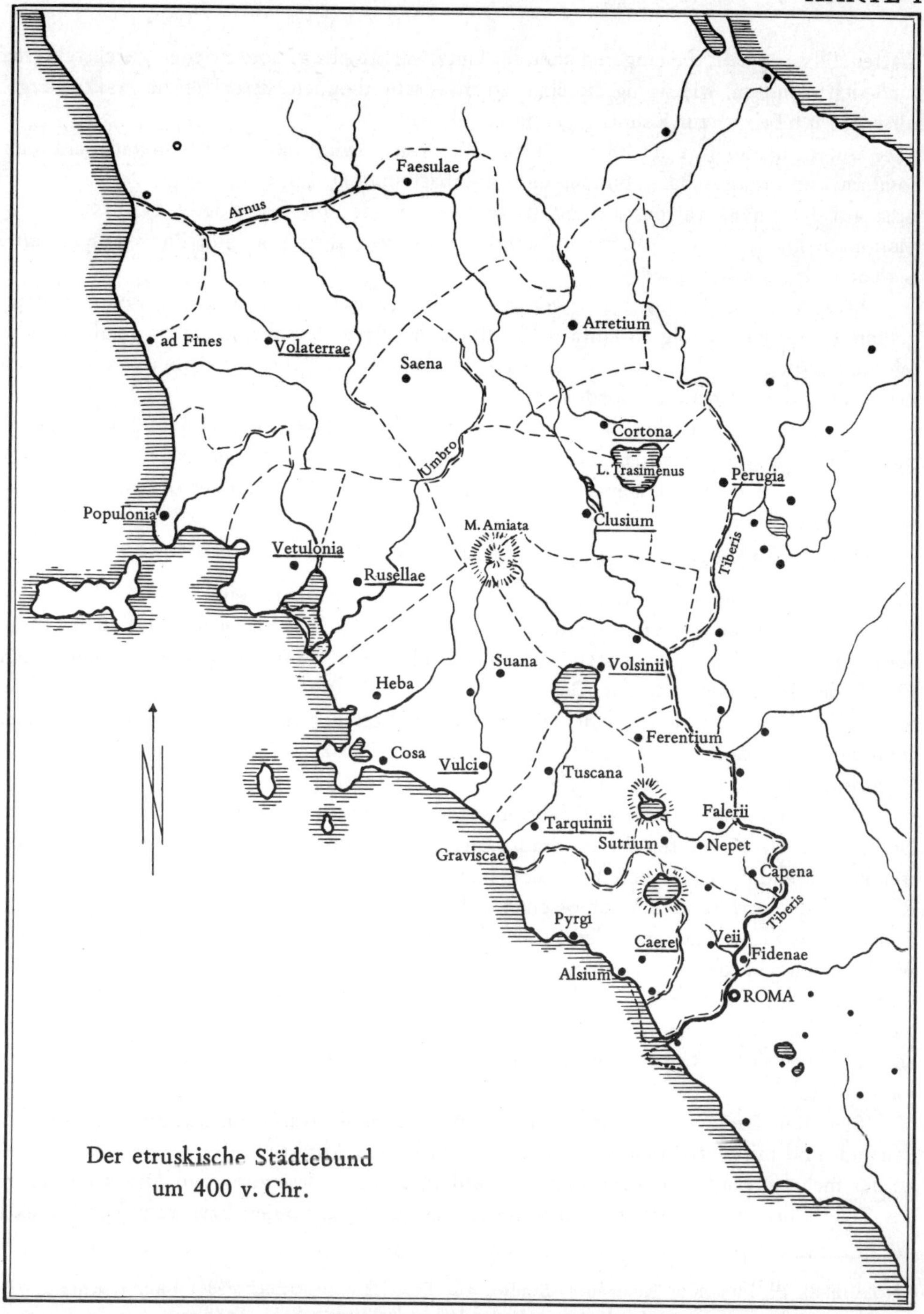
Faesulae
Arnus
ad Fines
Volaterrae
Saena
Arretium
Cortona
L. Trasimenus
Perugia
Umbro
Populonia
M. Amiata
Clusium
Vetulonia
Rusellae
Tiberis
Suana
Volsinii
Heba
Ferentium
Cosa
Vulci
Tuscana
Falerii
Tarquinii
Sutrium
Nepet
Graviscae
Capena
Tiberis
Pyrgi
Caere
Veii
Fidenae
Alsium
ROMA
Der etruskische Städtebund
um 400 v. Chr.

Waffenstillstand hält, die längeren aber der Unterwerfung bzw. dem Frieden gleichstellt. Man muß sich wundern, wie wenig die über Etrurien schreibenden Historiker die exakten Ergebnisse Täublers[3] zur Kenntnis genommen haben:

„Die Unterscheidung ist unrömisch. Einen <Frieden> kennt das römische Staatsrecht nicht, sondern nur Freundschaft, Bundesgenossenschaft und Dedition als ewige Vertragsverhältnisse auf der einen, Waffenstillstand als vorübergehendes auf der anderen Seite.

Mommsen hat unter den Waffenstillständen nicht zwischen Vor- und Endverträgen unterschieden; daher die Unklarheit."

Diese von Täubler mit Recht gerügte Unklarheit hat die Autoren seit Mommsen dazugeführt (die früheren folgten einfach blindlings den Berichten des Livius) zu glauben und zu lehren, Tarquinii, Volsinii und Vulci seien im Verlauf des 3.Jhs. von Rom unterworfen und der Selbständigkeit beraubt worden.

Tatsächlich waren aber diese Stadtstaaten und die übrigen (außer dem 396 v. Chr. vernichteten Veji und Caere, das sehr früh die röm. *civitas sine suffragio* erhielt) bis 90 v. Chr. souveräne Bundesgenossen und traten als solche erst nachher in den röm. Staatsverband ein[4].

c Rom und Etrurien seit dem Ende des 4.Jahrhunderts

Der Eintritt Etruriens in den Samnitenkrieg (311 v.Chr.) bedeutet eine wichtige Zäsur in der Entwicklung der politischen Beziehungen zwischen Rom und Etrurien, das jetzt nach den uns vorliegenden Quellen zum ersten Male in geschlossener Front auftritt und daneben eine Politik des Bündnisses mit den Gegnern Roms, den Kelten, Umbrern und Samniten, verfolgt. Die Errichtung der von den Römern gefürchteten zweiten Front, der großen antirömischen Koalition im Norden, ist das Werk der Etrusker, die hierbei als diplomatische Organisatoren und Geldgeber fungieren.

Der Zusammenbruch dieser Koalition sowie die Ereignisse in Vulci und Volsinii im ersten Drittel des 3.Jhs. nötigten die etr. Stadtstaaten, in das Bundesgenossensystem Roms einzutreten. Während die vielfachen, besonders im vierten und noch zu Beginn des 3.Jhs. zwischen Rom und den etr. Staaten geschlossenen *indutiae* überhaupt nichts an der politischen Souveränität dieser Staaten änderten, brachten die *foedera* mit Rom die Aufgabe der Wehrhoheit der *populi Etruriae* mit sich. Das Bündnis mit Rom – wenn auch durch das Gewicht Roms erzwungen – bedeutet jedoch nur den Eintritt Etruriens in den italischen Bund, die Wehrgemeinschaft unter Roms Führung, nicht aber eine politische Unterwerfung unter Rom oder den Verlust der Souveränität.

Seit dem Beginn des 3.Jhs. führen dann militärische Auseinandersetzungen Roms mit den süd- und mitteletrurischen Staaten zur sukzessiven Abtretung der tyrrhenischen Küste, an der mehrere Bürgerkolonien angelegt werden, und zur Besetzung und Annektierung großer Teile von Vulci, in denen römische und latinische Kolonien bzw. römische Präfektu-

---

3 TÄUBLER E., Imperium Romanum: Studien zur Entwicklungsgeschichte des röm. Reiches I, Die Staatsverträge und Vertragsverhältnisse. Berlin 1913 (das Zitat = S. 31, Fn. 3).

4 S. Verf., Die Romanisierung der Städte Etruriens und die Frage der Unterwerfung der Etrusker. Florenz 1966. – Die ältesten Bündnisverträge sind kaum vor 300 v.Chr. anzusetzen.

ren eingerichtet werden. Auf diese Gründungen geht dann auch zurück, daß das Städtewesen in Süd- und Mitteletrurien viel dichter ist als jenes in Nord- und Nordostetrurien.

Im 2.punischen Krieg vermag Rom nur durch die militärische Besetzung von Nordetrurien und durch jahrelang sich hinziehende Hochverratsprozesse den offenen Abfall Etruriens zu verhindern, das mindestens seit der Schlacht am Trasimenischen See (217 v.Chr.) Hannibal seine Unterstützung gewährte, die um 205 den Höhepunkt erreichte[5]. Etruriens Beitrag zur Flottenrüstung des Scipio ist nicht – wie so oft fälschlich geglaubt wird – ein Beweis der etruskischen Loyalität, sondern ganz im Gegenteil eine ihm auferlegte Strafe für die Unterstützung der Sache Hannibals. Dies wurde übrigens schon von Mommsen erkannt.

Bis zum Beginn des 1.Jhs. v. Chr. existiert ein Konglomerat von mehr oder weniger souveränen etruskischen Gemeindestaaten. Eine bei Telamon beginnende, über den Monte Amiata und Volsinii zum Tiber führende Linie teilt zu dieser Zeit Etrurien praktisch in zwei Hälften. Der südliche Teil ist von römischen bzw. latinischen Kolonien durchsetzt. Ihn trennt ein breiter Riegel, gebildet von den Bürgerkolonien *Heba* (Magliano) und *Saturnia* und der Präfektur *Statonia*, vom nördlichen Teil. Dieser bildet einen geschlossenen Block, in dem Rom bis zum Bundesgenossenkrieg nicht Fuß fassen kann. Rom hat nur den militärischen Schutz dieses Gebietes, das im Nordwesten durch die Kolonien Luca (latinisch) und Luna *(civium Romanorum)* gegen die Einfälle der räuberischen Ligurer abgeschirmt wird.

Das treibende Element, das Etrurien seit dem Beginn des 3.Jhs. in zunehmendem Maße zur italischen Gemeinschaft führt, sind die I t a l i k e r Etruriens, im wesentlichen Umbrer, von denen Plinius (*n.h.* III 113) sagt, daß dreihundert ihrer *oppida* einst von den Tuskern erobert wurden; sie bilden die Hauptmasse des etruskischen Volkes. Etwa seit dem 10.Jh. waren sie von den aus Kleinasien gekommenen Tyrrhenern, den Trägern einer hochentwickelten Stadtkultur, beherrscht. Ihre eigene Kultur, die bäuerliche Kultur des sogenannten Protovillanova und des entwickelten Villanova, floß, wie schon oben gesagt wurde, mit der orientalisierenden Kultur der Tyrrhener zur „etruskischen" Kultur zusammen. Die Berichte über die Ereignisse in Volsinii 265/4 v.Chr. lassen erkennen, daß ihre rechtliche und soziale Stellung weitgehend jener der Penesten Thessaliens oder der Heloten und Periöken Spartas glich[6]. Nach einem Ständekampf, der ihnen das etr. Bürgerrecht mit der politischen und sozialen Gleichberechtigung eintrug, gewannen sie in den Stadtrepubliken, die gegen Ende des 6.Jhs. auf das etr. Königstum gefolgt waren[7], immer mehr die effektive Führung. Als Träger und Pfleger des etruskischen Kulturerbes fühlten sie sich als Etrusker[8]; sie waren dabei Freunde der Italiker, aber – im Gegensatz zum alten Geburtsadel Etruriens – Gegner der herrschenden Kreise Roms.

---

[5] Vgl. BADIAN, Foreign Clientelae (264–70 B.C.), Oxford 1958, 141.

[6] Vgl. HEURGON J., Latom. XVIII, 1959, 3ff.; FRANKFORT Th., ebda. 713ff.

[7] Nur in Veji hielt sich das Königtum bis 396 v.Chr.

[8] Sehr treffend sagt ALTHEIM, Der Ursprung der Etrusker, 35: „Etrusker war man ursprünglich weniger durch Abstammung als dadurch, daß man es zu sein wünschte. Falisker und *Camertes Umbri* blieben, was sie von Geburt waren. Aber durch ihren politischen Willen (gleichgültig, ob er sich auf Zwang oder Freiheit, Überredung oder Entschluß gründete), wurden sie daneben oder darüber hinaus zu Etruskern."

Während sich Arretium, Clusium und Volsinii im Sommer des Jahres 90 dem Italikeraufstand anschlossen, nahmen die übrigen etr. Gemeinden das zu Ende jenes Jahres durch die *lex Iulia* angebotene röm. Bürgerrecht an. Arretium, Clusium und Volsinii erhalten es erst einige Jahre später zusammen mit den anderen *dediticii* des Bundesgenossenkrieges.

In den Krisen und Kämpfen nach dem Bundesgenossenkrieg, die das Ende der Republik herbeiführten, wurde Etrurien zum immer stärkeren Hort der Popularen. Es waren besonders M a r i u s und L e p i d u s , welche die Etrusker für die Partei der vom Senat Unterdrückten zu gewinnen verstanden. Gleichen Erfolg hatte S e r t o r i u s . Besonders verbunden war den Popularen die Bevölkerung von Mittel- und Nordetrurien; hier war das italische Element im Etruskertum von jeher stärker als im Süden, wo die reichen tyrrhenischen Städte die Ausgangspunkte der Etruskisierung des Binnenlandes darstellten.

Der politische Einfluß dieser Städte – und damit des Adels – schwand in dem Maße, wie sich das feudale Herrentum der Tyrrhener – in seinem Handelswesen wirtschaftlich weniger stabil als die weiten Agrargebiete des Nordens – zu Konzessionen an das Volk bequemen mußte, und das Gebiet dieser Städte mehr und mehr von röm.Kolonien durchsetzt wurde. So sind schon im 3.Jh.v.Chr. die politisch maßgeblichen Städte Etruriens nicht mehr Tarquinii, Vulci und Volsinii, sondern die Städte des Nordens, Volaterrae, Clusium, Perusia, Cortona und Arretium, die drei letzteren im Nordosten. Auch sie sind nach Sprache und Kultur etruskisch, stellen aber ein Etruskertum stark italischer Prägung dar, was besonders im Namenmaterial und in der lokalen Kunstübung, aber auch in einzelnen sprachlichen Erscheinungen zum Ausdruck kommt.

ALTHEIM a.a.O.36 weist mit Recht darauf hin, daß das Etruskische den Charakter einer „öffentlichen" Sprache hatte, die neben der ererbten herging, ohne daß beide einander ausschlossen. Dialektunterschiede, die im Material zuweilen erkennbar sind, bleiben, aufs Ganze hin gesehen, ohne Bedeutung. Dies deutet auf eine bewußte N o r m i e r u n g hin, erklärt aber zum Teil auch die seit jeher auffällig rasche Romanisierung Etruriens und das Verschwinden etruskischer Inschriften in augusteischer Zeit.

Das etr. epigraphische Material stützt unsere Korrektur der *communis opinio* von einer Unterwerfung Etruriens im 3.Jh. Es muß doch die Tatsache auffallen, daß in Mittel- und Nordetrurien die frühesten lateinischen Inschriften ausnahmslos dem 1.Jh. v. Chr. angehören. An zahlreichen Beispielen ist ersichtlich, daß es Jahrzehnte dauerte, bis das etr. Namensystem mit Metronymikon und weibl. Pränomen vom röm. System der *tria nomina* bzw. der röm. Formel für Frauennamen, abgelöst war. Diese Entwicklung ist erst in augusteischer Zeit abgeschlossen. In schärfstem Gegensatz dazu steht Caere (mit *civitas sine suffragio* zwischen 353 und 338 v.Chr.), wo die Romanisierung schon um 300 in Fluß kommt. Schließlich zeigt das lat.epigraphische Material der Beamteninschriften der *regio VII* (CIL XI) mit seiner genauen Unterscheidung von D u u m v i r a t (dieses nur bei röm. Besitz v o r dem Bundesgenossenkrieg) und Q u a t t u o r v i r a t , daß die etruskischen Gemeinden bis 90 v.Chr. im wesentlichen den Status von souveränen *socii* Roms hatten[9].

---

[9] S. V e r f ., Die Romanisierung der Städte Etruriens un. die Frage der Unterwerfung der Etrusker im 3. Jh.

3. DER EINHEITLICHE CHARAKTER DER ETRUSKISCHEN SPRACHE

Nach den uns vorliegenden Zeugnissen ist der Charakter der etr.Sprache in jeder Periode durchaus einheitlich, daß heißt, von Bologna bis Capua zeigt die Sprache nur unbedeutende, zum Teil nachweislich junge Dialektunterschiede[10]. Die von S. FERRI in *Hommages Grenier* 2, 1962, 622 aufgestellte Forderung, bei den Texten zwischen „tuskischen" und „etruskischen" zu unterscheiden, findet im Material selbst keinerlei Anhalt. Dies scheint darauf hinzuweisen, daß die Sprache vor der Zeit, aus der die ersten schriftlichen Zeugnisse stammen, noch nicht so lange in Italien gesprochen wurde, und daß sie sich nicht allzu lang vor Beginn der schriftlichen Überlieferung von einem beschränkten Zentrum her ausgebreitet hat[11].

Eine besondere Eigenart zeigt im allgemeinen nur die Sprache der Dokumente aus Perugia; dies findet seine Erklärung darin, daß hier – stärker als sonstwo – besondere ethnische Verhältnisse vorliegen. „Perusia ist derjenige etruskische Ort, der am weitesten in 'italisches' Gebiet vorgeschoben war; man darf sogar damit rechnen, daß die Bevölkerung zweisprachig war "[12].

Natürlich wich in Etrurien – genau wie überall – die Sprache des Volkes, besonders der Landbevölkerung, von der „Schriftsprache" ab. Bei Livius X, 4 finden wir ein interessantes (von *Valerius Antias* stammendes) Zeugnis für die Verhältnisse in Etrurien. Cn.Fulvius, der Legat des Diktators M.Valerius Maximus (302 v.Chr.), wäre mitsamt den Vorposten, die er befehligte, von als Hirten verkleideten Etruskern beinahe in einen Hinterhalt gelockt worden, wenn ihn nicht im Heere dienende Caeriten gewarnt hätten. Er wird von diesen auf die verdächtigen Hirten aufmerksam gemacht und *„iubet peritos linguae attendere animum, pastorum sermo agresti an urbano propior esset"*. Die Caeriten erklären ihm *„sonum linguae et corporum habitum et nitorem cultiora quam pastoralia esse"*[13].

Das in Perusia gesprochene Etruskisch verdiente eine besondere Untersuchung. RIX[14] weist mit Recht darauf hin, daß es nicht erlaubt sei, „Erkenntnisse, die aus dem besonders gelagerten Material Perusias gewonnen sind, unbesehen auf andere Gebiete Etruriens auszudehnen."

4. ZUR FORTDAUER DES ETRUSKISCHEN

Seit der Eingliederung Etruriens in das römische Imperium, das heißt seit dem 2.Viertel des 1.Jhs. v. Chr., beginnt die lateinische Sprache das Etruskische auf den epigraphischen Denkmälern zu verdrängen. In den Zwanzigerjahren des 1.Jhs. n a c h Chr. verschwindet das Etruskische aus den öffentlichen Dokumenten vollständig[15]. Wie lange es noch g e - s p r o c h e n wurde, entzieht sich unserer Kenntnis.

---

10 RIX, Gnomon 36, 1964, 203, Anm. 2.

11 So auch RIX, a.a.O., als ein bisher nicht herangezogenes Argument gegen die Erwägung von PALLOTTINO, (Etruscologia[5], 115.144 u.a.), ob man nicht bereits die Träger der Villanovakultur selbst als „Etrusker" bezeichnen müßte.

12 RIX, Das etr. Cognomen 176.318.

13 Wahrscheinlich entspricht der Gegensatz *urbs - ager* dem etr. *spura - meϑlum,* also der „Schriftsprache" und dem italo-etruskischen Dialekt.

14 A.a.O. 177.

15 RIX, IF LXVII, 1962, 316f.; zur Datierung der jüngeren Inschriften Nordetruriens s. THIMME, SE XXIII, 1954, 25ff.; XXV, 1957, 87ff.

KARTE II

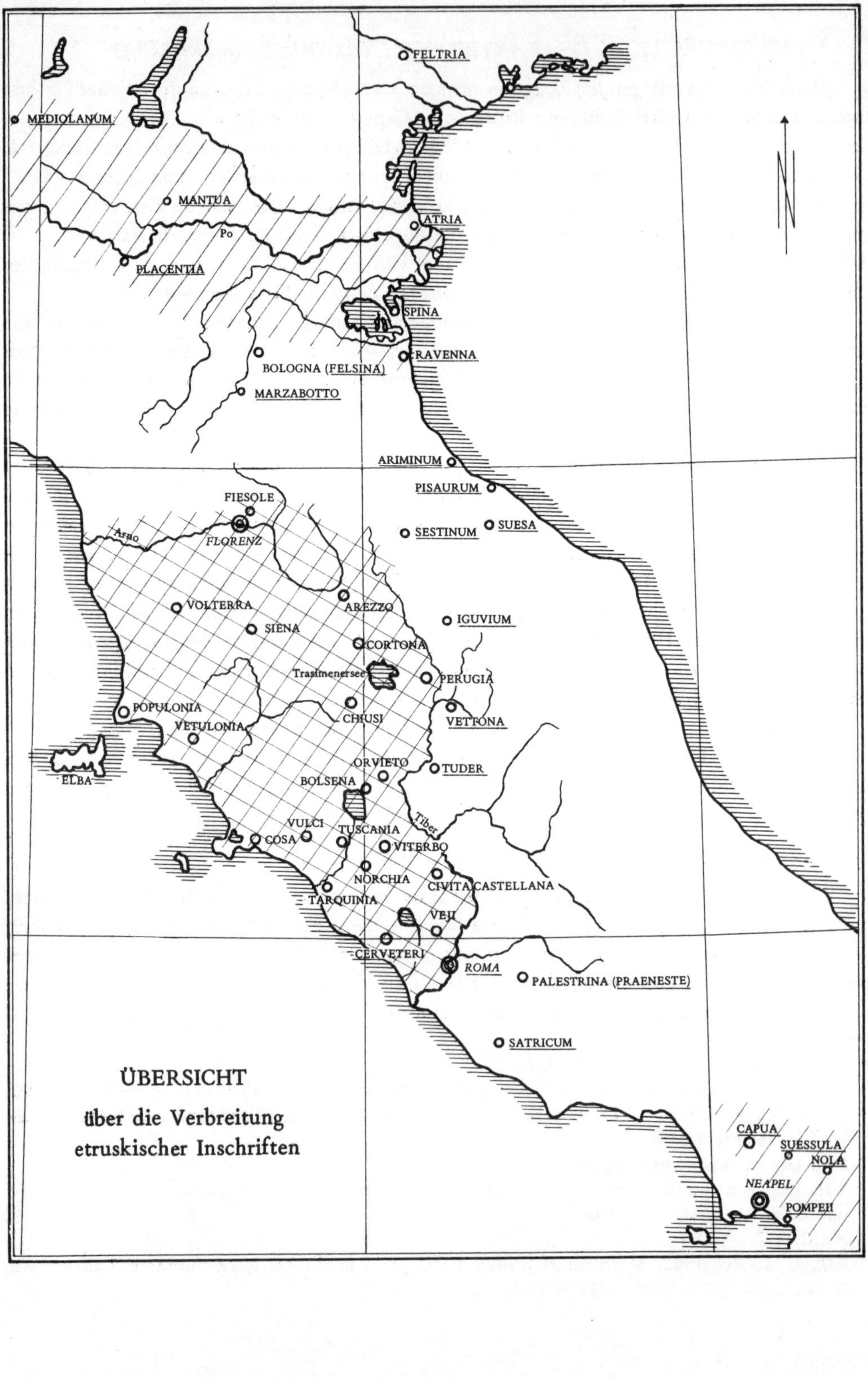

FELTRIA
MEDIOLANUM
MANTUA
Po
ATRIA
PLACENTIA
SPINA
RAVENNA
BOLOGNA (FELSINA)
MARZABOTTO
ARIMINUM
PISAURUM
FIESOLE
SESTINUM
SUESA
Arno
FLORENZ
AREZZO
VOLTERRA
IGUVIUM
SIENA
CORTONA
Trasimenersee
PERUGIA
POPULONIA
CHIUSI
VETTONA
VETULONIA
ELBA
ORVIETO
TUDER
BOLSENA
Tiber
VULCI
TUSCANIA
COSA
VITERBO
NORCHIA
CIVITA CASTELLANA
TARQUINIA
VEJI
CERVETERI
ROMA
PALESTRINA (PRAENESTE)
SATRICUM
ÜBERSICHT
über die Verbreitung
etruskischer Inschriften
CAPUA
SUESSULA
NOLA
NEAPEL
POMPEII
N

Wir müssen jedenfalls zwischen dem Etruskischen als Volkssprache und dem Etruskischen als Sakralsprache unterscheiden. Manches deutet darauf hin, daß in bestimmten Familien und bei manchen Gelehrten das Etruskische noch in der frühen Kaiserzeit bekannt war. Vielleicht hatte auch der Kaiser Claudius, der ja zwanzig Bücher *Tyrrhenika* schrieb, gewisse Kenntnisse der Sprache.

MAZZARINO[16] glaubt aus einer Notiz bei Gellius (*N.A.* XI 7, 3f.) entnehmen zu können, daß man noch um die Mitte des 2.Jhs. n. Chr. etwas vom Etruskischen (als einer „ausgefallenen" Sprache wie das Keltische) wußte.

Gellius erzählt ein persönliches Erlebnis:

„Romae nobis praesentibus vetus celebratusque homo in causis, sed repentina et quasi tumultuaria doctrina praeditus, cum apud praefectum urbi verba faceret et dicere vellet inopi quendam miseroque victu vivere et furfureum panem esitare vinumque eructum et fetidum potare „hic" inquit „eques Romanus apludam edit et flocces bibit." Aspexerunt omnes, qui aderant, alius alium, primo tristiores turbato et requirente voltu, quidnam illud utriusque verbi foret; post deinde quasi nescio quid T u s c e aut G a l l i c e dixisset, universi riserunt."

Was das Etruskische als Sakralsprache betrifft (man vergleiche die Rolle des Sumerischen in akkadischen, und von älteren protohattischen Sprachen in hethitischen Texten!), ist wohl anzunehmen, daß im *collegium LX haruspicum,* das ja bis in die Zeit des Theodosius bestand, und in ähnlichen Kreisen die Sprache im Kult gebraucht wurde. Wieweit sie dabei – besonders später – noch v e r s t a n d e n wurde, läßt sich natürlich nicht sagen. Es wird wohl so gegangen sein wie mit der Sprache des *carmen Saliare.*

Eines der spätesten indirekten Zeugnisse für die Sprache ist die bekannte Stelle bei Zosimus V 41, wo zu 408 n.Chr. berichtet wird, etruskische *fulguriatores* hätten sich erbötig gemacht *καὶ τῇ πρὸς τὸ θεῖον εὐχῇ καὶ κατὰ τὰ πάτρια θεραπείᾳ βροντῶν ἐξαισίων καὶ πρηστήρων ἐπιγενομένων τοὺς ἐπικειμένους βαρβάρους* (das Heer des Alarich) *ἀποδιῶξαι.*

5. ZUR FORSCHUNGSGESCHICHTE DES ETRUSKISCHEN[17]

Die Anfänge der Forschungsgeschichte des Etruskischen reichen mit ANNIUS v.VITERBO und PIER FRANCESCO GIAMBULARI bis ins 16.Jh. zurück. Damals versuchte man das Etr. mit dem Hebräischen zu verbinden. LANZI (Saggio di lingua etrusca, 1789), dem FABRETTI, CORSSEN und LATTES folgten, stellte die Hypothese der etrusco-italischen Verwandtschaft auf. W.CORSSENS „Die Sprache der Etrusker" (I/II 1874–75) gipfelte im Beweis, das Etr. gehöre zu den idg. Sprachen. Noch war aber der II.Band von Corssens Arbeit nicht erschienen, als schon W.DEECKE (1875) in einer kurzen Abhandlung „Corssen und die Sprache der Etrusker. Eine Kritik" die These Corssens widerlegte. Deecke selbst dachte zuerst an eine Verwandtschaft des Etr. mit den finnisch-ugrischen Sprachen, dann aber hielt er es für völlig isoliert. Im Jahre 1882 nahm er jedoch (in Etr.Forschungen u. Studien III)

---

16 Historia VI, 1957, 98.

17 S. PALLOTTINO, Etruscologia^5 (1963), 1–21 und FIESEL, Etruskisch.

Corssens These selber auf und verteidigte sie in verschiedenen Abhandlungen. Endlich 1896 gestand er (Bursians Jahrb.87, 59f.), daß es im Etr. „ein starkes, fremdartiges Element" gäbe, „stärker ... als in anderen italischen Dialekten".

E.LATTES hatte schon 1869 das Etr. als italischen Dialekt bezeichnet (Osservazioni sopra alcune iscrizioni etrusche, Mem.Ist.Lomb.1869); in mehreren Publikationen[18] vertrat er bis 1921 die indogermanische, speziell italische These, wiewohl diese seit den bedeutsamen Funden des *Liber linteus* (AM) und der Tontafel von Capua (CAP) schon stark an Beachtung verloren hatte, vgl. SKUTSCH, Bursians Jahrb. 124, 1905, 320f.

Seit 1875 vertrat S.BUGGE die idg.These, die er 1886 unter dem Einfluß von V. THOMSEN näher als Verwandtschaft zwischen Etr. und Armenisch auffaßte; 1890 versuchte er das Etr. als einen stark abweichenden altarmenischen Dialekt zu bestimmen (Etruskisch und Armenisch, Christiania 1890), und erklärte in dem nachgelassenen Werk von 1909 „Das Verhältnis der Etrusker zu den Indogermanen und der vorgriechischen Bevölkerung Kleinasiens und Griechenlands" das Etr. als eine idg.Sprache, die durch den Einfluß vorderasiatischer, nichtindogermanischer Sprachen destruiert und in eine fremdartige Entwicklung gedrängt worden sei; das idg. Element im Etr. sei mit dem Armenischen näher verwandt als mit irgendeiner anderen idg. Sprache.

Diese erste indogermanistische Phase der Forschungsgeschichte wurde 1907 durch F.SKUTSCH mit dem Artikel „Etruskische Sprache" in RE VII radikal abgestoppt.

Mit KRETSCHMERS Hypothese von der „protindogermanischen Schicht" (Glotta 14, 1925, 300ff.), die seine kleinasiatisch-ägäische Theorie ablöste, beginnt die zweite Phase der Versuche, das Etr. unter das Indogermanische zu subsumieren. Noch 1923 hatte Kretschmer den idg. Charakter des Etr. geleugnet; nun war es für ihn eine i n d o g e r m a n o i d e Sprache.

A.TROMBETTI, der seit 1909 eine Verwandtschaft des Etr. sowohl mit dem Indogermanischen als auch mit dem Kaukasischen verkündet hatte (Sulla parentela della lingua etrusca. Mem. Acc. Scienze Ist. di Bologna 1909, 167ff.), wobei er jene mit dem Kaukasischen als näher ansah, modifizierte 1928 seine Ansicht, indem er nun eine nähere Verwandtschaft mit dem Indogermanischen annahm (La lingua etrusca e le lingue preindoeuropee del mediterraneo, SE I, 1927, 213ff.).

G.BUONAMICI, der anfangs die These Trombettis von der etr.-kaukas.Sprachverwandtschaft vertreten hatte, wandte sich 1920 der idg.These zu (Dubbi e problemi sulla natura e parentela dell'Etrusco, SE I, 1927, 239ff.).

In gewissem Sinne ein Außenseiter war Fr.RIBEZZO, der das Etr. einem alten, vorindogermanischen, „tyrrhenisch-sikanischen" Substrat zuwies (La originaria unità tirrena dell'Italia nella toponomastica, RIGI IV, 1920, 83ff.).

E.GOLDMANN vertrat in „Beiträge zur Lehre vom indogermanischen Charakter der etruskischen Sprache" (I/II, 1929–30) und „Neue Beiträge ..." (1936) die Meinung, daß das Etr. nach seinem Lexikon vorwiegend indogermanisch sei. E.VETTER, ursprünglich ein Anhänger der protindogermanischen These Kretschmers, setzte sich in den < Etr.Wort-

---

18 Die Bibliographie zur Sprachenfrage bis 1931 bei E. FIESEL, Etruskisch; bis 1953 bei M. LOPES PEGNA, Saggio di bibliografia etrusca, Florenz 1953 (nicht immer genau!).

deutungen I > (1937) für die idg. These ein und erklärte – gegen Ribezzo – in Glotta 29, 1942, 209f. dezidiert: „Die Gleichsetzung des Etruskischen mit den vorindogermanischen Sprachen Italiens ... ist schon deswegen unberechtigt, weil das Etruskische im Aufbau völlig indogermanisch ist." In den letzten Jahren vor seinem Tod (1963) wandte sich Vetter von der idg. These ab und vertrat eine Verwandtschaft des Etr. mit kleinasiatischen Sprachen, besonders mit dem nichtindogermanischen Anteil des Hethitischen, Lydischen und Lykischen.

Neben diesen Versuchen, das Etr. als eine idg. Sprache zu erweisen, liefen andere, die es mit nichtindogermanischen Sprachen in Verbindung bringen wollten. So trat V.THOMSEN für Verwandtschaft mit dem Kaukasischen und Baskischen, S.KONOW für Verbindung mit dem Dravidischen, V.WANSCHER mit dem Ägyptischen ein. Besondere Erwähnung sei der These von J.MARTHA (La langue étrusque, 1913) getan. Ausgehend von der Beobachtung DEECKES (Etr.Forschg.I), daß eine starke Analogie zwischen dem etr.Suffix *-l* und dem gleichen Suffix im Finnischen bestünde, versuchte Martha, das Etr. von den finnisch-ugrischen Sprachen abzuleiten. Er glaubte auf diesem Wege die Wortbedeutungen gewinnen, einen großen Teil der etr. Grammatik festlegen zu können und zu einer methodischen Übersetzung der Texte zu kommen. Der Versuch ist fehlgeschlagen, weil er auf einem oberflächlichen, kritiklosen Vergleichen von ähnlich klingenden Wörtern und auf einem mechanischen Aufsplittern der Formen beruhte. Es war dies derselbe große Fehler, den vor kurzem MAYANI in seiner Verknüpfung des Etr. mit dem Albanischen beging.

Von einer methodischen Übersetzung der Texte kann bei diesen Versuchen überhaupt keine Rede sein. Man lese nur Marthas Übersetzung der Inschrift des *Cippus Perusinus* (a.a.O. 253ff.)! Man muß sich da immer wieder fragen, wie es nur möglich ist, eine Übersetzung für richtig zu halten, deren Ergebnis lächerlicher, kindischer Unsinn ist. Dies gilt nicht nur für Marthas nur noch selten erwähnte Versuche, sondern auch für gewisse „Übersetzungen" des *Liber linteus* (AM) und der Capuatafel in den letzten Jahrzehnten. Es sind dies jene „Leistungen", welche bewirkt haben, daß sich das Problem des Etruskischen, wie PALLOTTINO (Die Etrusker, Frankfurt a.M. 1965, 183) sagt, „als ein verrufener Kampfplatz von Narren oder als ein Lachkabinett der Sprachwissenschaft darstellt."

Außerhalb dieses Kreises ist W.BRANDENSTEIN zu nennen, der in seiner Arbeit „*Etrüsklerin ve Tyrrhenlerin en eski tarihine ait dil tetkikleri* / Sprachliches zur Urgeschichte der Etrusker und Tyrrhener", Belleten III/IV, Istanbul 1937, (S.741–51 deutsche Zusammenfassung) wie in „Die Herkunft der Tyrrhener" (Der alte Orient 35, 1937) festgestellt hat, daß die etruskische Deklination typologisch der des turko-tatarischen Sprachkreises nahesteht; er nimmt aber an, daß das etruskische Lautsystem und eine begrenzte Anzahl von Wörtern in sehr früher Zeit aus einer lautverschiebenden idg.Sprache übernommen wurde („Der idg. Anteil im Etruskischen", Rev. des Études Indoeurop.I, 1938, 301ff: „Zur Frühgeschichte der Tyrrhener", ebda., III, 1943, 66ff.).

Ein neuer Vorstoß im Sinne der indogermanischen These wurde von V.GEORGIEV in mehreren Arbeiten (Die Träger der kretisch-mykenischen Kultur I, Sofia 1936–37; II, Sofia 1938; Das Schicksal der indogermanischen O-Deklination im Etruskischen, Sofia 1939) vorgetragen. Die dann folgende Arbeit „Die sprachliche Zugehörigkeit des Etruskischen", Sofia 1943, versucht den Nachweis, daß das Etruskische nicht bloß indogermanoid, sondern „echtindogermanisch" (Vorw. u. S.90) sei. Die neuesten Arbeiten Georgievs: „Hethitisch und Etruskisch", Ling.Balkan.V, Sofia 1962, 3–70, und „Späthethitisch = Altetruskisch", ebda. VII, 1963, 5–23, gehen noch einen Schritt weiter und wollen beweisen, daß das Etruskische „nichts anderes als eine Fortsetzung des Hethitischen, und zwar eines altertümlichen westhethitischen Dialekts" sei (Heth.u.Etr.57). Mit seiner neuesten Arbeit „La bilingue di Pyrgi e l'origine ittita dell'etrusco" (Ling.Balkan.IX, 1,1964, 71–75) glaubt er die Richtigkeit seiner These illustrieren zu können.

Nach meiner Überzeugung ist auch Georgievs Versuch ein Fehlschlag[19]. Das gleiche gilt von dem Versuch von A.I.CHARSEKIN[20], das Etruskische vom Griechischen herzuleiten – eine Arbeit, die in ganz auffälliger Abhängigkeit von U.COLIS „Saggio di lingua etrusca" steht[21].

Es ist heute allen Einsichtigen klar, daß in der Frage der sprachlichen Zugehörigkeit des Etruskischen die etymologische, sprachvergleichende Methode versagen muß, solange wir nicht einen umfassenden Überblick über das Etruskische, wie es in sich ist, gewonnen haben. Dies ist aber nur auf dem Wege der kombinatorischen Methode, also von innen her, zu erreichen. Dabei muß immer wieder gesagt werden, daß die Möglichkeiten dieser Methode noch lange nicht erschöpft sind; freilich sind zu ihrer Handhabung umfassende und detaillierte Kenntnis des Materials und gründlichste Beherrschung der Epigraphik nötig.

Eine moderne Abart der kombinatorischen Methode ist die von K.OLZSCHA inaugurierte und von M.PALLOTTINO aufgenommene „quasi-bilinguistische" oder „kulturhistorische" Methode, die sich auf eine gewisse Formelhaftigkeit der Sprache, vornehmlich im Religiösen, Funerären und Juridischen, stützt und mit umbrischen, oskischen und lateinischen Parallelen („Quasibilinguen") arbeitet. Eine knappe Darstellung dieser Methode hat Olzscha in Historia VI, 1957, bes. 46f. gegeben[22].

Mehr Beachtung würden auch die „Bild-Bilinguen" verdienen, bei denen an der Stelle der zweiten Sprache die bildliche Darstellung steht, zu der das Etruskische eine Didaskalie gibt. Ich weise nur auf den Heraklesspiegel (Adoption des Herakles durch Uni) (TLE 399 = NR 288 = Buonamici, EE 390, Taf.LIV) und auf die Alkestisinschrift (TLE 334 = CII 2598 = SE 18, 1945, 182 = Beazley, Etr.Vase-Painting 133) hin.

Diese knappe Skizze der Forschungsgeschichte zeigt, daß das Kernproblem die Frage nach der Zugehörigkeit des Etr. zu den indogermanischen Sprachen ist. Dabei wird nicht immer genau untersucht, ob ein fragliches Wort genuin etruskisch oder ein Lehnwort ist, oder ob ein Suffix im Etr. tatsächlich die gleiche Funktion wie im Idg. hat[23].

---

19 Zur Beurteilung dieser Arbeit s. Verf., Die Sprache IX, 1963, 48–68; X, 1964, 168–70; RIX, Kratylos VIII, 1963, 116.

20 Zur Deutung etruskischer Sprachdenkmäler. Mit einem Anhang: Etruskische Inschriften in den Museen der USSR. Frankfurt 1963 (= Untersuchungen zur röm. Geschichte 3, hrsg. v. Fr. ALTHEIM).

21 Zur Beurteilung s. Verf., Die Sprache X, 1964, 153–58; RIX, Götting. Gel. Anz. 217, 1965, 68–81.

22 Auf die Vorzüge, Gefahren und Grenzen dieser Methode habe ich in den „Studien z. AM" mehrfach hingewiesen.

23 Von vorbildlicher Objektivität ist die Untersuchung von M. DURANTE „Etrusco e lingue balcaniche", Ann. Ist. Orient. di Napoli, sez. linguist. III, 1961, 59ff., s. bes. 64f.

Andererseits wird manches, besonders an Namen, dem Etr. zugeschrieben, was in Wirklichkeit italisch, also indogermanisch ist. Auf „die ungeheure Überschätzung des etruskischen Sprachgutes im Bereich der lateinischen und besonders der italischen PN" bei W. SCHULZE – „Zur Geschichte der lat. Eigennamen", 1900, Neudruck 1933 – haben E. VETTER in: Studia Onomast. Monacensia IV (Kongreßberichte des VI. Internat. Kongr. f. Namenforschung München 1958), 1961, bes. 771ff., und RIX, Cognomen 6ff., hingewiesen.

Ein neues Kapitel der Forschungsgeschichte hat nun in den allerletzten Jahren begonnen. Wir verdanken den mit modernen wissenschaftlichen Methoden durchgeführten Ausgrabungen und der systematischen Publizierung der epigraphischen Funde, die dank der breit denkenden Initiative von M. PALLOTTINO sehr zügig erfolgte und weiter erfolgt, eine gewichtige Vermehrung des etruskischen Sprachmaterials. Es soll hier auch darauf hingewiesen werden, daß die großen Funde der letzten Jahre nicht nur für die Erforschung der Sprache, sondern auch für die Geschichte und Religionsgeschichte der Etrusker von Bedeutung sind. Es darf aber auch die kritische Situation nicht verschwiegen werden, in die uns die neuen Funde gebracht haben.

Dieses neue Material bedeutet eine wichtige Zäsur in der Erforschung des Etruskischen. Eine Zäsur, nicht aber einen Wendepunkt. Wenn dieses Material – wie immer deutlicher wird – auch mehr neue Probleme aufgeworfen als alte gelöst hat, so hat es uns doch die Gewißheit gegeben, daß die bisherige ernste Forschung auf dem richtigen Weg war. Das heißt aber, daß – trotz einer gelegentlichen, überlegen sein wollenden Geringschätzung der kombinatorischen Methode von seiten einiger Mitforscher – der jetzt als richtig erwiesene Weg im wesentlichen auch der der Zukunft sein wird[24]. Die ursprüngliche rein kombinatorische Methode hat sich längst zu einer „epigraphisch-philologischen" weiterentwickelt, die natürlich (wie könnte es auch anders sein?) auch archäologisch und historisch interessiert ist[25]. Die Existenz des Etruskischen im 1. Jahrtausend v. Chr. – angesichts des Siegeszugs der indoeuropäischen Sprachen so etwas wie ein Anachronismus – und mehr noch das Werden dieser Sprache in noch viel weiter zurückliegenden Zeiten mag man als historisches Problem ansehen; ihre Erschließung aber wird ein linguistisches und philologisches bleiben, genau so, wie dies beim Sumerischen, Hethitischen, den „linguae minores" Kleinasiens und bei anderen der Fall ist.

Das neue Material bedeutet, wie schon gesagt wurde, eine deutliche Zäsur in unserer Arbeit, ähnlich wie dies beim Auftauchen der Agramer Mumienbinden der Fall war. Es hat aber – und auch das sei wiederholt – keine revolutionierende Wirkung auf sie. Der bisherige Weg hat sich ja im Prinzip als richtig erwiesen. Es ist aber auch nicht zu leugnen, daß uns manches in dem neuen Material in Verlegenheit gebracht hat. Das war jedoch vorauszusehen, wenn wir je im Ernst an die Möglichkeit dachten, mehr Material zu erhalten und vor allem solches, das über den uns schon recht vertrauten Sektor des Liturgischen und des Funerären hinausgeht. Haben wir nicht immer erklärt, die eigentliche Problematik

---

[24] Eine treffende Darstellung und Kritik der kombinatorischen Methode nun bei RIX in seiner Besprechung von A.I. CHARSEKIN, *Zur Deutung etruskischer Sprachdenkmäler* (s.o. S. 12) in *Gött. Gel. Anz.* 217, 1965, 72f.

[25] S. dazu VERF., Uni-Hera-Astarte 7ff.

des Etruskischen liege in der inhaltlichen Beschränktheit des uns zur Verfügung stehenden Materials? Daß wir nun vor den neuen Texten etwas perplex und unsicher dastehen, daß uns das neue Vokabular und die neuen Formen, die sich da finden, noch fremd sind, ist ganz natürlich. Wer wie der Verfasser aus historischen Gründen nie an die Existenz echter etruskischer Bilinguen geglaubt hat[26], kann auch nicht enttäuscht sein, daß die Texte von Pyrgi keinen exakten „Schlüssel" gebracht haben. Denn auch sie sind keine echte Bilingue, mögen auch vielleicht die Identitäten und Parallelen zwischen dem punischen und dem etruskischen Text stärker sein, als wir im Moment erkennen.

Jetzt ist mehr denn je eine Synthese des aus der bisherigen Arbeit Gewonnenen nötig und ihre verständnisvolle Anwendung auf das neue Material, denn gerade dessen Analyse verlangt nach einem entsprechenden Werkzeug. Mag man dieses wie immer benennen – im wesentlichen ist es die Geduld heischende, wissenschaftliche Methode, die dem zähen Stoff seine Geheimnisse abringt.

---

[26] S. den Aufsatz *Gibt es Bilinguen im Bereich Etruriens?* in den ADEVA-Mitteilungen der Akadem. Druck- u. Verlagsanstalt Graz, Heft 8, Mai 1966, S. 16ff.

I. SCHRIFT UND ALPHABET[1]

§ 1. Allgemeines

a) Das von den Etruskern verwendete Alphabet gehört zur Gruppe der „roten“ (west)-griechischen Alphabete: es verwendet von den der phönikischen Vorlage fremden „Zusatzzeichen“ nur zwei, Φ (*ph*) und Ψ, das den Lautwert von χ (*kh*), nicht von ψ *(ps)* hat. Da das etruskische Modellalphabet der hocharchaischen Inschriften auch noch ältere phönikische Lautzeichen enthält, muß es bald nach 800 v.Chr. übernommen worden sein (zur Problematik s. § 2.)

Dieses Modell mit 26 Zeichen wird zwar öfter auf Gegenständen abgebildet, tatsächlich verwendet werden aber nur 22; in den Inschriften fehlen *o* und die Mediae *g, d, b*.

Die vier Sibilanten des Modellalphabets (⊞ = *s̍*, 𐌌 = *ś*, ≺ = *s*, + = *ṡ*) finden wir im 5.Jh. v. Chr. auf zwei, *ś* und *s*, reduziert[2]. Das gleiche gilt für die ursprünglichen drei gutturalen Tenues (*c, k, q*) – im Semitischen sind *Kaph* und *Qoph* phonologisch relevant (vgl. *kelb* „Herz“ und *qelb* „Hund“), im Griechischen aber nicht und daher reduzierbar –, von denen sich allgemein nur *c* hält. In archaischen Inschriften werden diese drei Tenues in der Regel mit bestimmten Vokalen verbunden: *ce/ci, ka, qu.*

b) Die *s*-Schreibung (Differenzierung von *ś* und *s*) hat im allgemeinen nur den Wert eines geographischen Hinweises; vom Süden (einschließlich Kampanien) bis Volsinii wird am Wortbeginn *ṡ* bevorzugt, im Genitiv (§ 53) aber *-s*; weiter nördlich (einschließlich die Po-Ebene) ist es umgekehrt.

c) Neben sprachlichen Erscheinungen (scheinbaren und wirklichen Änderungen im Vokalismus) treten um 500 v.Chr. auch leichte Veränderungen im Alphabet auf. Außer der unter a) erwähnten Reduzierung der Sibilanten und der gutturalen Tenues bildet sich 𐌌 über 𐌌 zu 𐌇, 𐌍 über 𐌍 zu H um. Im Norden hält sich 𐌊 teilweise als einziges Zeichen für die gutturale Tenuis. Nach dem 4.Jh. dringt auch hier > (c) aus Südetrurien ein; nur Cortona und Arezzo behalten *k*[3].

d) Besonders modifizierte Formen von *e, v* und *m* entwickelt Cortona: ℈, Ɔ, Λ (sogenanntes *„kursives“ m*). In dieser Form wird das etr. Alphabet von den Umbrern in Iguvium (Gubbio) übernommen.

e) Das von den Venetern übernommene etr. Alphabet hat noch 𐌌 und 𐌍.

---

[1] S. BUONAMICI, *EE* 101ff.; *SE* I, 1927, 508; II, 1928, 621; HAMMARSTRÖM, Beitr. z. Gesch. d. etr., lat. u. griech. Alphabets; PALLOTTINO, Die Etrusker (1965), 204ff.; zur Adoption des chalkidischen Alphabets durch die Etrusker s. jetzt M. GUARDUCCI, *Epigrafia greca* (Rom 1967), 215–235.

[2] +, X wurde im Lautwert von *ks* übernommen, dann im Etr. bald *ks* > *(ś)s*, s. FIESEL, Am. J. of Philol. LXXII, 1936, 260ff.; *ṡ* entspricht in den meisten Fällen dem *s* im Südetruskischen, s. TLE 36. 37.40.42.47 u.a.; vgl. BUONAMICI, *SE* XI, 1937, 443ff. – Zum vierstrichigen Sigma PALLOTTINO, Sul valore e sulla trascrizione del sigma a quattro tratti nell'alfabeto etrusco. SE XXXV, 1967, 161–173; zu den etr. Sibilanten *ś* und *s* s. jetzt M. DURANTE, Le sibilanti dell'etrusco. *Studi in onore* di V. Pisani (im Druck).

[3] Vgl. RIX, IF 65, 1960, 132, Anm. 25.

§ 2. Das „Modellalphabet“
mit 26 Zeichen liegt in Funden von Marsiliana d'Albegna, Viterbo, Caere, Formello, Siena (di Colle) sowie aus dem etr.- faliskischen Narce und Leprignano vor[4]. Es hat

a b g d e v z h θ i k l m n $\overset{+}{s}$ *o p ś q r s t u ṡ φ χ*

Gegen Ende des 6. Jhs. taucht für die labiale Spirans, die bis dahin mit *vh* (manchmal *hv*) bezeichnet wurde, das Zeichen 8 auf, das über 8 zu 8 wurde. Vgl. dasselbe Zeichen im lydischen Alphabet[5].

Die Frage, w o (oder von wem) die Etrusker das Alphabet übernommen haben, ist noch immer offen. Zur Lit. s. BUONAMICI, EE 133ff. mit der vorausgehenden Literatur; GRENIER, L'Alphabet de Marsiliana et les origines de l'écriture à Rome, Mélanges XLI, 1924; GUARDUCCI, Tre note relative alla storia dell'alfabeto, SE XIV, 1940, 281ff.; NEPPI MODONA, Il nuovo monumento epigrafico protoetrusco del Museo Metropolitano di New York e la questione della provenienza dell'alfabeto in Etruria. Rend.Acc. Lincei, classe sc.morali ecc., ser.VI, vol.II, 1926, 492ff.; LEJEUNE, Observations sur l'alphabet étrusque. Tyrrhenica 1957, 158ff.; PALLOTTINO, Etruscologia5, 1963, 379ff.; BLOCH, Étrusques et Romains. Problèmes et histoire de l'écriture, in: L'Écriture et la Psychologie des peuples (XXIIe Semaine de Synth.), 1963, 183ff.

Die Frage nach der Herkunft des etr.Alphabets wurde (und wird) leider in ganz überflüssiger Weise mit der ominösen Frage nach der „Herkunft“ der Etrusker verquickt und meist der Sympathie für die eine oder andere Theorie entsprechend beantwortet. Im Sinne der heute gültigen Fragestellung (s.o.) ist keine der vorgebrachten Hypothesen ausgeschlossen (vgl.BUONAMICI, EE 140). Jedenfalls sehen wir die Etrusker – das für uns in Italien greifbare Volk – bereits um 700 v.Chr. im Besitz der Alphabetschrift.

Bekanntlich werden die archaischen griechischen, vom phönikischen Buchstabenalphabet abgeleiteten Alphabete nach dem Lautwert der Zusatzzeichen *Chi* und *Psi* in ostgriechische und westgriechische eingeteilt. Zu den letzteren gehört auch das etruskische Alphabet, das für das *Psi* der ostgriechischen und des attischen Alphabets den Lautwert *kh,* für das Chi dieser Alphabete aber den Lautwert eines Sibilanten (ṡ) hat. Die Etrusker können demnach – so meint man – ihr „rotes“ Alphabet nur von irgendwelchen Westgriechen übernommen haben.

1.Hypothese: K y m e (Cumae), um 750 v.Chr. als Kolonie von Chalkis auf Euböa gegründet, hat den Etruskern (in der Kampania ?) die Lautschrift übermittelt (vgl. PALLOTTINO, a.a.O. 379f.).

2. Hypothese. Es ist ebenso möglich – ja viel wahrscheinlicher –, daß die Tyrrhener das Alphabet schon vor der griechischen Kolonisation übernommen haben, näherhin zu der Zeit, da innerhalb der griechischen Welt die Differenzierung und Adaptierung des von den Phöniziern übernommenen „Uralphabets“ (ohne Zusatzzeichen) begann. So weist GRENIER darauf hin, daß das Modellalphabet des Täfelchens von Marsiliana, das ä l t e r ist als sämtliche griechische Alphabete, die wir besitzen, mit keinem der bekannten griechischen Alphabete in direktem Zusammenhang stehen kann, obwohl es nach der Anordnung der Zeichen und nach deren Lautwert zur Gruppe der westgriechischen Alphabete gehört. Es enthält aber neben dem Sigma der westgriechischen Alphabete das Ṣade der semitischen und ostgriechischen und das Samech der semitischen Alphabete, während die ältesten Inschriften von Kyme nur das Sigma haben.

---

4 S. M. LEJEUNE, Observations sur l'alphabet étrusque. *Tyrrhenica* (Mailand 1957), 158–169. – *Formello* hat in der ersten Reihe die Folge *v, e; Caere:* im Alphabet *m* ausgelassen, im Syllabar vorhanden; vierstrichiges Sigma an Stelle des dreistrichigen; *Siena* (*Monteriggioni, di Colle*): *a* bis *o;* die etr.- falisk. Alphabete sind unvollständig bzw. umgebildet. – Vierstrichiges für dreistrichiges Sigma auch in den Alphabeten von Viterbo und Formello, und bisher in etwa vierzig Inschriften (Verzeichnis von M. CRISTOFANI bei PALLOTTINO, Sul valore (oben Anm. 2) 165ff.

5 S. SOMMER Fr., Das lydische 8. *Sitzber. München,* phil.-hist. Abt. 1930, 1; BUONAMICI, *SE* VII, 1933, 299ff.

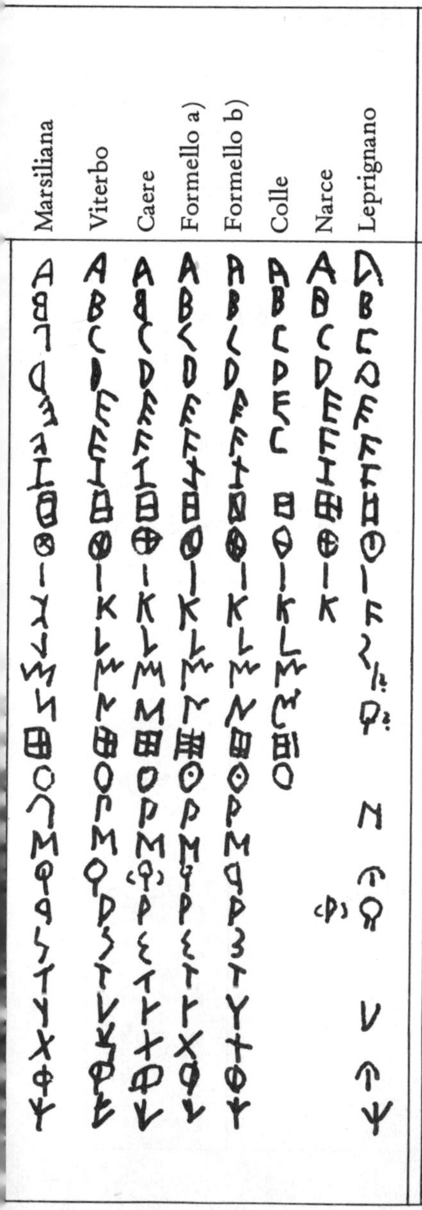

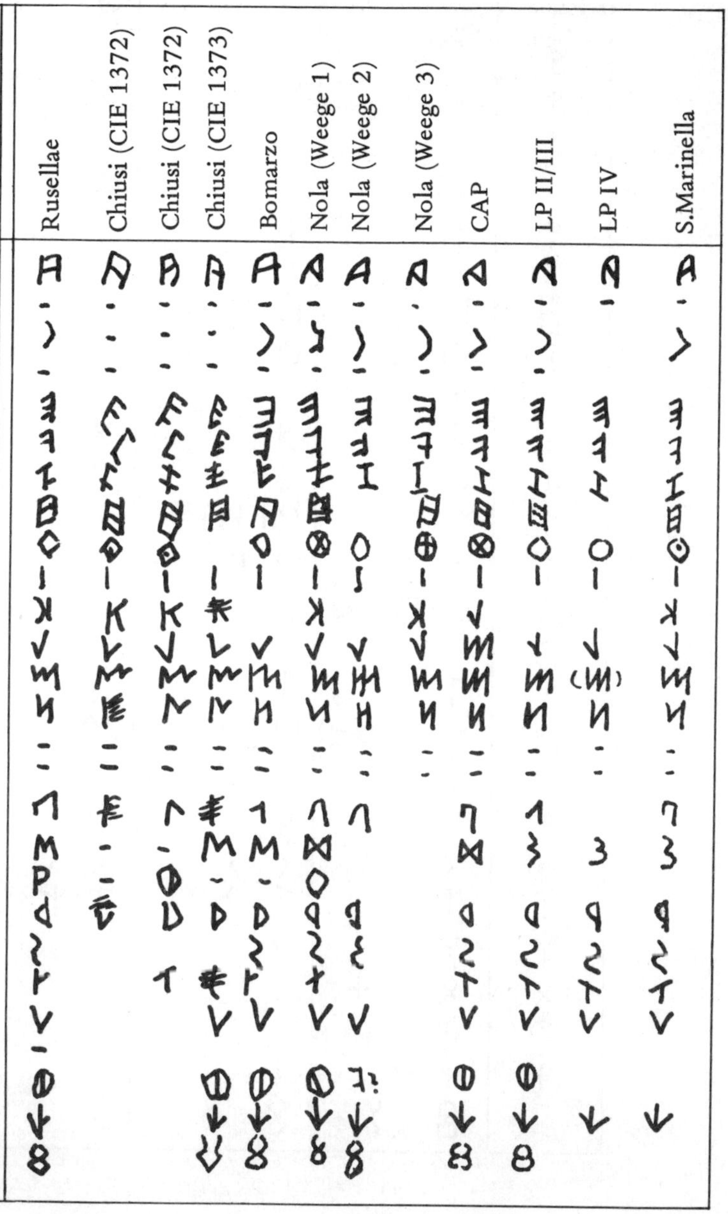

Abb. 1 Modellalphabete

Abb. 2 Gebrauchsalphabete

Die Formen des etruskischen Alphabets[7]

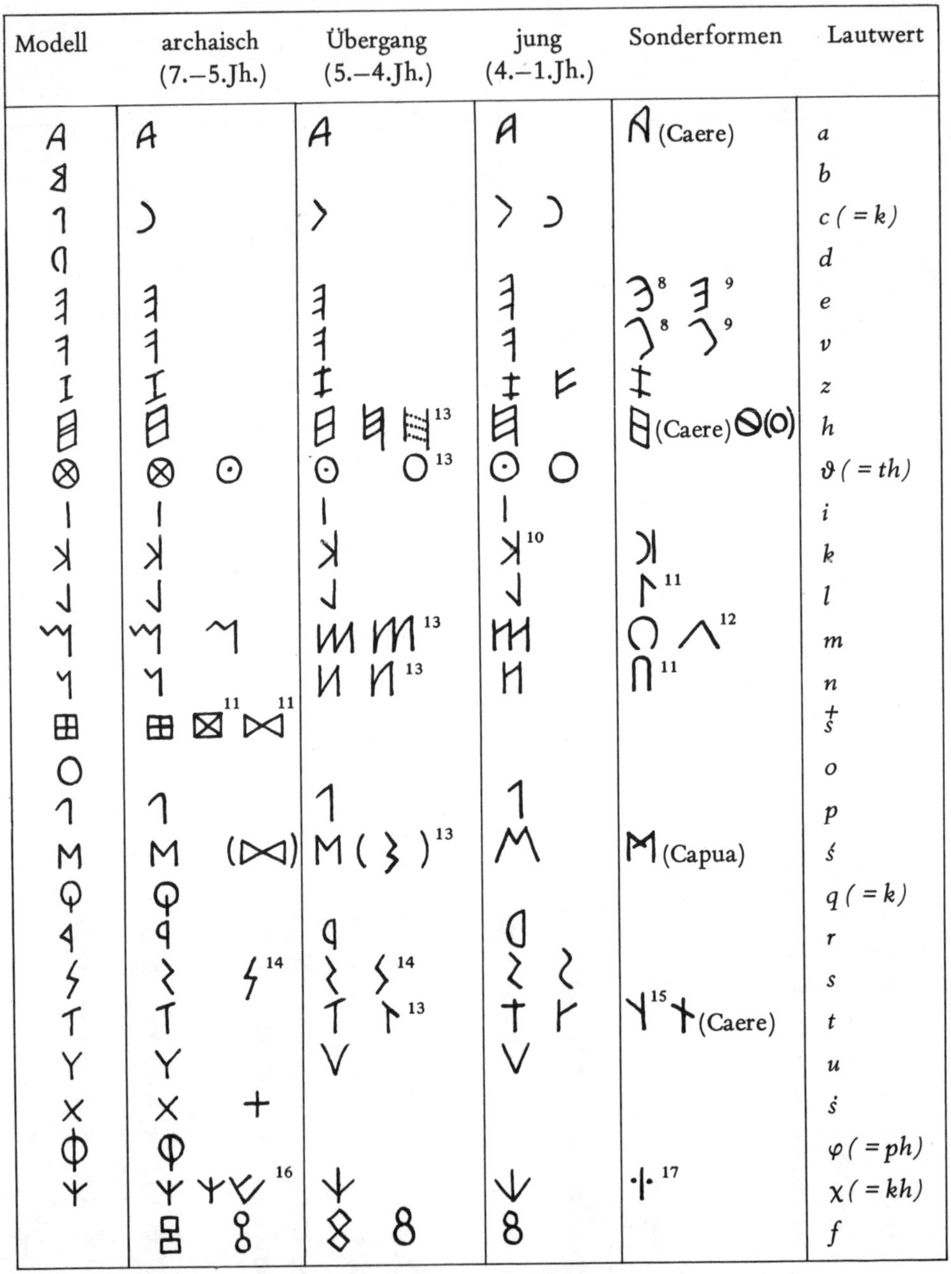

Dieser These Greniers haben sich u.a. DUCATI (Etruria antica I, 67ff.) und NOGARA (Atti I Conv. Naz.Etrusc. II, 51ff.) angeschlossen.

PARETI (Origini Etrusche I, 168ff.) hat versucht, die Argumente Greniers zu widerlegen – überzeugend ist das Resultat aber nicht. NEPPI MODONA dagegen erklärt sich im Prinzip für die Ansicht Greniers „come la più naturale, la più aderente alle tradizione (cfr. Tacito, *Annali* XI, 14) e alla evidenza delle testimonianze epigrafiche, e perciò la più convincente."

Eine 3.Hypothese zieht das Alphabet der Lemnosstele in Betracht. Die Inschrift aus dem 6.Jh.v. Chr. ist in einer dem Etruskischen nahestehenden Sprache abgefaßt. Die Verwandtschaft mit der etruskischen Schrift ist auffällig. Während aber jene nur *u* verwendet und *o* nur im Modellalphabet besitzt, finden wir in der lemnischen Schrift nur *o*, aber kein *u*. Dies läßt sich aber unschwer erklären: beide Sprachen drückten einen geschlossenen velaren Vokal, zu dessen schriftlicher Fixierung e i n Zeichen genügte, in verschiedener Weise mit einem Zeichen des „Uralphabets" aus[6].

Wir müssen uns aber fragen, ob es sich bei beiden Alphabeten um eine selbständige, voneinander unabhängige Adaptierung des griechischen Modells handelt, oder nicht. LEJEUNE (s.o.) meint, das etruskische Alphabet sei in der archaischen Epoche im Zuge der Handelsbeziehungen zwischen Etrurien und der Ägäis nach Lemnos gebracht worden. In diesem Falle erhebt sich aber die Frage, warum hier und dort der velare Vokal *o*/*u* verschieden bezeichnet wurde. BLOCH (s.o.) glaubt daher, daß sich beide Alphabete ziemlich gleichzeitig vom griechischen „Uralphabet" ausgegliedert haben. Er verweist auch auf die Anzeichen einer Silbenpunktierung im Lemnischen, die (wie im Etruskischen) auf eine ägäische Silbenschriftvergangenheit hinzuweisen scheint. Zur Hypothese einer Silbenschrift bei den Etruskern siehe jetzt LEJEUNE, A-t-il existé un syllabaire tyrrhénien? *Rev. des Études Grecques* LXXX, 1967, 40–59

Zur Übernahme des etruskischen Alphabets durch die Italiker, besonders Roms, s.LEJEUNE, Sur les adaptations de l'alphabet étrusque aux langues indo-europeennes d'Italie. Rev.des Et.Lat.XXXV, 1957, 88ff.; BLOCH, a.a.O. 191ff.

Die Entwicklung von den „theoretischen" zu den „praktischen" Alphabeten (LEJEUNE, *Tyrrhenica* 161f.) siehe Abb. 1 und 2.

a) Ganz singulär sind im Alphabet von Caere (s. §§ 2 u. 6) 𐌌 = *m*, M = *n*.

b) Einzelne Inschriften enthalten individuell geformte Buchstaben, die wohl auf persönliche Schreibgewohnheiten zurückgehen. Solche sind z.B.:

𐌚 = *f* (TLE 100); Ꭺ = *o* (TLE 697, Pesaro, nichtetr. Umgebung); Я = *v* (TLE 697, s.o.); F = *z* (TLE 559); ʘ = *h* (TLE 621; ebenso mehrere der *hepni*-Inschriften von

---

6 Zum Vergleich des Alphabets von Lemnos mit kleinasiat.-griech. Alphabeten s. BRANDENSTEIN, RE VII A,2, 1921f., Tabelle.

7 S. BUONAMICI, EE 115ff.

8 besonders Cortona und Siena.

9 besonders Arezzo und Siena (PAULI zu CIE 302; BUONAMICI, EE 185).

10 nur in Nordetrurien.

11 selten.

12 *m* einer Schreiberschule von Cortona um die Mitte des 2. Jhs. v. Chr. (HEURGON, Note sur la lettre Λ dans les inscriptions étrusques. Studi in onore di Luisa Banti, Rom 1965, 177–189) (s. z. B. TLE 646.652.653, Cortona; 719, Bronzeleber von Piacenza; TIG Va 17, *numer*).

13 Pyrgi, LP II/III; Caere (PALLOTTINO, Arch. Class. XVI, 1965, 79f.; SE XXXV, 1967, 161ff.

14 bisweilen; s. Inschriften von Orvieto.

15 besonders Arezzo (und Siena); seitenverkehrt oft in Cortona (PAULI, CIE I, S. 69; BUONAMICI, EE 210).

16 Tasse von Vetulonia (TLE 366; BUONAMICI, EE tav. XLV).

17 TLE 719 (Bronzeleber von Piacenza).

Asciano, s. Lesebuch Nr.22–26. Dort auch ⊖ , ⊘ und O); 8 = *f* (NR 796); ᛋ = ∃ , ᛋ = ꟻ in CIE 596 add.; ∃ für ꟻ , ꟻ für ∃ und ‡ für † sind nicht selten ein Irrtum des Schreibers oder Steinhauers (z.B. CIE 4360 *la·vuisi·el;* 3900 (aus dem Grab der Familie *Veti Afle* zu Perugia) *la·eezi·afle·petsnal* für *la·veti* usw.).

c) In jüngeren Inschriften finden sich nicht selten L i g a t u r e n , z.B.: ᐯA = *al;* AᑎA = *ana;* ᕽA = *aut;* ᛋN = *zn;* (CIE 3010, von VETTER erkannt); A∃ = *ha;* ∃D = *ϑe;* Aᗰ = *ma;* ᐯAᗰ = *nal;* ᐯᗰ = *mu;* ᕽᗰ = *mut;* ∃ᐯ = *ue;* ᑫᐯ = *ur.* Eine extreme Ligatur ist ᐯ∃Ↄ∩ᑫ in CIE 5581 (Cippus aus Tarquinia) (–)·– – *χrus·ś·larces.*

d) Die S c h r i f t r i c h t u n g geht im allgemeinen von rechts nach links[18]; dies findet sich schon im 6.Jh., vgl.CIE 5327. Bisweilen sind ganze Inschriften der archaischen Zeit (z.B. CAP) B u s t r o p h e d o n geschrieben. In jüngeren Inschr. kommen Wortteile, besonders nach Zeilenbruch, in umgekehrter Richtung vor, z.B. CIE 517.525.537 und Asciano Nr.36 (s. Lesebuch Nr.23); dies wird bei der Transliteration durch einen Pfeil angezeigt: *lχ·hepni·l·vu/isinal.*

Sowohl in arch. Inschr.[19] – z.B. „Aryballos Poupé" SE XXVIII, 1960, 480 u.Taf.; s. auch TLE 156, Abb. bei Pallottino, Etruscologia^3, Taf. LXII u.Buonamici EE 116 – wie auch in sehr jungen (hier unter dem Einfluß der lat.Schrift) kommt auch von links nach rechts laufender Duktus vor, z.B. CIE 280. Es gibt aber auch jüngere Inschr. mit lat.Alphabet, das von rechts nach links geschrieben (s. im folgenden).

e) Lat.Einfluß (2.Hälfte des 1.Jhs. v.Chr.) verrät das Auftreten von kursivem *e* (||) in etr. Inschriften z.B. TLE 380 (Fluchtafel von Monte Pitti) *v || lsu, cl||uste, v||lsui, z || riś, s || tria;* CIE 2693 *aul||·r||usti·munaial;* NScav.1938, 391 *ca||na.*

Sehr schön zeigt dies CIE 808 (Biling.) : a) *larϑi lautniϑa presntś* b) (lat.Schrift, linksläufig, zwei kursive *e)* S||TИ||S∃AЯꟼ .

f) Inschriften in etr.Sprache, aber mit rechtsläufigem l a t e i n i s c h e m Alphabet sind sehr jung (s. Chr.I, h, 5). Aus der gleichen Zeit stammen auch einige Inschriften in lat.Sprache, die mit etr. Buchstaben geschrieben sind, z.B. die Bilinguis TLE 540 = CIE 2647 (Ager Clusinus, Grabziegel):

1 *l·pvrni·l·f* (etr. Schrift, lat. Sprache)
2 L·PVRNI·L·F (lat. Schrift und Sprache)

Bei zwei Brüdern aus Montepulciano finden wir auf den Grabziegeln der beiden in l a t e i n i s c h e m Alphabet den Namen des einen in etruskischer, des anderen in lateinischer Sprache:

CIE 714 *ar·spedo / thocerual / clan*
CIE 715 *vel·Spedo / Thoceronia / natus*

Die Annahme von F. SOMMER und E. FIESEL, das etr. Alphabet sei aus Delphi übernommen worden, hat wenig Zustimmung gefunden. Ähnliches gilt für die Annahme einer direkten Abstammung aus Korinth oder einer seiner Kolonien, für die sich jedoch verschiedene Argumente – erhaltenes Digamma und Doris-

---

18 S. den Hinweis auf die linksläufige Schrift der Etrusker, z.B. bei Lucret. VI 381f.:
non Tyrrhena r e t r o v o l v e n t e m carmina frusta
indicia occultae divum perqirere mentis

19. BUONAMICI, EE 116.

men in der etr. Form griech. Namen, typische Mythologie und schließlich die antiken Angaben über Demaratos als Bringer der Schrift (Tacit. *Ann.* XI 14,3) ins Feld führen ließen.

§ 3. Worttrennung

Während die ältesten etr. Sprachdenkmäler ohne Worttrennung geschrieben sind, finden sich seit dem 6.Jh. Inschriften, die drei oder vier Punkte als Worttrenner verwenden, ohne daß die *continue*- Schreibung ganz aufgegeben wird. Seit dem Beginn des 4.Jhs. – teilweise auch schon früher – finden wir zwei Punkte als Worttrennung, die im 3.Jh. zum größten Teil von der Worttrennung mit einem Punkt abgelöst werden[20].

Beispiele:

TLE 27 *mi aliqu ⁝ auvilsei alespuraϑevnalϑia ⁝ inpein ⁝ mlerusi ⁝ ateri ⁝ mlaχuta ⁝ ziχuχe ⁝ mlaχta ⁝ ana ⁝ zinace*

TLE 78 *araϑ ⁝ spuriana ⁝ ś[uϑ]il hecece* [21] *⁝ fariceka ⁝*

TLE 51 *vel ⁝ matunas· larisalisa / an : cn śuϑi· cerixunce*

TLE 84 *larϑiale : hulχniesi : marcesic : caliaϑesi : munsl/e : nacvaissi : ϑamce : le*X . .

Es tritt jedoch bereits in LP II/III (5. Jh.) regelmäßige Worttrennung durch einen Punkt auf, was neben anderem – z.B. Theta ohne Punkt – ein Hinweis darauf ist, daß die Goldbleche nicht zu hoch datiert werden dürfen (s. Abb. S. 221).

§ 4. Sogenannte Silbenpunktierung

Neben der worttrennenden Interpunktion findet sich auf archaischen Denkmälern die Verwendung von Punkten innerhalb von Wörtern selbst, d.h. innerhalb von Buchstabengruppen, die uns aus anderen Texten als Wörter bekannt sind.

E.VETTER[22] hat die Bedeutung dieser Punktierung erkannt und ihre Anwendung in feste Regeln gebracht. Fr.SLOTTY hat das Phänomen von Grund auf untersucht und die Regeln schärfter und deutlicher gefaßt[23]. Diese lauten in ihrer einfachsten Fassung (Slotty a.a.O. 3):

a) Die Zeichen für die silbenschließenden Konsonanten und Konsonantengruppen sowie für wortanlautende sonantische Vokale werden punktiert, z.B. *mar·*, *tan·*, *mul·*, *i·tan·;*

b) Die Tontafel von Capua und die kampano-etruskischen Gefäßinschriften punktieren wortanlautendes *i* nicht, z.B. *ilucu, in·;*

c) Die zweiten Bestandteile der *i*- und *u*- Diphthonge werden als Konsonanten (i̯, u̯) gewertet, z.B. *aϑenei·*, *lav·tunui·;*

d) mehrere konsonantische Elemente am Silbenschluß werden alle punktiert, z.B. *a·v·ϑ·leϑ·* (= *au̯ϑ-leϑ*).

Diese Punktierung ist vor allem dadurch wichtig, daß sie in bestimmten Fällen ermöglicht, in *continue* geschriebenen Texten die Wortgrenze zu erkennen: wenn nämlich auf einen punktierten Konsonanten ein punktierter Vokal folgt, muß dazwischen die Wortgrenze

---

20 BUONAMICI, EE 225–236; HÖNIGSWALD, Studi sulla punteggiatura nei testi etruschi, SE XII, 1938, 169–217; SLOTTY, Beitr. I 1.

21 Nicht *hece ⁝ ca* (TLE); die Punktierung ist nur scheinbar (Verletzung der Wand), *ca* ist Druckfehler.

22 Gl. XXIV, 1936, 114ff.; XXVII, 1939, 157ff.; vgl. auch BUONAMICI, SE XVI, 1942, 263ff.

23 Beiträge zur Etruskologie I: Silbenpunktierung und Silbenbildung im Altetruskischen. (1952).

liegen, weil nach einem punktierten Konsonanten innerhalb eines Wortes nur ein Konsonant folgen konnte, und weil ein punktierter Vokal nur im Wortanlaut stand: z. B. CAP 8 *pricipen · a · pires ·* =*pri-ci-pen* || *a-pi-res.*

Die Silbenpunktierung ist von der Mitte des 6.Jhs. bis gegen 400 in Gebrauch; von da an wird andererseits der Worttrenner allgemein verwendet.

Zur Erklärung des Phänomens zieht SLOTTY phonetische Begriffe (Drucksilbe und Schallsilbe, Schallfüllegrade) heran. Diese gewiß geistreiche Erklärung halte ich für sprachpsychologisch zu kompliziert, um sie allgemein, d.h. außerhalb einer hochgebildeten Schreiberkaste, gelten lassen zu können. Die Art und Verbreitung des etr. Inschriftenmaterials ist derart, daß eine ziemlich a l l g e m e i n e Kenntnis des Schreibens und Lesens angenommen werden muß. Die Erklärung von VETTER ist wohl grundsätzlich vorzuziehen.

Einflüsse einer Silbenschrift auf die etruskische Schrift

§ 5. A l l g e m e i n e s

VETTER sieht im Punktierungssystem den Rest einer Schreibübung, die, aufgebaut auf dem Begriff der Normalsilbe (d.i. offene Silbe), aus einer älteren S i l b e n s c h r i f t übernommen wurde (Gl. XXIV, 1936, 132; XXVII, 1939, 158). Diese natürlichere Erklärung haben auch OLZSCHA[24], PALLOTTINO[25] und UNTERMANN[26] angenommen. Die Lage scheint zunächst so zu sein:

Wie die Silbenzeichen von Linear B und die kyprische Silbenschrift für die Sprache der Griechen nicht recht paßten, scheint auch die (uns unbekannte) altetr. Silbenschrift der Sprache nicht recht entsprochen zu haben. Während aber Linear B gewisse Laute einfach ausließ, z.B. *pe-ma* = *σπέρμα*, und das Kyprische Einschubvokale bzw. stummes *e* gebrauchte, z.B. *mi-si-to-ne* = *μισθόν*, ging das Altetr. weiter und unterdrückte durch den Punkt („Virāma") den Vokal einer offenen Silbe, um den Konsonanten zu isolieren. Man hätte also Wörter wie *sperma* oder *misϑon* als *s · per · ma* bzw. *mis · ϑon ·* geschrieben.

Nach der Rezeption der Lautschrift dürfte neben dieser die Silbenschrift noch eine Zeitlang weiterbestanden haben (s. § 8). So verstehen wir eher das Auftreten der Silbenpunktierung überhaupt, die an und für sich recht überflüssig und nur dadurch nützlich war, daß sie gelegentlich eine Wortgrenze erkennen ließ (§ 4): die Schreiber führten Gewohnheiten aus einer anderen Schrift weiter, die ihnen noch geläufiger war als die Buchstabenschrift; s. darüber § 8.

Es stand also wohl eine Silbenschrift im Hintergrund, die die einzelnen Zeichen auch für einzelne Laute verwenden konnte. Es ist damit etwa die i b e r i s c h e Schrift zu vergleichen, die in dieser Entwicklung noch einen Schritt weiter gegangen ist: sie hat nebeneinander Zeichen für Silben und für Einzellaute[27].

---

24 Gnomon 1935, 271ff.

25 SE XXII, 1952–53, 478ff.

26 Das silbenschriftliche Element in der iberischen Schrift. Emerita XXX, 1962, 281ff.

27 Vgl. J. CARO BAROJA, La Escritura en la España prerromana, in: Historia de España, dirigida por R.

Die Gewohnheiten der verschollenen etr. Silbenschrift und die Art der Übertragung auf die Buchstabenschrift sind nun – in Ergänzung zu § 4 – etwa so zu fassen:

a) Ursprünglich bedeutete in der Silbenschrift jedes Zeichen (abgesehen von Vokalzeichen allein) einen Konsonanten + Vokal. Sollte ein Schriftzeichen n i c h t mit einem Vokal auslauten (nach unserer Ausdrucksweise: einen bloßen Konsonanten darstellen), so wurde – nach Art des *Virāma* im Sanskrit – ein Zeichen dazugesetzt, das wohl ein Punkt gewesen sein mag und jedenfalls im Etr. als Punkt auftritt.

b) In der etr. Buchstabenschrift hatte jeder Buchstabe einen „Namen", der aus Konsonant + Vokal bestand, also etwa *ka, pe* usw. (wie bei uns, und unsere, d.h. die lateinischen Buchstabennamen gehen ja nach der allgemeinen Meinung auf die etruskischen Namen zurück[28]). Diese B u c h s t a b e n n a m e n wurden nun gelegentlich von den Etruskern wie S i l b e n z e i c h e n verwendet (Verwechslung auf Grund stärkerer Gewohnheit!), also etwa *p* für *pe, c* für *ca* usw., z.B. *ptrsa* = *petrsa;* zahlreiche Beispiele in § 29b.

c) Ein bloßes V o k a l z e i c h e n (immer nur im Anlaut, vgl. § 4) wurde im Etr. p u n k t i e r t, was offenbar darauf zurückging, daß die Vokalzeichen der dahintersteckenden Silbenschrift – wie in Linear B – mehrdeutig waren; in Linear B konnte nach jedem Zeichen auch ein (silbenschließender) Konsonant *r, l, n, m* oder ein *i* „gemeint" sein (also z.B. mit *ka* wurde auch *kar, kal, kan, kam* und *kai* ausgedrückt). Etwas Ähnliches muß in der etr. Silbenschrift gegolten haben, zu erkennen an einer eigenartigen Ausnahme: in der Tontafel von Capua und in kampan. Inschriften wird anlautendes *i* n i c h t p u n k t i e r t (§ 4b), was sich nun so erklärt, daß in der etr. Silbenschrift zwar mit *a, e, u* auch *ai, ei, ui* gemeint sein konnten (und nötigenfalls punktiert wurden), nicht aber mit *i* auch *ii,* da es diesen „Diphthong" eben nicht gab; das Zeichen für *i* konnte nur *i* bedeuten und eine Punktierung war überflüssig[29].

§ 6. D a s S y l l a b a r v o n C a e r e

Ein direktes Zeugnis dafür, daß die Etrusker vor und neben dem phönikisch-griechischen Alphabet eine Silbenschrift gebraucht haben, gibt es nicht, und die Hoffnung auf Funde in dieser Schrift sind gering (vgl. § 8c). Es gibt aber ein äußerst wertvolles indirektes Zeugnis:

Menéndez Pidal, T. I, Vol. III, 1954, 679–812; A. TOVAR, Eranos XLV, 1947, 81ff.; Minos I, 1951, 61–70. – Zu den Silbenzeichen in kleinasiatischen Alphabeten (karisch, sidetisch), die neben den Alphabetzeichen vorkommen, s. BRANDENSTEIN, RE Suppl. VI, 143f.; Minoica, Festschr. Sundwall, 1958, 80ff.

28 S. im folgenden die Literatur zu § 28, Anm. 1; vgl. auch Stolz-Schmalz-Leumann, Lat. Gramm.[5], 44.

29 SLOTTY, Beitr. I 58ff., bes. 62f., zieht – wie erwähnt – zur Erklärung des Phänomens die phonetischen Begriffe Drucksilbe, Schallsilbe und Schallfüllegrade heran und lehnt Vetters Erklärung ab. Ähnlich auch LEJEUNE, Wordt. 11, 1955, 180f. UNTERMANN (Das silbenschriftliche Element in der iberischen Schrift, Emerita XXX, 1962, 281ff.) stimmt der Auffassung Vetters zu und hält Slottys (wie auch Lejeunes) Erklärungen für „nicht überzeugend", s. auch V e r f., War die erste Schrift der Etrusker eine Silbenschrift? Kadmos 2, 1963, 142ff., wo eine Stelle aus Lydus, *De ostentis* 3 als Stütze für die anderen indirekten Zeugnisse herangezogen wird. LEJEUNE (s.o. § 2) hat jüngst die Schwierigkeit der Annahme einer Silbenschrift aufgezeigt und einen vermittelnden Vorschlag zur Erklärung gegeben (a.a.O. 58).

Die Lekythos aus der Tomba Regolini-Galassi zu Caere (1.Hälfte bis Mitte des 7.Jhs.)[30] zeigt neben dem Modellalphabet ein Syllabar, das in der Reihenfolge des Alphabets offene Silben mit den Vokalen *i, a, u, e* enthält; es fehlen aber neben den Silben mit den Medien *(g, d, b)* auch jene mit *o, k, l, ṡ, ś, ṡ* und *φ*. Das im Alphabet ausgelassene *m* und *q* ist allerdings im Syllabar vertreten:

a) *ci ca cu ce*	*vi va vu ve*		
b) *zi za zu ze*	*hi ha hu he*		
c) *ϑi ϑa ϑu ϑe*	*mi ma mu me*		
d) *ni na nu ne*	*pi pa pu pe*	*ri ra ru re*	
e) *si sa su se*	*χi χa χu χe*	*qi qa qu qe*	*ti ta tu te*

§ 7. Lautliche Hinweise

a) Ein starkes Indiz, daß die etruskischen Schreibgewohnheiten von einer Schrift aus der Familie von Linear B usw. mit bestimmt wurden, bildet die Tatsache, daß im Etr. die Zeichen für die Mediae *g, d, b* nicht verwendet wurden, obwohl sie in dem von den Griechen übernommenen Alphabet enthalten und den Etruskern sehr gut bekannt waren, wie die Alphabet-Funde zeigen (§ 2). Die Vernachlässigung der Mediae teilen sie mit allen Silbenschriften der genannten Familie. Es wäre zwar möglich, daß die Etrusker selbst keine *g, d, b* gesprochen hätten, es gibt aber Anhaltspunkte für das Gegenteil (§ 15); die Gewohnheit, den Unterschied zu vernachlässigen, wirkte jedoch stärker.

b) Eine andere Gewohnheit aus derselben Quelle ist anscheinend die, lange Vokale und Konsonanten nicht zu bezeichnen; ihre Existenz im Etr. läßt sich aber mindestens wahrscheinlich machen, s. §§ 14, 23.

c) Ein gewisser Zusammenhang zwischen der verschollenen etr. Silbenschrift und Linear B ergibt sich daraus, daß das Syllabar von Caere kein *l* hat und auch Linear B *r* und *l* nicht unterscheidet.

§ 8. Silbenschrift und Alphabet bei den Etruskern

a) Die ältesten etr. Inschriften kennen die Silbenpunktierung noch nicht; sie tritt erst um die Mitte des 6.Jhs. auf. Wir sehen also, daß der wichtigste Einfluß der Silbenschrift erst nach der Einführung des Alphabets einsetzte, daß somit nicht etwa die eine Schrift die andere abgelöst hat, sondern daß beide Schriftarten eine längere Weile nebeneinander in Gebrauch waren. Und offenkundig war in dieser Zeit sogar die Silbenschrift immer noch stärker im Gebrauch als das Alphabet, da man sich in gewissen Gewohnheiten von ihr leiten ließ. Die Schreiber waren für beide Schriftarten dieselben.

b) Einen Sinn konnte dieses Nebeneinander wohl nur dann haben, wenn die beiden Schriftarten verschiedenen Zwecken dienten. Hier bietet sich wieder eine Erklärung aus dem Wesen von Linear B an: Linear B war eine reine Verwaltungsschrift und wurde offenbar niemals für monumentale Zwecke verwendet, und dasselbe scheint nun bei der einstigen Silbenschrift der Etrusker der Fall gewesen zu sein; als man Grabinschriften und andere als bleibend gedachte Beschriftungen einführte, führte man

30 TLE 55; BUONAMICI, EE, Taf. II; PARETI, La tomba Regolini Galassi 322(r.).

speziell dafür auch die dazugehörige Schrift ein, die man bei anderen Völkern für diese Zwecke kennengelernt hatte.

c) Es mag kulturgeschichtlich nicht uninteressant sein, daß, wie sich auf diese Weise zu erkennen zu geben scheint, die Etrusker einmal ein ähnliches Schreiber- und Verwaltungswesen gehabt haben wie die Leute von Linear B. Daß nichts davon erhalten ist und wohl kaum etwas gefunden werden wird, erklärt sich wohl daraus, daß man die „Karteien" der Verwaltung – wie in Linear B – auf vergängliches Material schrieb, vielleicht auch auf Ton; und das mußte bei ungestörter Entwicklung zugrundegehen. Es sei daran erinnert, daß auch die Täfelchen von Linear B nur zufällig durch große Brandkatastrophen erhalten geblieben sind.

d) Das Ende der Silbenschrift bei den Etruskern könnte man bei dem Ende der etruskischen Sprache selbst suchen – denn die Etrusker hätten ja die Verwaltung in der „Verwaltungsschrift" weiterführen können. Es hört jedoch in der Zeit um 450–400 die Silbenpunktierung auf, der wichtigste Einfluß der Silbenschrift, und zur selben Zeit wird die allgemeine Worttrennung eingeführt. Das dürfte darauf hindeuten, daß man damals zum alleinigen Gebrauch des Alphabets übergegangen war. Zur Kritik der hier vorgetragenen, auf VETTER zurückgehenden Auffassung siehe die oben § 2 (Ende) angeführte Arbeit von M. LEJEUNE.

ZUR LAUTLEHRE[31]

§ 9. Zeichenbestand

Das in den Inschriften gebrauchte Alphabet bezeichnet folgende Laute:

vier Vokale: *a, e, i, u* (dieses auch für den wahrscheinlich vorhandenen *o*-Laut);

drei (fünf) stimmlose Verschlußlaute *c, (k, q), t, p;*

drei aspirierte Verschlußlaute χ, ϑ, φ[32];

zwei (vier) Sibilanten *ś, s (s̊, ṡ),* deren genauere Artikulationsunterschiede nicht bekannt sind; sie mögen nach Zeiten und Regionen gewechselt haben. Im Alphabet mit den reduzierten Sibilanten ist der Gebrauch von *ś* und *s* im allgemeinen regional gebunden (s. § 21);

eine sibilantische Affrikata (sib. Verschlußlaut) *z;*

eine labiodentale (?) Spirans *f;*

ein *v,* wahrscheinlich bilabiale Spirans (§ 18);

ein *h,* das übrigens – außer in Namen fremden Ursprungs – nur am Wortbeginn vorkommt (vgl. § 18);

zwei Liquidae *l, r;*

zwei Nasale *m, n.*

---

31 S. u.a. FIESEL, Namen des griech. Mythos; DEVOTO, Tendenze fonetiche etrusche attraverso gli impresttiti del greco, SE I, 1927, 256ff.; ders., I nomi propri in *-na* e il sistema delle vocali in etrusco, Rend. Ist. Lomb. scienze e lett. LIX, 1926, fasc. 11–15,8; ders., *Alaces, Anas,* e le influenze fonetiche etrusche, Riv. filol. class. 54, 1926, 518ff.; DURANTE, Le sibilanti dell'etrusco. Studi linguistice in onore di V. PISANI (im Druck).

32 Möglicherweise hatten Φ (Φ) und Ψ (χ) im Räto-etruskischen (Alphabet von Bozen) wie im Venetischen den Lautwert ƀ und ǥ (VETTER, Gl. 33, 1954, 68).

	Tenues	Aspir.	Spir.	Nasale	Liquidae
Gutturale	*c (k, q)*	χ	*h*		
Dentale	*t*	ϑ		*n*	*l, r*
Labiale	*p*	φ	*f, v*	*m*	
Sibilanten	*z* $\overset{+}{s}$ *ṡ*		*s ś* (§ 21a)		

Bei den Sibilanten könnten (früher?) *c*- oder *š*-Laute dahintergesteckt haben.

Der Ausfall der Medien scheint nur graphisch zu sein (vgl. § 7a); Transkriptionen in das lateinische Alphabet differenzieren häufig (§ 15).

HEUBECK (Lin.B und das „ägäische Substrat“, Minos V, 2, 149) weist darauf hin, daß der Lautstand des Etruskischen „gewissermaßen zwischen dem Griechischen und der Sprache von Linear A“ steht. Das Griech. beachtet (wie die meisten ide.Sprachen) die verschiedenen Artikulationsarten der Verschlußlaute sorgfältig, das Etr. unterscheidet zwischen aspirierten und nichtaspirierten Verschlußlauten. Lin.A hingegen unterscheidet die verschiedenen Artikulationsarten nicht. Ebenso ist es im Hethitischen (nur stimmlose Tenuis? – Vgl.KRONASSER, Vergleich. Laut- u.Formenlehre des Heth., 1956, 55f.).Hingegen unterscheidet Lin.B *d* und *t*.

Andererseits finden sich Übereinstimmungen im Lautstand zwischen dem Vorgriechischen in Kreta und dem nicht (- ide.) Substrat in Kleinasien. Lin.B führt die Dentale der *d*-Reihe ein, die aus einer stimmlosen interdentalen Spirans entstanden sein dürften (s. MERLINGEN, Bemerkungen zur Sprache von Lin.b, Wien 1954, 6ff.; PALMER, Transact.Philol.Soc., 1954, 20, Anm.3). Vgl.KN Gg 702.25 *da-pu*$_2$*-ri-to-jo po-ti-ni-ja* = *λαβυρινϑοιο ποτνιᾱι* mit *d/l* für den Initial eines nichtgriech. Wortes. Hieher gehört auch, daß Lin.A keine *l*-Reihe, sondern nur eine *d*-Reihe hat. Das griech. *l* scheint dem urkretischen *r* ähnlicher gewesen zu sein als dem urkret. Interdental, der seinerseits dem griech. *d* verwandter geklungen haben mag (Heubeck, a.a.O. 152, Anm.1).

In Kleinasien findet sich der Wechsel *d/l* häufig, z.B. protohatt.*tabarna* – heth. *labarna;* vorgr.-kleinas. Ὀλυττεύς – griech. Ὀδυσσεύς; lyk. *dapara* – griech. *Λαπάρας* (TAM I, 6);lyd. *antola* neben *anlola.*

Das Etruskische kennt diese Erscheinung n i c h t , wie es auch nicht von dem intervokalischen *d* des Umbrischen und dem „sabinischen“ *l* beeinflußt erscheint.

§ 10. Aussprache

Quellen: Wie in den meisten Sprachen der Welt, die die Schrift von anderen Sprachen übernommen haben, konnten sich auch im Etruskischen Schrift und Aussprache offenbar nicht ganz gedeckt haben; dies ist vor allem aus folgenden Quellen zu ersehen:

a) aus etruskischen Inschriften in lateinischer Schrift;
b) aus lat.-etr. Bilinguen und Namensentsprechungen;
c) aus griech. und lat. Glossen (Verzeichnis bei PALLOTTINO, TLE 801ff.)
d) aus Schreibvarianten innerhalb des Etruskischen, vgl. § 16ff.31.

Zu den Vokalen

§ 11. Etruskisch *o*

Daß das Etruskische im allgemeinen – auch in fremden Namen – ein *o* nicht bezeichnet, scheint zunächst darauf schließen zu lassen, daß es diesen Vokal nicht besaß. Darauf weist auch der Umstand hin, daß im (griech.) Modellalphabet (§ 2) zwar ein Zeichen dafür vorhanden war, aber von den Etruskern nicht verwendet wurde. Die Ursache könnte darin zu suchen sein, daß schon die verschollene etr. Silbenschrift kein Zeichen für *o*-hältige Silben hatte; wofür allerdings die anderen bis jetzt entzifferten Schriften dieser Art keinen Anhalt bieten. Andererseits läßt sich daraus auch nicht mit Sicherheit schließen, daß das Etr. wirklich kein *o* besessen hätte, denn gelegentlich scheint die Regel durchbrochen:

vetlvnom auf einem As von Vetulonia (mit kursivem *m*) (BUONAMICI EE 403f.; DEECKE, Etr. Fo. II, S.31, nr.26, b; *o* = ꝏ)

frontac in der Bilingue von Pesaro (TLE 697) (*o* = ꝏ)

thocerual clan (für *ϑucerual clan*) in der etr. Inschrift CIE 714, die mit lat. Buchstaben geschrieben ist. Hier auch *spedo* für **spetu*. Vgl. ferner:

TLE 542 [1]*Casia.Pedros* [2]*lautnida* (lat. Schrift, etr. Sprache); *Pedros* = *petruś*

TLE 662 [1]*velχe fulni velχes* [2]*ciarϑialisa* [3]*Q.Folnius A.f. Pom.*

CIE 4163–66 *percumsna,* 935 PERGOMSNA (lat. Alphabet, etr. Sprache; vgl. CIE 936)

CIE 3506 *cutunial* – 3501 COTONIA (Metronymikon zweier Geschwister)

CIE 3623 *pumpus* (Gamonym der Mutter) – 3622 POMPONIVS (Sohn)

CIE 3717 u.ö. *nufrzna(ś)* – 3864 NOBORSINIA

SE IX, 1935, 308 LARTHIA.OTANIS – CIE 2502 *u[t]anisa;* s.a. CIL VI 36.595 *M. Utanius Etruscus,* u.vgl. SCHULZE LEN 364

In CIE 2700 *RVTI.THANIA / LARO.LI* ist O nicht *o*, sondern (was den des Lateinischen ungewohnten Steinmetz verrät) etr. *ϑ* (vgl. auch CIE 808.991). Die Inschrift ist lateinisch mit röm. Namensformel der Freigelassenen *Ruti Thana, Larth(is) li(berta)*.

Vgl. jedoch dazu Plin. bei Prisc. II 26, 16: „ *o* aliquot Italiae gentes non habebant, sed loco eius ponebant *u*, et maxime Umbri et Tusci . . .; quae tamen a iunioribus repudiata sunt quasi rustico more dicta." Welche Schlüsse daraus zu ziehen sind, ist unsicher. Möglicherweise hat sich dies nur auf die Schrift bezogen; auch haben wohl im Laufe der Entwicklung Unterschiede bestanden. Es ist auch denkbar, daß das Etr. zweierlei *u* hatte, etwa geschlossener/offener oder kurz/lang. Jedenfalls mögen etwa graphische Homonyme wie *tul-* „legen" und *tul* „Stein" auf die eine oder andere Weise phonetisch unterschieden worden sein.

§ 12. Zweierlei *e*?

Ein offeneres *e* scheint sich in dem Wechsel *clan* (cas. rect.) *-clen-* (obliquer Kasus) anzuzeigen; ein geschlossenes in dem Wechsel mit *ei* und *i*: *etva* und *eitva*, *velϑur* und *vilϑur*, *mene* und *mini*.

Vgl. a) *i* > *e*: *iϑavusva* – (Göttername) TLE 29 – *eϑauśva* (dass.) Gerh.-K.V, 6
ica „dies" (LP II, 1) – *eca* (dass.) passim
icni „dies" (Akk.) (CAP 22–24) – *ecn* (dass.) passim
ilu- „darbringen" (CAP passim) – *elu-* (dass.) AM V 22
mini „mich" > *mine* (TLE 36) > *mene* (TLE 38)

Durch *i* > *e* kann es zu Homophonien kommen: *mene* in TLE 359 ist sicher nicht = *mini,* sondern eine Verbalform von *men-* „bringen"; AM II 9 ist *mene* „Darbringung, Gabe".

Vgl. auch *capi* (TLE 12f.40.395a 1.2) „Schale, Behälter" > *cape-* „Schale" in AM (öfter) und TLE 570 A 14.

Wenn in TLE 481 *mineviku muluevneke* etc. das erste Wort in *mine viku* „mich (stiftete – *muluevneke* ist verschrieben für *muluveneke)* Viku" zu teilen ist, und die beiden ersten

Buchstaben des Namens sicher sind, dann vgl. dazu CIE 1796 *vecu* (GN). Vgl. auch griech. Ἰάσων > etr. *easun.*

**hermina* (vgl. [*h*]*ermenas* TLE 253) <*hirmina(ia)* CIE 4985 (Volsinii, 6./5.Jh.);
hirumi[*n*]*a* TLE 363 (Vetulonia, 7./6.Jh.);
hersa/hersu < *hirsu(naiesi)* TLE 769 (südetr., vor 600 v.Chr.);
vercenas < *vircenas, versnas* < *virsniś* (NR 578, Populonia, arch.).

SLOTTY (Beitr.I 148) erinnert an lat. *stircus, Mircurios, commircium* (Sommer, Handb.58) und an osk. *amiricatud* (Tab.Bant.). VETTER (SE XXIV, 1955–56, 301ff.) weist aber mit Recht darauf hin, daß für *i* > *e* (schon im Altetruskischen) nicht mit dem aus dem Italischen bekannten Übergang von *-er-* zu *-ir-* durchzukommen ist, wie Danielsson zu CIE 4985 vermutete (vgl. auch SLOTTY, Beitr.I 147ff.). Es sind ja die Formen *mini – mine – mene* „mich" gleichzeitig schon im 6.Jh. belegt, wobei *mini* zahlenmäßig überwiegt. Die italische Erscheinung, die zur Erklärung herangezogen wird, ist *-er-* > *-ir-*, nicht *i* > *e*.

c) *-ial* > *-eal: arnϑeal* (TLE 320.321 Vulci), *larϑeal* (TLE 260 Orvieto, 577 Perugia) für normales *arnϑial* und *larϑial; -eal* > *-ial* im Gen. verschiedener weibl.GN (Tarquinia, Volsinii, Chiusi, Perugia). Es handelt sich um antizipatorische Assimilation in Kontaktstellung; die Erscheinung tritt sporadisch in ganz Etrurien auf, und kein Beleg ist vor 400 v.Chr. zu datieren (SLOTTY, Beitr.I 150ff.; RIX, Cognomen 292). Vgl. auch *cialχ-* „dreißig" > *cealχ-* (beide Formen in AM, *cealχ-* auch in Tarquinii).

d) *-ia* > *-ea: caea* (Volsin.), *velnea* (CIE 3461 Perugia) – jedoch *velnia* in Chiusi; *satnea* (Suana). Es ist dies eine Analogie zu *-ial* > *-eal,* kommt aber viel seltener vor. – Vgl. LATTES, Ind.fonet., *e : i,* Rend. Ist.Lomb.41, 1908, 517.

Hier ist auch das Phänomen zu erwähnen, daß bisweilen, unabhängig von Zeit und Region, an die Stelle von *e* (meist im Auslaut) der Diphthong *ei* tritt. Wir finden in Perugia die m. GN *avei, anei, atei, cacei, velei, velχei, *acei, *apei* (beide erschlossen, vgl. RIX, Cogn.112) neben anderswo belegten *ave(n-)* TLE 104, *ane* TLE 494.509.510.511.117, *vele(na)* TLE 33, *velχe* TLE 535; wir finden *neisl* TLE 168 (Castel d'Asso) neben *neśl* (167.178.198.359a) und *nesl* (351.359b!.515.572), und schließlich neuestens das PN *ϑefariei* in LP II 4/5 neben *ϑefarie* in LP III 1. In den beiden letzten Fällen ist in Verbindung mit dem GN *velianas/veliiunas* aus der Kasuskongruenz der Formula onomastica und aus der Syntax (*ϑefariei velianas* Subjekt von *vatieχe, ϑefarie veliiunas* Subjekt von *ϑamuce)* klar ersichtlich, daß *ϑefariei* nur eine Variante des Nom. *ϑefarie* sein kann, genau so, wie sich in Perugia *anei : ane* und *velχei : velχe* verhält. RIX (Cogn. 211, Anm.36 spricht von einem „Hyperurbanismus" der Aussprache, DURANTE (Rend.Accad.dei Lincei, cl.scienze mor., stor. e filol., s.VIII, vol.XX, 1965, 319 mit Anm.41) von „forme . . . certo sintatticamente equivalenti", bei denen das Digramm *-ei* ein geschlossenes *-e* darstellen dürfte. PALLOTTINO hingegen (Arch.Class.XVI, 1965, 87) meint, die Endung *-ei* habe „una sua concreta ragione grammaticale, nel senso che il suffisso *-i,* non ignoto come segnacaso della flessione nominale etrusca seppure d'impiego e significato ancora mal definiti, aggiungendosi al tema del nome, presumibilmente ne modifica il valore". Er verweist auf die zahlreichen Formen in CAP, die auf *-ei* enden (*aϑenei, cuciiei, iśvei, salχei* u.a.) und erklärt, daß das Vorhandensein dieses Suffixes (in *ϑefariei*) „ci rende, in sostanza, molto dubbiosi sulla possibilità che la forma del nome sia al „nominativo" (e dunque che il nome stesso rappresenti il soggetto della frase, come invece sembra pacifico in B)".

Ich glaube, daß auch bei den angeführten Formen aus CAP kein eigenes Suffix *-i* abzutrennen ist, sondern daß auch hier – in einem Text, der auch sonst ein starkes lokales Kolorit verrät – *-ei* für *-e* anzunehmen ist. Es müßte ja auffallen, daß in AM der angeblich mit *-i* bezeichnete Kasus nicht vorkommt. Dort sind die einzigen Fälle *ipei* (X 7) neben *ipe* (X 9) und *faśei* (II 11.13; III 21; IV 7.16; V 11.21; IX 19) neben *faśe* (IV 20; V 15). Daneben kommt auch *faśei-c* (VIII g 5; IX 8.14) und *faśeiś* (IV 21; V 15) und sogar *faśi* (IV 13; IX 27) vor. Und gerade hier ist aus IV 20 u.V 14f. *χiś eviśc faśe,* verglichen mit IV 15 f.,

V 11 u. IX 19 *χiś esviśc faśei*, sowie aus IV 13 *nunϑenϑ faśi*, verglichen mit II 13 *nunϑenϑ tei faśei* ersichtlich, daß *faśei* und *faśe* (und auch *faśi*) äquivalent sind. Wichtig ist der neue Beleg für Nom. *-ei*, Gen. *-eis* in SE XXXIV, 1966, 395: *mi spurieisi teiϑurnasi aliqu* „ich (bin) des Spuriei Teithurna(s) Gabe", der nur von einem Nominativ *spuriei teiϑurna(s)* stammen kann (völlig ausgeschlossen die von RIX, *Gött. Gel. Anz.* 220, 1968, 79 erwogene Zerlegung *spurie-isi* und die gekünstelte Annahme einer eventuellen Verschreibung bei *ϑefariei*). Etwa gleichzeitige Inschriften von Orvieto haben *spurie*. – OLZSCHA, Die pun.-etr. Inschriften von Pyrgi, *Glotta* XLIV, 1966. 60–108, erklärt a.a.O. 68 *ϑefariei* als Dativ; ähnlich HEURGON, *C.R.A.I.* 1965, 102 und COLI, *Nuovo saggio di lingua etrusca* (1966), 35. Es ist aber m.E. an der Funktion von *ϑefariei* als Subjekt der Prädikate *vatieχe* und *turuce* nicht zu rütteln. – Zur Epenthese von *i* s.a. MÜLLER - DEECKE II, 364f. 372.

Ein merkwürdiges Schwanken zeigen die Umbildungen des griechischen Heroennamens 'Ιάσων:

heiasun (Gerh.-Körte CCXXXVIII, Vulci)
eiasun (Gerh.-Körte V, 88, 2, Bolsena)
heasun (Gerh.-Körte V, 93, Telamon)
easun (Furtwängler, Gemmen XVIII, 4)

i > *e* im Umbrischen: *spanti* TIG III 34; IV 2; *spantim-ař* III 33 – *spante-a* IIa 30.
sacri- TIG VI b 52.56 – *sakre-* I a 18f.; V a 6.
sevakni Abl.Sing. TIG II a 38f. – *sevakne* (idem) IV 23.
(s. dazu PISANI, Le lingue dell'Italia antica 332; BOTTIGLIONI, Manuale 58)

i > *e* in Präneste: *taseos* „Thasius" (VETTER, Handb. I S.337, nr.366, h);
fileai „filiae" (ebd. nr.367, cist. Ficoroni)

i > *e* im Faliskischen: *filea, hileo, manileo, folcozeo, paviceo, iuneo, uolteo* (GIACOMELLI, La lingua Falisca 117f.)

Kein Wechsel *i* ≶ *e* liegt bei den Stämmen *lein-* „sterben" und *lin-* „bauen" (o.ä.) vor.

SLOTTY, Beitr. I 155, setzt sich bezüglich der Vokaländerung in *clan : clenar* mit VETTER auseinander, der in Glotta 28, 1939/40, 182 von einer Widerspiegelung der ide. Stammabstufung spricht (was SLOTTY zurecht in „Abtönung" korrigiert), da ide. *-o* zu etr. *-e* geworden sei. „Diejenigen Etruskologen", sagt er, „welche an eine indogermanische Herkunft der Etrusker glauben, ... müßten, da sie *clenar* trotz seinem Erscheinen erst in jungetruskischer Zeit als ursprüngliche Lautung anzusehen hätten, das *-i* in altetr. *cliniiaras*, *clinsi* als anticipatorische Assimilation an das *-i* der zweiten Silbe erklären." Für den „Umlaut", von dem SKUTSCH, RE VI 798 spricht (s.a. GOLDMANN, Beitr. II 26,2), vermißt SLOTTY a.a.O. eine Äußerung von SKUTSCH über die Bedingungen, unter denen er erfolgen soll. Er sagt: „als Umlaut gilt in der Sprachwissenschaft ein assimilatorischer Wechsel der Vokalqualität, der durch den Einfluß eines Vokals in benachbarter Silbe verursacht wird, und ich wüßte nicht, wie sich ein solcher Vorgang hier vollzogen haben könnte, man müßte denn gerade annehmen, daß dies in der Form *clens/śi* geschehen sei (*-a* > *-e* vor *-i-* der nächsten Silbe – Fernassimilation) und von hier auf die anderen Formen übertragen worden sei; dabei bliebe dann zu erklären, weshalb die Ausbreitung der *e*-Farbe der Wurzelsilbe vor dem Casus rectus haltgemacht habe. Es zeigt sich also, daß die ganze Frage einer eingehenden Untersuchung bedarf . . . ; nur soviel möchte ich hier darüber sagen: mir scheinen die gemeinetruskischen Formen mit *-e-* das Normale zu sein; in den zwei alten Formen mit *-i-* sehe ich eine zeitlich (Ende 6.Jh.) und örtlich (südetruskisch) beschränkte Beeinflussung des *-e-* der Wurzelsilbe durch den *i*-Vokal der folgenden Silbe."

Natürlich kann von einer ide. „Abtönung" keine Rede sein. Es scheint aber im Etr. tatsächlich der Umlaut vorzukommen. Es ist sicher, daß die Wurzeln *car-* und *cer-* zusammengehören (s. PALLOTTINO, Die Etrusker, 1965, 246 *s.v.*); dasselbe wird bei *ϑam-/ϑem-* für möglich gehalten (s. PALLOTTINO, Arch. Class. XVI, 1964, 85f.), ebenso für *sal-/sel-* (s. PFIFFIG, Uni-Hera-Astarte 32).

Wenn wir die vokalische Umgebung der Formen mit *-a-* bzw. *-e-* prüfen, ergibt sich folgendes Bild:

1.) bei Verben:

car-es-	TLE 572	*cer-i-ne*	TLE 131.315
car-es-ri	619	*cer-i-χu*	135
car-u	570 A 3	*cer-en*	AM VII 9.19.21.23 (<*cere-in?*)
		cer-ur-a	CAP 37
		cer-ur-um	TLE 619)
ϑam-ce	84	*ϑem-i-asa*	LP II 3/4
ϑam-u-ce	LP III 2		

mit vielen Durchkreuzungen:

mulu-(v)an-i-ce	*mulu-(v)en-i-ce*

2.) bei Nomina:

clan	(passim)	*clen-śi/si*	173.570 A 9/10. 651; 314
śpura-l	AM V 23; 487.675.676	*spure-ϑi*	171
spural	TLE 694.732	*spure-ni*	131
spura-na	163.233	*śpure-ri*	AM passim
reuχzi-na	AM VIII 7	*reuχzi-ne-ti*	AM VIII 8
**lauχum-na*		*lauχum-ne-ti*	AM IX γ 2
**rumitri-na*		*rumitri-ne-ϑi*	TLE 630
hupni-na	TLE 442.451	*hupni-ne-ϑi*	630
rena-na	727	*rene-ϑi*	570 B 7

3.) bei Pronomina:

ita, Akk. *itan*	TLE 39	*ten*	TLE 714
ta	Nom./Akk.Sing.	*tei*	Nom./Akk.Pl. (AM passim; Gen. *teiś* AM X 16; TLE 570 A 4.22; *teis* TLE 359 B; s.a. *teisnica* TLE 100)
ica,	Akk. **ican*	*cen*	TLE 651
ca	Nom./Akk.Sing.	*cei*	Nom./Akk.Pl. (TLE 570 A 21; dazu *ceia* AM VII 1–5?)
ipa	(Nom./Akk.Sing.	*ipei*	Nom./Akk. Pl. (AM X 7)
inpa	Nom./Akk. Sing. (TLE 380, 1.7.8)	*inpei(n)*	Akk.Pl. (TLE 27)

Der Akkusativ der Pronomina hatte ursprünglich die Vollform mit *-ni* (vgl. *mi : mini*), die noch in *itani-m* LP II 14, *icni* (mit *n* = *n̥* = *an*, s. § 29a, II), *ecni-a* TLE 359 B, *ituni-a* TLE 506 erhalten ist. Zum Ausweichen nach *-u-* bei *itun* TLE 156 und *itunia* 506 vgl. im folgenden *mulvunuke.*

Wenn wir von *cerur-* (und dem vielfältig durchkreuzten *mulvaneke : mulvenice* sowie *sal : śelace* LP III 5 mit fraglicher Zusammengehörigkeit) abgesehen, erkennen wir, daß

-e- < *-a-* in den Wurzel= und Stammsilben regelmäßig vor einem *-i-* in der unmittelbar folgenden Silbe auftritt, unabhängig von der Funktion dieser Silbe:

cer-i-ne: *-i-* ist Bindevokal des Mediopassivstammes (s. § 142);
cer-i-χu-: *-i-* ist Bindevokal des „Faktitiv-Stammes" (s. § 145,a), 3
ϑem-i-asa:-i- ist irrationaler Vokal vor dem Partizipialsuffix *-as(a)?*
clen-si: *-i-* ist der Vokal des emphatischen Genitivsuffixes (s. § 63);
spure-ϑi: *-i-* ist der Vokal des Lokativsuffixes (s. § 58);
spure-ni: *-i-* ist der Vokal des Suffixes des Akk. defin. (s. § 46).

Wenn *ϑemiasa* tatsächlich zu *ϑam-* gehört, dann gilt die Regel schon für das (spät)archaische Etruskisch. Das Schwanken in den älteren Belegen für *muluvan- : muluven-* könnte ein Hinweis auf die Zeit des noch nicht völligen Durchbruchs des Phänomens sein (vgl. TLE 34–41 Veji; 57–60 Caere; 363 Vetulonia; 386 Volaterrae; 481f. Clusium u.a.). TLE 267 (Orvieto) *muluvunuke* paralysiert die betreffenden Silben durch Vokalharmonie.

Es ist m.E. nicht ausgeschlossen, daß *-ai* > *-ei,* besonders bei den weibl. Gentilnamen, so erklärt werden könnte, wobei bemerkenswert ist, daß dann im Gen. auch der umgelauteten Endung wieder *-al* auftritt. Die archaischen Gen. auf *-aia* hingegen treten nie umgelautet in *-eia* auf. Dies könnte wie oben ein zeitlicher Hinweis aufgefaßt werden, soferne sich bei *-aia* nicht der Umstand auswirkt, daß es sich hier nicht um reinvokalisches *-i-*, sondern um halbkonsonantisches *-i̯-* handelt. Daß arch. *ramuϑasi* (SE XXX, 1962, 296) nicht in **ramuϑesi* umgelautet wird, könnte wieder zeitlich begründet werden; dagegen handelt es sich bei *clenar-a-śi, precuϑur-a-śi* u.ä., wo *-a-* der reguläre Bindevokal zwischen dem *-r* des Plurals (auch **precuϑur* hat pluralischen Sinn, s. § 166,3) und der Genitivendung *-śi* ist, um einen *hic et nunc* nicht umlautbaren Vokal.

Wollen wir auf dieser Basis zum Ausgangspunkt *clan : clenar* zurückkehren, dann können wir diesen Fall vielleicht damit erklären, daß der Gen. von *clan* zu Zeit, als der Umlaut wirksam wurde, nur oder hauptsächlich mit *-si* gebildet wurde; **clan-si* > *clen-si,* und daß dann die umgelautete Form in die anderen Kasus, auch in den Plural, eindrang. Die ein Mal belegte Form mit *-iar-* im Plural könnte schließlich zur (rein hypothetischen) Annahme führen, der Casus rectus habe ursprünglich **clani* gelautet. Dies ergäbe Gen. **clani-s* > **clenis,* Plur. **clani-ar* > **clenii̯ar* und mit weiterer Assimilierung > *clinii̯ar,* was ebenso auch das fragliche *clinsi* (wenn wirklich existent und nicht *clensi* zu lesen ist) erklären könnte: **clani-si* > **cleni-si* > **clini-si* > *clinsi.*

Bei rezenten Formen wie Gen. *afuneś* TLE 570 A 11 (neben *afunaś* A 3; B 13/14) und *ramϑes* TLE 321b,d dürfte es sich um eine Verschleppung der bei Namen mit *e*-Stämmen regulären Genitivendung *-es* in diese *a*-Stämme handeln, bei GN vielleicht zur Unterscheidung vom Nom. auf *-aś/s.* In TLE 570 lautet jedoch der Nom. *afuna* (A 17.23; B 16). TLE 321 ist – neben einer „geschraubten" Konstruktion (s. § 213a) – auch durch ausgefallene Formen gekennzeichnet; die Gattin in dieser Doppelbestattung des 4./3. Jahrhunderts nennt sich archaisierend *tarnai,* nicht *tarnei;* ihr Vater war *marce tarna,* der Gen. seines Namens lautet hier aber (*marces*) *tarnes.* Ihre Mutter war eine *ramϑa *χairi,* das Metronym im Gen. wird aber mit *ramϑes χaireals* angegeben. Doch damit noch nicht genug: das Patronymikon des Gatten *larϑ tetnie* lautet *arnϑeal(s) tetnis* (anstatt *arnϑals tetnies*); seine Mutter war eine *ramϑa viśnei,* die sich aber *viśnai* schreibt, mit einem Gen. *ramϑes visnaial* (anstatt *ramϑas viśnal*). Man versucht offensichtlich, sich auf „altetruskisch" zu geben, eine Art von linguistischem Snobismus.

Wie schließlich die Vokaländerung bei einigen aus der Regel fallenden Fällen

car- : *cerur* (Nomen im Plur. < **ceru* „Gemachtes", vielleicht „fictile")
śval- : *śvel-er(i)* (Nomen im Plur. < **śvele* „Lebewesen", „ζῷον")
śran : *śren-χve* (Adj. III < *śran* „Schmuck, Zierstück", vgl. aber *sren* TLE 399!)
sal : *śel-a-ce* (Prät. 3. Pers. „weihte, stiftete"?)

zu erklären ist, wird nicht recht ersichtlich; vielleicht handelt es sich in einigen dieser Fälle um einen qualitativen A b l a u t mit semantischem Wert. Hierher wären dann vielleicht auch *mal-* „reddere"? : *mele* „Leistung", *ar-* „machen" : *er-ce* (TLE 90)? und **ars-* (in der Glosse *arse verse*) : *ers-ce* (TLE 334) „wehrte ab"? (mit **ars-* Intensivus zu *ar-*?) zu ziehen.

§ 12 bis. *u* > *v*. Die Erscheinung ist in jüngeren Inschriften sehr häufig, z.B.:

CIE 160 *pvinei* – 32 *puina*
509 *sertvru* – 510 *śerturu*
904 *patv(al)* – 903 *patu(i)*
1895 *pvrnisa* – 1896 *purnisa*
3661 *lvesnas* – 4047 *luesna*
4385 *lvnceś* – 4386 *lunceś*

In 2809 ist *crvtḷṇus* (mit nordetr. Ↄ = *v*) zu *crutḷṇus* verbessert.

Ebenso häufig ist *av* für *au*, z.B. *avle* (passim) – *aule* (passim), *lavtni* (öfter) – *lautni* (passim); CIE 962 *plavtrias* – 961 *plautiras* (verschrieben für *plautrias*).

Zu *v* > *u* s. § 19.

1. Bisweilen findet sich ein eingeschobenes *-v-*, das in Fällen wie *avulni* (für *aulni*) den Gleitlaut *u̯* darstellt, in anderen aber, wo es auf *-u-* folgt, ital. *-ou-* wiedergibt (vgl. DEECKE in Mü-Dee. II 370,3 und 388 – Ende des § 12 – mit noch ungenügendem Erklärungsversuch): *luvci* (s. § 19), *luvcnal*, und besonders oft *ruvfi, ruvfni, ruvfil, ruvfial, ruvfies* (TLE 196), *ruvries* (TLE 32, wohl für **ruvfries*) mit *u* = *o*.

Es ist nicht ausgeschlossen, daß in TLE 737 an Stelle des merkwürdigen *ruifriś* ebenfalls *ruvfriś* – das erste *-i-* ist die senkrechte Haste des *v* – zu lesen ist.

2. griech. υ > teils etr. *u*, teils > etr. *i*:
enie (Gerh.-K. V 66) < Ἐνυώ; *crisiϑa* (Gerh.-K. CCCLXXVIII) < Χρυσηΐς (vgl. pränest. *crisiϑa, creisita*); *zinϑrepus* (Gerh.-K. V 121) < Σύντροφος? ; *ϑimrae* < Θυμβραῖος. Dagegen *cuclu* CIE 5363 < Κύκλωψ; *pulutuce* (Gerh.-K. LVI) < Πολυδεύκης; *tunt(l)e* (Gerh.-K. V 75.77) < Τυνδάρεως; *turia* (Gerh.-K. CLXX) < Τυρώ; *tute* < Τυδεύς; *uϑ(u)s(t)e, utuśe* (öfter) < Ὀδυσσεύς;

Eine Zwischenstellung findet sich in *purciuś* (Gerh.-K. V 68) < Φόρκυς.

§ 13. D i p h t h o n g e

An Besonderheiten ist zu vermerken:

a) einem zeitlichen Wandel entspricht arch. *ai* > *ei* (> *e*), z. B. *paiϑunas* > *peiϑna* > *peϑnei* (< **paiϑunai*), oder *ma[i]ani* CIE 5407 > *meiani* TLE 99 – CIE 5526 > *mean* NR

715; *fanusei* CAP 26 > *fanuśe* AM X 23. Ebenso allgemein *-ai* > *-ei* im Nom. der weiblichen GN.

Andererseits findet sich in AM *ais* „Gott“ (4 Belege) und *eis* (1 Beleg), *aiser* (1 Beleg) und *eiser* (3 Belege), *aiseraś* (3 Belege) und *eiseraś* (1 Beleg), *aisna* (7 Belege) und *eisna* (5 Belege), *caitim* (1 Beleg) und *ceiϑim* (1 Beleg), zusammen *ai* : *ei* = 16 : 11

Ich möchte aber die *ai*-Formen der AM dem Umstand zuschreiben, daß der liturgische Text im allgemeinen ältere Schreibungen aufgewiesen haben dürfte, für die der Kopist gelegentlich die jüngere Schreibung einsetzte (vgl. V e r f., Studien zu den AM 8ff.).

SCHULZE, LEN 385, bemerkt zu diesen und anderen Beispielen: „Auf den epigraphischen Denkmälern herrscht oft ein Schwanken zwischen *ai* und *ei*, das sich keiner Regel fügen will.“ Während der Wandel *-(n)ai* > *-(n)ei* beim weibl.GN als Regel anzusprechen ist, erscheint *ai* im Stamm fester.

Zu *ei* > *e* (und umgekehrt „hyperurbanistischem“ *ei*) s. RIX, Cognomen 211, Anm.36; 287[33].

b) *ou* in übernommenen „italischen“ EN wurde verschieden ausgedrückt:
**ou* > *uv* > *u* bzw. **ou* > *au* > *u* oder *a* (MÜLLER-DEECKE I 464; HERBIG, Gl.2,1910,96f.). So finden wir ital. **roufe* als *raufe* oder *raufi* (CIE 3482), *ruvf*(..) (3467), *rafi* (z.B. 3472) oder *rufi* (3471), latinisiert in der Regel nur RVFI- (s. auch RIX, Cognomen 65f.156.302. 309).

Die Neigung zur Monophthongierung zeigt sich bisweilen auch bei *lautni* „familiaris, libertus“, das auch in so geschlossenem Material wie dem von Perugia als *latni* bzw. *lutni* vorkommt. Dort finden wir auch neben dem GN *laucane* (CIE 3578) in derselben Familie *lacane* (3353), daneben noch *lucani* (4384).

Bei der Wiedergabe von etr. *a* < *au* < *ou* erscheint dann im Lat. *u:*
CIE 3499 *tania· atinia· rafi/s* „Thania Atinia, (Gattin) des Rafi“, Mutter von
CIE 3498 AROS.RVI'IS[34] : ATINIA/NATVS
CIE 3500 (Biling.) a) *aule· rafi cutunial*
b) A.RV
CIE 3501 (Bruder des vorhergeh.) L.RVI' IS.COTONIA/NATVS

DEVOTO (SE I, 1927, 275 ff.) hat untersucht, in welcher Weise die Diphthonge griechischer Namen im Etr. wiedergegeben werden:

οι = *ui* : *φuipa* – Φοίβη, *φuinis* – Φοῖνιξ
ευ = *eu* : *euturpa* – Εὐτέρπη, *euru* – Εὐρώπη
αι = *ai* (> *ei* > *e*): *aivas* – *eivas* – *evas* – Αἴας
aita(ś) – *eita* – Ἀίδης
creice – Γραικός
eina – Αἰνέ(ι)ας

-ιω- und -αο- neigen dazu, den zweiten Vokal auszustoßen:
neben *ziumiϑe* auch *zimuϑe* (Gerh.-Körte V, 121) < Διομήδης, *vilae* – < Ἰόλαος, *lamtun* < Λαομέδων, *clepatra* < Κλεοπάτρα

In nicht ersten Silben werden -ια- und -εα- meist zu *-a-*, -εο- und -ευ- aber zu *-u-*: neben *amφiare* (Gerh.-Körte CLXXVIII) auch *amφare* (CIE 5281.683.686) < Ἀμφιάραος

---

33 Andere Beispiele in *Orbis* XVI, 1967, 236ff., bes. 240f.
34 *Rufis* < umbr. *Rufiis* für *Rufus*.

meliacr (Gerh.-Körte CLXXVI) < Μελεάγρος
vilatas CIE 5264 < Οἰλιάδης
areaϑa (Gerh.-Körte CCIC) < Ἀριάδνη
evtukle (Gerh.-Körte V, 95), *(ev)ϑucle* CIE 5254 < Ἐτεοκλῆς
pultuke (öfter) < Πολυδεύκης
-*ια*- in Endsilben bleibt aus morphologischen Gründen erhalten:
pelias (Gerh.-Körte CLXX) < Πελίας
terasias (Gerh.-Körte CCXL) < Τειρεσίας

§ 14. Lange Vokale

Eine graphische Wiedergabe von langen Vokalen im Etr. selber ist im allgemeinen nicht zu erwarten (ebenso wie bei den Konsonanten § 22). Wenn das Etr. lange Vokale hatte, so verhielt es sich so wie das älteste Latein (vor 200) und die ägäischen Silbenschriften, welche die Längen weder bei Konsonanten noch bei Vokalen bezeichneten[35].
Es gibt aber etliche Fälle der Schreibung von Doppelvokalen, die wir vielleicht als exzeptionelle Bezeichnungen von langen Vokalen betrachten dürfen. BUFFA (Gramm.15f.) – der diese Fälle allerdings für „riflesso di pronuncie locali, se non errori di scrittura" ansieht – notiert folgende Beispiele:

aa: *faalki, umranaal, plutaal, maalnaś, laani, maaricane, laasa?* ;
ee: CIE 2876 *seec;*
ii: NR 550 *χuviineii (cuvinei; cuvīne^{i}i* § 19*)*, 556 *kii*, 557 *siina*,
CIE 3042 *tiitaea* (NR 881 *ϑanirtiie* [richtig *ϑaniršiie*], 597 *ukiia*, 844 *apuniie*, F 350 *vipiia*, CIE 3042 *larϑiia* gehören zu *i̯*, § 19).

Doppelvokale kommen mehrmals in der Inschrift des „Aryballos Poupé" (§ 124) vor: *aatiuϑ, arvasaaφa, aalχuv, inaasi.*

Unter den Glossen hat eine im Lat. langes *ū*: *sūbulō* „tibicen" (TLE 851 aus Varro und Festus), wozu das etr. Appellativ (> GN) *śuplu* gestellt wird *(subulo* Lehnwort in einer der beiden Sprachen? Das Für und Wider bei Walde-Hofmann I 620*)*.

Zu den Konsonanten

§ 15. Existenz von Mediae *g, d, b?* (vgl. §§ 7 u.10)

Im etruskisch-lateinischen Material finden sich:

g: CIE 853 (ager Clusin., etr.Sprache, lat. Alphabet) P||RGOMSNA/CN||VIAS; *pergomsna* = *percumsna* (CIE 4163–66, Perugia); CIE 301 *larce* – 2108 LARGE; NScav.1937, 372 nr.48 (Caere) GARGONI – *karkuna* TLE 36 (Veji)

---

35 Vgl. MÜLLER-DEECKE II, 330ff.; DURANTE, Prosa ritmica 71f., erklärt: „nulla prova che l'etrusco storico distinguesse vocali lunghe e brevi, anzi taluni indizi rendono verosimile il contrario (Fn. 36: ... Non meno significativa è la circostanza che, mentre non si hanno esempi certi di raddoppiamenti grafici di vocale (a parte *i̯* antevocalica, BUONAMICI in St.Etr.10, 418), tutte le grafie derivate dell'etrusco hanno escogitato sistemi atti a differenziare la vocale lunga.)"

Das *h* in *ahsi* (Perusiner GN *acsi* - *aχsi* - *ahsi* - *asi*, s. § 16,a) ist nicht Längezeichen, sondern umbrische Verhauchung des *c;* in *vahriś* CIE 4058 und *vahruniś* 4079 mag *h* ein Zeichen der Vokallänge sein, da der Name mit lat. *vārus* zusammenhängt (RIX, Cognomen 127, Anm. 69).

Glossen: ἀγαλήτορα· παῖδα (TLE 802) = etr. *acaleϑur? γάπος· ὄχημα (832) = etr. *cape ? γνίς· γέρανος (835); ganz zweifelhaft γαρουλέον (833), γιγάρουμ (834).
NScav.1937, 368 nr.33 (Caere) GREBO = ebda. 362, nr.5. *crepu*

d: CIE 837 THANIA/SVDERNIA·AR·F·/SADNAL; Sadnal ist Metronymikon in etr. Sprache, aber lat. Schrift, für *satnal.* Zu Sudernia vgl. *sutrinaś* CIE 4469 (Per.). CIE 819 DANA·TIDI / VRINATIAL (etr. Sprache, lat. Schrift) für *ϑana·titi/urinatial;* CIE 1068 LARDIA·MERNEI/VETINAL (etr. Sprache, lat. Schrift) für *larϑia·mernei/vetinal;* CIE 2564 CASIA·PEDROS·/LAVTNIDA (etr. Sprache, lat. Schrift) für *casia·petruś/lautnita* (oder lautniϑa); CIE 3858f.3860 (= TLE 587) u.ö. *clante/i* = CLANDIVS 4188 (Perugia); NScav.1937, 363 nr.11 MADVIA = ebda. 385 nr.16 *matuia.*
Glossen: ἄνδας· βορέας (TLE 806, neben ἀντάς· πνοάς und ἄνται· ἄνεμοι; κάδμιλοι = lat. *camilli* (TLE 819), < **casmilli* durch spirantische Aussprache des δ in gewissen griechischen Dialekten (vgl. ῥόδον > rosa!); s. auch Walde-Hofmann s.v. *camillus.* δάμνος· ἵππος (TLE 827); δροῦνα· ἡ ἀρχή (TLE 829); *a falado (falando), quod apud Etruscos significat coelum* (TLE 831); *ludio tusco verbo dicitur histrio* (TLE 837), s. Walde-Hofmann s.v. *ludius.*

b: CIE 682 VIBINNIA (natus) für etr. *vipinal* (s. auch die Namen der etr. Helden A.und C. Vibenna und die Weihung TLE 35/Veji/ *avile vipiiennas!* u. CIE 2192); CIE 832 AR·PABASSA / ARNTHAL·FRAVNAL (etr. Sprache, lat. Schrift) für *ar(nϑ).papasa /arnϑal. fraunal;* CIE 959 THANNIA TREBO für *ϑania trepu;* CIE 2965 (= TLE 541) (Bilingue)

a) *aϑ : trepi : ϑanasa*

b) AR . TREBI . HISTRO

NScav. 1937, 368 nr.33 (Caere) GREBO = ebda. 362, nr.5 *crepu;*
SE XXIII, 1954, 353 (Bilingue) a) *haprni*

b) LABERIVS

Glossen: *baltea . . . Tuscum vocabulum* (TLE 816); βυρρός· κάνϑαρος (817); *Cabreas = Aprilis* (818). Ein Gegenbeispiel scheint *itus, itis* = lat. *Idus* (838) zu sein (vgl. Walde-Hofmann s.v. *idus*).

Es ist merkwürdig, daß in LP I (punischer Text) der Name des Fürsten von Cisra (Caere), der in LP II/III *ϑefariei (velianas)* bzw. *ϑeforie (veliiunas)* heißt, mit *tbrj' (wlnš)* wiedergegeben wird. Die Vokalisierung von *tbrj'* dürfte *tebarie* sein. Nun zeigt aber die Erfahrung[36], daß griechische Lehnwörter im Phönizischen und lateinische Lehnwörter im Punischen meist ihre ursprüngliche konsonantische Form unverändert beibehalten, z.B.:

phön.	*knprs*	„κανηφόρος"	CIS I 93;
pun.	*q'drjg'*	„quadriga"	Leptis 2,2

Auch griechische Personennamen[37] werden im Phönizischen und im Punischen in der Regel unverändert wiedergegeben, z.B.:

phön.	*ptlmjs*	„Ptolemaios"	CIS I 93, 1
phön.	*hrn*	„Ἐρηνη"	(Frauenname) CIS I 120
pun.	*pgmljn*	„Pygmalion"	K I 70,2.6
pun.	*'kljn*	„κλέων" =	Cleon CIS 143,1

36 S. J. FRIEDRICH, Phönizisch-punische Grammatik, Rom 1951 (= Analecta Orientalia 32), § 208 a; Ders., Punische Studien, ZDMG 1957, 282ff.

37 FRIEDRICH, a.a.O. § 209.

Lateinische Personennamen[38] weibl. *-a* und männl. *-a, -is, -e(n)s, -o, -x, -r* bleiben unverändert; in männlichen Namen auf *-us* wird dieses gewöhnlich zu '-, gesprochen *-e*. FRIEDRICH, a.a.O. vergleicht mit etr. *aule, marce, tite* und lat. *Aulus, Marcus, Titus,* und mit numid. *Mutn'* < *Montanus, Pwst'* < *Faustus.*

Männl. auf *-ius* in der vulgärlat. Form auf *-i* werden so übernommen: *nmrj* „*Numerius*", *g'j* „Gaius".

Diese Behandlung griechischer und lateinischer Namen läßt darauf schließen, daß das Gesetz allgemein, also auch für etruskische Namen galt. Das hieße aber, daß *tbrj'* einem Lautstand entspricht, in dem die labiale Okklusive als Media, nicht als Tenuis (*ϑepri*), vielleicht aber als labiodentale Spirans (*ϑefri*) gehört wurde (mit etr. *f* für b).

Dies ergibt für das Graphem *p*, daß es zwei Phonemen, *p* und *b*, entspricht.

Die Annahme von etr. *b, d, g* scheint andererseits durch die Tatsache erschüttert zu werden, daß es einige griechische Namen gibt, in denen Mediae durch Aspiraten ersetzt werden: unter den Beispielen sind etliche sehr überzeugend:

ariaϑa	< Ἀριάδνη	*palmiϑe, talmiϑe*	< Π(τ)αλαμήδης[39]
aχmemrun	< Ἀγαμέμνων	*pemφeϑru*	< Πεμφρηδώ(ν)
ziumiϑe	< Διωμήδης	*uϑ(u)ste (utuse)*	< Ὀδυσσεύς

Wenn hier die Konsonanten aspiriert werden konnten – wie dies nachträglich oft geschehen ist, vgl. § 16 mit Anm. –, so müssen sie vorher im Etr. Tenues gewesen sein (*g, d, b* > *kh, th, ph* ist hier undenkbar). Namen wie Ἀγαμέμνων, Ὀδυσσεύς, -μήδης müssen irgendwann im Etr. wie **acamemnun, utus(t)e, -mite* (vgl. *catmite* < Γανυμήδης) gelautet haben, bevor die Aspiration eintreten konnte. Dies würde ergeben, daß dem Etr. doch einst die Mediae gefehlt haben und daß sie erst später – auf unbekannte Weise und in unbekannter Verteilung (wohl aber unter „italischem" Einfluß) – im Etr. neu entstanden sind. Es wäre – rein hypothetisch – noch das denkbar, daß die oben angeführten griech. Namen ins Etruskische durch eine Vermittlersprache gekommen sind, der ihrerseits die Mediae gefehlt hätten.

§ 16. Tenues und Aspiratae

Der häufige Wechsel von Aspiraten mit Tenues läßt erkennen, daß etr. χ, ϑ, φ tatsächlich wie *kh* (nicht wie deutsch *ch*), *th* (nicht wie englisch *th*) und *ph* (nicht *f*) ausgesprochen wurden, d.h. in der Art der klassischen Aussprache, nicht in unserer Schulaussprache, die nachklassisch ist. Vgl. etr. *φersu* > lat. *persona;* die Römer haben griech. φ (= *p'*) mit *p* wiedergegeben, s. auch Φοίνικες > *Poeni.* Ein gelegentlicher Wechsel φ < *f* (§ 17) kann nur einen späteren (und lokalen) tatsächlichen Lautwandel von *ph* > *f* anzeigen, während eben in den anderen Fällen die Koexistenz von *p* und *ph* gesichert ist.

Wechsel:

a) *c* > χ:

1) In der Regel nach *l, m, n* und *r (sulχva, fulumχva, srenχve, flerχva);*

2) vor *u: χurcles* TLE 165, *χurχles* TLE 166, beide aus einem Grab in Norchia (rec.); *ucumznal* CIE 2686 – *uχumznal* 2639; *precu* 3650 – *preχu* 3651; *χuliχna* TLE 12 – *culiχna* TLE 3 (< κύλιξ);

3) vor ϑ: *cemnac faśeiś* AM IV 21, *cemnac truϑ* V 18, *cemnac iχ* X, 10, jedoch *cemnaχ ϑezin* VIII 16; da dies dem Einfluß der Behauchung zuzuschreiben ist, dürfte hier auch AM VIII 5 *mulaχ husina* gegenüber *mulac* V N.Fr.2 gehören (OLZSCHA, Interpr. 166);

4) vor *s (ś, z): Verbum hec-,* Intensiv *heχ-z,* dazu Imperativ II *heχś-ϑ;*

---

38 Ebda. § 210 a-c.

39 Vgl. DEROY, Les inscriptions cariennes de Carie, AC 24, 1955, 305ff. nr. 7 (*ptulomeϑe*).

5) *c* am Wortbeginn wird, wenn nach Vokal *s* folgt, gern zu χ: *cisum* (AM passim) : *χiś* (AM passim); Nezess. *casri* : *χasri;* GN *cestna* : CN *χeste;* GN *caspr(ial)* : *haspr(ial)* < **χaspr(ial);* s. auch GN *acsi* CIE 3810 u.ö. (Perugia, Familiengrab) : *aχsi* (3809.3819. 3822.3823 aus demselben Grab). Zu *ahsi* : *asi* s.o. Anm. 35! Es scheint, daß zu *cis-* : *χiś* auch *χisulicś* TLE 651 gehört.

Zur vollständigen Verhauchung beim GN *acsi* > *aχsi* > *ahsi* > *asi* vgl. auch *caspri* > **χaspri* > *haspri(al)* und vielleicht auch *camars/camarine* > *χamars* > *hameriś*.

6) *sc* > *sχ*: *scatrni(e)* CIE 3627.3636 (Perugia), *sχatrn[ies]* 5016 (Orvieto); *sχuϑe* CHARSEKIN, Zur Deutung etr. Sprachdenkmäler (1936), Anh.Nr.19 (Gemme) = Σκύϑης.

Seltener ist der umgekehrte Übergang:

χ > *c* : für *śeχ/seχ* „Tochter" finden wir *śec* (TLE 547.581) bzw. *sec* (121.144.302).

χ erscheint in lat. Umschrift gelegentlich als *c:*

CIE 3728 *la(rϑ)* · *aχu* · *la(rϑal)* · *casnial*

3731 L · ACONIVS / L · F · MEDICVS

aber 3732 ACHONIVS (alle Perugia, 2./1. Jh.v.Chr.)

atiuce (CIE 3088 = TLE 550) steht für lat. *Antiocus* (2137) < griech. Ἀντίοχος.

Die Tendenz zur Aspiration des *c* scheint den Einfluß des regionalen Volkstums im Etruskischen zu zeigen: Erscheinungen wie *zac* > *zaχ*, *zic* > *ziχ*, *caspre* > *χaspre*, *χa(mars)* für *Camars*, *χaire-* für *Caere*, *χeste* (CN) neben *cestna* (GN), *χvestnal* für *cvestnal*, *χuliχna* neben *culiχna* (< κύλιξ), *χurχle-* / *χurcle-* für *curcle*, *χur-* (AM X 4.17) neben *cur-* (TLE 401) sind typisch für das Gebiet der heutigen Toskana. Vgl. zu ϑ.

b) *t* ~ ϑ. Im allgemeinen ist zu bemerken, daß in den jüngeren Inschriften ϑ sehr oft durch *t* ersetzt wird. Der Ersatz von ϑ durch *t* wie in *lart*, *setre*, *śuti*, *tui*, *unialti* zeigt wohl den Einfluß des italischen Volksteiles (im Gegensatz zu dem umgekehrten Vorgang bei *c* > χ).

t > ϑ: *ϑrce* CII 2598 = *turce* (passim)
ϑurm(a)na = *turmna*
ϑusinei CII 1029; S. I 218 = *tusnei*, *tusnu*
ϑutna(l) NR 438 = *tutna* NR 448; TLE 547 *tutna*
cafaϑe CII 2570 bis = *cafate*
seiaϑi CII 2570 bis = *seia(n)ti*
perpraϑe CII 1530 neben *perprate(z)* CII 1531
suϑrina CII 1782 neben *sutrina(s)* CII 1783
purϑ, *eprϑ-* TLE 87.465.501; 171.195.233.464 = *purt(ś)-* TLE 324.325

Vieles von den Bedingungen, unter denen es zur Aspirierung kommt, ist schon von DEECKE festgestellt und zusammengestellt worden (Etrusker II, Beilage I, § 17, S. 412ff.). Es wird a.a.O. 421 auch der Sonderfall von *t* > ϑ nach ausfallendem *h* behandelt: *neϑun(u)s* < **nehtunus* < *Neptunus*; *uϑave* < *uhtave* < *Octav(i)us*; *seϑume seht(u)m(nal)* CIE 4098 < *septumus*. Es handelt sich in all diesen Fällen wohl um umbrische Verhauchung von *-ct-* bzw. *-pt-*.

Vgl. CORTSEN, Gl.23, 1935, 175: „und bezeichnet *-t* für *-t'*, das nach meiner Beobachtung besonders in den späteren Inschriften hervortritt, Einfluß eines Volkes, das keine aspirierten Laute kannte, also in erster Linie der Latiner? "

Etr. *ϑ* im PN *ϑefarie(i)* von LP II/III wird in LP I (pun.) mit *t* wiedergegeben (*tbrj'*), nicht mit ṭ (Ṭeth).

In lateinischer Wiedergabe erscheint *ϑ* als *th* (oft Ligatur TH), z.B. CIE 873 THANIA; 927 LARTHIA; 715 THOCERVAL · CLAN (etr. Sprache, lat. Schrift für *ϑucerual clan*).

t > *ϑ* läßt sich seltener belegen (gegenüber *c* > χ), z.B.:

CIE 1484 (Grabziegel, ager Clusinus) *veti* (GN)

1485 (Urne derselben Person) *veϑi* (vgl. auch 979 *arnϑ veϑs latni* „A., *libertus* des Vete").

1943 *hasϑi,* gew. *hasti;* vgl. 4564 *fasϑi* (gew. *fasti*)

TLE 504 (Sarteano bei Chiusi) *ϑn* für *tn* „dies"

Vgl. auch *t* > *ϑ* vor Suffixen mit *s(ś, z):* Verbum *put-* (AM öfter), Nezess. *puϑ-s* (AM VIII 12),jedoch *put-s* XII 4.

ϑ > *t* (s.o.) häufig, z.B.:

arnϑ (PN, passim) – *arnt* TLE 360 (Cortona); *larϑ* (PN, passim) – *lart* TLE 636 (Cortona) – *leϑe/i/ial* (passim, GN) – *letial* CIE 1987; *suϑanei* (GN, 943) – *sutnal* (942, Sohn) *suϑi* „Grab" (passim) – *suti* TLE 387 (Volterra); *cuϑnas* (GN, TLE 130) – *cutnas* (125)

Schwankend CIE 206 *lart . . . larϑalisa;* SE XXVII, 1959, 296, nr.72 *lart larϑurni*

Bisweilen Dissimilation bei Hinzutreten des Lokativsuffixes *-ϑi:*

TLE 100.135 *śuϑi-ti* – TLE 623 *suti-ϑ*

Die Angabe bei LATTES, *Ind.less.* s.v. *arnϑ*, im allgemeinen seien fast alle Texte mit *arnt* anstatt *arnϑ* (und das gleiche gelte für *lart* anstatt *larϑ*) archaisch, entspricht nicht den Tatsachen. Sämtliche Belege in TLE für *arnt, arntal, arntiu, arntle, arntni* (448.502.503.523.533.630) und jene für *lart, lartiu* (145.361.514.636) sind rezent. Nur 361 könnte 5./4.Jh. sein, was aber nicht sicher ist; aber selbst dann handelte es sich höchstens um den ältesten der r e z e n t e n Belege. TLE 502.503.514 und 523 sind etr.-lat. Bilinguen, stammen also aus dem 1.Jh.v.Chr. Es handelt sich hier überhaupt nicht um ein chronologisches Indiz, sondern um eine Frage der Rechtschreibung. Die Behauchung des *ϑ* scheint sehr schwach gewesen zu sein, und es wurde keineswegs spirantisch ausgesprochen, wie aus solchen (und nur solchen!) Rechtschreibfehlern deutlich hervorgeht.

c) *p* ~ *φ: p* > *φ* findet sich sehr selten: *pacsnial* CIE 3520, *pacsinial* 3367 – *φacsneal* 4462.

Einė scheinbare Entsprechung etr. *φ* – lat. *b:*

CIE 2096 (teg. sep.), 2934 (operc.) *tiφile* (< Δίφιλος)

2935 (teg. sep.) AR · TIBILE · P · L ·;

hier liegt der Fehler auf seiten des Lateinischen; es sind auch lat. TIPHILIA (CIE 1585) und TIFILIA (CIE 1584) belegt (alle ager Clusinus).

Die etr. Formen g r i e c h i s c h e r N a m e n halten die Aspiraten im allgemeinen gut ein.

ϑ :

Θησεύς > *ϑese*	Πενθεσίλεια > *panϑsil*
Θέτις > *ϑetis*	Προμηθεύς > *prumaϑe*
Θυμβραῖος > *ϑimrae*	Ῥίνθων > *rinϑuna*
Λῆθος > *leϑe*	Σμινθεύς > *sminϑe*
Παρθενοπαῖος > *parϑanapaes*	Τιθωνός > *tintun*

φ:

Φάων > φaun
Φερσεφόνη[40] > φersipnai
Φιλῶτις > φilutis
Φοίβη > φuipa
Φοῖνιξ > φuinis

Ἀμφιάραος > amφ(i)are, hamφiar
Ἐφέσιος > eφesiu
Ὀρφεύς > urφe
Πεμφρηδώ(ν) > pemφeϑru
Σίσυφος > sisφe

χ:

Χάριλος > χarile
Χάρων > χaru(n)
Ἀγχίσης > anχas (?)
Ἀχελῷος > aχlae
Ἀχέρων > aχrum

Ἀχιλλεύς > aχle
Βάκχος > paχie(s)
Κάλχας (< *Χάλχας !) > χalχas
Μαχάων > maχan
Ταρχ- > tarχ-

Nachträgliche Behauchung:

ϑ < t : *aϑrpa* < Ἄτροπος (?)
arϑem (neben *artumes, aritimi*) < Ἄρτεμις
atresϑe (neben *atrste*) < Ἄδραστος
ϑeϑis (neben *ϑetis*) < Θέτις
urusϑe (neben *urste*) < Ὀρέστης
aiϑas TLE 241 (neben *aita, eita*) < Αἴδης

ϑevru-mine(ś), aus einer Umkehrung des Namens Μινώ-ταυρος: das ϑ kann ursprünglich sein, da Μινώταυρος die „Gräzisierung" des Fremdwortes *Μινώϑαυρος (*Μινώϑευρος) sein kann (Merlingen mündlich). Vgl. auch den *šr'el* „Stier El" der Ugarittexte (z.B. I AB III-IV 34; I AB VI 26f.), dazu akkad. *šuru* „Stier" und Plutarch, Sulla 17: Θωρ οἱ Φοίνικες τὸν βοῦν καλοῦσιν.

φ < p : *φerse* (neben *perse*) < Περσεύς
φulnice, φulnise (neben *pulu(t)nike*) < Πολυνείκης

Nicht *φersipnai* < Περσεφόνη, sondern aus Φερσεφόνη, s.o. und Fn. 40

χ < k : *alχmena* < Ἀλκμήνη, *eχtur (ectur)* < Ἕκτωρ, *herχle (hercle* usw.) < Ἡρακλῆς; nicht dazu *χalχas*, s.o.

Die wenigen Fälle mit griech. ξ haben *χs: aleχsantre, elaχsantre, elχsntre (elcste)* < Ἀλέξανδρος, *iχsiun* < Ἰξίων.

Nachträgliche Enthauchung:

t < ϑ :	*partinipe* (neben *parϑanapaes*)	< Παρθενοπαῖος
	pentasila (neben *panϑsil*)	< Πενθεσίλεια
	φersipnei	< Φερσεφόνη
	stenule (< **sϑenle*)	< Σθένελος
	tarsu	< Θαρσώ (?)
p < φ:	*sispe* (neben *sisφe*)	< Σίσυφος
c < χ:	*crise* < χρύσης, *crisiϑa*	< Χρυσηίς

Interessant ist der lautgeschichtlich bemerkenswerte Fall von ide. *dh* > etr. *t:* TLE 155 *rutile*, 382 *rutlni* (auch *rutelna* ist belegt) und lat. *rutilus, Rutilius*, neben echt latein. *ruber* und umb.-osk. *rufru, rufriis* (GN). Man fragt sich, auf welchem Wege *rut-* ins Etruskische kam.

§ 17. Verschlußlaute/Spiranten

Wären χ, ϑ, φ Spiranten gewesen, so hätte sich das in einem Wechsel mit *h, (s ?), f* zeigen müssen; ein normaler Wechsel kommt aber, wie wir gesehen haben, nur mit den Verschluß-

---

40 Neben Περσεφόνη (Πηρεφόνεια, Περσώφαττα, Περοφατα) gibt es Formen mit Φ, Φερσεφόνη, att. Φερρέφατα, sowie Φερεφασα, Φεροφαττα.

lauten *c, t, p,* vor. Eine Ausnahme bilden nur einige Fälle von *p* in der Nähe von Liquiden (oder Nasalen) > *f* (CORTSEN, Lyd 118f.):

hapuri CIE 419 – *hafure* 413
hupni TLE 53 – *hufni* TLE 364
ϑepri CIE 4374 – *ϑefri* CIE 3757f.
ϑapna AM X 22 – *ϑafna* TLE 341.488
ϑuplϑa TLE 447.654 – *ϑuf(u)lϑa* TLE 149.557.652.719c (740); vgl.auch *ϑufi* („Strafe, Gericht") TLE 137 und *ϑufiϑi* 558
fufluna „Populonia" = *pupluna* (TLE 357f.378 u.a.) zu **pufluna* und weiter durch Assimilierung > *fufluna* (TLE 379.794)

Zu *fulumχva* CIP b 5/6 (TLE 570) bringen jetzt die Goldbleche von Pyrgi II und III die Form mit anlautender Tenuis *pulumχva.*

Man darf diese Erscheinung vielleicht auf einen tatsächlichen, allerdings späteren und regionalen Lautwandel von *p* > *ph* > *f* zurückführen (§ 16).

Belegbar ist ein Fall von *ϑ* > *z: a·raziia* TLE 24 = *araϑia* TLE 200.243.489; sehr richtig bemerkt VETTER, Gl.34,1954,48: „ . . . *z* statt Theta ist ganz vereinzelt und wohl nur durch dialektische Lautentwicklung zu erklären."

Wie gefährlich es ist, aus einer vorgefaßten generalisierenden Meinung (hier im Sinne des linguist. Panindogermanismus) ohne gründliche Kenntnis des etr.Materials zu urteilen und Thesen aufzustellen, hat GEORGIEV in der Festschrift f. A.Grenier (Coll.Latomus LVIII, 1962, 744–746 Étr. arse uerse „auerte ignem") erneut bewiesen:

Lat. *auerte* < i.-e. **ap(o)-wert-e* oder **ap(o)-wort-(ej)-e;* „Le verbe étrusque *arse* est de la même origine" (a.a.O. 745). Festus habe – so erklärt G. – die dem klassischen Latein fremde stimmlose interdentale Spirans Þ des etr. **arÞe* mit *s* in *arse* wiedergegeben. Der Grund dafür soll sein: „En étrusque les consonnes occlusives sourdes indo-européennes ont été changées d'abord en sourdes aspirées et plus tard en spirantes: i.-e. p > étr. ph > f, i.-e. t > étr. th > Þ: Le verbe étrusque **arÞe* = *arse* „auerte" remonte donc à la forme plus ancienne **awarÞe* < **af(a)warÞe* < **apha-warth-e.*" Über die Synkope **af-warÞe* sei es dann durch die Assimilation *fw* > *w* (also über **awarÞe*) zu *arÞe* = *arse* gekommen. Georgiev verrät allerdings nicht, wie **awarÞe* zu **arÞe* geworden ist. Das ist aber für uns nebensächlich. G r u n d f a l s c h ist die Behauptung, i.-e. *t* > etr. *th* > Þ. Erstens ist der Indogermanismus des Etr. alles andere als bewiesen, daher die Aufstellung i.-e. *t* > etr. *th* eine reine Hypothese; aber selbst wenn wir dies als zutreffend annähmen (was wir n i c h t tun), wird die weitere Entwicklung: etr. *th* (= *ϑ*) > Þ vom Material absolut widerlegt. Wenn *ϑ* verschwindet, was vor allem im Material von Mittel- und Nordetrurien vorkommt, dann wird *ϑ* > *t,* n i e aber zu Þ, das man als *s* wiedergeben könnte (*suϑi* – *suti; unialϑ(i)* – *unialti; larϑ*– *lart* u.a.m.).

Das Hypokoristikon von *larϑ* (PN) (s. § 165) ist *lartiu; larziu, larsiu* steht unter dem Einfluß des Deminutivsuffixes *-iu,* wobei eben *-tiu* > *tju* > *zu* > *su* auftritt. Damit ist für *ϑ* > Þ > *s* nichts bewiesen.

Daher ist auch ausgeschlossen, daß *uerse* (das zweite Wort der Glosse *arse uerse* „averte ignem", TLE 812) von einer älteren etr. Form **werÞ-in* (Akk. auf *-n*) – Georgiev a.a.O. 745 – stammt. Unrichtig ist auch G.s Behauptung (a.a.O. 745, Anm.6) „En étrusque, comme dans toutes les langues indo-européennes de l'Asie Mineure, la consonne finale *m* est changée en *n.*" Etr. *pruχum* < griech. πρόχουν, *vinum* (= *u̯inum*) < griech. οἶνον beweisen das Gegenteil, abgesehen davon, daß das Etr. keinen Akk. auf *-n,* sondern einen auf urspr. *-ni* besitzt. *Verse* als Akk. < **werÞ-in* ist nur aus der syntaktischen Stellung von *uerse* = ignem herauskonstruiert.
Zum Fehlen von Þ im Etr. s. auch RIX, IF LXVII, 1962, 316: „auch das Etr. kannte *f* und *h,* aber kein Þ."

§ 18. *f*, *v* und *h*.

Das Etruskische hat ein eigenes Zeichen für *f*, das nicht auf griech. *φ* (= p^c^) zurückgeht; dieses Graphem für *f* findet sich auch im lydischen Alphabet (§ 2). Allerdings findet sich in archaischen Inschriften statt dieses *f* die Kombination *vh* (oder *hv*), wie ursprünglich auch im Griechischen, in der altlat.(?) Manios-Inschrift (*vhe-vhaked* „fecit") und im Venetischen. Diese Schreibung wird dahin ausgelegt, daß die Aussprache dieses *f* b i l a b i a l , nicht labiodental gewesen ist (vgl. Stolz-Schmalz-Leumann 52, 138, § 125). Dafür legen auch die Wechsel *f/h* und *h/f* ein offenes Zeugnis ab (s.u.); dasselbe findet sich übrigens auch in altlat. und dial. Formen (Stolz-Schmalz-Leumann 135): *folus* statt *holus*, *f/hariolus*, *f/hircus* (sabin.?), *f/hostis*, *f/hostia*, falisk. *foied* gegenüber lat. *hodie;* umgekehrt *h/fordus*, *h/febris*, *h/forctus*, falisk. *haba* gegenüber lat. *faba* usw..

Zum Wechsel *f* ⋚ *h* im Faliskischen s. STOLTE. Der faliskische Dialekt (Diss. München 1926), 19; GIACOMELLI, La lingua falisca (Florenz 1963), 125f.; s.a. TERRACINI, Su alcune conseguenze fonetiche fra Etrusco e Italico. SE III, 1929, 209ff.

Daß neben diesem *f* ein eigenes etr. *v* existiert – etr. 𐌅 = griech. F –, deutet (trotz gelegentlichem Wechsel) darauf hin, daß hier ein Unterschied stimmhaft/stimmlos bestand, der graphisch ausgedrückt wurde (vgl. § 15; ähnlich bei den Sibilanten, § 21).

1. *vh* statt *f:* CII 2404 *tavhe* (Caere), CII App.934 (Capua) *vhelmus*, CIE 4952.5005 (Orvieto) *vhulvenas*, 4943 *velvheras*, TLE 429 (Monteriggioni) *vhlakunaie*, SE XIII, 1939, 460 (Veji) *vhuluves;*

hv statt *f:* TLE 64 (Caere) *ϑahvna*, 20 (Nola) *hvuḷu*, 41 (Veji) *hvuluves*.

In einigen jüngeren Inschriften wird *f* durch *φ* vertreten: CIE 4757 (Chiusi) *caφateś* statt regulär *cafateś* (s. z.B. TLE 590.697); CIE 52a (Volterra) *φlave* statt ital. *flav-;* 1566f. (Chiusi) *uφalia(si)*, 1568 *uφale*, 3037 *uφle* < osk. *ufal-*, ital. **ouf(i)l-*. VETTER weist (SE XXIV, 1955–56, 303, Anm.1) auf den Umstand hin, daß *uple* – *uφ(a)le* – *ufli* gar kein etruskischer, sondern ein i t a l i s c h e r Name ist, wie Schulze LEN 451 zugibt. Es handelt sich um den oskischen Vornamen *upfals*, abgekürzt *úpf.*, der an nicht weniger als sechs Stellen (Handb.I, S.418) mit *-pf-*, einmal vielleicht mit *-ff-* überliefert ist. Dieses den Nachbarvölkern fremde *-pf-* wurde verschieden wiedergegeben. „Irgendwelche Schlüsse auf etruskische Lautentwicklung darf man daraus nicht ziehen."

Ein älteres Beispiel für *φ* > *f* wäre auch TLE 359 (Blei von Magliano/Heba) mit *afrs* und *afrs·naces* und TLE 363 (Vetulonia-Stele) *mini mul/uvaneke hirumi* × *aφers naχs*. Es ist aber mit VETTER (SE XXIV, 1955–56, 301ff.) *hirumi[n]a φersnaχs* „Hirumina Perusinus" zu lesen und die von TORP (Lemnos 36 und EN 8) inaugurierte Gleichung *afrs naces* = *aφers naχs* aufzugeben. Leider haben sich auch DANIELSSON (CIE II, 2, 1, p.120), GOLDMANN (Beitr.II 200), PALLOTTINO (Elem.22) und andere von TORP beeinflussen lassen. Dabei hätte doch auffallen müssen, daß in einer (angenommenen !) Formel die beiden Bestandteile *(afrs/aφers* und *naces/naχs)* nicht eine entgegengesetzte Lautentwicklung zeigen können: *ph* > *f*, *kh* > *k* und Vollform – Synkope in der 1.Formel, Synkope – Vollform in der zweiten!

2. *f* > *h:* *(śeχ)farϑana* TLE 538 – *(śeχ) harϑna* 548;
cahatial TLE 605 – *Cafatia* ebda. und *cafate/i* TLE 590.697;
fasti (weibl.PN) – *hasti* (dass.)[41]
fastntru CIE 941.946 – *hastntru* 942.945
felzumati(al) 1709 – *heḷzumati* 1708

---

[41] Vgl. dazu VARRO bei Vet. Long. Gramm. VII, 69,8, frg. 77 G.-Sch.; Ter. Scaur. p. 2252 P.; VARRO l.l. V 97; Serv. Aen. VII 95.

safin- (vgl. VETTER, Handb. I, nr. 149,2; 200 G 2) > *sahin-* (CIE 1771)
farϑ- (AM II 12; IV 8; V 7; IX 14; TLE 239.321b,d.323.324.583) > *harϑ-* (476.548)
fulu (TLE 13.389.415.638) > *hulu* (TLE 536)
faltu (CIE 1347.1611.4741 u.a.) > *haltu* CIE 2252f.)

In etr.-lat. Material:
TLE 500 (Bilingue) a) C.HER <·> CLIT.
HA(stia gnatus ?)
b) *cae . / ferclite* (< Heraklides)

Damit dürfte auch die Wandlung des Ethnikons *mefanate* (< Mevania) zu *mehnate* CIE 4405.3888, *mehnati* 4395 (alle Perugia) zusammenhängen, wobei *mehnat-* = *mehanat-* mit *n̥* = *an* (§ 29, II).

h > *f* im Faliskischen: *foied* < *ho(d)ie(d)* (VETTER, Handb. I, S. 288, nr. 244); *fecupa* < *hec-(c)upa(t)* = *hic cubat* (ebda, 320, nr. 339); *hileo* < *fileo* (ebda, 304, nr. 296)

Zu diesem Wechsel im Faliskischen s. GIACOMELLI, La lingua Falisca 125f. mit Anm. 53–60; Giacomelli meint (a.a.O. 126): „Lo scambio, sorprendente per gli antichi e quindi scrupolosamente notato, potrebbe essere interpretato come una moda etrusca che ha agito sui dialetti circonvicini, a cui si contrappone una reazione esagerata."

Aus italischem *f* entstandenes etr. *h* verschwindet: *rauhu* (< ital. **roufo-*) CIE 1188 (Pauli falsch *rauhe*). 3050 – *rau* 1795 (Die Chiusiner Familie *fraucni rauhu* heißt später *frauni rau*).

3. *h* > *f*: GN *herini* (< osk. *herrins*) oder *herine* (sehr häufiger Familienname in Chiusi) – *ferini(sa)*, Gamonym in CIE 2297; vgl. auch das oben angeführte *herclite* – *ferclite* (CIE 1486f.)

Im etr.-lat. Material: TLE 605 (Bilingue, Perugia) *cahatial* (< *cafatial!*) – CAFATIA. NATVS; die lat. Form entspricht der nicht veränderten k o r r e k t e n etruskischen.
mefanate (häufig) < *Mevania* (Ort in Umbrien)

4. *v* / *f* : Der von CORTSEN[42] und PALLOTTINO[43] verfochtene Wechsel *v/h*, der für die Deutung der Wörter *zarfneϑ* (AM II 11; IV 7.11) und *zarve* (AM IX 1.8; X 6) von Belang ist, wird von SLOTTY[44] entschieden bestritten; auch VETTER[45] lehnt ihn ab und erklärt, er sei nicht belegbar. Das epigraphische Material, das den AM gleichzeitig ist, zeigt uns aber sowohl *v* > *f* wie auch *f* > *v*:

TLE 497 *velcial* – 130 *felcial*; CIE 3418 (= TLE 594) *scevi(ś)* – 3417 *scefi*; CIE 3682 *fasti·scefia* (alle Belege Perugia).
Das Ethnikon *felcinate* „aus Fulginiae" (Foligno) findet sich CIE 3939.4493 als *felcinatial* (gen. des weibl. GN), Mus.civ. Perugia, Inv.Nr. 252 als *velcinatial*.

Es ist möglich, daß hierher auch TLE 81 *tevaraϑ* – 234 *tef(araϑ ?)* in einem *cursus honorum* gehört (*tevaraϑ* = „Schiedsrichter").

---

42 Lyd 180; Gloss. 73.
43 Elem. 21, § 11.
44 Beitr. I 11.156f.
45 Gl. 28, 1940, 190.204.

Ersatz von *f* durch *v*, nur auf mangelnde Bildung des Schreibers zurückzuführen (häufig bei den „Armeleut"-bestattungen[46]):

CIE 1287 (Clus., o s s . f i c t .) *av . pumpu . vraunal*, mit *vraunal* für *frau(c)nal* (vgl.CIE 1426 u. 1430 !).

5. Unregelmäßigkeiten zeigt der Wandel *p* > *f* (§ 17) sowie eine lateinische Entsprechung *b* zu etr. *f*:

CIE 3714 (u.a.) *nufrzna(ś)* – 3864 NOBORSINIA (alle Perugia).

§ 19. *u*/*v*, *i*/*j*.

a) Seltener wird ein *v* durch *u* vertreten, so daß es ein *u̯* (engl. *w*) zu sein scheint.

sceuasa CIE 916 – *scva* 917 (mit *c* = *ce*, § 29,b) für *sceva* (< lat. *scaevus*)

ϑana.uelnei.uarnis CIE 746 (teg.spe.) für *velnei varnis*

vel (PN, passim) – *uel* CIE 4127; *cveϑnal* (Gen. des weibl.GN) CIE 4221f. (Perugia) – *cueϑnei* (Nom.) 4223.

Es muß aber auf jeden Fall, wenigstens stellenweise, eine Affinität zwischen *u* und *v* bestanden haben, weil *v* häufig auch statt des reinen Vokals *u* steht, und zwar in jungetr. Inschriften (röm. Einfluß ?), s. § 12 e.

PALLOTTINO (SE XXII, 1952–53, 191) stellt *u* > *v* schon in älteren Inschriften von Orvieto fest. Er erklärt die Erscheinung in *vhuluena, vhulvena* (< *fulu*) durch die Stellung des *u* vor *-e-na*, „forse perchè la *-u* è gia sentita come semivocale che tende a consonantizzarsi."

b) *j*: Archaische Gefäßinschriften und die Tontafel von Capua fixieren (nicht immer) mit dem Zeichen des vokalischen *i* den Gleitlaut *î*[47], z.B.:

CAP 2 *saχiiel (sa χiiel)*, d.i. *sa-χi-*^{i}*el (χi*^{i}*el)*
26 *tiriiai*, d.i. *ti-ri-*^{i}*ai*
6 *riiane*, d.i. *ri-*^{i}*ane*
14 *χaciiul (χa ciiul)*, d.i. *χa-ci-*^{i}*ul (ci-*^{i}*ul)*
TLE 15 (Suessula) *piianes*, d.i. *pi-*^{i}*a-nes*
18 (Nola) *veliies*, d.i. *ve-li-*^{i}*es*
34 (Veji) *apuniie*, d.i. *a-pu-ni-*^{i}*e*
Unbezeichnet z.B.:
CAP 2.3.16.28 *tiria*, d.i. *ti-ri-*^{i}*a* (vgl. o. *tiriiai*)
16.17 *ziulas*, d.i. *zi-*^{i}*u-las*
5 *lunaśie*, d.i. *lu-na-śi-*^{i}*e*.

§ 20. *l* wechselt gelgentlich mit *h:*

CII Suppl. III 240 *leϑaria* (Mutter)
241 *heϑaria* (Tochter)

Umgekehrt erscheint etr. *h* in lat. Wiedergabe als *l*:

SE XXIII, 1954, 353ff.[48] (Bilinguis): *a. haprni* – CN.LABERIVS

---

46 S. V e r f ., Verschreibung und Verbesserung in etr. Inschriften, SE 32, 1964, 183ff., bes. 205.

47 SLOTTY, Beitr. I 8ff.; BUFFA zählt die Fälle unter denen mit Doppelvokal auf, § 14.

48 S. auch RIX, BzN 1956, 147.

Ein Wechsel, der auf die Existenz eines *l* mit Reibegeräusch schließen lassen könnte. Die Kategorie kann weiter vertreten sein in einem lateralen Explosivlaut[49], der sich in einem Wechsel von *tl* und *l* zu manifestieren scheint:

statlane (GN) TLE 185.187.190 – *stalane* 183.189 (alle Tuscana)

patlni(s) (GN) CIE 4506f. – *palnei* 4405, *palni(s)* 4335.4348 (alle Perugia).

Schwund von *l* vor *ϑ* und *n:* § 24.

Bemerkenswert ist ein Wandel von *l* > *i*, der zwischen Konsonant und Vokal vorkommt:

clante/i TLE 3858ff. u.a. (GN, CN) > *cianti* 4303 (Perugia); ebenso TLE 189, wo *cianti(s) puia* zu lesen ist (VETTER, LIEDKE, RIX).

clantinei CIE 2440 > *ciantinei* 2439 (beide Belege Chiusi).

plute(ś) 3620 (Perugia) > *piuteś* TLE 549 (= CIE 2767) (Chiusi)

Dies ist ein Lautwandel, der der bekannten Erscheinung im Italienischen zu entsprechen scheint. Doch soll nicht unerwähnt bleiben, was DEECKE (Müller-Deecke II 388f.) über die Erweichung des *l* zu *i* sagt: „Dieselbe ist nur mit größter Vorsicht anzunehmen, da häufig nur der graphische Schein vorliegt, wenn, was gar nicht selten ist, durch Erlöschen des unteren Querstrichs das *l* dem *i* gleich geworden ist. Mit einiger Wahrscheinlichkeit gehören hierher nur die beiden von Corssen II 110 angeführten, aber unvollständig belegten Fälle: *ciantinei* F.P.S.198), viell. *cianti* (F.1971, litt.inc. u. 1918 ter c, unsicher) . . . neben *clante* . . . *piute* (F.P.S. 216), *piuteś* (herzust. F.1013) . . . neb. *plute* . . . “.

Als sicher sind demnach nur die Belege aus skulptierten, nicht aus gemalten Inschriften zu betrachten.

LP schreibt den Namen des Fürsten von Cisra in punischer Schrift *wlnš*, berücksichtigt also die Mouillierung *velianas* (LP II) bzw. *veliiunas* (LP III) nicht. Vgl. dazu *puplana* (Populonia) und *pupliana* (Veji, CII 2614).

Zu *lv* > *l*, *ln* > *n* s. § 24.

-cla- > *-cia-* : Nach SLOTTY (Autopsie 1931) ist in CIE 2439 (*ciantinei*) deutlich *clantinei* zu lesen.

§ 21. Die Sibilanten (s-Laute).

a) Von den vier Zeichen für s-Laute des Modellalphabets haben sich im Etr. im allgemeinen nur zwei gehalten, *ś* und *s*, was – abgesehen von der geographischen Verteilung (§ 1b) – auf die Existenz von zweierlei Lauten hinweist. Der Unterschied wurde bisher nicht mit Sicherheit ermittelt. In Frage kommen könnte *s* - *š* (*sch*); mehr Aussicht auf Wahrscheinlichkeit hätte „stimmlos - stimmhaft“, wegen der Parallele bei den labialen Spiranten (§ 18). Dabei könnte es scheinen, daß die stimmlose Variante in *s* vertreten war, und zwar deswegen, weil dieses *s* nach dem Ausweis lateinischer Umschriften geminiert werden konnte (*Pabassa* für etr. *papasa, Hanossa* für *hanusa*, § 22); Die Sprachen der Welt zeigen, daß, wenn Laute von der Gemination ausgeschlossen sind, es die stimmhaften sind.

b) Die geographische Verteilung von *ś* und *s* in bestimmten Positionen ist im allgemeinen ziemlich konstant; *-ś* im Auslaut des Genitivs, aber *-sa*, Gen. *-sla* beim Possessivum

---

[49] Vgl. MERLINGEN, Zschr. f. Phonetik 13, 1960 [1962], 148.

ist mittel= und nordetruskisch, *-s* bzw. *-śa,* Gen. *-śla* in den gleichen Funktionen südetruskisch. Doch schreibt der Norden etwa *suϑi* und *seϑre,* während wir im Süden *śuϑi* und *śeϑre* finden. Umgekehrt ist es bei südetr. *sec/χ,* nordetr. *śec/χ*. Die AM folgen dieser Regel nicht streng und wechseln *s* und *ś* sogar bei identischen Formen[50]. Diese s-Schreibung hat u.a. PALLOTTINO dazu bestimmt, die AM der nördlichen Gruppe zuzuweisen, während VETTER sie aus inhaltlichen Gründen – wohl zu Unrecht – dem Süden zuweist[51].

Der s-Wechsel ist eine der Grundlagen für Buffas Theorie von den zwei Hauptdialekten der etr. Sprache[52].

c) Zuletzt hat sich M. DURANTE (Le sibilanti dell'etrusco. Studi linguistici in onore di V. Pisani. Mailand 1968 [im Druck]) mit den etr. Sibilanten befaßt. Nach statistischen Untersuchungen bezeichnen Sigma (s) und San (ś) zwei nicht identische Phoneme, die aber in den zwei Gebieten[53] verschieden wiedergegeben werden. Dies hat schon PAULI (Die Veneter, Leipzig 1891, 172ff.) festgestellt. Aus lateinischen Transkriptionen von *papasa, hanusa* (*Pabassa, Hanossa* – siehe hier § 22) und einigen wenigen etr. Beispielen mit geminiertem *s* (*presntessa* CIE 100, Volat.; *vesialissa* 214, Saena; *causlinissa* 972, Clus.) scheint sich zu ergeben, daß der Sibilant, der im Nordetr. *-sa,* im Südetr. *-śa* vorkommt, einem lat. *-ss-* mehr entspricht als einem einfachen *-s-*. Aus der Genitivschreibung nordetr. *-ś,* südetr. *-s* hinwieder läßt sich erschließen, daß in diesem Fall der Sibilant ein einfaches *-s* war. Dies ergibt:

nordetr. *s* = ss, *ś* = s
südetr. *s* = s, *ś* = ss

So erklärt sich auch die Umkehrung der s-Schreibung beim Possessivsuffix (s. § 107f.):

nordetr. *veluś* + *sa* = *velusa* (= velussa in nordetr. Schreibung)
südetr. *velus* + *śa* = *veluśa* (= velussa in südetr. Schreibung),

also nicht – wie von mir früher angenommen wurde – Ausfall des s-Lautes des Genitivs, sondern regionale Schreibung des gelängten Sibilanten (vielleicht mit Betonungsverlagerung *velússa*?).

DURANTE kommt zu dem interessanten Schluß: was immer für eine Korrelation wir zwischen den beiden etr. Sibilanten feststellen mögen – sie ist eine Beziehung, die den lat.-italischen Systemen völlig fremd ist. Vor allem kann es nicht der Gegensatz stimmhaft-

---

50 S. V e r f ., Studien zu den AM 8, zu a); Schwanken der *s*-Schreibung beim Namen einer und derselben Person zeigt CIE 3736f., beide aus Perugia:

3736 *vel . cai . cestna . śminϑinal*
3737 *ls . cai . cestna . ls . sminϑinal* (Bruder von 3736)

Schwanken der *s*-Schreibung bei einer Gruppe in Kasuskonkordanz zeigt TLE 232 = CIE 5092 (Tomba Golini I, Sette Camini/Orvieto) . . . *avils . semφś / lupuce* „. . . mit sieben Jahren verschieden". Zu *-sa/-śa* bei derselben Person s. CIE 2953f. (Chiusi):

2943 (teg. sep.) *ϑ(ania).tl(esnei).la(tinial).vescuśa*
2944 (op. oss.) *ϑana : tlesnei : latinial : vescusa*

51 Wortd. I 15.17f. 57 (Caere).

52 Gramm. 4ff. (7).

53 Die Grenze verläuft etwa südl. von Populonia, Vetulonia, Rusellae, Clusium, Perugia und nördl. von Vulci, Heba, Volsinii; innerhalb des Grenzstreifens zeigt Suana, auf halbem Weg zwischen Vetulonia und Volsinii, größere Schwankungen (vgl. CIE 5218, 5220f., 5227, 5230f., 5234; TLE 351, 355f.).

stimmlos sein, weil die beiden etr. Sibilanten auch in Anfangsposition wechseln, wofür sich innerhalb des Lat.-Italischen und des Indogermanischen überhaupt kein Vergleich findet. Eine dem Etr. ähnliche Lage treffen wir außerhalb dieses Kreises, z.B. im Semitischen mit der Opposition stimmlos - emphatisch, oder - besser noch - in der Unterscheidung von einfachem und intensivem Sibilanten im Nordkaukasischen, mit der Opposition auch am Wortbeginn im Lakischen und Avarischen.

d) In den jüngeren Inschriften von Caere fehlt *ś* überhaupt und wird dort von *ṡ* (vierstrich. Sigma) vertreten. Zu diesem Zeichen siehe jetzt M. PALLOTTINO, Sul valore e sulla trascrizione del sigma a quattro tratti nell'alfabeto etrusco. SE XXXV, 1967, 161–173.

e) *z* hat wohl den Lautwert *ts* gehabt, zu schließen aus gelegentlichen Schreibungen mit *ts:* CIE 5517 [*ar*]*ntsus,* Gen. des Kosenamens *arnziu* (< *arnϑ*-); CIE 3716 *veltsanei* (w. GN), Gen. 3717 *veltsaneal* = *velznei* (z.B. TLE 138), Gen. *velznal*[54].

f) Umgekehrt *z*>*s* in *ucumzna* (GN, 9 Belege) > *ucumsnei* CIE 2007 (die Söhne 2005f. haben als Metronym korrektes *ucumznal*), *ucusna* CIE 640; *remsna* 2675 gegenüber *remzna* 2673f. 2676f. u.a.; *zerturi* (w. GN) CIE 4355 gegenüber PN *sertur*/*śertur; helsui* (w. GN) 2782 und *helzui* 2781 (selbe Person); *arnsa* (PN dimin.) 3043, gew. *arnza* (< *arnϑ*); *larsiu* (PN dimin.) 3927, sonst *larziu*/*lartiu* (< *larϑ*); *resu* (GN) 4172 gegenüber *rezu* (mehr. Belege, z.B. 4168–71).

zal „zwei" erscheint auch mit e-Prothese als *esal* (TLE 324 *lupu : avils : esals : cezpalχals* „er verschied im Alter von 82 Jahren"), ebenso in *eslem* „weniger zwei" (AM VI 14; XI 8.12.17), *eslz* „zweimal" (TLE 136.171,2,3) und in dem in TLE 169 höchstwahrscheinlich verschriebenen *elśśi* = *eślz(i)*[55] im *cursus honorum* des Vel Alethna. – S.a. *velsnalϑi* „in Volsinii" für **velznalϑi* (vgl. TLE 297 *velznaχ* „Volsiniensis") in SE XXXIV, 1966, 316 (Bolsena).

g) Es kommt auch *-z* für *-s* vor: in Volsinii, teilweise auch in Chiusi und Perugia, findet sich *-es* und *-as* der GN bisweilen als *-ez* und *-az:*

(Volsinii) CIE 5051 *cultecez,* 5154 *acratez,* 5189 *celez,* NR 539 *tetinaz*[56]

(Chiusi) 1832 *aulez,* 1893 *cainiz*

(Perugia) 3397 *perpratez,* 3665 *petuez,* 4051 *vipiaz,* 4052 *titiz,* 4390 *clantez*

h) etr. *z* steht für griech. *s:* CIE 475 *zerapiu,* 2240 *zarapiu* < Σεραπίων

i) griech. -διο(ς) > etr. *-zu*/*-za: palazus* CIE 5436 (= TLE 132), 5441 (= TLE 133) < Παλλάδιος; *arχaza* 4327 < Ἀρκάδιος

griech. Διο- > *ziu: ziumiϑe* (Gerh.-K. IV 382,2; 402; V 85,1; 113.115) < Διομήδης

k) Im Latein. erscheint etr. *z* als *s:* TLE 473 (biling.) VENSIVS = *venzile;* GN *nufrzna* CIE 3717 u.ö. = NOBORSINIA 3864; siehe auch das Inschriftenpaar

CIE 3623 *fastia . arzni . pumpus* (Mutter)

3622 L. POMPONIVS. L. F. ARSNIAE . GNATVS . PLAVTVS (Sohn, zw. 80 u. 50 v. Chr.); diese Perusiner Familie heißt etr. *pumpu plaute.*

---

54 Anders aber bei *arntsa* in CIE 3020 *hastia : umranei : arn*//*tsa:* durch Vokalschwund statt *arntisa* „die (Gattin) des Arnti".

55 So schon VETTER.

56 NR 539 *arnϑ : tetina : z : s,* neu gelesen von RIX (10.8.1956) als *arnϑ : tetinaz : ś.*

l) Bemerkenswert ist ein Fall von *s*>*r*, Rhotazismus unter umbr. Einfluß: GN *naverial* CIE 3893–95 gegenüber *navesial* 3892–94, Gen. von *navesi* CIE 3896 (Mutter von 3892–95).

Zu *ś* + *s* = *s* (nordetr.), *s* + *ś* = *ś* (südetr.):

Die Ausdrängung eines *s* wie bei **aules + śa* > *auleśa, auleś* + *sa* > *aulesa* geschieht auch im Ide.: **es-* „sein" + *-si* (2. Pers. Sing.) hätte **essi* „du bist" ergeben, wurde aber zu **esi* vereinfacht, vgl. griech. *εἶ* (hom. *ἐσσί* ist Wiederherstellung wie lat. *ess* bei Plautus).

§ 22. L a n g e K o n s o n a n t e n (Geminaten)
Bei den Konsonanten gibt es noch deutlichere Hinweise als bei den Vokalen (§ 14), daß den Etruskern doch ein Längenunterschied bekannt war. Zunächst hat das Etr. selbst wieder einige orthogr. Entgleisungen, von denen BUFFA (S.16) vermerkt:

CIE 4538 (= TLE 570) *tanna;* CII 2100 *avillss;* CIE 705 *villinal;* 100 *rannei presntessa*[57]; 972 *causlinissa;* NR *aville;* CII 2354 *attinaius;* III 391 *mulvannice.* – S. auch CIE 4766 *callia,* ebenso 1007f., jedoch 1009 *calia*[58].

Der Aryb.Poupé (§ 124,2) hat *suvemmaniχiur* und *turannuvei.* Vgl. auch TLE 58 *ϑannursiannaś.*

Hier ist auch wieder das etr.-lat. Material ergiebig:

nn: CIE 682 VIBINNIA (natus) für etr. *vipinal*
928 PACINNAL (etr. in lat. Schrift) für *pacinal*
929 PACINNEI.CELIAS (etr. in lat. Schrift) für *pacinei.celias*
959 THANNIA.TREBO für etr. *ϑania.trepu*
1671 (Biling.) a) *cainal* b) CAINNIA.NATVS
1729 *vel.anne* unter dem Einfluß von vorherg. C.ANNIVS

BUFFA verweist auch auf die lat. Schreibung von (etr.) *Porsenna, Rasenna, bargenna* (Walde-Hofmann I 96f.: *Barginna*).

pp: CIE 787 SEPPIA.NAT(us) für etr. *śepual*
rr: s. § 24, e
ss: CIE 1295 HANNOSSA für *hanusa* (1296)
832 PABASSA für etr. *papasa*
4188 VESSIA.CNATVS für etr. *vesial,* Gen. von *vesi* (vgl. 4094, alle Perugia).

VETTER (Brief an W.Liedtke, 9.11.60) erklärt: Die Doppelschreibung von Konsonanten, „anscheinend nur in Caere, betrachte ich wie im Nhd. als Zeichen, daß der Wortton vor dem Doppelkonsonanten liegt. Ich habe dies für das Oskische, wie ich glaube, festgestellt. Die Früheren scheinen nicht auf den Gedanken gekommen zu sein, der doch so nahe liegt. Dadurch ergibt sich auch Worttrennung: mini kaisie *ϑànnursi ànnaś mulvànnice,* also kein Ungetüm wie *ϑannursiannas.*"

Die bisweilen vorkommende Schreibung *tϑ* ist n i c h t als Wiedergabe einer Geminata (*tth*) zu werten. BUFFA (15) zählt folgende Fälle auf: CIE 3248 *titϑlai,* 4693 *lartϑ,* 489 *lartϑia,* F (= CII) 803 *patϑna,* NR 145 *atϑ,* F 1014 *crultϑnia.* Zu dieser Schreibung, die Buffa selbst

[57] Es ist jedoch *rapḷnei presntessa* zu lesen.
[58] Vgl. MÜLLER-DEECKE II, 332f., der bei Beispielen wie *χartillas* (= *Quartillae*), *callia* (= *Gallia*) u.a. zu Recht auf latein. Einfluß hinweist.

S.14 für einen „evidente errore di ortografia“ hält, ist noch zu berücksichtigen, daß die Belege CIE 3248 und 3269 *(tϑsia)*, aus dem gefälschten Material des PIRANESI stammend, völlig wertlos sind und CIE 3320 *(tϑ)* ein Steinmetzzeichen ist. In den übrigen Fällen liegt jene spezielle Art von Korrektur vor, die § 145,2, Anm.178 erläutert wird. – Vgl. auch *ramtϑa*, BUONAMICI EE 97 Anm. 42 aus Tomba 27 in Norchia.

§ 23. Konsonantengruppen im Anlaut

In der Verwendung von Muta + Liquida oder Nasal bzw. Muta + *u* unterscheidet sich älteres und jüngeres Etruskisch (SLOTTY, Beitr.I 68ff.):

Alt- und jungetr.: *sl-, fl-, cr-, ś/sr-, tr-, cn-, tn-, ś/sn-, cv-, ś/sv-, tv-;*

nur jungetr.: *tl-* und *ϑr-: tlapn, tlenaχeis* (Perus., Cort., Arret.); AM VI 15 *ϑluϑ*, XIγ2 *ϑluϑcva;* CIE 2234 (Clus.) *ϑlainei*

spl-: *splatur(ś), splaturia(ś)* mehrfach in Clusium und Polimartium/Bomarzo
ϑr-: CIE 78 (Volat.) *ϑresnai*, 5079 (Volsin.) *ϑrama*, 4622 *ϑremsnei*
fr-: *fraucnei, frentinate, fremual* u.a.
fn-: *fnesci, fniscial*
ϑv-: *ϑveϑli(e)(s)*
χv-: *χvestnal* u.a.
(scv-: AM X 8 *scvetu* < **scuvetu*, vgl. CAP 7 *scuvune*, TLE 570 A 10 *ścuna* < *ścuvuna)*.

§ 24. Reduktion von Konsonantengruppen

a) Schwund des ersten Konsonanten:

c vor *n*: *nacna* > *nana* (CIE 686 *vipia·atinana / ampareś*)
fraucni CIE 3051 > *frauni* 1795 (s. § 18, 3a)
vercna TLE 797 > *verna* CIE 2165
larcnas TLE 273 > *larnei* 1117

l vor *ϑ*: TLE 477 (CII App.385) *veϑuruś* (= *velϑuruś*)
CIE 2115 *veϑura* (= *velϑur*[*u*]*a*[*l*])
CIE 4327 *veϑuris* (= *velϑuris*)
(PN *velϑur* passim)

l vor *n*: 321 *sepana* für *sep(a)lna(l)* (322)

m vor *n*: GN *velimna(s)* (CIE 3714 u.ö.) > *velinaś* (CIE 3715)

m vor *p*: GN *pumpu/pumpunas* > *pupuś* CIE 3791f. (Grab der Familie *Pumpu Snute*, Perugia)
pupunas CIE 621 und add. p.622
pupus(a) CIE 4817 (teg. sep., gegenüber *punpusa* CIE 4818, op. oss.)

m vor *φ*: *haφnei* 3395 (Mutter) – *hamφnal* 3396 (Tochter)
laφe 1100.1101 – *lamφe* 1105 (neben *lanφe* 1102.1106f.)

m vor *s*: CIE 2007 *ucumsnei* – 646 *ucusna*

n vor *c*: CIE 4823 (teg. sep.) *ancaria* – 597 add. *acaria* (4822 *aχari*[*a*] (§ 16)

n vor *z*: CIE 114 *venza* (TLE 473 *venzile* und VENSIVS, 443 *venzle*):
2088 *(hasti) veza* und 3649 *(larϑi) veiza*

n vor *t*: CIE 1784b *lentis,* 1000 *lentisal* – 3037 *letis* (alle ager Clusinus)
CIE 4733 *perceϑnei* < osk. *percend-*
CIE 4370 *titur* für *tinϑur* || 1398 *seatial,* 1397 *seiantial* (Metronym. zweier Brüder).
3088 *atiuce* für ANTIOCVS (2137), Ἀντίοχος

n vor *s*: *crunsle* (GN, Familiengrab in Perugia) – CIE 3588 *crusle,* 3591 *crusel*

p vor *t*, ital., wobei *t* zu *ϑ* werden kann: *setumi* CIE 3741, *seϑume* 3755 *(Septimus)*

r vor *ϑ*, *t*: *larϑ(i)* (PN, oft) – *laϑ* TLE 719c, *laϑal* (Gen.) 181, *laϑial* 350, *laϑi* CIE 3664.4007; s.a. TLE 401, b, 9.
lati CIE 2873 für *larti*
cutunial CIE 3500 für *curtunial* (< *curtun, Cortona*)

r vor *n*: TLE 151 *anϑaia, anϑiaia* für *arnϑ(al), arnϑ(ial)*
CIE 252 *anϑual, anϑl* für *arnϑual, arnϑal*

r vor *p*: TLE 461 (= CIE 1276, Clus.) *capiu,* Hypokor. von *carpe?*

s vor *n*: *cantini* 4204 = *casuntini(al)* 4203 (über **casntini*); 4203/4 bezeichnen d i e s e l b e Person.

t vor *l*: *statlane* (GN) TLE 185.187.190 – *stalane* 183.189 (alle Tuscania)
patlni(s) (GN) CIE 4506f. – *palnei* 4405, *palni(s)* 4335, 4348 (alle Perugia); doch vgl. § 20.

b) Schwund des zweiten Konsonanten:

v nach *l*: Nach RIX[59] in Chiusi nach 300 v.Chr.: GN *salvi* > *sali,* GN *helve* > *hele,* GN **calve* > *cale;* Göttername *selvans* > *selans.*

n nach *r(i)*: regelmäßig im defin.Akk.Plur. (§ 46); *-ϑurni* > *-ϑuri* in abgeleiteten Namen (vgl. § 177,4,b) wird nicht regelmäßig durchgeführt.

c) Assimilation usw.:

Assimilation kann in den oben genannten Fällen von *ln* > *n* und *mn* > *n* vorliegen, wobei also *ln* und *mn* > *nn* anzusetzen wäre (§ 22). Assimilation ist auch die Aspiration von *c* > χ vor *ϑ*, § 16 (*c* ~ χ, 4). Vor *ϑ* Fälle von *m* > *n*: *camϑi - canϑ(ce),* PN *ranϑula,* Demin. von PN *ramϑa;* vor *s* gelegentlich *n* > *m*: *tesamsa* < *tesan(a)sa.*

Assimiliert ist wohl auch *fufle* in CIE 2286 (Chiusi, Verschlußstein des Grabes) *aϑ: herine: vipunal: /fufle,* wogegen der Deckel der Urne *ar: herine: vipunal: fup(le)* hat *(aϑ = ar = arnϑ).*

Das Gegenteil von Assimilation, eine Art überkorrekter Schreibung, liegt vor in: *anφare* statt *amφare; punpui* (CIE 2631f.) für *pumpui, punpusa* (CIE 4818) von pumpu.

D i s s i m i l a t i o n liegt in *crepni* 1473.1475.1477 < *cnepni* 1476.1478 vor.

d) Griech. -μ ν-:

Μέμνων > **memnun* > *memrun* (CII 2513 bis) > *memprun* (NScav.1914, 240, Perugia) mit konsonantischer Epenthese italischen Typs.

Ἀγαμέμνων > **acmemnun* > [*a*χ]*memrun* CIE 5396 > *a*χ*menrun* 5256

---

[59] Ein lokal begrenzter Lautwandel im Etr., Die Sprache VIII, 1962, 29–43, bes. 35ff.

e) etr. *rntn* > lat. *rr:*
TLE 502 = CIE 1468 (Bil.) a) *C.ARRIVS.C.F/Q*
b) *aϑ.arntni.umran(al)*
TLE 503 = CIE 1469 (Bil.) a) *C.ARRIVS.ARN (ensi tribu).ARRIA.NAT(us)*
b) *arn(ϑ).arntni.arri / arntnal*

Dazu 1) Vater und Sohn substituieren *Caius* für den in der röm. Bürgerformel unmöglichen Namen *arnϑ* (s. § 203f.).
2) Aus diesem Grunde kann *ARN* in TLE 503 nicht das Patronymikon *arnϑal* sein, sondern ist die Angabe der T r i b u s .
3) In b) wird versucht, diese Tribus auf etr. (als CN ?) auszudrücken.
4) Dabei wird etr. *-rntn-* in lat. *-rr-* übergeführt, lat. -RN- (in der Tribusangabe) aber umgekehrt in etr. *-rr-*.

Die Inschriften stammen aus S a r t e a n o im Gebiet von Chiusi; tatsächlich gehörte Clusium zur *tribus A r n e n s i s* .

§ 25. A s s i b i l a t i o n e n (Palatalisierungen)

ϑi > zi: vor dem Suffix *-iu* der Hypokoristika kann *ϑ* zu *z* werden:
CIE 5517 *arnziu* < *arnϑ-* (auch *ts* geschrieben, § 21)
3037 (ager Clus.) *laziu* für *larϑiu,*
3927 (Perugia) *larsiu* für *larϑiu*
ti > zi: CIE 1211 *seianzi* < *seianti* (öfter)

Griech. – δ ιω(ς) > etr. *-zu/za* (wie schon im Griech.; vgl. ζάϑεος < *διάϑεος)
Παλλάδιος > *palazus* CIE 5436 (= TLE 132); CIE 5441 (= TLE 133), Tarqu.
Ἀρκάδιος > *arχaza* CIE 4327 (Perugia)
δι- > etr. *zi:* Διωμήδης > etr. *ziumiϑe*

c > s vor *e* und *i:*
TLE 328 *versenas* (GN) < **vercena,* vgl. *vercna* (TLE 797)
CII Suppl. I 463 *φulnise* < *φulnike* = Πολυνείκης
CORTSEN, Lyd og Skrift 117 *mamerse* < *mamerce* (öfter)
Eine merkwürdig gemischte Schreibung liegt vor in:
CIE 4513) *felscia* (GN) < *felcia*
c > z (vgl. § 21) vor *i:*
CIE 497 add. *perzile* < *perciu* (TLE 714) < osk. *percio-*
c > s vor *l* (vgl. § 20, Ende):
CIE 2413.2730.2906–08.3008f. *ucrislane* (GN, Ethn.)
Ocriculanus (< *Ocriculum* bei Ameria in Umbrien). Vgl. SCHULZE, Eigennamen 554.
CIE 732 *patislan-* (GN, Ethn.) < **Paticulanus*
Wir haben hier etr. *-sl* < umbr. *-cl-*.

Die Provenienz der wenigen eindeutigen Belege deutet darauf hin, daß diese Assibilationen k e i n e typisch *etruskische* Erscheinung sind. CORTSEN, Lyd og Skrift 117, gibt als erstes Beispiel für Assibilation von *c* zu *s mamerse* an, sagt aber nicht, wo es belegt sei. Dann gibt er *φulnise* = *φulnices* aus CII Suppl. I 463, Karneol aus Caere, aber beschädigt, wohl aus *φulnice* verlesen. So deutlich CII 1070 (Perugia) = FURTWÄNGLER, Gemmen XVI 27. Dann zitiert Cortsen CII 2279 (Druckfehler für 2249!), ein unklares Töpfersiegel, das gar nichts beweist. Bedenklich ist die Verbindung von *elfaci* AM X 13 mit *alφazei* IV 12; V 9; IX 16.17. Das letzte Beispiel ist CIE 1738 *antrumasia* als Lesung von Danielsson gegen *antrumacia,* die Lesung von Fabretti. Der Vater der *ϑania:antrumacia:caes* nahm seinen griech. Sklavennamen Ἀνδρόμαχος, etruskisiert *antrumace,* bei der *manumissio* als Gentiliz an (s. § 206,a). Davon ist *antrumacia* Weiterbildung mit weiblicher Endung.

Auch FIESEL, Mythos 123, sagt zu *φulnise* = Πολυνείκης: „wenn die Lesung stimmt".

Das Verhältnis *αὐκήλως* (TLE 815): *usil,* worüber KRETSCHMER mehrfach geschrieben hat (Gl. 14, 1925, 310: Verschreibung für *αὐσήλως* ; DE SIMONE verweist in seiner Arbeit < Etrusco **usel-* „sole" > [SE XXXIII, 1965, 542, Anm.31] ganz richtig darauf hin, daß die alphabetische Anordnung des Hesych die von Kretschmer vorgeschlagene Änderung verbietet), ist ein Problem für sich. S. jetzt FRISK, Griech. etym. Wb. 185 u.

So bleiben nur *ucrislane* und *patislane,* beide nicht echt etruskisch, sondern entlehnt.

Hier sei abschließend auch erwähnt, daß bisweilen *p* > *pi̯*, *t* > *ti̯*, *s* > *si̯* vorkommt:

CIE 4134 *paniaϑi*, 4424 *pianiaϑe*

CII I 436,b *apiatrus,* CII I 436,a *ap⟨a⟩iatrus* (mit Fehlertilgung nach dem System „Korrektur durch Wiederholung des Richtigen", s. Verf., SE XXXII, 1964, 201), beide von *apatru-* TLE 136.138

CII III 367–371 dreimal *partunus,* einmal *partiunus*

CIE 1546 *tiurke* für *turce* (passim).

S. auch SCHULZE, LEN 286: *Olsades* und *Olsiades,* Varianten desselben Namens, dessen Heimat in Etrurien zu suchen sei (< Ethnikon **uls(i)aϑe ?*).

Akzent und „Synkope"

§ 26. Allgemeines

Es ist die allgemeine Ansicht der Etruskologen, daß das Etr. einen Hochtonakzent gehabt habe; etwa am Anfang des 6. Jhs. oder in der 1. Hälfte des 5. Jhs. sei es zu einem Wechsel des Akzents gekommen, der als dynamischer auf der ersten Silbe jedes Wortes zu liegen kam[60]. Die Folge davon sei gewesen, daß sich ein Neben- oder Gegenton auf der dritten Silbe einstellte, die unbetonten Vokale aber abgeschwächt wurden und schließlich ausfielen (Synkopierung).

Diese Anschauung, von der SLOTTY a.a.O. als von „dem anerkannten Wechsel des Akzentes, der als dynamischer auf die erste Silbe jedes Wortes zu liegen kam", spricht, geht von klassischen Philologen und ihren Studien über den altlateinischen Akzent aus[61]. Für SKUTSCH[62] ist es selbstverständlich, daß der altlat. Akzent vom Etruskischen beeinflußt ist; KRETSCHMER ist ihm hierin gefolgt[63].

---

60 SLOTTY, Beitr. I 65; PALLOTTINO, Elem. 24; DEVOTO, SE I, 1927, 264f.

61 Vgl. K.O. MÜLLER, Die Etrusker[1] I 59f.; DEECKE, Etr. Lautlehre aus griech. Wörtern, BB II 176; HERBIG, Sitzb. Bayer. Akad. d. Wiss. 1924, 2. Abh. 33.

62 Der lat. Akzent, Gl. IV, 1913, 187ff.; vorher schon 1907 in Kultur der Gegenwart[2] I, 8, 447; RE VI 787f.; Gli Etruschi e loro lingua (1909) 129f.

63 Einleitung in die Altertumswiss. I (1910) 18f.

Diese Forscher setzen den altlat. Akzentwechsel für die Zeit des 6. bis zum 5. Jh. an[64]. Für dieselbe Zeit meint aber SLOTTY (Beitr. I 65), den Akzentwechsel im Etruskischen nach dem Aufkommen der Synkopierung datieren zu müssen.

Wenn b e i d e Anschauungen richtig sind, dann kann man den Akzentwechsel im Lat. wohl kaum auf das Etr. zurückführen; man muß vielmehr feststellen, daß es sich um ein grammatikalisches Phänomen handelt, das sich sowohl im Etr. als auch im Lat. bzw. in den italischen Sprachen zeigt. Das Material deutet an, daß der Vokalschwund im Oskischen in Kampanien früher auftrat. Gleichzeitige oskische und kampano-etr. Gefäßinschriften geben griech. *κυλίχνη* mit osk. *culchna/culcfna,* aber etr. *culiχna/χuliχna* wieder. Die Samniten hatten also, als sie in Kampanien eindrangen (etwa seit 474 v.Chr.), bereits durch Anfangsakzent veränderten Vokalismus (vgl. DURANTE, Prosa ritmica 84).

Für das Etr. wird nun ein solcher Akzentwechsel von den S y n k o p i e r u n g s - erscheinungen abgeleitet.

Tatsächlich kennt CAP eine Synkopierung n i c h t , wohl aber Gefäßinschriften, die etwa der gleichen Zeit angehören (Übergang 6./5. Jh.). SLOTTY (a.a.O.) will dies mit dem a m t l i c h e n , konservativen Charakter der Capuatafel erklären gegenüber der privaten Natur der Gefäßinschriften. Ich würde die konservative Haltung lieber der s a k r a l e n Natur von CAP zuschreiben, da ich an einen amtlichen Charakter der Inschrift aus archäologischen und antiquarischen Gründen nicht glauben kann; das mehrmalige Vorkommen von *lavtun* „der Familie" spricht eher für eine private Totenstiftung. Wir dürfen hier nicht an sumerische, akkadische, hethitische und ugaritische Tontafeln denken!

PALLOTTINO und BUFFA weisen darauf hin, daß schließlich „a l l e Vokale, betonte und unbetonte, in mehrsilbigen und einsilbigen Wörtern, in Anfangs-, Mittel- und Endsilben diesem Phänomen erliegen"[65]. „Die starke Anfangsbetonung perkussiver Art ist aber keineswegs eine allgemeine Erscheinung oder in allen Stufen der Lautentwicklung wirksam . . . Die Synkopierung der unbetonten Silben vollzieht sich besonders in der Stellung nach der Betonung, respektiert aber offene Endsilben"[66].

Schließlich erklärt BUFFA[67]: „Tatsache ist, daß keine sichere Regel für den Vokalschwund existiert, und daß wir gleichzeitige Inschriften finden, von denen die eine Vokalschwund zeigt, die andere aber nicht. Ich bin daher der Meinung, daß es sich einfach um ein g r a p h i s c h e s Phänomen handelt".

Zu einem ähnlichen Schluß ist auch HERBIG bei der Untersuchung des Einflusses des etr. Starktonakzents auf den lateinischen Akzent gekommen[68]: „Die seltenen Vokalschwächungen in umbrisch-oskischen Mittel- und Endsilben sind lateinische Schreibung des Restvokals, die viel häufigeren Synkopierungen (scil. im Etr.) sind etruskische Nichtschreibungen dieses Vokals".

---

64 SKUTSCH, a.a.O. 190 – BOTTIGLIONI (Di alcune particolari tendenze fonetiche nell'italico, Athenaeum 7, 1929, 449ff.; 8, 1930, 3ff.) führt (wie Ribezzo) sowohl den lat. Initialakzent wie die Tendenz nach „zurückgezogener" Aussprache (-ā > -ō, -ā̆- > -ō̆-) im Osk.-umbr., Rhotazismus und Wechsel von *d* und *r* auf ein mediterranes Substrat zurück.

65 BUFFA, Elementi 18.

66 PALLOTTINO a.a.O.

67 a.a.O. 19.

68 Indogerm. Anz. XXXVII, 22ff., bes. 25 – Vgl. STOLZ-SCHMALZ-LEUMANN, Lat. Gramm.[5] § 163.

§ 27. Älteste Entstellungen und Anfangsbetonung

Als Beweis für die exspiratorische Anfangsbetonung des Etr. werden vor allem Beispiele aus dem Namenmaterial des griech. Mythos angeführt[69]:

anχas < Ἀγχίσης	*catmite* < Γανυμήδης[70]
aχle < Ἀχιλλεύς	*clutumsta* < Κλυταιμνήστα
aχrum < Ἀχέρων	*eina* < Αἰνείας
aplu < Ἀπόλλων	*elχsntre* < Ἀλέξανδρος

FIESEL (a.a.O., s.Fn.5) hat nachgewiesen, daß diese Namen schon in archaischer Zeit ins Etr. gekommen sind. Auf Übernahme aus einem nicht jon.-att. Dialekt, der lange das Digamma bewahrte, ins Etr. weist auch der Umstand hin, daß sich hier Formen mit erhaltenem Digamma finden:

velene = Ἑλένη	*vilatas* = Οἰλιάδης
velparun = Ἐλπήνωρ	*vikare* = Ἴκαρος
vil(a)e = Ἰόλαος	

Diese Namen stammen, wie gesagt, aus einem griechischen Dialekt, der diesen Laut nicht, wie das Ionisch-Attische, früh eingebüßt hatte (FIESEL, Namen 19). Im Lichte der Tradition, welche die Tarquinier mit korinthischen Flüchtlingen (Demaratos) verbindet (Liv. I 34), ist bemerkenswert, daß diese Namen mit jenen auf korinthischen Vasen übereinstimmen, die das Digamma überliefern. Vgl. auch Tacit. Ann. XI, 14.

Jedenfalls haben diese ganz alten Entlehnungen Vokaleinbußen in nicht erster Silbe, was darauf hindeuten könnte, daß die Anfangsbetonung einerseits und die Vokalschwächung andererseits schon sehr alten Datums war.

§ 28. Vokalschwund nur scheinbar

Eine gründliche Sichtung und Vergleichung des epigraphischen Materials, besonders des synchronen aus Familiengräbern, läßt jedoch die traditionelle Ansicht von der Wandlung des Etr. von einer vokalreichen zu einer vokalarmen Sprache – infolge des Anfangsakzents – zumindest sehr stark übertrieben erscheinen.

Nach diesem Material ist es tatsächlich so, wie schon HERBIG und BUFFA sagten: die angebliche Synkopierung ist in der Mehrzahl der Fälle ein graphisches, kein phonetisches Phänomen[71].

---

69 S. FIESEL, Namen des griech. Mythos im Etr., Aufstellung S. 131ff.

70 *catmite* ist als *cāmillus* (Quintil. I 5, 22f.) ‚Opferdiener' ins Lat. übernommen worden. Vgl. Stat. Tull. bei Macrob. Sat. III 8, 6; Serv. Aen. X 558; Walde-Hofmann unter *camillus*.

71 Zur angeblichen Synkope sagt DEECKE (Müller-Deecke II, 333): „An Stelle des syncopirten Vocals ward ferner, wie ich dort (= B.B. Zeitschr. II) nachgewiesen habe, meist wohl eine Art Schwa gesprochen, das mitunter in der Schrift wieder als selbständiger Vocal ausgedrückt ward, aber häufig abweichend vom ursprünglichen Laut, und dann nicht selten dem vorhergehenden oder folgenden Vocal assimiliert z.B. *clútmsta* = Κλυταιμνήστρα, mit geschriebenen Schwa's: *cluϑumusϑa*. Auch wurde hin und wieder ein gleichfalls assimilirbarer Vocal unorganisch zwischen zwei ursprünglich verbundenen Consonanten eingeschoben z.B. *arĭtimi* = Ἄρτεμις, *χalŭχasa* = Κάλχας, *kásutru* = Κάστωρ. In echtetruskischen Wörtern ist die Entscheidung vielfach schwer, ja unmöglich, ob Syncope oder Einschub stattgefunden hat, sowie im ersteren Falle, welcher von zwei oder mehreren mit einander wechselnden Vocalen der ursprüngliche, welche durch Lautausbruch des Schwa entstanden

Wir sehen hauptsächlich zwei Arten, auf die eine „Scheinsynkope" entsteht:

a) das Etr. hatte offenbar silbische l̥, m̥, n̥, r̥ bzw. *l, m, n, r* mit „Murmelvokal" vorher. die einfach als *l, m, n, r* geschrieben wurden; neben diesen Schreibungen stehen einerseits solche mit *u* (+ *l* usw.), andererseits solche mit *a*[72];

b) statt einer Silbe aus Konsonant + *e (a)* steht der Konsonant allein; für den Vokal gilt der Vokal des N a m e n s d e s K o n s o n a n t e n b u c h s t a b e n s im Alphabet[73].

§ 29

I: *l, m, n, r = ul, um, un, ur (*l̥, m̥, n̥, r̥)

l: *maiflnas* TLE 9 (GN, Ethn.) < Μήφυλα

mlaχ (AM passim) = *mulaχ* AM VIII 5, *mulac* V, N.Fr.2

ϑluϑ (AM VI 15) = *ϑulut(er)* TLE 208

epl (= *ep*^{u}*l*) = *pul* TLE 570 A 8.10–11; 131, Z.6f.; 233.628

vatluna = Vetulonia

aplu (Gerh. XLV, 1) = *apulu* < Ἀπόλλων

m: *pmpu* (CIE 2626) = *pumpu* (CIE 2633 u.ö.)

vinm (AM IV 14) = *vinum* (AM III 4.18.20, u.ö.)

catmite (Gerh.-Körte V, 5) = **catumite* < Γαvυμήδης

clutmsta = *clutumsta* (Gerh.-Körte V, 116, 2)

lauχmsni (CIE 4752) = *lauχum-* (TLE 440, lat. *lucum-*)

ucntm (TLE 87) = *ucntum* (ebda.)

aϑmic . . TLE 646 = *aϑumic(ś)* 570 B 12f.; *aϑumic(a)* AM XI 7; *aϑumi(tn)* AM XI ♉ 7

ursm[*nai*] CIE 5457 (Tarqu.), *ursmnal* AM XII 10 = *ursumn(as)* (L'Antiquité classique 35, 1956, 417);

sehtm(nal) CIE 4098 (Perugia) = *sehtum(ial)* 4287 (Perugia; vgl. ebda. 3755 *seϑume*);

nusmuna 173 – *nusumuna* 175.

raϑmsnal (CIE 1355) = *raϑumsnal* (1356) (Geschwister!)

n: *apnas* TLE 97 (Tarqu., T.Bruschi) = *apunas* TLE 94 (ebda.); vgl. T.Giglioli (entd.1959, z w e i t e s Jh.) SE XXX, 1962, 285, nr.2 *apuna,* nr.3 *apun* . . . , nr.4 *apunal;*

curϑn(teś) CIE 2470 „Corton(ensis) = *curtun* „Cortona" TLE 644

---

sind." D e r s ., S. 343: (Synkope vor *l*) „Hier ist besonders die Unterscheidung zwischen Syncope und a b g e k ü r z t e r S c h r e i b w e i s e (Sperrung von mir) schwierig."

72 Auf sonantische Liquiden weist *mamarce* (Veji und Orvieto, 6.Jh., Tarquinii 5.Jh.), *mamerce* (Vulci, 6.Jh., Capua 5.Jh.) und *mamurce* (Capua, 5.Jh. – s. SLOTTY, Beitr. I 22. 175) hin. Alle diese Formen sind < osk.-sabin. **mamrko-* (Durante, Prosa ritmica 84f.).

73 Über F. MARX, Studia Luciliana, Diss. Bonn 1882, 5ff. und C. LUCILII carminum reliquiae II, Commentarius, Leipzig 1905, 138ff., sowie W.SCHULZE, Die lat. Buchstabennamen, Sitzb. Kgl. Preuß. Akad.d.Wiss. 1904, 760ff. hinausführend M.HAMMARSTRÖM, Beiträge zur Geschichte des etr.,lat. und griech. Alphabets.Acta Soc.Scient.Fenn. XLIX, Nr. 2, Helsingfors 1920, und besonders L. STRZELECKI, De litterarum Romanarum nominibus. Trav.Soc. des Sciences et des Lettres de Wroclaw, Ser. A. Nr.19, Breslau 1948 (mit Korrektur der Ausführungen in RE XVIII, 1461). S. auch HERRMANN, Herkunft und Alter der deutschen Buchstabennamen. GN 1929, 215ff. [A, I, CE (= KE), KA, Qu, Te, Be, De etruskisch; Ha etr. oder lat.; Ge altlat., Ef, El, Em, En, Er, Es klass.-lat., Ix und C (= Tse) spätlat.].

φersipnai CIE 5091 = **φersipunai* < Περσεφόνη
φulnikes (Furtw. XVI, 27) = *pulunikes* < Πολυνείκης
penϑna TLE 570 B 14f.; 621.626 = *penϑuna* 575
lautn, lautni = arch. *lautun, lautuni*
marniu TLE 233, Amtstitel = *maru-n(i)u, marunχva* (öfter)
statne(sï) Buonam. EE 78 mit Anm.35 = *Statonia*

Vgl. die analoge Erscheinung im Umbrischen: *ptrnio* (VETTER, Handb.I, S.168, nr.234, Foligno) für *petronio(s)* (n̥ = *on*).

r: *trce* TLE 737 = *turce* (passim)
huzr(natre) TLE 131 = *huśur* 209
eprϑne (= *epᵘrϑne*) TLE 233 = *purϑne* TLE 465[74]
ϑanr- TLE 359b.621.733 = *ϑanur* (SLOTTY, Beitr.I 134), *ϑannur(siannaś)* TLE 58
larϑru TLE 401 = *larϑuru(s)*, vgl. TLE 730
aprϑe CIE 3806ff./*aprte* 4892 (teg.sep.) = *apurϑe* 3803ff./ *apurte* 4893ff.
apries CIE 5487–9 (Tarqu.) = ABURI 5505
limrce TLE 6,b,1 = *limurce-* TLE 6,b,2
nufrzna CIE 3717 u.ö. = **nufurzna*, vgl. NOBORSINIA 3864
tranin SE XVIII, 1943, 292 (Battisti) = *turanin* < Götternamen *turan;* vgl. *Traneus*, etr. Monatsname für den Juli (TLE 854) < **turane ?*

Jedoch *r* = *ru* in TLE 496 *veratrsa* für *veratrusa*

II. *l, m, n, r* = *al, am, an, ar* (*l̥, m̥, n̥, r̥*)
l: *arnϑl* CIE 2855 (aber auch NScav.68, 1943, 299, 3.–4.Jh.! Tarqu.) = *arnϑal* (passim)
arnϑlisa DEECKE, Etr.Fo.III 44 = *arnϑalisa* TLE 418.463.464. u.ö.
GN *stlanes* NR 766 = *stalanes* NR 763 (TLE 183.189)
lvsl, Göttername im Gen., TLE 719c = *lusa-* id., AM VI 9
lasl, Göttername im Gen., TLE 719c = *lasa* (passim)
hanuslisa CIE 4882 = *hanusalisa* (korrekte grammat. Form)
papaslisa 1214.3067 = *papasalisa* (korrekte grammat. Form)
huraznl 1114 = *huratnal* 1113
seplnal 322 = *sepalnal*, vgl. 321 mit Schreibfehler *sepana* für *sepalna*
tutnl 1182 = *tutnal* 1183 (Metronym. in den Grabinschriften zweier Brüder)
lārϑlis 1665 = *larϑalisa*

Vgl. auch *marcnl* 951, *anainl* 2014 für *marcnal, anainal*

atlnta Gerh.CCXXIV, *atlenta* ebda. CLXXVI = *atalanta* Furtw.XVI, 21 <
taitle = Δαίδαλος
tuntle Gerh.-Körte V, 77 = Τυνδαρεύς (mit *r* > *l* !)
zl TLE 570 A 15 = *zal* „zwei"[75]

---

[74] Vgl. zu diesem Beleg SCHACHERMEYR, Etr. Frühgesch. 224: „Das Beispiel *eprϑne* zeigt uns die Prothese Hand in Hand mit dem Schwund des wortinneren Vokals und der silbischen Aussprache des *r*."

[75] Zu *zl* = *zal* schrieb SLOTTY (14.7.1940) an Vetter: „ . . . *zl* im C. Perus. ich sage an der genannten Stelle nicht, daß ein Schreib f e h l e r vorliege, sondern eine Schreibung; ich meine also, daß der Schreibung *zl* die Lautung *zal* zugeordnet ist."

m: leϑm(s) TLE 719d = *leϑam* ebda.; *leϑam(sul)* CAP 6.6.–7 u.ö.
aχmemrun Gerh.-Körte CLXXXI.CCXXIX = **aχamemrun* < Ἀγαμέμνων
palmiϑe Gerh.-Körte CCCLXXXII, 1.CCCLXXXV = **palamiϑe* < Παλαμήδης
talmiϑe Gerh.-Körte = **talamiϑe* < Π/ταλαμήδης
catmite Gerh.-Körte V, 5 = **catamite,* vgl. lat. *catamitus,* < Γανυμήδης; s. aber auch § 29 a, I, zu *m*!).

n: ϑurmna CIE 1379 = *ϑurmana* 1378 (Bruder)
elχsntre Gerh.-Körte V 98, 2; 118 = Ἀλέξανδρος, vgl. jedoch auch *elχsentre,* s. § 29,b;
tesn- TLE 570 A 4.20f.22 = **tesan-* in TLE 135 *teśamsa* < **teśansa*
atlnta Gerh.-Körte CCXXIV = Ἀταλάντη, vgl. jedoch auch *atlenta* ebda.CLXXVI mit *l* = *el,* s. § 29,b
capne Furtw. XVI, 33 = Καπανεύς
caśntra CIE 5249 = Κασσάνδρα
ϑesns AM XI 11 = *ϑesans,* Gen. von *ϑesan* (Göttername)
ϑesnin AM V 16 = *ϑesanin,* arch. Gen. von *ϑesan*
hescanas CIE 5118 (Orvieto, Wandinschrift) 5119 (oss.) *hescnas*
suϑnei CIE 944 = *suϑanei* 943
pumpna(sa) 1404 = *pumpana* 1403
remznal 1395 = Gen. zu *remzanei* 1396
hercnas TLE 149 (Tarqu.) = *heracanas* SE XXX, 1962, 285 (Tarqu.)
ϑnχvilus CIE 5323 (Vulci) = *ϑanχvilus* (öfter)

Ich glaube, daß auch im Namen der Familie *hepni* (Ssciano bei Siena, Neufund 1957) ein solches *n* vorliegt. Neben häufigerem *hepni* kommt d r e i m a l *hepani,* einmal *hepeni* und einmal HEPENIVS vor. Da der Stamm *hep-* sonst nicht belegt ist, liegt die Annahme nahe, es handle sich um ein ursprüngliches Ethnikon, abgeleitet vom Namen der Stadt **hepa* = Heba, vgl. *veiane* (TLE 707) von **veia* = Veji (Asciano-Inschriften SE XXVII, 1959, 277–300 [De Agostino]; Verf., BzN. 13, 1962, 28–39).

r: cezrtle CIE 4825 = *cezartle* 708f.
lrϑal TLE 176 = *larϑal* (passim)
lris TLE 131.268 = PN *laris* (passim)
lriśa TLE 20 = *lariśa* (liśa), poss. Adj. vom PN *laris*
lrt TLE 658 = PN *larϑ/t* (passim)
vestrcni CIE 5420 (Tarqu., 2.Jh.) = *vestarcni(es)* 5421 (selbes Grab)
menarva Gerh.-Körte CCCV; V, 66 = *menrva* < *menrva;* vgl. *menerva* ebda. CXXIII. CXXXIV; V, 6; 85, l (§ 29, b mit *n* = *ne*)
nuzrnei CIE 2497 = *nuzarn(al)* 5128
naχrnal CIE 4862 = *nacarnal* NR 749 (vgl. CIE 2874 *naχrnisa*)

Die ersten vier Beispiele zeigen besonders deutlich, daß in der Schreibung ein Vokal fehlt, der in der Aussprache vorhanden gewesen sein muß: diese *lr*-Verbindungen sind schlechtweg unaussprechbar; vgl. auch *huraznl* oben unter *l*.

§ 29 bis V o k a l d e s B u c h s t a b e n n a m e n s[76]

c = *ca* (rezente Standardschreibung für archaisch differenziertes *ka,* das sich nur in Nordetrurien gehalten hat, s. § 1,c).

---

76 STRZELECKI 15ff., bes. 26ff.

cla, pronom. Gen. von *ca*, AM V 23; XI 11; häufig als Enklitikon wie in *ϑuflϑicla* TLE 740 = **c^{a}la*

clϑi, pronom. Lok. von *ca*, TLE 93.97.159 = *calti* TLE 135

pecse Gerh.-Körte CCXXXV, 2 = **pecase* < Πήγασος

In den Inschriften der Familie Hescana in Orvieto CIE 5119 *hescnas* = 5114f.5118 *hescanas* ist *n* = *an*, da *c* = *ca* anzusetzen für das 5.–4.Jh. unmöglich ist.

c = *ce*: *cn*, Akk. des Pronomens *ca* = *cen* TLE 651 < **(i)ken* < *ikan* (Aryb.Poupé)

pulacs TLE 783 = **pulaces* < Πυλάδης

hecce TLE 87 ist *hecece* TLE 78, Prät. von *hec(i)* „legen, setzen, stellen"

atcn(ei) CIE 260 = *atecen(as)* 4883

scva 917 = *sceva* 2252, vgl. *sceua(sa)* 916

v = *ve*: PN(Gen.) *vlus* CIE 2485 = *velus* (passim)

GN *vlaϑi* CII III 388 ~ *velaϑri* CIE 2090

vlesi GN 3886 = *velesi* 616

GN *nevrn(ie)* 5050 (Vols., 2.Viertel d.5.Jhs.) = *nevern(as)* 5006 (ebda., Ende des 6.Jhs.)

tvϑ, Göttername TLE 719,c,2 = GN *tveϑ-elie* CIE 4927

h = *he*: *hlial* 2829 = *helial* 2830

hlzu(al) 2774 = *helzu* 2775

m=*me*: *menle* Gerh.-Körte CCCLV u.ö. = *menele* ebda. CCCLXXVII < Μενέλαος

mnrva Gerh.-Körte LVIII = *menerva* ebda. CXXIII u.a.

mliϑuns TLE 221 = Μελίτων

mnele CII III 311 = Μενέλαος

lamtun Gerh.-Körte V 78 = Λāμέδων < Λαομέδων

hermnas NScav.1937, 404, nr.11 = *hermenas* TLE 253.709

artam Gerh.-Körte LXXXVII, *arϑam* ebda.CCCLIV, 2 = *artume(s)* CCXCIII; V,10

semla Gerh.-Körte CCXCIX = Σεμέλη

n = *ne*: *menle* Gerh.-Körte CCCLV u.ö. = *menele*

mnrva Gerh.-Körte LVIII = *menerva*

cnzus CIE 5103 = *cnezus* 5104

herins TLE 310 = *herine(s)*, vgl. TLE 354

p = *pe*: *uprium* Gerh.-Körte CCCLXIV = Ὑπερίων

ptrsa CIE 1093 = *petrsa* 1094 (Grabstein u.Ossuar derselben Person)

PTRONI CIE 3453 = *petruni* 3450 u.ö.

ptrui 1093 = *petrui* 3713 u.ö.

śuplna(l) CIE 4614, *suplni* 2811 = *śupelnas* CII 296^{3},b, (6.Jh.)

prpris CIE 2606 = *perpri* CAP II,1?

Vgl. die analoge Erscheinung im Umbrischen und im Nord-Oskischen: *ptrnio* VETTER, Handb.I, 168, nr.234 (Foligno) = *petronio(s)*; *ptruna* CIL IX, p.679p = VETTER, a.a.O.153, nr.215q (Pentima/Corfinium) = *petrun(i)a*

r = *re*: *melacr* Gerh.-Körte CCCLIV, 2 = *melakre* ebda.CCCLV < Μελέαγρος

prcu CIE 92 = *precu* 91 (TLE 619)

trpas CIE 818 = *trep(uni)as* (öfter)

lemrcna 4029 = *lemrecna(s)* 4030
seϑrna(s) 4874 = **seϑrena* < PN *seϑre*
urste TLE 783 = Ὀρέστης
atrste Gerh.-Körte CLXXVIII = *atresϑe* < Ἄδραστος
hamφiar Gerh.-Körte CCCLIX = *amφare* ebda.CLXXVIII;CIE 5281 < Ἀμφιάραος
epiur Gerh.-Körte CLXXXI; CCCXXXV = **epiure* < Ἐπίουρος?

s = se: *presnte* = *presente*, öfter belegt, s. § 2, e
rasna/e- = **rasena-* vgl. Ῥασεν(ν)α

t = te: *tn*, Akk. des Pron. *ta* = *ten* TLE 714 < **(i)ten* < *itan* TLE 39; *itan(im)* LP II 14
tlamun- CIE 5262 = Τελαμών; s.a.MÜLLER–DEECKE I 414, (Münzen v. Telamon mit *tla*)
vestrna- CIE 392 ff. = *vesterna*
presentś 808,a = PRAESENTES, ebda,b (vgl. § 2,e)
atcn(ei) 260 = *atecen(as)* 4883
lentn(ei) 5121 = *lenten(as)* 5007 (beide Orvieto)
rutln(is) 101 (Volat!) = *ruteln(as)* 4952 (Vols., Ende 6.Jh.)
petc(eś) 3711 = *petec(i)* 3712

χ = χe: *velχra* CIE 625 add. = *velχera* 624 add.
naχrnal 4862 = Gen. der weibl. Form des GN *nacerna*
aχrum TLE 334 = **aχerum* < Ἀχέρων

χs = χse: *elχsntre* Gerh.-Körte V, 382, 1 = *alcsentre* ebda. V, 107 <

φs(= ξ) = xe: *φulφsna* Gerh.-Körte CCCXCVI = Πολυξένη

f = fe: *flznal* CIE 333 = *felznal* 2516, *felśnal* 312
frentinate TLE 609 = **ferentinate* < *Ferentinum* (möglich aber auch mit *r* = *er*)

Auf zwei Fälle mit graphischer Kürzung in Faliskischen Inschriften („l'eliminazione grafica delle vocali ha fatto pensare a un valore sillabico del segno consonante, che potrebbe esser traccia di un antico uso perduto") mit *c* = *ce*, *p* = *pe*, *ś* = *śe* verweist GIACOMELLI, Lingua Falisca 38 f.:

c. pscni „G(ai) Pescennii" (= VETTER, Handb.I 327, nr.356a, Capua)
a. śrpios esχ, zu dem SCHULZE LEN 552 Serponius, Sirpio(nius?)

vergleicht, während VETTER, Handb.I 327, nr.356c – m.E.CIE 4990 (Orvieto) *srupinas* heranzieht. Nach unseren Regeln wäre *śrpios* – wenn überhaupt – nur in *surpios, sarpios, serpios* aufzulösen. – Vgl. HAMMARSTRÖM, Beitr.15ff.; STOLTE, Der falisk. Dialekt (Diss.München 1926) 9; BUONAMICI EE 168f.; LEJEUNE, Tyrrhenica 1957, 165f.

P r o t h e s e des *e* vor „semivocales" wie im Lateinischen seit Varro[77] zeigen im Etruskischen:

l = el: *hlial* CIE 2829 = *helial* 1728.2830 (s. aber auch mit *h* = *he!*)
hlzu 2774 = *helzu* 2775 (Grabziegel u. Oss. derselben Person!); s. aber auch hier die Möglichkeit mit *h* = *he!*

n = en: *ϑurmna* CIE 3592 u.ö. (alle Belege Perugia) = THORMENA 4269 (Perugia); vgl. 4948 (Orvieto) *ϑurme⟨p⟩nas*. Dieser GN ändert sich so: *ϑurmana* (s.o. § 29 a, II,

77 STRZELECKI 15ff., bes. 26ff.; HAMMARSTRÖM, Beitr. 22; s. auch HERRMANN E., Herkunft und Alter der deutschen Buchstabennamen. GN 1929, 232

zu n) > *ϑurmena* > *ϑurmᵊna,* mit der Schreibung *ϑurmna* für Ausgangs- und Endform. Möglichkeit: *m* = *me.*

r = er: *hrm-* TLE 131, Z.9 = *herm-* ebda. Z.5.7.8 (möglich aber auch hier *h* = *he*)

SLOTTY, Beitr.I 60, faßt den Ausfall von *e* vor *l* und *r* als Zeichen für *l̥* und *r̥* auf, was ich für unrichtig halte. Ich glaube nicht, daß neben *l/m/n/r* = *ul/um/un/ur* – *al/am/an/ar* auch noch *el/em/en/er* bestand; das vergleichbare Material spricht dagegen.

§ 30. S y n k o p e

A) Echte Synkope – meist durch Ausstoßung von *i* – scheint in zweifacher Weise häufig aufzutreten:

a) *e* > *i* > *0,* B) *i* > *0*

zu a): *avele* (TLE 244) > *avile* (TLE 35) > *avle* (TLE 453) = *aule* (TLE 415 u. passim)
GN *aulni* < **aule-ni* (PN + Suffix *-ni* der Gentilizien)
GN *ceicna* < **ceice-na* (CN + Suffix *-na* der Gentilizien), vgl. lat. *Caecina*
GN *lecne* < **lece-ne,* vgl. lat. *Licinius*
GN *pacnei* = *pacin(n)ei* < *paci* (CIE 2503)
GN *velχna* ~ CN *velχinei* < PN *velχe*

zu b): GN *larni* ~ CN (Gen.) *larinal*
GN *varna/varni* < **vari-ni,* vgl. *vari, varinei*
GN *atnei* < *atinei*
GN *tetnei,* vgl. *tetnasa* < *tetina*
TLE 177 *śutna* = TLE 210 u.o. *śuϑina*

Der Kosename *arntile* ist die anaptyktische Form von *arntle* (< PN *arnϑ*).

Ebenfalls nicht nach § 29 a,b erklärbar sind synkopierte Formen wie:
zince TLE 175 für *zinace* 27f.29, *mlerśiie* 21 für *mlerusi* 27,
latni für *latini*[78], *lecstini* für *lecustini, rfi* 3484f. für *rufi* (öfter),
atuns für *atunis* (Ἄδωνις), *usli* AM VII 13 für *usil* AM VII 11,
felsc(ia) CIE 4513 etc. für *felusk(e)* TLE 363, *śϑi* CIE 5238 für *śuϑi* (häufig),
spltur für *splatur* (CIE 2805, 2806), *prcesa* 1445 für *pricesa* 2371,
minpi TLE 13 für *minipi* TLE 12.483, *hercle* < Ἡρακλῆς, vh. auch *herecele,*

Da diese Formen aber auch ziemlich gleichzeitig vorkommen, ist an e c h t e (und regelmäßige) Synkope nicht zu denken (vgl. § 31).

Überhaupt keine Synkope liegt in *lautni* „familiaris, libertus" vor, da dieses *laut-ni* (Adj.II) ist; *lautuni(ś)* TLE 387.606 ist eine sekundäre Bildung mit vh. Anaptyxe.

B) Bei dieser Lage wird man daher annehmen dürfen, daß in Fällen von auffallender und extremer Vokalarmut, wie in *cś, -tś, cn, tn, clϑi* (oblique Formen der Pron. *ca* und *ta*) keine wirkliche Synkope vorliegt, sondern *cᵊs, tᵊs, cᵊn, tᵊn, cᵊlϑi* mit usueller graphischer Vernachlässigung des Murmelvokals.

Wirkliche phonetische Synkope dürfte vorliegen, wenn diese Formen die emphatische *e*-Prothese erhalten (s. § 95): *ecś, ecn, eclϑi.* Die archaischen Formen *ikan* und *itan* zeigen,

[78] CIE 701 (teg. sep.) *l / latni . umranasa,* 702 (op. oss.) *latini.vecatnei.umranasa; latni* auf dem Grabziegel ist wohl – wie häufig auf diesen Objekten – Fehlschreibung.

daß der Vokalvorschlag ein altes deiktisches Element[79] darstellt, nicht aber eine stützende Funktion hat, da das *-a-* des Stammes noch erhalten ist.

itun TLE 156 > *etn* = *itan* > **iton* (geschr. *itun*) > **etn* (> *tn*), wie
ikan > **ikon* (geschr. *ikun*=*ecun* CAP 10 > *ecn*.

Zu dieser Abschwächung *a* > *o* (geschr. *u*) (>ə) > 0 s. auch Erscheinungen wie *ramaϑa* – *ramuϑa* – *ramϑa* (VN), *ilacve* (LP II) – *ilucve* (CAP), *velianas* (LP II) *-veli(i)unas* LP III.

C) Sekundäre A n a p t y x e n geben oft den Anschein von archaischem Vollklang. Dabei treten häufig vokalharmonische Erscheinungen auf[80], auch antizipierend :

cupana CIE 570 – *cupna* 571 (selbe Person)
macani (= marcani) CIE 2448 = – *marcni* (häufig, z.B. 2449)
velχara 550 – *velχra* 546f. (selbes Grab)
suϑan(ei) 943 – *sutn(al)* 942 (Metronym. des Sohnes von 943)
remzan(ei) 1396 – *remzn(al)* 1395 (Metronym. des Sohnes)
auntanal 1496 (olla) – *auntnal* 1495 (teg.sep., selbe Person)
ϑan]*aχvil* 5128/*ϑanaχvel* 5417 (beide archaisch) – *ϑanχvil* (passim)
aχuvisr/*aχuvesr* Gerh.-Körte CCCXXIV/V, 122 = *aχviśur* ebda. CCCXXII
zamaϑi TLE 489 – *zamϑi(c)* AM VIII 10; XII 12
arnϑalisala NR 775 – *arnϑalisla* TLE 322.428
zinace TLE 27f. 49 – *zince* TLE 175
amake TLE 506 – gewöhnlich *amce*
halas<aś>naś TLE 671 – *halsna* CIE 1481ff.
veleϑnei 2110 – *velϑnei* 2111
velχera CIE 625 – *velχra* 624
cenepn (al) 1479 – *cnepn (i)* 1476.1478
ucirinei 3007 – *ucrini* TLE 106
alfini 1667 – *alfni* (öfter)
alice/*alike* TLE 26.43.49 – *alce* TLE 431 u.a.
turice TLE 41f. – *turce* (häufig)
peϑunei 836 – *peϑnei* 837 (selbe Person)
auluśtni 1799 – *aulśtni* 1800 (selbe Person)
pulufnal 1357 – *pulfnal* (öfter)
pupur(a) 2644 – *pupr(ei)* 2645
ramuϑa, weibl. PN in arch. Inschr. – *ramϑa* (öfter)

turuce/*ϑuruce* ist nicht *turce* mit *u*-Anaptyxe, sondern Verbalnomen auf *-u* + Präteritalsuffix *-ce* (§ 125).

larϑialisvle TLE 619 Z.2 = **larϑialisla*, Gen. von *larϑialisa* (vgl. TLE 233)

Zu den Formen mit sekundärer Anaptyxe, die um Jahrhunderte jünger sind als solche mit erhaltenem, altem Vokal, s. VETTER, Gl.28, 1940, 182.

---

[79] Vgl. PALLOTTINO, Elem. 29: „l'aumento iniziale, mercè una *e* protetica accentata, recognoscibile in ogni sorta di parole etrusche (nomi, verbi, particelle) ..... può ritenersi enfatizzato."

[80] S. § 34f. und § 28, Anm. DEECKE.

DURANTE, Prosa ritmica 88, weist darauf hin, daß kein sicher datierbarer Text vor dem Beginn des 5.Jhs. eindeutige Fälle von Synkope oder sonantischen Liquiden und Nasalen bietet. Auch er nimmt eine Akzentänderung im Etr. im 5.Jh. an und stellt eine Liste von Formen „nell'uno o l'altro stadio fonetico -cioè prima e dopo i processi di sincope" auf.

Ein großer Teil davon ist das, was wir hier als „Scheinsynkope" bezeichnen, also abgekürzte Schreibung. Daß von beiden Typen nicht der vollere („ohne Synkope") vor dem Beginn des 5.Jhs., der andere („mit Synkope") aber nachher zu datieren ist, zeigt am deutlichsten das von Durante a.a.O. 85 angeführte Beispiel *vestarcni(es) – vestrcn(i)*: es ist die erste Form nicht archaisch, die andere rezent, sondern beide (es handelt sich um CIE 5420f.) stammen aus demselben Grab in Tarquinii, das dem zweiten Jh. angehört.

Es handelt sich bei diesem GN um eine Etruskisierung des osk. **vestrk-*, das wir auf der *Tabula Bantina* (VETTER, Handb.1, 1) noch als *vestirikiiú-* finden.

Weiter stellt DURANTE (a.a.O.90) auf Grund seiner Zusammenstellung fest: „la sincope etrusca interessa la parole di almeno tre sillabi: i bisillabi partecipano soltanto al *saṃprasārana* ma, sembra, con numerose eccezioni (Sperrung, wie auch im folgenden, von mir), ad es. *acil, avil, usil* (tutti nel testo della Mummia accanto a *vacl*, che peraltro potrebbe derivare il suo stato fonetico da *vacltnam*)."

Es stimmt also im Etr. mit der Synkopierung doch nicht so wie im Umbr.-Osk. oder wie im Latein. Dies gibt DURANTE in sehr deutlicher Weise zu: „Indiscutabilmente posteriore all'analogo processo verificatosi nelle lingue italiche, meno radicale nelle conseguenze, la rivoluzione del sistema accentuativo etrusco rivela la sua mancanza di spontaneità nel carattere, a quanto si vede, non graduale, brusco, del fenomeno, nonchè nella creazione, da questo condizionata, di una nuova serie di fonemi, nasali e liquidi sonanti."

Es tritt hier eben um 500 die Übung auf, Wörter, die aus drei oder mehr Silben bestehen, abgekürzt zu schreiben. Dies geschieht bisweilen auch bei zweisilbigen, wenn eine Kürzungsmöglichkeit mit *l, m, n, r* oder einem Buchstabennamen besteht. Die Kürzung wird im allgemeinen recht häufig angewendet, ist aber absolut *ad libitum*.

Anders dürfte es sich in Fällen wie *alice* > *alce, amake* > *amce, ramuϑa* > *ramϑa* verhalten. Hier scheint im rezenten Etr. im ersten Fall eine Apokope des *-i* am Präsensstamm eingetreten zu sein; im zweiten Fall dürfte das *-a-* mit dem außer Gebrauch kommenden starken Präteritum (§ 145) abgefallen sein *(amai* > **amai-ce* > *ama-ce* > *amce)*. Wieder anders scheint es sich bei *ramuϑa-ramϑa* zu verhalten: das weibl. PN *ramuϑa* ist *ramu*, Verbalnomen auf *-u* (§ 134) von **ram-* (vgl. AM VIII 8 den Kausativ *ramueϑ)* + dem Frauenbezeichnungen bildenden Suffix *-ϑa* (§ 165), also eigentlich ein Kompositum wie *lautniϑa* „Lautni-Frau". Nach der Erstarrung der Verbindung trat echte Synkope ein.

In allen diesen Fällen handelt es sich um innere Vorgänge des Etruskischen.

DURANTE, der mit Recht nicht geneigt ist, im Etr. die Ursache des ital. Akzentwechsels zu sehen, dreht die Sache um (a.a.O. 91): „se è vero che anche fatti di accento iniziale possono essere oggetto di scambi linguistici, non sarà dubbio che l'accento etrusco vada inserito nel più vasto strato di acquisizioni linguistiche e culturali di provenienza italica..."

Nach m.E. ist der etr. Anfangsakzent viel älter.

§ 31. Schreibfehler

Es gibt auch zahlreiche Scheinsynkopen, die nichts anderes als orthographische Fehler sind. Es ist bezeichnend, daß solche sich besonders häufig, ja regelmäßig in *lautni-* (Freigelassenen-) Inschriften und auf den Grabziegeln *(tegulae sepulcrales)* des einfachen Volkes wie auf ihren *Ollae* finden.

Es kann nicht genug betont werden, was VETTER (ÖJh XXXVII, 1948, Beibl. Sp.97) dazu sagt: „ . . . Schreibfehler, auch Verschreibungen anderer Art, ferner orthographische Fehler wie Verwechslung von *-ϑ* und *-t*, Weglassung flüchtig gesprochener Endkonsonanten wie *s-, -ś* und *-l*, ungeschickte Anordnung, alles Zeichen geringer Schulbild u n g, finden sich, wie leicht zu verstehen ist, in *lautni*-Inschriften ungleich häufiger als in Inschriften sozial Höherstehender. Wir gewinnen dadurch ein Mittel, auf den Stand der Angehörigen des Bestatteten und damit auf diesen Stand zu schließen.

Ein zweites Mittel ist die Beobachtung der A r t d e r B e s t a t t u n g. Wenn ein einfacher irdener Topf . . . verwendet wird, haben wir es in neun unter zehn Fällen mit Knechten und Mägden zu tun. Erscheinen. . . Ärmlichkeit des Materials neben mangelhafter Schreibung derselben Inschrift oder . . . in Inschriften desselben Grabes (. . .), so können wir mit großer Sicherheit auf Angehörige des Hausgesindes schließen".

Wir müssen ganz allgemein – und dies gilt wahrscheinlich auch für manche der im Vorhergehenden registrierten Erscheinungen – festhalten, was STOLTE (Der falisk.Dial. 31) so richtig sagt: „Mit individuellem Sprachgebrauch und primitiven Schreibgepflogenheiten, die nicht von einer festen, allgemein anerkannten Orthographie im Banne gehalten werden und denen darum im Schreiben Ungeübter persönliche Extravaganzen nicht fremd sind, müssen wir bei der epigraphischen Überlieferung, zumal der privaten, frühen und dialektischen, immer rechnen."

Ganz grobe Fehler weist gelegentlich das Namenmaterial auf, wobei nicht nur (scheinbar oder tatsächlich) Vokale ausfallen, sondern etwa Konsonanten zwischen Vokalen oder ganze Lautgruppen:

CIE 3628 *pumpui* < *pumpuni* 3629
3695 *capane* < *capevane* 4097 (GN, Ethn. von **capeva* = Capua)
4204 *cantini* < *casuntini* 4203 (GN, Ethn. von *casuntine* = Cosentinum)
1814 *seiante* < *sentinate* 1813

S. Verf., Verschreibung und Verbesserung in etruskischen Inschriften. SE XXXII, 1964, 183–205

§ 32. E r g e b n i s

SLOTTY kommt zur Besprechung des Akzentwechsels bei der Beantwortung der Fragen „erstens . . . , weshalb etwa um die Mitte des 6. Jhs. v.Chr. die Silbenpunktierung Eingang fand, und zweitens, weshalb sie etwa um 100 Jahre später eingestellt wurde – bis auf wenige Ausnahmen, die sich durch ihre Vereinzelung als altertümlich verraten" (Beitr. I 64). Nach ihm hat „die Neigung, den Rhythmus des Satzes durch die Silbenpunktierung auch dem Auge sichtbar zu machen", den Anlaß zur Einführung der Silbenpunktierung gegeben. „Aber die Wirkungen des dynamischen Anfangsakzentes, die sich in Synkopierungen und Schwächungen der Vokale kennbar machen, beeinflußten die Klangfülle und den Vokalreichtum der Wörter in einem solchen Maße, daß die Verteilung der Laute eines Wortes auf die Silben stark umgestaltet wurde, so daß die Silbenpunktierung als Ausdruck des rhythmischen Gefühls nicht mehr angebracht schien: so verschwand diese Mode – denn etwas anderes war es nicht – und fand nur noch vereinzelt diesen oder jenen Nachahmer alten Brauches" (Beitr. I 66).

Nun, wie wir in § 28ff. gesehen haben, beruht die Annahme des etr. Akzentwechsels auf einem Irrtum: man hat die Schreibungen mit den fehlenden Vokalen für bare Münze genommen, in Wirklichkeit sind es zum größten Teil:

a) Schreibungen von einfachen *l, m, n, r,* statt Vokal *(u, a; ə)* + *l, m, n, r,* hinter denen auch silbische *l, m, n, r* stecken können;

b) Schreibungen von einfachen Konsonanten, mit denen die ganzen Buchstabennamen gemeint waren: *c, h, l, n, p, r, s, t* (usw.) = *ca, ha, el, en, pe, er, es, te* (usw.);

c) zu einem gewissen Teil einfache Schreibfehler.

Damit ist der Anschauung sowohl von den etr. „Synkopierungen" als auch dem davon abgeleiteten „Akzentwechsel" der Boden entzogen. Vermerkt sei dazu, daß das Etr. sogar die den Synkopierungen entgegengesetzte Tendenz zeigt: bei der Suffixanreihung werden oft zwischen Konsonanten – vokalharmonisch gefärbte oder durch die Artikulationsstelle bedingte – „euphonische" Vokale eingefügt, gegen jede Akzentverlegungs- und Synkopierungsregel.

Es mochte verlockend sein, die Silbenpunktierung mit ins Spiel zu bringen (SLOTTY). Aber wie VETTER gezeigt hat – s. hier § 5(ff.) –, hat die Silbenpunktierung einen ganz anderen Hintergrund, nämlich eine einst bei den Etruskern in Gebrauch gewesene wirkliche Silbenschrift; und Slottys „Sonoritätsgesetz" als Grundlage für die Silbenpunktierung ist zu kompliziert und von zu weit hergeholt.

In der Phase seiner Entwicklung also, in der uns das Etr. zum erstenmal entgegentritt, dürfte es eine sehr vokalreiche, zum größten Teil mit offenen Silben ausgestattete Sprache gewesen sein. Und von einem Akzentwechsel kann keine Rede sein, vielmehr ist festzuhalten, daß, wenn das Etr. jemals die Anfangsbetonung gehabt hat – wovon ich überzeugt bin (worüber anderwärts) –, es diese Betonung von Anfang an hatte.

Diese Sprache, anscheinend einst mit einer Silbenschrift von der Art von Linear B geschrieben, mußte, in einer Lautschrift geschrieben, Wörter enthalten, die doppelt so lang wie vordem in der Silbenschrift waren, da nun statt eines Zeichens deren zwei zu schreiben waren. Das muß wohl auch die Anwendung von Abkürzungsmitteln, wie wir sie in § 28 besprochen haben, begünstigt haben.

Vielleicht haben die Punkte der Silbenpunktierung einst auch der Bezeichnung von abgeschwächten Vokalen gedient, so daß z.B. ein Ethnikon *mai-fu-le-nas* (von Μήφυλα), das etwa *meif^{u}l^{e}nas* ausgesprochen wurde, nun *maif.l.nas.* geschrieben werden konnte. Nach einer Zeit wäre auch dies aufgegeben und kein abgeschwächter Vokal mehr geschrieben worden[81].

Ich möchte jedenfalls, bis umfassendere Untersuchungen die Frage vollständiger und begründeter erklären, vorläufig als Faustregel ansetzen:

„Wirkliche Synkope, d.h. völliger Vokalschwund liegt im etr. Material nur dann vor, wenn der konkrete Einzelfall sich nicht aus *l̥, m̥, n̥, r̥* (bzw. mit Vokal vorher) oder aus dem Ersatz des silbischen Buchstabennamens durch den Buchstaben selbst erklären läßt".

Vokalharmonie und Anaptyxe

§ 33. Vokalharmonie

im eigentlichen Sinne ist eine Erscheinung, die gegenwärtig vor allem bei agglutinierenden Sprachen anzutreffen ist, d.h. bei Sprachen, die auch die grammatikalischen

---

[81] Vgl. HAMMARSTRÖM, Beitr. 15ff.; 31ff.; – FIESEL, Namen 7.92; DEECKE in Müller-Deecke II, 333.

Elemente durch Anreihungen von klaren S u f f i x e n – in mehr oder weniger beliebiger Anzahl – ausdrücken; wobei die Vokale der Suffixe mehr oder weniger streng die Färbung des Vokals der Stammsilbe(n) annehmen. Solche Sprachen sind vor allem unter den finnisch-ugrischen (Ungarisch, Finnisch usw.) und den turkotatarischen zu finden.

So lautet z.B. im Ungarischen die 1. P. Sg. von *kēr-* 'bitten' *kērēk,* von *vār-* 'warten' *vārǫk,* von *örül-* 'sich freuen' *örülǫ̈k; kērhetek* heißt 'ich kann bitten', *vārhatok* 'ich kann warten'; *vēr* 'Blut' – *vērem* 'mein Blut' – *vēremnek* 'meinem Blut', gegenüber *hāz* 'Haus' – *hāzam* 'mein Haus' – *hāzamnak* 'meinem Haus' – *hāzaitokban* 'in eueren Häusern' usw. – Im Türkischen z.B. *ev-ler* „Häuser", aber *at-lar* „Pferde".

Eine Ausnahme bilden oft die vordersten Vokale, vor allem *i,* aber auch e, *ē,* die zu allen Arten von Vokalen passen können.

I m E t r u s k i s c h e n ist Vokalharmonie im e i g e n t l i c h e n Sinne nicht nachweisbar; es lassen sich jedoch gewisse Rudimente einer einstigen VH erkennen. Es paßt dies auch zu dem Umstand, daß diese Sprache starke Anzeichen von Agglutinierung trägt, s. § 171.

Die beste Beschreibung der vokalharmonischen Erscheinungen im Etr. hat PALLOTTINO gegeben[82]. Die Vokalharmonie scheint übrigens im allgemeinen im Gegensatz zu den vermeintlichen Synkopierungserscheinungen zu stehen, z.B. griech. Κλυταιμνήστ(ρ)α: etr. *cluϑumusϑa* neben *clutmsta* (< **clutemesta?*). Sogar Anaptyxe zeigt sich: z.B. griech. Ἡρακλῆς: etr. *hercle < herecele;* Κάλχας: etr. *χalχas > χaluχasu*

Die Tendenz einer vokalharmonisch gefärbten Anaptyxe oder vokalharmonischer Umfärbung zeigt sich schon in den früh übernommenen Namen des griechischen Mythos sehr häufig:

crisiϑa < Χρυσηΐς; die etr. Form ist *crisi+ϑa,* „Frauensuffix" wie in *lautni-ϑa* 'liberta' von *lautni* 'libertus' (s. §).
euturpa < Εὐτέρπη
kasutru < Κάστωρ
menele < Μενέλαος
pul(u)tuce < Πολυδεύκης
urusϑe < Ὀρέστης
aritimi < Ἄρτεμις

Vgl. auch die Dedikationsformel *muluvanice* 'er stiftete' in der Lautform *mulvunuke/ muluvanuke* (TLE 267 f. 407).

In *elχsntre* < Ἀλέξανδρος hat der Vokal der zweiten Silbe (ε, in der etr. Form gar nicht geschrieben!) den Vokalismus des ganzen Wortes bestimmt, also auch der ersten Silbe.

Vokalharmonische Anaptyxe auch in:

GN *purni* (sehr häufig) – *puruni* CIE 1348
GN *zilni* (regulär) – CIE 1340 *zilini*

---

[82] Elem. 25; s. auch SE XXII, 1952–53, 191. – DEVOTO SE I, 1927, 255f.; Devoto gibt a.a.O. 270f. an, daß die langen Vokale im Auslaut griech. Namen in allgemeinen resistent sind, besonders *-u* im Auslaut (= (α)ων), während -η- (in inneren Silben) zu *i* oder *a* wird (*ziumiϑe, p/talmiϑe, atmite, catmite; velparun* (= Ἐλπήνωρ), *prumaϑe* (= Προμηϑεύς).
-ᾰ-, -ῠ-, -ŏ- in Mittelsilben fallen (nach unserer Auffassung tritt graphische Kürzung als Zeichen eines „Šwa compositum" ein): Πήγασος > **pecase > pecse;* Μενέλαος > *menele > menle;* Πολυδεύκης > *pulutuce > pultuce.* S. auch RIBEZZO RIGI XI 317.

§ 34. Einschubvokal vor Suffixen

Welcher Vokal zwischen Stamm und Erweiterung (Suffix, Endung) tritt, scheint hauptsächlich von der Wortart und dem Auslaut des Stammes abhängig zu sein:

Individualnamen und Vornamen:

1. a) *hanipal-u-s*, *vel-u-s*, *tanχvil-u-s* } zwischen den Stammauslaut *-l*, dem ein beliebiger Vokal vorausgeht, und das *-s* des Genitivs tritt ***u;***

b) *fufluns-u-l*, *cilens-l* } zwischen den Stammauslaut *-s* und das *-l* des Gen. tritt ***u;*** TLE 719 a mit deutlichem Gen. hat keinen Bindevokal;

velϑur-u-s, *larϑur-u-s* } zwischen den Stammauslaut *-r* und das *-s* des Gen. tritt ***u;***

2. *arnϑ-a-l*, *larϑa-l*, *laris-a-l* } zwischen *ϑ(t)/l* des Stammauslautes und das *-l* des Gen. tritt ***a;***

3. *arnϑal-i-sa*, *larϑal-i-sa*, *larisal-i-sa* } zwischen das *-l* des Gen. und das Possessivsuffix *-sa/śa* tritt ***i;***

(hierher auch *larϑial-i-s-v-le* TLE 619,2, und mit *-v-*(= *-u-*) nach 1.b)

Wie 2. und 3. auch die CN wie *vetus, natis, peris* (*vetus-a-l, peris-a-l-i-sa*)

Wie 3. auch die von weibl. GN auf *-i* abgeleiteten Possessivformen wie *seitiϑi-a-l-i-sa*

Appellativa:

1. *zilac-a-l*, *cezpalχ-a-l* } zwischen den Stammauslaut *-c/χ* und das *-l* des Gen. tritt ***a;***

meχ-l alle Belege ohne Bindevokal;

2. *clenar-a-s(i)*, *velϑinaϑur-a-ś* } zwischen das *-r* des Plur. und das *-s* des Gen. tritt ***a;***

(die Kollektivform auf *-ϑur* des GN ist als Appallativ zu betrachten)

3. *śeχ-i-s* zwischen das *-χ* und das *-s* des Gen. tritt ***i;***

aniaχ-e-ś zwischen das *-χ* und das *-ś* des Gen. tritt ***e*** (AM XI γ 5);

4. *meϑlum-e-ś* zwischen das *-m* und das *-ś* des Gen. tritt ***e*** (AM V 23);

zaϑrum-i-ś zwischen das *-m* und das *-ś* des Gen. tritt ***i*** (AM VI 14; VIII 3; XI 15; TLE 93);

5. *truia-l-s*

papa-l-s, *teta-l-s* } zwischen das *-l* des hypostasierten Gen. (= Nom.) und das *-s* des Nom. tritt kein Bindevokal (s. auch *arnϑeals* u. *larϑalś* !)

Es ergibt sich, daß der Bindevokal auch vom Sg. und Pl. abhängt: Sg. *velϑur-u-s,* aber Pl. *clenar-a-s;* daß es sich hierbei nicht um Vokalharmonie dreht, zeigt das pluralwertige *velϑinaϑur-a-s.*

Wie *zilac-a-l* und *cezpalχ-a-l* zeigen, hat der Gen. von Gutturalstämmen *-al; śec/χ* „Tochter“ bildet jedoch den Gen. *śeχis.* CAP *siχai-* legt die Annahme nahe, daß das Appellativ ursprünglich auf einen Vokal ausging (**śeχi?*); *meχ-l* steht isoliert da. Im Gen. Sing. findet sich zwischen *-l* und *-s* bzw. *-s* und *-l,* sowie zwischen *-r* und *-s* regelmäßig *-u-;* da TLE 719 viele Namen abgekürzt gibt (*leϑns, lasl, lvsl* u.a.), bleibt offen, ob *cilens* einen Gen. **cilens-u-l* oder *cilens-a-l* (nach 1.b bzw. 2.) bildet, oder ob der Gen. regulär *cilensl* lautet, zu dem dann *mariśl* TLE 359 und *marisl* TLE 476.719c zu vergleichen ist.

Welche Bindevokale bei graphisch stark verkürzten Formen wie TLE 135 *atrśr* einzusetzen sind, ist problematisch. Die Form ist nach TLE 303 *aturś* wohl als *atur-ś-r* (hypostasierter Gen. Pl. „der der *atu*“ in den Pl. gesetzt) zu verstehen. Unter dieser Voraussetzung wäre als vollvokalisierter Gen. Pl. **atur-a-ś,* als Pl. dieser hypostasierten Form aber (nach *papal-s-er*) **atur-a-ś-e-r* anzusetzen.

Plural auf -r

Wenn das Pluralsuffix *-r* an einen vokalisch auslautenden Stamm tritt, bleibt dieser Vokal i.a. erhalten: *huśu-r* / *husiu-r; tusurϑi-r;* jedoch *śpurer-* < **śpura* (vgl. *spura-na*); hier zeigt aber der Lok. *spureϑi* (ebenso wie der Akk.def. *spureni*), daß das *-a* in allen obliquen Kasus zu *-e* wird.

Bei konsonantisch auslautenden Stämmen tritt in der Regel *-e-* zwischen den Stamm und das Pluralsuffix *-r: meϑlumer-* < *meϑlum; ϑuluter* < **ϑulut; papalser* <*papals.* Bei *clenar* < *clan* finden wir hingegen *-a-,* was umso auffälliger ist, als das *-a-* des Casus rectus in den obliquen Fällen zu *-e-* wird (*clen, clenś, clenśi, clenar*). Dies und der oblique Kasus *clen* (apophonierter Stamm ohne Suffix) scheinen darauf hinzuweisen, daß das Substantiv *clan* eine ganz individuelle, unregelmäßige Flexion hat. In der Formel *clen ceχa* „pro filio“, „filii iure“ (TLE 652.737) ist der Kasus bis jetzt nicht bestimmbar; in TLE 570 A 12 dürfte wohl in *clenśi* zu ergänzen sein, wie der Parallelismus der Namenformel der beiden Vertragskontrahenten nahelegt:

epl tularu auleśi velϑinaś arznals clenśi (*ϑii ϑil scuna cenu*)
epl-c felic larϑalś afuneś (leerer Raum) *clen* (im leeren Raum fehlt das Metronym).

§ 35. Unvollkommene Vokalharmonie

Die Tendenz zu stärkerer VH in älteren Belegen *(clutumusta, herecele, aritimi, elχsntre)* und die häufigen vh Anaptyxen auch in jüngeren Belegen deuten zumindest auf ein starkes Gefühl für VH hin (s. § 30,c).

Eine strenge VH liegt aber in dem Etr., das wir aus dem Material kennen, nicht vor; was nicht ausschließt, daß eine ältere Entwicklungsstufe dieser Sprache sie besaß. Jedenfalls ist aber das Gefühl für die VH auch im archaischen Etruskisch nicht mehr sicher, wie z.B. aus dem Schwanken in der Bildung des erweiterten Verbums *mulu-an-/mulu-en-* (§ 145, 2) hervorgeht.

muluevneke TLE 481 ist Verschreibung für *muluveneke;* in *mulvanive* TLE 36.39.57, *mulveneke* TLE 763 ist *v* = *u;* in den Belegen mit *-uvan-/-uven-* ist *v* = u̯[83]

Zur VH im Etruskischen s. MÜLLER-DEECKE II, 353ff.; NEHRING, Gl. 17, 122; DEVOTO, SE I, 1927, 256–87, bes. 266, § 11,5 u. 269, § 17); SCHULZE, LEN 141,5 (vor *-r*); SLOTTY, Beitr. I 139.

[83] Zu *muluemknie* TLE 60 s. § 145,2, Anm. 178; daselbst auch vh Formen wie *mulvunuke.*

II. FORMENLEHRE

§ 36.

Dem Charakter der etr. Sprache entspricht eine Darstellung in der Form der uns geläufigen grammatikalischen Kategorien eigentlich nicht. Es wird hier aber dennoch so vorgegangen, um nach dem Prinzip „vom Bekannten zum Unbekannten" das Eindringen in die Eigenart dieser Sprache zu erleichtern. Hier gilt genau das, was RIX (Cognomen, 24, Anm. 9) erklärt: „Wie üblich sind hier die der idg. Grammatik entnommenen Termini „Nominativ" und „Genetiv" für die Beziehung des *casus rectus* und des *casus possessivus* angewendet. Über das eigentliche Wesen dieser etruskischen Formen soll damit nichts ausgesagt sein."

Zur Bedeutung der im folgenden gebrauchten Termini:

Nominativ: casus rectus, Subjekt des Satzes; im Sing. ohne jedes Deklinationssuffix.

Genitiv: casus obliquus, der primär ein Besitzverhältnis ausdrückt; (zumindest) bei bestimmten Verben („verba donandi") das Dativobjekt ausdrückend („gen. dedicatorius"); bisweilen dem gen. partitivus oder gen. originis entsprechend.

Akkusativ: gibt das direkte Objekt eines transitiven Verbums an;
a) ist dieses Objekt nicht besonders hervorgehoben, dann steht es im „acc. indefinitus", dessen Form dem Nom. (cas. rect.) gleich ist;
b) ist das Objekt – als schon genanntes, bekanntes, betontes – besonders hervorgehoben, dann steht es im „acc. definitus", der durch ein spezifisches Suffix bezeichnet wird. Vgl. zum Unterschied das Akkusativobjekt mit unbestimmtem und bestimmtem Artikel im Deutschen.

Modalis: ein adverbieller Kasus, der eine modale, finale, temporale oder lokale Bestimmung ausdrückt.

Adlativ: ein Kasus, der die Zielrichtung bzw. Intention einer Handlung angibt.

Ablativ: ein Kasus, der den Ausgangspunkt einer Handlung, auch im Sinne eines gen. partitivus, angibt.

Dativ: Einen Dativ im Sinne der ide. Grammatik scheint es im Etruskischen nicht zu geben. Entsprechende Funktionen sind beim Genitiv (Obliquus) und auch beim Modalis erkenntlich. Ein Dativ auf *-i* ist nicht anzunehmen. Banti, SE V, 1931, 185ff. sieht eine Möglichkeit bei *vatlmi*, das *vatlm + i*, Zeichen des Dativs, sein soll, gesteht aber, daß ein Dativ auf *-i* sehr problematisch ist. Vielleicht ist *vatlmi* ein weibl. GN (TLE 738, a) [1] *ecn:turce* [2] *flereś* b) [1] *vatlmi* [2] *arϑ:cainiś* „Diese Statue gab Vatlmi (die Gattin) des Arnth Caini").

Es dürfte wenig Sinn haben, für die grammatikalischen Phänomene des Etruskischen eine neue Terminologie zu schaffen, selbst wenn man durchaus überzeugt ist, daß das Etruskische seinem spezifischen Wesen nach nicht zu den ide. Sprachen gehört. Wenn praktisch in der gesamten Sprachwissenschaft die für das Ide. gegebene und geschaffene Terminologie angewendet wird, dann ist nicht einzusehen, warum dies nicht auch in einer Darstellung der etruskischen Sprache möglich und erlaubt sein soll. Eine solche Anwendung bedeutet noch lange nicht, daß man das Etruskische für „indogermanisch" oder „indogermanoid" hält oder mit so schillernden Namen wie „protindogermanisch" oder „periindoeuropäisch" bezeichnet.

Es handelt sich doch trotz aller Verschiedenheit bei den einzelnen Sprachgruppen bei den Begriffen der Morphologie und der Syntax ähnlich wie bei der Phonetik um menschlich-allgemeine Begriffsinhalte, die durch die Sprachlogik gegeben sind. Warum soll man im Etruskischen z.B. die Grundform des Nomens, die noch keine weitere Verknüpfung des Begriffsinhaltes mit anderen Begriffen ausdrückt, nicht „Nominativ", und die Funktionen als direktes oder indirektes Objekt, als Beziehungsangaben hinsichtlich Ort und Zeit, Art und Weise nicht „Akkusativ", „Genitiv", „Dativ", „Lokativ", „Temporalis" und „Modalis" nennen dürfen? Jede Sprache drückt irgendwie das Verhältnis einer Aktion zum Jetzt, zur Vergangenheit, zum Tun oder Erleiden, zur Wirklichkeit oder zur (erwünschten) Möglichkeit aus. Warum soll der Gebildete von heute, der in den allermeisten Fällen eine ide. Sprache spricht oder zumindest kennt, nicht solche Funktionen als „Präsens", „Präteritum", „aktiv" und „passiv", „Indikativ" und „Konjunktiv–Optativ" bezeichnen. Wird die Sachlage deutlicher, wenn man diese Terminologie vermeidet und durch schwerfällige, oft wortreiche Beschreibungen ersetzt?

Die oft (mehr oder weniger direkt und laut) erhobene Forderung nach Ausschluß der gebräuchlichen Terminologie in der etr. Sprachforschung erscheint wenig ernst, wenn eine gleiche (oder zumindest im wesentlichen ähnliche) Terminologie unwidersprochen bei der Darstellung der finn.-ugr. Sprachen, der Kaukasusdialekte und der semit. Sprachen gebraucht werden darf und gebraucht wird. Daß z.B. etr. *turce* genauso 3. Pers. Sg. des Prät. ist wie griech. *ἔθηκεν* oder *mi-ni* der „Akkusativ" von *mi* wie hom. *τυ-ν* < *τυ* und *ar-as* ein „Partizip" wie *λύ-ων*, wird wohl niemand bestreiten wollen.

Natürlich, sooft ein Terminus in einem etwas anderen als dem gebräuchlichen Sinn verwendet wird, muß dies genau angegeben werden. So wird hier z.B. die Bezeichnung „Aorist" für die eben ablaufende oder gewohnheitsmäßige Handlung gebraucht – ähnlich wie z.B. in der türkischen Grammatik –, nicht als die bekannte Aktionsform des Griechischen oder gar als eine Art des Präteritums.

So wird auch von jener Kasusform, die im Etruskisch eine nicht unbeträchtliche Rolle spielt und die von mir als „Modalis" bezeichnet wird, genau angegeben, daß sie eine adverbielle, näherhin modale, finale, temporale, instrumentale und u.U. auch lokale Funktion der Form anzeigt.

Fügungen wie *papalser.acnanasa.VI.manim arce* (TLE 169) „6 Enkel sich erworben habend errichtete er das Grabmal" zeigen, daß man hier sehr wohl von einer „Partizipialkonstruktion" sprechen darf, oder bei *nac.ϑefarie.veliiunas.ϑamuce / cleva.etanal.masan.tiurunias.ṡelace* (LP III 1ff.) „Nachdem Th. V. das *cleva* (= den Altar?) der Etanai errichtet hatte, stiftete er das *masan*(-Opfer) für die Uni-Monate" von einem „Temporalsatz".

Mit einer bloß äußerlichen Beschreibung von „Aspekten" – deren zufälliges Erscheinungsbild im Etruskischen noch viel trügerischer ist als bei einem lat. „Aspekt", der etwa *mult-us, op-us, cas-us, fundit-us* oder *s-im, secur-im, virit-im* zusammenfaßt – ist für das Verständnis der Formen äußerst wenig gewonnen. Es dreht sich um die F u n k t i o n der einzelnen Formen, um ihren systematischen Zusammenhang (Sprache an sich und jede Einzelsprache für sich ist ja ein logisches System), und nicht der „Formen" allein, sondern jedes einzelnen Formans, das der Stammbildung, der Zeit= und Modusausprägung und der finiten Festlegung auf eine bestimmte „Person" als aktiven oder passiven Handlungsträger dient.

Für alle diese möglichen Funktionen bietet uns die „ide." Terminologie ein reiches und systematisches Repertoire, dessen Sinn im einzelnen – also die Funktionsqualität – jedem bekannt ist, der sich mit Sprachen beschäftigt. Warum soll da eine Funktion, deren Qualität sich im etr. Material eindeutig ergibt, nicht mit dem für sie gebräuchlichen Terminus bezeichnet werden – auch wenn er aus der ide. Sprachwissenschaft stammt?

Wer z.B. beim Hebräischen vom „Qal" spricht, kann ebensogut „Grundstamm" sagen, wie „reflexiv-passivischer Stamm", „Intensitätsstamm", „Kausativ", „Reflexiv" an Stelle von Nifal, Piel / Pual, Hifil und Hithpael. Die Funktionen „Grundstamm", Mediopassivum, Intensivus, Kausativ, Nezessitativ (Gerundium) finden wir auch im Etruskischen. Daß wir nicht wissen, wie die etr. Lehrer oder Grammatiker diese Formen genannt haben, ist nicht unsere Schuld und kann uns auch nicht untersagen, für erkannte Inhalte und Funktionen die uns gebräuchlichen Termini zu verwenden, welche dieselben (oder wenigstens sehr ähnliche) Funktionen ausdrücken. In dem Moment, wo wir wissen, daß etr. *ceś(u)* „liegt" heißt und *ces-eϑ-ce* „er legte", wissen wir, daß es im Etr. eine Stammbildung gibt, die Verursachung ausdrückt, und die wir eben „Kausativ" nennen. Damit ist aber das verbale Element *-eϑ* von einem äußeren Aspekt zu einer inneren Funktion aufgestiegen.

Es muß auch in der Terminologie mit dem etr. „Mysterienspiel" endlich Schluß gemacht werden.

NOMEN (SUBSTANTIV)

§ 37.

Das etr. Nomen, besonders das Substantiv, ist in seiner G r u n d f o r m oft schwer von einer verbalen Grundform zu unterscheiden (*ziχ* „schreiben; Schrift"). Sehr häufig ist es eine geschlossene Silbe *(ziχ, men, tul, murś)*, von der mittels Suffixen Erweiterungen abgeleitet werden *(ziχu, mena, tular, murzua)*.

§ 38.

Neben der Grundform des Nomens, dem *casus indefinitus,* der als N o m i n a t i v und i n d e f i n i t e r A k k u s a t i v fungiert, gibt es in der nominalen Flexion drei morphologisch verschiedene G e n i t i v e, den M o d a l i s, den d e f i n i t e n A k k u s a t i v, den L o k a t i v, den A b l a t i v, den A d l a t i v und eine P l u r a l f o r m, die beim Substantiv und gewissen Adjektiven verschieden ist.

§ 39.

E. FIESEL[1] hat nachgewiesen, daß es ein grammatikalisches Geschlecht im Etr. n i c h t gibt. Nur bei Namen (PN, GN, CN) gibt es eine Motion, die aber erst sehr spät als e c h t e Motion anzusprechen ist. Kurz zusammengefaßt sind die Ergebnisse ihrer Untersuchung folgende:

a) Die ältesten für uns datierbaren Typen weibl. Vornamen sind ohne Kennzeichen einer Motion[2]; erst die jüngeren Schichten (mitteletruskische Inschriften) kennen movierte weibl. PN auf *-i* und *-ia (tite - titi, titia)*[3].
b) Es ist ein Rückgang weiblicher GN auf *-i* festzustellen, wohl durch die Verbreitung der männl. GN auf *-i* veranlaßt[4].

---

1 Das gramm. Geschlecht im Etr.; vgl. auch PALLOTTINO, Elem. 34.

2 FIESEL, Geschlecht 64.

3 Ebda.; die Feminina auf *-i* (Gen. *-ial*) finden wir häufiger an der Küste, jene auf *-ia* (Gen. *-ias*) mehr im Inneren des Landes (stärkere italische Bevölkerungskomponente). S. auch RIX, Cognomen 175ff.

4 a.a.O. 104.

c) Auch bei den sicher als weibl. geltenden Appellativen *(ati, puia, lautniϑa)* ist kein Zeichen für eine ursprüngliche etr. Motion zu finden[5].

d) Überhaupt läßt sich aus dem, was wir an etr. Appellativen kennen, keinerlei Spur eines grammatikalischen Geschlechts herauslesen[6].

e) Etruskischem Sprachbau entspricht nur unechte Motion; echte Motion zeigt Indoeuropäisierung an[7].

f) Die dem Etr. ursprünglich eigene Motionslosigkeit rückt diese Sprache näher an die gleichfalls motionslosen Sprachen des kleinasiatischen Kreises heran, und zwar in Urverwandtschaft; das Eindringen des Genus aber zeigt die Beeinflussung durch die indoeuropäischen Italiker[8].

§ 40.

Der männl. Name wird durch Anfügung von *-i* in den weibl. übergeführt; bei Namen auf *-e* wird dieses meist ausgedrängt (RIX, Kratylos VIII, 1963, 139).

m. PN *larϑ* – w. PN *larϑ-i;* m. GN *capzna* – w. GN *capznai* > *capznei*
m. GN *pumpu* – w. GN *pumpu-i*
spät: PN *seϑre* – *seϑr-ia;* GN *pumpuni* – *pumpuni-a*
EN, GN *leϑe* – *leϑi* – *leϑia*

Arretium und Saena bilden ein fem. *-ei* zu mask.*-e* (RIX, Cogn. 226)

Bei GN auf *-iu* wird *-iui* zu *-ui* (RIX, Cognomen 156, Anm. 10):
m. *claniu-* f. *clanui* (CII, App. 538)
m. *alpiu* (CIE 4613 Volat.) – f. *alpui* (CIE 126 Volat.)

Bei *claniu* (und ebenso wohl auch bei *alpiu*) handelt es sich um ein sekundäres, aus einem CN entstandenes Gentiliz, vgl. *tutna claniu* CIE 1384.1355.1356 (Clus.). Morphologisch ist der Name ein Diminutivum < *clan,* bedeutet also „Söhnchen"; *alpiu,* etwa < **alpe,* ist mit dem durat. Partizip *alpan* „*libens*" zu verbinden.

§ 41.

Die von manchen Forschern[9] angenommenen drei Genera existieren nicht. Es gibt keine (ide. *-o* und *-a* entsprechenden) Namen, Substantiva und Adjektiva männlich auf *-a,* weibl. auf *-e* (< *ei*), vgl. m. PN *seϑre* und w. PN *ramϑa.* Die angeblichen weibl. Adjektiva auf *-e* (besonders vor *acil,* häufig in AM) sind mißdeutete Modalisformen (s. § 59.138. 209f.).

Auch die Genusdifferenzierung des Pron. *an* als männlich, *in* als weiblich (VETTER, Wortd. I, 30), ist irrig. Vgl. TLE 51 *vel matunas larisalisa / an cn śuϑi cerixunce* „Vel Matunas Laris-Sohn; er erbaute für sich dieses Grab" und TLE 87 (. . .) [*śp*] *urinas an zilaϑ amce* „(. . .) [Sp] urinas. Er war Prätor"; dagegen TLE 321 [a] *ϑanχvil tarnai* [b] *an*

[5] a.a.O. 113.
[6] Ebda.
[7] a.a.O. 116.
[8] a.a.O. 117.
[9] z.B. VETTER, Wortd. I 30.

farϑnaχe . . „Thanchvil Tarnai. S i e stiftete . ." und TLE 322 *śeϑras an amce tetnies larϑa [l] arnϑaliśla puia* „(Sarkophag) der Sethra; s i e war des Tetnie Larth, des Arnt-Sohnes, Gattin".

Der Unterschied zwischen *an* und *in* liegt nur darin, daß jenes von P e r s o n e n, dieses aber von S a c h e n gebraucht wird (s. § 85).

Unrichtig ist auch, *ca* und *ta* (pron. dem.) als männlich und weiblich aufzufassen; s. TLE 158 *ta śuϑi* „dieses Grab (da)" und TLE 527 *ca suϑi* „dieses Grab". Es handelt sich um z w e i verschiedene Demonstrativpronomina, nicht um zwei Genera e i n e s Demonstrativpronomens.

Was schließlich das angebliche N e u t r u m betrifft, zu dem „alle Wörter (gehören), die als Objekt keine Kasusendung zeigen, obwohl sich sonst Kasusendungen finden" (VETTER, Wortd. I 30), so ist zu sagen, daß das direkte, aber nicht besonders hervorgehobene Objekt im Akkusativ (acc. indefinitus) steht, dessen Form – wie in vielen Altsprachen – mit der suffixlosen Grundform identisch ist (s. § 45).

§ 42.

Das Suffix des P l u r a l s der Substantiva im allgemeinen und bestimmter Numeralia ist *-r*, an kosonantischen Stämmen *-ar, -er, -ur*[10].

a) Außer den Pluralen auf *-r* gibt es beim Substantiv keine anderen e c h t e n Pluralformen; Formen auf *-(a)ras* sind mit anaptyktischem *a* erweiterter Gen. plur. (s. § 34 e), solche auf *-asi* bzw. *-rasi* verstärkter Gen. sing. bzw. plur. (s. § 63).

b) Die von TORP[11] angezeigten und von PALLOTTINO[12] untersuchten „Plurale auf *a*, Typus *u-a, u-e, i-a*" sind morphologisch kollektive Adjektiva (s. § 74).

c) Bezüglich eines Plurals auf *-l*, z.B. *mursl*[13], bei dem TROMBETTI[14] Dissimilation *murs-r* > *murs-l*, PALLOTTINO hingegen eine Genitiv- oder Adjektivform annimmt, s. § 78.

d) Zum Plural der Gentilizien s. § 166,3.

Nominale Deklination

§ 43.

Die Kasussuffixe sind für Sing. und Plur. gleich. Im Plur. treten sie an die mit *-r (-ar, -er, -ur)* erweiterte Grundform, wobei in einzelnen Fällen Assimilationserscheinungen auftreten (s. § 47 b).

---

10 S. PALLOTTINO, Il plurale etrusco, SE V, 1931, 235ff. – VETTERS seinerzeitige Annahme, es gäbe auch einen Plural auf *-s* (Gl. 28, 1940, 184), z.B. *uvils* „annoз", *tivrs* „menses", *murśś* „Urnen", *ϑunś flerś* „zwei *flerś*" erledigt sich schon damit, daß das Numerale *ϑun* „ein(s)" bedeutet (so nun auch Vetter), und *flerś* daher nie Plur. sein kann. Vgl. auch VETTER, Wortd. I 10f. – Mit diesem Indogermanismus eines Nom.-Akk. auf *-s* ist auch der angebl. Gen. plur. auf *-u* (in *aisna hinϑu, tularu, zilaϑ eterav, camϑi eterau* u.a.) abzulehnen. – BATTISTI (SE X, 1936, 515) erklärt die schon von BUONAMICI ausgesprochene Vermutung von einem Gen. plur. auf *-u* für überholt.

11 Beitr. I 89f.; II 48.

12 a.a.O. 258ff. 262ff.

13 CORTSEN, Beamtentitel 153; VETTER, Wortd. I 8(*-l*/*-al* ist 2. Sg. und 1. Pl. wie lat. *rosae, horti*).

14 Parentela 18.

§ 44.

a) Bei konsonantischen Stämmen tritt bei der Bildung der obliquen Kasus in der Regel ein Vokal zwischen Grundform und Suffix, wobei zwischen bestimmten Kosonanten bestimmte Vokale bevorzugt werden (vgl. § 34).

PN *larϑ*, Gen. *larϑ-a-l* (jedoch TLE 144.431 *larϑl*, wohl mit *l̥=al* nach § 29a, II)
PN *laris*, Gen. *laris-a-l*
PN *vel*, Gen. *vel-u-s*
PN *velϑur*, Gen. *velϑur-u-s;* dagegen im Gen. plur. in der Regel *-r-a-s(i)*, z. B. *clenar-a-s(i)*
seχ „Tochter", Gen. *seχ-i-s*
meϑlum „Gau", Gen. *meϑlum-e-s*
Dagegen immer *clan* „Sohn", Gen. *clens*, Nom. plur. *clenar*

Die singuläre Anaptyxe von *-ei-* und *-ui* an Stelle von gebräuchlichem *-e-* und *-u-* in TLE 323 (Vulci) *veluis tuteis ϑanχviluisc turialsc*, für *velus tutes ϑanχviluse turial* (sc), ist wohl kaum, wie CORTSEN (Gl.23, 1935, 151) meint, „Vermischung etruskischer und lateinischer Sprache in der späteren Zeit; die Endung *-is* ist ja direkt lateinisch", sondern eher ein plumper Provinzialismus. Die ganze Inschrift ist sprachlich nicht recht einwandfrei; das gleiche gilt auch für TLE 321. 324. 325.

b) Bei vokalischen Stämmen (Appellativa und die meisten GN) wird in den obliquen Kasus häufig *a* zu *e: śpura* „Stadt", *śpureś-treś* „der Bürgerschaft", *spure-ni* „die Stadt" (acc. defin.), *spure-ϑi* „in der Stadt", *śpure-r(i)* „die Städte"; GN *afuna*, Gen. *afuneś*, aber auch *afunaś*. Dieser Ablaut tritt häufig bei GN mit *s*-Nominativ (s. § 45) auf, vgl. TLE 318 *tarnas larϑ* (Nom.) TLE 321 *marces tarnes* (Gen.). Daß der Ablaut bei den GN fakultativ ist, zeigt TLE 570, wo der Gen. des GN *afuna* in A 3 *afunaś*, in A 11 aber *afuneś* lautet.

Der Vergleich *ϑuplϑas / ϑupites*, den TROMBETTI (SE IV, 1930, 198,4.) anstellt, ist unrichtig; *ϑupites* (TLE 533) ist Gen. des GN *ϑupite*.

c) F r e m d w ö r t e r , die nicht im Sinne der etr. Lautlehre umgebildet sind, sind i n d e k l i n a b e l , z.B. *vinum;* sie treten im Etr. in der Regel in der Form des Akkusativs ihrer Ausgangssprache auf, z.B. *pruχun* < *πρόχουν*, *cletram* < umbr. **kletra*, *spurta* < *σπυρίδα*, *vinum* < *οἶνον* (nicht Fοῖνον!)

§ 45.

N o m i n a t i v *(casus indefinitus, c. rectus)* und i n d e f i n i t e r A k k u s a t i v sind im Sing. der reine Stamm, im Plur. der mit *-r (-ar, -er, -ur)* vermehrte *casus rectus*.

a) Bei Götternamen und männlichen GN findet sich häufig auch ein um *-s* vermehrter Stamm neben der Grundform:

cilen – cilens, fuflun – fufluns, tin – tinś, selvan-selvans;
GN *tarna* (w. *tarnei* < *tarnai*) – *tarnas*.

Bemerkenswert ist CIE 4201 = TLE 593 *l(ar)ϑ avei* „Larth Avei", CIE 4203 *la(rϑ) aveiś ve(luś) casuntinial* „Larth Aveis, (Sohn) des Vel und der Casuntini", aber CIE 4204 *cantini aveinaś* „Ca(su)ntini, (Gattin) des Aveina" (Mutter von nr. 4203). Hier nennt sich die Familie *Avei* und *Aveiś;* als Gen. von *aveiś* wird *aveinaś* gebraucht, als ob das GN *aveina* wäre. Dies geschieht, um einen Gen. **aveiśś* zu vermeiden. (Vgl. aber auch RIX, Cogn. 262, Anm. 35).

Zu CIE 4201/4203 vgl. auch

NR 434	(Perugia)	*lar : vetiś / auleś*
435	(selb. Grab)	*la . veti . la . carcu*
436	(" ")	*s . veti . aule(ś)*
437	(" ")	*larϑi . veti . vipia(ś)*

In der Form auf *-i* ist das GN m. und w. gleich (wie bei *acri, ancari, velsi, lauci, vesi* u.a.).

b) Ebenso findet sich bei redeterminierten Appellativen (§ 213 bis), die die Personen anzeigen, ein Nominativ-*s:*

papals „Enkel" (= der des Großvaters)
tetals „Enkel" (= der der Großmutter)
truials „Trojaner" (= der von Troia)

c) Der Gen. der GN auf *-s* ist in der Regel dem Nom. gleich, vgl. CIE 1811 *velχe afunaś larcesa* „Velche Afunas Larce-Sohn" und 4900 *arnzile afunaś lautni* „Arnzile, des Afunas(s) *lautni*". Es kommt aber auch eine Form mit *-e-* vor: TLE 570 A 11 *larϑalś afuneś*.

d) Nur bei Götternamen scheint die Erweiterung mit *-s* als besonderer Nominativ empfunden worden zu sein, da hier der Gen. nach Art der Dental= und *s*-Stämme (s. § 50b) gebildet wird: *cilens,* Gen. *cilens-l;* ebenso *neϑuns-l, fufluns-(u)l, selvans-l.*

Vgl. PALLOTTINO, SE VII, 1933, 229: „*cilensl, selvanśl, neϑunsl, mariśl* . . . un genitivo in *-l* sovrapposto ai nominativi in *-s: cilens, selvanś, neϑuns, mariś.*"
Zu *tinś,* (arch.) Gen. *tinśin,* s. § 49.

e) Festes Nominativ-*s* hat außerhalb der AM das Appellativ *fleres,* das (eine nicht sakrale) „Statue" bezeichnet (so schon BUFFA, SE VII, 1933, 447):
TLE 651 (Bronzestatue des Aule Meteli) . . . *cen fleres tece* „. . diese Statue stellte auf"; TLE 624 *fleres tec(e)* (Knabenstatue aus Bronze). In einigen Inschriften, z.B. TLE 738f., kann *fleres* wie in AM der Gen. von *flere* „Götterbild, Numen" sein.
fleres ist GN in CIE 5127.5142f. (Orvieto)

Zur Auffassung der Erweiterung der Grundform mit *-s* als fakultativer Nom., nicht Gen. (*velimnaś* also n i c h t „des Velimna" oder – mit supponiertem *lautn* – „der Familie Velimna") spricht auch der Umstand, daß dann die Bildung einer weibl. Form auf *-nai / -nei* überflüssig erscheinen könnte. Wäre eine Form wie *velimnaś* possessiver Gen., dann könnte auch eine Frau z.B. *larϑi velimnaś* heißen. – Zur Auffassung von *-s* als fakultative Nominativendung s. VETTER, Gl. 27, 1938, 162, Anm. 2 und RIX, Cognomen 57.

Zu *truials* bemerkt PALLOTTINO SE VII, 1933, 228f.: „inequivocabilmente = „Troianus". Esso termina come *larϑalś,* genitivo rideterminato di *larϑ;* ma è certo un nominativo < *truial* (gen.) + *-s* „elemento determinativo del nominativo singolare animato" (cf. Trombetti, LE p. 13ss.)"

Zur Verwandlung des genitivischen Metronymikons in einen Nominativ s. CIE 3824 *se.acsi.ar.trilial* und 3823 (Bruder!) *la:aχsi.ar.trilialś.*

Das Nominativ-*s* findet sich bisweilen auch beim CN:
CIE 4216 *vl:aulni:vl:masateś;* 4255 *la cai asateś;* 4262 *la.cai.cnareś.au. sentinatial* (s. RIX, Cognomen 197. 204).

Das Nebeneinander der Formen mit und ohne Nominativ *-s* zeigen z.B. 4438 (Perugia) *larϑ satnaś larϑial* und 4440 *la satna la / menenial.*

Das fakultative *-s* des Nominativs bei Formen, die morphologisch possessive Adjektiva sind (dazu gehört auch der Gen. auf *-l*!), deutet auf einen Sprachcharakter hin, der „Belebtes" von „Unbelebtem" unterscheidet (*papals* = „ein zum Großvater gehöriges lebendiges Wesen"; *tarnas* „etwas Lebendiges, das zur Familie des **tar(u?)* gehört). Eine solche Unterscheidung ist typisch für Sprachen, bei denen die Unterscheidung männlich-weiblich eine untergeordnete Rolle spielt.

§ 46. Der definite Akkusativ

Zur Hervorhebung eines bestimmten direkten Objekts dient das Suffix *-ni*, vollständig erhalten in *mi-ni* „mich" und z.B. in *spureni* „die Stadt" (Akk.)[15]. Mit Abfall des *-i* tritt es im Akk. der Demonstrativa *ca* und *ta* auf: *cn, tn,* auch enklitisch, in Funktion des bestimmten Artikels (s. § 97b): *sacni-cn, sacni-tn* „den Geweihten (Priester)", vgl. auch die Richtungsadverbien *celu-cn* und *tesami-tn.* Vollständig ist *-ni* auch in *minipi* (TLE 12) „für mich„ erhalten, verkürzt in *minpi* (TLE 13); *mipi* (TLE 40) ist indefiniter Akk.[16].

Die Akkusativfunktion von *mini* wurde bereits von CORTSEN (Gl. 26, 1938, 12ff.) und VETTER (Gl. 28, 1940, 187) erkannt; die von *(e)cn* und *tn* von FIESEL (SE IX, 1935, 246f.) und VETTER (Wortd. I 63.66; Gl. 28, 1940, 183f.). Zum Akk. der Substantiva s. Verf., Gl. 37, 1958, 305ff.

§ 47.

a) Formen wie *spureri, meϑlumeri, meleri, sveleri* u.a. werden von einigen Forschern als Kasus des Sing., von anderen als Plural aufgefaßt. Die nähere Bestimmung schwankt zwischen Nom.- Akk. (MERIGGI, SE XI, 1937), „Widmungsfall" (STOLTENBERG, Sprachl. 7), Dat. commodi (PALLOTTINO, passim).

Die richtige Bestimmung der Formen wird dadurch erschwert, daß diese fast ausschließlich im *Liber linteus* (AM), und zwar in der *Placatio* vorkommen, abhängig von *haϑrϑi repinϑic (haϑec repinec),* das etwa mit „sei gnädig und neige dich" zu übersetzen ist[17]. Dies verleitet zur Auffasssung als Dat. commodi. Natürlich können die auf die Plakationsformel folgenden Formen auch als Akk. der Beziehung oder der Richtung (vgl. ἐλέησον ἡμᾶς) aufgefaßt werden.

Daß es tatsächlich Akkusative sind, ist aus AM VIII 10f. ersichtlich: *vacl ar flereri sacnisa / sacnicleri trin flere neϑunsl* „mache die Libation für die Numina; geweiht habend die Heiligtümer (= *cellae?*), besprenge das Götterbild des Nethuns".

Während *flereri* im vorderen Satzteil uns wie ein Dat. comm. vorkommt – wir können aber auch sagen „hin zu den Numina" –, verlangt die Verbalform des zweiten Satzteiles, *sacnisa,* ein Objekt im Akkusativ.

b) Ich erklärte Gl. 37, 1958, 307 diese Formen durch Assimilation bzw. Ausfall von *n* nach *r:* Pluralsuffix *-r* + *ni* > *-rri* > *-ri.* Das gleiche tritt ein, wenn im Sing. *-ni* an einen kosonantischen Stamm tritt:

---

15 Deutlich erkennbar ist das dir. Objekt in TLE 131, Z. 3f. *spureni lucairce* „er . . . . . te die(se) Stadt"; Lok. kann es nicht sein, da dieser *spureϑi* lautet.

16 Da das *-n* des def. Akk., wie *minipi/minpi* zeigt, von *-ni* stammt, nicht von ide. *-m̥,* erweist sich, daß von *-n(i)* – ursprünglich wohl eine deiktische Partikel – nicht gesagt werden kann, es „vermehrt die indogermanischen Elemente der etr. Formenlehre um eine wichtige Position" (VETTER, Gl. 28, 184).– Zum Akk. auf *-n* vgl. TROMBETTI, LE § 28.45.

17 S. Verf., Studien z.d.AM 17f., 43f.

tinś-ni > **tinśśi* > *tinśi*
usil-ni > **usilli* > *us(i)li*
cepen-ni > **cepenni* > *cepeni*[18]

Manchmal erscheint aus vh. Gründen *-u* für *-i: tularu* (TLE 570 A8). Das u.a. von TROMBETTI als „einzige akkusativische Substantivform" angesehene *puiian* (CAP 19), dem *in* vorausgeht[19], ist archaischer Genitiv (s. § 49)

Etr. *tular* „Grenzsteine, Grenze" und *tularu* sind ins Umbr. übergegangen: *tular* > *toder, tularu* > *todero(r).*

c) Unter dem Eindruck der kategorischen Erklärungen CORTSENS – „Einführung von einem Begriff wie Akkusativ wird sicher nicht der etruskischen Forschung förderlich sein" (SE VIII, 1934, 238) und „Wir tun aber sicher am besten, mit etruskischen Akkusativen nicht zu rechnen" (Gl. 23, 149) – stellt OLZSCHA (Interpret. 104) fest: „Bezeichnend ist es, daß man im Etruskischen bis jetzt keine sicheren Akkusativformen gefunden hat. Die Ausbeute, die Trombetti § 28 von einem Streifzug durch die etruskischen Inschriften zusammengebracht hat, beschränkt sich fast nur auf Pronominalformen .... Die einzige akkusativische Substantivform ist bei Trombetti *puiian* (Cap. 19) . ." und er schließt dezidiert (a.a.O. 105): „Sichere Akkusative von Substantiven existieren nicht". Doch hätte ihm wenigstens eine Form wie *spureni* zu denken geben müssen!

Mit dem Satz schließlich (a.a.O.) „. . das Objekt zeigt entweder, wie in unserem Satz" – Olzscha bespricht die urartäische Inschrift FRIEDRICH, Kleinasiat. Sprachd. S. 47, nr. 4 – „den nackten Stamm oder die Endung *-ni,* z.B. *Urzanani parubi* „Urzana wurde von mir gepackt" .... Im Urartäischen kann statt der *-ni* Form auch die endungslose Form stehen, und einen solchen, wie mir scheint, freien Gebrauch müssen wir wohl auch für das Etruskische annehmen" – damit definiert OLZSCHA (ohne sich dessen bewußt zu sein), exakt den acc. definitus und indefinitus.

§ 48. Die Formen auf *-ri* und *-eri*

SLOTTY, der schon SE XIX, 1946–47, 227–233 *(manimeri)* über Bau und Sinn der Formen auf *-(e)ri* gehandelt hatte, weist in seinen Beiträgen zur Etruskologie (I 136) sehr zu Recht darauf hin, daß Formen auf *-ri* und *-eri* auseinandergehalten werden müssen:

„Es könnte z.B. möglich sein, daß in diesem Wortausgang gar nicht ein einheitliches Formans mit einem einzigen Sinnelement, sondern ein zusammengesetztes mit mehr als einem Sinnelement vorliegt; .... den Weg zu dieser Erkenntnis würde man sich aber von vornherein verbauen, wenn man auf eine unterschiedliche Behandlung verzichtete".

Die Frage, ob die *-(e)ri* Formen rein nominaler oder verbalnominaler Art sind (SLOTTY, a.a.O. 137), wird müßig, sobald man erkennt, daß nur v e r b a l e s *-ri* (z.B. in *śucri, θezeri*) echtes *-ri* ist; Formen wie *manimeri, śpureri, caperi* sind morphologisch *manim-er-(n)i, śpur-er-(n)i, cap-er-(n)i,* also definite Akkusative von *manim, śpura, cape.*

---

[18] Vgl. auch die GN *larθur-ni* (TLE 730) und *velθur-i* (TLE 749), beide mit dem Suffix des Adj. II *-ni* abgeleitet. S. auch etr. *ariaθa* < Ἀριάδνη.

[19] S. § 49,b (*in* als Artikel im Gen.).

PAULI (Etr. Stud. III 132; Etr. Fo. u. Stud. III 81) wie auch DEECKE (Etr. Fo. u. Stud. VI 53ff.) faßten die Formen auf *-eri* als Kasus unbestimmter Funktion auf. TORP (Beitr. I 96ff.; EN 65) sah in ihnen Genitive, bisweilen Dative, ebenso BUGGE (Verh. 68f.). Auch GOLDMANN (Beitr. II 54, 1;145;170f.), gefolgt von LEIFER (Ämterwesen 187.194, 4), faßt die Formen als Genitive auf. TROMBETTI (LE § 21) und PALLOTTINO (SE V,1931,292;VII, 1933,237) sprechen sich für den *Dat. comm.* aus, ebenso VETTER (Wortd. I 38f.) und -zögernd- MERIGGI (SE XI, 1937, 130). OLZSCHA (Interpr. 59.64f. 101.133) findet in diesen Formen sogar Genitive, Dative und Adlative sowie Bildungen mit einer Postposition *-eri.*

Von TORP (Beitr. I 97) stammt der treffende Hinweis, daß Formen auf *-eri* n i e bei Eigennamen vorkommen; damit hat er aber nicht den pluralischen Charakter des Suffixkomplexes geleugnet, wie PALLOTTINO (SE V, 1931, 292) meinte.

CORTSEN faßt (Gloss. 64) *caperi* als Singular auf, während SLOTTY (Beitr. I 138f.) schwankt: „. . . nach meiner Überzeugung ist es bisher nicht gelungen, den sicheren Nachweis für ein n u r pluralisch verwendetes Formans zu erbringen."

Schuldig an dieser Divergenz der Meinungen ist das Fehlen der Erkenntnis, daß das *-ni* des acc. defin. nur bei vokalisch auslautenden Stämmen im Sing. erhalten bleiben kann (z.B. *mi-ni, śpureni*), bei kosonantischen aber im Sing. durch Assimilation an den vorhergehenden Kosonanten und Vereinfachung des so entstandenen Doppelkonsonanten zu *-i,* im Plural aber regulär auf dieselbe Weise mit dem Pluralsuffix *-r* zu *-ri* wird.

Genitiv

§ 49.

a) Die älteste Form, das (possessive) Genitivverhältnis auszudrücken, ist jene mittels des Suffixes *-in* (vh. auch *-an, -un*). PALLOTTINO stand SE VI, 1932, 278 schon unmittelbar vor der adäquaten Auffassung dieses Suffixes: „Il carattere aggettivale delle forme in *-in* può esser dimostrato dal gruppo *vacl ϑesnin* „*vacl* di Thesan" o „*vacl* mattutino". (AM V, 16) Ähnlich OLZSCHA (Interpr. 176) „*vacl*-Opfer an Thesan".

ϑesnin = **ϑesan-in* schon CORTSEN, Sprachk. 59.

Inschriften und AM haben einige solcher Formen von eindeutiger Genitivfunktion, die weder mit dem *s*-Suffix noch mit dem *l*-Suffix gebildet sind. Wir bezeichnen diese Formen als „ a r c h a i s c h e n G e n i t i v " . Dieser Genitiv kommt außer bei Götternamen nur bei einigen wenigen Substantiven vor:

laut „Familie", Gen. *laut(u)n*

puia „Gattin", Gen. (in CAP) *pui(i)an*

Es scheint nach den vorhandenen Belegen, daß diese alte Genitivbildung nur bei vernunftbegabten Wesen gebraucht wurde. Vgl. die Differenzierung des pron. pers. der 3.Pers. nach Personen- und Sachklasse.

Von den Etruskologen wird allgemein als Grundform des Wortes für „Familie" *lautn* angegeben. Die von dem Substantiv abgeleiteten Formen wie *laut-ni* (Adj. II), *laut-neś-cle, laut-ni-ϑa* zeigen, daß die

Grundform *laut,* nicht *lautn* ist. Die so häufige Form *lautn* ist in allen Fällen Genitiv. Das *u* in *lautuni* (z.B. TLE 606) ist vh. Anaptyxe. Die Feststellung von *lautn* als Genitiv zeigt auch, wie unhaltbar „das rein sprachwissenschaftliche, allerdings mit sprachlichen Mitteln schwer bekämpfbare Vorurteil: *lautn* = *lautni*"[20] ist.

b) Bei Indeklinabilien (Fremdwörtern, gewissen Adjektiven) wird *in* orthotonisch gebraucht; es wird vor das Indeklinabile gesetzt und funktioniert als bestimmter Artikel im Genitiv (s. u. § 159):

(AM III 18) *in crapśti* „des Crapśti (Göttername in AM, aus dem Umbr. übernommen)

(AM VIII 1f.) *in culścva* „der Culśe" (indekl. Adj. III als Plural; Unterweltsdämonen)

Verfehlt ist die Annahme TROMBETTIS (SE IV, 1930, 198,4.), Formen auf *-in* könnten Akkusative sein (Suche nach einem ide. Akk. auf *-n* < *-m* !)

§ 50. Die Genitive auf *-l* und *-s*

Im allgemeinen wird der Genitiv mit den Suffixen *-l* oder *-s* gebildet.

a) Der Genitiv auf *-l* ist typisch für die *weiblichen* Namen auf *-i, nai/-nei:*

PN *larϑi,* Gen. *larϑi-al;* GN *ceicnai,* Gen. *ceicna-l;*
GN *anainei,* Gen. *anain-al;* GN *pumpui,* Gen. *pumpu-al*

Volaterrae hat weibl. Genitive auf *-uial* (RIX, Cogn. 178).

b) Es bilden den Gen. auf *-l* auch die männlichen Namen, die auf Dental oder *-s* ausgehen, sowie Appellative auf Guttural, Dental oder *-s.*

PN *arnϑ*, Gen. *arnϑ(i)-al*
PN *larϑ*, Gen. *larϑal,* seltener *larϑial* (TLE 122.232.234)
oder *larϑeal* (TLE 260) *-ea-<-ia-* durch Kontaktassimilation, SLOTTY, Beitr. I 150 u. Anm. 94; es findet sich manchmal auch die Form ohne *a: larϑl* (vgl. aber § 28, zu a, II)[21]
PN *laris,* Gen. *laris-al*
GN *lecetis* (CIE 4023.4025), Gen. *lecetisal* (4024)
zil(a)c „Prätor, Oberhaupt" – *zilacal* (LP II 12f.)
meχ „Verbindung"(?) (LP I 4) – *meχl* (öfter)
murś „Urne" – *murśl*[22]

---

20 LEIFER, Ämterwesen 147.

21 Bei *larϑial* ist das Zusammenfallen mit dem Gen. von *larϑi* zu beachten; wenn ein GN fehlt, ist die Entscheidung sehr schwierig. *larϑial* kann Patronymikon sein, aber auch Metronymikon, wenn die Mutter eine Unfreie ist und daher kein GN hat. Bei den Gefäßinschriften aus der Tomba Regolini-Galessi in Caere könnte aus *mi larϑia* (TLE 54) nicht bewiesen werden, daß es sich um die Bestattung einer Frau (Fürstin?) handelt, weil *larϑia* sowohl von *larϑ* wie von *larϑi* der arch. Genitiv für *-(i)al* ist. Jedenfalls ist es unrichtig, den Namen der Bestatteten mit *larϑia* anzugeben; ein weibl. Nom. auf *-ia* ist in archaischer Zeit, der das Grab angehört, völlig ausgeschlossen (s. § 181); die Fürstin hieß *larϑi.*

22 *murśl* in TLE 135 Z. 2 *munϑ . . . . murśl XX* „Platz . . . . für 20 Urnen" ist Gen. sing. beim Numerale, nicht Dissimilation von **murśr,* wie TROMETTI meinte.

§ 51.

Aus Genitiven auf *-l* sind bestimmte Appellative entstanden, die von Namen, Substantiven oder Adjektiven abgeleitet sind („Hypostasierung" des Genitivs):

**unial* „Tempel (cella) der Uni" (belegt: *unialϑi,* Lok.)
truial(s) „Troianer" < **truia* „Troia"
hinϑial „Seele, Schatten" < *hinϑ-* „unten" (mit *-ial* wie in *arnϑial, larϑial*)
suϑil „Grabbeigabe" < *suϑi* „Grab"[23]
papal(s) „Enkel" < *papa* „Großvater"
tetal(s) „Enkel" < *teta* „Großmutter"

Vgl. § 45, b.

§ 52.

In archaischen Inschriften findet sich an Stelle des Gen. auf *-al* ein solcher auf *-(a)ia*[24]:

TLE 761 *mi larϑaia telicles leχtumuza*
„Ich (bin) des Larth Telicle Lekythos"

(*leχtum-(u)za* Dim. von **leχtum* „Lekythos" < λήκυϑον)

-aia für *-al* beim Gen. des weibl. GN: TLE 766, *mi ϑanakvilus sucisnaia* (= *sucisnal).* Den Übergang von *-aia* über *-aial* zu *-al* zeigt *mi culnaial* auf zwei Amphoren des Nikosthenes (um 530 c.Ch.) aus der *Tomba dei vasi attici* (NScav. 1937, 383f., nr. 13 und 15). S. auch PALLOTTINO, SE XXI, 1950–51, 235; XXII, 1952–53, 195.

In TLE 34 (Veji, 6./5. Jh.) *mini muluvanice mamarce apuniie venala* „mich stiftete M.A., (Sohn) des Venel" soll *venala* genitivisches Patronymikon für *venelus* (< PN *venel*) sein[25].

Zu *araϑia, larϑi(i)a* in Orvieto s. § 56; zum Verhältnis *-aia : ala* s. § 63,b.

Vom archaischen Gen. auf *-aia* sind Formen fernzuhalten, die sicher ein Nominativ sind, z.B. *helenaia* < Ἑλεναία (Typus Ἀϑηναία) oder < Ἑλένεια (Typus Πηνελόπεια); s. auch MÜLLER-DEECKE II 475f.

§ 53.

Der Gen. auf *-s* ist im Etr. sehr häufig[26]. Er findet sich

a) bei männlichen Namen, b) bei den Appellativen, c) bei weiblichen Namen, die auf *-l, -a, -ia, -u* ausgehen. (Zu a und b beachte § 50,b)

zu a) PN *śeϑre,* Gen. *śeϑre-s;* GN *capzna,* Gen. *capzna-s*
zu b) *suϑi* „Grab", Gen. *suϑi-ś; flere* „Numen, Götterbild", Gen. *flere-ś*

---

23 Daneben das Adj. II *suϑi-na* („was zum Grab gehört").

24 PALLOTTINO, Elem. 38, § 61; FIESEL, Geschlecht 119f.

25 Vgl. LATTES, Gl. 3, 1911, 169f.; VETTER, Gl. 24, 116: „besonders alte Genitivform auf *-a,* von *venelus* wohl auch dialektisch verschieden." Ähnlich CORTSEN, Gl. 23, 148 und SLOTTY, Beitr. I 189. – Es ist auch möglich, daß bei diesem ein einziges Mal belegten Fall Kontamination mit dem emphatischen Gen. auf *-la* (§ 63,b) vorliegt.

26 Zu *-s* und *-ś* des Genitivsuffixes s. § 9 und 21.

zu c) weibl. PN *ϑanχvil,* Gen. *ϑanχvil-(u)s*
weibl. PN *ramϑa,* Gen. *ramϑa-s*
weibl. PN *ravnϑu,* Gen. *ravnϑu-s*
weibl. PN *velia,* Gen. *velias*

Irregulär: *ϑan* (Göttername), Gen. *ϑan-s* (< **ϑan(u)r-s?*)
Zur graphischen Variante *-z* (*vipiaz, cultecez* u.ä. s. § 21 e).

§ 54.

Häufig wird vor dem *-s* des Gen. bei konsonantischen Stämmen ein euphonischer Vokal eingeschoben (s. o. § 34):

śeχ „Tochter", Gen. *śeχ-i-s; zaϑrum* „20", Gen. *zaϑrum-s* und *zaϑrum-i-s;*
hingegen *cialχ* „30", Gen. *cialχ-u-s;*
PN *velϑur,* Gen. *velϑur-u-s;* PN *venel,* Gen. *venel-u-s;*
PN *vel,* Gen. *vel-u-s,* aber auch *vel-u-i-s* (TLE 323.316), vgl. auch *apatru-i-s* TLE 138, *veluis* 316, 323 und *ϑanχviluis* 323 (Vulci) s. § 44, a.

Im Gen. Plur. wird in der Regel *-a-* eingeschoben (§ 34, e und 44, a):
clenar-a-s(i) „für die Söhne", emphat. Gen. dedic. (§ 208 d)
velϑinaϑur-a-ś „der Velthina(leute)".
Vgl. § 34 und § 44.

§ 55.

Zu Gebrauch des Genitivs als indirektes Objekt bei den *verba donandi* s. § 208, e.

§ 56. Abfall des Genitivsuffixes.

In jüngeren Inschriften, die oft nicht sehr sorgfältig ausgeführt sind – besonders, wenn es sich um Angehörige der niedrigen Volksklasse handelt – ist häufig der Abfall von *-s* oder *-l* zu bemerken. Vertrautheit mit der Epigraphik, in diesem Falle besonders mit dem etr. Namensystem, läßt leicht erkennen, was zu ergänzen ist. Wir haben hier im allgemeinen ein graphisches Problem vor uns (das aber wohl die lässige Aussprache des Volkes verrät), nicht ein morphologisches.

a) Beispiele für Abfall von *-l:*

CIE 2253 (Chiusi) *sleparis/haltus/tutna/laut[niϑa]* ist *sleparis haltus tutnal lautniϑa* „Sleparis (Gattin) des Haltu, der Tutnei Freigelassene".

Hier könnte auch Haplographie im Sandhi vorliegen.

Häufig auch in den Kammergräbern von Orvieto, hier aber wohl regionaler Dialekt:
TLE 243: *mi araϑia arąϑenas = mi ara(n)ϑial arąϑenas*
„Ich (bin das Grab) des Aranth Arathena(s)"
TLE 245: *mi larϑia hulχenas velϑuruscles = mi larϑial . . .*
„Ich (bin das Grab) des Larth . . ." (s. Übungsbuch IV, 2)

b) Beispiele für Abfall von *-s:*

CIE 2326 (Chiusi) *ane.ϑa(n)sini/la(u)tni = ane ϑansiniś lautni* „Ane, des Thansini Freigelassener"

CIE 3083 (Chiusi, Aschentopf) *velia:caine(i) :muteni:tite: lautna* ist *velia cainei mutenis titeś lautn(iϑ)a* „Velia Cainei, des Muteni Tite Freigelassene" (Beachte auch den Abfall von *-i* beim GN und die Verkürzung *lautna* für *lautniϑa!)*

CIE 2165 (Chiusi) *[l]arϑi verna* = *larϑi ver(c)naś* „Larthi (Magd *oder* Freigelassene) des Vercna" (Beachte *cn* > *n!*).

Nicht selten hat der G r a b z i e g e l die Form mit Abfall, das O s s u a r aber die korrekte Form:

CIE 2519 (Chiusi, Grabziegel) *la.lautni/pecia* =

CIE 2520 (Chiusi, Ossuar) *larϑ:lautni:peχiaś* „Larth, Freigelassener der Peci(a)"

CIE 2550 (Chiusi, Grabziegel) *pupli petinate/lautni* =

CIE 2551 (Chiusi, Ossuar) *pupli petinateś : lautni* „Pupli, des Petinate Freigelassener"

§ 57. W e c h s e l v o n *-l* u n d *-s* i m G e n i t i v

Im Liber Linteus (AM) finden sich

6 Stellen *śacnicśtreś cilϑś śpureśtreś(c) enaś*
„der Priesterschaft des Volkes und seiner Bürgerschaft"

6 Stellen *śacnicleri cilϑl śpureri meϑlumeric enaś*
„die Heiligtümer des Volkes, die Städte und ihre Gaue" (Akk. plur.)

1 Stelle *eslem zaϑrum mur in velϑineś cilϑś* (XI 8f.)
„18 *mur* für das irdische Volk"

An all diesen Stellen fungiert die oblique Form von *cilϑ* als Genitiv. Nach der Regel, daß der Genitiv der Dental= und *s*-Stämme mit dem Suffix *-l* gebildet wird, ist *cilϑl* als der reguläre Gen. von *cilϑ* zu betrachten; er steht in den angegebenen Stellen bei den Akkusativen, die kein *-s* enthalten. Die irreguläre Form *cilϑś* hingegen findet sich in den genitivischen, *-s* enthaltenden Stellen.

Da, wie die Substitution des *l*-Genitivs durch den *s*-Genitiv bei gewissen weibl. Namen und jene des *s*-Genitivs durch den *l*-Genitiv bei gewissen männl. Namen zeigt, beide Genitivformen völlig identische Funktion haben, können nur äußere Gründe für den Wechsel von *cilϑl* und *cilϑś* in AM maßgeblich sein. Wahrscheinlich handelt es sich in diesem sakralen Text um eine Art von Alliteration.

Umgekehrt scheint ein Bestreben, die Alliteration zu vermeiden, in AM beim Namen der Gottheit Than vorzuliegen. Vgl. III 22, IV 3 . 16, IX 4.11.20 *pute tul ϑans* „er lege zum Stein der Than" und XI 17f. *ϑunem cial[χuś et] nam iχ eslem cialχus/ ϑanal* (danach ist in XI 12 *eslem cealχus etnam aisna c̣ẹx̣ạḷ*, auf das rückverwiesen wird, das so ganz unsichere *c̣ẹx̣ạḷ* in *ϑanal* zu verbessern). Sollte unsere Beobachtung richtig sein, dann hätten wir hier *tul ϑans* gegenüber *cialχus ϑanal* und *aisna ϑanal* zu beobachten.

PALLOTTINO (Elem. 42) weist auf den gleichen Wechsel bei *śpureś-* und *śpural, zaneś* und *zanl* hin.

Der etr. Genitiv auf *-l* wird sehr häufig mit dem lydischen -λ Obliquus verglichen. SOMMER (Sitzb. München, phil.-hist. Abt. 1930,7) weist sehr richtig auf die begrenzte Gebrauchssphäre im Etr. hin, die abhängig ist von der lautlichen und semantischen Beschaffenheit des vorausgehenden Stammes. Im Lyd. findet sich der Obliquus auf -λ i m m e r beim Mask. u. Neutr.

Lokativ

§ 58.
Der Lokativ wird mit dem Suffix *-ϑ(i)*, jünger *-t(i)* gebildet: *śuϑiϑ, śuϑiti* „im Grabe"; *spureϑi* „in der Stadt"

TLE 93 *ϑui clϑi mutniaϑi* . , „Hier in diesem Sarkophage . . . "

TLE 171 *spureϑi apasi svalas* „In der Stadt seines Ahnen lebend"

AM XII 10 *unialϑi* „Im (Tempel) der Uni" (s. § 213 bis, 5)

Das Suffix kann auch an substantivierte Adjektiva auf *-na* (§ 67) treten: AM IX 2 *lauχumneti* „in regia" (VETTER) oder „im (Monat) Lauchumna" (OLZSCHA).

a) Seltener ist der Lokativ auf *-i* : *zilci* „in praetura", wahrscheinlich *zilci* von *zilcti* (TLE 325).

b) Die Existenz von Lokativen auf *-e*[27] ist sehr fraglich; die meisten der von mehreren Forschern als solche angenommenen Formen auf *-e* sind M o d a l i s (s. § 59).

c) Lokative auf *-u* (PAULI, Etr. Fo. u. Stud. III 68; TORP, Beitr. II 93, EN 9) und *-iu* (TORP, Beitr. II 60; GOLDMANN, Beitr. II 255ff.) existieren nicht[28].

Modalis

§ 59.
Der Modalis wird mit dem Suffix *-e* gebildet[29]; er drückt modale, finale, lokale, temporale und instrumentale Beziehungen aus.

Er findet sich häufig auch bei substantivierten Adjektiven, bei Verbalnomina und Ordnungszahlwörtern:

AM VI 9	*zaϑrumsne*	„am Zwanzigsten" < **zaϑrums-na*
TLE 570 A 21	*tesne raśne*	„nach öffentlichem Recht" < **tes-na raś-na*
AM III 17	*nunϑene*	„zum Dargebracht-werden" = „zur Darbringung" < *nunϑen*, mediopass. Partizip
AM VI 15	*ture acil*	„dato opus est" < *tur-u*, Verbalnomen < *tur-* „geben"
TLE 619	*etve ϑaure*	„zu einem ganz vornehmen Grabe" < *ϑaura* „Grab"
AM X 15	*velϑe*	„auf dem Boden" < *velϑa*, „Erde, Boden"
AM V 21	*ϑesane uslane-c*	„am Morgen und am Mittag" (vgl. CORTSEN, Sprachk. 59)

27 TORP, Beitr. II 16f.; TROMBETTI, LE 14f.; PALLOTTINO, Elem. 39; BATTISTI, SE X, 1936, 512; VETTER, Gl. 13, 1924, 141; 28, 1940, 185.

28 Vgl. TROMBETTI, LE 160; PALLOTTINO, Elem. 39, Anm. 2.

29 HERBIG, Agramer Leinwandr. 25f.; Gl. 4, 1913, 183 faßte – wie manche andere Forscher – die Formen auf *-e* zu eng als D a t i v e auf (s.o. § 62). S. auch V e r f ., Studien zu den AM 40f.

Ablativ[30]

§ 60.

Zwei Formen in AM mit dem Suffix *-ϑin* sind nach dem Kontext als Ablative aufzufassen: *han-ϑin* „von vorne“, *hinϑ-ϑin* „von unten“. Weitere Belege fehlen bisher.

Adlativ

§ 61.

Formen mit dem Suffix *-ra/-re,* die in AM vorkommen, scheinen Adlative (Illative?) zu sein[31]:

VII 2	*ciz vacl trin velϑre* „dreimal Libation; sprenge auf den Boden“
VIII 7	*zuśleva-c maϑra*[32] *surϑi* „und *zuśleva* zum Rauschtrank füge“
XII 7	*caϑra* „zur Sonne“

§ 62.

Bisher können keine Formen sicher als D a t i v e angegeben werden. Bei den *verba donandi (tur-, al-, muluvan-* u.ä.), die nach unserem Empfinden einen Dativ verlangen, finden wir immer Genitive auf *-s* oder *-l*; auch die Formen auf *-si/-śi,* die von manchen Forschern als Dative angesehen werden – z.B. DEECKE, Etr. Fo. I 37; IV 87; MÜLLER - DEECKE II 498f.; HAMMARSTRÖM, SE V, 1931, 364f.; VETTER, Gl. 28, 1939/40, 177 –, sind Genitive (s. § 63). So werden diese Formen auch von BUGGE, Etr. Fo. u. Stud. IV 93; Verhältnis d. Etr. 60 (Gen. mit Bedeutung des Dat.); PAULI, Etr. Fo. u. Stud. III 55; CORTSEN, Tidsskrift for Nordisk Filol. IV, 6, 165; Gl. 23, 1935, 157 u.a. aufgefaßt. TROMBETTI, LE § 35, hält sie für Gen./Dat. („un suffisso *-s-i* composto di *-s* del genitivo e di *-i* del dativo-locativo“); vgl. auch LE § 44. Dativische Funktion schreibt Trombetti auch dem Lokativ auf *-i* (mit *-a-i* > *e* Formen wie *ceχe, etve; cei, tei* u.ä.) zu (LE § 29). Die gleiche Funktion sollen Formen auf Konsonant + *e* (wie *hilare, ϑesane, larϑiale*) haben. Diese Formen auf *-e* haben aber eine viel weitere Funktionsbreite als den Dativ und Lokativ; sie sind final, temporal, modal und werden deswegen hier als „Modalis“ (s. § 59) bezeichnet. Gegen die auch von Goldmann und Leifer angenommenen „Dative auf *-e*“ wendet sich auch CORTSEN, Gl. 23, 1935, 163.

Es scheint, daß das Etruskische einen Dativ in unserem Sinne nicht kennt. Das indirekte Objekt wird (wie z.B. im Lydischen) durch die Form ausgedrückt, die wir traditionell als „Genitiv“ benennen; es wäre vielleicht besser, für sie die Bezeichnung „Obliquus“ zu gebrauchen. Damit könnten wir auch Sonderbezeichnungen wie „*genitivus dedicatorius*“ vermeiden.

OLZSCHA[33] nimmt nach TLE 42 b *mini ϑanirśiie turice hvuluveś* einen Dativ auf *-ie* an. Es ist aber in dieser archaischen Gefäßinschrift aus Veji *ϑanirśiie* ein GN[34]. Es ist zu übersetzen: „Mich gab Thanirsi(i)e (von den) Ful(u)ve“.

Zu dem Beleg, den Olzscha anführt, vgl. auch TLE 429 *mini muluvanice vhlakunaie venel* „mich stiftete Vhlakunaie (= Flakunaie) Venel mit arch. *vh* für *f, k* für *c* und Voranstellung des GN nach dem Brauch von Tarquinii.

---

30 Im wörtlichen Sinn (reiner Lokalkasus).

31 Vgl. VETTER, Wortd. I 65f.: „ich kann wohl nicht sagen, welcher Bedeutungsunterschied zwischen *velϑra* und *velϑa* besteht, bin aber überzeugt, daß ein solcher da ist.“

32 Zur Lesung *maϑra* und zur Bedeutung s. V e r f., Studien zu den AM S. 17, Anm. 38 und S. 38.

33 Interpr. 151,2; Gnomon XXVII, 1955, 133 („mich gab der Than(i)r Fulvius“).

34 DEVOTO SE III, 1929, 259ff.; SLOTTY, Beitr. I 190.

§ 62 bis

Die von VETTER (Gl. 28, 1940, 184) angenommenen Formen: Nom.- Akk. Plur. auf *-s,* Gen. Plur. auf *-u* und *-i* existieren nicht.

§ 63. Der emphatische Genitiv auf *-si/-śi* und *-la/-le*

a) TROMBETTI (LE 215 s.v. *clen*) faßt *clenśi* als Genitiv, identisch mit *clenś,* auf; *clenaraśi* aber soll nach ihm Dativ. plur. sein. Hierin folgte ihm bisher die Mehrzahl der Forscher. Die Auffassung, *-si/-śi* sei das Zeichen des Dativs, wurde schon von O. MÜLLER und W. DEECKE vorgetragen (s. DEECKE, EF I, 33f. und M.-D., Die Etrusker II, 498). – Zu einem angeblichen Dativ im Etr. s.o. § 62. Man übersieht aber, daß im ersten Falle *-śi* als *-ś+i* das Suffix ist, daß im zweiten jedoch nichts anderes als dasselbe Suffix mit dem obligaten *-a-*[35] zwischen dem *-r* des Plurals und dem Suffix *-ś(i)* vorliegt. Ein Suffix *-asi* für Dat. plur. ist ganz eindeutig von griech. Dativen wie *πατράσι, θυγατράσι* hergenommen und ist eine Anleihe bei den Indogermanisten. Zum Mißverständnis kommt noch hinzu, daß man übersieht, daß der Dedikationskasus in Inschriften wie TLE 619 (s.u.) nicht ein Dat. (commodi), sondern ein Genitiv ist.

TLE 619 *cehen suϑi hinϑiu ...... ϑaure lautneścle caresri auleś larϑial precuϑuraśi* .. »Dieses Hypogäum (wörtl. „unterirdisches Grab") zu einem Grab für die Familienangehörigen war zu errichten (=wurde errichtet), für Aule (und) Larth Precu . . ." (oder – vielleicht besser – „von A.(u)L.P.")

TLE 156 *itun turuce venel atelinas tinas cliniiaras* „Dies gab Venel Atelinas für die Söhne des Tin (d. i. die Dioskuren)"

Diese Stellen beweisen für *-(a)s(i)* die Funktion als Gen. dedic. und eine wenigstens prinzipielle Gleichwertigkeit der Formen mit und ohne *-i.* Die syntaktische Gleichwertigkeit der beiden Formen beweisen die Grabtitel der Brüder CIE 1566.1567 *vel veratru uφalias* bzw. *lϑ ve[r]atru uφaliasi.* – Vgl. auch DURANTE, Commento all'iscrizione di Novilara. Riv. linguist. V, 1962, 79f.: „L'uscita *-eśi* in *tratneśi* può ricordare una desinanza di genitivo etrusco." S. auch CORTSEN, Sprachk. 52, zu *clenaraśi.*

Es ist jedoch nicht anzunehmen, daß die Formen auf *-s* und *-si* semantisch vollkommen gleichwertig sind. Überprüft man die Beispiele mit *-si/-śi,* dann findet man, daß jedesmal eine Heraushebung, Betonung, Verstärkung beabsichtigt und am Platze ist[36]. So in TLE 570, dem *Cippus Perusinus,* der vornehmste Vertragspartner; in TLE 619 die beiden Erbauer des Grabes; in TLE 84.90.91 die Datierung nach dem regierenden eponymen Prätor in Tarquinii.

Die Inschriften zeigen, daß bei mehrteiligen Namen im Gen. nicht alle Glieder das emphat. Suffix haben müssen:

TLE 90 *zilci [vel] usi h [ul] χ [n] iesi,* d. i. PN + *si* und GN + *si,*

TLE 91 *z [i] lci vel [u] ṣ hulχniesi,* d. i. PN + *s* und GN + *si,*

TLE 84 *larϑiale hulχniesi marcesic* (= *marce-si-c*) *caliaϑesi,* d.i. PN + *iale* und GN + *si,* PN *-si* und GN + *si.*

---

35 Zum euphonischen Vokal vgl. PALLOTTINO, Elem. § 66,2.

36 Vgl. PALLOTTINO, Elem. 40, § 66,3. – Ders., SE VII, 1933, 226: „genitivo enfatico *clen-śi* „del (al) figlio".

Zu *larϑiale,* emph. *l*-Genitiv, s. im folgenden.

Die Regel scheint zu sein, daß wenigstens das letzte Glied das verstärkte Suffix habe.

Daher ist auch in TLE 570 A 8–12 in Parallele zu *epl tularu aules'i velϑinas' arznal clens'i* („bis zum Gebiet des Aule Velthina, des Sohnes der Arznei") das zweite Glied *eplc felic larϑals' afunes'* (freier Raum) *clen[s'i]* („und bis zum Besitz(?) des Larth Afuna, des Sohnes [der X.]") anzusetzen[37].

VETTER (Wortd. I 56) faßt *aules'i* . . . . *clens'i* als Dativ auf („dem Aule V., dem Sohne der Arznei"), wohl unter dem Einfluß von *clenarasi* „den Söhnen", was nur für unser Sprachgefühl ein Dativ, in Wirklichkeit aber ein Gen. dedic. ist.

b) Dem *-si* als emphatische Form von *-s* entspricht beim Gen. auf *-l* das Suffix *-la,* jünger(?) *-le:*

TLE 84 *larϑiale hulχniesi marcesic caliaϑesi* d.i. zwei mit *-c* „und" verbundene Komplexe aus PN und GN, deren Teile natürlich in Kasuskongruenz stehen müssen. Es ist die eponyme Datierung „Unter Larth Hulchnie und Marce Caliathe".

TLE 619 Z. 1 f. *larϑialisvle* in der Namensformel der Erbauer des Hypogäums von S. Manno *aules' larϑial precuϑuras'i larϑialisvle cestnal clenaras'i,* bisher eine morphologische *crux* der Etruskologie[38], ist nun erklärbar.

Diese Namensformel ist von Z. 1 *cehen suϑi hinϑiu . . . caresri* „dieses Hypogäum da . . . war zu erbauen (=wurde erbaut)" abhängig und steht im Gen. (dedicatorius oder originis?). Die Formel besteht aus dem PN eines jeden der beiden Stifter, Aule Precu und Larth Precu[39], dem Patronymikon in der Form des Possessiv-Adjektivs[40] und dem Metronymikon *cestnal clenaras'i* („der/für die Söhne der Cestnei"). Die wichtigen Bestandteile der *formula onomastica* – Gentiliz, Patronymikon und Metronymikon – stehen im emphat. Gen.

Es soll ausgedrückt werden (Gen. dedic.): „ d e s Aule und d e s Larth Precu, d e r L a r t h – S ö h n e , d e r S ö h n e der Vestnei". Deshalb steht für einfaches *precuϑuras, larϑialisla* und *clenaras* jedesmal die emphatische Form des Gen. plur.

Schon PALLOTTINO hat Elem. 44 u. SE VII, 1933, 223 darauf aufmerksam gemacht, daß das für viele so unerklärliche *larϑialisvle* trotz Trombetti (LE § 290) nichts anderes ist als *larϑialisle* mit *u*-Anaptyxe vor dem *-l* (vgl. *fufluns-u-l*); unbekannt blieb ihm damals nur *-le* als emph. Form von *la.*

Zu TLE 619 *precuϑuras'i larϑialisvle* vgl. Lemnos-Stele B (NR 1044) *holaiezi φokasiale* „Des Holaie, des Phokas-Sohnes". In A (NR 1043) steht der einfache Genitiv *holaiez* (Lemn. *-z* ist etr. *-s'*).

---

37 Die Frage, warum das Metronymikon und die Genitivendung *-s'i* (bei dem als solchen wohl sinnlosen Obliquusstamm ohne Suffix) nicht nachgetragen wurde, können wir nicht beantworten; es war aber der Platz dafür freigelassen worden.

38 Vgl. TROMBETTI, LE § 290: „La forma la più curiosa e *larϑialisvle* con quel *-v-*, che al Cortsen sembra un semplice anaptyxi: „Hier ist *larϑialisvle* gewiß = *larϑialisla* . . mit *-v(u)* Anaptyxe wie nicht ungewöhnlich" Tit. 71. Non credo che la cosa sia così semplice, ne mi saprei spiegare l'inutile anaptyxi . .

39 Zum Asyndeton s. § 151,a.

40 S. § 101.

In TLE 473 (Bilinguis) [a] *C. Vensius. C. f. Caius* [b] *vel : venzile : alfnalisle* ist *alfnalisle* weder der einfache noch der emph. Genitiv *-sla* (pronominal); es ist auch nicht, wie DEECKE meinte, ein Dativ, sondern ein Fehler des Schreibers, u. zw. Nachklingen des *-le* von *venzile.* Es kann nur *alfnalisa* „Alfnei-Sohn" heißen.

TLE 278 (protokor. Aryballos mit rechtsl. Inschrift) *mi araϑiale ziχuχe* ist problematisch; einen Sinn ergibt nur die Teilung der Inschrift: a) *mi araϑiale* (emph. Gen.) „ich (bin) des Ara(n)th"; b) *ziχuχe* „er schrieb (mich)".

Ein Neufund (SE XXX, 1962, 296; Monte Abatone, Amphora aus der 1.Hälfte des 6.Jhs. belehrt uns, daß im Altetruskischen das Suffix des emphat. *l*-Genitivs *-la* war:

mi aranϑ ramuϑasi vestiricinala muluvanice

„Mich schenkte Ar(a)nth der Ram(u)tha Vest(i)ricinai"

Hier finden wir den emph. *s*-Genitiv, der in TLE 769 (korinth. Alabastron) *mi licineśi mulu hirsunaieśi* „Ich bin das Geschenk des Licine Hirsunaie" ein Gen. poss. ist, als Gen. dedic. bei *muluvanice;* durch den glücklichen Umstand, daß das mit der Amphora beschenkte Mädchen den Vornamen Ramtha (Gen. *ramϑas*) hatte, finden wir in dieser Inschrift sowohl den emphat. *s*-Genitiv als auch den emph. *l*-Genitiv.

Überdies sichert die Inschrift die genitivische Funktion von *-si* bzw. *-la,* da in der *muluvanice* - Formel der Empfänger i m m e r im Gen. steht. Dies anerkennt auch PALLOTTINO a.a.O. 304 („ . . . essa contiene il primo esempio completo ed indiscutibile di una formula onomastica femminile al genitivo"). Nicht ganz richtig ist aber, daß damit „risulta finalmente chiarita la formazione genitivale arcaica dei gentilizi femminili in *-na,* mediante la desinenza *-la*"; die weibl. GN auf *-nai* (nicht *-na!*) bilden den arch. Genitiv auf *-naia,* und *-l* (emphat. Form *-la*) ist bereits die später allgemein gebräuchliche Genitivendung der Gentilnamen auf *-nai/-nei,* weibl.*-ni* und der männlichen Namen auf Dental oder Sibilant.

Durch diese neue Inschrift wird auch eine schon lange bekannte (TLE 17) klar: *taruśula mi* „des Taruś bin ich" (*taruśula* = emph. Gen. von **taruś*, Gen. **taruśul*).

In TLE 34 (Veji) *mini muluvanice mamarce apunie venala* ist das letzte Wort problematisch. VETTER (Gl. 24, 116) sah darin eine besonders alte Genitivform, und zwar des väterlichen Vornamens. Ähnlich schon CORTSEN (Gl. 23, 148). SLOTTY (Beitr. I 189) verweist zu Recht auf das Merkwürdige einer genealogischen Angabe in einer Dedikationsinschrift. Die Lösung liegt wahrscheinlich darin, daß *venala* nicht der schon im 6.Jh. bezeugten Form *venel(us)* entspricht, sondern emphat. Gen. eines weibl. GN **venai* (m. **vena,* vgl. das CN *venu*) ist. Wir hätten dann ein Formular, das dem obigen sehr ähnlich ist: „Mich stiftete Mamarce Apunie der Venai", wobei das angenommene w. Gentiliz vielleicht ein Epitheton der Gottheit (**venai* < **veianai* „die von Veji") ist (die Inschrift stammt aus dem Tempel vom Portonaccio in Veji!).

VETTER hat Gl. 28, 1939/40 darauf hingewiesen, daß der emphatische Gen. (pro dativo) besonders häufig in archaischen Inschriften vorkommt; der Besitzergenitiv ist in der Regel n i c h t emphatisch.

Offen ist noch die Frage, ob *-le* (wie oben fragend angenommen wurde) eine jüngere Form des Suffixes *-la* ist, oder ob doch ein semantischer Unterschied besteht. Diese Möglichkeit scheint nicht ausgeschlossen zu sein, wenn man TLE 619 einer näheren Untersuchung unterzieht:

In *aules*[1] *larϑial*[2] *precuϑurasi*[3] *larϑialisvle*[4] *cestnal*[5] *clenarasi*[6] ist

1 = PN *aule* im Gen.; 2 = PN *larϑ* im Gen.; 3 = Plur. des GN *precu* im Gen.; 4 = Patronymikon in der Form des Possessiv-Adjektivs, funktionell im Gen.; 5 = GN der Mutter im Gen.; 6 = Gen. plur. emphat. von *clan.*

a) Reduktion der Namenformel in den Nominativ:

aule larϑ precuϑur . . . . . cestnal clenar; hier erhebt sich die Frage, wie lautet der Nom. plur. des Possessiv-Adj., das sich hier ja auf z w e i Personen, *aule* und *larϑ*, bezieht!

b) Reduktion der Formel im Nominativ für je einen der beiden Brüder:
aule (oder *larϑ*) *precu larϑialisa cestnal clan* (eindeutig und sicher!)
= „Aule (oder Larth) Precu, der des Larth, der Cestnei Sohn"

c) Diese Formel, in den Genitiv versetzt:
aules' (oder *larϑial*) *precus' larϑialisla cestnal clens'i* (eindeutig und sicher!)

Da sich nun aber in der Formel mit dem Asyndeton der Namen der beiden Brüder das Patronymikon in der Form des Possessiv-Adjektivs auf z w e i Personen bezieht (etwa „ d i e des Larth" oder „des Larth d i e seinigen"), finden wir statt

Possess.-Adj. im Gen. S i n g . *larϑial-i-sla* jetzt für
Possess.-Adj. im Gen. P l u r . *larϑial-i-s(v)le.*

Dies scheint zu ergeben, daß *-le* die Form des Suffixes für den Gen. P l u r . ist (wobei wieder offen bleibt, ob das *-v-* vor dem Suffix nur Anaptyxe ist, oder ob es zum Plural des Suffixes gehört).

Da aber in TLE 84 *larϑiale hulχniesi* die Form *larϑiale* eindeutig ein Gen. S i n g . ist, ist die ganze Frage vorläufig unlösbar, solange wir nicht mehr als den Beleg aus TLE 619 besitzen.

Die Form *vestiricinala* ist der erste a r c h a i s c h e Beleg für *-l*-haltige Obliquusformen; damit stellt sich die Frage nach dem Verhältnis der „älteren" Genitivform auf *-aia* zum Gen. auf *-al(a)* (PALLOTTINO, SE XXX, 1962, 304). Ist *-aia* vielleicht nur ein l o k a l verändertes *-ala?* Zur Lösung dieser Frage müßte die Verbreitung der Belege mit *-aia* einer genauen Untersuchung unterzogen werden.

Eine genaue Entsprechung zu SE XXX, 1962, 296 *ramuϑasi vestiricinala* bietet der Anfang der Inschrift auf der Schmalseite (B) der etruscoiden Stele von Lemnos*)

holaies'i : φokiasiale ⁝
„(Stele o.ä.) des Holaie Phokias"

Auf die Parallele (mit Inversion der beiden Glieder) in TLE 84 *larϑiale hulχniesi* hat schon PALLOTTINO (Die Etrusker, 1963, S. 57) aufmerksam gemacht.

Im übrigen zeigt der lemn. Gen. *φokiasiale* (wie *vanalas'ial* in der letzten Zeile der Seite A der Stele), daß auch im Lemnischen der Gen. von s-Stämmen mit *-(ia)l* gebildet wird, vgl. etr. *laris* - *larisal,* und zu *-ial* etr. *larϑ* - *larϑial.*

*) Das Alphabet von Lemnos gebraucht bekanntlich *o* an Stelle von *u;* das Zeichen Ƶ bzw. Ր ist *s'* (HAMMARSTRÖM, Zum lemnisch-phrygischen Alphabet. Comment. Heinkel, Helsingfors 1926, 83–89).

c) Auf dem CIP findet sich ein Beispiel von *-s'i* für *-la:*

TLE 570 A 8f.:	Ebda. 10f.:
epl tularu	*epl-c felic*
aules'i velϑinas'	*larϑals' afunes'*
arznal clens'i	(. . . . . .) *clen(s'i)*
„Bis zu den Grenzsteinen	„und bis zum *felic*
des Aule Velthina,	des Larth Afuna,
des Sohnes der Arznei"	des Sohnes (der . . . . . .)"

Nach der Parallele der beiden Angaben wäre in der zweiten *larϑale afunes'* (. . . . . .) *clen(s'i)* zu erwarten. Das reguläre *larϑale* wurde wohl aus euphonischen Gründen (Vermeiden des Hiatus *-e/a-*) durch den emphat. *s*-Genitiv ersetzt; vgl. die Rücksicht auf Euphonie beim *l*-Gen. männlicher und beim *s*-Gen. weiblicher Namen (§ 50, b; 53, c). Es ist ganz ausgeschlossen, *larϑals'* hier als Satzgenitiv (§ 102; 213 bis, 2.4) aufzufassen, da syntaktisch ein einfacher, von *felic* abhängiger possessiver Genitiv vorliegt.

Völlig verfehlt ist die Auffassung von ROSENBERG, Gl. 4, 1931, 77, nach der hier *-s'* von *larϑals'* die Konjunktion „und" sein soll.

Nach RIX, Gedenkschr. W. Brandenstein (1968) 217, sollen die Suffixe *-si* und *-le* in den Formeln *zilci* [*vel*]*usi h*[*ul*]χ[*(u)n(i)*] *iesi* (TLE 90) und *larϑiale:hulχniesi* (TLE 84) aus Genitiv + Dativ-Lokativ zusammengesetzt sein: „*hulχniesi, marcesi* und *caliaϑesi* zeigen wieder das *-s-* des Genitivs und das *-i-* des Dativ-Lokativs; gut bekannt ist auch *-(i)al* als Kennzeichen des Genitivs von *larϑ*. Aus der Funktionsgleichheit von *-si* und *-iale* in diesem Text und aus der allgemein bekannten von *-s* und *-ial* ergibt sich hier auch die von *-i* und *-e,* das damit als die nach dem *-l*-Genitiv auftretende Variante des Dativ-Lokativzeichens *-i* gelten kann.“ – Abgesehen von dem Indogermanismus eines Dativs bzw. Lokativs auf *-i* oder *-e,* scheint es abwegig anzunehmen, daß ein eindeutiges Kasussuffix aus Gen.+Dat.-Lok. zusammengesetzt sei, auch im Falle der Datierung vom Typus *zilci velusi hulχniesi* (TLE 90.91) „in der Prätur des L.H.“, wo es sich nach OLZSCHA, Glotta 43 (1965), 339 um mit dem Lokativ der Amtsbezeichnung kongruierende „Personennamen-Lokative“ handeln soll, ähnlich lat. *M.Messala M.Pisone consulibus.*

Die Dedikationsinschrift *mi aranϑ ramuϑasi vestiricinala muluvanice* (s.o.) mit der genitivisch-dativischen Kasuskongruenz von *ramuϑasi vestiricinala* schließt jeden Rückgriff auf einen Lokativ aus. Schon TLE 91 *zilci vel*[*u*]*s hulχniesi* mit der bei PN und GN unbedingt nötigen Kasuskongruenz hätte zu denken geben müssen. RIX selber nennt a.a.O. 216 diesen Befund „mißlich“ und gibt zu, daß man sich schlecht auf Gruppenflexion berufen kann. In der angezogenen Inschrift kann trotz der Beschädigung an der reinen Genitivform *velus* kein Zweifel sein. An eine Kasuskongruenz vom Typ Gen. – Gen. + Lok. sollte im Ernst nicht einmal gedacht werden. Als ein Positivum muß aber gewertet werden, daß auch RIX die Funktionsgleichheit von *-si* und *-le* (bzw. *-la* in der arch. Inschrift) festgestellt hat.

§ 64. Paradigmen der Deklination

a) *spura* „Stadt“, *velϑa* „Erde“ / *meϑlum* „Gau“, *hil* „?“

	Sing.	Plur.	Sing.	Plur.
Nom.- Akk.	**spura*	**spurer*	*meϑlum*	*meϑlumer, hilar*
Gen.	*spureś-* *spural*	*(ϑunχerś)*	*meϑlumeś*	**meϑlumerś*
Mod.	*velϑe*		**meϑlume*	*hilare*
def. Akk.	*spureni*	*spureri*	**meϑlumi*	*meϑlumeri*
Lok.	*spureϑi*		*meϑlumϑ(i)*	*(tusurϑi)*
Abl.	*(hinϑϑin)*		**meϑlumϑin*	
Adl.	*velϑre*		*?*	

b) *ϑesan* „*aurora,* Morgen; Aurora“ (AM)

Nom.- Akk.	*ϑesan*	„Aurora; Morgen“	V 19; XI 14
arch. Gen.	*ϑes(a)nin*	„der Aurora“	V 16
gew. Gen.	*ϑes(a)ns*	„des Morgens“	XI 11
Mod.	*ϑesane*	„für Aurora“ („am Morgen“?)	V 21
def. Akk.	**ϑesani*	„die Aurora“ („den Morgen“?)	–

c) *tin(ś)* „Tin (Juppiter); Tag“ *usil/uslan* „Sol“; „Mittag“

Nom.- Akk.	*tinś* *tin*	„Tins“, „Tag“	(TLE 719)
arch. Gen.	tinśin	„des Tin;“	AM VI 14
gew. Gen.	*tinś*	„des Tages“	V 19; TLE 719 e
	usils	„des Sol, des Mittags“	
Mod.	*uslane*	„dem Sol“; „am Mittag?“	V 21
def. Akk.	*tinśi*	„den Tin“	III 21 u. passim
	usli (<*usil-ni*)	„den Sol“; „den Mittag?“	VII 23

d) *caϑ* „Caϑ, Sonne(ngott)“

Nom.- Akk.	*caϑ* / *cauϑa*	„Cath, Sonne“	TLE 719 a
arch. Gen.	*caϑin*	„des Cath“	AM X 18
gew. Gen.	*caϑ(a)s, cauϑas*	„des Cath, der Sonne“	TLE 190. 131, 4, 5. 359 a
Mod.	**caϑe*		
def. Akk.	**caϑi*		
Adl.	*caϑra* / *caϑre*	„zu Cath, zur Sonne“	AM XII 4. 8

ADJEKTIVUM

§ 65.

Nach Morphologie und Funktion sind die Adjektiva in drei Gruppen einzuteilen:

a) Adjektiva der Beschaffenheit (Qualitätsadj., Adj. I)
b) Adjektiva der Zugehörigkeit (Pertinenzadj., Adj. II)
c) Adjektiva der Fülle (Kollektivadj., Adj. III)

§ 66.

Das Adj. I wird von Substantiven und anderen Wortarten gebildet und drückt eine innere Eigenschaft, eine Qualität aus. Es ist im überlieferten Material verhältnismäßig selten. Zur Bildung dienen verschiedene Suffixe, besonders

-u, -iu: aisiu „göttlich“ < *ais* „Gott“
hinϑ(i)u „inferus“ < *hinϑ* „unten“[41]
eterau „peregrinus“ < *etera* „Fremder“ (<umbr. *etr-* „alter“, als Subst. aufgefaßt)[42]
śarśnau „decuria“ (s. § 108) < **śarśna* „zehnte“

41 Schon PAULI erkannte *hinϑiu* als Adj. (vgl. SE III, 1929, 30f. und PALLOTTINO, Elem. 32, § 41).

42 Vgl. CORTSEN, Beamtentitel 80f.; in Perugia wird *eterau* in der monophthongierten Form *etru* zum GN einer ehedem fremden Familie.

Morphologisch engverwandt mit diesen Adj. auf *-u* sind die Verbalnomina auf *-u*, s. § 134, und die Verba factitiva und essiva, s. § 145, a, 2; b, 2.

-c/-χ: *santic* „rein, ungemischt" (VETTER)
zamϑic „golden" < *zamaϑi* „Gold"
neϑśrac „haruspicinus" < *neϑśra*(?) „Haruspizin"
aϑumic „erhaben, edel"(?) < **aϑumi-* (AM XI 7. γ 2; TLE 570 B 12/13)

Ein Adj. I dürfte auch *ril* „alt" (bei Altersangaben) sein.
Zu *zamϑic* als Adj. auf *-c* s. OLZSCHA, Interpr. 134, Anm. 4

§ 67.

Das Adj. II wird mit dem Suffix *-na* gebildet und bedeutet die Zugehörigkeit zu dem im Stamm ausgedrückten Namen oder Appellativ:

aisna / eisna „göttlich", Subst. „Gottesdienst, Opfer" < *ais/eis* „Gott"
lauχumna „lukumonisch" < **lauχumu* „Lucumo"
paχana „Bacchus-, B.- Tempel" < *paχa* „Bacchus"
spurana „städtisch" < *spura* „Stadt"
suϑina „zum Grab gehörig", Subst. „Grabbeigabe" < *suϑi* „Grab, Bestattung"

§ 68.

Zum Adj. II gehören auch die zahlreichen GN auf *-na, -ne* und *-ni;* da *-ne* und *-ni* nur in Namen von Personen oder Personen bezeichnenden Appellativen vorkommen, sind diese Suffixformen als Modifikationen von *-na* für die Personenklasse aufzufassen. Vgl. RIX, Cognomen 296.

§ 69.

Die GN auf *-na / -ne / -ni* sind von EN, Ortsnamen und Appellativen abgeleitete Adjektiva.

velϑurna < EN *velϑur*
velχana < EN *velχe*
vipina < EN *vipi*
capevane < **capeva* „Capua"
veiane < **veia* „Veji"
herine/i < EN *herin(s)* (osk.)
papni < *papa* „Großvater"
petruni < EN *petru* (umbr.)

Standes- und Amtsbezeichnungen:

lautni „familiaris, libertus" < *laut* „Familie"
purϑne (*eprϑne/i*) „dictatoris" < *purϑ* „Diktator"

Das Verhältnis der Adj. auf *-na* zu ihren Stämmen hat ROSENBERG, Gl. 4, 1913, 56 so ausgedrückt: „Die auf *-na* gebildeten Worte – wir wollen sie provisorisch Nomina nennen – verhalten sich zu den Stämmen wie die Gentil-zu den Individualnamen (*cneve – cnevna, marce – marcna, ais – aisna*)." Vgl. auch VETTER, Etr. Wortd., Gl. 13, 1924, 141

Zur Entwicklung der männl. GN auf *-ni* aus dem Typus auf *-na* zwischen 400 und 250 v. Chr. s. RIX, Stud. Onomast. Monac. IV (VI. Internat. Kongr. f. Namenforschung, München, 24.-28. Aug. 1958), Bd. III, 622ff., bes. 624f.

§ 70.

Ein Beweis für die Identität von *-na, -ne, -ni* ist

a) das Vorkommen der verschiedenen Formen innerhalb derselben Familie, vgl. aus dem Grab der H e r i n i in Chiusi:

CIE 2273	(Tonurne)	*arnϑ : heirina : re[mz]nal*	(anderes Grab)
2274	(Tonurne)	*larϑ : herine : larϑal*	(vgl. auch 2286–88)
2275	(Ziegel)	*cae.herini.v(e)l(uś)*	(vgl. auch 2276.2290)

(Zum GN *herin-* s. RIX, Cognomen 288f. m. Anm. 19)

b) der Umstand, daß wie bei den GN auf *-na* auch bei jenen auf *-ne / -ni* die weibliche Form mit *-nei,* Gen. *-nal,* gebildet wird: Bei den Inschriften der Familie P u r n i zu Chiusi findet sich *purni* (männl. GN) mit 25 Belegen,
purnei (weibl. GN) mit 11 Belegen,
purnal (Gen. des weibl. GN) mit 9 Belegen[43]

Zum Übergang von *-na* > *-ni* > *-i* vgl. (Familie Vipi-Varna in Perugia):
CIE 4110 *l(a)χ(e) vipi varna*
4020 *ϑana.velti.larϑial.vipiś.varniś*
4017 *la(rϑ).vipi.vari*

Das Schwanken zwischen *-na/-nei* und *-ni* zeigt sich häufig auch in den Inschriften von Perugia, z.B.

1. NR 440 (Mutter) — *ϑana . arznei : paniaϑẹ/ś* (verbesserte Lesung)
439 (Tochter, selbes Grab) — *larϑi paniaϑi : arznial . śec*

Vgl. *arznal* CIE 3858.3908.4538 A 9 < *arznei,*
arzneal 3754 = *arznial* (z.B. NScav. 1927, 282,1) < *arzni*

2. NR 445 *larϑi carni*

Vgl. *carnaś* CIE 4229.4238, und *carnal* (< *carnei*) 3815f. 3817(?)

3. CIE 3484 *suϑrinial* (< *suϑrini*)

Vgl. *suϑrina* 3485.4467 und *suϑrinei* 3486

§ 71.

Das Gentiliz auf *-ni* steht unter Umständen für Mask. und Fem., ohne m. *-ni* in w. *-nei* zu verändern:

CIE 3346 *la(r)ϑi aχuni* (rechtsl. Schrift!)
3354 *ϑana.petruni./la(rϑal) veaneś puia*

---

43 RIX, Lautwandel 38. Zur ganzen Frage überhaupt jetzt RIX, Cognomen 286ff.

Solche Inschriften scheinen durchweg sehr spät zu sein; sie stammen meist aus Perugia; (vgl. RIX, Cognomen 291).

§ 72.

Die Adj. III werden mit dem Suffix *-cva* gebildet. Es sind in der Regel Ableitungen von Appellativen. Das Suffix entspricht im Bedeutungsinhalt dem lat. *-osus* (*umbrosus, aquosus, periculosus*): *maϑ-cva* „voll Rauschtrank" < *maϑ* „Rauschtrank"; *śren-cve* (AM, Modalis von **śrencva*) „voll Schmuck, geschmückt, verziert" < *śren* „Schmuck, Zier"; *avilχva* „annosus, perennis" < *avil* Jahr(e).

Der Genitiv der Adjektiva auf *-cva/- χva* wird mit *-l* gebildet, wie LP III 6f. *tmial avilχval* (der Nom. *tmia* in LP I, 1) und *cilϑcva* (AM VII 18) – *cilϑcval* (ebda. 8) zeigen; Lok. ist *cilϑcveti* (ebda. 14).

§ 73.

Das für Aspirierung so anfällige etr. *c* und das *v*, das *u̯* ist, führen in bestimmten Verbindungen Veränderungen des Suffixes herbei, die sich in einem System erfassen lassen:

-cva nach auslautendem			
l, m, n, r	*ϑ*	*z, ś, s; e, i, u*	*a*
wird zu *-χva:* *sul-χva* *fulum-χva* *śren-χve* (M.) *fler-χva*	bleibt *-cva:* *maϑ-cva* *cilϑ-cva* *ϑluϑ-cva*	wird zu *-ua/-va:* *eϑauś-va** *ϑeusn(u)- va*** *renχz-ua* *murz-ua* *zuϑe-va* *eprϑn̥e-va* *cluti-va* *nacnu-va* *śar(u)-ve-*** *zelar(u)-ve-* *cis(u)-va*	wird zu *-ia.* *rasna-ia* *etera-ia* *nacnva-ia*

* Irregulär *culś-cva* AM VIII 2

** Scheinbar irreguläres *-va* wie in *nacnva, cisva, etve, śarve-, zelarve-* ist, wie *nacnuva : nacnva* zeigt, durch Ausfall von *u* vor *v* entstanden.

§ 74.

Die Adj. III gewinnen eine besondere Bedeutung dadurch, daß sie Plurale von Substantiven bilden („Sinn-Plurale" vgl. deutsch „Busch - Gebüsch"), wenn die normale Bildung mit dem Suffix *-r* aus irgendeinem Grund nicht angängig ist. Dies ist z.B. bei *fler* „(blutiges) Opfer, Opfertier" der Fall. Hier wäre der reguläre Plural **flerer*, was aber auch Plur. von *flere* „Opferbild, Namen, Statue" (eigentlich „das Beopferte") ist. Daher gebraucht AM für „Götterbilder, Numina, Statuen" den *r*-Plural *flerer(i)*, für eine Mehrzahl von Opfern aber das Adj. III *flerχva* in der kollektiven Funktion als Sinn-Plural.

Aus phonetischen Gründen ist dies auch bei *murś* „Urne" der Fall: *murzua* für **murśr*. Auch Lehnwörter bilden diesen Sinnplural (*etera* - *eteraia*), ebenso Namen (*culś* - *culścva*) und Appellativa auf *-ϑ* (*cilϑcva, ϑluϑcva*).

Diesen p l u r a l i s c h e n Sinn der Formen auf *-cva* (daher unsere Bezeichnung „Sinn-Plural") hat schon CORTSEN, einer Idee TORPS folgend, beobachtet, dann aber nicht weiter verfolgt[44]. Was PALLOTTINO[45] als „Plurale auf *a*, Typus *u-a, u-e* und *i-a*" bezeichnete, sind die Adj. III mit den oben dargestellten lautlichen Veränderungen.

Interessant als d o p p e l t e s Adj. III ist *nacnvaiasi* in TLE 84, das PALLOTTINO, Elem. 69, vollkommen richtig übersetzte: . . . *munsle nacnvaiasi ϑamce* . . „il posto ai (per i) cari ha costruito". Die Analyse von *nacnvaiasi* ist:

nacnu	(Verbalnomen) „lieb(end) sein"
nacn(u)-va	Adj. III „liebevoll" (obj.); „geliebt" (subj.)
nacnva-ia	Adj. III plur. vom Adj. III „die Geliebten"
nacnvaia-si	emph. Gen. des substantivierten Adj. III/III „für die Geliebten"

S. aber die – das Semantische betreffende – geänderte Auffassung von *munsle nacnvaiasi* in *Stud. u. Mat. zur Interpret. d. Bleistreifens v. S. Marinella*, ÖAdW, phil.-hist. Kl., Denkschr. Bd. 99, 1968.

§ 75. K o m p l e x - A d j e k t i v a

Es gibt im Etr. Verbindungen der verschiedenen Adjektivtypen; ihre Kenntnis ist für die Interpretation der Texte von großer Bedeutung.

a) Das Adj. II wird durch Anfügung von *-u* zum Adj. I:

śarśna-u = *śar(i)ś-na*, Ordnungszahlwort (s. § 108)
„der zehnte" + *-u* = „was wie zum zehnten gehörig ist" (AM X 16) = „Dekade" (VETTER, Wortd. I 30)

eprϑne-u = *eprϑne* „zum Diktator gehörig" + *-u* = „seiend, was zum Diktator gehört" = (wahrsch.) „*dictatorius*" (TLE 171)

eisne-u = *eisne* (< *aisna*) „was zum Gott gehört" (*res, persona, actio, localitas divina*) + *-u* = „*sacerdotalis, pontificius*"

TLE 195 (Tuscana) . . . . . *ṣ arnϑ larisal clan ϑanχvilusc peślialχ* . . . . . / *eisnev-c eprϑnev-c macstrev-c ten* [*u* „ . . . . . ṣ Arnth, des Laris Sohn und der Thanchvil Peśli, ... *sacerdotalis, dictatorius, magistralis functus*".

b) Das Adj. III wird durch Anfügung von *-u* zum Adj. I, wobei der Stamm (das Adj. III) als Plural gilt:

---

44 Gloss. 104; Gl. 23, 1935, 155; *flerχva* = Plur. von *fler*, Zur etr. Sprachk. 59; V e r f., Studien 75ff.

45 SE V, 1931, 258ff.; völlig verfehlt ist die Annahme TROMBETTIS (SE IV, 1930, 200, zu LE p. 26 u. 206), *unacχa* <possa essere il plurale in *-a* die un presunto **unac*, col significato di „loro".> Die Form existiert nicht; TLE 570 B 18f. ist *una.cla* zu lesen (V e r f., SE XXX, 1962, 355).

purtśva-u = *purtśva* „die Diktatoren“ *-u* = „seiend, was Diktatoren sind“ = (wahrscheinlich) „*dictator designatus*“

Ein Bedeutungsunterschied zwischen *purtśvau* und *purtśvana* (s. u.) muß bestehen; beide Formen finden sich im Material von Vulci. Da sich *purtśvana* im *cursus hon.* eines Zweiundachtzigjährigen findet, der achtmal *zilaϑ* (Prätor) gewesen ist (TLE 324), kann man annehmen, daß *purtśvana ϑunz* in seinem Cursus „*ex dictatoribus semel*“ bezeichnet[46]; wir hätten hier den Beweis für die Kollegialität des Oberamtes in Vulci.

Dagegen stammt *purtśvau* aus TLE 325 mit dem *cursus hon.* eines jungen Mannes, der als Fünfundzwanzigjähriger starb. Es ist allem Anschein nach der Sohn des alten Beamten Tute Larth von TLE 325: *tutes śeϑre larϑal clan pumplialχ vel(i)as zilaχnuc̣eχ / zilcti purtśvav⟨c⟩ti*[47] *lupu avils maχs zaϑrums* „Tute(s) Sethre, des Larth Sohn und der Pumpli Velia, und war Prätor, im Prätorenamt und im *purtśvau* verschieden im Alter von 26 Jahren.“

Es ist weder anzunehmen, daß der junge Mann – obwohl aus einer angesehenen Beamtenfamilie – schon Diktator war (was sein Vater erst nach achtmaliger Prätur erreichte), noch daß er ein „*allectus inter dictatorios*“ war. Eher wird man nach dem morphologischen Bild sagen, daß er zum Diktator designiert war, jedoch starb, bevor er das zur Amtsübernahme nötige Alter erreicht hatte[48].

c) Das Adj. II wird durch Anfügung von *-(c)va* zum Adj. III:

eprϑieva TLE 171 ist wohl *eprϑ̣neva* (𐌀𐌅𐌄𐌍𐌈𐌓𐌐𐌄) schon LATTES (Append. Ind. Less. 55, 412) erkannte die Notwendigkeit, die Lesung *eprϑieva* in *eprϑneva* zu verbessern, ebenso CORTSEN (Beamtentit. 125). Die Suffixkombination besagt eine Mehrzahl derer, die zum Amt gehören, also wohl einen *suffectus:*

TLE 171 (Tarquinii) *avl[e al]eϑnas* [*a*]*rnϑal cla*[*n*] *ϑanχvilus ruvfialc zilaχ*[*nu(ce)*] / *spureϑi apasi svalas marunuχva cepen tenu eprϑnevc eslz te*[*nu*] / *eprϑ̣neva eslz*

„Aule Alethnas, Sohn des Arnth und der Thanchvil Ruvfi, war Prätor in der Stadt seines Ahnen lebend. Als Vorsteher der Marones[49] tätig[50], war zweimal Diktator gewesen, zweimal Diktator *suffectus*“

eprϑ̣neva ist, wie dieser *cursus* zeigt, kaum „*dictator designatus*“, da eine Angabe „*dict.design.* b i s“ sinnlos ist. Der als römisch bekannte Brauch der *suffecti* kann hingegen sehr wohl seinen Ursprung in Etrurien haben.

d) Das als Plural fungierende Adj. III wird durch Anfügung von *-na* zum Adj. II:

purtśva-na „was zu den Diktatoren gehört“ = „*dictatorius*“;

vgl. die röm. *aedilicii, praetorii, senatorii, consulares.*

---

46 Noch in der Kaiserzeit hatte Caere einen *dictator* als obersten Beamten, einen *aedilis iure dicundo* und einen *aedilis annonae,* einen *quaestor* und einen *censor perpetuus,* von denen der *dictator* und der *aed.i.d.* e p o n y m waren (CIL XI 3614); aus CIL XI 3615 mit aufsteigendem *cursus.hon.* geht hervor, daß die Diktatur das höchste Amt war.

47 *purtśvavcti* fehlerhaft für *purtśvav-ti* (Nachklang von *zilcti!*) oder *purtśvav-ti-c.*

48 Vgl. die mit 15 Jahren zu Konsuln designierten Augustusenkel Gaius und Lucius.

49 *marunuχva* = Sinn-Plur. von *marunu* „Maro (seiend)“.

50 *tenu* „eingesetzt“ entspr. etwas lat. *creatus* oder *functus.*

sarve-na „was zu den Zehn gehört" (*śar-u* „zehn seiend",
Sinnplur. *sar(u)-ve* + *-na*) = „Decemvir"?
zelarve-na „was zu den *zelar(u)ve* gehört" = „XIIvir"?

§ 76.

Wenn unsere auf Morphologie und Epigraphik basierende Analyse richtig ist, dann haben wir ein wertvolles Mittel für die Interpretation der Magistratsinschriften gewonnen.

Bei der Auswertung der Texte erhebt sich immer wieder die Frage nach der konkreten Bedeutung der verschiedenen Weiterbildungen von *purϑ* (*purϑne, eprϑne/i, eprϑneu, eprϑṇeva, purtśvau, purtśvana*)[51]. Jede dieser Formen hat einen ganz speziellen Sinn, weil es eine so weitgehende „Oszillation der Suffixe" nicht gibt. Abgesehen vom rein Sprachlichen, scheint dies auch in einer staatsrechtlichen Terminologie ganz unmöglich zu sein[52].

Wir sehen also folgende Differenzierung:

purϑ:			„Diktator" oberster Magistrat[53], in Tarquinii, Caere und Chiusi/Sarteano
purϑ-ne	(Adj. II)	=	„*dictatorius*" in Chiusi
eprϑ-ne	(Adj. II)	=	„*dictatorius*" in Volsinii/Sette Camini, vielleicht zu Chiusi gehörig (PALLOTTINO, SE XXIV, 1955–56, 62f.)
eprϑ-ni	(Adj. II)	=	„*dictatorius*" in Chiusi
eprϑ-ne-u	(Adj. II/I)	=	„*gewesener Diktator*" in Tarqu./Musarna/Tuscana
eprϑ-ṇe-va	(Adj. II/III)	=	„*dictator suffectus*" in Tarqu./Musarna
purtś-va-u	(Adj. III/I)	=	„*dictator designatus*" in Vulci
purtś-va-na	(Adj. III/II)	=	„*ex dictatoribus*" (d.h. einer von den beiden D.) in Vulci

Die Begriffe „gewesener", „designierter", „*suffectus*", welche die Amtsträger spezifizieren, werden durch Komplexadjektiva vom Typus II/I, II/III, III/I ausgedrückt, die Kollegialität im (Ober-) Amt durch ein Komplexadjektiv vom Typus III/II.

§ 77.

a) Die Adjektiva sind in der Regel indeklinabel, wenn sie a t t r i b u t i v gebraucht werden; sind sie aber feste Ephitheton oder substantivisch gebraucht, dann deklinieren sie mit dem Substantiv bzw. wie dieses:

---

[51] Zur etr. Magistratur s. PALLOTTINO, SE XXIV, 1955–56, 45ff. (mit Angabe der älteren Lit.). – LAMBRECHTS, Essai sur les magistratures des républiques étr., Etud. de phil., d'arch. et d'hist. anc., publ. per l'Instit. Hist. Belge a Rome, 1959. – S. auch die Besprechung dieser Arbeit durch PALLOTTINO, SE XXVIII, 1960, 541ff.

[52] Vgl. PALLOTTINO, a.a.O. 54: „Tanta fluidità nella terminazione delle parole è un fatto davvero esasperante per la nostra logica linguistica, anche se in qualche caso – ma solo in qualche caso – può trattarsi di derivazioni aggettivali dal titolo e se i „suffissi indifferenti" sembrano ridursi nella fattispecie principalmente a due: *-n* (variamente vocalizzati) e *-c(χ)* [sc. in der Reihe *zilaϑ/zilaχ, zilc/χ, zili, zil*], e alle loro sovraposizioni" – tatsächlich sind alle *purϑ-* Ableitungen Adjektiva, und die „sovraposizioni" sind keine Oszillation, sondern bestimmte und bestimmbare Bedeutungsänderungen. S. jetzt *φurϑce* „er war P(h)urth" in einer Inschrift von Caere (M. CRISTOFANI, Un *cursus honorum* di Cerveteri. SE XXXV, 1967, 609–618).

[53] PALLOTTINO, Nuovi spunti a.a.O. 64ff.

AM II 12	*aiseraś śeuś*	„der dunklen(?) Aisera"
AM IX γ 2	*lauχumne-ti*	„im Lauchumna"
AM VII 8	*ceuś cilϑcva-l*	„des Ceu *cilϑcva*"
TLE 137, Z.2	*paχana-ti*	„im Bacchustempel"

b) Steht aber ein Adjektiv als Attribut bei einem indeklinablen Substantiv (Fremdwort!), dann wird es an dessen Stelle flektiert: AM passim *cletram śrenχve* „mit der geschmückten Schale" (Modalis).

c) Da die Adj. III und die Komplex-Adjektiva meist substantivisch gebraucht werden, deklinieren sie (s. a. § 72):

tamera zelarvenas „curator XIIvirum(?)"
purtśvav⟨c⟩ti „in der Stellung eines *dictator designatus*"

§ 78. Plural der Adjektiva auf -na (Adj. II)
Die Adj. II bilden mit *-l* einen flektierbaren Plural:

a) *tarχna* (< *tarχu* EN) „was zu Tarchon gehört"; die alte, volle Form **tarχun-na* wird im Lat. genau nachgebildet: *Tarqu(i)n-ius.*

b) TLE 174 (Musarna) *zilaϑ tarχnalϑi amce* „er war Prätor zu Tarquinii" entspricht genau lat. *praetor Tarquiniis,* d. h. das Lat. hat die etr. Bildung genau übersetzt.

c) TLE 336 (Vulci) *fuflunsul paχies velclϑi* „für Fufluns – Pachie (= Βάκχιος) zu Vulci" zeigt die gleiche Bildung.

d) SE XXXIV, 1966, 316 (Bolsena, Töpferinschrift) *vipa : luncane : patna : velsnalϑi* „Vipa (des?) Lucane Patna, zu Volsinii"

Der Name der Stadt Tarquinii, der vom Namen des Heros eponymos abgeleitet ist, kann nicht als „(Stadt) des Tarchna" erklärt werden, ebenso wenig wie Vulci als „(Stadt) des Velχa" oder Volsinii als „(Stadt) des Velzna". In allen diesen Fällen wäre ein w. Gen. *tarχnal, velc(a)l, velznal* völlig sinnlos, und es müßte der m. Gen. *tarχnas, velc(a)s, velznas* stehen[54].

Der Umstand, daß die lat. Namen bestimmter etr. Städte Pluralformen sind, weist darauf hin, daß diese Namen auch im Etr. Plurale waren: *tarχnal, velc(a)l, velznal* mit dem *l*-Plural der Adj. II auf *-na.*

e) Mit dem Plural auf *-l* wird der Unterschied von so ähnlichen Formen wie *rasnal, rasnas* und *rasneas* erklärlich:

1. TLE 233 (Volsinii/Sette Camini) *meχl-um rasneas clevsinsl*[55] *zilaχnṿe*
2. TLE 137 (Tarquinii) *zilaϑ* [*meχl*] *rasnas*[56]
3. TLE 87 (Tarquinii) *meχl rasnal/ . . . . ś purϑ ziiace*
4. TLE 632 (Cortona, Cippus) *tular rasnal*

Zu 1. – Zu lesen ist *zilaχn(u)çe;* „er war Prätor des Bundes der (etr.) Völker zu

---

54 RIBEZZO, RIGI XX, 1936, 197 erklärt *tarχnalϑ* als Lokativ am Genitiv.
55 Die Ergänzung *clevsinsl*( ) in TLE 233 (auf Torp zurückgehend) ist unberechtigt.
56 Die Ergänzung [*meχl*] in TLE 137 ist vielleicht unnötig.

Clusium", d. h. er war der Abgesandte von Clusium bei der Bundesversammlung[57]; *rasnea-s* (< *rasnaia-s*) Gen. des Adj. III.

Zu 2. – „Prätor des (etr.) Volkes (in Tarquinii, also regierender Beamter der Stadt).

Zu 3. – „Die verbündeten (etr.) Völker regierte er als Diktator", d. h. er bekleidete das Führeramt der Bundesversammlung. (*ziiace* ƎƆAII‡ ist wohl *zila(χ)ce* ƎƆA˩I‡ zu lesen).

Zu 4. – *„fines publici"*

§ 79.

TLE 530 (Castiglion del Lago, ager Clusinus) *tular alfil* (Cippus) entspricht formell *tular rasnal* „fines publici". Auch in TLE 530 handelt es sich um einen Terminalcippus, aber – wie *alfil* zeigt – um eine privatrechtliche Begrenzung.

Aus dem Ager Clusin. ist das GN *alfni* bekannt (TLE 556), aus Castelnuove dell 'Abate nördl. von Chiusi stammt eine Inschrift (TLE 448), die das weibl. GN *alfnei* im Gen. (*alfnal*) belegt, ebenso eine von Cortona (TLE 639). Aus Chiusi selbst stammt die Bilinguis TLE 473 a) *C. Vensius.C.f.Caius b) vel: venzile:alfnalisle* (irrtümlich für *alfnalisa*, durch *venzile* beeinflußt), womit *alfnei* < *alfni* belegt ist (s. RIX, Cognomen 297f.).

In Perugia finden wir *alfi* als GN (TLE 581), *alfa* (TLE 584) als CN. Das stark umbrisch durchsetzte Perugia hat das umbr. *alf-* „albus" nicht verändert; im Gebiet von Chiusi aber wird das ital. *alf-* mit dem Suffix *-ni* (< *na*) versehen. Wir fassen daher *alfil* als **alfnil*, und die Agrimensorenformel *tular rasnal* als Modell für *tular alfil* auf: „Alfni-Grenze", *„fines Albii* (Adj.!)". NB den Hinweis von RIX (Cogn. 82, Anm. 166), daß *alfi* in Chiusi fehlt.

śpural in AM V 23 ist G e n i t i v, ebenso in TLE 487.675f. 694.732; dies geht an allen Stellen aus dem Kontext hervor. In Ableitungen wie *śpureś-tr-* wird der funktionell gleichwertige Gen. auf *-s* gebraucht.

§ 80. K o m p a r a t i v u n d S u p e r l a t i v

a) Bis jetzt ist keine Form gefunden worden, die als Komparativ angesprochen werden kann.

b) VETTER[58] erklärt, ausgehend von *ceχase* (TLE 101), die Formen auf *-ase/-aśie* als Komparative; ihm kommt BUFFA nahe, der *eϑrse* (AM passim) als „nobilissimus" auffaßt. VETTER verbindet *-ase/-aśie* mit ide. *-iōs-* und sieht darin ein wichtiges Element für den Nachweis des ide. Charakters des Etruskischen. Zu diesen angeblichen Komparativen zählt er auch *murinaśie* (TLE 359), *lunaśie* (CAP 5) und *pacusnaśie* (CAP 23f.).

Ich habe SE XXIX, 1961, 149 dargelegt, daß *ceχase* als Appellativ zu betrachten ist und *iureperitus* bedeuten dürfte. Die Weiterbildung mit dem Kollegialsuffix *-ϑur* (s. § 166,2) bezeichnet dann das *collegium iureperitorum* oder *iudicum*.

Es gibt zweifellos echt etr. Formen auf *-(a/e/u)se* wie *fanuse, utuśe, ceχase, acnese(-m)*; jedoch machen *murinaśie lunaśie* und *pacusnaśie* n i c h t den Eindruck, rein etruskisch zu sein. Obwohl die Belege dem 6./5. bzw. 5./4.Jh. angehören, kann man nicht sagen, a.etr. *-aśie* werde allgemein n.etr. *-ase*, weil, wie auch SLOTTY, Beitr. I 111 (Anm. 21) bemerkt, der Austausch von *s* und *ś* und dss Auftreten von *ś* in *-aśie* innerhalb des Südetruskischen völlig unerklärlich ist.

---

57 Nach Dionys.v.Hal. war der Name der Etrusker *Rasenna*, das etr. *rasna* wiedergibt. Als Adj.II ist es eine Ableitung von **ras*, das wohl „Volk" bedeutet. Vgl. dazu „deutsch" *diot-isc* „völkisch, zum Volk gehörig" < *diot* „Volk".

58 Wortd. I 12f.; Rend.Ist.Lomb. LXX, 1937, 107f.; Gl. 28, 187.

Betrachten wir aber *luna-* und *pacus-* als italisch, dann können wir aufstellen: *luna-sio(s)*, *pacus-(na)-sio(s)*, d. h. wir haben etruskisierte (*-io* > *-ie*) italische, noch nicht unter Rhotazismus stehende Adjektiva vor uns[59]. Etr. *lunaśie* < ital. *lunasios*[60] > *lunarius*, etr. *pacusna-śie* < *bacchu(s)nasios* > **bacchanarius*. Ebenso etr. *murinaśie* < *murinasios* > *murinarius*. Hierher gehört auch CAP 4.5 *savlasie-* < **saulasios* > *solarius*, und *kaisie* (das BUFFA gleichfalls anführt), s. TLE 58, das zu falisk. PN **keisie* – GN *ceisies* = *kaisios* > *Caesius* zu stellen ist. Das von Buffa herangezogene *karϑazie* (TLE 724, Karthago: *mi ruiṁel karϑazie(s)* ist entweder der Versuch einer etr. Wiedergabe von pun. *qart-ḥadašti* „Karthager" oder eine Kontamination von griech. Καρχηδ- und lat. *Carthag-*, hat also mit *-asie* nichts zu tun. TLE 90 (Tarquinii) *ceχasie(-ϑur)*, vgl. TLE 101 (Tarquinii) *ceχase*, ist phonetische Schreibung für *ceχaśe*.

c) Es ist zu erwägen, ob nicht Formen vom Typus des Adj. III, die aus Adjektiv + *-(c)va* bestehen, als Superlativ oder Elativ aufzufassen sind. Auszugehen wäre von TLE 170, wo im *cursus hon.* des Arnth Alethnas die Formel *eitva tamera śarvenas* vorkommt. In TLE 619, der großen Bauinschrift des Hypogäums von S. Manno bei Perugia, wird gesagt, daß „dieses unterirdische Grab hier zu bauen war" *etve:ϑaure:lautneścle* (dreifacher Modalis), „zu einem . . . . . Grab für die Familienangehörigen"[61].

Die beiden Stellen könnten dazu verleiten, *e(i)t* als „gut", *a(i)t-va* als „gut-voll, sehr gut" aufzufassen. Beachten wir aber den Beginn des zweiten Teiles der Inschr. v. S.Manno *eϑ:fanu:lautn:precuś* mit der Bestimmung über die Aufstellung von Urnen und Beigaben (s. Übungsbuch I, f, 4), und die Bauinschrift bzw. *lex sepulcralis* der Tomba del Tifone zu Tarquinii (TLE 100), die mit *eiϑ:fanu:śaϑec:lavtn:pumpus/ scunus* beginnt. Hier ist *e(i)ϑ*, das erste Glied von *e(i)t-va*, an die Spitze der Inschrift (bzw. an den Beginn des zweiten Hauptteiles in S.Manno) gestellt.

Solange man *fanu* als „Verkündigung, Vorschrift"[62], „dichiarazione"[63] (von ide. **bha-*, vgl. *φημί*, *fa-ri*) auffaßt, liegt eine Deutung „diese Vorschrift" oder „so erklärt"[64] nahe; natürlich muß man dann im letzten Fall *lautn* als Nominativ auffassen.

MERIGGI hat SE XI, 1937, 178, Anm. 126 für *fanu* „templum" vorgeschlagen; dies ergibt eine Verbindung des etr. Wortes mit umbr. *fesner*, osk. *fiisnu*, päl. *fesu*[65].

Mit *fanu* als Substantiv („Heiligtum, geweihter Ort") und *e(i)t/e(i)ϑ* als Stamm eines attributiven Adj.III *e(i)t-va* ergibt sich, daß *e(i)t/e(i)ϑ* ein Adj.I der konsonantischen Klasse ist.

Ein Adjektiv *e(i)ϑ/t* aber, das in den *cursus hon.* eines *curator* und in die Bauinschrift eines monumentalen Grabes paßt, muß so etwas wie *„excellens, egregius"* sein. Als Adj.III kann es als virtueller Superlativ aufgefaßt werden.

TLE 170: *eitva tamera śarvenas* „curator excellentissimus Xvirum"

TLE 619: . . *eϑve ϑaure lautneścle* „zu einem ganz vornehmen Grabe für die Familienangehörigen"

TLE 100: *eiϑ fanu śaϑec lautn pumpus scunus* „Das vornehme Grab der Familie Pumpu-Scunu"

---

59 Die Silbenpunktierung *pacus·nasieϑur.* (CAP 26) zeigt die Lautung *pa-cus-na-si̯e-*; vgl. dazu DURANTE, Prosa ritmica 85f.

60 *loucsna* > *luna* im Etr. aus innersprachlichen Gründen schon vollzogen.

61 Zu *lautneścle* s. § 170.

62 VETTER, Wortd. I 11; Gl. 28, 1940, 223.

63 TROMBETTI LE 288; früher auch PALLOTTINO, der jetzt die Deutung *„locus sacer"* vorzieht.

64 CORTSEN, PALLOTTINO.

65 WALDE-POKORNY, Vergl. Wörterb. d. idg. Spachen I, 867.

TLE 170 (Schluß): *eϑl*[66] *matu manimeri* „nobilia struxit monimenta"

Ich glaube, daß damit der Gebrauch des Adj. III als Steigerungsstufe zumindest sehr wahrscheinlich gemacht ist.

GOLDMANN I 18, Fn. 4v. S. 17 faßt Formen wie *huslnesʼtsʼ, santisʼtsʼ, ϑapnesʼtsʼ* als Superlative (< ide. *-is-ta*) auf. S. § 97,b.

Adverb

§ 81.

VETTER[67] erklärt *-na* als Suffix des männlichen, *-ne* als Suffix des weiblichen Adjektivs, *-ni* aber als Suffix des Adverbs, ausgehend von *ϑuruni* TLE 570 B 17.

Dies ist mit Rücksicht auf *-ni* als sichere personelle Form für *-na* abzulehnen; *-ne* aber ist, wenn original, der Modalis von deklinierten Adjektiva II. In TLE 570 ist *ϑuruni* wohl ein Adj. II zu dem Asyndeton *velϑina afuna* (zwei GN).

Die adverbielle Funktion des Adj. dürfte beim Adj. II dem Modalis auf *-(n)e* zukommen.

Wahrscheinlich sind Formen wie *ratum* (AM X 4.20), nach TROMBETTI „rasch", eher aber „genau, *rite*"[68], Adverbien. Vgl. auch *iχ matam* (AM VII 22; XI 5; XII 9) „wie früher, wie vorher", *etnam* (AM passim) „ebenso", *tecum* (AM XII 5) „draußen"[69], *ceχam* (AM XII 7) *„rite, de iure"*. Das Suffix *-m* wäre in diesem Falle das Zeichen der von Indeklinabilien abgeleiteten Adverbia.

Adverbiell scheint auch *ϑunχule-* AM XII 3 „zugleich, in einem" gebraucht zu sein (morphologisch ein Modalis).

Die Adverbia scheinen verschiedenen Ursprung zu haben:

a) adverbiell gebrauchte erstarrte Kasusformen:

Zusammensetzungen mit dem pronominalen Akk. *-cn* und *-tn* oder der Ablativendung *-ϑin* bei den wohl sicheren Lokaladverbien *celu-cn, tesʼami-tn, aϑumi-tn, han-ϑin* und *hinϑ-ϑin* in AM III 12, VII 16f., VIII 16f., X 9f., XI 3.6f. –

Akk. + Lok. bei *cnticnϑ* „wiederum" (?) AM VII 19, XI 5;

def. Akk. bei *peϑereni* „bis zu" (?) AM VI 4; X 2.4; XI 8 (s. unten).

Modalis bei *ceχe* „merito" TLE 290; *ϑunχule(-m)* „zugleich" AM XII 3; *ϑunχulϑe* „unanimiter" TLE 570 A 12.

b) Eigentliche Adverbia mit spezifischer Endung, z.B.

etna-m „ebenso, sowohl . . . als auch" (passim), wohl < *itanim* „das aber" in LP II 14;

mata-m „früher, vorher" AM VII 22, XI 5, XII 9 mit der Variante *mata-n* AM XII 13; TLE 498.

---

66 *eϑl* : *l*-Plural der Adj., Nom.-Akk. in Kongruenz mit *manimeri,* defin. Akk. Plur. von *manim* „monimentum".

67 Wortd. I 14; Gl. 28, 1940, 192. – Vgl. Verf., SE XXIX, 1961, 147.

68 HAMMARSTRÖM, SE XI, 1937, 249ff. (etr. *raϑ* = „ordo").

69 VETTER, Wortd. I 52. 56.

tesi-m, lokales Adverb in der Sequenz *etnam tesim etnam celucn* AM VII 16f. „sowohl *tesim* als auch *celucn*"

Ein richtungsanzeigendes Adverb mit der Bedeutung „bis zu" scheint das in AM viermal belegte *peϑereni* zu sein (die in Studien AM 65 vorgetragene Sinndeutung ist überholt, nicht aber die morphologische Analyse):

VI 3ff.: *ϑui streteϑ face / apniś aniaχ apniś urχ peϑereni śnutuφ / hamφeϑi etnam laeti* „hier im *streta* stelle er entweder(?) *aniaχ* oder(?) *urχ* bis zum *śnutuφ* im *hamφe* wie auch im *la(iv)e*"

X 2f.: *nac-um cepen flanaχ / vacl ar rat-um χuru peϑereni ϑucu aruś ame* „dann aber wiederum der *flanaχ* die Libation macht, genau . . . bis zum . . . des *aru* sei"

X 3f.: *cus peϑereni ciem cealχuz caperi/ mare-m zaχ ame* „. . . bis zu (den) achtundzwanzig Bechern (*caperi,* BUGGE bei RUNES AM 27), doch *marezaχ* sei"

XI 6ff.: *nunϑen etnam ϑi truϑ etnam / hanϑin etnam celucn etnam aϑumitn / peϑereni eslem zaϑrum mur in velϑineś cilϑś vacl ara* „darbringt er auch selbst das *truϑ*, sowohl . . . , wie . . . , wie auch . . . bis zu den achtzehn *mur*(-Gefäßen) er für das irdische Volk (vgl. Studien AM 66, Anm. 241) die Libation macht".

VETTER faßte Wortd. I 40.49 *peϑereni* als Adverb < **peϑerena,* Adj. < *penϑ(u)na* „terminus" auf; ebenso RUNES AM 39, der auch TORPS Vermutung, *peϑereni* sei ein Monatsname, zurückweist. CORTSEN Sprachk. 56 meint, *petna* und *peϑereni* dürften methodisch nicht von *penϑna* „Cippus, Stele" getrennt werden, was (wegen des *-n-* in *penϑ(u)na*) sicher nicht richtig ist.

PRONOMEN

§ 82.

Sicher ist die Existenz eines Personalpronomens, eines Fragepronomens, eines Relativpronomens, eines Indefinitpronomens und mehrerer Demonstrativpronomina.

§ 83.

Flektierbar scheinen nur Personal-, Frage- und Demonstrativum zu sein, wenigstens letzteres mit einer eigenen, pronominalen Flexionsform. Pronominal flektiert auch das Possessivsuffix.

Vom Indefinit- und Relativpronomen sind keine Flexionsformen bekannt.

§ 84. Personalpronomen der 1. Person:

a) Nom.-indef. Akk. *mi* „ich; mich"[70]

b) def. Akk. *mini* „mich" (s. CORTSEN, Gl. 26, 1938, 12ff.)

Mit i > e auch *mine* (TLE 267f.), *mene* (TLE 38)

Zu a) TLE 3 *mi culiχna v(. .)a*[71] *venelus*

„Ich (bin) die Kylix des . . . . .a Venel"

---

[70] Entscheidend Sittig, Atti I Congr. Internaz. Etr. 250ff. – BUFFA, NR 252, bestätigt die Tatsache, daß *mi* Nom. und Akk. sein kann, erklärt sie aber schlecht.

[71] Zur Gruppenflexion hier und in TLE 22 s. § 212 a.

TLE 22 *velχa[i]e pustminas mi* „Des Velchaie Pustmina bin ich"
TLE 74c *mi amnu arce* „Mich hat Amnu gemacht"
TLE 625 *mi vel śati alce* „Mich gab Vel Śati"
Zu b) TLE 35 *mini muluv [an]ece avile vipiiennas*
„Mich stiftete Aule Vipiennas"
TLE 760 *mini turuce larϑ apunas veleϑnalas*[72]
„Mich gab Larth Apunas den Velethna"

VETTER (Etr. *ikam*, Festschr. Kretschmer, 1926, 279ff.) deutet *ikam* der Schale von Narce im Süden des ager Faliscus (TLE 27) überzeugend als *„ego"*. Er erklärt es als sehr alte Entlehnung aus einer ide. Sprache, älter als die in Italien ins Etr. aufgenommenen Wörter. Nach meiner Meinung ist dieses nur aus dem etrusco-faliskischen Gebiet belegte Wort eine Entlehnung aus dem Faliskischen (vgl. *eqo, eco, eko* VETTER, Handb. I nr. 241, 242B. 245a, b), mit erhaltenem *-m* (*ego* < *egom*).

Das in einigen Inschriften (z.B. TLE 24,246,710) vorkommende *ni* ist nicht ein eigenes Pronominalelement[73], sondern Verschreibung oder Verlesung von *mi* „ich; mich". [H(M)statt HH (M)]

§ 85. Personalpronomen der 3. Person:

Das Etr. unterscheidet nicht die drei Genera, sondern Person und Nicht-Person (Sach-Klasse).

a) persönlich 1) Nom. *an* „er, sie" (Beispiele s. o. § 41)
2) Gen. *enaś* „eius, eorum, earum"[74]
AM II 7f. *śacni[cl]eri / [cilϑl] śpurerei meϑlumeric enaś*
„die Heiligtümer (Akk.) [des Volkes], die Städte und ihre Gaue"
AM V 3f. *śacniśtres cilϑś śpureśtreśc enaś*
„der Priesterschaft (Gen.), des Volkes und seiner Bürgerschaft"

Zu *an* „er, sie" vgl. VETTER, Gl. 28, 1940, 197

3) Es gibt zu *an* auch eine emphatische Form *anc:*
TLE 324 *tute larϑ anc farϑnaχe tute(s) arnϑals / haϑlials ravnϑu(s)* . . . „Tute Larth. Er stiftete für (sich) den Sohn des Tute Arnth und der Hathli Ravnthu"[75]

Ebenso ist *ana* als emphatische Form, etwa „er auch" zu betrachten: TLE 27 . . *mlaχuta ziχuχe mlaχta ana zinace* „er hat die (Weihe-) Gabe beschriftet; die (Weihe-) Gabe hat er auch verfertigt"[76]

4) *ancn* in TLE 131, Z. 3 ist nicht Akk. von *an*, sondern *an + cn* oder *anc.cn : an/cn ziχ neϑśrac acasce* „Is hunc librum haruspicinalem composuit". Vgl. auch TLE 51 *an:cn śuϑi ceriχunce* „Er dieses Grab für sich errichtete"

---

[72] Gen. dedic. am l-Plural des GN auf *-na* (s. § 78).

[73] PALLOTTINO, Elem. 48, § 84.

[74] TORP, Beitr. I 50: 1. Pers. Plur.; TROMBETTI LE 81; PALLOTTINO, Elem. 48 „di noi", jedoch Gnomon XVI, 1940, 195 *„eius"*? CORTSEN, Sprachk. 53: *enaś* Gen. des Pron. *ain, ei(n), en, in.*

[75] Zur Analyse der hier etwas umständlichen Syntax s. Verf., Die „rideterminazione morfologica im Etr. ", Sprache VIII, 1962, 157.

[76] Vgl. zu dieser Signatur ἔγραφσεν - ἐποίεσεν gleichzeitiger attischer Gefäße.

Zur Funktion von *an* vgl. PALLOTTINI, SE XXXII, 1964, 116: „... *an* che normalmente nelle iscrizioni funerarie etrusche è introduttiva di frasi con verbo finito indicanti attività o cariche del defunto (Anm. 20: Cfr. TLE 51, 135, 321, 332; si aggiunga *anc* 323, 324, *ancn* 131)."

b) unpersönlich 1) *in* (< *en* < *ein*); hier liegt nicht die gleiche Klarheit und Sicherheit wie bei *an* vor, da wir das aus *ininc* „idem dasselbe" (unpersönliche Form zu *ananc*, s. § 86) sicher zu isolierende *in* und die orthotonische Genitivpartikel *in* (s. § 49, b) unterscheiden müssen[77]. In AM scheint *in*/ *-in* überhaupt nur in genitivischer Funktion vorzukommen; einmal findet sich *ininc* (XI 3).

2) Es ist anzunehmen, daß *enaś* auch als Genitiv von *in* gebraucht wird (s. Anm. 74).

§ 86.

Als Personalpronomina sind auch, *an* und *in* entsprechend und von ihnen abgeleitet, *ananc* (AM III 14; X 11) „derselbe, dieselbe" und *ininc* (XI 3) „dasselbe" anzusehen.

Wie aus Anm. 77 ersichtlich ist, wird dem Pronomen von CORTSEN, PALLOTTINO, SIGWART, TORP und TROMBETTI mehr oder weniger ausdrücklich eine relativische Bedeutung zugeschrieben. Eine solche ist nicht absolut auszuschließen; eine Stelle wie TLE 131 *an cn ziχ neϑśrac acasce* oder TLE 51 *an cn śuϑi ceriχunce* kann nicht nur mit „is hunc librum haruspicinalem composuit" bzw. „er hat dieses Grab für sich errichtet" übersetzt werden, sondern auch mit „qui librum . . . composuit" bzw. „welcher . . . errichtet hat". Uns scheint aber die Auffassung als Personalpronomen (und damit Parataxe des Satzes) mehr der etr. Syntax zu entsprechen als relativische Funktion (und damit Hypotaxe des Folgenden).

---

[77] Ein präpositionales und postpositionales *in* „an, in, auf" kommt überhaupt nicht in Frage; abgesehen vom Indogermanismus wären Stellen wie CAP 9–10 *in · tehamai · ϑi*, das „auf dem *tehama*" sein soll, mit dreifachem Lokativ (*in, -i-ϑi*) ein morphologisches Monstrum. – Wie groß die Verwirrung ist, zeigt folgende Übersicht über die *in* betreffenden Deutungsvorschläge:

CORTSEN, Voc. etr. interpr.: Pronomen, auch Artikel

Ders., Gloss. 87f. (gegen Vetter): Annahme präpositionaler Bedeutung genügt nicht; in einigen Fällen muß *in* Pron. dem. oder rel. sein.

KLUGE, SE X, 1936, 207: Verstärkungspartikel und verstärkter Artikel oder Pron. dem.

LATTES, Correzioni 171: *in* schließt einen Abschnitt ab.

Ders., RIGI I, 51–57: „et; ecce, en".

MERIGGI, SE XI, 1937, 143f.: Prä- und Postposition „für, gegen", mit Dat., Akk., Lok. verbunden.

OLZSCHA, SE VIII, 1934, 268: *in* = „Gott"; dagegen Vetter, Gl. 28, 1940, 209.

Ders., Interpr. 175: verbindendes Element, Prä und Postposition, auch Sätze verbindend.

PALLOTTINO, Elem. § 90: Pronominalelement, auch relativ.

PAULI, Etr. Fo. u. Stud. III 68: = *ein* (dazu *eϑ, eiϑi*).

SIGWART, KZ 50, 284: Relativpronomen.

TORP, Beitr. I 18: Relativpronomen, vielleicht auch als Artikel gebraucht.

TROMBETTI, LE 147: Relativpronomen.

Ders., SE IV, 1930, 200(11.): Prä- und Postposition.

VETTER, Wortd. I 75: I. pron. fem. „welche"; II. Prä- und Postposition „in" mit Lok. und Abl.; s.a. Gl. 28, 1940, 209.

§ 87.

Fragepronomen ist *ipa*, Gen. *ipas*[78], Akk. **ipa(n)?* TLE 29 (Schale von Narce, etrusco-faliskisch) *ipas ikam* „cuius ego (sum)? "

§ 88.

Als Relativum[79] scheint *ipa* manchmal indeklinabel zu sein wie *an* und *in*, obwohl *ipei* AM X 7 ein Modalis (*-ei* archaisierend für *-e* wie öfter in AM, vgl. *faśei*/ *faśe*) sein könnte. Die Annahme VETTERS[80], *ipei* sei Fem. zu *ipa*, ist morphologisch möglich, beruht aber auf der Anschauung, es gäbe im Etr. die drei Genera. Da dies nicht zutrifft, ist auch eine Kongruenzmöglichkeit nicht *a priori* gegeben. Es soll aber auch die Möglichkeit nicht ausgeschlossen werden, daß das Relativum in der Personenklasse Mask. und Fem. differenziert: m. *ipa*, w. *ipei* (< **ipa-i*).

In TLE 27 (ebenfalls Narce) *mi aliqu auvilesi . . . inpein . . . mlaχuta ziχuχe mlaχta ana zinace* ist *inpein* offensichtlich ein Nominativ, der sich auf eine männliche Person bezieht: „Ich (bin) die Gabe des Auvile[81] . . . . . welcher . . . diese Weihegabe[82] beschrieben hat; er auch hat diese Weihegabe verfertigt."

Ich erkläre *inpein* als *inpa* + *in* „welcher-diese", vgl. TLE 131 *ancn* und TLE 51 *an:cn*. – *inpein* als Relativum schon bei TORP, Beitr. I, 15ff.; II, 120.124; EN 33.

ipa = Nom. Sing.: TLE 131, Z. 4ff.: *ipa luϑcva*[83] *caϑas . . . cerine* „welcher den Steintempel des Cath . . . . erbaute"

TLE 570 B 3f. *ipa śpelaneϑi fulumχva śpelϑi reneϑi eśtac . .* „was (welches) in dem zum Grabgewölbe gehörigen . . . . , das . . ."

ipa = Lok. Sing.: TLE 619 (Bauinschrift von S.Manno) *fanu lautn precuś ipa murzua cerurum ein heczri* „der heilige Ort der Familie Precu, wo (an welchem) die Urnen und diese *cerur* (Beigaben?) aufzustellen sind"

ipa = Nom. plur.: TLE 570 A 5 *ipa ama hen naper XII* „welche da sind (die) 12 *naper*"

ipa = Akk. plur.: TLE 380 (Fluchtafel von Monte Pitti) Z. 1. 7.8, jedesmal nach einigen Namen *inpa ϑapicun ϑapinta(i)ś (inpa* wie *inpein* dialektisch) „quos devovi devovens"

In der namenreichen Fluchtafel von Volterra (CIE 52a)[84] lesen wir:

A 9 *p(upli) ultace.ceicna(l) icap.linei*

A 12 *l(arϑ) cestna.v(elus) acap.fuluna*

---

[78] S. den ausgezeichneten Beweis VETTERS (Etr. *ikam*, a.a.O.), daß das bisher nur als Relativpronomen betrachtete *ipa* auch Fragepronomen ist. Auch TORP, Beitr. I 17 hatte schon fragende Funktion vermutet.

[79] TORP, Beitr. I 15ff.; VETTER, Gl. 13, 138; PALLOTTINO, Elem. 91; TROMBETTI, LE 26. – Zu *ipa* als „relative Konjunktion" s. TORP, Beitr. I 17. – „funzione di pronome relativo accertata per etr. *ipa, ipei*" DURANTE, Ric. linguist. V, 1962, 81; CORTSEN, Sprachk. 55.

[80] Wortd. I 30.75 s.v.

[81] Rein etr. wäre *aveles(i)* oder *aviles(i)*.

[82] *mlaχ(u)ta* = *mlaχ ta;* zum enkl. pron. dem. s. § 97,a.

[83] Ich lese in TLE 131, Z. 4 *luϑcva caϑas,* analog zu Z. 5, nicht *ruϑcva.*

[84] Der Text TLE 401 kann nach der minutiösen Neulesung VETTERS (BzN XI, 1960, 178ff.), die ein Meisterwerk epigraphischer Kenntnis und Erfahrung ist, nicht mehr verwendet werden.

Wir bemerken, daß beim Metronymikon in A 9, *ceicna(l)* = Gen. von *ceicnei, icap* und ein weibl. Gentiliz folgt; in A 12 folgt auf das Patronymikon *velus,* Gen. von *vel, acap* und ein männl. Gentiliz. Daraus ergibt sich, daß *acap – icap* eine Genusdifferenzierung enthält. VETTER (a.a.O. 183) hat scharfsinnig festgestellt, daß die Beifügung von *acap/icap* mit einem GN dem in lat. und griech. Fluchtafeln häufigen Brauch entspricht, den Verwünschten unmißverständlich zu bezeichnen. Er sagt (a.a.O., Anm. 3): „Unter den „Defixionum tabulae" (Paris 1904), die Audollent gesammelt hat, sind laut Index (p. 552) 8 lateinische Namen, die ein mit *„qui et . . ."* angefügtes Signum angeben (griechische mit *ὁ καί* oder *ὅς καί* sehr viele, p. 551)."

Wir haben hier den merkwürdigen Fall einer Genusdifferenzierung mit männl. *a* und weibl. *i* am B e g i n n eines Wortes, was sonst n i e vorkommt; es sieht dies wie ein präfigiertes Klassenelement aus. Wenn wir quasi-bilinguistisch -als Arbeitshypothese- *icap* = „quae et" setzen, also als Relativum auffassen, dann wird ein (in einer Fluchtafel nicht erstaunlicher) magischer „Trick" offenbar: i-c-a-p = i-p-a-c „qui (quae) et"

Natürlich können wir aus *acap* nicht ein pron.rel.*apa* + *c* herauslösen, weil *apa(s),(i),* das in Namensformeln mehrfach belegt ist, GN oder CN ist, vgl. TLE 67 (Besitzerinschrift) *avilesca apas* „Dies des Avile Apa (ist)"; TLE 318 *tarnas larϑ larϑal satial apa . .* „Tarnas Larth, (Sohn) des Larth (und) der Sati, Apa . ." mit dem CN nach der Filiation, wie häufig.

Es kann aber die Ersetzung des *i* durch *a* gleichfalls ein Trick sein, um – was bei dem geschlechtsindifferenten *ipa* nicht möglich ist – lat. *„qui et/ quae et . ."* zu imitieren. VETTER weist a.a.O. 183 darauf hin, daß die Fluchtafel nicht älter als 1. Hälfte des 1.Jhs. v. Chr. ist; zu der Zeit hatten schon viele Etrusker ausreichende Lateinkenntnisse (Bürgerrechtsverleihung zwischen 90 und 83 v. Chr.!). Dazu kommt noch, daß der erste Schreiber („der eine gute Schulbildung hat" Vetter a.a.O. 182) – es hatten mehrere Schreiber an der Fluchtafel geschrieben – in A 12 *acap* aus *icap* verbessert hat.

§ 89.

Als I n d e f i n i t p r o n o m e n dient *ipe ipa* AM X 9 *ipe ipa . . . .* „was immer ist" VETTER (Etr. *ikam,* a.a.O. 279f.) erklärt *ipe ipa* überzeugend als *ípa ipa* > *ipe ipa* > *ipe ipa.*

§ 90. D e m o n s t r a t i v p r o n o m e n

Die Demonstrativpronomina sind im Etr. sehr entwickelt. Ihre Flexion unterscheidet sich von der des Nomens (pronominale Flexion); in bestimmten Fällen tritt aber auch nominale Flexion auf (§ 97, b).

Die ohne merkbaren Unterschied gebrauchten Pronomina *ca* und *ta* mögen einmal in ihrer Bedeutung differenziert gewesen sein; sie sind aber keinesfalls als Mask. und Fem. zu unterscheiden, wie VETTER meinte[85]. Dies zeigt sich besonders gut bei Inschriften aus S. Giuliano im *ager Tarquiniensis:*

TLE 158 *ta śuϑi* „dieses Grab" – TLE 159 *clϑ śuϑiϑ* „in diesem Grab", Lok. von *ca śuϑi.*

Vgl.	*eca śuϑi*	„dieses G."	TLE 162 (Blera), 164 (Norchia)
	ca suϑi	„dieses Gr."	TLE 572 (Perugia)
	ta suti	„dieses Gr."	TLE 387 (Volaterrae)
	ta suϑi	„dieses Gr."	TLE 431 (Montaperti)

---

85 Wortd. I 30; ebda Indices s.v. *ca, cn, ta, tn;* ders., Gl. 28, 1940, 186f.

Vgl. auch die enkl. Pronomina dem. in
AM VII 6 *śacnitn an cilϑ ceχane sal*
AM XII 11 *an śacnicn cilϑ ceχa sal*

Es gibt demnach weder eine sachliche noch eine regionale Differenzierung.

Das Material erweckt bisweilen den Eindruck, daß bei der Wahl von *ca* und *ta* eine Art von Konsonantenharmonie mitspielt, vgl. AM XI 5 *tesami-tn,* XI 7 *celu-cn, aϑunmi-tn;* wir finden daneben aber auch
TLE 570 b 12f. *aϑumi-cś afunaś* „des . . . . Afuna"
646 *[t]inśćvil:aϑumic . ./ śalϑn* „der . . . . Tinscvil weiht er dies"
Vielleicht liegt hier ein Hinweis, daß zur Artikulierung von P e r s o n e n *ca* vorgezogen wird.

Ein Demonstrativpronomen, wenig betont und oft nachgestellt,
ist *ei:* TLE 453 (Stein) *ei kihaχ iχu(tev?) / avle kavinịṣ́ eχ(. .)*
„Diesen Stein(?) der *iχu(tev?)*[86] Aule Kavinis setzte *(heχece?)*"
TLE 12,b *alϑrnas ei* „Des Al(e)thrna (ist) dies"
TLE 13,a *ϑupes fuluśla mi ei* „Des Thupe Fuluśa (bin) ich, dies"

ei(n) als dem Pron. schon von BUGGE, B. B. X 7f. erkannt.

Die Unterscheidung von *ca* und *ta* in ein nah-deiktisches und ein fern-deiktisches Pronomen läßt sich trotz den zahlreichen Belegen bis jetzt nicht durchführen. Eine Durchmusterung der in TLE gesammelten Belege, die zumindest einen repräsentativen Durchschnitt darstellen, k ö n n t e höchstens eine Differenzierung vom dargestellten Objekt her ergeben. Von 12 sicheren Belegen für *ta* finden sich 7 (TLE 5.6.8.9.39.156.488) in Besitzer= oder Weihinschriften von Gefäßen, der Rest (TLE 158.316.387.431.517) auf Cippen, einem Grabeingang und einem Ossuar.

Von über 40 Belegen für *ca/eca* und *cn/ecn* finden sich 4 (TLE 67.214.215.622) auf Gefäßen, 3 (TLE 334.340.399) auf Spiegeln, 1 (TLE 78, *T.dei Tori*) in einer Stifterinschrift, 1 (TLE 726) auf einer Basis, 3 (TLE 149.559.738) auf bronzenen Ex-votos, der Rest aber (fast drei Viertel der Belege) bei Grabanlagen und Sarkophagen.

Eine zeitliche und örtliche Differenzierung scheint nicht zu bestehen.

In LP II 1f. *ita tmia ica-c heram(aśva)* und II 14f. *itanim heram(ve)* bezieht sich *ita(nim)* offensichtlich auf die Aedicula, *ica(c)* aber auf heram, die dort befindliche Statue (*m 'š* des pun. Textes LP I 9), die zusammen die von Thefarie Velianas gemachte Dedikation darstellen. Auch von hier aus ist eine Differenzierung unmöglich, da nicht sicher ist, w o die Dedikationsinschrift angebracht war. Der pun. Text LP I 2 verwendet nur *'šr qdš 'z* „locus sacer hic", nicht aber das fern-deiktische *h'* „ille".

Zum enklitischen Pron. dem. *-ca, -ta,* das als bestimmter Artikel fungiert, vgl. z.B. das altpersische Relativum *h-y-, t-y-* in nachgestellter Apposition (W. BRANDENSTEIN - M. MAYRHOFER, Handb. d. Altpers. (1964), § 95).

---

86 Vgl. TLE 359a *cepen tuϑiu ϑu-χ iχutevr* „ . . . der Gemeindevorstand und ein *iχutevr*"; zu *(iχu)tev-* s. TLE 81 *tevaraϑ* und TLE 570 A 1 *[t]eurat* „Schiedsrichter" (SE XXIX, 1961, 117ff.).

§ 91. Die pronominale Flexion

	Sing.		Plur.		Sg. Pl.
1. Nom.-Akk.	a) *ca*	b) *ta*	c) *cei*[87]	d) *tei*[88]	e) *ei*[89]
2. Gen.	*cla*	*(-)tla*	*clal*		
3. def. Akk.	*c(e)n*	*tn*	*cnl*		*ein*
4. Lok.	*clϑi* *calti*		*ceiϑi* *caiti*		
5. Mod.	*(-)cle*	*(-)tle*	*clel*		

Zur Bildung: Gen., Lok. und Mod. Sing. werden vom Obliquusstamm *cl-* gebildet, der Akk. hat das Suffix des nominalen Akk. def. mit *a* > *e* (wie allgemein bei einsilbigen Wörtern, vgl. *clan : clens*). Der Nom. Plur. hat *a* > **ai* > *ei;* von dieser Form wird der Lok. gebildet; Gen. „Akk. und Mod. sind wie die entsprechenden Formen des Sing. + *-l* (vgl. den Plural auf *-l* beim Adj. II, § 78).

Zu *ta,* Gen. *tla* vgl. lyd. *ta,* Gen. *tλ* (GUSMANI, Studi Lidi 283)

§ 92. Beispiele:

Zu 2 a): AM XI 11 *cla ϑes(a)ns* „dieses Morgens, an diesem M."
Zu 3 a): TLE 149 *cn turce murila hercnas* „dies gab M.H."
Zu 4 a): TLE 93 *ϑui clϑi mutniaϑi* „hier in diesem Sarkophag"
TLE 135 *calti śuϑiti* „in diesem Grabe"
Zu 5 a): TLE 619 *eϑve ϑaure lautneś-cle* „zum ausgezeichneten Grab, dem familiären"
Zu 2 b): TLE 359 *mariśl menitla* „des/für Mariś Menita" (Torp, EN 16)
TLE 570 *lautn velϑinaś eś-tla*[90] *afunaś*
„der Familie Velthina und dieser (Familie) Afuna"
Zu 3 b): TLE 696 *tn turce ramϑa ufta<ta>vi selvan(sl)*
„Dies gab Ramtha Uftavi dem Selvans"
Zu 5 b): TLE 441 *sacni-tle* (in undeutbarer, zerstörter Umgebung)
Zu 1 c): TLE 570 A 20, s. zu 3 c)!

---

[87] Als Pron. bestimmt: TROMBETTI, LE 113; PALLOTTINO, Elem. 48; RIBEZZO, RIGI 12, 80; DEVOTO, SE VIII, 1934, 221; KLUGE, SE X, 1936, 239; Plural in Analogie zu *tei,* s. folgende Anm.

[88] Als Pron. bestimmt: TROMBETTI, LE 113; PALLOTTINO, Elem. 48; CORTSEN, Gl. 26, 262; – Als Plural gesichert durch TLE 359b *tei-s evitiur-(a)s* „dieser (Voll-)Monde". Dagegen: TORP, EN 51ff. („alle"), jedoch Beitr. II 49ff. noch „Demonstrativpronomen".

[89] Als Pron. bestimmt: TORP, Beitr. II 48ff. (von den Belegen ist AM IV 7 unsicher; CIE 3235 ist zu streichen); TROMBETTI *LE* 113; CORTSEN, *Gl.* 26, 254ff.; SLOTTY, Beitr. I 180.

[90] Zu *eś-ta(c)* und *eś-tla* s. im folgenden (§ 104).

Zu 2 c): TLE 98 Z. 2f. . . . ./ *lafnasc matulnasc clal-um ceus ci clenar aṇavence* „. . . und des Lafna und des Matulna, und [91] von diesen allen sie drei Söhne . . . . . . te"

Zu 3 c); TLE 570 A 19ff.-B 2 . . *cnl velϑina zia śatene/ tesne eca velϑinaϑuraś ϑ/aura helu tesne raśne cei/ tesnś teiś raśneś χimϑ śp/elϑ uta ścuna afuna mena/ hen naper ci cln hare utuśe* (B) *velϑina ś/atena*. . „. . diese soll Velthina selbst von Rechts wegen behalten. Dies Grab der Velthina, das eigene, (und) diese in Kraft dieser öffentlichen Bestimmungen im ganzen Grabgewölbe, leistet, tritt ab Afuna und gibt; da die drei *naper,* diese nach . . . . . . (B) Velthina behält."

Zu 4 c): AM VI 14f. *eslam zaϑrumiś acale tinśin śarve/luϑti raχ ture acil catina ϑluϑ ceıϑi-m/ χim scuχie acil*

„Am 18. *acale* des Tinś Zehnopfer auf dem Stein bereite; zu machen ist das *catica ϑluϑ*; aber in diesen (sc. zehn Opfern) ist das ganze *scuχi-* nötig"

Zu 1 d): AM VIII 3ff. *flerχva neϑunsl/ śucri ϑezeric scara priϑas raχ tei menaś cltral mulaχ* „die Opfer für Nethuns sind zu . . . . und zu schlachten; *scara* ge . . . . . t/n habend, bereite diese, gebend von all dem (s. § 169) die Opfergabe."

Zu 1 e): S. o. § 90, letzter Absatz.

Zu 3 e): TLE 515 a) *tular:hilar:nesl b) ein.ser.v(e)l.remzna.clan-c / au(le).latini.cesu/ claruχieś*

a) „*hilar*-Grenze des Besitzes[92] b) dies stell(t)en auf[92] Vel Remzna und Sohn, Aule Latini-Cesu, / Besitzer (? , Nachbarn?)"

Das beschriftete Objekt ist ein Terminalcippus, nicht ein Grabstein; *cesu* ist hier nicht das Verbalnomen „liegt", sondern das CN der Familie Latini in Montepulciano bei Chiusi, vgl. TLE 516 (Ossuar, ebda.) : *au(le) : latini : arnϑal/cesu* „Aule Latini, (Sohn) des Arnth, Cesu" mit typischer später Stellung des CN nach dem Patronymikon.

Zu 4 e): S. § 95, Schluß

§ 93.

BUFFA gibt in Elementi 25f. eine Reihe von Formen an, die mit den „Suffixen der Zugehörigkeit" *-cla, -cles, -cle, -cleri* gebildet sein sollen; *enaś-cla, hinϑu-cla, velϑurus-cles, ϑivcles, lautneś-cle, muni-clet, śacni-cleri, ϑuflϑi-cla.* Zu deren Erklärung gäbe es, sagt er, zwei Theorien, die aber beide wenig zufriedenstellen: nach CORTSEN ist *-cla* der Gen. von *ca* und fungiert als postpositiver Artikel. Nach VETTER sei *cla* mit lyk. *qla* „gens" zu verbinden. Damit kann – nach BUFFA – *velϑuruscles* und *lautneścle* erklärt werden, nicht aber *municlet* und *ϑuflϑicla.* Am besten sei es, schließt BUFFA, *-cla* als einfaches Suffix der Zugehörigkeit aufzufassen, etwa wie lat. *-anus/ -inus.*

Die Prüfung des von BUFFA zusammengestellten Materials zeigt, daß hier ganz verschiedene Dinge zusammengeworfen sind:

a) auszuscheiden ist *ϑivcles,* das griech. Διοκλῆς entspricht;

b) auszuscheiden ist das nicht existierende *enaścla;* in AM V 23 *spural.meϑlumeśc. enaś cla ϑesan(s)* gehört *enaś* zu dem vorausgehenden *meϑlumeśc* („der Stadt und ihres *meϑlum* [Burg? Gau?];), *cla* aber zum folgenden *ϑesan(s)* („an diesem Morgen");

---

91 Zu *-um* „und" in diesen und ähnlichen Inschriften s. § 158.

92 S. S. 273f., (Deutungen § 9).

c) in gleicher Weise ist das nicht existierende *hinϑucla* auszuscheiden: in AM XI 10f. *eisna.hinϑu / cla ϑesṇs* gehört *hinϑu* zu dem vorausgehenden *eisna* („oblationem inferiam"), *cla* aber zu dem folgenden *ϑesṇs* („an diesem Morgen").

CORTSEN bestimmt *cla* richtig als Gen. von *ca*. Zu diesem *cla* gehört, wie die Kasuskonkordanz von TLE 740 *tite:alpnas:turce:aiseras:ϑuflϑicla:trutvecie* („Tite Alpnas gab [dies] für Aisera Thuflthica *ex viso* (?)") zeigt, *ϑuflϑi-cla,* Gen. von *ϑuflϑi-ca* „die Thuflthi".

VETTERS Anknüpfung von *cla* an das lyk. *qla* ist zu weit hergeholt und zu isoliert (ebenso ist es bei seiner Verbindung von *-ϑur* mit lyk. *ϑurtt*); überdies ist lyk. *qla* nicht „Geschlecht, Sippe", sondern „Heiligtum" (LAROCHE, *BSL* 55, 1960, 183, Anm. 3, < heth. É*hila* „Hof").

Es muß doch auffallen, daß flektierte Formen, die nur von einem enklitischen *-cla* mit Nominativfunktion stammen können, in einigen Fällen an einen G e n i t i v angefügt sind, in anderen aber an eine nicht flektierte Form:

a) *velϑuruscles*	TLE 245	= Gen. des PN *velϑur*	+	*-cles* (Gen.)
lautneścle	TLE 619	= Gen. des Adj. II **lautna*	+	*-cle* (Mod.)
śacnicleri	AM v 6 u.a.	= Adj. II *śacni* „geweiht"	+	*-cleri* (def. Akk. Pl.)
municlet	TLE 570 A 14	= App. *muni* „Platz"	+	*-clet* (Lok.)
municleϑ	TLE 99	= " " "	+	*-cleϑ* (Lok.)

TLE 172.173 *munisvleϑ / munisuleϑ* ist etwas ganz anderes. Diese beiden Sarkophaginschriften aus Musarna (ager Tarquiniensis) haben eine sehr vokalreiche Sprache; TLE 84, aus Tarquinia selbst, hat *munsle,* d.i. *mun(i)s(u)le.* In den drei Inschriften bedeutet *munisule/munsle* „Ort, Stätte, Rang" und ist kaum etwas anderes als ein Diminutiv von *munϑ* 1. „(Welt)-Ordnung" 2. „geordneter Platz (*mundus* in der Stadtgründung *ritu etrusco*)" 3. „Schmuck"[93], gebildet mit dem Diminutivsuffix *-le* (s. u. § 173).
Natürlich sind die beiden Wörter – *muni-cleϑ* und *muni(i-)s(u)le* – wurzelverwandt (*mun-* „ordnen")[94].

Wir unterscheiden also 1. *cla,* Gen. des Pron.dem. *ca*

2. ein Suffix *-cla,* das an den Gen. von Nomina oder an Indeklinabilien tritt, nominal flektiert[95] und K o l l e k t i v a bildet:

**velϑuruscla*	„die Gesamtheit derer des Velthur" („Velthur-schaft")
**lautneścla*	„die Gesamtheit der Familienangehörigen" („die gesamte Familie")
**municla*	„die Gesamtheit des Platzes" („Bereich")
**śacnicla*	„die Gesamtheit des Geweihten" („Tempelräume, Tempel")

Vgl. das semantisch ähnliche Kollegialsuffix *-tra* (§ 174).

§ 94.

Eine durch die *u*-Anaptyxe vor *-l* verunklarte Pronominalflexion dürfte in der Formengruppe mit *ϑunχul-* vorliegen. Vgl. PALLOTTINO, Elementi 46, § 77: „È incerto se le forme *ϑunχulϑ-l* e *ϑunχulϑ-e* provengano da un tema *ϑunχulϑ-* o da un tema *ϑunχul-,* come attesterebbe la forma *ϑunχul-e(-m).* Nel secondo caso avremmo un tipo di declinazione ampliata „locativale" formata sulla base di un locativo, come i temi in *-ϑ*."

---

[93] S. V e r f., Sprache VIII, 1962, 142ff.

[94] S. PALLOTTINO, Elem. 33, § 44.

[95] Es dürfte also *cla* einmal ein selbständiges Nomen gewesen sein.

Die in Frage stehenden Formen sind:

ϑun-χ(u)-l-e AM XII 3
ϑun-χ(u)-l-ϑ(e) TLE 570 A 12
ϑun-χ(u)-l-ϑ-l TLE 570 B 19/20

Da *c* nach *n* in der Regel zu χ wird, können wir als Grundform ohne die von *-l* hervorgerufene *u*-Anaptyxe ansetzen: **ϑun-cle, *ϑun-clϑ*(-), das heißt, wir haben Formen der Nominalflexion vor uns. Vgl. dazu *lautneś-cle* und *e-clϑi!* Diese Erkenntnis ermöglicht uns, das ganze Paradigma aufzustellen:

Sing. Nom.	**ϑun-ca*	(mit Aspir.	**ϑun-χa*)	Plur. Nom. **ϑun-χer?*
Gen.	**ϑun-cla*	(" "	**ϑun-χla*)	*ϑun-χerś* AM VI 7?
Mod.	**ϑun-cle*	(" "	**ϑun-χle*)	
Akk.	**ϑun-cn*	(" "	**ϑun-χn*)	
Lok.	**ϑun-clϑi*	(" "	**ϑun-χlϑi*)	

Die Formen *ϑunχulϑe* und *ϑunχulϑl* zeigen, daß der Lokativ *ϑunχulϑ* (< **ϑunclϑ*) einen neuen Wortstamm darstellt („hypostasierter Lokativ"), der als Dentalstamm (wie *larϑ*) flektiert:

Nom.-Akk.	**ϑunχulϑ*
Gen.	*ϑunχulϑl*
Mod.	*ϑunχulϑe*
Lok.	**ϑunχulϑ(t)i?*

Die oben erschlossene **ϑun-ca* ist zweifelsohne das Numerale *ϑu(n)* „ein(s)" mit postpositivem Pron.dem. *ca* = „dieses Eine, Einheit".

Der Mod. *ϑunχule* (< **ϑun-cle*) wird AM XII 3 adverbiell gebraucht: *ϑunχule-m muϑ hilarϑune* „mit diesem einen (= zugleich) aber das *muϑ* für/mit d. *hilarϑuna*"

ϑunχulϑ als hypostasierter Lokativ, als neuer Wortstamm also, bedeutet „das in-dem-einen" = „Eintracht", mit dem Paradigma (wie o.)

Nom.-Akk.	**ϑunχulϑ*	„die Eintracht"
Gen.	*ϑunχulϑl*	„der Eintracht"
Mod.	*ϑunχulϑe*	„mit der Eintracht, in einträchtiger Weise"
Lok.	**ϑunχulϑ(t)i(?)*	„in der Eintracht"

Cippus Perusinus[96] TLE 570 A 12f. *ϑunχulϑe falaś* „in einträchtiger Weise besitzend"; B 17ff.: . . . *ein / zeri . una. cl/a*[97]. *ϑil . ϑunχulϑl . iχ . ca / ceχa . ziχuχ/e* „dies alles aus(zu)führen dieser ihrer eigenen(?) Eintracht, wie diese Satzung vorgeschrieben hat."[98]

Das Rätselhafte dieser Formen entstand, wie wir sehen, aus der Verundeutlichung durch die *u*-Anaptyxe nach Aspiration des Obliquusstammes *cla* und nach dem Gebrauch des pronominalen Lokativs als neuen Stamm (Hypostasierung), dessen Bildung nicht mehr klar gefühlt wurde.

---

96 Der CIP enthält eine schiedsrichterliche Entscheidung im Streit zweier Familien um ein Gebiet von 12 *naper*, s. Verf., SE XXIX, 1961, 111–154.

97 Korrigierte Lesung (nicht *unacχa*), Verf., SE XXX, 1962, 355.

98 Verf., Untersuchungen zum CIP a.a.O. sachlich richtig, aber in der morphologischen Analyse noch nicht ganz sicher.

§ 94 bis

In TLE 100, Z. 2f. *flenzna teisnica* finden wir in Kongruenz mit einem Adj. II eine von *tei* abgeleitete Form *teisnica,* d.i. *teis* (nominal. Gen.) + *-ni* (Adj. II) + *ca* (enkl.pron.dem.) = „der(die, das) zu diesen gehörige".

§ 95.

Die Demonstrativpronomina treten auch mit einer Vokalprothese auf (emphatische Form, vgl. § 29, b mit Anm.):

Zur Prothese von *e-* im Etr. s. SLOTTY, Beitr. I 197f. mit Literatur.

a) Nom.-Akk. *eca,* arch. *ica* (LPI, 1) def. Akk.- arch. *ikan,* jünger *ecn,*
Lok. *eclϑi*

Beispiele: TLE 115 *eca mutana cutus velus*
„Dies (ist) der Sarkophag des Cutu(s) Vel"
TLE 350 *eca śuϑi la(r)ϑial cilnia(s)*
„Dies ist das Grab der Larthi Cilnia"
SE XXVIII, 1960, 480 („Aryballos Poupé")
ikan ziχ akarai „diese Schrift gemacht hat"

Vgl. dazu TLE 131, Z. 3: *(an)cn ziχ acasce* „diese Schrift verfaßte"

TLE 559 *ecn turce larϑi leϑanei . .*
„dies gab Larthi Lethanei . ."
TLE 116 *eclϑi śu[ϑiϑ] / larϑ zalϑu . .*
„In diesem Grabe (ist) Larth Zalthu . ."
TLE 276 *eclϑi ramϑa cainei*
„In diesem (Sarkophag ist) Ramtha Cainei"

CAP 22.23.24 *icni* ist *ecn(i)* mit älterem *i* für jüngeres *e* und vollem Suffix des def. Akk. (wie in *mini).*

b) Nom.-Akk. arch. *ita* (LPI, 1), def. Akk. (arch.) *itan, itun* (< **itn*), **etn-*[99]

Beispiele: TLE 39 *itan mulvanice ϑ . . .*
„Dies stiftete Th. . ."
TLE 156 *itun turuce venel atelinas tinas cliniiaras*
„Dies gab Venel Atelinas den Söhnen des Tin"

Zu arch. Nom.-Akk. *ita* und *ica* vgl. jetzt:
LP II 1ff.: *ita . tmia . he/ram aśva vatieχe/*
unial astres . . . . . . ϑefariei . velianas . . .
„Dieses *tmia* und dieses (jenes) *heram aśva* hat ge . . . en
für Uni-Astre . . ... Thefarie Velianas . . ."
und punisch LP I 1ff.: *l-rbt l-ʿštrt ʾšr qdš ʾz ʾs pʿl w-ʾš jtn tbrjʾ wlnš . . .*
„Der Herrin, der Astarte (ist) dieser heilige Ort, welchen gemacht und welchen gegeben hat, *Tbrjʾ Wlnš . . .*"

---

99 NOGARA, NScav. 1930, p. 302ff.; nr. 18: *itan* = Akk. von *(i)ta;* SLOTTY, Beitr. I 145, Anm. 83 trennt *itan* von *itun,* das er für einen Gefäßnamen hält; vgl. aber CIE 5306 (Vulci) mit *itun* auf einem Cippus! – S. auch PALLOTTINO, Elem. 49, Osserv. 3. Zu früheren Auffassungen s. HAMMARSTRÖM, SE V, 1931, 364.

Das in AM häufig als anreihende Partikel „und auch, ebenso, desgleichen" fungierende *etnam* ist wohl **etn* (def. Akk.) + *(a)m* (Adverbialsuffix, s. o. § 81).

AM V 7f.: *nunϑenϑ etnam farϑan/aiseras śeuś cletram śrencve*
„bringe dar ebenso weihend der Aisera śeu mit der geschmückten Schale"

AM XI 4f.: *heχz etnam / iχ matam* „stellte auf ebenso wie vorher

AM XI 12f.: *eslem cealχus etnam eisna ϑanal*[100] *tuχla-c*
„Am 28. desgleichen (Brot-) Opfer für Than und Tucha"

AM XI 17.: *ϑunem [cialχuś et] nam iχ eslem cialχuś ϑanal*[100]
„Am 29. ebenso wie am 28. für Than"

Als *etnam* – *etnam* bedeutet es „sowohl – als auch":

AM XI 6f.: *etnam hanϑin etnam celucn etnam aϑumitn*
„sowohl von vorne als auch . . . als auch . . ."

Komposita mit *etnam* s. § 151, d

Eine demonstrative Partikel dürfte auch *eϑ* sein (TORP, EN 18; Nom.-Akk. *eϑl* in TLE 170?), Nebenform *eit* TLE 685?

Mit *ita* dürfte das wenig belegte *eϑ* zu verbinden sein, das nach den Kontexten ein Demonstrativpronomen ist:

1. CAP 11f. . . . *nunϑeri eϑ isuma zuslevai apire nunϑeri* „ . . . ist darzubringen; dieses *isuma* mit *zusleva* (und *apir-*?) darzubringen ist"

CAP 25 *acas eϑ zusleva* „machend dieses *zusleva*"

TLE 109 (Beginn der Inschrift an der Wand eines Grabes) *eϑ ḥauna* (. . .

110 (Beginn der Inschrift an der Wand eines Grabes) *eϑ śiϑum* . . .

359a (Blei von Magliano), Ende der Inschrift: *eϑ.zuci.am.ar* „dieses *zuci* . . ."

359b (Blei von Magliano) *eϑ.tuϑiu.nesl.man.rivaχ* „dieses *tuϑiu* . . . "

619 (Stifterinschrift des Grabes von S.Manno/Perugia) *eϑ:fanu:lautn:precuś ipa* etc. „Dies (ist) das Heiligtum der Familie Precu, wo usw."

2. TLE 170,6ff. *zilc.ma/runuχva.tenϑas.eϑl./matu.manimeri* „als *zilc marunuχva* fungiert habend, diese Mäler (*eϑl manimeri*) ge . . . . t. (Verbalnomen < **mat-*)"

Da *manimeri* sicher ein Kasus des Plurals ist, wie sich aus *manim : manimeri* ergibt, muß auch *eϑl* ein Kasus des Plurals sein. Wir sehen also im Rahmen der pronominalen Flexion *ca : clel = eϑ : eϑl.* Die Bedeutung und Funktion von *clel* ergibt sich aus zwei Belegen:

TLE 570 A 16ff. *hut naper penezś / masu acnina clel afuna velϑina-m* etc.
„Sechs *naper* neben den fünf (?), diese erhält (w. „erwirbt sich") Afuna; Velthina aber . . ."

TLE 233,3 . . . *ma×ce.clel.lu×* (. .) „ . . . te diese *lu×* (. .)"; *ma× ce* ist 3. Sg. Praet.; der Stamm (oder die Wurzel) ist vielleicht jenes **mat-*, von dem oben in TLE 170 das Verbalnomen *matu* zu finden ist. Es dürfte sich um ein „verbum construendi" handeln.

3. In der Reihe arch. *ita,* rez. *ta* fehlte bisher das Mittelglied *eta,* analog zu *eca* in der Reihe *ica - eca - ca.* Der neue Text von Pyrgi (LP V, s. PALLOTTINO, Un' altra laminetta di bronzo con iscrizione etrusca recuperata dal materiale di Pyrgi, *Arch.Class.* 19(1967), (336–341) scheint diese Form zu enthalten (Z. 1): *e·ṭa ϑesan·e·traś·u·niịaϑi hạ* . . .

Vom zweiten Buchstaben ist nur der untere Teil einer senkrechten Haste erhalten; es kommen nur *i* oder *t* in Frage. Die Entscheidung PALLOTTINOS a.a.O. 337f. dürfte wohl richtig sein.

---

100 Zur Lesung s. Verf., Studien zu den AM 67f.

Über *eta* > *eϑ*, d.h. über *t* > *ϑ* und Abfall des auslautenden Vokals (immer vorausgesetzt, daß die beiden Demonstrativa auf eine gemeinsame Wurzel zurückgehen) kann noch nichts ausgesagt werden.

§ 96.

Als emphatische Formen der Akkusative *ecn* und *itun* sind *ecnia* und *itunia* zu betrachten (zu *ecnia* s. CORTSEN, Sprachk. 49: „verstärkte Form von *ecn*"):

TLE 359 b:	*mlaχ ϑanraṣ calusc ecnia IV(ez)*[101] *avil(s)*
	„Opfergabe für Thanr und Calu: diese viermal im Jahr"
TLE 506, a:	*mi śuϑi larϑia(l) larkien[a]ś IIIve*[102] *vel* . . . .
	. . *[l]arike ×sapinas itunia muluven[eke]*
	„Ich (bin) das Grab des Larth Larkiena(s) . . .
	. . [L]arike [A]sapinas dieses gestiftet hat"

Vgl. CAP 2.30 *itna* und *ituna it(u)n-a*

Der von RIX, Gött.Gel.Anz. 220 (1968), 84 beim Versuch einer Analyse von *seleitala* LP II 13 unter Berufung auf PALLOTTINO (Arch.Class. 16, 1964, 93) isolierte „Pronominalgenitiv *-tala*" existiert in dieser Form nicht, abgesehen davon, daß es sich bei der fraglichen Form um zusammengerücktes *seleit ala* „in dedicatione affert" handeln dürfte.

§ 97.

(e)ca und *ta* werden in dreifacher Weise auch enklitisch gebraucht:

a) In Besitzerinschriften am Genitiv des Besitzernamens als Hinweis auf das Objekt:

TLE 5	*limurces-ta pruχum* „Des Limurce (ist) dieser Krug"
TLE 9	*maiflnas-ta mi* „Des Maiflna (bin) ich, dies"
TLE 67	*aviles-ca apas* „Dies (ist) des Avile Apa"
TLE 215	(Töpfertempel) *ϑances-ca numnal acil* „Dies (ist) der Thance[103], (der Magd) der Numnei, Werk"

S. zu dieser Inschrift Übungsbuch I, e, 4!

Vgl. zu solchen Besitzerinschriften mit Hinweis auf das Objekt griechische Inschriften wie Κυπροκράτιϝος ἐμὶ ὁ λᾶο / ὅδε (SCHWYZER, Dial. Graec. exempla epigr. potiora Leipzig 1923, nr. 638,7).

b) nominal (mit Gen. auf *-s*) flektierend, als bestimmter Artikel fungierend[104] oder selbständig (orthotonisch) stehend:

---

[101] Vgl. TLE 359a *cauϑas tuϑiu avils LXXXez* „Für Cautha Tuthiu: im Jahre achtzigmal". Zum Zahladverb s. § 109; zur Lesung *ϑanras* s. § 104, Anm. 133.

[102] So nach CIE 1136.

[103] Hypokoristikon zu *ϑana*, weibl. PN; häufiger *ϑanicu*.

[104] TORP, Beitr. I 92; VETTER, Wortd. I 31f.; PALLOTTINO, Elem. 46f. („articolazione"). 49, § 88. – In dieser Funktion bisweilen einem Relativpron. gleichkommend (so auch OLZSCHA); vgl. SIGWART, KZ 50, 284: „Es scheint überhaupt, als ob die Etrusker zwischen Demonstrativum und Relativum keinen Unterschied gemacht hätten."

AM XII 11; VII 6 *śacnicn, śacnitn* „den Priester"

**sacnicś* „des Priesters" in *sacnicś-treś* „der Priesterschaft"[105].
**śacnicś* und *śacni-ca* < „der Priester"

TLE 359 a: *aiseras in ecn mene . .*
ebda.: „Für Aisera: Das für sie (gen.dedic.) als Gabe . . ."
ebda.: *marisl menitla* (= meni-tla) . . .
„Für Maris, den Spender . . ."

Hier in Alliteration zum *l*-Gen. von *maris* nicht nominale, sondern pronominale Flexion.

AM II 9 *ṣve-c an cś mene utince . .*
„und zugleich sie (sc. Aisera), für die (gen. dedic.) eine Gabe geleistet wurde . . ."

TLE 381 (Cippus) ^{1}*l (arϑal):titeśi:cale/śi* ^{2}*cina:cś:mestleś* ^{3}*huϑ naper . . .*
„Des Larth Tite-Cale *cina*, von dessen *mestle* sechs *naper* . . ."

TLE 570 A 4f. u. 22 *tesnś teiś rasneś*
„nach diesen öffentlichen Bestimmungen"

Hier drückt nur *teiś* den Gen. plur aus, da **tesna rasna* als Adj. II wohl einen Plur. auf *-l*, nicht aber einen Gen. davon bilden kann. Vgl. auch *teis evitiur(a)s* TLE 359,b und *śarśnauś teiś* AM X 16.

c) als „Stützwort" enklitisch an Genitiven oder Adjektiven fungierend[106]:

AM VI 9ff.: *zaϑrumsne lusaś fler hamφis-ca ϑezeri*
„Am Zwanzigsten ist für Lusa das Opfer, das des *hamφe*, zu schlachten"
laivis-ca lustreś fler vacltnam ϑez[eri
„das des *laive* ist für die Lustra[107] als Opfer mit Libation zu schlachten"

AM VIII γ 2: *[a]le huslneś-tś*[108] „nimm von dem jungen (sc. Wein)"

AM XI 2: *vinum śantiśtś* (< **śantic-ś-tś*) „Wein von den ungemischten"

§ 98.

TLE 570 hat in B, Z. 7f. *eśtac* (Nom.-Akk.), in A, 2f. *eśtla* (pronominaler Gen.)[109]. Dieses *eśtac* - s. auch TLE 626 *estak* - mit emphat. Partikel *-c/k* scheint Kontamination von umbr. *est-* „istud" und etr. *ta* „dies-" zu sein, für jenes etr.-umbr. Grenzgebiet nicht besonders auffällig.

TLE 570 A 2f. *vaχr lautn velϑinaś eśtla afunaś . .*
„Die Verträge der Familie Velthina und jener der Afuna . ."

B 3ff. *ipa . . . . . (7) eśt/ac velϑina acilune turune ścune*
„was . . . . . ., das wird Velthina tun, geben, abtreten[110]"

---

105 Vgl. Studien z.d. AM 21f.

106 S. VETTER, Wortd. I 31f.; Gl. 28, 1940, 137f.; MERIGGI, SE XI, 1937, 179 Anm. 130.

107 Zu *lusaś* und *lustreś* s. Verf., Studien z.d. AM 77f.

108 CORTSEN, Gl. 26, 254 hält *-tla/-cla* für älter als *-tś/-cś*, verkennt also den Unterschied zwischen nominaler und pronominaler Flexion.

109 Vgl. TORP, Beitr. II 84f. (Genitiv eines Demonstrativums).

110 S. § 141.

§ 99.

Deiktische Partikel,[111] nicht Demonstrativpronomen, ist *hen* „da"; *ca+hen* wird zu *cehen* (Ton auf *-hen?*).

TLE 570 A 4ff. *tezan fuśleri tesnś teiś/raśneś ipa am hen naper* XII „bezüglich der Besitzungen nach den öffentlichen Bestimmungen, welches sind da 12 *naper* . . ."

Ebda. A 24 *hen naper ci cnl hare utuśe* (B) *velϑina ś/atena*

„ da die 3 *naper* – diese mit (Mod.) . . . . . – Velthina behält"

TLE 619 (Bauinschrift des Hypogäums von S.Manno bei Perugia) *cehen suϑi hinϑiu*

„Dieses unterirdische Grab da"

TLE 621 (Cippus) *cehen / cel(a)* . . . . „Diese *cella* da . . ."

Die Provenienz sämtlicher Belege aus dem *ager Perusinus* deutet vielleicht auf regionalen Gebrauch hin.

§ 100. Verschiedenes zu den Pronomina

1. *ni*, z.B. TLE 24.26.246.(615).710, ist nicht, wie PALLOTTINO (Elem. 48, § 84) früher meinte, ein archaisches pronominales Element, wie schon BUGGE (Beiträge z. Erforschung d. etr. Sprache, in Beitr. z. Kunde der idg. Sprachen, X, 1885, 77f.) hatte feststellen wollen. Es handelt sich dabei immer um *mi* „Ich; mich", das verschrieben oder verlesen wurde.

Auch PALLOTTINO rechnet nun mit dieser Möglichkeit (La iscrizione arcaica . . ., Bull.Com.Arch.Gov. di Roma LXIX, 1941, 104): „Resta per altro sempre possibile una svista grafica del incisore."

2. *mi ma* ist weder eine Verstärkung von *mi* (PALLOTTINO, Elem. 48, § 84), noch „ich bin" (< *mi ama*): s. im folgenden § 148.

3. Pronominal scheint *cnticnϑ* AM VII 19 zu sein; die Bildung *cn+ti+cn+ϑ*, dissimiliert aus **cn+ϑi-cn+ϑi* (def. Akk. von *ca* + Lok.?) ist sehr merkwürdig. Das Wort dürfte verallgemeinernde Bedeutung haben wie *ipe ipa, anan(c), inin(c).*

Der Sinn von *cnticnϑ* scheint als erstarrte redeterminierte Form des Demonstrativums – „hypostasiertes" *cn* (vgl. adverbielles *ein*!) + Lok. – den Sinn „insgesamt" zu haben, wie der Kontext von AM VII 17ff. nahelegt: *vacl ara ϑuṇị / śacnicleri cilϑl cepen cilϑvca cepen / cnticnϑ* „Die Libation macht er zuerst für die Heiligtümer des Volkes, hierauf für die Völker, hierauf insgesamt . . .", verglichen mit dem zweiten Beleg für *cnticnϑ*: AM XI 4ff. (nach der verbesserten Lesung von VETTER, Anz. phil.-hist. Kl. ÖAdW, 1955, Nr. 19, 261; zu dem Appellativ *mur* s. in derselben Kolonne z. 8 *eslem zaϑrum mur* „achtzehn *mur*". Da es sich in XI 1–10 ausschließlich um Libationen handelt, dürfte *mur* ein Gefäß bezeichnen): *heχz etnam / iχ matam cnticnϑ cepen teśamitn / muṛ c̣ẹϑ̣ị* „stelle hin ebenso wie vorher insgesamt; hierauf *teśamitn* (Lokaladverb) das *mur*-Gefäß".

---

[111] VETTER, Wortd. I 67, Index s.v. *cehen* und *hen*, sieht in *hen* eine Prä- und Postposition. CORTSEN (Gl. 23, 1935, 155) hält *cehen* für gleichbedeutend mit *c(e)n* (Akk. von *ca*), wobei *-h-* „bezeichnet wohl nur Vokallänge." Die ist in Hinsicht auf isoliertes *hen* (*hen naper* XII „die 12 *naper* da" TLE 570 a 5/6) völlig abzulehnen.

4. *cltral* AM VIII 5 ist **cla-tra-l,* Gen. von *ca* + Kollektivsuffix *-tra* (§ 169), in den *l*-Genitiv gesetzt.

AM VIII 4f. *raχ tei / menaś cltral mulaχ* „bereite diese (sc. die *flerχva neϑunsl,* „die Opfer für Nethuns“), bringend von diesen allen eine Opfergabe“.

5. TLE 90 *clesnes ϑurs* ist Gen. von **cleśna ϑur : cles-na* ist ein Adj. II, und damit ist **cles* wohl als Substantiv gesichert und nicht mit *ca* zu verbinden.

6. PALLOTTINO gibt Elem. 50, § 90 eine Reihe von Wörtern an, die nach verschiedenen Autoren pronominalne Ursprung oder pronominale Bedeutung haben sollen:
helu, heliu, helś, hen, heva, hevn, hia, ia, iś, imś, veś, vaśi, veisin, veisna.

Dazu ist zu bemerken:

hel (*-iu, -u, -ś*) ist ein Adj. I mit der Bedeutung *„proprius“*[112].

hen: s. o. § 99.

heva (TLE 635) ist kaum Lokaladverb „hier“ (TROMBETTI LE § 174.274; vgl. PALLOTTINO Elem. 65), noch „Grab“ (CORTSEN, Gl. 18, 1930, 174, Anm. 3) oder „jeder“ (STOLTENBERG, Sprachl. 1950 20), sondern eher ein das PN ersetzendes Appellativ wie lat. *infans, pupus.* Vgl. RIX, Cognomen 91f. mit Anm. 194f.

hevn (TLE 359a *hevn avil*) ist ein Adj. unbekannter Bedeutung, keineswegs „hier“ (Trombetti)

ṿẹś (AM III 14) ist – wenn richtig gelesen und existent – eher ein Appellativ, vgl. das GCN *vescu* in TLE 448.

veisin (AM III 15) existiert nicht; es ist *ṿersin* zu lesen[114].

veisna (AM X 22) existiert nicht; es ist *peisna* zu lesen[115].

ṿaś (AM VI 1) existiert nicht; an Stelle von *ṇa ṿaś ϑ̣ụṇẹṃ - - ×× leic* ist *śceva.śnutuφ* zu lesen[116].

Die drei letzten Beispiele zeigen, wie viele umstrittene und vielgedeutete Wörter auf irriger Lesung beruhende *„ghost words“* sind, die beseitigt werden müssen.

Auch unter den von PALLOTTINO, Elem. 50, § 92 (vgl. auch SE VII, 1933, 239) angeführten *„pronomi composti“* befindet sich Material, das nicht pronominal ist, z.B. *catica* (AM VI 15), das ein Adj. I + enkl. *-ca* (als best. Artikel) ist; *χimϑm* (TLE 359a) ist Lok. von *χim* „Gesamtheit“ + Konj. *-m* und bedeutet „in der Gesamtheit aber, im ganzen aber“.

Das durch die Konsonantenverdopplung auffällige *tanna* TLE 570 á 1 – bisher ungedeutet – ist wohl ein Adj. II (< **tan*)[117].

7. TROMBETTI (LE 114, 161, SE IV, 1930, 199, 8.) und PALLOTTINO (Elem. 49, § 89) zählen auch *ϑi(c), ϑii, ϑil* (letztere TLE 570) und *χi-* zu den Pronomina. *ϑi* soll einerseits

---

112 TROMBETTI, LE § 270; HAUSKNECHT, Eos XXX, 1927, 267ff; dazu VETTER, Gl. 19, 1930, 306 („bemerkenswert“). – *hel-* „proprius“ kann leicht die Funktion eines pron. poss. reflex. annehmen.

113 SLOTTY, Beitr. I 193.

114 VETTER, Zur Lesung der Agramer Mumienb., Anz. Öst. Akad. d. Wiss., phil.-hist. Kl., 1955, 253.

115 VETTER, a.a.O., 257.

116 VETTER, a.a.O., 254.

117 Verf., Unters. z. CIP, SE XXIX, 1961, 119f.

gleich *ϑui* „hier" sein, andererseits ein Pronomen. Trombetti sieht in *χi* und *ϑi* Korrelativa. Pallottino sondert richtig *χim* aus, das ein Nomen ist.

Im CIP (TLE 570 A 10 *ϑii ϑil;* 15 *ϑii;* B 19 *ϑil*) ergibt der Kontext mit großer Wahrscheinlichkeit, daß *ϑi(i)* „beide" bedeutet; auch *ϑi-c* (AM III 19; X 2; XI 3.4.6) scheint dafür zu sprechen.

MERIGGI, OLZ 1938, Nr. 7, Sp. 417, sieht in *ϑii, ϑil* die Bedeutung *„alter, alterius"*.

§ 101. Das Possessivum

Neben dem Patronymikon, Metronymikon und Gamonymikon, das (mit oder ohne *clan* „Sohn", *seχ* „Tochter", *puia* „Gattin") im Genitiv steht, finden sich äquivalente Formen auf *-sa* oder *-śa*, die einen Gen. *-sla*/ *-śla,* also in pronominaler Flexion, bilden[118]

1. Eine solche Form wird gewöhnlich als Possessivadjektiv erklärt, das sich vom Genitiv auf *-s*/*-ś* ableitet und dadurch angefügtes *-a* zum Adjektiv wird[119]. Mehrere Umstände zeigen, daß diese Erklärung unrichtig ist und das Wesen der Formen nicht genügend erfaßt:

a) Während vom PN *vel,* Gen. *velus,* das Adj. poss. *veluśa* lautet, – also *vel-uś-a* –, ist die entsprechende Form von *arnϑ* nicht **arnϑala,* sondern *arnϑaliśa;*

b) Während der Gen. von *vel* im Südetr. *velus* ist, entspricht dem im Nordetr. *veluś;* dagegen lautet das Adj. poss. im Südetr. *veluśa* (Gen. *velus!*), im Nordetr. *velusa* (Gen. *veluś!*)

c) Der Wechsel von *s* ⪆ *ś* bei der Bildung des Adj. poss., der streng regulär vor sich geht, ist unerklärlich, wenn das Adj. poss. nur ein adjektivierter Genitiv ist. Auf diesen Wechsel hat schon SKUTSCH (RE VI 804) hingewiesen.

2. a) Die Form *arnϑaliśa* zeigt, daß das Suffix, welches den Genitiv in das Adj. poss. überführt, *-śa* lautet; das *-i-* ist ein hier zwischen *-l* und *-ś* regelmäßig auftretender Bindevokal.

b) *-śa,* Gen. *-śla* im Südetr., *-sa,* Gen. *-sla* im Nordetr. entspricht genau der bekannten Tatsache, daß die Sprache des Südens im Anlaut *ś-*, im Auslaut *-s* vorzieht (vgl. *śuϑi,* Gen. *śuϑis;* PN *śeϑre,* Gen. *śeϑres*), während es im Norden umgekehrt ist (vgl. *śuϑi,* Gen. *śuϑiś;* PN *śeϑre,* Gen. *śeϑreś*).

c) Dies weist darauf hin, daß das pronominal flektierende *-śa*/ *-sa* ein enklitisch gebrauchtes Possessivpronomen ist, das in Südetrurien *śa,* in Nordetrurien *sa* lautet. Beim Hinzutreten an den *s*-Genitiv wird dessen *s*-Laut dem des enkl. Pronomens angeglichen bzw. ausgestoßen. Beim *l*-Genitiv tritt, wie schon bemerkt, *i* zwischen *-l* und *-sa*/*-śa.* S. aber auch die Hypothese von DURANTE, o. § 21.

d) Da z.B. *larϑ velu arnϑal* „Larth Velu, (Sohn) des Arnth" heißt, und *arnϑ veluś velusa* „Arnth Velus, (Sohn) des Vel"- wörtlich etwa „der Vel-sche", ergibt sich, daß *śa*/*sa* das Possessivpronomen der 3. Person Sing. ist; *arnϑ veluś velusa* = Arnth Veluś, „des Vel der seinige".

---

118 Vgl. PALLOTTINO, Elem. 42,5: „Una desinenza *-la,* anch'essa arcaica, si usa con i gentilizi genitivali in *s*/*śa* . . . . e con i genitivi doppi", was sachlich stimmt, in der Erklärung („archaisch", „doppelte Genitive" aber unrichtig ist (s. § 213 bis).

3. B e i s p i e l e f ü r d i e A n w e n d u n g :

a) als P a t r o n y m i k o n : Solange sich eine bestimmte Familie in Chiusi *velu* nennt, wird als Patronymikon bei dem in der Familie gebräuchlichen PN *vel* der Genitiv *velus'* verwendet; sobald aber beim GN der *s*-Nominativ *velus'* auftritt (der nun mit dem Gen. des PN zusammenfällt), wird als Patronymikon das Adj. poss *velusa* verwendet:

CIE 1223 *larϑ velu arnϑal tetinal clan*
1219 *vel velus' arnϑalisa*
1222 *arnϑ velus' velusa*

b) als M e t r o n y m i k o n: CIE 1358 × *ϑ herini l(ar)ϑ(al) tlesnalisa* „[ ]th Herini, (Sohn) des Larth und der Tlesnei („der Tlesnei der ihrige“)

c) als G a m o n y m i k o n: CIE 1357 *ϑa(na) tlesnei herinisa pulufnal* „Thana Tlesnei, (Gattin) des Herini, (Tochter) der Pul(u)fnei“ (*herinisa:* „des Herini die seinige“)

NB: CIE 1357 ist die Mutter von 1358.

CIE 1388 *larϑi peϑnei matausnisa* „L.P., (Gattin) des Matausni“

Interessant ist die Verbindung von Possessivform im Nom. mit einem einfachen Genitiv:

CIE 1299 (*Chiusi, teg.sep.*) *fasti / hermnei / tiusa vetusal.* Um *vetusal* richtig zu verstehen, müssen wir CIE 1304 berücksichtigen: *tiuza tius : vetusal / clan ϑanas / tlesnal / avi<:>l<:>s XIII,* d.h. „Der kleine Tiu (s. § 165), (der Sohn) des Tiu Vetus, Sohn der Thana Tlesnei, (gestorben im Alter) von XIII Jahren“. Die Familie heißt also *Tiu-Vetus;* der Knabe, der auch in weißer Toga abgebildet wird (s. BUONAMICI, EE, Tav. XV, Fig. 23), führt an Stelle des Pränomens einen vom Gentiliz gebildeten Kosenamen. Die in CIE 1304 genannte Fasti Hermnei ist die Gattin eines Tiu Vetus; das Gamonym wird halb durch den einfachen Genitiv, halb durch die für Chiusi typische Possessivform ausgedrückt; wir haben hier die Mischung aus gemein-etr. *tius' vetusal* und chiusin. *tiusa *vetusalisa.*

d) An Orten, wo (wie in Chiusi) häufig das G e n t i l c o g n o m e n vorkommt, ersetzt dieses bisweilen im Patronymikon das PN, im Metronymikon das GN[119]:

CIE 1423 *arnϑ sentinate cumeresa*
„Arnth Sentinate, (Sohn) des Cumere“

Die Familie heißt Sentinate-Cumere/u.

CIE 1451 *fastia umranei cumeruniasa*
„Fasti Umranei, (Tochter) der Cumerunia“

Die Mutter der F.U. war eine Sentinati-Cumerunia (weibl. Form des GN Sentinate-Cumeru/e, s. § 188).

---

119 So auch noch V e r f ., Sprache VIII, 1962, 155f. – Es war aber auch schon PALLOTTINO in SE VII, 1933, 231 der richtigen morphologischen Erklärung auf der Spur gewesen: „Se noi consideriamo i gentilizi di formazione genitivale in *-s'/s'a: pupasa, nus'tesa* ecc. e gli elementi pronominali *ca, ta,* con i rispettivi genitivi *papas-la, nus'tes-la, -c-la, -t-la* (TORP, Etr. Beitr. II, p. 87sgg.), siamo indotti a pensare c h e l e f o r m e i n *-s'/s'la* a b b i a n o p i u t t o s t o p e r b a s e l e f o r m e i n *-s/s'a* c h e i s e m p l i c i g e n i t v i i n *s/s'*“ (Sperrung von mir). – Zur Bezeichnung der Formen als „Possessivadjektiva“ s. auch SCHULTEN, Die Tyrsener in Spanien. Klio XXXIII, 1940, 91, und VETTER, zitiert ebda. 90.

e) Einige Gentilnamen, die aus Cognomina entstanden sind, haben die Form des poss. Adj. auf *-sa* mit Gen. *-sla:*

TLE 13a) *θupes fulusla mi* (Nom.: *θupe fulusa*)

TLE 525 *nepvr papasla / lavt(n)i* „Nepur, des Papasa *familiaris*"

§ 102.

Die Possessivadjektiva können in den Genitiv treten. Diese Genitive erscheinen aber nur dann, wenn die ganze Namensformel wegen Abhängigkeit von einer übergeordneten Formel, wie „ich bin / das ist das Grab, der Sarg, die Stele" u.a. in den Genitiv tritt. Ein einfaches Beispiel ist (SE IV, 1930, 267ff., Verbesserung von CIE 16) die Inschrift auf eine Basis *mi : cana : arnθal : prastnaś : lavcisla* „Ich (bin) das Kunstwerk (o.ä.) des Arnth Prastna, des Sohnes des Lauci" (Der Nom. ist *arnθ prastna lavcisa*). Diese übergeordnete Formel ist bisweilen nur intentionell, weil das Objekt selbst für sich spricht.

a) So z.B. in TLE 191 (Tuscana, Sarkophag): *larisal larisaliśla θanχvilus calisnial clan avils huθizars.* In dieser Inschrift aus dem Familiengrab der Statlane von Tuscana fehlt, wie in Familiengräbern nicht selten, das Gentiliz des Verstorbenen. Er wird nur *laris larisaliśa* (Adj. poss. für *larisal*) genannt. Vorauszustellen ist dem Namen etwa *ca mutna* „dies (ist) der Sarkophag"[120]; nun tritt der Name *laris larisaliśa* in den Genitiv: *larisal larisaliśla.* Die Inschrift fährt nun im Nominativ fort (Niminalsatz): *θanχvilus calisnial clan* „(er war) der Thanchvil Calisni Sohn"[121]. Das Alter des Bestatteten wird im Gen. temp. *avil-s huθizar-s* „im Alter von 16 Jahren" angegeben.

b) Etwas anderes ist es mit der Form *arnθals,* wo an den Gen. *arnθal* noch das Suffix des *s*-Genitivs tritt.

TLE 324 (Sarkophag aus dem Grab der Familie Tute in Vulci) *tute larθ anc farθnaχe tute arnθals / haθlials ravnθu ....*

Der Erstgenannte, Tute Larth, ist der Bestattete selbst, der sich den Sarkophag machen ließ: *anc farθnaχe* „dieser da weihte"[122]. Seine Abstammung gibt er weitschweifig mit PN und GN von Vater und Mutter an; sonst wird in der Regel nur das PN des Vaters und das GN der Mutter angeführt. Die Filiationsangabe macht er von einem gedachten (von *farθnaχe* regierten) „für (sich), den Sohn (gen. dedic.!)" abhängig, anstatt einfach zu sagen *arnθal haθlial* „(Sohn) des Arnth und der Hathli"[123].

Überdies faßt er die Namen des Vaters als Einheit auf, ebenso die der Mutter; dies wieder veranlaßt die sogenannte „Gruppenflexion"[124]. Diese Einheiten [*tute arnθal*] und

---

120 Vgl. TLE 185 (Sarkophag aus demselben Grab) *ca mutna velus/statlanes lari/sal* „Dies (ist) der Sarkophag des Vel Statlane, (des Sohnes) des Laris".

121 *clan* ist Nom.; der Gen. wäre *clens.*

122 Vgl. Verf., Sprache VIII, 1962, 145ff.

123 Zum Gen.dedic. bei *farθ(an)* vgl. AM II 12; V 7f. *farθan aiseraś śeuś* „weihend der *Aisera śeu*"; IV 8 *farθan fleres in crapśti* „weihend dem Opferbild des Crapśti" und IX 14 *farθan fleres neθunsl* „weihend dem Opferbild des Nethuns".

124 S. § 212,a; in unserem Falle werden ganz korrekt das PN des Vaters und das GN der Mutter als die regulären Bestandteile der *formula onomastica* flektiert, wie auch bei der Mutter zuerst das GN genannt wird.

[*haϑlial ravnϑu*] erhalten nun, um das gedachte „des Sohnes des/der" auszudrücken, den „Satzgenitiv" mit normalem *s*-Suffix, das an die w i c h t i g e n Teile – PN des Vaters und GN der Mutter – tritt: *tute arnϑal-s, haϑlial-s ravnϑu.* Hätte der Sarkophaginhaber auf diese umständliche Formulierung verzichten wollen[125], dann hätte er einfacher *arnϑaliśla haϑlialiśla* sagen können (immer die Abhähgigkeit von *farϑnaχe* vorausgesetzt).

c) Wieder ein anderer Fall liegt bei *papasa, papasla* vor. Hier darf nicht übersehen werden (wie es zum Beispiel B u o n a m i c i und N e h r i n g taten), daß *papasa* weder PN noch GN ist. Es ist das C o g n o m e n einer Chiusiner Familie das als GN fungiert (§ 101,e; vgl. RIX, Cognomen 59ff.). Morphologisch ist *papasa* das Adj. poss. vom Gen. *papaś* des Lallwortes *papa,* das im Etr. „Großvater" bedeutet. Ein *familiaris* dieser Familie nennt sich TLE 525 *nepur.papasla/ lavt(n)i* „Nepur[126], des Papasa Freigelassener". Eine Form wie *papaslisa* CIE 1214.3067, *papaślisa* 2956 ist nicht, wie RIX, *Cognomen* 59 meint, ein „doppelter Genitiv", sondern als *papaś(a)lisa* das Possessivadjektiv am Gen. *papaśal* des GN *papaś* (mit Nominativ -s); dasselbe gilt für *nusteslisa* 2147, das von *nustes,* nicht von *nuste* stammt (*nustes,* Gen. *nustesal;* Poss.-Adj. *nustesalisa;* Gen. *nustesalisla;* die Reihe vom Namen o h n e Nominativ – s wäre dagegen: *nuste,* Gen. *nustes;* Poss. Adj. *nusteśa,* Gen. *nusteśla.*).

Zur Frage des „*genitivus genitivi*" und der „*rideterminazione morfologica*", die mit dem Adj. poss. der Namen eng zusammenhängt, s. § 213 bis.

In unserem Material finden sich einige Formen, die auf den ersten Blick wie Nomina + Possessivsuffix *-sa* (Gen. *-sla,* Mod. *-sle*) aussehen. So sagt z.B. OLZSCHA (PB 253): „*sulsle* sieht aus wie ein Genitiv auf *-sla* mit Abtönung zu *-sle,* vgl. *alfnalisle* und *mul-sle.*"

Solche Formen sind die von Olzscha angeführten *sulsle* und *mulsle,* ferner *munsle* TLE 84. *Alfnalisle* TLE 473 betrachte ich als eine von dem vorausgehenden Wort *venzile* verursachte Echoform für *alfnalisa.* Der etr. Text dieser bilinguen Inschrift, *vel : venzile : alfnalisle* ist zu übersetzen: „Vel Venzile, der der Alfnei (= Sohn der Alfnei)", Hingegen müßten *munsle, mulsle* und *sulsle* als Modalisformen auf *-e* (Olzscha: „abgetönte Genitive") von **munsa, *mulsa, *sulsa* aufgefaßt werden, d.h. als Nomina *mun(i), mul(u), sul* + Possessivsuffix *-sa.* Ich halte eher dafür, daß wir – nach dem Beispiel von *municleϑ/t* (TLE 99.570a 14) und *munisvleϑ/munisuleϑ* (TLE 172f.) – assibilierte Formen mit *-cl-* > *-sl-* vor uns haben, wobei *-sle-* < *-cle-* eine Deklinationsform des Kollektivsuffixes *-cla* § 170) darstellt.

Bei einer Zuordnung dieser Formen zu den Nomina mit Possessivsuffix wäre der Ausfall des auslautenden Vokals (bzw. das Fehlen eines Bindevoklas) vor *-sla/ -sle* besonders auffällig, da eine solche Erscheinung bei diesen Formen sonst nie zu beobachten ist.

---

125 Die Inschriften der Familie Tute und Tetnie samt denen der mit ihnen verschwägerten Viśna (TLE 320.321.326) und Tarna (TLE 318.321) sind auffällig gesprächig. Die Tute bekleideten, wie aus TLE 324f. hervorgeht, die höchsten Ämter in Vulci.

126 Ital. Knechtename (< *cnaepur;* Abfall von *c-* beweist späte Übernahme) wie *caepur* und *olipor* (*Gnaei, Gai, Auli puer*).

ZAHLWÖRTER[127]

§ 103. Grundzahlwörter

a) VETTER[128] hat in einer sehr gründlichen Arbeit nachgewiesen, daß man von TORPS Deutung der auf den Würfeln von Tuscania (Toscanella) befindlichen Zahlwörter bzw. von seiner Reihung nie hätte abgehen sollen. Zu dem gleichen Ergebnis kommen die Untersuchungen von WILKINS und PFIFFIG - IZBICKI[128a]: Diese Reihung ist:

ϑu	*zal*	*ci*	*sa*	*maχ*	*huϑ*
1	2	3	4	5	6

---

[127] Literatur zum Problem der Zahlwörter (in Auswahl):
BRANDENSTEIN, *Lemnosstele* (Mitt. Altorient. Ges. VIII, 1934) 35ff.
BUFFA, Elementi 61ff.
BUONAMICI, Epigrafia etrusca 405ff.
CORTSEN, Beamtentitel 136ff.; Zur etr. Sprachkunde 57ff.
DEROY L., A propos des noms de nombre étrusque *ci* et *maχ*. Latomus 13, 1954, 51ff.
DEVOTO, SE VIII, 1934, 217ff.
FIESEL, SE X, 1936, 321ff.; Namen 108,1 (gegen Oštir).
GEORGIEV, Sprachl. Zugehörigkeit der Etrusker 31ff.
GOLDMANN, Beitr. I 71ff.
HAMP, Gl. 37, 1958, 311f. (luw.-anatol. Etymon für *maχ*).
HERBIG W., Abh. Bayer. Akad. d. Wiss., phil.-hist. Kl. XXV/4, 42ff.
HESTERMANN F., Das Zahlwort in der Agramer Mumienbinde. Wissensch. Zeitschr. d. Fr. Schiller-Univ. Jena, Ges.u.Sprachw. Reihe 2, 1952/53,5,75ff. (vergl. mit d. Turksprachen).
KLUGE, SE IX, 1935, 153ff.; X, 1936, 191ff.
KRETSCHMER, Gl. 11, 1921, 277; 18, 1930, 110f.
KROGMANN, Gl. 37, 1958, 150ff.
OLZSCHA, Neue Jahrb. 1936, 105.
OŠTIR, Beitr. z. alarod. Sprachw. 34 (Wien 1921).
PALLOTTINO, Elementi 50ff.
PAULI, Etr. Fo. u. Stud. III.
PFIFFIG - IZBICKI, Die etr. Zahlen von eins bis sechs. Bericht über die Behandlung des Problems mit Hilfe einer elektron. Datenverarbeitungsmaschine. ÖAdW, phil.-hist. Kl., Anz. Jahrg. 1965, So. 5.
RIBEZZO, RIGI XII, 243ff.; XIX 88ff., 199ff.
RUNES, Der etr. Text der AM 38ff.; RIGI XIX, 197ff.
SKUTSCH, IF 5, 256ff.; RE XI, 730ff.
SLOTTY, Arch. orient. 1937, 379ff.
TORP, Beitr. I 64ff., 100.
TROMBETTI, LE 38ff.
VETTER, Gl. 17, 299ff.; Sprache VIII, 1962, 132ff.
WILKINS J., Etruscan Numerals. Trans. Philol. Soc. 1962 (1963), 51ff.

[128] Sprache VIII, 1962, 132–141.

[128a] Das mathemat. Fundament dieser mit Hilfe eines Computers durchgeführten Untersuchung ist: *ci* = 3 (nach LP I/II *šnt šlš* „drei Jahre“ = *ci avil* (dass.) und *maχ* ≠ 1 (nach *huśur maχ* „x Jungen“, SE XXXIII, 1965, 508, nr. 1).

b) Für 7, 8, 9 kommen *semφ, cezp, nurφ* in Betracht; davon scheint mir *cezp* als „8“ durch die Glosse (TLE 858 mit Anm.) *Xosfer* (= *Chosfer*) *Tuscorum lingua October mensis dicitur* sicher zu sein[129].

Die Vollform von *ϑu* ist *ϑun,* wie *ϑun-z* und *ϑun-em* (s. im folgenden) zeigen; zu *zal* gibt es eine Nebenform *esal.*

c) *śar* gilt für „10“[130], *zaϑrum* für „20“
Zu *meχl* „15? “ s. die Übersicht über die Zahlwörter, Anm.*)

d) Die Zehnerzahlen von „30“ aufwärts werden mit der Erweiterung *-alχ(l)* gebildet:

cialχ / *cealχ* (gespr. *ciálχ* / *ceálχ* ?)	„30“
śealχ (< **śaalχ,* gespr. *śa'álχ*?)	„40“
muvalχ (< urspr. **maχalχ* ? ?)	„50“
**huϑalχ*	„60“
semφalχ	„70“
cezpalχ	„80“
**nurφalχ*	„90“

e) Die Zahlen 19, 18, 17 werden durch Subtraktion von 20 weg mit einem Suffix *-em* gebildet, das an die Zahlwörter *ϑun, zal, ci* tritt:
ϑunem „eins von“, *eslem* „zwei von“, *ciem* „drei von“.
Ebenso werden die drei letzten Zahlen der anderen Dekaden gebildet:

ciem zaϑrum(s)	„17“	*eslem zaϑrum*	„18“
ciem cialχ(uś)	„27“	*eslem cialχ(uś)*	„28“
ϑunem cialχ(uś)	„29“	*ϑunem muvalχ(ls)*	„49“

---

129 Andere Reihungen:
DEVOTO, *maχ, ci, ϑu, huϑ, śa, zal*
GOLDMANN: *maχ, ϑu, ci, śa, huϑ, zal*
RIBEZZO: *maχ, ϑu, zal, huϑ, ci, śa, cezp, semφ, muv*
TROMBETTI: *maχ, zal, ci, śa, ϑu, huϑ, semφ, cezp, nurφ*
HAMP: *ϑu, ci, zal, maχ, śa, huϑ;*
Unter den neueren Versuchen, den Wert der Würfelzahlen zu bestimmen, verdient der von Eric P. HAMP (Etruscan *maχ* „4“) besondere Aufmerksamkeit. Der Autor weist auf luw. *mau(w)a* „4“ = k.heth. *miu(w)a* / *meu(w)a* „4“ (mit luw. *-a-* : heth. *-i/e-*) hin, das sich mit etr. *maχ* und besonders mit der Zehnerzahl *muvaχ* verbinden läßt. HAMP hält an der Komplementierung der gegenüberliegenden Würfelflächen zu 7 fest und kommt unter Berücksichtigung der Subtraktivzahlen *ϑunem, eslem, ciem* zu der oben schon angeführten Reihung *ϑu, ci, zal, maχ, śa, huϑ*. Der Vorschlag HAMPS ist verlockend, seine Annahme scheitert aber an folgendem: *ci* „3“ ist durch die pun.-etr. Gleichung (s. § 128a) absolut sicher. Im Rahmen des Typus A (Summe der gegenüberliegend. Würfelflächen = 7) ist HAMPS Reihe unmöglich. Überhaupt ergibt sich aus den absolut sicheren Gleichungen *ci* = 3, *maχ* ≠ 1, daß jede Reihung, bei der *ci* n i c h t „3“ ist (CAMPANARI, RIBEZZO, DEECKE, PAULI, TROMBETTI, SKUTSCH, DEVOTO, BRANDENSTEIN, SLOTTY, HAMP, CHARSEKIN) und *maχ* g l e i c h „1“ ist (GOLDMANN, KROGMANN), falsch ist. Beide absolut sicheren Voraussetzungen sind nur bei TORP erfüllt (die Belege für die Reihungen der genannten Autoren bei PFIFFIG - IZBICKI 11f.).

130 CORTSEN, Sprachk. 59. – Die Zweifel PALLOTTINOS bezüglich *śar* „10“ (SE XXIV, 1955–56, 96, Anm. 56) sind unbegründet. Jedes Zahlwort, das in einer zusammengesetzten Zahl auf 1–6 folgt, muß eine Zehnerzahl (oder eine noch höhere Potenz) sein; *śarvena,* von dem P. ausgeht, dürfte nicht „decurio“, sondern „Xvir“ sein.

Die Subtraktion von 3 findet sich in Ziffern in der neuen Inschrift SE XXX, 1962, 293, nr. 14 (Tarquinia) . . . . . .*e*. . . . *velϑurus:avils* XXIIIX, jene von 2 in SE XXXII, 1964, 110, nr. 4b (Tarquinia): LIIX (gegenüber LVIII ebda. nr. 4a).

f) Die Reihenfolge der Zahlen ist Einer – Zehner, wobei fakultatives *-c* „und" an der Zehnerzahl auftreten kann:

TLE 98	*avils maχs śealχls-c*	„im Alter von 45 Jahren"
TLE 94	*maχ cezpalχ avil svalce*	„lebte 85 Jahre"
TLE 138	*avils cis muvalχls*	„im Alter von 53 Jahren"
TLE 180	*avils cis cealχls*	„im Alter von 33 Jahren"
TLE 191	*avils huϑizars (< huϑ śars)*	„im Alter von 16 Jahren"
AM VIII 1	*ciś śariś*	„am 13."

§ 104.

Wie Datierungen im Gen. temp. in AM zeigen, lautet die Zehnerzahl „30" *cialχ / cealχ*. Ihr Genitiv wird mit *-s/ś* gebildet, wobei zwischen *-χ* und *-ś* der Vokal *-u-* tritt (IX 2 *ciem cialχus;* XI 12 *eslem cealχus;* XII 10 *ϑunem cialχus).*

TLE 94, Z. 2 *maχ cezpalχ avil svalce* zeigt uns den Nom.-Akk. *-alχ*, TLE 141 (Tarquinii) *avils cealχls lupu* (vgl. TLE 144, Z. 3 *avils huϑś celχls*) zeigt einen Genitiv, der an Stelle der Anaptyxe zwischen χ und *s* ein anscheinend irrationales *-l-* hat. Dieser Einschub findet sich in allen Inschriften von Tarquinii und Vulci, die Zehnerzahlen im Genitiv enthalten:

TLE 98	*avils maχs śealχ-l-s(-c)*
TLE 136	*avils ϑunem muvalχ-l-s*
TLE 142	*avils huϑs muvalχ-l-s*
TLE 165	*avils maχs semφalχ-l-s*
TLE 324	*avils esals cezpalχ-al-s*

Dieses *-l-* läßt sich erklären, wenn wir von TLE 359a *cialaϑ* ausgehen, das eine ältere Form[131] von *cialχ* sein muß; Wie *zilχ* der Endpunkt einer Entwicklungsreihe *zilaϑ* > *zilaχ* > *zilχ* ist, muß *cialaϑ* > **cialaχ* > *cialχ* werden.

Überdies steht in TLE 359 bei der Angabe *cauϑas* „für Cautha" die Bestimmung *avils LXXX. ez χimϑm* „des Jahres (= im Jahre) achtzigmal in Gesamten"[132]. Die Angabe *mariśl* „für Maris" hat vor *χimϑm* „im Gesamten" das fragliche *cialaϑ*. Auf die weitere Opfergabe (359 b) *mlaχ ϑanraṣ*[133] folgt *ecnia IV(X)*[134] *avil* „dieses viermal das Jahr".

In der Schlußangabe *mlaχ tins lursϑ tevilaχe huviϑun* ist *lursϑ* Ortsangabe für das Opfer wie *casϑialϑ lacϑ* für das Cautha= und das Aiseraopfer; *tevilaχe* kann nicht Prät. 3. Person sein, weil hier wir Opfervorschriften, nicht einen Bericht haben. Die Form scheint Modalis von **tevilaχ* zu sein. Das darauffolgende *huviϑun* fasse ich als Numerale *huvi-ϑun* auf, das Ganze (*tevilaχe huviϑun*) als Datierung (Monat und Tag?), da im Gegensatz zu den übrigen Opfervorschriften auf dem Diskos hier die Angabe fehlt, wie oft im Monat oder im Jahr das betreffende Opfer darzubringen ist.

Die Zehnerzahl älterer Art *cialaϑ* bildet als Dentalstamm einen Genitiv auf *-l*, **cialaϑ-l*, bzw. in der Form mit Aspiratenwechsel und Synkope **cialaχ-l*, *cialχ-l*. In diesem Stadium tritt für die als Genitiv

131 *cialaϑ* wurde schon von TORP EN 13 mit *ci* „drei" verbunden.

132 *χim-ϑ* „im ganzen" + *-m* der Adverbia, vgl. § 81.

133 *mlaχ ϑanras* ist beim Beschriften des Bleidiskus übersehen und später nachgetragen worden. Dabei kam das Schluß-*s* von *ϑanras* in den Raum zwischen dem ersten *c* von *calusc* und dem darunter stehenden *n* von *man*. Dies wurde bisher übersehen.

134 Das ist *IV.ez,* vorher *LXXX.ez.*

ungebräuchliche Verbindung *-χl-*[135] der nach *-χ* normale *s-* Genitiv ein: *cialχ-s,* mit *u*-Anaptyxe (aus *-l-?*) *cialχus.*

Diese Form haben die AM, deren vorliegende Textform im allgemeinen nicht vor dem 2. Jh. anzusetzen ist. Die Sarkophaginschriften aus Tarquinii und Vulci zeigen einerseits, daß das *-l-* (der ursprüngliche Genitiv) zwar erhalten, aber noch nicht zu *-u-* geworden ist; sie haben andererseits aber schon den *s-* Genitiv.

Zum Verhältnis *l : u* vgl. GEORGIEV, Der Lautwert des etruskischen Buchstabenzeichens ↓, SE XIV, 1940, 261ff., wo der Beweis versucht wird, daß *l* nach *a* vor einem Konsonanten *u (w)* sei (*-alχ-a-l-s* wie in TLE 324 *cezpalχals* mit *a-* Anaptyxe).

§ 105.

Das Grundzahlwort kann dekliniert werden. Die Genitive *ϑunś, esals, ciś, saś, maχs, huϑ(i)s, semφś* weisen auf n o m i n a l e Flexion hin. Von den übrigen Kasus ist nur *ϑuni* (AM VII 17.23; X 7) und *ϑunt* (AM XI 14; *tunt* XI γ 2) belegt. Ein von den Grundzahlwörtern abgeleiteter Plural auf *-ur* scheint als Distributivzahlwort zu dienen (s. § 110).

Nom.-Akk.	*ϑu(n), zal, ci* etc.
Gen.	*ϑunś, esals, ciś *)*
Mod.	**ϑune ?*
def. Akk.	*ϑuni*
Lok.	*ϑuni*
Plur.	*ϑunur, zelur* „je 2, je 3“

*) Als Gen. von *zaϑrum* finden wir *zaϑrums* (TLE 129,279.325; AM VI 9 in *zaϑrums-ne*) und *zaϑrumis* (AM VI 14; VIII 3; XI 5; TLE 93 *zaϑrmis*), als Gen. von *cialχ* die Formen *cialχuś* (AM XI 17; XII 10), *cealχuz* (AM X 2) und *cealχuś/s* (AM IX γ 2; XI 12); vgl. auch *huϑ* und *huϑis.*

§ 106.

1) Bei zusammengesetzten Zahlen flektiert jeder Bestandteil:

AM VIII 1 *ciś śaris* „am dreizehnten . .“

AM VIII 3 *huϑiś zaϑrumiś* „am sechsundzwanzigsten . .“

2) Die Subtraktivzahlen *ϑunem, eslem* und *ciem* sind indeklinabel:

AM VI 14 *eslem zaϑrumiś acale* „Am 18. Aclus“

AM XI 17 *ϑunem cialχuś* „am 29.“

AM IX 2 *ciem cealχuś* „am 27.“

Sobald der subtraktive Charakter von *eslem, ϑunem* und *ciem* erkannt war, (entsprechend lat. *unde-, duode-, *trede-*), gab es keinen Zweifel mehr, daß es sich bei *zal* (> *esl-*), *ϑu(n), ci* um die drei niedrigsten Einerzahlen handeln müsse. Aus AM X 20f. *zuϑeva zal / eśic ci halχza ϑu eśic zal* – „*zuϑeva* y oder auch z, *halχza* x oder auch y“ – schloß VETTER (Sprache VIII, 1962, 135f.), daß dies logischer Weise nur „*zuϑeva* 2 oder auch 3, *halχza* 1 oder auch 2“ bedeuten konnte, womit *ϑu* = 1, *zal* = 2, *ci* = 3 (TORP) bestätigt war.

---

135 Vgl. aber *meχl,* das durch *meχ* LP II, 4 als Genitiv erwiesen ist!

§ 107.

Die etr. M o n a t s n a m e n sind nach den AM und den Glossen[136]:

	AM:	Gloss.:
Jänner	?	?
Februar	?	?
März	?	Velcitanus (**velχit(a)ne*) TLE 856
April	?	Cabreas (**capre?*) TLE 818
Mai	?	Ampiles (*anpile*, CAP 18 *anpilie* Lesung von Vetter und Slotty), TLE 805
Juni	*acale* (VI 14)	Aclus, TLE 801
Juli	?	Traneus (**turane ?*) TLE 854
August	?	(H)ermius (**herma, hermni, hermi?*) TLE 836
September	*celi* (VIII 3)	Celius TLE 824[137]
Oktober	?	Chosfer (**cezpre ?*) TLE 858
November	?	?
Dezember	?	?

§ 108.

Die O r d n u n g s z a h l w ö r t e r werden als Adj. II mit *-na* am Genitiv des Grundzahlwortes gebildet:

**zaϑrums-na* „der zwanzigste“

AM VI 9 *zaϑrumsne lusaś fler hamφisca ϑezeri*

„Am Zwanzigsten ist für Lusa das *hamφe*-Opfer zu schlachten“

AM VI 12f. *etnam eisna iχ fleres crapśti ϑunśna*

„Ebenso (Brot-) Opfer wie das erste für die Gottheit Crapśti“

Ein Ordnungszahlwort **śarśna* „der zehnte“ scheint die Basis von *śarśnau-ś* in AM X 16 *śarśnauś teiś* „dieser *śarśnau*“. STOLTENBERG (Gl. 30, 1943, 239ff.) deutet *śarśna* als „Zehnschaft“, OLZSCHA (Gl. 42, 1964, 241) als „*decuria*“.

Das Bildungsprinzip der Ordinalia – Adj. auf *-na* – schon bei VETTER, Gl. 13, 1924, 143.

§ 109.

Mit dem Suffix *-z(i), -tzi*, das an die Grundform der Grundzahlwörter gefügt wird, werden die Z a h l a d v e r b i e n „einmal, zweimal, dreimal“ usw. gebildet:

*ϑunz, eslz, ciz (citzi, cizi), *saz, *maχz, *huϑz, *semφz, cezpz, nurφzi*

TLE 99 *cizi zilaχnce / meϑlum nurφzi canϑce*

„dreimal regierte er als Prätor den Gau, neunmal war er Camth“

TLE 324 *zilχnu cezpz purtśvana ϑunz* „Prätor achtmal (gewesen), einer der Diktatoren einmal“

---

136 Vgl. auch OLZSCHA, Die Kalenderdaten der Agramer Mumienbinden. Aegyptus 1959, 340ff.

137 In AM IV 14.21; V 10.16.17; IX 18; XI 2.3 ist *celi* nicht der Monatsname, sondern ein (stammverwandtes?) Adjektiv, meist Attribut zu *suϑ*.

TLE 169 *elsśi* wurde von VETTER als „das erstemal (*primum*) gedeutet; vielleicht Verschreibung für **eslśi*, Bedeutung jedoch „zweimal (*iterum, bis*)".

Kombinierte Schreibung des Zahladverbs s. TLE 359a *LXXX. ez* „achtzigmal"

§ 110. Distributivzahlwörter

TLE 619 (Bauinschrift von S.Manno) Z. 2f. *ipa murzua cerurum ein heczri tunur clutiva zelur* ××××(×)*r* (Ende der Inschr.)

ipa . . . heczri „wo aufzustellen sind" *murzua* (Adj. III als Sinnplural von *murś* „Urne") *cerur-um* „die Urnen und[138] die *cerur*". Auch die vier letzten Wörter sind Plurale und noch von *heczri* abhängig. *tunur* ist *r*-Plural von *tun, clutiva* ist Adj. III als Sinnplural von *cluti; zelur* und ××××(×)*r* (wahrscheinlich ist *acaz(e)r* zu ergänzen, vgl. TLE 91) sind *r*-Plurale.

Da *ϑun* „1" auch als *tun* vorkommt (AM XI 16 *ϑunt*, γ 6 *tunt*), wird *ϑunur* mit *ϑun* wie *zelur* mit *zal* zu verbinden sein. Wie lat. *singuli, bini* dürfte *ϑunur* und *zelur* „je ein", „je zwei" bedeuten:

„wo die Urnen und die Beigaben aufzustellen sind, je eine Schale, je zwei Werkstücke (o.ä.)" *(singula pocula, bina opera)*[139].

Das Bildungsprinzip ist: Grundzahlwort + Zwischenvokal *-u-* + Pluralsuffix *-r*[140].

Völlig verfehlt ist TROMBETTIS Ableitung von *tunur* < *tur-* „geben" (SE IV, 1930, 212).

Ein von der Vollform *ϑun* „eins" abgeleitetes temporales Adverb scheint *ϑuni* (ein erstarrter defin. Akk. auf *-(n)i?)* mit der Bedeutung „zuerst" zu sein:

AM VII 17ff. *vacl ara ϑuni/ śacnicleri cilϑl cepen cilϑcva cepen / cnticnϑ*
„Die Libation macht er zuerst für die Heiligtümer des Volkes, hierauf für die Völker, hierauf insgesamt".

AM VII 23 . . . *ara ϑuni etnam ceren* . . . „macht er zuerst, ebenso *ceren* . . ."

AM X 6f. *hamφeś laeś sulusi / ϑuni serφue acil* „von dem *sul* des/für *hamφe* (und) *la(iv)e* muß zuerst . . . .t werden".

Zu *hamφe* und *laive* „Feld und Hain" s. Verf., Studien AM 77f.

§ 111. Zahlsubstantiva

Stellen wie *tamera śarvenas* (TLE 170) im *cursus honorum* bezeichnen natürlich Ämter. Für *tamera* ist die Bedeutung „*curator*" (im weitesten Sinn) wohl sicher. Der Bereich der Tätigkeit ist mit einem flektierten Adj. III/II angegeben, das also als Substantiv fungiert. Mit Rücksicht auf *-ve* (s. o. § 73) ist *śar(u)-ve-na* anzusetzen.

śar(u)-ve = „voll von zehn, die Zehner"

Vgl. AM VI 14f. *eslem zaϑrumiś acale tinśin sarve luϑti raχ* „Am 18. Aclus des Tinś Zehner (Zehn-opfer? Zehent-Opfer?) auf dem Stein bereite".

---

138 Zu *-(u)m* als „und" s. § 151,b.

139 Vgl. TLE 710 (Spina, Patera des 5. Jhs.) *mi kluti kunaś* „Ich (bin) die Schale der Kuna".

140 Hier kann *-u-*, wie *zelur* zeigt, nicht v-h Anaptyxe sein. Zur Verbindung von *zelur* mit *zal* s. PALLOTTINO, Etruscologia[5], 392: „Aggettivi derivati dai numerali sono probabilmente forme come *zelur* . . ."

Übersicht über die Zahlwörter

	Grundzahlw.	Ordnungszahlw.	Zahladv.	Distributivz.
1	*ϑu(n)*	*ϑunśna*	*ϑunz*	*ϑunur*
2	*zal, esal*		*eslz*	*zelur*
3	*ci*		*ciz(i)*	
4	*śa*			
5	*maχ*			
6	*huϑ*		*huϑz*	
7	*semφ*			
8	*cezp*		*cezpz*	
9	*nurφ*		*nurφzi*	
10	*śar*	**śarśna*		
11				
12	*(zelar?)*			
13	-			
14				
15	(*)			
16	*huϑ(i)zar*			
17	*ciem zaϑrum*			
18	*eslem zaϑrum*			
19	*ϑunem zaϑrum*			
20	*zaϑrum*	**zaϑrumsna*		
30	*cialχ (<cialaϑ)*			
40	*sealχ*			
50	*muvalχ*			
60	**huϑalχ*			
70	*semφalχ*			
80	*cezpalχ*			
90	**nurφalχ*			
100	?			
1000	?			

* PALLOTTINO, SE XXIV, 1955–56, 69f. erwägt die Möglichkeit, daß *meχl* eine Ableitung von *maχ* sei und „fünfzehn" bedeute; durch LP II *meχ* ist jetzt *meχl* als Gen. eines Nomens gesichert und scheidet als Numerale aus.

śar(u)-ve-na = „was zu den Zehn gehört = *„collegium Xvirum"*

TLE 172 u. 195 *tamera zelarvenas: zelarvenas* ist unklar; *zelar-* sieht wie ein *r*-Plural von *zal* „zwei" aus (vgl. *clan: clenar*). Was bedeutet aber eine Pluralform von „zwei"? Und weiter: *zelar-ve* „voll vom Plural von <zwei>? Diese Bildung hätte einen Sinn, wenn *zelar* das bisher vermißte Zahlwort für „zwölf" wäre. Dann ergäbe *zelar-ve-na „collegium XIIvirum"*, eine verlockende, aber durchaus hypothetische Deutung, solange die Bedeutung von *zelar* nicht feststeht.

Zur hier vorgelegten Deutung dieser Zahlsubstantiva vgl.

CIE 1136 (= TLE 506), Chiusi: *mi śuϑi larϑia(l) larkien[a]ś IIIrve ver . . . .*[141] und

CIE 2143 (Chiusi) *L. Volusius. C.L.l(ibertus) /Philerotis/III.vir*

CORTSEN, Sprachk. 59, faßt *śarvena* und *zelarvena* als *IIIvir* bzw. *IIvir* auf.

§ 112. Ziffern

In den Inschriften kommen oft an Stelle der Zahlwörter Ziffern vor[142]:

I = 1, Λ = 5, X = 10, ↑(⩚) = 50, ⁎ = 100[143]

Eine Gemme der Bibliothèque Nationale de Paris[144] zeigt auf einem Abacus

▲ = 500, ⊗ = 1000, ⊛ = 10.000

Auf Münzen findet sich C = ½

Ziffern und Zahlwörter stimmen in der logischen Anordnung überein: XIIIXX (linksläufig!) = *ciem cialχ-* (vgl. § 103,e)

VERBUM

§ 113.

Das etr. Verbum[145] ist kein „Zeitwort" in unserm Sinn. Es unterscheidet hauptsächlich die d a u e r n d e Handlung („Präsens") und die a b g e s c h l o s s e n e Handlung („Präteritum"), die t a t s ä c h l i c h e und die g e w ü n s c h t e Handlung („Indikativ" und „Optativ/Jussiv").

Typisch für das Etr. ist die große Zahl der Verbalnomina und der abgeleiteten Stämme.

---

141 CIE zeigt deutlich das Zahlzeichen III mit darauffolgendem *rve*, dann *ver* . . (TLE hat nach dem GN × × *ve vel* . .

142 BUONAMICI, EE 243f.

143 RM 1915, 209 (Gewichtstein aus Blera/Bieda); SE XXXIII, 1965, 473; XXXIV, 1966, 363.

144 BUONAMICI, EE 244f.

145 TORP, Beitr. I 1ff.; TROMBETTI, LE 30ff.; CORTSEN, Zur etr. Sprachk. 49; PALLOTTINO, Elem. 54ff.

§ 114.

PALLOTTINO (Elem. 54ff.) gibt eine Einteilung der Verbalformen nach „*aspetti*", in denen „mehr die modale Qualität der Handlung als die temporalen und personalen Charakteristiken sich ausdrücken". Er unterscheidet:

aspetto I: Formen auf *-a, -e, -i, -n, -ϑ:* Indikative, Imperative;
aspetto II: Grundformen mit *-u, -nu:* Verbalnomina, partizipiale, aber oft auch finite Formen;
aspetto III: Formen mit *-s/ś:* Gerundien, *participia praet.* und *participia relativa;*
aspetto IV: Formen mit *-ri:* „allgemeine" Passivformen;
aspetto V: Formen mit *-c/χe, -c/χun:* Perfektum.

§ 115.

Diese Einteilung unterstreicht die stark verbal-nominale Eigenart des etr. Verbums. Da sie aber in den einzelnen „*aspetti*" zu viele Kategorien erfaßt, deren Art mit den gebräuchlichen Termini verständlicher dargestellt werden kann, wird hier eine andere morphologische Einteilung vorgenommen:

Grundform (Indikativ und Imperativ I)
Expliziter Indikativ und Optativ/Jussiv
Imperativ II
Duratives Part. präs.
Präteritum
Participium conjunctum (Präs., Prät.)
Nezessitativ
Kausativ
Intensiv
Verbalnomen
„Aorist" und Futurum
Medio-Passivum
Abgeleitete Verba
Verbum substantivum

§ 116.

Die Art der uns erhaltenen Sprachdenkmäler bringt es mit sich, daß wir nur eine äußerst beschränkte Zahl von finiten Verbalformen kennen: 3. Pers. Sing. (u. Plur.?), Imperativ 2. Pers. Sing., Prät. 1. und 3. Pers. Sing.

Daher beziehen sich alle hier angegebenen finiten Verbalformen auf die 3. Pers. Sing., sofern nicht ausdrücklich etwas anderes angegeben wird.

VETTER hat schon 1937 in AM X 20f. *zuϑeva zal eśic ci halχza ϑu eśic zal* das Wort *eśic* (ohne -*c* „und, auch" in III 20 – von VETTER emendierte Lesung *eśi.sese.ramue. racuśe* –; VIII γ 4; X 11; XI γ 3) als Bindewort „oder" erkannt. Er sah in ihm schon damals eine erstarrte Form des Verbalstammes „wollen", hielt es jedoch für eine 3. Pers. Sing. oder einen Imperativ (Wortd. I 35 *ananc eśi* X 11 „wer will"; ebda. 55 ininc *eśi* XI γ 3 „welche immer er will"; ebda. 61 *eśi-c* „oder" [eigentlich „wolle"]). Fünfundzwanzig

Jahre später hat VETTER in seiner letzten publizierten Arbeit (Sprache VIII, 1962, 122ff.) diese prinzipielle Erkenntnis dahin korrigiert, daß *eśi* die 2. Pers. Sing. sei, „deren Endung dadurch gesichert wird" (a.a.O. 135f.). Den Schlüssel dazu hatte er im bilinguistischen Vergleich mit *heri(s) – heri(s)* der Tabulae Iguvinae gefunden, wo das Bindewort „oder" die erstarrte 2. Pers. Sing. von *her-/heri-* „wollen" ist. An sechs Stellen findet sich dort die Phrase *heri(s) vinu heri(s) puni* (I a 4.22; I b 6; vgl. VI a 57; VI b 46) „entweder mit Wein oder mit Rauschtrank", auch *heri puni heri vinu* II b 9/10 „entweder mit Rauschtrank oder mit Wein". In VI b 41 *pisher comoltu* ist das Pron. *pis* „qui(s)" mit enkl. *-her* verbunden: „quivis (quilibet) commolito".

Wenn wir nun auf dieser Basis *eśi* „du willst" ansetzen, erhalten wir *eś-i* < **es-* „wollen". Eine Durchmusterung der AM auf Formen mit dem Ausgang *-i* ergibt (wobei natürlich alle def. Akk. auf *-ni,* alle Lokative auf *-ϑ/ti* und alle Nezessitative auf *-ri* sowie die Pluralformen auf *-eri* von vornherein auszuschließen sind, ebenso wie themathische Verbalstämme auf *-i,* bei denen diese Qualität aus dem Kontext deutlich erkennbar ist, z.B. AM III 18 *vinum usi trin-um* . . . „schöpfe Wein, besprenge aber . . .", wo *usi* und *trin* die gleiche Funktion haben; da *trin* der als Imperativ gebrauchte Stamm ist, gilt dies auch für *usi*):

AM III 4f. *nac cal tar-c ϑezi,* von mir bisher (Studien AM 13.23) als starker Imperativ (reiner Verbalstamm) aufgefaßt. Eine Übersetzung „dann das *cal* und das *tar* schlachtest d u " wäre in der Ritusvorschrift ebenso gut möglich wie der Imperativ. Die belegten Formen *ϑez-i, ϑez-in-e, ϑez-in-ce* würden die Ansetzung eines athematischen *ϑez-* erlauben. Bedenken erweckt nur der viermal in dieser Form belegte Nezessitativ *ϑez-e-ri* gegenüber *śuc-ri* (VIII 4), *eϑ-ri* (XI 12), *χaś-ri* (X 7) und *hec-z-ri* (TLE 619). Das *-e-* zwischen Stamm und Nezessitativsuffix k ö n n t e von einem **ϑez-i-ri* stammen, k ö n n t e aber auch ein ə zwischen *z* und *r* sein (was sich jedoch zwischen *c* und *r* in *śucri* und *ś* und *r* in *χaśri* nicht findet).

AM VI 6 *ϑeusnua caper-c heci* „Die *ϑeusnu* (Adj. III *ϑeusnu-va* < **ϑeusnu;* bisher einziger Beleg) und die Becher stelle" bzw. „stellst du";

X γ 4f. *enac eśi catnis heci spurta* „sobald (wenn) du willst, lege/legst du von dem *catni* in den Korb". Hier ist die Nachbarschaft von *eśi* und *heci* besonders suggestiv.

Die von *hec-* belegten Formen sind:

hec-i-a	VII 11	„ ? "
hec-ce	TLE 87	„er legte/setzte/stellte"
he(c)-ce	TLE 566	„sie errichteten"
hec-e-ce	TLE 78	„er errichtete"
hec-z-ri	TLE 619	„(sind) aufzustellen"
heχ-z	AM X 8; 15. γ 5; XI 4	„stelle auf" (Intens., Imp. I)
heχ-ś-ϑ	AM IV 9.14; IX 6	„stelle auf" (Intens., Imp. II)

Nur *hecia* würde dem Ansatz von *hec-* widersprechen; die Funktion der Form ist leider nicht nach dem Kontext bestimmbar. In der arch. Form *hecece* (so nach den besseren Photographien zu CIE 5327 – Moscioni 5861 A und Danielsson –, nicht *hece:ca* TLE 78 mit Druckfehler *a* für *e*) dürfte ə in der Fuge *c-c* vorliegen.

AM VI 3 *ḥilχvẹtra hamφeś ḷeiveś turi* „die *hilχvetra* des Feldes und des Haines (bzw. „für Feld und Hain") sind zu geben" bzw. „gibst du".

Hier kann *turi* nicht als Imp. I aufgefaßt werden, da – wenigstens im jüngeren Etruskisch- *tur-* als athematisches Verbum behandelt wird. Es wurde daher in Studien AM 17 *turi* als Nezessitativ interpretiert, was allerdings die Annahme *turi* < **tur-ri* (< **tur-eri*?) nötig machte.

AM X 17 *sulχva maϑcva-c pruϑ seri* „den Krug voll *sul* und *maϑ* . . . .e" bzw. . . . . . st du".

pruϑ wohl verschrieben, verhört oder verlesen für *pruχ* (< *pruχum* < *πρόχουν*), vgl. IX γ 1 das Adj. II *prucuna* (< *prucu-na* oder *prucun-na*?) und IV 22 *eisna pevaχ vinum trau pruχś* „den göttlichen Trank, den Wein, gieße aus der Kanne!"

Eine W. *ser-* ist sonst nur in der Inschrift des Terminalcippus TLE 515 aus Montepulciano zu finden:

Seite a) *tular : hilar : ṇesḷ*
Seite b) *ein . ser . vl . remzna . clanc*
au . latini . cesu
Seite c) *claruχieś*

„Lapis confinarius fundanus (zu *hil* „fundus" s. Begründung neuer Deutungen s.v. *hil-*)
huc . . . Vel Remzna filiusque, heredii.
Aule Latini Cesu,
claruchiae (centuriationis, limitationis)"

cesu ist Gentilcognomen der Familie Latini, vgl. auch das sekundäre Gentiliz *cesu* in TLE 415; s. auch RIX, Cognomen 140 ad (109a). Das in Südetrurien mit *s* geschriebene Verbalnomen *cesu* „liegend" hat in Nordetrurien regulär *ś*, vgl. TLE 553 (ager Clusinus) *larϑ auclina / ceśu ϑui* „Larth Auclina liegt hier". Die Verkennung des CN *cesu* hat frühere Forscher dazu geführt, den Stein für einen Grabcippus zu halten, was weiter zu einer Interpretation von a) „Die geheiligten Grenzen des Toten" führte, s. CORTSEN, Gloss. AM 77f. – Man war bisweilen auch so gedankenlos, die beiden Zeilen der zweiten Seite so zu übersetzen: „ . . . . . . Vel Remzna und sein Sohn Aule Latini liegen (hier)", wobei man vollständig übersah, daß der Sohn eines Vel Remzna nur Aule Remzna, nie aber Aule Latini heißen konnte.

Der Kontext fordert für *ser* eine Bedeutung wie „bezeichnen", „feststellen" und mehr noch „aufstellen" und die Funktion als 3. Pers. Sing. (und Pl.?): „hierher stellte(n) auf Vel Remzna und Sohn (und) Aule Latini-Cesu". Mit dem Ansatz von *ser-* „aufstellen" hätten wir für die obige Stelle AM X 17 „den Krug voll *sul* und *maϑ* stellst du auf".

Das Partiz.pass. von *ser-* scheint in CAP 22.24 *seril turza esχaϑce* „das aufgestellt wordene *turza* . . . . te" (zur Bildung: *ser : seril = ac : acil*, s. § 138).

Andere Formen auf *-i* der AM wie *zati* (VIII 13), *zeri* ([IV 2], V 2.22; VII 21; IX 1.8f.) – das erste wahrscheinlich ein Substantiv, das zweite ein Adj. I „alles" – kommen für die hier untersuchte Möglichkeit nicht in Betracht. Diese bestünde hingegen für *śuci* VII 20 (mit *śuci-c* VII 9.22), das nach dem Nezessitativ *śucri* (in VIII 4 verbunden mit *ϑez-* : (3) *c̣ẹḷị huϑiś zaϑrumiś flerχva neϑunśl / śucri ϑezeri-c* „Am 26. Celi sind die Opfer für Nethuns zu . . . . und zu schlachten". Ebenso *ufli* in XI 9f.: *ϑui useti catneis slapiχun / slapinaś favin ufli spurtn* (wohl *spurṭạ*, wie KRALL vermutete, s. RUNES-CORTSEN S. 30 ad 10) *eisna hinϑu* „Hier schöpfe von dem *catnei* (und sprich: ?) „ . . . . end habe ich ge . . . . t das (vom?) *favi- !*"; . . . in den Korb das Opfer für die Unterirdischen." Man könnte vermuten, daß *ufli* in Parallele zu *useti* (wohl < **usi-ti*) Imperativ (I) ist. Nach der inhaltlichen Parallele X γ 4 *enac eśi catnis heci spurta* „wenn du willst, lege /legst du von dem *catni* in den Korb" (s.o.) könnte wegen der Verbindung mit *eśi,* das hier nach *enac* sicher nicht Bindewort ist, an eine 2. Pers. Sing. gedacht werden. Ob eine solche Form auch in *mulveni* (TLE 359) vorliegt, muß vorläufig offen bleiben.

Es ist auffällig und jedenfalls vermerkt worden, daß sich die Mehrzahl dieser Formen mit Verbalstamm + *-i* in den Kolonnen VI, X und XI der AM findet, die sich (wie auch die von ihnen und untereinander verschiedenen Kolonnen VII und XII) formal-liturgisch von den Kolonnen II, III, IV, V, VIII und XI unterscheiden. Daß dies Zeremonien, die sich von der Liturgie des „Normalopfers" (s. Studien AM 41ff., 44ff.) so gründlich unterscheiden, auch im sprachlichen Ausdruck different sind, ist nicht von der Hand zu weisen.

§ 117.

Die „Grundform" des Verbums, seine einfachste Gestalt (meist eine geschlossene Silbe) ist 3. Pers. Sing. (u. Plur?) Ind. und Imperativ d. 2. Pers. Sing. („starker" Imperativ, Imperat. I)[146]:

ar, raχ, tur, puϑ, ut, nunϑ (alle AM)

Bei einigen Verbalstämmen scheint Apophonie, wechselnde Vokalisierung des Stammes, aufzutreten. PALLOTTINO hat SE VIII, 1934, 344f. darauf aufmerksam gemacht. Die bekanntesten Beispiele dafür sind *ar-/er-* „machen" und *car-/cer-* „bauen". Zu *er-* scheint es auch die Variante *ur-* zu geben (zum verbalen Charakter s. TROMBETTI, LE S. 187; zur Bedeutung „fare" PALLOTTINO a.a.O.). S.o. § 12!

In TLE 764 *mini urϑanike aranϑur* (auf einem Skyphos aus Bucchero) dürfte das Verbum als *ur-ϑ-an-(i)ke,* schwaches Präteritum (§ 125) eines vom Verbalstamm *ur-* abgeleiteten Kausativs (§ 133) in der Form des durativen Partizips (§ 123) – vgl. *mulu(v)-an-(i)ce* „Stifter seiend gewesen ist" = „stiftete" – aufzufassen sein. Die Bedeutung ist dann „machen-lassen-seiend-gewesen ist" = „ließ machen".

Zur Apophonie beim Nomen vgl. *śuϑi* „Grab" und TLE 100 *fanu śaϑe-c* „geweihter Ort und Grab".

Es gibt auch zweisilbige Grundformen: *heci, usi, ϑezi* (AM)

Wie beim verbum substantivum dürfte auch beim Verbum die 3. Pers. Sing. auch für den Plural gelten.

Eine Unterscheidung zwischen athematischen Präsensstämmen, bei denen Endungen oder ableitende Formantien ohne einen „Themavokal" an den Stamm treten, und thematischen, welche den Stamm durch Anfügung eines Vokals an die Verbalwurzel bilden, scheint es auch im Etruskischen zu geben.

Athematisch sind – wenigstens im jüngeren Etrusksich –

a) die einfachen „Grundformen" (§ 124) wie

ar-	„machen"	*al-*	„bringen"

---

[146] PALLOTTINO, Elem. 71 (§ 135); CORTSEN, Symb. Danielsson 49 (zu *ar*); Verf., Studien zu den AM 13f. – Zur Form der 3. Pers. als Sing. und Plur. vgl. TORP, Lemnosstele 63: „3. Person unterscheidet keinen Numerus." VETTERS Deutung von *ceśasin* (AM X 19) als 3. Plur. (*-n* < *nt*), s. Wortd. I 11.34.60 u. Anm.; Gl. 28, 1940, 192, scheint unrichtig zu sein.

ar-a	„er macht“ (AM passim) CAP 13; TLE 157)	*al-e*	„er bringe“ (AM III 17; VII 4; VIII γ 1)
		al-ce	„er brachte“ (TLE 625.777)
tur-	„geben“	*sval-*	„leben“
tur-e	„er gab“ (TLE 685)	*sval-as*	„lebend“
tur-ce	„er gab“ (passim)	*sval-ϑas*	„gelebt habend“
		sval-ce	„er lebte“ (passim)
am-	„sein“		
am-a	„ist“		
am-e	„sei“		
am-e (< *am-ai*)	„war“		
am-ce	„war“		

Formen wie *alice* TLE 43.49, *turice* TLE 42 dürften Varianten der arch. thematischen Stämme auf *-u* (*amuce, ϑamuce, turuce*) sein.

b) Die Intensivstämme (§ 132) wie

hec- „legen, setzen, stellen“
heχ-z „lege, setze, stelle!“ (Imperativ I)
heχ-ś-ϑ „lege, setze, stelle!“ (Imperativ II)
hec-z-ri „ist zu legen, setzen, stellen“ (Nezessitativ)

c) Die denominalen Verba, bei denen an das Nomen unmittelbar die präteritale Endung *-ce* tritt (§ 152, zu b), 1.) wie

zilaχ-ce „war Zilach“ (TLE 182)
canϑ-ce „war Camth“ (TLE 99)
φurϑ-ce „war Phurth“ (SE XXXV, 1968, 555f.; 609ff.)

d) Die ihnen verwandten „verba essiva“ (§ 152, zu b, 2.), bei denen das Element *-nu-* unmittelbar an das Nomen tritt:

zilaχ-nu- „Zilach sein“ (Verbalnomen in TLE 169 und 233 *zilaχnve*)
zilaχ-nu-ce „Zilach-seiend war“ – „war Zilach“ (TLE 173.325)

Hierher gehören auch *zilaχnce* (TLE 99) und *zilaχnϑas* (TLE 92.136) mit Ausdrängung des *-u-*.

T h e m a t i s c h sind (infolge einer verschiedenen sekundären Konjugation?)

a) die Mediopassivstämme (§ 149ff.), bei denen an den einfachen Stamm der Vokal *-i-* und das Formans *-n-* des Mediopassivums tritt:

ϑez- „niederwerfen“, techn. „schlachten“
ϑez-i-n „wird geschlachtet“ (AM VIII 16)
ϑez-i-ne „zum Geschlachtetwerden“ (Mod.) (AM III 13; IV 5; VIII 13)
ϑez-i-n-ce „wurde geschlachtet“ (AM IV 3; IX 2)
ut- „leisten“
ut-a „leistet“ (TLE 570 A 23)
ut-i-n-ce „wurde geleistet“ (AM II 9)

Nicht hierher gehörig *manince* TLE 398, das ein von *manim* „Mal, Gedenken“ abgeleitetes athematisches *manin-* (dissimiliertes *manim*) + *-ce* „gab/machte zum Gedenken“ ist.

b) Die „verba factitiva" (§ 152,3) wie

cer-i-χu- „machen lassen"

ceri-χu-n-ce „er ließ für sich machen" (TLE 51, eindeutig geklärt in SE XXXIV, 1966, 232f.; neue Belege SE XXXII, 1964, 109f.)

c) Die Kausativstämme wie

ces- „liegen" (Verbalnomen *cesu* „liegend")

ces-e-ϑ- „legen"

ces-e-ϑ-ce „legte", „gründete" (TLE 85)

d) Als thematisch sind wahrscheinlich die archaischen Präterita *turuce, ϑamuce, amuce* und jüngere Belege wie *lupuce* „er verschied" und *ziχuχe* „er schrieb" anzusehen, die vom aktiven Verbalsubstantiv auf *-u* (§ 141,b) gebildet zu sein scheinen:

tur-u-ce „Geber gewesen ist" = „hat gegeben"

ϑam-u-ce „Errichter gewesen ist" = „hat errichtet"

am-u-ce „Seiender gewesen ist" = „ist gewesen"

lup-u-ce „Weggeher gewesen ist" = „ist weggegangen"

ziχ-u-χe (assim. < **ziχuce*) „Schreiber gewesen ist" = „hat geschrieben"

Wie nahe das einfache Verbalnomen auf *-u* der finiten Präteritalform mit *-ce* steht, zeigen die häufigen Formeln wie

TLE 98,4	. . . *lupu (-m) avils maχs śealχlsc*	„verschieden mit fünfundvierzig Jahren"
128, 2f.	. . . *avils / XXIIX lupu*	„verschieden mit 28 Jahren"
172, 2	. . . *avils LX lupuce*	„verschied mit 60 Jahren"
232, 2f.	. . . *avils semφś lupuce*	„verschied mit sieben Jahren"

Dieser Auffassung von *turuce* u.ä. entsprechend handelt es sich bei arch. *turuce* : rez. *turce* nicht um Synkope, sondern um die Bevorzugung der athematischen Form im jüngeren Etruskisch, neben der aber thematische Bildungen wie *lupuce* weiterbestehen.

e) Schließlich können zu den thematischen Bildungen auch die „verba participialia" (§ 152,2) gestellt werden, bei denen an den Nominalstamm das Suffix des durativen Part. Präs. (§ 123) tritt; von diesem neuen Stamm werden mit dem Themavokal *-i-* (seltener *-e-*) Präterita gebildet. Das beste (und sehr häufig belegte) Beispiel hiefür ist das dem griech. ἀνέϑηκεν entsprechende *mul-u(v)-an-i-ce / mul-u(v)-en-i-ce.*

Die zahlreichen Varianten und Durchkreuzungen, die besonders den Vokalismus betreffen, s. in TLE S. 158.

§ 118.

Als „s e k u n d ä r e G r u n d f o r m e n" bezeichnen wir

a) Stämme, die aus Grundform + *-n* (Mediopassivsuffix) in fester Verbindung bestehen: *ac-* „machen", *ac-n-* „für sich machen" = *acn-* „erwerben" (vgl. TORP, Beitr. II 102);

b) „emphatische" Stämme mit *e*-Prothese[147] : *scun-* – *escun-* „abtreten".

---

147 PALLOTTINO, Elem. 54 (§ 103).

§ 119.

Der Indikativ der 3. Pers. Sing. wird durch Anfügung von *-a* verdeutlicht (expliziter Ind.):

hecia	„er stellt" (AM VII 11)	*ścuna*	„er tritt ab" (TLE 570 A 23)
ara	„er macht" (AM III 17 u. ö., TLE 157)	*mena*	„er bringt" (TLE 570 A 23)
uta	„er leistet" (TLE 570 A 23)	*śatena*	„er behält, besitzt" (TLE 570 B 1f.)

§ 120.

Der Optativ/Jussiv wird durch Anfügung von *-e* an die Grundform gebildet:

satene „er soll behalten" (TLE 570 A 19)
ścune „er soll abtreten" (TLE 570 B 10f.)
ame „er (sie) soll(en) sein"

Zu diesen Formen auf *-e*, die auch als Konjunktiv-Optativ bezeichnet werden, s. TORP, Etr. Beitr., 2. Reihe, I (Über einige etr. Gefäßumschriften), 1906, S. 18; TROMBETTI, LE, S. 158; Ind., s. v. *ama;* VETTER, Gl. 28, 1940, 230f.

Konjunktive auf *-i* (*turi, heci* – TROMBETTI, SE IV, 1930, 201,3) existieren nicht.

§ 121.

Die Suffixe *-a* und *-e* waren ursprünglich wohl Bindevokale der Modi für ein Suffix an den meist konsonantisch auslautenden Stämmen. Diese Bindevokale wurden später zur Verdeutlichung der suffixlosen 3. Person zum Stamm geschlagen.

Es ist auch möglich, daß *-e* das Suffix eines emphatischen Imperativs (wie in den turanischen Sprachen) ist. Die Parallele *haϑe(c) repine(c)* – *haϑrϑi repinϑi(c)* „sei gnädig und neige dich" in der Plakationsformel der Opfer der AM könnte dies nahelegen. Vgl. auch AM *pute* und *puϑs* „lege"; s. CORTSEN, Sprachk. 50.

TORP, Beitr. II 21, weist bei *eϑrse* (AM passim) auf die bekannte Glosse *arse verse*[148] hin und erklärt *eϑrse* als Imperativ wie *arse.* So auch SIGWART (KZ 50, 281 und Gl. 8, 167).

§ 122.

Mit dem Suffix *-ϑ(i)* / *t(i)* wird ein schwacher Imperativ (Imperativ II) gebildet[149]:

nunϑen – *nunϑenϑ, trin* – *trinϑ, raχ* – *raχϑ/raχti, repine* (Opt./Juss.) – *repinϑi* (alle AM)

Beispiele: AM IV 7ff.: *nunϑen [farϑan f] lereś in crapśti cletram [śrenχve]*
„Bringe dar, weihend der Gottheit des Crapśti, mit der geschmückten Schale"

jedoch AM V 7f.: *nunϑenϑ etnam farϑan aiseraś śeuś cletram śrencve*
„Bringe dar ebenso weihend der Aisera *śeu* mit der geschmückten Schale"

AM IX 5f.: *repine-c śacnicleri cilϑl śpureri meϑlumeri-c enaś*

---

148 TLE 812: *arseuerse averte ignem significat. Tuscorum enim lingua arse averte, uerse ignem constat appellari.* (Festus 18,5 L; Placidus V 7, 16 *arse uerse proverbium*).

149 PALLOTTINO, Elem. 55, § 106; 71, § 135. – Etruscologia[5] 393 *nunϑen* – *nunϑenϑ* = *fac* – *facito;* Verf., Studien z.d.AM 13.16 – Grundlegend schon TORP, Beitr. I 60ff; vgl. auch VETTER, Wortd. I 31, Fußnote, und SE XXIV, 1955–56, 310 (zu *aśϑ* und *vraϑ*). BUFFA, Elem. 75 bezeichnet diese Formen auf *-ϑ(i)* zu Unrecht als „imperativo futuro".

und AM V 5ff.: *repinϑi-c śacnicleri cilϑl śpureri meϑlumeri- c enaś*
„Sie neige sich (und neige dich) zu den Heiligtümern des Volkes, seinen Städten und Gauen"

Die Formen *ϑeivi-ti* und *favi-ti* AM V 20f. zeigen neben *raχ-ti* / *raχ-ϑ* (AM N.Fr. a 3; IX 4), *ar-ϑ* (VII 7), *heχś-ϑ* (IV 9.14.u.a.), daß die Endung an thematische und athematische Verba tritt.

Daß *ϑeiviti* und *faviti* nicht Lokative, sondern Imperative sind, ergibt sich aus der Konfrontierung von AM V 20f. und IX 4f.:

un-um mlaχ nunϑen *ϑ e i v i t i* *f a v i t i - c* *faśei cisu-m . . .*
un mlaχ nunϑen *χ i ś* *e ś v i s - c* *faśei cisu-m . . .*
„dann aber bringe das Opfer dar; . . . .e und . . . . e das Brot; das *cisu* aber . . ."
„dann bringe das Opfer dar; zerteile und weihe das Brot; das *cisu* aber . . ."

§ 123.

Mit dem Suffix *-an/-en* wird ein duratives P a r t i z i p der G e g e n w a r t gebildet:

mulu-an „stiftend" *mulu-en* (dasselbe)
tur-an „gebend"
alp-an „libens", „gern tuend" (so schon LORENZ, FABRETTI und BUGGE), in Dedikationsinschriften, besonders in Cortona, z.B.:

TLE 640 *v(elia).cvinti.arnt/iaś.culśanśl.alpan.turce*
„Velia Quinti(a) Arnthiae (filia) (deo) Culśanś libens dedit"
TLE 773 *marce.svincinas.alpan.puts* „M.S. libens ponit"

Bildungen dieser Art sind zahlreiche Namen von Göttern und Lasen (dienende göttl. Wesen, besonders im Gefolge der Turan): *laran, mean, alpan, culśan, seϑlan, cilen,* die teilweise auch mit dem *s*-Nominativ (substantiviert) vorkommen: *larans, cilens, seϑlans, culśanś.*

Nicht hierher gehörig *selvans,* da < lat. *Silvanus*?
PAULI (Etr. Stud. III 60) faßt *alpan* als *„donum"* auf, was auch heute noch unkritisch wiederholt wird.

Präteritum

§ 124. Das s t a r k e Präteritum

1. Es war anzunehmen, daß das Etr. außer dem schon lange bekannten Präteritum auf *-c-* (§ 125), dessen Suffix mit den personalen Ausgängen eine Entlehnung zu sein scheint, eine mehr eigentümliche Bildungsform für die Vergangenheit gehabt habe.

Immer schon wurde bemerkt, daß gewisse Verbalformen, ohne Präterita auf *-c-* zu sein, solchen funktionell gleich sind und auch abwechselnd mit diesen gebraucht werden. Vgl.

TLE 469 . . . *sentinateś puia ame* und
TLE 326 . . . *puia arnϑal tutes amce*

Man hat bisher, um den morphologischen Unterschied festzuhalten, solches *ame* (es gibt auch ein *ame,* das Opt./Juss. des *verb. subst. am-* „sein“ ist) als ein Verbalnomen auf *-e* angenommen und mit „gewesen“ übersetzt.

2. Die Beschäftigung mit dem hocharchaischen, etwa um 650–625 v. Chr. anzusetzenden „Aryballos *Poupé*“[150] brachte die Erkenntnis der wirklichen Bedeutung dieser Formen. Seine Inschrift, in einer vierfachen Spirale geschrieben, weist nur eine ganz sparsame Interpunktion mit : und mit einer Silbenpunktierung auf, die älter ist als die von Vetter geklärte, und deren Regeln sie auch nicht folgt. Es lassen sich aber durch bekanntes Wortmaterial gerade die letzten zwei Sätze mit voller Sicherheit ausgliedern:

(Buchst. 127 bis Schluß) *ara turanuve velusi·nas eχeϑai*
ara i·naasi ikan ziχ : akarai

Außer in *i·naasi* findet sich *aa* in *aatiuϑ* (10ff.), *aaφa(?)* (21ff.), *aalχuv* (58ff.); die ganze Inschrift scheint metrisch zu sein, und so kann es sich vielleicht um Längendarstellung handeln.
Der Modalis *turanuve* kommt schon 105ff. vor, 60ff. aber in der volleren Form *turannuvei.*

127ff. 153ff. *ara* ist das von *ar-* „machen, werken“ abgleitete Substantiv „Werk“.

138ff. *velusi·nas* ist GN, vgl. TLE 401 *velusna;* die Punktierung des *i* kann die Aussprache *velus^{i}nas* bedeuten.

156ff. *i·naasi* = **enasi,* emph. Form zu *enaś* Gen. von *an* „er“

162ff. *ikan* = *ecn,* emph. Akk. von *ca* „dies(e)“

Die drei letzten Wörter *ikan ziχ akarai* lassen sofort an TLE 131, Z. 3 *ziχ acasce* „diese Beschriftung verfaßte“ denken. In den beiden oben angeführten Sätzen des Aryb. *Poupé* muß das letzte Wort mit dem Ausgang *-ai* eine Verbalform sein:

„das Werk für die Gebenden (*turanuve* = Adj. III plur.; gemeint sind Gottheiten) Velus(i)nas . . . ., als Werk seiner (selbst) diese Schrift . . . .“

eχeϑai = *eχ-eϑ-ai* = Kausativ (< *ac-?*); *ak-ar-ai* ist mit *r*-Suffix (vgl. § 137) erweitertes *ac/k-* „herstellen“; somit *eχeϑai* = „ließ herstellen“, *akarai* = „stellte her“[151].

TLE 46 . . . . *mi nunai:* auch hier steht am Ende der Inschrift eine Form auf *-ai.* Die Wz. *nun-* „darbringen“ haben wir in TLE 29.45.199: *nuna* (Subst.); TLE 13 *nunar* (Nom.-Akk. Plur.); ferner im verbalen Kompositum *nun-ϑe(ri)* CAP 11, 11–12.12.20.25 und das Mediopass. *nun-ϑen* in AM (passim.)

TLE 199 (Visentium, Oinochoe) . . . *mini qapi śaranas tiai* „Mich, den Krug, Saranas aufstellte“; *ti(-ai)* = jüngeres *te/ϑe-* wie in *tece* (TLE 651).

Diese Verbalformen auf *-ai* finden wir auch auf der Lemnosstele:
Seite A *zeronaiϑ zivai* „er lebte in Zerona(i)“
Seite B *arai* „er machte“; *zivai aviz sialχviz marazm aviz aomai* „er lebte vierzig Jahre und war *maras* des Jahres“

Schon P. KRETSCHMER hat Don. natalic. Schrijnen, 1929, 277ff. *-ai* der lemnischen Formen *toverona*[*i*], *śivai, arai, aomai* als Zeichen der 3. Pers. Sing. Prät. erkannt. E. VETTER

---

[150] SE XXVIII, 1960, 479ff.; Études étrusco-italiques, Löwen 1963, 247ff. (Poupé).

[151] Vgl. *eχeϑ* auf einer etr. Silberdrachme des 4. Jhs. mit Frauenkopf und Eule (Sambon, MAI 67, n. 104); Prägeformel „ließ machen“?

stellte Glotta 18, 1936, 306 die Frage, ob nicht lemn. *-onai* dem etr. *-une* entspräche. Auch TROMBETTI spricht LE § 78 von einem *amai* (nach ihm in CAP, wo es aber nicht vorkommt), das er richtig mit jungetr. *ame* gleichsetzt.

3. Da arch. *ai* zu jüngerem *ei*[152] und dieses zu *e* wird, haben wir *a(o)mai* > *ame*, oder umgekehrt *line* < **linai, leine* < **leinai, cerine* < **cerinai.*

TLE 417 (Oss.) *vel vete larisalisa la/rϑ vete line*
„Vel Vete Laris-Sohn; Larth Vete . . . . . .te“[153]

TLE 419 (Oss.) [1]*larϑia śrutznei / natisal:puia /* [2]*ϑaura clan line*
„Larthia Srutznei des Natis Gattin; das Grab der Sohn . . . . . .te“

TLE 394 (Oss.) *rav(nϑu) velani ar(nϑal) ril XLII leine*
„Ravnthu Velani, (Tochter) des Arnth; 42 (Jahre) alt starb sie“

TLE 315 (Cippus) [a]*eca śuϑic velus ezpus* [b] *clensi cerine*
„Dies (sc. der Cippus) und das Grab (ist) des Vel Ezpu. Für den Sohn wurde es errichtet“

TLE 615 (Gefäß) *ṇiutlite ale alapn* (verschrieben für *alpan*)
„Niutlite (Mutlite?)[154] gab gerne“ (*libens dedit*)[155]

TLE 685 (kleine ithyphallische Bronzestatue) [die Zeilen sind zu vertauschen]:
arnϑ alitle pumpuś / eit viscri ture
„Arnth Alitle Pumpuś gab dieses *viscri*“

4. Als erster hat TORP (Beitr. I 12. 37ff.; II 12) auf „Präteritalformen auf bloßem *-e*“ hingewiesen, was aber wenig beachtet wurde; auch altetr. *ai*>*e* war Torp bekannt. Um aber das arch. Prät. auf *-ai* zu erkennen, lag ihm noch zu wenig Material vor. Die Funktion dieser Formen auf *-e* wurde auch von PALLOTTINO (SE XIII, 1930, 462) erkannt; er sagt zu *mini tule* . . .: „Nella presente iscrizione lo [*tul(e)*] con *mini* (= me) in posizione corrispondente a quella delle forme *muluvanice, alice, turice* ecc,; e ciò parebbe provare una funzione transitiva analoga ai *verba donandi.*“ Auch *cerine* (TLE 315) wird von PALLOTTINO (Festschr. B. Nogara, 1937, 401f.) als Präteritum („errichtete“) übersetzt. Dagegen VETTER, Gl. 28, 1940, 167.

Lemn. *aomai* = *ame?* schon CORTSEN, Gl. 23, 1935, 182; *ame* = *amce* ebda. 150

§ 125.

Ein **s c h w a c h e s P r ä t e r i t u m** wird mit dem Suffix *-c-*[156], seltener *-χ-*, gebildet; als Zeichen der 1. Pers. Sing. tritt *-un* hinzu, als Zeichen der 3. Pers. Sing. (und wahrscheinlich auch Plur.) *-e:*

---

152 Diese Zwischenstufe auf *-ei* findet sich TLE 483 (Chiusi) [*mi* . . . . . .]*kinaś kurtinaś en minpi kapi mir(kurie?) nunei* „Ich (bin) des . . . . . kina Kurtina, dies hier; mich, den Krug, Mir(kurie?) darbrachte“. – Die Einfügung von [pi] in TLE ist unberechtigt und überflüssig; vgl. die Nota zu dieser Nummer. Da . . . .]*kinaś* GN ist, muß *⁺kurtina* ein CN sein (Ethnikon *kurt(u)na* „von Cortona“?).

153 Das Verbum *lin-* gehört zu den *verba donandi* oder *efficiendi.*

154 Möglich ist auch *ṃi utlite* „mich Utlite . . .“

155 *ale* „Verbum im Praet.“ schon BUGGE, B.B.X 78; TORP, Beitr. I 40.

156 Älter *-k-*, in Nordetrurien auch noch später. – Das Präteritum auf *-c(e)* wurde schon von CORTSEN, Die Sprache der Etr. I 622ff. II 463ff. (1875) festgestellt und besprochen. Wichtig noch immer TORP, Beitr. I 51ff. 54.

1. Pers.: *ϑapicun* „ich verfluchte" („*devovi, defixi*") (TLE 380, Z. 1.7.8)
slapiχun „ich . . . .te" (AM XI 9)
3. Pers.: *turce* „er gab" (passim; TLE 622 *turke;* älter *turuce,* passim);
svalce „er lebte"; *lupuce* „er verschied"; *ziχuχe* „er schrieb";
menaχe (TLE 282. 652) / *menece* (TLE 370) „er brachte (dar)"; *hece*
[< *hecce* (TLE 87) < *hecece* (TLE 78)] „er (sie) stellte(n) her"
(TLE 566 *arnϑ larϑ velimnaś / arzneal husiur / suϑi acil hece*
„Arnth (und) Larth Velimnas, der Arzni Jungen, das Grab (und das) Werk herstellten")

Nicht zum Prät. gehörig ist *ceriχu* (TLE 135); es ist eine Ableitung von *car-/cer-*, wie das mediopassive Prät. *ceriχu-n-ce* zeigt (s. §§ 151; 152,3).

§ 126.

Das Präteritalsuffix *-c-* tritt auch an erweiterte Stämme:

a) *mulu-an-(e)ce* „stiftend war" = „stiftete"
b) *ac-as-ce* „machen seiend war" = „machte, verfaßte"
c) *zilaχ-nu-ce* „Prätor-seiend war" = „war Prätor, regierte als Prätor"

zu a) duratives Part. Präs. als Wortstamm
zu b) Part. conj. als Wortstamm
zu c) denominales Verbum als Wortstamm

§ 127.

Das Suffix *-as,* an den konsonantisch auslautenden Verbalstamm gefügt, ergibt ein P a r t i z i p , das eine g l e i c h z e i t i g e Handlung ausdrückt (Part. conjunctum):

AM X 18 *vacl araś ϑui useti* „die Libation machend schöpfe hier (nun)" = „wenn du die Libation machst, schöpfe . . ."

AM VIII 4f. *raχ tei menaś cltral mulaχ* „bereite diese, gebend von all dem eine Opfergabe" = „bereite diese und gib von all dem eine Opfergabe"

TLE 171, Z. 2 *spureϑi apasi svalas zilaχ(nuce)* „er regierte als Prätor, in der Stadt des Ahnen (?) lebend"

§ 128.

Durch weitere Anfügung von *-a* wird diese Form substantiviert mit allgemein unterordnendem oder anschließendem Sinn:

TLE 381, Z. 4f. *ϑui araśa* „der hier gemacht Habende" = „der hier gemacht hat"

TLE 169, Z. 2f. *clenar ci acnanasa elsśi zilaχnu* „der drei Söhne sich erworben Habende war das zweite Mal (s. § 116) Prätor" = „als er sich drei Söhne erworben hatte, wurde er zum zweiten Mal Prätor"

Die Inschrift setzt den *cursus honorum* fort mit *ϑelusa ril XXVIIII* „bestimmt seiend (s. § 136) 29 (Jahre) alt"; dies erweckt die Vermutung, daß es bei den Etruskern zu jener Zeit eine Vergünstigung für vorzeitige Ämterübernahme gab, wenn man drei Söhne hatte (vgl. das römische *ius trium liberorum!*)

§ 129.
In der Form *-sa* tritt dieses Partizipialsuffix an Adjektiva und Verbalnomina mit vokalischem Auslaut: *sacni-sa* „weihend, geweiht habend"

AM VIII 10f. *vacl ar flereri sacnisa / sacnicleri trin flere neϑunsl* „Mache die Libation für die Simulacra; geweiht habend die heiligen Räume besprenge das Simulacrum des Nethuns" (... wenn du die heiligen Räume geweiht hast, besprenge ...)

TLE 91, Z. 2f. *larϑ vel/χas vel[ϑu]rs aprϑṇ[al]c / c[la]n sacniśa ϑui [ei]ϑ śuϑiϑ acazr* „Larth Velchas, des Velthur (und) der Aprthnei Sohn, (ist) der geweiht Habende hier in diesem Grab die (Kunst-?) Werke" = L.V., des V. und der A. Sohn ist es, der in diesem Grab die (Kunst-?)Werke weihte" (Die Inschrift befindet sich auf einem Diptychon, das ein junger Dämon vorweist).

TLE 169 *ϑelusa* „bestimmt worden seiend" : *ϑe-l-u,* Part. Aor. (s. § 145–147) + Suffix *-u* der Verbalnomina (§ 141) + Partizipialsuffix *-sa.*

acnanasa von TLE 169 (s. o.) hat nicht *-sa,* sondern *-as*(a): *ac-n-an-as(a),* d. i. Wurzel *ac-* + Mediopassivsuffix + Part. durativum + Part. conj. in substantivierter Form (vgl. SE XXXIII, 1965, 508 (1), 511 (4.5) die nicht substantivierte Form *acnanas.*)

§ 130.
Es gibt auch ein präteritales[157] Partizip mit dem Suffix *-ϑas,* substantiviert *-ϑasa:*

AM VII 6 *ciz trinϑaśa* „als dreimal gestreut habender" = „wenn (sobald) er dreimal gestreut hat"

TLE 126 *zilχ ceχaneri tenϑas avil /svalϑas* LXXXII „als *praetor iure dicundo*[158] eingesetzt gewesen (und) 82 Jahre[159] gelebt habend"

TLE 380, Z. 1 *inpa ϑapicun ϑapintaś* „die ich verflucht habend verfluchte" (vgl. οὓς ἀνέγραψα ἀναγραψάμενος; *ϑapintaś* = *ϑapi-n-,* Mediopass. von *ϑapi-* „verfluchen" + Präteritalsuffix *-ϑas/tas*).

§ 131.
Mit dem Suffix *-(e)ri*[160] wird von der Grundform eine Form abgeleitet, die PALLOTTINO als „allgemeines Passiv", andere als Gerundivum oder Gerund-Partizip bezeichnen. Sie gibt an, daß der Begriff, den die Grundform ausdrückt, zu verwirklichen ist (oder war): „Nezessitativ":

hecz-ri „ist (war) zu stellen"; *caresri* „ist (war) zu bauen"
ϑez-eri „ist (war) zu schlachten"

---

157 TORP, Beitr. I 61 (zu *trinϑaśa*); PALLOTTINO, SE VII, 1933, 241: „aoristale", con valore di gerundio o participio passato, *zilaχnϑ-as*" (richtiger: *zilaχn-ϑas*); ders., Elem. p. 72, § 139.

158 S. Verf., Untersuchungen zum CIP, SE XXIX, 1961, 150.

159 *avil* ist als indefiniter Akk. aufzufassen; der Sing. ist bei Zahlwörtern sehr häufig.

160 Zur Differenzierung von nominalem und verbalem *-(e)ri* s.o. § 48.

AM VIII 3f. *huϑiś zaϑrumiś flerχva neϑunsl śuc-ri ϑez-eri-c* „am 26. sind die Opfer für Nethuns zu . . . . .en und zu schlachten"

Wie CAP 4.19.25.26 zeigt, tritt das Suffix des Nezessitativs auch an erweiterte Stämme: *ac-as-ri* „machen-seiend soll sein" = „soll machen". In dieser Verbindung mit dem aktiven Part. coni. hat der Nezessitativ a k t i v e n Sinn.

§ 132.

Das Suffix *-ś/s/z* bilden von der Grundform eine in der Bedeutung von ihr nicht sehr verschiedene Form, vielleicht das I n t e n s i v u m (Iterativum, Frequentativum?): *heχ-z* (Imperativ I), *heχ-ś-ϑ*[161] (Imperat. II), von *heci-* „legen, setzen, stellen"; *puϑ-s, put-ś* von *puϑ/t-* „aufstellen".

TLE 773 (rotfig. Kylix) *marce svincinas alpan puts* „Marcus Svincinas libens ponit"

Nezessitativ am Intensivstamm s.o. (§ 131) *heχzri.*

§ 133.

Mit dem Suffix *-(e)ϑ* wird ein K a u s a t i v s t a m m gebildet:

**ceś-* „liegen", Verbalnom. *ceś-u* „liegend"

**ces-eϑ* „liegen machen, legen", *ces-eϑ-ce* (TLE 85) „er legte"

Vgl. auch AM XI 4 und VI 3 *stret-a, stret-eϑ*

Während PAULI (Etr.Fo.u.Stud. II 7 *cesu* und *ceseϑce* für identisch hielt, bestimmte DEECKE (Etr. Fo.u.Stud. II 7 *ceseϑce* als „fundavit", TORP (Beitr. I 6) genauer als „posuit", mit dem Hinweis auf den Kausativ. Ebenso TROMBETTI, LE S. 214 („posuit") und VETTER (Gl. 28, 1940, 199: „kausativ").

§ 134.

1) Das Suffix *-u* bildet ein V e r b a l n o m e n, das zweifache Bedeutung hat: es ist

a) V e r b a l a d j e k t i v, das eine abgeschlossene Handlung bzw. das Ergebnis dieser Handlung bezeichnet. Ist das Verbum t r a n s i t i v, dann hat das Verbaladj. die Bedeutung eines P.P.P.: *mul-u* „gespendet"; *tur-u* „gegeben", > „Spende, Gabe". Ist das Verbum aber i n t r a n s i t i v, dann hat das Verbaladj. a k t i v e n Sinn: *lup-u* „verschieden"; *ces-u* „liegend"[162].

TLE 769 (korinth. Alabastron) *mi licineṡi mulu hirsunaieṡi* „Ich (bin) das Gespendete (= die Spende) des Licine Hirsunaie"

TLE 136, Z. 2 . . . *avils ϑunem muvalχls lupu* „im Alter von 49 Jahren verschieden"

Zum bedeutungsmäßigen Übergang des subjektiven Verbaladjektivs vgl.
TLE 173, b *avils LXX lupu* „im Alter von 70 Jahren verschieden" und
TLE 172,a,2 *avils LX lupuce* „verschied im Alter von 60 Jahren".

---

[161] Anzusetzen ist *heci-ś* > *heχś/z;* vgl. auch VETTER, Gl. 28, 1940, 205: „Das Verhältnis von *heχz* zu *heχśϑ* ist zu beurteilen wie *trin, trinϑ;* die Verbindung *heχz velϑe* „funde humi" zeigt deutlich, daß *h.* Zeitwort ist."

[162] Vgl. TORP, Beitr. I 62: „das Partizip auf *-u* läßt aber einen doppelten Gebrauch zu, es kann sowohl passivisch, wie aktivisch gebraucht werden." – S. auch PALLOTTINO, Elem. 30f. OLZSCHA, Tyrrhenica

b) Das Verbalnomen ist auch Verbalsubstantiv; als solches hat es die Funktion eines nomen agentis:

ziχu „Schreiber"; *acilu* „Werkmann" (s. § 173)

Die zahlreichen Cognomina auf *-u (suplu, fulu, hulu, scunu* u.a.) sind praktisch durchweg solche Verbalnomina. Vgl. TLE 656

vel pumpuś turu a(rn)ϑialisa enicuśi „Vel Pumpus-Turu („der Geber"), (Sohn) des Arnth und der Enicu" (anders RIX, Cognomen 141, nr. 111)

2) Es gibt auch Verbalnomina auf *-e,* z.B. *mene* „Gabe" von *men-* „geben"; diese entsprechen dem oben erwähnten Verbaladjektiv transitiver Verba.

§ 135.

Neben den Formen auf *-u* finden sich (besonders in Volsinii?) auch solche auf *-ve (-ue):*

TLE 233 (Volsinii) *marniu spurana eprϑne tenve* „als städtischer Maro[162a] und *dictatorius* eingesetzt (= fungiert habend)"; vergleiche damit

TLE 171 (Musarna/Tarquinii) *marunuχva cepen tenu eprϑnev-c eslz te*[*nu*] „als Vorsteher der Marones fungiert und einmal als *dictatorius* fungiert habend" (*tenu* = *functus,* vgl. VETTER, Gl. 13, 1924, 141).

Die gleiche Erweiterung mit *-e* findet sich auch bei *-nu,* dem Suffix der Verba essiva (s. § 145, zu b, 2):

TLE 233 (Volsinii) *zilaχnu-e* „Prätor seiend", dagegen

TLE 169 (Musarna/Tarquinii) *zilaχnu* „Prätor seiend"

Diese Inschriften sind ziemlich synchron (Volsinii um 400 v. Chr., Musarna etwa 2. Hälfte des 4. Jhs. v. Chr.); der Wechsel *-u : -ve* ist schon in CAP zu finden: 8.14 u.ö. *ilucu,* 8.18 u.ö. *ilucve*

§ 136.

In der Verbindung mit *acil* (§ 209,f) bildet das Verbalnomen einen Modalis auf *-e : zarve* (< = **zaru-e) acil* (AM X 6) „parato opus est"; (*ture acil* AM VI 15), ein „umschriebener Nezessitativ", auf den zuerst OLZSCHA aufmerksam gemacht hat.

In der 2. Hälfte der AM stehen solche Formen in der Regel an Stelle jener auf *-ri* (Verf., Studien z.d. AM 40f.); zur Konstruktion mit *acil* s. OLZSCHA, Interpr. 162 und Kalenderd. 345; zustimmend RIX, Kratylos VIII, 1963, 123.

Als CN hat das Verbalnomen auf *-u* den nominalen Genitiv auf *-s:*

TLE 100 . . . *lavtn pumpus scunus* „der Familie Pumpu-Scunu"

1957, 136ff. faßt *lupu, cesu* als transitive Verba nach Art der (transitiven) *-u-* Stämme im Chaldischen auf. PFISTER, Etruskisch - urartäische Sprachverwandtschaft? - Münchener Stud. z. Sprachw. 5, 1954, 75ff. spricht sich dagegen aus.

162a Zu *maru,* das auch ins Umbrische ging, vgl. Od. IX, 197 EN *Marōn,* Priester aus Imaros in Thrakien, und *Marōneia,* Stadt an der thrakischen Küste.

Aorist und Futurum

§ 137.

Spuren eines Aorists im Sinne eines durativen Präsens (vgl. z.B. die Turksprachen) können in *lucairce* und *acnai(r?)ce* vorliegen:

TLE 131, Z. 3f.: *creals tarχnalϑ spureni lucairce*

„Als *creals* in Tarquinii die Stadt er (regier?)te"

lucairce = *luc-a-ir-ce*, Prät. eines mit *-(a)ir* erweiterten Stammes *luc-*, der in *lucumo* (< etr. **luc(u)mu)* vorliegt. Da an *lucair-* das Präteritalsuffix *-ce* tritt, muß die um *-(a)ir* vermehrte Grundform einen präsentischen, durativen Sinn haben (vgl. engl. *was conducting*).

TLE 509 (Ossuar aus dem Grab der Familie Cae-Vetus in Pienza) *ane*[163] *cae vetus acnaice* (fehlerhaft für *acnairce?*) „Ane Cae-Vetus erwarb für sich"

acnai(r?)ce = *acn -(a)ir-ce*, Prät. eines mit *-(a)ir* erweiterten mediopassiven[164] Stammes *acn-* „erwerben" von *ac-* „machen".

Von einem Aoriststamm auf *-ir* scheint auch das Adj. II *śetirune* in AM II 5.9 *an cś meṅe utince ziχne setirune-c* „sie (Aisera), für die eine Gabe geleistet wurde nach Vorschrift und Bestimmung(?)". *śetirune* = *śet-ir-u-ne*, Verbalnomen auf *-u* des Aoriststammes von **set-*, erweitert mit *-ne* (Adj. II im Modalis), etwa „wie bestimmend-seiend zugehörig".

Ebenso ist nur durch eine Erweiterung mit *-ir* das zu *haϑe-c* parallel stehende *haϑr-ϑi* in der Plakationsformel (s. V e r f . , Studien z.d. AM 43f.) der AM erklärlich. Zur Verbindung von Aorist (als duratives Präsens) mit dem Präsens in e i n e r Formel (*haϑr-ϑi repin-ϑi-c*) vgl. TLE 570 B 9—11 *ac-il-u-ne tur-u-ne ścu-ne* (s. im folgenden).

§ 138.

a) Zu dem Stamm *ac-* „machen" gehört das Substantiv *acil*, dessen Bedeutung „Werk" von PFISTER[165] und OLZSCHA[166] zwingend nachgewiesen wurde. Solche Formen auf *-(i)l* sind auch *vacil* (CAP 1.3—6.12.14.47), LP III noch *vacal-*, jünger (synkopiert) *vacl* (AM passim) „Libation" und *taril* „? " TLE 194, vielleicht auch *-cvil* in den theophoren Namen *tinścvil* und *ϑanχvil* („Tins-Sprößling, Than-Sprößling" wie griech. Διοσκούρη?).

b) Wahrscheinlich ist auch *avil*, das wir mit „Jahr, Alter" wiederzugeben pflegen, und das der nichtsynkopierten Form *avile* des PN *avle/aule* so ähnlich sieht, ein Partizipium wie *acil* „operatum > opus". Da nämlich *acil* „Werk" bedeutet, muß der wörtliche Sinn „das Gemachte" sein, d.h. *acil* ist eine Art Part. Aor. pass. von *ac-* „machen".

Zu den Formen auf *-il* als „a sort of past participle passive" s. TORP, Beitr. II 2 u.a.; EN 31.

Mit dem Suffix *-u* der Verbalnomina (§ 134) bilden die Formen auf *-il* (die an sich schon ein Partizip sein können) partizipiale Verbalnomina, die auch als CN verwendet werden, s. § 173 und RIX, Cognomen 321. Zu den Formen auf *-u* als Verbalnomina s. auch PALLOTTINO, Elem. 55 und RIX, Cognomen 189.

---

163 Seltenes PN; vgl. TLE 117 [e]*ca śuϑi anes/cuclnies*.

164 S. u. § 142.

165 SE XXIII, 1954, 263ff.

166 SE XXIX, 1961, 155ff. mit Lit.

Darauf, daß *avil* „Jahr" ursprünglich ein i n d e k l i n a b l e s Partizip war, weist auch der Umstand, daß es bei Zahlenangaben nie eine Pluralform zeigt, im Gegensatz zu *tiu* „Mond, Monat", das einen regulären Plural auf *-r* bildet:

TLE 119 . . . *svalce avil* XXVI „lebte 26 Jahre"

TLE 181 *avils:XX:tivrs:śas* „im Alter von 20 Jahren und vier Monaten"

Zur Wurzel *av-* von *avil* vgl. das noch nicht sicher gedeutete *(aṇ)avence* TLE 98, Z. 4; Modalis eines von einem solchen Stamm auf *-il* abgeleiteten Nomen agentis ist *tevilaχe* [< **tevilaϑ/χ*[167] in TLE 359b. Vgl. auch *aślaχ* TLE 75, wohl von **aśilaχ*. Nom. agent., abgeleitet von **asil* < *aś-* „treffen (?), verwunden (?)", s. TLE 492 (Schleuderblei) *aśϑ* (Imperat. II) „triff? (?), verwunde (?)"[168] und *aśira* (Name einer die Labrys schwingenden Erinys auf dem Bronzespiegel Gerh.-Körte CCCLX), das *aś-ir-a* „Trefferin (?), Schlächterin (?)" zu sein scheint.

Hierher gehört anscheinend auch *husil(i)* CAP 22, jünger *husl* (vgl. *vacil:vacl*) „Junge" mit Adj. II *huslna* „jung"[169].

§ 139.

Das so häufige *avilś* der AM, das aus syntaktischen Gründen (s. u.) keinesfalls mit dem homonymen *avils/ś* bei Altersangaben identisch sein kann, sondern verbales *av-il-ś* ist, muß als Intensiv eines transitiven mediopass. Aoriststammes betrachtet werden.

Die oben erwähnten Gründe sind folgende: Die traditionelle, auf TORP und BUGGE zurückgehende Übersetzung „des Tages und des Monats, des Jahres" für *tinśi tiurim avilś* setzt d r e i Genitive voraus. Hier könnte aber nur *avilś* ein Gen. sein; *tinśi* und *tiuri-m* sind def. Akk. Sing. (vgl. CORTSEN, Gloss. 97). Bei LINDE, Gl. 33, 118 sind in der Übersetzung die Akkusative als solche richtig erkannt: „(beobachte genau) die Tage und die Monate jedes Jahres".

Es kommt aber hier prinzipiell, aus inneren Gründen, die Übersetzung „Tag" und „Monat" für *tinś* und *tiur* nicht in Frage, da diese Formel sich innerhalb eines j e d e n der großen, a u f g a n z b e s t i m m t e K a l e n d e r d a t e n f e s t g e s e t z t e n Opfer für Aisera, Crapśti findet. Eingehend V e r f ., Studien z.d. AM 13f. (zu 1.h)

§ 140.

Ableitungen wie *lucair-ce* (Aoriststamm + Präteritalsuffix) oder *tevil-aχe* (Aoriststamm + Suffix der Nomina agent.) und *ac-il* „das Gemachte, das Werk" zeigen, daß die erweiterte Grundform auf *-(a)ir* eine unbestimmte Gegenwart ausdrückt, die nicht das augenblicklich Geschehende, sondern eine Eigenschaft, Absicht oder Gewohnheit des Agens darstellt. Deshalb kann diese Grundform 3. Pers. Sing., starker Imperativ, Partizip oder Verbalnomen sein. In Verbindung mit dem Präteritalsuffix hat diese Form etwa den Sinn eines griech. „effektiven" Aorists.

Als Basis für erweiterte Formen ist die Funktion als Partizip oder Verbalnomen anzunehmen.

§ 141.

Der Aoriststamm *ac-il* findet sich auch (TLE 570 B 9) in *acilune*, das in der juridischen Trigemination *acilune turune ścune* deutlich als Jussiv erkenntlich zu sein scheint. Wir zerlegen *acilune* nicht in *acil-u-n-e* [*tur-u-n-e, śc(uv)-u-n-e*], d. i. Grundform – Verbalnomen

---

[167] S. u. § 172,b.

[168] Vgl. *feri* auf röm. Schleuderbleien!

[169] S. V e r f ., Studien z. d. AM 20; ROSENBERG, Gl. 4, 1913, 55: *huslne* = **husilne*.

auf *-u-* Mediopass. (s. § 142) – Jussiv, da der sichere Sinn eine mediopassive Form nicht zuläßt; überdies ist nicht ersichtlich, was die Kombination Aor. pass. + Mediopass. vorstellen soll.

Wir analysieren aber auch nicht als *acil-un-e* [*tur-un-e, śc(uv)-un-e*], da wir keinerlei Beleg für eine Bildung: Grundform + Suffix *-un* + Jussiv besitzen.

Es bleibt noch die Möglichkeit, in *acilu-ne* [*turu-ne, śc(uv)u-ne*] d. h. in Verbalnomen *acilu* „gemacht“ oder „Macher“[170] und ein Suffix *-ne* zu zerlegen, das wie im Präsens *-a* und *-e* eine finite Form bezeichnet. Der Text des CIP schließt hier eine adjektivische (und damit passive) Auffassung des Verbalnomens auf *-u* aus und weist uns auf das Verbalsubstantiv hin, das ein Nomen agent. ist. Das durch die Analyse erschlossene Suffix *-ne* scheint aber nicht jussivisch zu sein, da der Begriff „möge, soll geben“ einfach durch *tur-e* ausgedrückt wird.

Ich glaube daher, daß in dieser Bildung – Verbalnomen des Präsens oder des Aorists (unbestimmtes, duratives Präsens) + *ne* – das F u t u r u m gefunden ist. Das *-e* des Suffixes kann leicht aus arch. *-nai* entstanden gedacht werden (s. *-e* nach arch. Prät. auf *-ai*, § 124,3).

Die Stelle mit *acilune*, von der ausgegangen wurde, lautet: TLE 570 (CIP) B 7ff. *eśtac velϑina acilune turune ścune*[171] „dies wird Velthina tun, geben, abtreten“.

Eine Stütze für die hier vorgelegte Auffassung dieser in unserem Material seltenen Formen sehe ich in TLE 420 (Ossuar): *mi murs arnϑal vetes/nufreś laris vete mulune /la(r)ϑia petruni* „Ich (bin) die Urne des Larth Vete-Nufre. Laris Vete wird darbringen. Larthia Petruni wird darbringen.“

Laris Vete-Nufre und Larthia Petruni sind zweifellos die Eltern des Bestatteten. Fassen wir *mi* als Nom. auf, dann ist auch *murs* Nom., und der Satz endet mit *nufreś*. Soll *mi* hingegen indef. Akk. sein, dann ist auch *murs* indef. Akk., und die beiden Namenpaare werden Subjekt. In diesem Falle ist das zweimalige *mulune* Prädikat des ganzen Komplexes, und von ihm ist *mi murs* als Akk. abhängig (Typus der Dedikationsformel *mi . . . muluvanece* „mich . . . stiftete“). Es ist aber unmöglich, *mulune* als *muluvanece* (oder wenigstens als *mulunce*) aufzufassen; die Verkürzung von *muluvanece zu mulune* ist beispiellos, ein Mediopassivum *mulunce* „brachte für sich dar“ vom Kontext her aber sinnlos.

Fassen wir hingegen *mulune* als F u t u r u m auf (*mulu-ne* wie *acilu-ne, turu-ne*),dann erhalten Form und Kontext einen guten Sinn. Auf die Besitzerinschrift *mi murs arnϑal veteś nufreś* – Beginn also nominativisch (die Urne spricht) – folgt die zweifache Versicherung, daß Vater und Mutter „darbringen werden“ – die Totenopfer nämlich, die normalerweise die Kinder den toten Eltern darzubringen haben. Vgl. im Lat. *parentare, parentatio* und die in lat. Grabinschriften nicht seltene Klage der Eltern, daß s i e tun müssen, was den Kindern f ü r s i e zugestanden hätte.

TORP, Beitr. I 9f. hatte die Formen auf *-ne* als Präterita erklärt; ROSENBERG (Gl. 4, 1913, 58) eliminierte aus Torps Belegen mit Recht *leine*, da dieses nicht *lei-ne*, sondern -wegen *leinϑ-* nur *lein-e* sein könne. Bezüglich *tenine* und *renine* zweifelte er („und was hier *renine* bedeutet, wissen wir noch weniger als vorhin bei *tenine*“). De facto können diese Formen sowohl 3. Pers. des mediopass. Jussivs der Gegenwart („möge gedacht / bestimmt werden“) als auch mediopassiver Modalis („zum Gedachtwerden = zum Gedenken“ bzw. „zum/ gemäß Bestimmwerden = gemäß der Bestimmung“) sein. Vgl. *ϑezine* „zum Geschlachtetwerden = zur Schlachtung“ und *nunϑene* „zum Dargebrachtwerden = zur Darbringung“.

---

170 S. § 134,1,b, und § 173. Vgl. auch RIX, Cognomen 189.

171 *ścune* ist *ścu-vu-ne*, vgl. CAP 7; s.a. CORTSEN, Symb. Danielsson 49.

Sehr richtig sagt ROSENBERG (a.a.O. 59): „Wenn *turune* wirklich gleich *turce* sein sollte, wäre es höchst seltsam, daß in den Dutzenden von Texten, die dieses Verbum enthalten, niemals die beiden Formen mit einander wechseln". SKUTSCH RE VI, 799 gibt im Sinne der Hypothese Torps *mulune* (s.o.) mit „. . . hat (sie) gestiftet" wieder.

Mediopassivum

§ 142.
Das mit dem Suffix *-(i)n* gebildete Mediopassivum hat schon CORTSEN[172] bei den Formen *ϑezince* und *hemsince* (AM II 3; IV 3; V 2; IX 2.9) im Prinzip richtig erkannt („ist gegeben"). Erst OLZSCHA[173] hat sich eingehend mit den Verbalformen mit dem Suffix *-n* beschäftigt, wobei er die Erkenntnis TORPS[174] aufgriff, daß die passivische Bedeutung dem *n*-Affix anhafte. Olzscha übersetzt auch richtig und konsequent die Verbalformen mit *-(i)n*(-) als Passivum, z.B. AM VIII 16f. *ϑezin fler* „(wenn) das Opfertier geopfert wird"[175].

§ 143.
Wie die Gleichung *nunϑen : nunϑeri = ϑezin : ϑezeri* („bringe dar/ ist darzubringen" – „wird geschlachtet[176]/ ist zu schlachten") zeigt, muß auch das in AM so häufige *nunϑen(ϑ)* morphologisch eine „passivische" Form sein. Der Sinn ist aber ganz eindeutig der eines transitiven Verbums. Es können also Verbalformen mit -(*i*)*n*(-) auch ein t r a n s i t i v e s M e d i u m sein.

Daher bezeichnen wir diese Formen als M e d i o p a s s i v u m .

§ 144. B i l d u n g d e r F o r m e n d e s M e d i o p a s s i v u m s

a) P r ä s e n s : Verbalstamm + Bindevokal *i* + *n*, wenn die Grundform konsonantisch endet: *ϑez-i-n, mut-i-n;* bei vokalischem Auslaut Grundform + *n: husi-n*

b) I m p e r a t i v I I : Grundform (=Imperativ I) + Bindevokal *i* + *n* + *ϑ(i): rep-i-n-ϑi*

c) e x p l i z i t e r I n d . und J u s s . : Grundform + Bindevokal *i* + *n* + *a*/*e husi-n-a; rep-i-n-e*

Diese Form auf *-e* kann auch verbaler Modalis sein:

AM III 13f. *trin ϑezine χim fler / tar-c* „besprenge zum Geschlachtet-werden (= zur Schlachtung) das ganze(?) Opfertier und das *tar*"

AM III 16f. *vacl / ara nunϑene* . . „er macht die Libation zum Dargebracht-werden (= zur Darbringung)"

---

172 Symb. Danielsson 48; Gloss. 102. – PALLOTTINO (SE VI, 1932, 276) -zu *ϑezince* und *hemsince* –: „Perchè non pensare allora piuttosto a forme verbali con significato passivo?" – Vgl. auch TROMBETTI LE, Less. zu *ceriχunce:* medioreflexiv *„sibi aedificavit"* – V e r f ., Studien 19f.

173 Interpr. 104f.

174 Lemnosstele 57f.; EN 29.

175 *fler* „Tieropfer", bestimmt von OLZSCHA, Interpr. 26ff.

176 *ϑez-* sakraler Terminus technic. für die Schlachtung des Opfertieres, s. V e r f ., Studien zu den AM 23.

Der mediopass. Jussiv und der mediopass. Modalis auf *-e* sind gleichlautend mit dem Mediopassivum des archaischen starken Präteritums:

TLE 315 (Cippus; die Inschrift links und rechts von der Darstellung des Bestatteten, von oben nach unten):
[a]*eca śuϑic velus ezpus* [b] *clensi cerine* „Dies (sc. der Cippus) und das Grab des Vel Ezpu / (ist) für den Sohn (emphat. Gen. dedic.) errichtet worden"

d) Partizipium durativum: Grundform (+ Bindevokal *i*) *+n+-an: ac-n-an-(asa,* § 145).

e) schwaches Präteritum: Grundform + Bindevokal *i* + *n* + *-c(e): ϑez-i-n-ce*

Dagegen starkes Prät.: *cer-i-n-e* TLE 315 (s. o.).

f) Partizip. conj. praet.: Grundform (+ Bindevokal *i*) + *n* + *-ϑas: te-n-ϑas*

g) Verbalnomen auf *-u:* Grundform (+ Bindevokal *i*) + *n* + *-u: te-n-u*

Dagegen Part. pass. Aor.: *ϑe-l-* in *ϑelu, ϑelusa*

Die Schriften der Feldmesser sprechen zuweilen von einem Flächenmaß, das *acnua* (*-ae*,f.) oder *agnua* genannt wird (Lib. Col. I, 225L; Colum. V 1,5). Dieser Ausdruck kommt in Latium (Varro, r.r. I 10,2) und (merkwürdigerweise) in der Baetica (Colum. V 1,5; Isid. XV 15) vor. In Rom heißt dieses Flächenmaß gewöhnlich *actus* (*-ūs* m.) (Agrimensoren *passim*), bei Oskern und Umbrern aber *vorsus* (Frontin, de limit., 30 L). Zwei solcher (quadratischer) Flächen bilden das *iugerum* („*duo agri*"). In Rom hatte – und das soll auf Romulus zurückgehen – jeder *assiduus* für Haus, Hof und Garten 2 *iugera* (Lib. Col. II 302 L). Dieser Erbbesitz heißt *heredium* (Varro, de re rust. 7,10). Das *heredium* besteht demnach aus 4 *actus* oder *acnuae*.

Während die Etymologie von *actus* („*in quo boves agerentur cum aratro uno impetu iusto*" Plin., n.h. XVIII 3,3) und *vorsus* (< *vertere*, den Pflug wenden) klar ist, bereitet *acnua* der Erklärung Schwierigkeiten. Die versuchte Ableitung von *ἄκαινα* „*stimulus bovis*" ist alles andere als überzeugend. Die wechselnde Schreibung *acnua / agnua* – vgl. *cae* = *Gaius* (*C.!*) deutet auf hohes Alter des Wortes im Lat. hin. Auch die Tradition (s. o. Varro!) verlegt die Regelung der Viritanassignation in die hohe Königszeit. Damit kommen wir aber, historisch gesehen, in die Zeit der etruskischen Herrschaft über Rom. Und wie mir scheint, lohnt sich der Versuch, *acnua* aus dem Etr. zu erklären.

Schon die äußere Ähnlichkeit – man vergleiche hörend *murzua, renχzua, nacnuva, ϑeusnva, eϑauśva* u.a. – ist sehr groß. Man denkt daher leicht an ein Adj. III, bei dem *-cva* nach *-u* regulär zu *-ua/-va* geworden ist (§ 73). Es ist dann *acnua* = *acnu* + *va*, wobei *acnu* ein Verbalnomen auf *-u* eines Mediopassivstammes *acn-* darstellt. Dieser Stamm ist mehrfach belegt (*acnaice, acnanas(a), acnese, acnina*) und bedeutet „für sich machen, erwerben" (PALLOTTINO, SE III, 1929, 543; Verf., Unters. z. CIP, SE XXIX, 1961, 141). Wie das Verbalnomen *mulu* „das Gegebene = die Gabe" ist, so ist *acnu* „das Erworbene = der Besitz".

Der Urbesitz der Bürger Roms ist das *heredium*, das „Erbteil", und besteht aus vier *actūs* oder *acnuae* (*acnua* von den Römern als Femininum aufgefaßt), ist also eine Mehrzahl von (An)teilen. Welche Form entspricht nun im Etr. dem lat. Plural *actus?*

Die Bildung *acnu(v)a* stellt sich als von einem Mediopassivstamm abgeleitetes Adj. III mit der Funktion eines „Sinnplurals" (§ 74) dar und ist ein neues Beispiel dafür, daß diese Pluralbildung für Nominalformen auf *-u* (Verbalnomina) typisch ist.

Beispiele zu a) s. Lesebuch B 1 (AM II 11f.), 2 (AM III 13), 3 (AM IV 15), 6 (AM VIII 16); zu b) Lesebuch B 1 (AM II 7.10); zu d) Lesebuch A, g, 4.5;
zu e) s. Lesebuch B, 1 (AM II 9) und AM IV 3 *inc zec fler ϑezince* „welches als ... Opfer geschlachtet wurde"; AM V 2 *inc zec fasle hemsince* „welches als ... Brotopfer dargebracht wurde".
zu f) und g): Lesebuch A, g, 2.3.4.5.6

Abgeleitete Verba

§ 145.

Außer den besprochenen primären Ableitungen von der verbalen Grundform gibt es s e k u n d ä r e A b l e i t u n g e n, die entweder a) d e v e r b a l oder b) d e n o m i n a l sind.

Zu a) 1. Grundform + durat. Partiz. + Part. conj. auf *-(a)sa:*
teśamsa TLE 135 = *teś-an-(a)sa* „als bestimmend seiender“

TLE 135 *camnas larϑ larϑal śatnalc*[177] *clan an śuϑi lavtni ceriχu / teśamsa . . . escuna . . .* „Camnas Larth, des Larth und der Satnei Sohn. Er das Familiengrab errichtet als bestimmend- seiender . . . tritt ab . . . (= läßt das Familiengrab errichten . . . und tritt ab . . .“).

2. Verbalnomen auf *-u* + durat. Partiz. auf *-an* ergibt einen neuen Verbalstamm, von dem ein Prät. gebildet wird („verbum participiale“): *mulu-an-(e/i)-ce, mulu-en-(e/i)-ce*[178] „Stifter-seiend-war“ = „er stiftete“. (Typisches Verbum der Dedikationsinschriften).

3. Grundform + *-iχu* bildet „verba factitiva“ („. . . lassen“): *car-* „herstellen, erbauen“, *cer-iχu* „erbauen lassen, errichten lassen“ (s. o. TLE 135).

TLE 51 *vel* ⁝ *matunas . larisalisa* ⁝ / *an : cn . śuϑi . ceriχunce* (verbesserte Lesung SE XXXIV, 1966, 232 mit Taf. XXXII) „Vel Matunas Laris-Sohn. Er dieses Grab für sich errichten ließ.“ – *ceriχunce* = von *car-* abgeleitetes Verbum *ceriχu + -n-* (Mediopass.) + Präteritalsuffix *-ce*. Schon TORP, Beitr. I 46: *ceriχunce* „ließ aufführen“

car-/cer- hat *a* > *e* unter dem Einfluß von *-i-;* vgl. o. TLE 135 *cer-i-ne* und ebenso *ϑam(u)ce* „errichtete“ – *ϑem-i-asa* (LP II 3/4) „errichtend“

TLE 27 *aliqu* dürfte das von *al-* „bringen“ abgeleitete Verbum factitivum sein: *al- : al-i-cu = car : cer-i-cu* (überliefert *cer-i-χu* mit *c* > χ nach *r*); die Bedeutung ist „bringen lassen“ bzw. „machen lassen“ oder als Verbalnomen „das Bringen-gelassene“ bzw. „das Machen-gelassene“. Möglicherweise gehört hierher auch CAP 10.18 *alχu,* falls < *al-i-cu* (*al-*^{i}*-cu*) mit *c* > χ nach *l.*

Zu b) 1. Grundform kann ein Substantiv oder Adjektiv (I) sein, an das ein partizipiales oder präteritales Suffix gefügt wird:

---

[177] *larϑalś . atnalc* (so TLE) ist wegen Sinnlosigkeit eines Satzgenitivs (§ 213) an dieser Stelle in *larϑal. śatnalc* zu verbessern. Überdies wäre ein Gen. auf *-ś* in Tarquinii gegen alle Regel. – V e r f ., Verschreibung und Verbesserung in etr. Inschriften, SE XXXII, 1964, 204.

[178] Mit zahlreichen Nebenformen: *muleanice, mulvanice, mulveneke, mulvenice, mulvunuke* (VH!), *muluvanece, muluvanuke* (VH!), *mulunice;* Schreibfehler (die allerdings von einigen Forschern nicht als solche mit Sicherheit erkannt) sind NScav. 1930, 307, nr. 5 *muleanice = mulvanice* (mit Ǝ für ꟻ wie nicht so selten); TLE 481 *muluevneke = muluveneke;* TLE 60 *muluemknie = muluenike* (ein lehrreiches Beispiel, in welcher Weise geritzte oder skulpierte Inschriften korrigiert wurden: der Schreiber hatte *-ni-* so geschrieben, daß es zu *m* wurde; dies bemerkte er, als schon das *k* geschrieben war. Nun wurde das verschriebene *ni* deutlich wiederholt und das Schluß-*e* angefügt. – Rasuren eines Fehlers sind äußerst selten; meist wird das Richtige über oder unter den Fehler gesetzt oder in der Zeile ohne näheren Hinweis hinzugefügt); TLE 386 *mulenike = mul(u[v])enike.* – Zur antiken Verbesserung von Fehlern s. V e r f ., SE XXXII, 1964, 183ff.

sacni-śa (TLE 91. 159. 303; AM VIII 10 *sacnisa*) „geheiligt habend" < *sacni* „geheiligt" (s. TORP, Beitr. I 33 zu *sacniśa:* „ein davon [sc. *sacni*] abgeleitetes Verb")
canϑ-ce (TLE 99) „war Camth(i)" = Amtstitel *camϑ* + *-ce*
zilaχ-ce (TLE 182) „war Zilath" = Amtstitel *zilaχ* + *-ce*
φurϑce (SE XXXV, 1967, 555f., nr. 12) „war P(u)rth" = Amtstitel *purϑ* + *-ce*

2. Das Suffix *-nu* bildet denominale Verba von
a) durativen Partizipien (§ 123)
b) von Berufs=, Standes= oder Amtsbezeichnungen („Verba essiva").

Zu a) *alp-nu* < *alpanu* „gern tuend sein" < *alpan* „libens", durat. Part. von *alp-*
zu b) *zilaχ-nu* „Prätor sein" < *zilaχ* „Prätor"; Prät. *zilaχ-nu-ce* „war Prätor"
maru-nu „Maro sein" *maru* „Maro" (Amstitel)

Diese Formen werden oft als Verbalnomina auf *-u* gebraucht, z.B. TLE 165 . . . *zilc parχis amce* / *marunu-χ spurana* „er war Prätor *parχis* und städtischer Maro" (*-c* > *-χ* in *marunuχ* wegen vorausgehendem *n*).

Zur Bildung dieser abgeleiteten Verba vgl. eine ähnliche Form im Lydischen (Gusmani, Studi Lidi, Rend. Ist. Lomb., cl. di lettere 94, 1960, 298, n. 82):

vśtaś „Erbe" – *vaśt-vun-(k-m-)ś* „Erbe" – *vaśt-vun-lis* „erblich"

Zu *-nve* für *-nu* s. § 136!

Prinzipiell richtig gesehen, aber zum Teil unrichtig belegt ist die Beobachtung von ROSENBERG, Gl. 4, 1913, 57: „Eine Reihe von Stämmen hat die Neigung, Verbalformen nicht aus sich selbst, sondern aus dem erweiterten Stamm zu bilden: *tez: ϑezin-ce, muϑ:mutin-ce, *ut:utin-ce, zilaχ:zilaχn-ce, *mul:muleni-ce.* Bis auf das seltene *zilaχ-ce* ist uns von diesen Stämmen keine andere Verbalform vom einfachen Stamm bekannt."

Rosenberg übersieht *ϑezi* und *ϑezeri, uta, mula, muli* und das Verbalnomen *mulu.* Überdies entwertet er seine richtige und wichtige Beobachtung der erweiterten Verbalstämme a.a.O. 62 durch die Bemerkung „(*culsan-si*) *zilaχ-n-ce* verhindern das Aufeinanderstoßen der gleichen Laute. Wahrscheinlich drücken sie weiter nichts aus . . . das *-r-* in *haϑ-r-ϑi* hält nur die beiden *ϑ* auseinander." Damit ist die einige Seiten vorher ausgesprochene affirmative Feststellung von erweiterten Stämmen auf einmal in Frage gestellt. Rosenberg war primär auf die Erforschung der Wortbedeutung aus. Daher übersah er, nach der Bedeutung der Erweiterungselemente zu fragen, und ging über sie mit der so fraglichen Annahme einer gleichen Bedeutung hinweg, obwohl er selber a.a.O. 61 mit Recht erklärt hatte: „eine Sprache, die bei ihren Worten ein paar Dutzend verschiedene Formen ohne sachlichen Unterschied zuließe, wäre kein vernünftiges Gebilde (ich meine natürlich nicht logische, sondern psychologische Vernunft), – sondern ein Geduldspiel."

Ich möchte dem hinzufügen, daß die so verbreitete Annahme einer „Oszillation" der Formen und der Suffixe gegen die Definition der Sprache überhaupt verstößt, nach der Sprache ein konventionelles Zeichensystem ist, das der Verständigung dient. Mir ist daher jede Behauptung einer solchen „Eigenart" des Etruskischen prinzipiell verdächtig.

Verbum substantivum

§ 146.

Das Verbum substantivum „sein" ist *am-*. Die 3. Pers. *ama* steht für Sing. und Plur., wie TLE 570 A 5f. *ipa ama hen naper* / XII „welche da sind die 12 *naper*" zeigt.

Als Copula wird „ist, sind" in den Inschriften meist ausgelassen; gebräuchlich ist hier nur das Prät. *amce* „war(en)". Im Präs. wird die Form des Nominalsatzes vorgezogen (s. § 214).

TLE 153 *mi mulu kaviesi* „ich (bin) das Weihgeschenk des Kavie"
TLE 341 *mi lareceś śupelnaś ϑafna* „ich (bin) des Larece Supelna Schale"
TLE 346 *mi avines* „ich (bin) des Avina"; TLE 348 *apuniies mi* „des Apunie (bin) ich"
TLE 701 *mi vetuś [k]aϑleś suϑi* „ich (bin) das Grab des Vetu(s) Kathle"
Das Präteritum *amce* wurde schon von Isaak TAYLOR erkannt[179].

§ 147.
Folgende Formen des Verbum subst. sind bekannt:

Grundform	*am-* (TLE 359)	„sein"
Präs. Ind. 3. Pers.	*ama* (AM X 9.14; TLE 570 A 5, B 15	„ist (sind?)"
Präs. Opt. 3. Pers.	*ame* (AM VII 14 u.ö.; TLE 213. 570 A 2)	„sei(en?)"
stark. Prät.	*ame* (< *amai*) (TLE 469)	„war(en?)"
schwach. Prät.	*amce* (AM VII 19; TLE 87.89 u.ö.)	„war(en?)"
	arch. *amuce* (LP III 7/8)	
Nezessitativ	*amer(?)* (TLE 570 A 18/19)	„soll(en?) sein"

§ 148.
Das mehrfach vorkommende *mi ma* ist nicht „ich bin" (es soll aus *mi ama* entstanden sein)[180]. Dagegen spricht schon die Umkehrung *ma mi* in TLE 113. Vor allem aber ist zu beachten, daß sich *mi ma* fast ausschließlich auf Cippen, Stelen und Steinblöcken (Basen) befindet[181]. Wir haben hier eine Abkürzung vor uns – wie TLE 730 (Cippus) *mani* – für *manim* „Gedenken, Denkmal, Gedenkstätte"[182]. Der Plur. ist *manimer(i)* (TLE 170).

Beispiele: TLE 169, Z. 4f. *manim arce ril* LXVI „er erbaute die Gedenkstätte, 66 (Jahre) alt"

TLE 112 (Cippus. Tarquinii, 6./5. Jh.) *mi ma mamarce(s) spuriiazas* „Ich (bin) das Mal des Mamarce Spuriaza"

TLE 113 (Cippus, Tarquinii, 4. Jh.?) *ma mi marχars senties χestes* „Das Mal (bin) ich, das *marχars* (des *marχar?*), des Sentie Ceste"

---

179 TORP, Beitr. I 7.

180 TORP, Beitr. I 14 (pro= u. enklit. Partikel), EN 10; CORTSEN, Gl. 25, 70f.; GOLDMANN, Beitr. III 309; PAULI, Etr. Stud. III 49; – als pron. dem. aufgefaßt von CORTSEN, Voc. Anm. 37 u. Beamtentitel 146; PAULI, Altit. Stud. III 55.– Das Schwanken Paulis und Cortsens verrät die Unsicherheit dieser Deutungen.

181 TLE 112.113.235.382.388.389.411.671.707.

182 TORP, Beitr. I 94: *manim* = „Monument, Grabmal".

§ 149. Übersicht über die Verbalformen (ohne Aorist und Futurum)

	Grundform:	*mul-* „stiften“	*tur-* „geben“	*men-* „bringen“	*ϑez-* „schlachten“ *ces-* „liegen“	*rep-* „neigen“	*śval-* „leben“	*raχ-* „bereiten“	*ziχ-* „schreiben“	*ścun-* „abtreten“
aktiv	3. Sing. Ind.	*mula*	*tura*	*mena*						*ścuna*
aktiv	3. Sing. Opt.		*ture*	*mene*						*ścune*
aktiv	Imperat. I		*tur*					*raχ*		
aktiv	Imperat. II				*ϑezi* (<* *ϑezϑi*)			*raχϑ* *raχti*		
aktiv	Part. durat.	*mulvan*	*turan*							
aktiv	Part. conj.			*menaś*			*śvalas*			
aktiv	Verbalnomen	*mulu*	*turu*		*cesu*				*ziχu* (CN)	*ścunu* (CN)
aktiv	Nezessitat.		*turi* (<**tur(e)ri*)		*ϑezeri*					
aktiv	Kausativ	*muleϑ*			*ceseϑ*					
aktiv	st. Prät.		TLE 685 *ture* (< **turai*)	*mene* (< **menai*)						
aktiv	schw. Prät.		*turce*	*menece*			*śvalce*		*ziχuχe*	
aktiv	Intens. (Grundform)									
aktiv	Int. Imp. I									
aktiv	Int. Imp. II									
aktiv	Int. Nezess.									
aktiv	Prät. Part. conj.						*śvalϑas*			
medio-passiv	3. Sing. Ind.				*ϑezin*	*repin*				
medio-passiv	3. Sing. Opt.				*ϑezine*	*repine*				
medio-passiv	Imperat. I									
medio-passiv	Imperat. II					*repinϑi*				
medio-passiv	Verbalnomen				*ϑezine* (Mod.)	*repine* (Mod.)			*ziχne*	
medio-passiv	schw. Prät.				*ϑezince*				*ziχunce*	
medio-passiv	Part. conj.									
medio-passiv	st. Prät.									

Fortlauf nächste Seite

nunϑ- „darbringen“	*ac-* „herstellen“ *acn-* „erwerben“	*al-* „geben“	*ar-* „machen“	*car/cer-* „bauen“	*heci-* „stellen“	*(h)usi-* „schöpfen“	*ϑapi-* „weihen, verfluchen“ *slapi-* „?“	*trin-* „besprengen“
			ara		*hecia*			
		ale						
		al	*ar*		*heci*	*usi*		*trin*
			arϑ			*useti* (<**usiti*)		
	acn-an-			*ceren-*				
	acas(a) *acnaś* *acnanas(a)*		*araś(a)*					
	**acnu*+		*aru*	*caru* *ceru*				
nunϑeri	*ac(as)ri*							
				cares(ri) <**careϑ(ri)*				
	ak(ar)ai	TLE604.615 *ale* (<**alai*)						
	ac(as)ce	*alce*	*arce*		*hece*		1. *ϑapicun* 2. *slapiχun*	*trinaχe*
					heχz			
					heχz			
					heχśϑ			
					heczri			
								trinϑas(a)
	acnina					*husina*		
nunϑen								
nunϑenϑ								
nunϑene								
				cerine TLE (<**cerinai*)				

+*acnua* (Agrimensoren) = „*proprietas*“ (s. § 144, Schluß)

TLE 253 (Cippus, Orvieto, 5./4. Jh.) . . . . *[h]ẹrmenas ma* „Des . . . . . Hermena Mal“
TLE 707 (Steinbasis, Monteguragazza, 4. Jh.) *[ar]nϑ veiana śpuri[ś]/ larizaṣ́ ṃạ turunke* „Arnth Veiane. Von Spuri Lariza das Mal gegeben wurde“[183].

§ 150. Aorist und Futurum (hypothetisch)

	Grundform	*ac-* „machen“ *vac-* „spenden“	*tur-* „geben“	*ścun-* „abtreten“	*mul-* „stiften“	*haϑ-* „gnädig sein“	*luc-* „regieren“
Aor. akt.	3. Sing. Imp. I, Partiz.	**aca(i)r*				**haϑir*	**lucair*
	Imperat. II	**aca(i)rϑi*				*haϑ(i)rϑi*	
Aor. m.-pass.	3. Sing. Imp. I, Partiz.	*acil* *vac(i)l*					
	Verbalnomen	*acilu*					
Prät. d. Aorists	st. Prät.	*akarai*					
	schw. Prät.	**aca(i)rce*					*lucairce*
Futur. akt.	3. Sing. Ind.	*acilune*	*turune*	*ścūne (scuvune)*	*mulune*		

KONJUNKTION UND PARTIKELN

§ 151. Verbindende Partikeln

a) *-c* „und“; nach *-l* ist die enklitische Partikel häufig *-χ* (§ 16,a). Die Partikel *-c* tritt an das zweite Glied der zu verbindenden Termini oder polysyndetisch an beide („sowohl – als auch“).

[183] Text nach Autopsie SLOTTYS (1929, 1930, 1938 [zweimal]); doch gibt Slotty *larizal* und sagt (Beitr. I 130, Anm. 58): „Von dem Schluß-*l* der Form *larizal* ist nur der Vertikalstrich zu sehen.“ Diese Haste gehört aber zu 𐌑, nicht zu 𐌋, das hier unmöglich ist (*lariza* hat *s*-Genitiv). Vgl. zur Inschrift die berühmte Vetuloniastele TLE 363, wohl wie TLE 707 dem Freund oder Gefährten gesetzt: *[mi a]veleś feluskeś tusnutṇ* . . . . . . / . × *panaḷaś mini mul/uvaneke hirumi[n]a φersnaχs* „Ich (bin) des Avele Feluske . . . . mich stiftete Hirumina, der Perusiner“. (Zur Lesung und Ergänzung s. VETTER, SE XXIV, 1955–56, 304ff.).

Relativ häufig ist der Gebrauch des Asyndeton:
AM V 3 *śacnicśtreś cilϑś śpureśtreś-c enaś*, jedoch
AM IX 2f. *śacnicśtreś cilϑś śpureśtreś enaś*
„Für die Priesterschaft (Gen. dedic.), das Volk (,) (und) seine Bürger"

Die Konjunktion *-c*, die vor dem 5. Jh. nicht vorzukommen scheint, stammt aus einem italischen Dialekt. Daß auch ein Wort wie „und" entlehnt wird, zeigt z.B. lett. *un* „und" < deutsch. „und", finn. *ja* „und" < goth, *jah* „und"; türk. *ve* < arab. *w(e)* „und", schließlich „et cetera", das auch vom Volk gebraucht wird.

b) *-m*, nach Konsonanten in der Regel *-um*, hat leicht adversativen Sinn: „aber, jedoch" und leitet häufig neue Sätze oder Satzabschnitte ein. Vgl. ROSENBERG, Gl. 4, 1913, 71; VETTER, Gl. 13, 1924, 144.

In längeren Aufzählungen entspricht es (bei gleichbleibendem logischem Subjekt, von dem Verschiedenes ausgesagt wird) dem griech. . . . . .*δὲ*, ...*δὲ*, ...*δὲ*, vgl. TLE 232 *vel:leinies:larϑial/ruva:arnϑialum/clan:velusum:prumaϑś* s. auch TLE 98!

Immer ist zu beachten, was VETTER, Gl. 13, 1924, 145 erklärt: „Alle die vielen Wörter mit angehängtem *-m* und *-um* in den Mumienbinden, die sich mit Sicherheit zerlegen lassen, weil die *-m-* und *-um*-losen Formen belegt sind, bilden . . . . .den Anfang eines neuen Kolons oder Satzes."

c) *eśi(c)* „oder"[184]: AM X 20f. *zuϑeva zal eśic ci halχza ϑu eśic zal „zuϑeva* (Adj. III plur.) zwei oder drei, *halχza* (Sing.) eines oder zwei"

d) *etnam* „ebenso, gleichfalls, und auch":
AM VI 5 *hamφeti etnam laeti* „im *hamφe* und auch im *lae*"
etnam -etnam „sowohl – als auch":
AM VII 16f. *etnam tesim etnam celucn* „sowohl *tesim* (Adv.) als auch *celucn* (Adv.)"
Mit Substantiven oder Pronomina bildet *etnam* in der Form von *-tnam* zusammengesetzte Formen:
AM XII 9 *etnam aisna iχ matam* |ııı|[185] *vacltnam* „ebenso *aisna*-Opfer wie vorher (am 17.?) und auch Libation"
AM XI 14 *cntnam ϑesan fler veiveś ϑezeri* „an diesem (selben) Morgen ist auch das Opfer für Veiovis zu schlachten"
Vgl. auch *calatnam* (AM X γ 3, *putnam* (ebda.) *suntnam* (AM XI 13).

etnám wurde lange Zeit als Substantiv „Gabe, Opfergabe" oder Terminangabe („*etn-* Tag" nach GOLDMANN) angesehen. Zur Geschichte der diesbezüglichen Teilforschung s. RUNES, Etr. Text AM 34ff., VETTER, Wortd. I 58 u. BATTISTI, SE X, 1936, 50. Vetter hat Gl. 13, 139f. und 17, 304 die Bedeutung „*item*" eingeführt, der sich in der Folge praktisch alle Mitforscher angeschlossen haben. Auch TORP, der EN 10 *etnam* noch als Verbum auffaßte, ist später (KZ XLI, 1907, 189ff.) zur Deutung „*post*" gekommen.

Zu *vacltnam* vgl. PALLOTTINO, Gnomon 16, 1940, 197: „La parola *vacltnam* è senza dubbio *vacl-tnam* con *etnam* enclitico."

---

184 *eśi* „du willst" (vgl. lat. *vel* < *velle*, umbr. *heris* „oder" < *heri-* „wollen") schon TORP EN 66; zuletzt VETTER, Die Sprache VIII, 1962, 135f.

185 Das Zeichen |ııı| ist in AM rot geschrieben. Wahrscheinlich ist es Datierung in Ziffern (XIIIX = *ciem zaϑrumiś*? oder [X]*XIIIX* = *ciem cialχuś*?), s. Verf., Studien zu den AM 36.

Zu *calatnam* s. DURANTE, Commento all'iscrizione di Novilara, Ric. Lingu. V, 1962, 81: „una giustapposizione di un elemento *cala-* più la copulativa *etnam.*"

e) Das erste Wort auf dem CIP (TLE 570) ist weder *eulat,* das *„utinam"* sein soll[186], noch ein Lokativ „auf dem Stein"[187]; genaue Untersuchung hat ergeben, daß es nur [*t*]*eu̥rat* (vgl. TLE 81 *tevaraϑ*) „Schiedsrichter" sein kann[188].

f) *apniś* – *apniś* „entweder – oder"(?)

AM VI 2 stehen asyndetisch zwei Nomina agentis – *aniaχ* und *urχ* – und das Kollektivum *hilχvetra* nebeneinander; Z. 4 folgt *apniś aniaχ apniś urχ*. Hier scheint eine wiederholende Konjunktion zu finden zu sein, wahrscheinlich „entweder – oder", eher als „sowohl – als auch", wofür wir bereits *etnam* – *etnam* haben. Vgl. VETTER, Wortd. I 61.

VETTER, Wortd. I 61: „Zum Bindewort geworden wie *eśi-c* „oder" (eigentlich „wolle") ist wohl auch die zweite Person eines Zeitworts *apniś;* vgl. VI, 4 *apniś aniaχ apniś urχ.*" – Gegen die Auffassung als erstarrte 2. Pers. Sing. (von VETTERS damaliger Anschauung vom indogerm. Charakter der etr. Sprache beeinflußt) spricht die Endung *-ś;* falls es sich wirklich um eine erstarrte Form handelt, dann eher um einen Gen. Sing.

Solange der Kontext von AM VI 3f. nicht ganz klar ist und keine weiteren Belege für *apniś* - *apniś* vorliegen, können verschiedene Bedeutungen angenommen werden; neben „entweder - oder" kämen auch „weder - noch", „teils - teils", „sowohl - als auch" in Betracht (obwohl für das Letztere schon *etnam* - *etnam* gegeben scheint.)

§ 152.

Bei der Verbindung mehrerer Glieder, die häufig mit *-c* oder *-m* geschieht, kann

a) das Bindewort ausbleiben (Asyndeton, relativ häufig);

b) bei Dreigliederigkeit kann *-c* „und" erst beim letzten Glied stehen;

c) kann jedes Glied mit *-c, -m* oder *etnam* versehen werden.

Zu a): TLE 566 *arnϑ larϑ velimnaś arzneal husiur*

„Arnth (und) Larth Velimnaś der Arzni Jungen"

Zu b): AM II 7f. *haϑrϑi repinϑic śacni*[*cl*]*eri*/ [*cilϑl*] *śpureri meϑlumeric enaś śveleric*

„Sei gnädig und neige dich zu den Heiligtümern des Volkes, den Städten (und) ihren Gauen und den Herden"

Zu c): TLE 138 . . . *apatruis pepnes-c huzcnes-c velznal-c*

„des Apatru und des Pepnas und des Huzcnas und der Velznei . . "[189]

TLE 232 *vel leinies larϑial ruva arnϑial-um / clan velus-um prumaϑs* „Vel Leinies, des Larth Bruder (und) des Arnth Sohn (und) des Vel Urenkel"[190]

AM XI 6f *etnam hanϑin etnam celucn etnam aϑumitn*

„sowohl vorne als auch . . . . als auch . . . . = „vorne, . . . und . . . ."

---

186 TROMBETTI, Le 157f.

187 TORP, Lemnosstele 60, vgl. Beitr. II 83; Torp verbindet mit TLE 390 b *iiulaϑi* (*ϑania iiulaϑi lin*[*e*]), was aber ein weibl. GN ist; es ist *n̥ulaϑi* „Nolana" zu lesen.

188 V e r f., Unters. zum CIP, SE XXIX, 1961, 117ff.

189 Zu dieser auch menschlich sehr interessanten Inschrift s. Übungsbuch, I, 6.

190 Zum Gebrauch vom *-m* („aber") in der Genealogie vom 2. Glied an vgl. Matth. 1,2: Ἀβραὰμ ἐγέννησεν τὸν Ἰσαάκ, Ἰσαὰκ δὲ ἐγέννησεν τὸν Ἰακώβ, Ἰακὼβ δὲ ἐγέννησεν τὸν Ἰούδαν . . . .

DEROY (Ann. Ist. Orient. Napoli, sez. linguist. II, 1960, 93) will von *eisnevc eprϑnevc macstrevc* (TLE 195) „allectus et inter pontifices et dictatorios et magistrales" (s. § 76) ein Element – *vϑc* abtrennen, das lat. **vix, vicis* entspricht und dem er etr. Ursprung (< etr. **vice*) zuschreibt. Die Bedeutung soll „ayant (en) rôle" sein. Gegen die allgemeine Auffassung von einer anreihenden Copula führt D. TLE 171 mit isoliertem *eprϑnevc* an. Aber auch hier liegt *eprϑnev* (§ 75) + *-c* „und" vor; das *-c* verbindet die beiden Funktionen *marunuχva cepen tenu* und *eprϑnev*.

Gruppenkonjunktion s. § 212,b

§ 153. Modale Partikeln

sve „gleichfalls" (AM II 4.9; IV 4.17 *sve-c;* VV 8, XII 12 *sve-m*) [< *iśvei* CAP?]

ic, iχ „wie" (s. AM XII 9, oben bei § 151,d); TORPS Deutung von *ic* (EN 3.11) als *ie+c* „neque", „and not" hat mit Recht keinen Anklang gefunden.

nac „so"

iχnac „wie (quomodo)" vgl. TLE 399 *eca sren tva iχnac hercle unial clan* . . . „Dieses Bild zeigt, wie Hercle als Sohn der Uni . . ."

ceχa „wegen" (< „mit (gutem) Recht"), „*merito*"

Zu *cnticnϑ* s. § 100,3

ratum AM X 4.20, mit dem typischen Element der Adverbia wie *matam, tesim,* ist nach den beiden Belegen als Adverb „genau", „sorgfältig", „*rite*" aufzufassen:

X 4 *vacl ar ratum χuru peϑereni ϑucu / aruś ame*

„Die Libation mache . . . . ; *χuru* bis zu () *ϑucu* des *aru* sei"

X 20f. *ara ratum aisna leitrum zuϑeva zal / ésic ci* etc.

„ . . . . macht er das göttliche *leitrum : zuϑeva* zwei oder drei, . . ."

Die Analyse *rat-um,* d.h. *rat-* + enkl. Bindewort *-(u)m* wird dadurch ausgeschlossen, daß sich *ratum* nicht am Beginn eines Satzes oder selbständigen Satzteiles befindet (s. besonders X 20!).

§ 154.

Unter den Partikeln modaler Art führen PALLOTTINO (Elem. 65) auch *t/ϑar, var, (e)pris/ś, rac/χ (raχϑ), celi, pruϑ* an.

tar/ϑar (AM III 19; VIII 12) ist, wie III 13f. *trin ϑezine χim fler tar-c* „besprenge zum geschlachtet werden (= zur Schlachtung) das ganze Opfertier und das *tar*" zeigt, ein Appellativ, das eine Opfergabe bezeichnet.

var, in AM dreimal mit *celi suϑ* verbunden (IV 12.14; V 10; IX 8), hat fünfmal (IV 12.14; V 10; IX 8.16) vor sich das Wort *tul;* VII 21 *vacl ar var*[191] *ścun zeri* „mache die Libation, entferne jedes *var*" sowie IX 16f. *raχϑ eim tul var nunϑenϑ* „stelle bereit das *tul var;* bringe dar . . ." zeigen, daß *var* ein Substantiv, *tul* aber ein Adj. I[192] (mit der wahrscheinlichen Bedeutung „steinern") ist.

epriś AM III 2, mit dem das nicht-emphatische *priϑaś* VIII 4 zu verbinden ist, ist Verbalform: *e-pri-ś* = emphat. Intensiv von *pri-,* wie *priϑaś,* präteritales Part. conj. von derselben Wz. Die Bedeutung dieses Verbums ist noch unbekannt.

rac/χ, raχϑ (AM passim) ist Verbalform (I. u. II. Imperativ) „bereite, stelle bereit" (Verf., Studien z. d. AM 25).

celi, in AM neunmal Beifügung zu *suϑ,* ist Adj. I mit der wahrscheinlichen Bedeutung „neu, frisch, (morgendlich?)"[193].

---

191 VETTER, Zur Lesung d. AM 256, *par;* sein Einwand gegen *var* ist aber nicht stichhältig.

192 Es gibt auch ein synomymes verbales *tul* (CAP).

193 Vgl. Verf., Studien zum AM, S.

pruϑ AM X 17 ist Lese=oder Schreibfehler für *pruχs* „Krug, πρόχους (vgl. IV 22; IX γ 1), wie aus der Stelle (X 16f.) hervorgeht: *ϑui-um χuru cepen sulχva maϑcva-c pruϑ* „hier (jetzt) aber . . . . .t der Vorsteher den *sul*-vollen und rauschtrankvollen *pruϑ*" (= „den Krug voll *sul* und Rauschtrank").

§ 155. Temporale Partikeln

ϑuni „zuerst" (= *i*-Lokativ von *ϑun* „1"), „zugleich, in einem"
etnam „wieder"
(e)nac „dann" (auch kausal „nachdem")
matam „früher, vorher"
pul, epl „bis" (*pul:epl* wie *cn:ecn* MERIGGI SE XI, 1937, 176, Anm. 116)
ϑui „jetzt"
un(e) „darauf" (Modalis eines Verbs *un-* „vollenden")

§ 156. Lokale Partikeln

ϑui „hier" (TROMBETTI LE § 29 vergleicht mit lesb. τυί „hier")
pul, epl „bis (zu)"
hanϑin „vorn, von vorne" (temporal „zuvor"?)
hinϑϑin „von unten (her)"
ipa „wo" (relat.) s. § 88
ϑar AM III 19, VIII 12 faßt VETTER (Wortd. I 61; Gl. 28, 1940, 207) als Ortsadverb „dorthin" auf.

PRÄPOSITION UND POSTPOSITION

§ 157.

Die Existenz von echten Präpositionen im Etr. ist umstritten. PALLOTTINO (Elem. 62, § 115) sagt vorsichtig, sie seien nur wenig bekannt und anscheinend im Etr. wenig gebraucht.

Tatsächlich ist bis heute kaum etwas gefunden worden, was mit Sicherheit als Präposition bestimmbar ist. Von dem, was verschiedene Autoren als Präposition anführen, läßt sich das meiste in einer dem Charakter des Etr. entsprechenderen Weise erklären.

a) *epl* (emphat. Form von *pul*) könnte eine Präp. beim Akk. sein:

TLE 570 A 8ff. *epl tularu/aules̓i velϑinas̓ arznal cl/ens̓i* „bis zu den (Grenz-)Steinen des Aule Velthina, des Sohnes der Arznei"

Anderseits erweckt das mit *epl* gleichzusetzende *pul* den Eindruck, ein Adverb mit der Bedeutung „dann, hernach, hierauf" zu sein: TLE 131, Z. 6ff *pul/alumnaϑ pul hermu huzrnatre . . . . . . /pul hermu ϑutuiϑi . .* „hierauf im *alumna*, dann bei der Jungmannschaft des Hermes . . . . ., dann im *ϑutui* des Hermes . . ." (Aus dem *cursus honorum* des Laris Pulenas).

TLE 233 (*cursus hon.* des Vel Leinies) *meχl-um rasneas / clevsinsl*[*ϑ*] *zilaχnṿe pul-um rumitrine* <:>*ϑi* „war Prätor des etr. Bundes zu Clusium, dann zu *Rumitrina"

b) Das in TLE 131 zweimal vorkommende *pśl (peśl* nach § 28,b), wahrscheinlich mit dem weibl. GN *peśli* (TLE 195), dem PN *peśna* (TLE 298) und dem GN *pesnu* (TLE 38) zu verbinden, ist morphologisch ein *l*-Genitiv am *s*-Stamm **pes,* der im CN *peś-nu „pes* sein" (vgl. *zilaχ-nu*) als A p p e l l a t i v erkennbar ist. Die Bedeutung ist bisher nicht gefunden[194]; die Funktion scheint der von *pul/epl* ähnlich zu sein.

c) *pen* AM XI 3, von VETTER[195] als „zu" gedeutet, ist unsicher; die Verbindung mit *penezś* TLE 570 A 16 „bei, neben (?)" ist fraglich.

In einer sehr frühen handschriftl. Notiz vergleicht VETTER *cepen* und *cehen: cepen = ce + pen* wie *cehen = ce + hen,* und er faßt *cepen* als *„cum eo" = „simul"* auf.

VETTER, Wortd. I 67, hielt auch *par* und *hen* für Präpositionen. Der Beleg für *par* (CAP V, 1 = CAP 28 Slotty) ist zweifelhaft; zu lesen ist nach der Silbenpunktierung *par·a·l·mi,* wobei es sich um e i n Wort (Monatsname?) zu handeln scheint. Ebenso unsicher, ja zweifelhaft, ist die Funktion von *par* als Präfix in *parχis* TLE 165.169 und *parniχ* TLE 131, sowie in der von VETTER zitierten Inschrift [*ec*]*a śuϑi ci χici ϑu / atrenu par prni* . . . (TORP, EB II 129f., Lesung von DANIELSSON 1890) und CIE 1138 b,1 . . . *veanparśiuke.*

hen soll Präposition sein in TLE 570 A *hen naper XII;* doch zeigt die Konstruktion *ipa ama hen naper XII* in Verbindung mit TLE 619 *cehen suϑi* „Dieses Grab da", daß es sich um eine deiktische Partikel handelt.

cepar, cehen und cepen betrachtet VETTER a.a.O. 61 als „Zusammensetzungen des Stammes des hinweisenden Fürworts mit Postpositionen", bzw. a.a.O. 67 „An den Stamm des hinweisenden Fürworts *ce-* treten alle drei Präpositionen (*sic*) an wie im nhd. hierauf, hievon, dadurch, damit. Als Bedeutung möchte ich für *par* vermuten „vor" und „für".

Die oben angeführten Belege für *hen* und *cehen* sind die einzigen bisher verfügbaren und stammen beide aus Perugia. Bei *cehen,* für das wir VETTERS Analyse *ca + hen* annehmen, ist *ca > ce* wohl durch den Akzent auf der deiktischen Partikel zu erklären.

Als Belege für *pen* gibt VETTER a.a.O. 67 AM XI 2 *celipen* (oder *celi pen*) an, das „zuerst" bedeuten soll, und *cepen,* „das seit Deecke als ein Priesteramt aufgefaßt wird. Die Belege, die recht zahlreich sind, findet man bequem zusammengestellt bei Cortsen, St.u.Be. 127d."; diese Bedeutung wird von VETTER strikte abgelehnt. Die Deutung „Priester" für *cepen* findet sich noch bei PALLOTTINO (Die Etrusker (1965), 246: *cep-ta (-ar), cepen, cipen (cepen-e)* Priester-Titel) und bei R.A. STACCIOLI (La lingua degli Etruschi. Quaderni di Archeologia 1, Rom 1967, 51: *cep-, cepen* = titolo sacerdotale). CORTSENS Vergleich mit sab. *cupencus* (Serv. *Aen.* XII 538 *sane sciendum cupencum Sabinorum lingua sacerdotem vocari*) ist – wie er selber zugibt – lautlich schwierig: *cupen > cepen.* Nicht geringer sind die Schwierigkeiten, die *cepar* AM VII 19 als angeblicher Plural von *cepen* macht. Zu erwarten wäre (nach *clan : clenar, meϑlum : meϑlumer-*) *cepen : cepenar;* für *cepar* als Plural müßte dann (*ad hoc!*) **cepenar > *cepnar > *ceppar > cepar* angenommen werden.

---

194 *pśl* „Schwestersehmann", STOLTENBERG, Etr. Sprachl. S. 25 s.v. wird durch den Kontext mit Sicherheit ausgeschlossen.

195 Wortd. I 67ff.

Wenn auch für „Priester" (vgl. *sacerdos* und *flamen*) Differenzierungen vom Namen der Gottheit her zu erwarten sind, dann scheint es wenig wahrscheinlich, daß die Etrusker ihre Priester nicht so sollten unterschieden haben – es ist kein *tinś cepen, unial cepen, neϑunśl cepen, aiseraś cepen, mariśl cepen, menrvas cepen* usw. belegt! –, sondern nur nach ihrer Beschäftigung (vgl, CORTSEN a.a.O. 128):

cepen	„Opferpriester"
marunuχva cepen	TLE 133.171 „Opferpriester am Kollegium der Maru"
marunuχ spurana cepen	TLE 165 „städtischer Opferpriester am Kollegium der Maru"
cepen tuϑiu	TLE 359 A „städtischer(?) Priester" (CORTSEN 129: „jeder Priester")
cepen ϑaurχ	AM VII 15.21f. „Grabopferpriester"
cilϑl cepen	AM VII 18 „Volkspriester"
cilϑcva cepen	AM VII 18 „Völkerpriester" (CORTSEN: vielleicht „Reich" [s-Priester])
cepen flanaχ	AM X 3 „ ? – Priester"
cepen sulχva maϑcvac	AM X 17 „ ? -und ? – Priester"
cepen teśamitn	AM XI 5 „ ? – Priester"

Das sieht alles sehr wenig wahrscheinlich aus, abgesehen davon, daß an keiner dieser Stellen aus dem Kontext mit auch nur einiger Sicherheit hervorgeht, daß *cepen* und das vorausgehende oder nachfolgende Wort zusammengehören. Daß bei *zilaχ, zilc, zilχ, zilaϑ* „Prätor" Differenzierungen wie *ceχaneri, eterau / eteraias, marunuχva, parχis* vorkommen, ist aus dem Amt verständlich, vgl. *praetor, pr.urbanus, peregrinus* und die Qualifikationen *iuredicundo, sacrificulus, sacris faciundis* u.ä., was in dieser Weise bei den Priestertümern kaum erwartet werden kann.

VETTER weist a.a.O. 68 darauf hin, daß in AM *cepen* zehnmal vorkommt, und sagt, daß schon diese hohe Zahl die Annahme einer Bedeutung „Priester" widerrate. Zu diesem Argument vergleiche man die Tabulae Iguvinae, wo das Wort *arfertur* „flamen" im Ritus nur zweimal (I b 41; II a 16) vorkommt, dagegen in der Vogelschau, die der *arfertur* mit dem Avispex anstellt, viermal (VI a 2.3.6.17) und in den Dekreten der Atiedischen Brüder mit den Bestimmungen für den *fratrex* (Magister) sechsmal (Va 3.10; Vb 3.5.6; VII b 3). VETTER erklärt weiter, das Wort stehe auch in der allerverschiedensten Umgebung, und zwar so, „daß *cepen* (ähnlich wie etwa *etnam*) an mehreren Stellen dicht hintereinander zwei- oder dreimal vorkommt, ohne daß sich dabei, wie bei *acil*, die Beifügung verschiedener Attribute nachweisen ließe."

Bei den verschiedenen in AM vor *acil* stehenden Wörtern handelt es sich jedoch nicht um Attribute zu dem von VETTER als „Tisch, Altartisch" aufgefaßten Wort, sondern um die Nezessitativkonstruktion „. . . *opus est*" mit vorausgehendem Modalis auf *-e*, s. § 59.

Gewichtig ist VETTERS Hinweis (ebda.), daß in VII 18 – hier vom Satzbeginn VII 17 an zitiert – *vacl ara ϑ̣ụṇị / ṣạc̣ṇicleṛị cilϑl cepen cilϑcva cepen / cnticnϑ* nicht mit der Bedeutung „Priester" durchzukommen ist, da ja *cilϑl* nicht zu *cepen*, sondern sicher zu *śacnicleri* gehört (vgl. V 6.13.22f.). Ich glaube, daß eine Übersetzung „er macht die Libation zuerst (*ϑuni*) für die Heiligtümer des Volkes, hernach der (anderen) Völker (und) hernach insgesamt (*cnticnϑ*) den Sinn des Ritus eher trifft.

§ 158.

In *acas(-ri)* und *picas(-ri)*, beide CAP, sind nicht die Präpositionen *a-* und *pi-* abzulösen, da die Formen als *ac-as-(ri)* und *pic-as(-ri)*, also Präs. Part. conj. (bzw. dessen Nezessitativ) aufzufassen sind.

Dagegen ist *pi (-pi)* eine Postposition „für", die orthotonisch oder enklitisch mit dem defin. oder indefin. Akk. verbunden wird (CORTSEN, Gl. 23, 1935, 149):

TLE 12 (Schwarzgefirn. Gefäß) *minipi capi mi culiχna cupes* „Für mich ist die Schale; ich (bin) die Kylix des Cupe"

TLE 13 (Patera) *ϑupes fulus̀la mi ei minpi capi mi nunar ϑevruclnas* „Des Thupe Fulus̀a (bin) ich; für mich (ist) die Schale; ich (bin) ein Geschenk des Thevruclna"

TLE 45 (Buccherogefäß) *mi ϑ . . ×niies ⁝ aritimi pi turan pi m× . . . . nunạ . . .* „Ich (bin) von Th. . . . .nie; für Artemis (und) für Turan . . . . . Geschenk . ."

Zu TLE 12 *minipi* (Akk. defin.), TLE 13 *minpi* (ebenso) vgl. TLE 40 *mipi capi* (indefin. Akk.) „für mich (ist) die Schale"

Zur Feststellung der Bedeutung von *pi* vgl. CORTSEN, Gl. 23, 1935, 149: „In *pi* könnte man eine (sonst nicht belegte) Präposition mit der Bedeutung „für" vermuten." – Prinzipiell richtig auch PALLOTTINO, SE XIII, 1939, 465, *pi* = „per", „a"

Kein Beleg ist *pi* in TLE 613 (Bleistreifen, Perugia)

1 *arnϑ . acsiś . pi* 2 *arnϑial . palpe .* 3 *larϑi . caprti*

Der Schreiber hatte begonnen, nach dem GN das CN *palpe* zu schreiben, das regulär erst nach dem Patronymikon kommt.

§ 159.

Aus *in ϑunt* (AM XI 16) und *in crapśti* (AM III 18; IV 8.15.19) hat man früher[196] auf eine Präposition *in* „in, auf" mit dem Lokativ geschlossen. Abgesehen davon, daß eine doppelte (oder bei CAP 9f. *in tehamai.ϑi* dreifache, vgl. Anm. 77) Lokalisierung (*in . . . .ϑi*) wenig wahrscheinlich ist, beruht die Annahme auf zwei Irrtümern:

1. AM XI 16 ist, wie I 4 zeigt, *cn ϑunt* zu lesen[197].

2. *in crapśti* ist syntaktisch analog zu *neϑunśl* (Gen. von *neϑuns*):

AM IV 14f. *heχśϑ vinum trin flere/in crapśti un mlaχ nunϑen* „stelle Wein auf, besprenge das Opferbild des Crapśti; hierauf bringe das Opfer dar"

AM IX 6ff. *heχśϑ/vinum trin flere neϑunśl un mlaχ nunϑen* „stelle Wein auf, besprenge das Opferbild des Nethunś; hierauf bringe das Opfer dar"; vgl. auch

AM IX 13f. *nunϑenϑ / zuśleve zarve farϑan fleres neϑunśl* „Opfere auf mit dem bereiteten Rauschtrank, weihend für das Numen des Nethunś" und

---

196 Vgl. VETTER, Wortd. 48; CORTSEN, Gloss. 79: *hinϑϑin* = *hinϑ* + *ϑ* (Lok.) + *in* (Postpos.). – *in* ist aber auch nicht „pleonastisch und daher unübersetzbar" (OLZSCHA, Kalenderdat. 345).

197 Vgl. RUNES, Der etr. Text der AM, krit. App. S. 31 zu XI 16: H(erbig) × *n.ϑuni*, K(rall) *ịn.ϑunt*. – Siehe auch TLE 736 *ịn turce vel sveitus,* wo gleichfalls ***cn*** *turce v.s.* „dies gab V.S." zu lesen ist.

AM IV 7f. *zarfineϑ zuśleveś nunϑen* /[*farϑan f*]*lereś in crapśti* „Bereite (etwas) vom Rauschtrank, opfere auf, weihend für das Numen des Crapśti"

Crapśti ist eine mit dem Namen von den Umbrern übernommene Gottheit oder jene Gottheit der mediterranen Megalithkultur, deren Namen als adjektivisches Epitheton bei den Namen der „grabovischen Trinität" der *Tabulae Iguvinae* steht[198].

§ 160.

Eine P o s t p o s i t i o n beim Genitiv scheint das § 157,c) erwähnte *pen* mit der Bedeutung „mit, von" zu sein:

AM XI 3 *vacl vinum śantiśtś celi pen trut-um* . . . „Libation mit (von) dem frischen *śanti*-Wein; das Libament[199] aber . . ."

vinum ist als ital. Lehnwort, *celi* als Adj. I in attributiver Stellung indeklinabel; der Gen. wird durch *śantiś-tś*, nominal. Gen. von **santi-ta* (s. § 97,b) angezeigt.
santi = Weißwein, < ξάνϑος ? (BRANDENSTEIN mündlich)

ZUR WORTBILDUNG

§ 161.

Durch die anscheinend ursprünglich bestehende Identität von Verbum und Nomen können manche Stämme sowohl verbal als auch nominal aufgefaßt werden. Die Stammformen werden durch Ablösen der Suffixe erhalten, z.B. *mul-u(v)-an-(e)ce* „er war Stifter seiend" = „er stiftete" Stamm *mul-* „stiften". Doch sind die Stammformen keineswegs bloße Abstraktionen; es gibt gewisse Verbalformen (Ind. Präs. 3. Pers. Sing., Imperat. 2. Pers. Sing.), die mit der einfachsten Stammform des Verbums identisch sind, und ebenso entspricht die einfachste Stammform der Nomina dem Nom. Sing.

Die Grundformen werden durch Suffixe weiter determiniert, wobei verbale Stammformen zu Nomina, nominale Stammformen zu Verben werden können, z.B. *tur-u* „Gabe, Geber" < *tur-* „geben" und *zilaχnu* „Prätor sein" < *zilaχ* „Prätor".

Es kann dabei durch S u f f i x v a r i a t i o n und S u f f i x h ä u f u n g zu einer Fülle von Neubildungen kommen. Wenn auch manche in Kleinigkeiten verschiedene Formen – z.B. die Präterita von *mul-* – wohl nur dialektische oder graphische Verschiedenheiten sind, so muß doch der Ansicht, daß Suffixvariation den Sinn k a u m oder g a r n i c h t verändere[200], entschieden widersprochen werden.

---

198 Tab. Ig. Ia 3 *iuve krapuvi;* Ia 11 *marte krapuvi;* Is 20f. *vufiune krapuvi.* – Zu **krapu-* siehe ALESSIO, SE X, 1936, 186ff. (medit. *graba/krapa* = „Fels"); V e r f., Religio Iguvina 37ff.

199 Zu *truϑ/t* „Libament" s. V e r f., Studien zu den AM, 54.

200 So die meisten Anhänger der ausschließlich kombinatorischen Methode zum Schaden der Methode selbst.

§ 162.
Wir teilen die Neubildungen mit Rücksicht auf Stamm und Ableitungssuffixe in vier Klassen ein:

a) deverbale Verba
b) denominale Verba
c) denominale Nomina
d) deverbale Nomina

§ 163. Deverbale Verba

1. Grundform + Part. durat. Präs. auf *-an:* s. § 145, zu a)
2. Grundform + *-ś/s/z* (Intensiva): s. § 132
3. Grundform + *-eϑ* (Kausativa): s. § 133

Die neuen Stämme nehmen die Konjugationssuffixe der einfachen Verbalstämme an: *mul-u-an-(i)ce, hec-z-ri, ces-eϑ-ce*

§ 164. Denominale Verba

1. Substantiv + *-nu* („verba essiva"): s. § 145, zu b), 2
2. Partizipia und Verbalnomina + Verbalsuffixen: *ac-as-ce; trin- ϑaś-a; tu-ru-ce*
3. Substantiva (Standestitel) + Präteritalsuffix: *canϑ-ce; zilaχ-ce* (§ 145, zu b), 1); *manin-ce* (< *manim*); *mlace* (< *mlaχ-ce* < *mlaχ*) SE XXXII, 1964, 124, B 1

§ 165. Denominale Nomina

-ce: bildet erweiterte EN (urspr. Hypokoristika?):
feluske < *vel, larice* < *laris*[201], *ϑance* < *ϑana*

Morphologisch sind Diminutiva (Hypokoristika) auch die (sekundären) GN oder CN
petke SE XXII, 1952/53, 305 Clus; von RIX verbesserte Lesung. < PN *peϑe* SE XI, 1937, 433, Vols.; s.a. das GN *peϑna* und *petui,* Perugia, für *petevi*
afrce, fem. *afrcnei* (vgl. CIE 2997, Clus.) < **afre ?*
rustice CIE 622 (vgl. RIX, Cognomen 234, Anm. 143) < **ruste ?*
rasce CIE 5271 < **rase* (vgl. *ras-na!*) oder **rous- ?*
hurace/furace LEN 356.592 < *hura(ś)* CIE 2316 (s. VETTER, *leϑe* 107 u. RIX, Cognomen 240, Anm. 14; vgl. auch *huraṣạ* CIE 2549)
**ϑurice* LEN 161 (vgl. CIE 339 *ϑurici,* 286 *ϑuricial)* < **ϑure?*
**turicis* (CII 2438 *turicisal*) < **turice* < **ture ?*
laisece SE XXX, 1962, 142, nr. 10, Orv. < **laise ?*
sapice CIE 519 < *śapu* (TLE 504) ?
Nicht hierher gehörig *apice* CIE 2888.2891, wenn urspr. CN < *apicus* „kahl"; möglicherweise jedoch *feluske* CIE 5213, Vet., < **felus* < **felu = helu, hele?*

---

201 Die Wz. *lar* kommt als Name im Material nicht vor.

-za: bildet a) Diminutiva[202] von Substantiven:
murza „kleine Urne“ <*murś* „Urne“; *ϑapnza* „kleiner Becher“ < *ϑapna* „Becher“; *leχtumuza* „kl. Lekythos“ < **leχtum* < „λήκυϑον“
b) männliche und weibliche Kosenamen:
arnza „der kleine Arnth“ < *arnϑ; larϑiza* „die kleine Larthi < *larϑi;*
venza, vei(n)za < *vel* (RIX, Cognomen 248); *veliza* < *velia; ravntza* (CIE 109, Volat.) < **ravnϑu-za* < *ravnϑu* „die kleine Ranvthu“
veneza CIE 412.454 < **venel-za* (COLONNA, SE XXXV, 1967, 567)
oder < **vener-za* (vgl. TLE 6)
oder < **venu-za* (vgl. TLE 711) ?
larza < *larϑ*; vgl. *larϑiza larϑi !*
aulza (NR 333) < *aule*
ϑepza TLE 401, verb. Lesung von VETTER, < **ϑepriza* < *ϑepri ?* (*ϑepza* nicht weiblich, wie Mu.-Dee. II 479 angeführt wird)
lariza < *laris*
spuriaza < **spuria* (*spurie* ?)
tiuza TLE 460 < *tiu* (GN)

-ϑa: bildet Feminina von substantivierten Adjektiven:
lautniϑa „liberta“ < *lautni* „libertus“

Das Suffix findet sich auch im weibl. PN *ramϑa* (arch. *ramuϑa*) von einem Verbalnomen auf *-u* von **ram-* (vgl. AM VIII 8 Kausat. *ramueϑ*), ebenso im Namen des weibl. Unterweltdämons *ϑuf(u)l-ϑa.* Wahrscheinlich liegt dem Suffix ein ursprüngliches Appellativ **ϑa* „Frau“(?) zu Grunde, vgl. die Göttin *ϑan(u)r* und des theophore weibl. PN *ϑana.*

Zu diesen Ableitungen mit dem Suffix *-ϑa* gehört auch *crisiϑa* „Chryseis“ (FIESEL, Namen 38ff.). Die Basisform *crise* „Chryses“ findet sich auf einem von NOLL (Jahresh. Österr. Arch. Inst. XXIX, 1935, 159ff.) besprochenen (publ. in Boll. Inst. 1892, 336) Bronzespiegel der Antikensammlung des Kunsthistor. Museums in Wien.

Wahrscheinlich nicht hieher gehörig ist *taliϑa* „Mädchen“ (Gerh.-Körte CCCCXIII), das ein griechisches Lehnwort im Akk. (§ 178,3) zu sein scheint. Es ist jedoch nicht ausgeschlossen, daß es gleichfalls ein „Femininum auf *-ϑa*“ von einer männl. Basis **tale* „Jüngling, *pubescens*“ ist (hiezu etwa das CN *talce* in CIE 429.3025 Arret.?)

Zur Basis von *ramϑa* vgl. auch *ram(e)* in *ramϑurna,* GN in Orvieto (CIE 4931) – eine Bildung wie **caeϑurna* (überl. *ceiϑurneal*) < *cae* + *-ϑur* + *-na* – und das dem lat. *Ramnes* zu Grunde liegende **ram-na.*

-icu: bildet weibliche Kosenamen (oft bei Unfreien):
velicu < *velia; larϑicu* < *larϑi; ϑanicu* < *ϑana*
S. auch *fasticu* < *fastl, veniku* < *venu*(?), *apucu* < **apu, enicu* < **eni;* dazu auch *muϑiku(ś)* TLE 721? Oder ligurisch?

-iu: bildet männliche Kosenamen[203] (oft bei Unfreien):
larϑiu < *larϑ; arnziu* < *arnϑ; auliu* (CIE 1801 Clus. *aulu*) < *aule; velϑuriu*

---

202 CORTSEN, SE VIII, 1939, 238; Gloss. 75; – VETTER, Wortd. I 47; Gl. 28, 205.

203 Kosename dürfte auch *husiur* „die Jungen“ (TLE 566) sein. vgl. *huśur* TLE 209. Zu *iu/-u* s.a. TROMBETTI, SE IV, 1930, 206, 18; SCHULZE, LEN 305.

(Viterbo, Mus. civico Inv. Nr. 245 aus Norchia) < *velϑur; ϑep[r]iu* (CIE 4304) < *ϑepri; capiu* (1276) < *ca(r)pe; lar(i)siu* (3927) < *laris*

Eine weibliche Ausnahme ist *atiu* „Mütterchen“ von *ati* „Mutter“

Selten kommt die Diminutivform eines GN vor: CIE 1734 *aniu* < *ane.*

neben *arntziu* < *arnϑ* ist auch *arntsu* und *arntu* belegt;
neben *lartiu* < *larϑ* auch *larziu;*
dazu *veintu* < *ve(ne)l* neben *veinza;*
larisiu < *laris;*

Ein Diminutiv scheint auch *husiu* „Junge“ (TLE 566 der Pl. *husiur*) zu sein, abgeleitet von *husu* (TLE 209 der Pl. *huśur*) für **husu-iu* „der liebe Junge“, vgl. italien. *figliuolo.*

§ 166.

Das Suffix *-ϑur*[204] bilden

1. von männlichen PN a b g e l e i t e t e PN:
velϑur (etwa „Vel-Sohn, V.-Sprößling“ o.ä.) < vel; *arnϑur* (< **arnϑ-ϑur*) < *arnϑ; larϑur* (< **larϑ-ϑur*) < *larϑ*;

2. Kollegialnomina „. . . . . . -Genosse, ...-Genossenschaft“ aus Götternamen oder Berufsbezeichnungen:
paχaϑur „Bacchusgenossen, cultores Bacchi“; *ceχasieϑur* „Mitglied des Richterkollegiums“.

3. *-ϑur* wird zur Bildung des P l u r a l s der GN auf *-na* verwendet:

TLE 570 A 2 nennt die Familie Velthina, als deren Vertreter A 9 *aule velϑina* angegeben wird; A 20 beginnt eine Bestimmung des Schiedsspruchs bezüglich auf *eca velϑinaϑuraś ϑaura* „diese Ruhestätte der Velthina“ (V e r f . , SE XXIX, 1961, 132. 169ff.; RIX, Cognomen 92).

TLE 176 *nerinai ravnϑu avils ril LIIX at[i]cravzaϑuras / velϑur(u)s l(a)rϑal-c* „Nerinai Ravnthu, im Alter von 58 Jahren[205], Mutter der Cravza Velthur und Larth.“

TLE 746 (Bronzekandelaber) *mi suϑil velϑuriϑura(ś) turce au(le) velϑuri fniścial* „Mich Grabbeigabe für die Velthuri(leute) gab Aule Velthuri, der Fniści (Sohn).“

Zur Heraushebung des GN im Plural wie bei TLE 176 vgl. in der lat. Epigraphik etwa CIL III 4453 (= Dessau 856) (Carnuntum): *D(is) [M(anibus)]/ Sept(imio) Aistomodio / reg(i) Germ(anorum) / Septimii Philippu[s]/ et Heliodorus / fratri incompar(abili)* und CIL III 1491 (Sarmizegetusa) Z. 5ff.: *Ant(onius) Rufus / IIviral(is) col(oniae) / maritus et / Antonii Pris/cus Rufus/* 10 *Rufinus dec(uriones) / col(oniae) filii.*

---

204 Über Namen auf *-ϑur* schrieb CORTSEN, Gl. 18, 171ff.; *-ϑur* als Plur. von Eigennamen auch PALLOTTINO, Elem, 37 (§ 55).

205 Hier sind zwei Formeln der Altersangabe kontaminiert: *avils LIIX* „im Alter von 58 Jahren“ (wörtlich: „des Jahres 58“) und *avil ril LIIX* „58 Jahr(e) alt“.

Das Gentiliz kann im Etruskischen aber auch im Singular bleiben, wenn die Pränomina vorausgehen:

TLE 159, Z. 3: *avles velus ϑansinas* / *ati ϑuta* „des Aule (und) des Vel Thansina .....e Mutter"; s. auch TLE 566 *arnϑ larϑ velimnaś* / *arzneal husiur* „Arnth (und) Larth Velimnas, der Arzni Jungen".

Zur Bedeutung des Suffixes -*ϑur* s. PALLOTTINO, Spigolature 304; Verf., Untersuchungen zum CIP 132f.

§ 167.

-*la*: bildet weibliche Kosenamen: *ranϑula* < **ravnϑula* < *ravnϑu* „die kleine Ravnthu".

-*le*: bildet Diminutiva und männliche Kosenamen:
fasle „kleiner Kuchen" < *fase* „Kuchen"; *larile* „der kleine Laris" < *laris*

-*c*/*χvil*: bildet weibliche theophore Namen:
ϑanakvil/*ϑanχvil* < *ϑana* (weibl. Göttin); *tinścvil* < *tinś* (Jupiter).

Ein Diminutivum auf -*la* dürfte auch das als männl. PN fungierende *murila* in TLE 149 *cn.turce.murila.hercnas:ϑuflϑas.cver:* sein (< **mure/i?*).

Zu -*le*: *avele* < **ave(i)*, vgl. das sekund. GN *avei* in Perugia
arntle < *arnϑ*
caile < *cae*
viple < *vipe*
manele < *mane*
title < *tite*
perecele CIE 4958, Orv., < osk. *perke(ns)?*

Doppelte Diminutiva sind: *venzile*/*venzle*, TLE 473.433 < *venza* < *ven*(-*u*,-*el*, -*er*)
la(r)zile (s. CII, S. I 148) < *larza* < *larϑ*

§ 167 bis

Die Verteilung der Diminutiva (Hypokoristika) nach den Bildungselementen ist etwa folgende: *ce* 5%, -*cu* 10%, -*la*/-*le* 25%, -*(i)u* 25%, -*za* 35%.

§ 168.

-*c*/*χ*: bildet 1. Ethnika: *rumaχ* „Romanus" < **ruma* „Rom"; *velznaχ* „Volsiniensis" < *velznal* „Volsinii"

2. Appellativa: *frontac* TLE 697, Bilingue, „fulguriator"; *kihaχ* TLE 453 „Stein, Monument";
pevaχ (AM IV 22) „Trank"; *parniχ* TLE 131 (ein Amtstitel).

-*ate*: bildet Ethnika meist italischen Ursprungs, die sehr häufig zu GN werden: *sentinate* < Sentinum; *frentinate* < Ferentinum; *urinate* < (A)urina, früherer Name von Saturnia; *curϑute* < Cortona *(curtun)* (RIX, Cognomen 234).

-ane: bildet Ethnika, besonders von etrusk. Ortsnamen: *veiane* < *veia „Veji"; *capevane* < *capeva „Capua"; *hep(a)ni*[206] < *hepa „Heba" (s. auch § 28, II).

Das Suffix ist aus *-na* der Adj. II entstanden. Das GN (Ethn.) *ucrislane* (CIE 2413.2730.2906–08. 3008f.) ist etruskisiertes *Ocriculanus* mit umbrischer Palatalisierung.

Nach BATTISTI, Sostrati e parastrati nell'Italia preistorica, Florenz 1959, 374 ist *-ane* aus dem Italischen entlehnt und hat teilweise echt etr. Bildungen mit *-t-* oder *-χ-* ersetzt. Vgl. auch RIX, BzN 13, 1962, 293. – Ich glaube aber eher, daß *-ane* aus *-a]-ne* < *-a]-na* entstanden ist.

§ 169.

Das Suffix *-tra* (manchmal *-ϑra*), an den Gen. von Namen, Substantiven und Pronomina gefügt, bildet Kollektiva:

vipinal-tra „Gesamtheit derer von Vipinei = die Kinder der Vipinei"

cl-tral (Gen.) „(der) Gesamtheit dessen"

śacnicś-treś (nominal. Gen.) „(der) Priesterschaft" < *sacni-ca* „der Geweihte, der Priester".

śpureś-treś (nominal. Gen.) „(der) Bürgerschaft" < *śpura* „Stadt, Gemeinde"

S. auch AM VIII 9 *clucϑraś caperi,* XII 13 *cluctraś hilar* und SE XXXII, 1964, 124 B 1 *faluϑras.*

Das Suffix *-tra* hat an Pronomina die pronominale Flexion (s.o. *cltral*), an Substantiven und Namen die nominale. Zu *-tra* an nichtflektiertem Adj. II s. TLE 131, Z. 7 *hermu huzrnatre* „bei der Jungmannschaft des Hermes" (Modalis).

Die von TROMBETTI (SE IV, 1930, 209, 21) angenommene Verbindung von *-tra* mit *-ϑur/-tur* ist unwahrscheinlich; die Ansicht wurde neuerdings von PALLOTTINO SE XXXII, 1964, 129 zu Debatte gestellt.

-tra wurde schon von TORP, Beitr. I 92 als Nom. erkannt. S. auch Verf., Studien AM 21 f.

§ 170.

Das Suffix *-cla* bildet

1. lokale Kollektiva von Adjektiven: *sacnicla* „Heiligtum" *sacni* „geweiht, heilig".

2. personale Kollektiva von Namen und Ableitungen des Appellativs *laut-* „Familie", wobei das Stammwort in den Genitiv tritt (vgl. VETTER, Gl. 28, 1940, 200):

*lautnes-cla (belegt Mod. *lautnescle*) „Familiengemeinschaft, Familienangehörige"

*velϑurus-cla (belegt Gen. *velϑuruscles*) „Velthurgemeinschaft, Velthursöhne", vgl. TLE 245 *mi larϑia(l) : hulχenas . velϑuruscles* „Ich (bin das Grab) des Larth Hulchena von den Velthursöhnen (= Sohn des Velthur)"

Diese Rektionskomposita fallen in der Bedeutung praktisch mit den kollektiven Ableitungen auf *-tra* zusammen; vgl. zu *velϑuruscla* die Bildung *vipinaltra!*

Zur Auffassung von *velϑuruscles* als *velϑurus clens* „des Sohnes des Velthur" s. RIX, Cognomen 194 mit Anm. 133; *-cles* < enkl. *-ca:* PALLOTTINO, SE XXI, 1950, 51, 235f. („di colui che è (figlio) di Velϑur").

---

206 Familiengrab zu Asciano bei Siena, endeckt 1957; s. SE XXVII, 1959, 277ff.; BzN XIII, 1962, 28ff.

3. Die Flexion ist, wie die verschiedenen Belege zeigen, n o m i n a l :

Sing.	Nom.-Akk.	**śacnicla**	**municla*	**lautneścla*	**velϑuruscla*
	Gen.	**śacnicleś*	**municleś*	**lautnescleś*	**velϑurusclеś**
	Mod.	**śacnicle*	**municle*	**lautneścle**	**velϑuruscle*
	Lok.	**śacnicleϑ*	**municleϑ**	**lautneścleϑ*	**velϑurusclеϑ*
Plur.	Nom.-Akk.	**śacnicler*			
	Gen.	**śacnicler(a)ś*			
	Mod.	**śacniclere*			
	Lok.	**śacniclerϑi*			
def.	Akk.	*śacnicleri* (AM V 6.13; VII 18; IX S. 12.21)			

§ 171.

Eine interessante, nur mit Kasussuffixen gebildete Ableitung, die einen Einblick in den in der Basis agglutinierenden Charakter der etr. Sprache gewährt, ist *tuśurϑir* „die Ehegatten". Basis der Bildung ist das Adj. I *tuś* „gemeinsam"

TLE 658 *l(a)rt tule cavinei/tuś* „Lart(h) Tule (und) Cavinei gemeinsam" (Gattenbestattung)

TLE 630 (Gattenbestattung) *tuśϑi ϑui hupnineϑi / arnt mefanates/ velia-k hapisnei* „Hier auf dem gemeinsamen Ruhelager (sind) Arnt(h) Mefanates und Velia Hapisnei"

Zur Bildung der Gattenbezeichnung wird *tuś* in den Plur. der Substantiva gesetzt: *tuśur* „die gemeinsamen (sc. Lagerstätten)"; diese Form tritt in den Lokativ: *tuśurϑi* „auf den gemeinsamen". Nun wird die Form als Substantiv im Nom. aufgefaßt („hypostasiert"): „der auf den gemeinsamen (Lagerstätten)" = „Gatte"; der reguläre Plural davon ist *tuśurϑir* „die Ehegatten"[207].

TLE 587 (zweiteiliges Ossuar) *la(rϑ) tite petruni ve(lus) clantial fasti capznei ve(luś)/ tarχisa χvestnal tusurϑir* „Larth Tite-Petruni, (Sohn) des Vel (und) der Clanti. Fasti Capznei, (Tochter) des Vel (Capzna-) Tarchi (und) der Chvestnei. Ehegatten"

§ 172. D e v e r b a l e N o m i n a

a) Das Suffix *-ic/χu* bildet N o m i n a a g e n t i s : *ceriχu* „Erbauer" < *cer-* „bauen". Vgl. *parniχ, χisulic, puriχ, alcu* (< *alicu*).

b) Sehr produktiv ist das Suffix *-aϑ*, mit dem die meisten N o m i n a a g e n t i s gebildet sind[208]. Es wird durch Aspiratenwechsel zu *-aχ* und durch Synkope zu *-χ*[209].

B e i s p i e l e : *zilaϑ* (> *zilaχ-* > *zilχ*) „Prätor" von *zil-* „herrschen, regieren(?)"[210].

munϑuχ (vh. Apophonie), Name einer Lasa (dienende Gottheit im Gefolge der Turan), „Schmückerin" von *munϑ-* „ordnen, schmücken"[211].

tevaraϑ, jünger *teurat* „Schiedsrichter" von **tev(r)-* „richten" (vgl. TLE 359 *iχutevr*)

zatlaϑ „Begleiter"(?) von **zatil*, Aor. von **zat-* „begleiten"(?)

snenaϑ, Name einer Lasa, von **snen-* „? ";

---

207 Vgl. semasiologisch „Gattin" im Griech.: ἄλοχος < λέχος „Lager".

208 Vgl. TORP, Beitr. II 95. – Bemerkenswert ist die Annahme CORTSENS (Gl. 18, 1930, 187f.), daß das Suffix *-(a)ϑ* der Nomina agentis mit *-(e)ϑ* des Kausativs in Verbindung stehe.

209 Dieses *-aχ* ist natürlich nicht identisch mit dem Suffix *-aχ* der Ethnika (§ 168,1).

210 *ziiace* TLE 87 ist *zilace* zu lesen (Prät.).

211 V e r f ., Sprache VIII, 1962, 142ff.

snenaϑ ist auf zwei Bronzespiegeln, Gerh. I, CXI und Mon. Ant. XXIII, 1914, Sp. 668 u. Taf. III, belegt. In beiden Fällen ist als Lesung *snenaϑ* angegeben. Es wäre bei sämtlichen Spiegelinschriften eine kritische Neulesung notwendig, da die Publikationen nachweislich zahlreiche Fehllesungen enthalten. In unserem Falle ist wohl *srenaϑ* zu lesen (vgl. belegtes *sren* und *srenc/χve*); sollte aber die Lesung mit *sn-* authentisch sein, dann möchte ich eher Fernassimilation annehmen als einen sonst nicht belegten Stamm *snen-*.

leinϑ, Name eines weibl. Todesdämons; „Sterben-Macherin" von *lein-* „sterben"
vanϑ, Name eines anderen weibl. Todesdämons, von **van-* (vgl. CAP 15 *vane-c* und AM X γ 2 *van-va* < **van-u-va,* Adj. III plur. des Verbalnomens auf *-u* von *van-*)
trutnuϑ, sakrales Amt[212], von *trutin-*, Mediopass. von **truϑ/t* „? "

vanϑ und *leinϑ*, oft als Beispiele angeführt für das *-nth* Suffix im Etr., sind davon fernzuhalten. In beiden Fällen gehört *-n-* zum Stamm. Überdies fehlt bei diesen angeblichen Belegen für *-nth* der typische Bedeutungskreis der mediterranen Wörter mit diesem Suffix (Ortsnamen, Pflanzen=und Sachnamen). Vgl. BRANDENSTEIN, Die Herkunft der Etrusker, Der alte Orient, 35, 1937, 34f.

Zu den Nom. agent. auf *-aϑ/-ac* gehört auch *frontac* der Bilingue von Pesaro (TLE 697). Zum doppelten Sinn dieses Wortes – „Blitzschauer" und „Blitzmacher" (nom. agent. in sensu stricto) sagt treffend R. BLOCH (Les prodiges dans l'antiquté classique, Paris 1963, 150, Anm. 2): *„Fulguriator"* a un double sens. Il signifie ou bien interprète des foudres, *fulgurum interpres,* ou bien celui qui les lance. Dans le premier sens, il apparâit dans le *De divinatione* II, 109, où l'énumération *„et haruspices et fulguratores et interpretes ostentorum . . ."* rappelle la tripartition de la divination toscane et son art d'interpréter les entrailles des victimes, les foudres et les prodiges. Cf. supra, p. 46. Cf. aussi, pour le même emploi de *fulguriator,* Nonius, 63, 19 et Servius, *Ad Aen.* 3, 359. Le second sens, qui lance l'éclair, la foudre, correspond très bien à la valeur du suffixe. Le mot s'applique à Jupiter, maître des foudres, cf. Apul., *De mundo,* 37, *Jupiter dicitur et fulgurator et tonitrualis et fulminator, etiam imbricitor et item serenator* „celui qui fait l'éclair, le tonnere, la foudre, la pluie et le beau temps". *Fulguriator* et *fulminator* sont très voisins, le premier mot s'applicant proprement à l'éclair, le second à la foudre, tous deux étant des déverbatifs l'un de *fulgurare* l'autre de *fulminare.* Pour *fulgurator,* deux glosses sont explicites, CGL. 3, 320, 13 *fulgurator* et 3, 509, 23 *astrapeus fulgurator.* Cela dit, l'haruspice-magicien qui, depuis le début de l'histoire de l'Etrurie jusqu'à la fin de l'Empire Romain, se faisait fort d'attirer la foudre ne pouvait s'appeller que *fulguriator.* Cette remarque a une importance notable pour l'interprétation de la fameuse inscription bilingue, étrusco – latine, de Pesaro (. . .). Si l'interprétation et même la lecture du texte étrusque sont discutées (cf. la bibliographie dans L. DEROY, A propos du nom étrusque de l'haruspice, *Latomus,* XV, 1956, fasc. 2, p. 206 sq). Dans le tout récent Congrès de l'Institut des Etudes Etrusques et Italiques à Orvieto, en Mai 1962, M.M. Lejeune a fait une intéressante communication sur le libellé du texte étrusque, il n'en va pas de même du texte latin *[L(ucius) Ca]fatius L(ucii) f(ilius) St(ellatina tribu) haruspe[x] fulguriator.* Tous les exégètes ont compris *haruspex fulguriator,* haruspice interprète des foudres. Ainsi M. PALLOTTINO dans son Etruscologia 3, 1955, p. 216, écrit-il: „fulguriator, cioè interprete dei fulmini". Mais *fulguriator,* déverbatif de *fulgurire* et synonyme exact de *fulgurator* peut aussi bien vouloir dire „qui attire la foudre" et cette interprétation me semble, à vrai dire, dans le cas de l'inscription de Pesaro, plus satisfaisante que la précédente, car si l'inscription met en relief la qualité de fulguriator de L. Cafatius, le terme étant grave, seul, au centre de la deuxième ligne du texte, c'est sans doute qu'il s'agit d'un pouvoir et bien fait pour frapper les esprits et non d'une simple aptitude à l'art de la divination. Cette interprétation peut amener à reprendre, sous un jour nouveau, l'exégèse du texte étrusque lui-même."

---

212 Verf., Studien z. AM, S. 54f.

Vom rein morphologischen Standpunkt aus hat BLOCH vollkommen recht. Die von S. FERRI (Osservazioni alla „bilingue" di Pesaro, in Rend. Accad. Lincei, XIII, 1958, 323ff.) vorgebrachte Auffassung von *frontac* als Ethnikon auf *-ac*, „Ferentinus" < Ferentum, hat keine Wahrscheinlichkeit. Zwar gehörte Ferent(i)um (CIL XI p. 454ff.; add. p. 1313f. -Ager Viterbiensis) zur Tribus Stellatina; daß dort der Name *cafate*/ Cafatius vorkommt, beweist gar nichts. Dieses GN kommt ebenso anderswo (in Perugia allein über 25 Belege; Familiengrab des 1. Jhs. v. Chr. am Palazzone). Außerdem – wie soll von Ferentum (die heutige Form des Namens ist Férento) die Form *front-* entstanden sein? LEJEUNE, den Bloch oben erwähnt, will das Zeichen ᕱ des etr. Textes der Bilingue als ϑ lesen, was die Wortform *frϑntac* ergäbe. Diese Neulesung wurde praktisch allgemein abgelehnt.

Zur Überzeugung der Alten, daß die etr. Blitzkundigen die Blitze nicht nur deuten, sondern auch h e r v o r r u f e n konnten, s. neben den von Livius (I 21 Numa Pompilius, I 31 Tullus Hostilius mit tödlichem Ausgang) berichteten Blitzzeremonien für die spätere Zeit Sidon. Appollin. C. V, 261:

F u l g u r a si Tuscus, si Thessalus e l i c i t umbras

und Zos. V 41: *εὐχῇ καὶ κατὰ τὰ πάτρια ϑεραπείᾳ βροντῶν ἐξαισίων καὶ πρηστήρων ἐπιγενομένων τοὺς ἐπικειμένους βαρβάρους ἀποδιῶξαι.*

Zu *zilaϑ*: Wir finden neben *zilaϑ* (etwa „Prätor") auch *zilc* und *zilχ*. Das Nom. agent. *zilaϑ* ist nach Ausweis des spezifizierten Titels *zilaϑ maru(nu)χva* TLE 194 sicher identisch mit *zilc marunuχva* TLE 170 und *zilχ marunuχva* TLE 175. Dasselbe ergibt sich aus *zilaϑ parχis* TLE 169 und *zilc parχis* TLE 169. Die Chiusiner Schreibung *zilat* TLE 467. 552 hat, wie in dieser Gegend häufig, *t* für ϑ (§ 16,b). Für die morphologische Verschiedenheit von *zilaϑ* und *zilc/χ* kann kein zeitlicher Unterschied maßgeblich sein, da *zilaϑ* TLE 87 in das 4./3. Jh. v. Chr. zu datieren ist, *zilaϑ* TLE 102 aber aus dem 1. Jh. v. Chr. stammt. *zilχ* TLE 126 (Tarqu.) ist aus dem 2. Jh., *zilχ* TLE 175 (Musarna) und *zilc* TLE 170 (ebda.) mögen gleichzeitig sein; der Übergang von *c* > χ ist nach *-l* normal (§ 16, a).

zilc im Lok. der Datierung mit davon abhängigem emphat. Genitiv (TLE 90, 8. 91) und in der Formel *zilcte/i lupu* bezeichnet eindeutig das A m t , nicht den Amtsträger. Hier finden sich keine lautlichen Varianten.

c) Mit *-(a)ϑ* sind auch einige A b s t r a k t a gebildet: *cilϑ* „natio, gens"; *munϑ* „Ordnung, Welt, Schmuck" (s. Anm. 211), *m(u)laχ* „Weihung, Opfergabe"

§ 173.

Zu *-u*, dem Formans der Verbalnomina, s. § 134. Die Verbalnomina auf *-u* sind in ihrer aktiven Bedeutung Nomina agentis: *ziχu* „Schreiber; *acilu* „Werkmann". Sie werden häufig zu sekundären GN:

TLE 472 (Biling.) ¹ *Q. Sentius. C. f.* ² *v(e)l.zicu*[213]
CIE 1524 *aule acilu latinia(l)* (hier vielleicht noch App.)
CIE 1525 *visce acilu* (wahrscheinlich schon GN)

Zu *acilu* als CN/GN vgl. CIE 2754 *[a]cilunia* (GCN) und 2755 *acilusa* (Gamonym). Vgl. RIX, Cognomen 189f.

oder zu CN: TLE 601 b *larϑ vetes ziχu*

Analogiebildung von einem umbr.-osk. Stamm[214] ist das häufige Gentiliz (oder CN) *trepu*, z.B. TLE 462 (Biling) a) *C. Treboni(us).Q:f./ Gellia natus* b) *cae / trepu*

---

213 Zur Substitution von lat. PN für nicht latinisierbare etr. Pränomina s. RIX, Die Personennamen auf den etr.-lat. Bilinguen, BzN VII, 1956, 147ff.

214 Vgl. osk. *tríibu-* „domus", *tríbarakkiuf* „aedificatio, aedificium", *tríbarakavúm* „aedificare" und lat. *trabs* „Balken".

§ 174.
Das Suffix *-ϑu* bildet denominale Ableitungen, die Substantiva sind, den *l*-Genitiv und ein Adj. II bilden. Ihre Bedeutungen sind unbekannt, da auch die Stammwörter noch ungeklärt sind[215].

TLE 494 *aprinϑu* CN, TLE 131 *aprinϑvale* (emphat. *l*-Gen.)
AM XII 7 *caplϑu*
AM XII 5.6.8 *hilarϑu-na*, substantiviertes Adj. II < **hilarϑu;*
AM XII 3 der Modalis *hilarϑune*

Vgl. dazu TLE 676 *hil;* AM XI 5, XII 12 und TLE 515 *hilar* (Plur.), AM V, N.Fr. 3 und VII 14 der Modalis *hilare*

§ 175.
-na (-ne, -ni) bildet Adj. II von Substantiven, s. § 67; *-c/χva, -(u)a* bildet Adj. III von Substantiven und Indeklinabilien, s. § 72f.

§ 176.
-ca/-ta (enkl. Pron. dem.) bildet Substantive aus Adj. I, s. 97,b). Diese substantivierten Adjektiva flektieren n o m i n a l :

Nom.-Akk.	*aϑumi-ca*	(AM XI 2)
Gen.	*aϑumi-cś*	(TLE 570 B 12f.)
Akk.	*aϑumi-tn*	(adverbiell gebraucht AM XI 7)

§ 177. K o m p o s i t a

1. Echte Komposita finden sich äußerst selten. Ein nominal-verbales Kompositum ist *nunϑe-* „darbringen" (CAP 11. 11–12. 12. 20. 25, Nezessitativ *nunϑeri;* AM nur medio-pass. *nunϑen-*), das aus *nuna* „Gabe" (TLE 29.45.199; Plur. *nunar* TLE 13) und *ϑe-* „legen, setzen, stellen" besteht. Es ist eher als Zusammenrückung zu betrachten. Das gleiche gilt für Bildungen wie *vacltnam, calatnam, suntnam* (alle AM), die *vacl* „Libation", *cala* „eine Opfergabe", *sun* „?" + enkl. *etnam* „auch, ebenso" sind.

2. R e k t i o n s k o m p o s i t a waren ursprünglich die Nomina mit den Suffixen *-tra* und *-cla,* die einmal Appellativa gewesen sein müssen, da sie sich bei Deklinabilien immer an den Genitiv fügen (s. auch § 170).

3. *ϑevrumines* (TLE 755) „Minotaurus" ist eine Zusammenrückung *tevru* (Lehnwort!) *mines* „Stier des Minos".

4. a) Alte Zusammenrückungen sind auch die Namen mit *-ϑur,* das in TLE 90 *ϑurs* (Gen.) noch als Appellativ vorzuliegen scheint[216]. Sie werden mit V o r n a m e n gebildet. *vipiϑur, velϑur* u.a.

Lat. *Numitor* = etr. **numiϑur* < PN *numa*

---

215 STOLTENBERGS Deutungen *aprinϑu* = „Ahnenpriester", *caplϑu* = „Schlachtpriester(?)", *hilarϑu* = „Priester" sind völlig unbrauchbar.

216 CORTSEN (Gl. 18, 1930, 173: „Dies Suffix *-ϑur,* das von dem gewöhnlichen *-na* in der Bedeutung nicht allzu verschieden ist . . ") hat seine Bedeutung gründlich mißverstanden. – Welcher Art die Beziehungen von etr. (-)*ϑur* zu lyk. *ϑurtt* (TAM I 106 = Friedr., Kleinas. Sprachdenkm. S. 81, nr. 106) sind, kann hier nicht erörtert werden.

Es gibt auch Ableitungen von GN auf *-na: cucrinaϑur* TLE 635

In *velϑinaϑur-* (TLE 570 A 20) liegt nicht ein Name *velϑinaϑur* vor, sondern der Plur. des GN *velϑina* (§ 166,3).

b) Von Namen auf *-ϑur* werden G e n t i l i z i e n (Adj. II) auf *-na* und *-ni* gebildet:

ceϑurna / *ceiϑurnei* < **cei-ϑur* < PN *cae*
larϑurni < **lar(ϑ)-ϑur* < PN *larϑ*
velϑuri < **velϑur-ni* < *velϑur* PN vel[217], vgl. § 24,b

In TLE 746 *mi suϑil velϑuriϑura(s) turce au(le) velϑuri fniścial* „Mich als Grabbeigabe für die Velthuri(leute) gab Aule Velthuri, (Sohn) der Fiścni" finden wir das GN und seinen Plur. auf *-ϑur*.

Ein theophorer Name (wie *tinścvil*) ist *tinϑur*.

Deformiertes *larϑuru* liegt mehrmals in der Fluchtafel von Volaterrae[218] in *larϑru* vor. Die Bildung ist *larϑur-u* mit *-u*, das an PN in gleicher Funktion wie *-na* zur Ableitung von GN dient (RIX, Cognomen 185).

Zu den Komposita vgl. auch VETTER, Gl. 28, 1940, 190f.

LEHNWÖRTER UND FREMDWÖRTER

§ 178.

1. Das Etr. hat Lehnwörter und Fremdwörter, die aus verschiedenen ide. Sprachen und verschiedenen Zeitstufen stammen.

2. L e h n w ö r t e r sind zahlreiche Namen aus dem griech. Mythos[219] und einige Appellativa, darunter typische Kulturwörter; sie sind bereits dem etr. Laut=und Flexionssystem angeglichen, z.B.:

clutumusta < Κλυταιμνήστα
utus(t)e < Ὀδυσσεύς
pultuce < Πολυδεύκης
priumne < Πρίαμος
aχle < Ἀχιλλεύς
nefts < **nepōts* (a.i. *nápāt*, griech. *νεποδες*, lat. *nepot-*) wegen *-ft-* Übernahme aus dem Umbrischen oder schon früher aus einem ide. Dialekt mit *p* > *φ* wahrscheinlich; dagegen lemn. *naφoϑ* aus einer lautverschiebenden ide. Sprache; *neftś* bezeichnet im Etr. den Tochtersohn im Gegensatz zu *papals*, dem Sohnessohn[220].

---

217 *velϑur-ni* > *velϑuri* mit *-rn-* > *-r-* wie beim def. Akk. Plur.

218 Korrigierte Lesung von CIE 52a durch VETTER, BzN XI, 1960, 178ff.

219 Die grundlegende Arbeit hierüber ist E. FIESEL, Namen des griech. Mythos im Etr. (Ergänzungshefte zur Zeitschr. f. vgl. Sprachf. Nr. 5), Göttingen 1928; s. auch DEVOTO, Tendenze fonetiche . . SE I, 1927, 256ff.

220 Vgl. VETTER, Handb. I 370 s.v.

prumaϑs, prumts < **pro-nepōts* (aus ders. Sprache wie lemn. *naφoϑ?*)
c/χuliχ-na < κύλιξ
qutun < κώϑων
eleiva-na < ἐλαιFα
manim „Gedenken, Mal“, def. Akk. Plur. *manimeri* < *μνῆμα?*
etera „peregrinus“ < umbr. *et(e)ro-?*

Lehnwörter, bzw. auf einem Lehnwort basierend sind auch einige Verba mit der Wz. **ϑe-/te-* (*ϑel-, ten-, ϑez-*) < ide. **dhe-* „legen, setzen, stellen“; dazu auch *hec-* (*heci, heχz*) < **fec-* (mit Wechsel *f* > *h* wie in *fasti/ hasti, cafatia / cahatial* u.ä., s. § 18,2) <ide. **dhe–*, so daß mit einer doppelten Entlehnung zu rechnen ist, einer älteren mit ide. *dh* > *ϑ/t* und einer jüngeren, italischen mit ide. *dh* > ital. *f* > etr. *h*.

3. Als Fremdwörter sind solche entlehnte Wörter zu bezeichnen, die noch nicht (oder nicht mehr) dem etr. Laut=und Flexionssystem angeglichen wurden. Die Substantiva unter ihnen treten in der Regel in der Form des Akkusativs der Herkunftssprache auf (OLZSCHA, Interpr. 105. 150. 195): *pruχun/m* „Krug“ < *πρόχουν*, Akk. von *πρόχους; cletram* „Korb, Opferschale“ <umbr. *kletram,* Akk. von **kletra; vinum* (= *uinum*) „Wein“ < *οἶνον*, Akk. von *οἶνος*; die gewohnte Gleichsetzung mit lat. *vinum* ist aus kulturhistorischen Gründen unwahrscheinlich. Bestimmt haben die Etrusker den Wein nicht von den Bauern Roms übernommen, sondern eher diese von ihnen. Entlehnung aus umbr. *vinu* ist wegen *-m* im Etr. kaum anzunehmen; dieses ist sekundär wie in *pruχum* neben *pruχun* und *qutum* neben *qutun.* Übrigens ist, wie DEVOTO nachgewiesen hat, im umbr. Ritual der Gebrauch des Weines jünger als der des Rauschtrankes (*poni*) aus Honig oder Beeren.

spurta „Korb“ < *σπυρίδα*, Akk. von *σπυρίς;*
taliϑa „Mädchen, Braut“ (Gerh.-K. III, CXVI), Akk. von *τάλις, - ιδος „μελλονύμφη, μέλλουσα γαμεῖν“*
macstre „Magister“ <lat. *magister;*
crapśti <umbr. *krap-,* Epitheton des Jupiter, Mars und Vofionus in den TIG[221]*;*
tura „Weihrauch“ (AM) <lat. Nom.-Akk. Pl. v. *tus, turis* „Weihrauch“;
leχtum(uza) „(kleine) Lekythos“, Akk. *λήκυϑον* v. *λήκυϑος;*

Zu der Variante *pruχum* (TLE 5.62) meint VETTER (Gl. 27, 1938, 172): „Die Endung von *pruχum* ist nicht etwa Akkusativendung – im Etruskischen lebt nur eine Akkusativendung *-n* in einigen Resten fort –, sondern vielleicht eine aus dem Oskischen übernommene Form, wo das Wort Neutrum geworden sein könnte.“ Tatsächlich sind die angeführten Belege aus Capua und Caere. Das von Vetter Gesagte gilt in gleicher Weise für *qutum* (TLE 63) (< *κώϑων*); vgl. aber TLE 28 (Narce im ager Faliscus) das „reguläre“ *qutun.*

§ 179.

Während die Lehnwörter flektierbar sind, zeigen sich die nicht oder nur oberflächlich etruskisierten Fremdwörter als Indeklinabilia (vgl. OLZSCHA, Interpr. 194):

---

221 Das Epitheton weist auf eine ältere, von der Triade verdrängte, aber mit ihr funktionell identifizierbare Gottheit (wahrscheinlich des Megalithkreises) hin. Die Gottheit Crapśti des AM dürfte ein **tinś crapśti* sein; vgl. neben dem *iuve krapuvi* der TIG den *Juppiter Appenninus* in Scheggia (CIL XI 5803) und den *Juppiter Lapis* in Rom. Vgl. Verf., Religio Iguvina 37f.

cletram srenχve (Modal.) „mit der geschmückten Schale“;
farϑan fleres in crapśti „weihend dem Opferbild des Crapsti“;
jedoch *farϑan fleres neϑunsl* (Gen.!) „weihend dem Opferbild des N.“

In AM, die neben älteren Formen viel neueres Sprachgut enthalten, finden wir *pruχun/m* neben etruskisiertem *pruχ* mit Gen. *pruχś* und einem Adj. II *prucuna* (< *prucun-na* oder *pruc-na?*):

IV 22 *eisna hinϑu vinum trau pruχś* „den Opferwein der Unterirdischen gieße aus dem Krug“;

IX γ 1 *aisna hinϑu vinum trau prucuna*, wo *vinum prucuna* für *vinum pruχś* steht wie lat. *fuga paterna* für *fuga patris*.

In AM X 17 *sulχva maϑcva pruϑ* „*pruϑ* voll *sul* (und) voll Rauschtrank“ betrachte ich *pruϑ* als Verlesung oder Verschreibung von *pruχ* (OYꟼ1 für ↓Yꟼ1 mit ⊕ durch Harz–oder Feuchtigkeitsflecken?).

In AM X γ 4f. ist das Fremdwort *spurta* „Korb“ richtig geschrieben bzw. gelesen: *heci spurta sulsle napti* „stelle den Korb . . . .“; dagegen gilt XI 10 als überlieferter Text *ufli spurtn eisna hinϑu*. TLE hat *spurtn;* RUNES gibt im Apparat (S. 30) an: Kr(all) *spurṭṇ* im Text, *spurṭa?* in d. Anm. Es kann aber nur *spurta* heißen („ . . . in den Korb das Brotopfer der Unterirdischen“, vgl. IV 22 und IX γ 1; *spur-tn* ist morphologisch unmöglich, da enkl. *-cn*/*-tn* nur an Adjektiva tritt, *spur-* aber ein Substantiv ist, das „Stadt“ bedeutet. Überdies wäre „ . . . in die S t a d t das Brotopfer der Unterirdischen“ sinnlos.

Eine ähnliche Verlesung von *-ta* zu *-tn* (diesmal das enkl. Pron. dem. betreffend) findet sich AM VIII 1 u. 2 (H + für A +). *ϑucte ciś śariś esvitn vacltnam in/ culścva spetri etnam ic esvitn enaś–* „Am 13. Thucte ist das *esvi* mit Libation für die Culś-Götter zu veranstalten, ebenso wie ihr *esvi*“ – Hier müßte *esvitn* Nominativ sein; morphologisch aber ist es ein Akkusativ. RUNES (S. 23) gibt an: Agr. (= Lesung Runes in Agram vor der Infrarotaufnahme) *esvitṇ*, H(erbig) *esvitn*, Kr(all) *eṣvita* im T., *eịvita?* in d. Anm. – Zur zweiten Stelle (VIII 2) wird angegeben: Agr(am) ×*ṣṿịṭ* ×wie H(erbig); Kr(all), T(orp) a.a.O. *eṣvitị* im Text, *eịvitị* in d. Anm. Kr(all). Man sieht, die Lesung *esvitn* ist alles andere als sicher; der Kontext verlangt *esvita*. CORTSEN sagt (Sprachk. 53), daß die Lesung *esvita* „gewiß richtig“ sei; die Bedeutung sei „divinum, res divina, sacrificium“

ZUR NAMENBILDUNG[222]

§ 180.

Unter dem „Namen“ (Namenkomplex, *formula onomastica*) verstehen wir das Gefüge aus „direkten“ und „indirekten“ Gliedern, die den Gesamtnamen zusammensetzen. RIX, Cognomen 15, definiert als direkte Glieder jene, die, unmittelbar auf den Namenträger bezogen, mit dem Pränomen kongruieren (GN und CN) zum Unterschied von den indirekten, die wie Patronymikon, Metronymikon und Gamonymikon die Namen anderer Personen

---

222 DEECKE, Etr. Fo. 3 (1877) 382ff.; LATTES, Mem. Ist. Lomb., classe di lettere etc., XXII (= ser. III vol. XIII), fasc. III; BUONAMICI, EE 257ff.; PALLOTTINO, SE XXII, 1952–53, 189ff.; V e r f ., BzN XI, 1960, 256ff.; RIX H., Das etruskische Cognomen. Untersuchungen zu System, Morphologie und Verwendung der Personennamen auf den jüngeren Inschriften Nordetruriens. Wiesbaden 1963. – Zum Bürger-Pränomen s. bes. RIX, Cognomen 349ff.

enthalten und darum auch grammatisch nicht mit den direkten Namengliedern kongruieren, es sei denn, daß sie als Possessivadjektiva gebildet sind.

Der Aufbau des Gesamtnamens ist durchaus nicht einheitlich; hier unterscheiden sich die Sprachdenkmäler der einzelnen etruskischen Stadtstaaten deutlich voneinander. Es ist dies ein Reflex der historischen Tatsache, daß es bei den Etruskern – im Gegensatz zu den Römern – nie einen zentral gelenkten Staat gegeben hat.

Wir besprechen im folgenden die möglichen Glieder der Namenformel, ohne auf Besonderheiten der Zusammensetzung (Glieder und ihre Anordnung) in den einzelnen Städten einzugehen.

1. Vornamen (PN) § 180a-184
2. Familiennamen (GN) § 185–186
3. Cognomen (CN) § 187–196
4. Patronymikon § 197
5. Metronymikon § 198
6. Gamonymikon § 199–200
7. Ethnika § 201
8. Italisches Namengut in GN § 202
9. Die Angleichung der etr. Namenformel an die röm. Formel § 203–205
10. Die Bildung des Namens bei der Manumissio nach etr. Recht § 206

Vornamen

§ 180 bis.

Das ältere Etruskisch hat eine ziemlich große Zahl von Vornamen verschiedenster Bildung, die später stark reduziert erscheinen. In dieser ursprünglichen Buntheit dürften sich die Einzelkomponenten, die an der etruskischen Volkwerdung teilhaben, offenbaren. In dem aus Familiengräbern stammenden Material sehen wir, daß – wenigstens in jüngerer Zeit – der Besitz eines typisch etr. „Standard" – Vornamens das Zeichen des etr. Bürgerrechtes ist, zusammen mit dem Gentilnamen (RIX, Cognomen 89. 350).

Zu den etr. PN s. DEECKE, Etr. Fo. III; BUONAMICI, EE 256ff.; RIX, Cognomen 388, Sachregister, s. v. Pränomen; FIESEL, Geschlecht.

§ 181.

Von den meisten männlichen Vornamen gibt es entsprechende weibliche Formen. Diese werden in der Regel durch Anfügung von *-i* (bei konsonantischem Auslaut) oder durch Ersatz des vokalischen Auslautes durch *-i* gebildet (s. § 40).

Sehr junge weibl. PN haben statt des *-i* das erweiterte Motionssuffix *-ia,* Gen. *-ias.*

männlich		weiblich			
		älter		jünger	
Nom.	Gen.	Nom.	Gen.	Nom.	Gen.
avile/avele/aule	*aules*			*aulia*	*aulias*
arnϑ[223]	*arnϑ(i)al*	*)		*arntia*	*arntias*
larϑ[224]	*larϑ(i)al*	*larϑi*	*larϑial*	*larϑia* *)	*larϑias*
lar(e)ce	*lar(e)ces*				
laris	*larisal*				
vel	*velus*	*veli*	*velial*	*velia*[225]	*velias*
śeϑre	*śeϑres*	*śeϑra*	*śeϑras*	*seϑria*	*seϑriaś*
		f/hasti	(*f/hastial*)	*f/hastia*	*f/hastiaś*
tarχi	*tarχis*			*tarχa*	*tarχas* (SE XXXI, 1963, 199 nr. 25

*) zu *araϑia* (TLE 243), *arnϑia* TLE 383, *larϑia* TLE 245 s. § 56,a

PN italischen Ursprungs[226]:

vipe	*vipeś*	*vipi*	*vipial*	*vipia*	*vipiaś*
tite	*titeś*	*titi*	*titial*	*titia*	*titiaś*
cae	*caeś*	*cai*	*caial*	*caia*	*caiaś*

Zu solchen als GN gebrauchten PN („Vornamengentile") s. RIX, Cognomen, passim, bes. 331.

Erweiterte Vornamen (nur männlich) (s. § 166,1.)

ar(a)nϑur,	Gen.	**ar(a)nϑurus*
larϑur		*larϑurus*
velϑur		*velϑurus*

---

223 Archaisch *aranϑ;* die große Seltenheit der weibl. Form läßt vermuten, daß dieser so häufige und typische Vorname von einer Wz. **arn-* „Mann" abgeleitet ist.

224 Wie die folgenden PN *larce* und *laris* (und der Göttername *laran*) von einer Wz. **lar-* „Herr?"

225 In Perugia ist *velia* ein GN (männl. *veli*); das PN lautet dort *veilia.* S. VETTER, *leϑe* 99.110; RIX, Die Sprache VIII, 1962, 29f., Anm. 5; Cognomen 31, Anm. 27; ebda. 263.

226 Vgl. DEVOTO, SE III, 1929, 259ff. – Zur Möglichkeit, *cae, vipi, tite,* für welche eine eindeutige Etymologie aus dem Ide. fehlt, mit einer sowohl etruskischen als auch „voritalischen" Bevölkerungskomponente zu verbinden, s. RIX, Cognomen 351.

I n d i v i d u a l n a m e n g r i e c h i s c h e n U r s p r u n g s :

amuni	<	Ἀμμώνιος
antipater	<	lat. Antipater < Ἀντίπατρος
antrumacia		(adjekt. Ableitung?) < Ἀνδρομάχη
apluni	<	Ἀπολλώνιος
arχaza	<	Ἀρκάδιος
atale	<	Ἄτταλος
atiuce	<	Ἀντίοχος
atunes	<	Ἀδῶνις
carpe	lat. *Carpus* *)	< Κάρπος
certu	<	Κερδώ „Fuchs, Schlaukopf"
clepatra	<	Κλεοπάτρα
evantra	<	Εὐάνδρα
efesiu	<	Ἐφέσιος
herclite	<	Ἡράκλ(ε)ιτος
zarapiu	<	Σεραπίων
licantre	<	Λύκανδρος
nicipur	<	Νικήφορος
pilunice	<	Φιλόν(ε)ικος
pule	<	Πόλλης
sminϑe	<	Σμίνθευς
tama	<	Δάμαρ ?
tamure	<	Θάμυρις
tinusi	<	Διονύσιος
tiφile	<	Δίφιλος
tolmaca	<	Δολομάχη (Πτολιμάχη ?)
φerse	<	Πέρσευς, Πέρσης
φila	<	Φίλη
φilutis	<	Φιλῶτις

*) Vgl. CIL XI 6700, 523 CARPVS RASINI und Petron., *Trimalch.* 36,5.7.8; 40,5

PN (I n d i v i d u a l n a m e n) anderen Ursprungs:

Oskisch:	*herins*
Keltisch:	*mazutiu*
	muceti
Ligurisch:	*lec(u)ste/i*
Venetisch:	männl. *atru, vetu, autu;* weibl. *kuna, tata, tita**)

*) S. V e r f ., Spina – etruskisch oder venetisch? Die Sprache VIII, 1962, 149ff.

Messapisch:	*tasma*	SE XXXV, 1967, 546f. <*Dazimas*
	ϑasta	CIE 2256 < *Dasta(s)*

Vgl. PARLANGELI, Studi messap. 295f., 320; UNTERMANN, Die messap. Personennamen, *in* H. KRAHE, Die Sprache der Illyrier 163; DE SIMONE, Die messap. Inschriften, *in* H. KRAHE, a.a.O. 118f. 145; RIX, Cognomen 362, Anm. 134.

§ 182.
Weibliche PN ohne männliche Entsprechung sind:
ϑana, Gen. *ϑanas* (AM *ϑanal* ist Gen. des Götternamens *ϑan*); *ϑanχvil*[227], Gen. *ϑanχvilus; ramϑa*[228], Gen. *ramϑas*[229]*; ravnϑu,* Gen. *ravnϑus.*

§ 183. Hypokoristika (Kosenamen, Lautni-Namen) s. § 165. 167

§ 184. Abkürzung der PN und GN. Andere Abkürzungen.

a) In jüngeren, nie aber in archaischen Inschriften, sind die PN häufig abgekürzt.

b) Vornamen, welche den Individualnamen von Unfreien bilden, werden in der Regel nicht abgekürzt.

c) Die gebräuchlichsten Siglen sind (s. DEECKE, Etr. Fo. III, 372):

a	= *aule*	*ϑi*	= *ϑefri* (5161. 5196 Vols.)
av	= *avle*	*lϑ*	= *larϑ, larϑi(a)* 4
aϑ, ar	= *arnϑ* 1	*lr*	= *laris* (5205 Vols. = *li*)
au	= *aule*	*ls*	= *laris*
c	= *cae*	*lχ*	= *la(u)χe*
v	= *vel(ia)*	*m*	= *marce*
ve	= *ve(i)lia* 2	*pup*	= *pupli*
vϑ	= *velϑur*	*rav*	= *ravnϑu*
vl	= *vel*	*rn*	= *ravnϑu*
vχ	= *velχe* (5187, Vols.)	*s(ϑ)*	= *seϑre, seϑra*
ha	= *hasti*	*f(a)*	= *fasti*
ϑ(a)	= *ϑan(i)a* 3	*tχ*	= *tarχi* (selten; z.B. 3911; auch GN und CN, archaisierend)
l(a)	= *larϑ, larϑi(a)*		

1 *aϑl* 1656 u.a. = *arnϑal; az* CIE 554. 2672 = *arnza*
2 jedoch *ve* ist *vel* und *veluś* in 4508 (Per.) *ve.ulϑe.ve.hermial*
3 *ϑ* = *ϑefre* in 5202. 5206 (Vols.)
4 *lar* = *larϑi* in 4810 (Clus.) *lar:aχui:/carpnatesa*

Zu *lr = laris:* die Abkürzung *li* für *laris* außer CIE 5205 Bolsena auch 4247 Perugia, 5519 Tarquinia; für Caere s. CRISTOFANI, La tomba delle Iscrizioni a Cerveteri, 41ff. nr. 32.39.12.43.44.45; CIL XI 3691a.

d) Bisweilen werden auch GN abgekürzt, besonders der erste Teil der aus GN und GCN zusammengesetzten Familiennamen, z.B. bei den

---

227 Nebenformen: *ϑancvil, tancvil* u.a.
228 Typisch weibliche Ableitung (Suffix *-ϑa*, s. § 165).
229 TLE 321 *ramϑes* ist Analogiebildung und Echo zu dem vorausgehenden *tarnes*.

tite petruni, tite marcna: ti. = tite/titi
vipi upelsi, vipi vercna, vipi velimna: vi. = vipi
2487 *ve.mu.c = vel mutu cnevnal*, s. 2486 (Bruder!) *lϑ.mutu.vl./cnevnal*
2753 *au:se:acilu = aule senti acilu*
3894 *vt.afle = veti afle*
u.a.m.

e) Vereinzelt, besonders in C a e r e (hier unter frühem röm. Einfluß) kommt auch die Abkürzung von Appellativen und Verbalformen vor, z.B.
c, cl, cln (graphische Kürzung mit *n = an?*) s. § 28, zu a), II), z.B.
CII 2349 *av . tarχnas . av . c. = av(le) tarχnas av(les) c(lan);*
NScav. 1937, 362, nr. 4 trägt ein Cippus für zwei Brüder die Inschrift
c . lc . mvnainas : l . c . c mit *c.c = clenar* „Söhne"

Ebenso findet sich *s.* als Abkürzung für *seχ* „Tochter", z.B.
NScav. 1915, 375 nr. 76 *ramϑa ⁝ tamsni ⁝ v(elus) . s(eχ).* – Vgl. auch ebda. 369, nr. 23

Beachte auch *pu.* = *puia* „Gattin"; *l.* = *lautni/lautniϑa* „Freigelassene(r)".
Als verbale Abkürzung kommt bisweilen *sl, sva* = *svalce* „lebte" vor.

CIE 5572 (Tarquinii) *l . a . IIII = lupu avils IIII* „verschieden im Alter von 4 J."
5483 (Tarquinii) *alśina . a . ś . r . XXX = alśina arnϑ śeϑres ril XXX* „ . . . . alt 30 (Jahre)"
5556 (Tarquinii) *scurna / l . ϑa . l/u . ril . LX = scurna larϑ ϑanas lupu ril LX*
TLE 380 (Fluchtafel von Montepitti) Z. 1.2.3 *lϑ . c = larϑal clan.*

Zur Auflösung seltener Abkürzungen gehört umfassende Kenntnis des epigraphischen Materials wie auch entsprechende Kenntnis der Onomastik und Morphologie des Etruskischen. In der Regel geschieht die Abkürzung streng akrophonisch und besteht aus e i n e m Zeichen. Um Doppeldeutigkeit zu vermeiden, wird gegebenenfalls ein zweites (oder drittes) Zeichen hinzugefügt: *la = larϑ, lr* oder *ls* = i m m e r *laris, lr* n i e *larϑ!*

Die Abkürzung von GN, CN Appellativen und Verbalformen besteht in der Regel aus mehreren Zeichen (s. o.).

Zur Abkürzung von Namen s. BUONAMICI, EE 234ff.; RIX, Cognomen 102ff.

Familiennamen [229a]

§ 185.
Die meisten etr. GN sind von PN, Ortsnamen oder Appellativen abgeleitete Adjektiva, die natürlich nominal flektiert werden.

Es ist deutlich die Tendenz zu erkennen, bei GN, die nicht dem Typus der Adj. auf *-na* entsprechen, wenigstens die weibliche Form in das System einzugliedern.

[229a] SCHULZE, LEN 262f.390.397; ROSENBERG, Gl. 4, 1913, 51ff.

a) Ableitungen auf *-na/ -ni:*

	männl.				weibl.		
Nom.	*matulna*	Gen.	*matulnas*	Nom.	*matulnai*	Gen.	*matulnal*[230]
				(jünger:	*-nei*	Gen.	*-nal*)
	maslni		*maslnis*		*maslnei*		*maslnal*
	latini		*latinis*	a)	*latini,*		*latinial*
				b)	*latinia*		*latinias*[231]

b) Ableitungen auf *-a:*

unata	*unataś*	*unatnei*	*unatnal*

c) Ableitungen auf *-e:*

sentinate	*sentinateś*		*sentinati*[230]	*sentinatial*
clante	*clanteś*		*clanti*	*clantial*[230]
Merke aber:				
tite (GN)	*titeś*	a)	*titi*	*titial*
		b)	*titia*	*titias*
cae (GN)	*caeś*		*cainei*	*cainal*
lariste	*laristeś*		*laristnei*	*laristnal*
pulpae	*pulpaeś*		*pulpainei*	*pulpainal*

d) Ableitungen auf *-i:*

ani anei	*anis aneis*	*an(e)inei*	*an(e)inal*
cacei	*caceiś*	*caceinei*	*caceinal*
leϑari	*leϑariś*	*leϑaria*	*leϑarias*
Merke aber:			
GN *vipi*	*vipiś*	*vipinei*	*vipinal*

230 Seltener der Gen. auf *-eal* und *-ial.* Vgl. SLOTTY, Beitr. I 150ff. mit Anm. 94, der aufgrund eingehender Untersuchungen folgende Regeln für die Bildung des Genitivs weibl. Gentilizien angibt:
1. Dem Casus rectus eines w. GN auf *-nei* ist ausnahmslos die Genitivform auf *-nal* zugeordnet. Ausnahmen wie *suϑrinial* neben *suϑrinal* zeigen, daß dieselbe Person sich *suϑrinei* (Gen. *-nal*) und *suϑrini* (Gen. *-nial*) nennen konnte.
2. Dem Nom. eines w. GN auf *-i* ist ausnahmslos die Genitivform auf *-ial* zugeordnet. Abweichungen wie *lauχumneal* (für *lauχumnial*) zeigen uns Übergang *-ial* > *-eal;* Abweichungen wie *trazlunial* (für *trazlual*) zeigen, daß dieselbe Person sich *trazlui* und *trazluni* nennen konnte.
3. Die w. GN auf *-ia* bilden den Gen. auf *-ias;* Formen auf *-ial* bei derselben Person zeigen die Möglichkeit, sich z.B. titi und titia zu nennen. – Da sich die Abweichungen fast ausschließlich im Material von Perugia finden, kann in diesen Freiheiten (oder Unsicherheiten?) ein Hinweis auf den starken italischen Einschlag der Bevölkerung dieser Grenzstadt gesehen werden.

231 Vgl. auch *arnϑni* CIE 4209 und *arnϑnia* 4210.

e) A b l e i t u n g e n a u f *-u:*

ranazu	*ranazuś*	*ranazui*	*ranazual*

f) A b l e i t u n g e n a u f *-(i)s:*

aris	*arisal*	*arisnei*	*arisnal*
peris	*perisal*	*perisnei*	*perisnal*

g) Eine Reihe von Familiennamen, vor allem in Südetrurien und im Ager Faliscus, stellt sich als H y b r i d b i l d u n g dar (die angegebenen Nummern beziehen sich auf TLE):

arc(u)mena 298	*velusna* 401
c/kalisna/i 191.426.545	*halas⟨aś⟩na* 671
cursni 428.677.689	*lemauśna* 28
velaveśna 489	*papsina* 677.689
velaśna 674.686	*petsna* 628
velisna 190	(alle auf die m. Grundform reduziert)

Es geht nicht an, diese Bildungen als vom Gen. abgeleitete Adj. II auf *-na/-ni* zu bezeichnen, da die Adj. II regulär von der nichtflektierten Grundform des Substantivs oder des Namens abgeleitet werden. Überdies wäre ein Gen. auf *-ś* bei südetruskischen Namen (*velaveśna, lemauśna*) sehr merkwürdig.

Es handelt sich um primär i t a l i s c h e Adjektivbildungen auf *-sio(s)*, – etruskisiert *-sie* – von Eigennamen:

arc(u)msna	<	**arc(u)me-sie-*
calisna	<	*cale-sie-* (s. TLE 381.752 *cale-*)
cursni	<	*cure-sie-* (TLE 638 PN *cure*)
velavesna	<	**velave-sie-*
vela/i/usna	<	*vel(a/i/u)-sie-* (vgl. PN *vel*)
halas⟨aś⟩na	<	**fala-sie-*
lemauśna	<	**lemau-sie-*
papsina	<	*papa-sie-* (vgl. das CN *papa*)
petsna	<	*pete-sie-* (vgl. den arch. PN *piϑe/peϑe* in Volsinii, CIE 4954. 5007; SE XI, 1937, 433, und das von *peϑe* regulär abgeleitete GN **peϑna* TLE 257. 524)

Diese Gentilnamen italischer Bildung sind durch die hybride Anfügung des Suffixes *-na* der etr. GN etruskisiert worden, wobei *-ie-* durch Synkope ausfiel.

aniena TLE 309 < *ane* + *-ie* < ital. *-io(s)* + etr. *-na* ist Adjektivbildung auf *-ie*, das erhalten blieb. Zum Stamm s. PN *ane* TLE 494. 509, weibl. *ani* 121; in jüngeren Inschriften auch GN.

Zu diesen jüngeren Bildungen (*-iena* < ide. *-io* + etr. *-na*) s. zuletzt DE SIMONE, SE XXXI, 1963, 224: „Funzione analoga a quella del suffisso *-na* in etrusco è esercitata, in ambito indo-europeo, dal suffisso *-io*. In particolare le lingue indo-europee dell'Italia antica hanno sviluppato analogicamente all'etrusco dei patronimici (in seguito gentilizi) derivati da prenomi per mezzo del suffisso *-io-*. Si tratta ovviamente di un fenomeno di convergenza che non è pensabile sia avvenuto senza relazioni storiche."

Das GN *anaśnie* TLE 684 ist d o p p e l t h y b r i d: Fundament ist *ana*, Fem. des *ane; *ana-sie-ni-ie* ist Reïtalisierung des etruskisierten **ana-sio(s)*.

In CIE 180 (Siena) *lart:vete:arnϑ/al:caialisa* scheint der letzte Name, das Metronymikon, fehlerhaft zu sein: es wäre *caiasa* zu erwarten. Die Lösung gibt CIE 186 (selbes Grab) *larϑ vete:larϑalisa: cainalisa* mit richtiger (chiusinischer) Bildung des weibl. GN *cainei* < *cai*. Der Bruder des *lart vete* von CIE 180 gibt den Namen seiner Mutter mit der unkorrekten Form *caiaś* an (CIE 178f.)

Zum Entstehen der GN auf *-ni* aus solchen auf *-na* unter italischem Einfluß s. RIX, Stud. Onomast. Monac. IV, 1961, 623ff. und besonders Cognomen, 296ff. Sie sind in der jungetruskischen Überlieferung Nordetruriens besonders zahlreich und bilden dort einen formal vollentwickelten Typus. Die Entwicklung fällt in die Zeit zwischen 400 und 250 v. Chr.; aber nicht nur Keltensturm und „äußere Unterwerfung" unter Rom haben, wie Rix meint, durch die damit notwendig verbundenen gesellschaftlichen Umschichtungen die Entwicklung eines neuen Namentypus begünstigt. Von entscheidender Bedeutung war das immer stärkere Hochkommen des italischen Elements, das in Nord- u. Nordostetrurien besonders stark war und die Masse der Bauern und Hintersassen abgab. Zur angeblichen Unterwerfung Etruriens im Verlauf des 3. Jhs. v. Chr. s. V e r f., Die Entwicklung des röm. Städtewesens in Etrurien, Florenz 1966.

h) Eine besondere Erwähnung erfordern die GN, die mit Götternamen oder Appellativen verwechselt werden können, z.B.:

tinś GN einer Familie in Perugia (CIE 3632–48. 3868f.), der Gen. des Namens lautet gleichfalls *tinś*: 3868 *la.veluś.tinś./lautni*, „Larth, des Vel Tinś *lautni*". Der Familienangehörige CIE 3647 wird als C. IVENTIVS.C.F. bezeichnet; hier ist das für *Iovius* stehende *Iuentius* ein Versuch, den GN ins Lateinische zu übersetzen.

flereś GN auf drei Cippen in Orvieto (CIE 5127.5142.5143)
Wir kennen *fler* in der Bedeutung „Tieropfer" in AM III 12.13; IV 3; VI 9f.; VIII 12.16; IX 2.9; XI 14; wahrscheinlich auch TLE 626. Die Ableitung *flere* bezeichnet in AM (III 18; IV 14.19; VIII 11. [γ 3]; IX 7.18.22) das Opferbild der Gottheit; der Gen. lautet *flereś* (IV 8, [VI 12]) oder *fleres* (IX 14). In TLE 624.651.653.734.735.738.739 ist *flereś/fleres* ein N o m i n a t i v, der „Statue, Bild" (aber nicht Kultbild!) bedeutet. Es scheint dieses Appellativ zu sein, das in den Inschriften von Orvieto als GN gebraucht wird (z.B. 5142 *cae : fleres : c*)

§ 186.
Die Stellung des GN ist regulär nach dem PN; Tarquinii (mit den Orten seines *ager*) hat gewöhnlich V o r a u s s t e l l u n g des Gentilnamens.

Cognomen [232]

RIX hat nach dem jüngeren Inschriftenmaterial Nordetruriens festgestellt, daß nur etwa 12,5 – 16% von rund 4000 Personen, deren Namen hinreichend erhalten sind, ein CN führten, ein Umstand, der ihre Namenformel wesentlich von der römischer Bürger unterscheidet. Wenn wir – wie es notwendig ist – annehmen, daß das erhaltene Material kein

[232] S. besonders H. RIX, Das etr. Cognomen.

völlig korrektes Bild gibt, dann muß mindestens die Hälfte der bekannten Personen ohne CN ausgekommen sein.

Für die Verbreitung des CN ergeben sich zwei interessante Feststellungen:

1. Das CN der Frauen ist – anders als im republikanischen Rom – weitaus seltener als das der Männer.

2. Es besteht ein deutliches Gefälle vom Nordosten (Arezzo, Perugia) nach Westen und Süden; je näher man an die tyrrhenische Küste und an Rom kommt, desto s e l t e n e r wird das CN. Für das männl. CN sind die Belegzahlen (in Klammer die absolut sicheren Fälle):

Arretium 42 (30)%, Perusia 27 (23)%, Nordetrurien 20 (16)%, Clusium 17 (14)%, Volaterrae 13 (12)%, Saena 15 (10,5)%

Im Süden finden wir im Gesamtmaterial in Tarquinii 10 Belege, in Volsinii 7 (davon 3 archaisch, 4 unsicher), in Vulci 2, in Caere 1.

Eine besondere Stellung unter den Cognomina nehmen jene besonders in Perusia vorkommenden „zweiten Familiennamen" ein, d.s. Namen, die Gentilizien waren, bevor sie als CN verwendet wurden; sie treten fast nur hinter „Vornamengentilizien" auf, d.h. hinter Namen, die aus Individualnamen einer Nichtbürgerschicht nach dem Erwerb des etr. Bürgerrechts zu deren Familiennamen wurden. Diese „zweiten Familiennamen" bezeichneten vorher wohl die früheren Patroni dieser Neubürger (s. § 206). Für diese „zweiten Familiennamen" ist die Vererbung selbstverständlich. Sie finden sich frühestens seit dem 3. Jh. v. Chr., während es für e c h t e Cognomina, d.h. Namen, die aus Appellativen hervorgegangen sind, bereits einige Beispiele aus archaischer Zeit, also spätestens aus dem 5. Jh. v. Chr., gibt.

Während in Rom auf offiziellen Denkmälern bis gegen Ende der Republik das Gentiliz nie unterdrückt wird, bietet schon die archaische Überlieferung des Etruskischen Beispiele für den offiziellen Gebrauch des CN als einziger Familienbezeichnung bzw. für den Ersatz des GN durch das CN. Auch im Gebrauch des Frauencognomens ist Etrurien den Römern voraus: In Rom ist die Sitte erst im 1. Jh. v. Chr. aufgekommen; in Etrurien ist sie schon seit Beginn der jüngeren Überlieferung nachweisbar und muß dort sogar noch älter sein, da die chiusinischen Sonderformen des weibl. CN schon vor 250 v. Chr. ausgebildet wurden (RIX 179). RIX (380) bemerkt mit Recht, daß sich hierin die verschiedene gesellschaftliche Stellung der Frau in Rom und in Etrurien widerspiegelt.

Von größter Bedeutung ist die soziologische Auswertung der Ergebnisse der neueren Forschungen über das CN. „In Rom war das Familiencognomen lange Zeit ein Privileg des Adels. Solange man das Gentiliz der Mutter für die Entstehung des „zweiten Familiennamens" verantwortlich machte („Verschwägerungshypothese" von W. SCHULZE, s. § 191), galt dieses Privileg als eine von den Etruskern übernommene „Mode". Da aber die Verschwägerungshypothese nicht nur nicht genügend begründet, sondern sogar wegen ihrer Konsequenzen innerhalb des Etruskischen unhaltbar ist, entfällt diese Möglichkeit. Die Entstehung des „zweiten Familiennamens" aus dem Patronusgentiliz weist in die gesellschaftliche Schicht der Neubürger. Von hier aus führt kein Weg zum Adel der römischen Republik (Rix, 381).

Der römische Einfluß auf das etruskische CN ist dürftig und spät; er beschränkt sich auf die Wortstellung (RIX 45) und auf die Entlehnung „italischer" Appellativa als CN (RIX 227ff.).

In Clusium ist seit dem Beginn der jungetruskischen Überlieferung das CN formal vom GN differenziert; in Perusia ist nicht einmal ein Ansatz dazu erkennbar (RIX, Cognomen, Kap. III/IV; Kratylos VIII, 1963, 140).

§ 187.

Beim Cognomen ist zwischen Individualcognomen (CN) und erblichem Gentilcognomen (GCN) zu unterscheiden. Das CN ist ursprünglich ein die Person charakterisierendes Adjektiv oder eine Berufsbezeichnung.

§ 188.

Es ist besonders darauf hinzuweisen, daß in Chiusi die Funktion eines Namens als CN bei der weibl. Form sofort erkennbar ist. Während die vokalisch auslautenden GN das Femininum durch Anfügung von *-i* bilden (§ 40), z.B. *petru – petrui,* nehmen weibl. CN die Endung *-ania, -enia, -unia* an:

männl.	(*seiante*)	*cumeru,*	weibl.	(*seianti*)	*cumerunia* (GN *-ui*)
	(*seiante*)	*trepu,*		(*seianti*)	*trepunia* (GN *-ui*)
		pumpu,		*pumpunia* (GN *-ui*)	
	(*tlesna*)	*cicu,*		(*tlesnei*)	*cicunia* (GN *-ui*)
	(*seiante*)	*vilia,*		(*seianti*)	*viliania*
		lusce,			*luscenia*
	(*tite*)	*svea,*		(*titi*)	*svenia* (GN *-ui*)

Die Chiusiner Cognomina *hercle* (CIE 1718) und weibl. *herclenia* (1456) sind selbstverständlich von griech. Ἡρακλῆς oder lat. *Hercules* abzuleiten. Völlig willkürlich und ohne jede Begründung ist die Behauptung von STOLTENBERG, Etruskische Gottnamen 52: „Nicht von diesem vom griechischen Ἡρακλῆς stammenden und deshalb auch langlautigen *hercle* zu verwechseln ist der echt etruskische und so auch kurzlautige Nachname *hercle* (1718) mit *hercle[sa* zu der Weibform *herclenia* (1456) aus der zweigwortreichen Wortfamilie *her-* „walten"." Woher weiß St., daß das eine *hercle* langlautig, das andere kurzlautig ist? Warum ist das kurzlautige *hercle* echt etruskisch?

§ 189.

Die Stellung des CN, das z.B. in Orvieto schon sehr früh auftritt, ist in der Regel nach dem GN. Stellung am Ende (wie in den röm. Formeln) ist spät und zeigt bereits den röm. Einfluß (2., besonders aber 1. Jh. v. Chr.).

Anders als in Rom wird in Etrurien das CN bei den Frauen durchaus gebraucht, wenn auch nicht so häufig wie bei den Männern.

Gelegentlich wird in Inschriften von Frauen, die das CN enthalten, das PN unterdrückt, was röm. Einfluß verrät (im konservativen Perugia selten!).

§ 190.

Zahlreich sind die Cognomina auf *-e,* die durchweg italischen Ursprungs sind. Sie gehören alle dem gleichen Bedeutungsbereich an, nämlich der Beschaffenheit von Körper und Geist, dem zu allen Zeiten und bei allen Völkern individualisierende Bezeichnungen entnommen werden. Diese CN auf *-e* erlauben einen Rückschluß besonders in Zentral- und Nordostetrurien auf die Stärke des italischen Bevölkerungselements, aber natürlich nicht auf einen ide. Charakter der etr. Sprache. Zum Teil mag bei ihrem Gebrauch auch die Mode mit hineingespielt haben.

Das Femininum dieser italischen CN wird nicht wie bei den GN auf *-e* mit *-i,* Gen. *-ial,* gebildet, sondern (abgesehen von den späteren Neubildungen auf *-enia*) mit *-ia,* Gen. *-iaś* (RIX, Stud. Onomast. Monac. IV, Bd. III, 627).

alfa	< umbr. *alf-* „weiß"
apice	< **apicus* „kahl, glatt"[233]
aufle (*afle, ufle*)	< ital. **ouf-*, vgl. falisk. *oufilo*
ceice	< *caecus* „blind"
cale	< *calvus* „Glatzkopf"
clauce	< *glaucus* „(blau) grau, blauäugig"
clute	< *clodus* „hinkend, lahm"
cnarc	< *gnarus* „verständig, erfahren"
crespe	< *crispus* „kraushaarig"
hapre	< *faber* „der Geschickte"; zu *f* > *h* s. § 18
helve	< *helvus* „honiggelb"
herme	< *firmus* „stark"
herne	< sab.-mars. *herno-* „starrend", „Fels"[234]
lecne	< *licinus* „aufwärtsgerichtet" (Haare? „gesträubt"?)
lunce	< *longus* „lang" (oder *luncus* „Luchs"?)
lusce	< *luscus* „schielend, einäugig"
macre	< *macer* „mager"
mancas	< „Linkshand" < *mancus* „schwach" vgl. italien. *man manca*
mute	< *mutus* „stumm"
pacre/i	< umbr. *pacre-* „friedlich, gefällig, sanft"
palpe	< *balbus* „Stotterer"
papa/e	< etr. „Großvater"; vgl. aber auch osk. PN **papis*
peiϑe	< *paetus* „schielend"
pl(a)ute	< *plautus/plotus* „Plattfuß"
prute	< *brutus* „schwer(fällig), gewichtig, roh"
raufe (*rafe, rufe*)	< ital. **rouf-* „rot"
sature	< *satur* „satt"
sceva/i	< *scaevus* „Linkshand"
surte	< *surdus* „taub"
visce	< *viscus* „klebrig, scharf, zudringlich" (*viscus, -i* „Leim")
urfa	< umbr. *urfa* „orbita", vgl. osk. GN *urufiis*

---

233 Vgl. Festus 25 L: *apica: ovis quae ventrem glabrum habet. – apicosus = calvus* WH I 57 (< griech. „ohne Wolle").

234 Vgl. Festus 89 L: *Hernici dicti a s a x i s ,* quae Marsi herna dicunt. – Serv. Aen. VII 684 S a b i n o r u m linqua saxa.

§ 191.

Das Gentilcognomen, bisweilen auch als „zweites Gentiliz" bezeichnet, ist lange Zeit mißverstanden worden. SCHULZE[235] war der Meinung, es sei die Sitte des erblichen GCN nach Rom als Mode aus Etrurien gekommen, wo ein solches zweites Gentiliz infolge der starken sozialen Stellung der Frau möglich gewesen sei[236]. In Rom habe es dann zur Unterscheidung stark verzweigter adeliger Familien gedient und sei so zum Adelszeichen geworden. Diese Anschauung hat rückwirkend dazu geführt, alle etr. Familien mit Doppelgentiliz (GN + GCN) als hochadelig anzusehen. Wir werden sehen, wie unrichtig dies ist.

Das echte etr. GCN ist meist ein (ehemaliges) Appellativ auf *-u* oder *-e*.

§ 192.

Es ist SCHULZE nicht aufgefallen, daß der Komplex aus GN und GCN

entweder ital. GN – ital. CN oder
ital. GN – etr. GN ist,
n i e aber aus etr. GN – ital. CN oder
etr. GN – etr. CN besteht.

Besonders letzteres müßte im Sinne der Verschwägerungshypothese von SCHULZE sehr häufig sein.

Der Komplex ital. GN – ital. CN ist leicht verständlich; es handelt sich um die Unterscheidung der zahlreichen Familien *cae, tite, vipi.*

§ 193.

RIX[237] hat darauf hingewiesen, daß die Fälle mit ital. GN + etr. CN, in denen das etr. CN meist das Gentile einer alten etr. Familie ist, nur dadurch zu erklären sind, daß die zahlreichen Italiker (mit Individualnamen wie *cae, tite, vipi*) zu einem bestimmten Zeitpunkt das etr. Bürgerrecht (mit etr. Vornamen) erhielten, wobei die als CN hinzugefügten und weitervererbten etr. Gentilizien nur die früheren Patrone bzw. Lehensherren bezeichnen können. In vielen Fällen dürften es die Namen der ehemaligen Besitzer, also H o f n a m e n, sein. Es liegt darin ein Wiederaufleben der a d j e k t i v i s c h e n Funktion der GN auf *-na.*

§ 194.

Besonders häufig und alt ist der Brauch in Perugia. Dort gibt es die Familien *vipi acri, v.alfa, a.ancari, v.aulni, v.cai, v.capenate, v.caspre, v.vari, v.varna, v.vercna, v.veru, v.velimna; tite marcna, t.petruni, t.satna* u.a.m.

Diese Verbindungen sind weder durch Adoption noch durch Verschwägerung zu erklären; es sei denn, man nähme an, daß nur Italiker von Etruskern adoptiert worden seien, oder daß Etruskerinnen vor allem Italiker geheiratet hätten.

---

235 Zur Gesch. d. lat. Eigennamen, 321f.

236 Das zweite Gentiliz soll das der Gattin sein; Sch. sieht also im (etr.) GCN ein Zeichen der Verschwägerung.

237 Cognomen, 376ff. Vgl. dazu FRAENKEL, RE XVI (1935), 1650, s.v. Namenwesen: „vgl. die durch Zusätze charakterisierten *Schulze* (*Schulte*) und *Meier*, wie *Schulte-Castrop*, *-Dehrig*, *-Nierhoff* in Westfalen, die nach ihrem Heimatort oder Erbhof differenziert werden." – S. auch V e r f., BzN 11,1960, 256ff.

Die in manchen Gräbern zu Perugia gut feststellbare Generationsfolge erlaubt uns, den Beginn dieser Namensformel um etwa 130 v. Chr. anzusetzen. Der Grund ist wahrscheinlich der Erwerb des etr. Bürgerrechts durch zahlreiche Italiker. Dabei muß es zu einer B o d e n r e f o r m gekommen sein, da natürlich auch in Etrurien das Bürgerrecht an ein Minimum von Bodenbesitz gebunden war. Zahlreiche, bisher von den leibeigenen Italikern bewirtschaftete Höfe der etr. Großgrundbesitzer dürften (mit dem Hofnamen) als Erbpacht auf die Neubürger übergegangen sein. (s. auch RIX, Cognomen 376f.)

Auffällig ist die chronologische Parallele zu den Reformversuchen der Gracchen in Rom[238].

§ 195.

Sehr alt ist der Gebrauch des GCN in den archaischen Inschriften von O r v i e t o. Hier finden wir den oben erwähnten, im jüngeren Material so seltenen Fall, daß zwei etr. GN oder ein etr. GN und ein ital. CN den Komplex GN + GCN bilden:

CIE 4939 *mi ramnunas satanas* „Ich (bin) des Ramnuna-Satana"
CIE 4948 *mi pumpus ϑurmanas* „Ich (bin) des Pumpu-Thurmana"
CIE 5037 *mi lareces zuχus mutus śuϑi* „Ich (bin) das Grab des Larece Zuchu-Mutu"

In den beiden ersten Beispielen besteht die Namensformel aus GN und CN, es fehlt also das PN. Dies findet sich auch in jüngeren Inschriften, allerdings selten:

CIE 2960 *[p]atacs:tlesna:petrual* „Patacs-Tlesna, (Sohn) der Petrui

Nach CIE 835 hieß die Familie *tlesna patacs*.

Im späteren Etruskisch – ähnlich wie im Lat. seit dem Ausgang der Republik, zunächst in der Umgangssprache[239] – kann das GCN allein ohne das GN verwendet werden:

CIE 1158 *au(le) pulfna peris pumpual* „Aule Pulfna-Peris, (Sohn) der Pumpui"
CIE 1159 *ϑana avinei perisalisa* „Thana Avinei, (Gattin) des Peri"
CIE 1160 *l(ar)ϑ peris matausnal* „Larth Peris, (Sohn) der Matausnei"

§ 196.

In den Bilinguen findet sich oft im lat. Text das GN, im etr. aber nur das GCN:

TLE 523 1 *cuinte śinu arntnal* „Cuinte Sinu, (Sohn) der Arntnei"
2 *Q.Sentius.L.f.Arria.natus* „Q.Sentius, des L(ucius) Sohn, von Arria geboren"

Der lat. Text entspricht etr. *[*cuinte senti larϑal arntnal*]; *śinu* ist das GCN einer Familie *seiante* (< *sentinate!*), vgl. CIE 797.1215a.2787, die sich bisweilen – mit noch stärkerer Synkope – *sente*, weibl. *senti*, nennt.

Die übrigen Bestandteile der Namensformel

§ 197.

Das P a t r o n y m i k o n ist in der Regel das P r ä n o m e n des Vaters im Genitiv oder in der Form des poss. Adjektivs.

---

238 Wenn Plutarch (Gracch. 10) berichtet, die Idee zur Reform sei dem Tiberius Gracchus gelegentlich einer Reise durch Küstenetrurien gekommen, so ist nicht zu vergessen, daß er durch das Gebiet der röm. Kolonien am Tyrrhen. Meer zog. Es waren Sklaven und Leibeigene der r ö m i s c h e n Großgrundbesitzer, die er dort sah.

239 Vgl. OXÉ, RhMus. LIX, 1904, 120f.

Das Fehlen des Patronymikons k a n n darauf hinweisen, daß der Titular nicht Bürger war oder – wenn andere Civitätsindizien vorhanden sind – der 1. Bürgergeneration seiner Familie angehörte.

§ 198.
Das M e t r o n y m i k o n ist in der Regel das G e n t i l e der Mutter im Genitiv oder in der Form des poss. Adjektivs. Ist die Mutter nur mit dem PN angegeben, dann war sie eine Unfreie.

§ 199.
Das G a m o n y m i k o n ist in der Regel das G e n t i l e des Gatten im Genitiv oder (besonders in C h i u s i) in der Form des poss. Adjektivs.

§ 200.
Bisweilen findet sich beim Patronymikon das Gentiliz wiederholt, und beim Metronymikon die Angabe des mütterlichen Pränomens, bzw. beim Gamonym die Angabe des Vornamens des Gatten oder sogar seines Patronymikons.

Für die Analyse der Namensformel sind nur die in den §§ 197–199 angegebenen Elemente bestimmend.

Die freie Etruskerin wird immer mit PN und GN angegeben[240].

Ethnika

§ 201.
Unter den GN auf italo-etr. *-ane/-ine, -ate/-ite* und etr. *-na/-ni* bergen sich verschiedene etr. und altital. O r t s n a m e n , z.T. von verschollenen oder unbekannten Siedlungen (vgl. § 173);

a)	*camarine*	< *Camerinus*	<	*Cameria* oder *Camerinum*
	capevane	< **Capevanus*	<	osk. *Kapva . .* , *Capua*
	**curane*	< *Coranus*	<	*Cora*
	la(u)cane	< *Lucanus*	<	*Luca* (Lucus?)
	patislane	< **Paticulanus*	<	**Paticulum*
	ucrislane	< *Ocriculanus*	<	*Ocriculum*
	ve(i)anc	< *Veianus*	<	*Veji*

[240] Man beachte, daß *velia* in Chiusi PN, in Perugia aber GN ist; das PN lautet in Perugia *veilia.* – Daher ist CIE 3904 (Perugia) *velia cacnis fulus* = „Velia (GN), (Gattin) des Cacni-Fulu"; hingegen CIE 1401 (Chiusi) *velia nuis* = „Velia (PN) (*lautni* = *ϑa/liberta*) des Nui"; ihr Gatte (ein freier Etrusker) ist *l(arϑ) cae nui* = „Larth Cae-Nui", ihre Tochter (freie Bürgerin!) CIE 1402 *ϑana cainei velias* = „Thana Cainei, (Tochter) der Velia". – Es handelt sich um die Ehe zwischen einem freien Etrusker (*larϑ cae nui*) und seiner unfreien Magd *velia* (s. § 198).

b)	*atinate*	<	*Atina*
	aχrate	<	*Acerrae*
	cafate	<	*Capua* (< **cafvate* < **capvate* [RIX, Cogn. 232, Anm. 132]?)
	caliaϑe	<	*Cales*
	**capenate*	<	*Capena*
	**felcinate*	<	*Fulginiae*
	frentinate	<	*Ferentinum*, kaum *Ferentium* (SCHULZE)
	**helvinate*	<	**Helvinum*, vgl. *Helvillum*
	kaviate	<	*Gabii*
	manϑvate	<	*Mantua*
	mefanate	<	*Mevania* (**Mefana* in Samnium, vgl. *Mefanus pagus?*)
	nulaϑe	<	*Nola*
	rumate	<	*Roma*
	senate	<	*Sena* (*Gallica*), kaum *Saena* (SCHULZE)
	sentinate	<	*Sentinum*
	**treplate*	<	*Trebula*
	urinate	<	*Aurina* (urspr. Name von *Saturnia*)
	**veiaϑe*	<	*Veji*
	ankariate	<	*Ankara*[241]
	**amriϑe*	<	*Ameria*
	cusiϑe	<	*Cosa*
	**uriϑe*	<	*Uria* (belegt das Fem. *uriϑnei* CIE 3032 Clus.)
	**velϑrite*	<	*Velathri* (*Volaterrae*)
	**χerite*	<	*Caere* (belegt das Fem. *χeritnei* in Clusium und Saena)
c)	*maiflna*	<	*Mefulla*, vgl. Μήφυλα (einstiger Ort nach Dion.v.Hal. I 14)
	suϑrina/ni	<	**Sutri(um)* *hep(a/e)ni Heba*
	hep(a/e)ni	<	*Heba*

Zu den echt etr. Ethnika auf *-aχ* s. § 173

§ 202. Italisches Namengut in GN

Zahlreiche italische Vornamen finden sich nicht nur als solche etruskisiert, sondern auch als GN („Vornamengentilizien" RIX).

Das falisk. *aufilo(s)*, GN *oufilio(s)*, ist aus dem GN und CN *aufle/afle* in Perugia zu erschließen. Die ital. PN Novius, *Niumsis, Pakis, Pacius, Salvius, Trebius, Vibius* werden zu etr. GN: *nui(nei)*[242], *numsi(nei), PACINNEI, trepi(nei), vipi(nei).*

Es finden sich (häufig in Chiusi) italische Namen auf *-ie* (< *-ios*): *minie,* fem. *minia; uvie,* fem. *uvia; aulie,* fem. *aulia; titie,* fem. *titia; anie,* fem. *ania.*

In Perugia finden wir *uhtave/uϑave* < *Octav(i)us* (mit umbr. Verhauchung von *-ct-*); *raufe/rafe/rufe* < **rouf-* „rot".

---

241 Steph. Byz.: Ἄγκαρα πόλις Ἰταλίας.

242 In Klammer die Endung des weibl. GN.

Das in Chiusi vorkommende GN *trepi* verbindet sich mit dem osk. PN *trebis*, einer Ableitung vom Götternamen **Trebo-* (vgl. auch den *trebe iuvie* (Dat.) der Tabulae Iguvinae).

§ 203. Angleichung der etr. Namenformel an die römische Formel

Bei Bilinguen, die im lat. Text ein anderes PN als im Etr. haben, wurde oft die Frage gestellt, ob es sich nicht um Doppelbestattung handle. RIX hat, ausgehend von einer 1954 publizierten Inschrift aus Arezzo[243], die Frage der Personennamen auf den etr.-lat. Bilinguen einer prinzipiellen Lösung zugeführt[244].

Diese Bilinguen auf Aschenkisten sind wohl sämtlich ins 1. Jh. v. Chr. zu datieren. In Chiusi setzen die lat. Inschriften mit dem Beginn des 1. Jhs. v. Chr. (Zeit des Marius!) ein; die jüngsten, die noch als etr. zu erkennen sind, gehen bis in augusteische Zeit.

§ 204.

1. Es ist wichtig, die Unterschiede zwischen der lat. und der etr. Formel zu kennen. Sie liegen

a) in der Zusammensetzung des Gesamtnamens;

b) in der lexikalischen Beschaffenheit der Vornamen;

c) in der lexikalischen Beschaffenheit der Gentilnamen.

Es gibt kein sicheres Beispiel, in dem jedes Glied des einen Namens in dem anderen eine funktionelle Entsprechung hat. Dies ist verständlich; während die etr. Formel fast immer das Metronymikon hat, ist dies der lat. Formel durchaus fremd;

die offizielle röm. Formel gibt die Tribus (evtl. auch die domus) an, was im Etr. unmöglich ist (ein Versuch dazu: TLE 503, vgl. § 24,e);

die freie Etruskerin führt PN und GN, die Römerin (zur Zeit unserer Bilinguen) nur das GN (und Signum).

Für die röm. Bürger – dazu gehören die Etrusker seit den Achtzigerjahren des 1. Jhs. v. Chr. – gibt es nur eine beschränkte Anzahl von Vornamen[245]. Die etr. Vornamen decken sich zum größten Teil mit diesen Standardnamen nicht;

in Rom ist das Patronymikon für einen Bürger obligatorisch, in Etrurien nicht.

All das ist zu berücksichtigen; wir sehen bei unserem Material auch, daß die restlose Überführung der etr. Namensformel in die römische gut ein halbes Jahrhundert, wenn nicht länger, gedauert hat.

2. Etr. Vornamen werden übernommen, wenn sie im röm. System vorkommen; sie werden akrophonisch ersetzt, wenn die Übernahme unmöglich ist. Besonders beliebt ist, wenn auch akrophonischer Wechsel nicht möglich ist, die Übernahme des PN *Caius*.

---

243 SE XXIII, 1954, 353ff.

244 BzN 7, 1956, 147ff.

245 FRAENKEL, RE XVI 1660; weitere 7 PN waren auf bestimmte Patrizierfamilien beschränkt.

In den von RIX untersuchten Bilinguen ist

vel: sechsmal *C(aius)*, einmal *Q(uintus)*;
arnϑ: einmal *Ar.*, viermal *C(aius)*, einmal *M'(anius)*;
arnϑia: einmal *Arun*;
aule: sechsmal *A(ulus)*, einmal *Cn(aeus)*;
laris: zweimal *L(ucius)*;
velχe: einmal *Q(uintus)*;
cuinte: einmal *Q(uintus)*;
cae: zweimal *C(aius)*;
larnϑ: einmal *L(ucius)*;
nuvi: einmal *A(ulus)*.

Aus den Bilinguen ist auch ersichtlich, daß die Etrusker, röm. Bürger geworden, als Träger der nationalen Tradition auf der Grabinschrift – also im religiösen Bereich – und wohl auch im häuslichen Gebrauch die einheimischen Vornamen beibehielten (RIX).

§ 205.

Die etr. Gentilnamen wurden ins Lateinische übertragen[246]:

a) durch Translitteration, z.B. *cafate - Cafatius; trepu - Trebonius*
b) durch Namenaustausch, z.B. *velimna - Volumnius; venzile - Vensius;*
c) durch Übersetzung, z.B. *zicu - Scribonius; tinś - Iu(v)entius;*
d) durch Akrophonie, abklingenden oder durchklingenden Ersatz,
z.B. *unata* – *Otacilius*
arntni – *Arrius*
haprni – *Laberius*

Dazu kommt in allen Fällen die Eingliederung der Endung in das lateinische Flexionssystem (zum Lautwechsel $h > l$ s. VETTER, *leϑe* 57f.).

§ 206. Die Bildung des Namens bei der Manumisio nach etr. Recht[247]

Die Namengebung erfolgte nach wesentlich anderen Grundsätzen als in Rom, wo (regelmäßig seit Augustus) der Freigelassene PN und GN des Freilassers übernahm, den bisherigen Individualnamen aber zum CN machte.

a) Der Individualname des Unfreien, meist ein italischer Name wie *tite, vipi, cae,* aber auch ein griechischer oder anderer, fremder Name, wird bei der Freilassung zum Gentiliz. Ein solcher Brauch ist Rom völlig fremd.

b) Da aber Rufnamen wie *tite* oder *vipi* bei den Umbrern (um solche handelt es sich meistens) sehr häufig vorkommen, wird zur Unterscheidung ein Cognomen, sei es ein Individualcognomen, sei es eine Berufsbezeichnung, nötig. So finden wir in Chiusi die Familien *vipi veru, vipi venu, vipi sertur,* in Perugia die *vipi alfa, vipi vari, vipi upelsi, vipi sameru,* die *tite vesi, tite petruni, tite surte* u.a.m.

---

246 RIX, a.a.O. 169f.

247 VETTER, Die etr. Personennamen ... ÖJh XXXVII, 1948, Sp. 57–112 (grundlegend); s. auch Verf., Die Namen ehemals unfreier Personen bei den Römern und in Etrurien. BzN 11, 1960, 256ff.

Zu den Gentilcognomen, die typische etr. GN sind, s. § 191ff.

c) Der Freigelassene nimmt n i c h t das PN des ehemaligen Herrn an, sondern wählt ein „Bürgerpränomen", einen der gebräuchlichen Vornamen freier Etrusker, meist *arnϑ, larϑ, vel.* Erst in der Zeit der vollen Romanisierung in der 2. Hälfte des 1. Jhs. v. Chr. dringt der römische Rechtsbrauch durch.

VETTER (a.a.O. Sp. 68ff.) hat im Chiusiner Material ein klassisches Beispiel gefunden:

CIE 2096 (Grabziegel) = TLE 535 *tiφile:lau(tni)/velχeś/puliac* „Tiphile (Δίφιλος), *lautni* des Velche, und (seine Gattin) Pulia".

CIE 2934 (Aschenurne) *a(rn)ϑ:tiφile:palpe:pulias* „Arnth Tiphile Palpe, (Sohn) der Pulia". Es handelt sich, wie das Metronymikon *pulias* zeigt, bei diesem *arnϑ tiφile* (der auch schon ein CN, *Balbus,* führt) um den Sohn des *lautni* von CIE 2096/TLE 535.

Der Grabziegel CIE 2935 *AR(uns).TIBILE.P(ubli).L(ibertus)* führt uns in schon völlig romanisierte Verhältnisse. Die *gens Tifilia* (CIE 1584 = CIL XI 2229) oder *Tiphilia* (CIE 1585 = CIL XI 2230) in Chiusi ist inzwischen zu Wohlstand gekommen und hat selbst Freigelassene. Ein solcher ist der Bestattete von CIE 2935.

RIX (Cognomen 356ff.) konnte aus einer eingehenden Analyse der Namenformeln nachweisen, daß die in jüngeren Inschriften Nordetruriens (zu dieser Einschränkung s. HEURGON, Historia VI, 1957, 72ff.) vorkommende Standesbezeichnung *lautni,* die gewöhnlich mit *„libertus"* übersetzt wird, zwei wesentlich verschiedene Sachverhalte ausdrückt:

a) Wir finden Namenformeln, an deren Anfang ein etr. Bürgerpronomen steht, z.B. CIE 1473 (Clus., teg.sep.) *la . crepni / laut(ni);* 3601 (Per., olla) *ar . papni lautni;* 2713 (Clus., oss.fict.) *vel . sapu . au . l(autni).* Dies zeigt Anlehnung an die Bezeichnungsweise der römischen *liberti* (s. besonders CIE 2713); hier muß also *lautni* dem juridischen Sinn des lat. *libertus* entsprechen. Inschriften mit solcher Namenformel gehören demnach in die Zeit nach der Verleihung des römischen Bürgerrechts an die Etrusker, also nach 90 v.Chr. Die Namenformel drückt hier eine grundsätzliche Gleichberechtigung mit den Vollbürgern aus.

b) Viel zahlreicher sind aber jene Inschriften, deren Namenformel nicht mit einem etr. Bürgerpränomen (s.o. § 180bis), sondern mit einem Individualnamen beginnt. Diesem folgt in der Regel der Genitiv des GN oder CN des (ehemaligen) Herrn und schließlich die Bezeichnung *lautni.* Die beiden letzten Glieder können aber auch vertauscht sein. Als Beispiele seien gegeben: CIE 628 (Clus., oss.) *arsme / purniś / lautni;* 371 (Clus., oss.fict.) *φilutis : serturuś : lautnita;* 1854 (Clus., oss.fict.) *cae : lautni : culteceś;* 3865 (Per., op.oss.) *arnziu slaiϑeś la(u)tni* (vgl. dazu den Titel der Gattin, 3866 *ϑana : arnziuś : puia,* und den des Sohnes, 3867 *arnza : arnziuś / slaiϑes* „Arnza (‚Sohn) des Arnziu (‚des *lautni)* des Slaithe".

Nach diesem Schema sind etwa drei Viertel aller *lautni*-Namen gebaut. In selteneren Fällen enthält die Formel außer dem GN des Patronus auch dessen PN, so z.B. CIE 2837 (Clus., teg.sep.) *φerse [: lau]tni / l(ar)ϑ(al) : tetinaś* und 3868 (Per., op.oss.) *la . veluś . tinś / lautni :*

In allen diesen Formeln der Gruppe b) fehlt die Verbindung von PN und GN des Titelinhabers, und damit das Kriterium für den Bürgerstand. Der *lautni* ist demnach vor 90 v.Chr. kein freier, gleichberechtigter Bürger. Dies bedeutet, daß hier *lautni* sich nicht mit *libertus* deckt. Es gibt auch – im Gegensatz zur Gruppe a) – keine etr.-lat. Bilinguen dieser Art. RIX (a.a.O. 368) zieht aus dieser Sachlage den einzigen, historisch und juridisch möglichen Schluß: „Es ist nun unwahrscheinlich, daß der gleiche Terminus zur gleichen Zeit und am gleichen Ort Personen verschiedener Stellung bezeichnete. Dem wird vielmehr nur die Annahme gerecht, daß sich die Bedeutung von *lautni* gewandelt hat, und zwar entsprechend einer Änderung in der Rechtsstellung der damit bezeichneten Personen. Die Formel, in der der *lautni* nur einen Individualnamen führte – bei weitem die häufigste –, muß die echt etruskische gewesen sein. Den entscheidenden Einschnitt bedeutete dann die Verleihung des römischen Bürgerrechts, die natürlich Folgen auch für die Stellung der Un- und Halbfreien hatte. 90 v. Chr. also wurde aus dem etruskischen *lautni* ein römischer *libertus,* aus der etruskischen die römische Art der Freilassung. Das alte Wort wurde, nunmehr als ‚calco' von *libertus,* auf etruskischen Inschriften beibehalten, die Gesamtbezeichnung wurde aber an die der *liberti* angeglichen."

Der Unterschied in der Stellung der *lautni* vor und nach 90 v. Chr. drückt sich in der Prozedur der Manumissio aus; erst nach diesem einschneidenden Datum nimmt der *libertus* den GN seines Patronus an, während vorher (s.o. die *tiφile*-Inschriften!) der Sohn eines *lautni* den Individualnamen seines Vaters (der selber juridisch „sine patre" ist) als GN übernimmt.

Von diesen Feststellungen wird nicht die Frage berührt, welche etr. Standesbezeichnung dem römischen *„servus"* entspricht; *lautni* – das als persönl. Adj. II, abgeleitet von *laut* „Familie" einfach „familiaris" bedeutet – ist es sicher nicht (RIX a.a.O. 371). Dasselbe gilt nach der Analyse der Namenformeln auch für das auf Perugia beschränkte *etera* (gegen MAZZARINO, Historia VI, 1957, 114) und das noch seltenere *lautneteri* (so schon LEIFER, Ämterwesen I, 1931, 159ff.). Auch das von VETTER (*leϑe* 74) ins Gespräch gebrachte *leϑe* kommt dafür nicht in Frage.

III. SYNTAX

GEBRAUCH DER KASUS

§ 207.

Der *casus rectus* (Erscheinungsbild der nicht „deklinierten" Grundform) ist

a) Nominativ (Subjektskasus und Prädikatsnomen);

b) indefiniter Akkusativ (allgemeines direktes Objekt);

c) als zweiter indef. Akk. nach vorausgehendem indef. Akk. ist der *casus rectus* auch Adlativ (Richtungskasus):

AM III 22 (und öfter) *cisu-m pute tul ϑans* „ein Drittel aber lege zum Stein der Than"

AM X 8 *heχz sul scvetu caϑnis ścanin velϑa* „stelle das *sul scvetu* des *caϑni ścan* auf den Boden"

d) er ist Akkusativ der Zeitdauer nach *svalce* „lebte" und ähnlichen Formen:

TLE 119 *ḷucẹṛ laϑẹṛṇạ / svalce avil* / XXVI „L.L.; er lebte 26 Jahre"

TLE 126 *velϑur : partunus : . . . . avil / svalϑas* : LXXXII „V.P. . . . 82 Jahre gelebt habend"

§ 208.

Der Genitiv aller Formen (-(*i*)*n*, -*l*, -*s*) ist

a) Gen. possessivus:

TLE 619 *fanu lautn precuś* „Heiligtum der Familie Precu"

TLE 102 *arnϑal clan* „des Arnth Sohn"

TLE 575 *suϑiś eka penϑuna* „dies ist der Cippus des Grabes"

b) Gen. partitivus:

AM V 15 *śin eiser faśeiś* „nehmt, o Götter, von dem Brot"

c) Gen. temporis 1. bei Altersangaben:

TLE 165 *avils maχs semφalχls lupu* „im Alter von 75 Jahren verschieden"

2. in der eponymen Datierung:

TLE 84 *larϑiale hulχniesi marcesi-c caliaϑesi* „unter L.H. und M.C."

3. bei Monatsdaten mit Kardinalzahlen:

AM VIII 3 *celi huϑiś zaϑrumiś flerχva neϑunsl* „am 26. *Celius*[1] die Opfer für Nethuns"

d) Gen. dedicatorius („dativische" Funktion):

TLE 640 *culśanśl alpan turce* „dem Culsans gerne gab (*libens dedit*)"

e) Gen. separationis:

AM IV 22 *vinum trau pruχś* „den Wein gieße aus der Kanne"

f) Gen. genealogicus (für Patronym, Metronym, Gamonym):

---

1 VETTER, Wortd. I 17; Ribezzo, RIGI XIX, 188.

TLE 104 *śeϑre curunas velus* [*r*]*amϑa(s) avenal-c* „S.C., (Sohn) des Vel und der Ramtha Avenei"

CIE 3367 *larϑi vuisia petrunis' pacsinial* „L.V., (Gattin) des Petruni, (Tochter) der Pacsini"

g) er ist Ergativus in mediopassivischen Konstruktionen:

TLE 707 (mit verbesserter Lesung von Fr. SLOTTY, Beitr. I 130, Anm. 58) [*ar*]*nϑ veiane śpuri*[*ś*] / *larizal ma turunke* „Arnth Veiane; von Spuri Laris das Mal gegeben wurde"

Diese Konstruktion ist auch bei fehlendem Verbum nachweisbar:

TLE 60 (Caere, Askos) *mi venelusi aχesi muluemknie vrtun* (*muluemknie* = *muluvenike,* s. S.150). In dieser Inschrift kann *mi* „ich/mich" nicht das Subjekt des Verbums in der 3. Pers. Sing. sein; dasselbe gilt für die emphat. Genitive *venel-u-si* und *aχe-si.* Subjekt kann auch nicht *vrtun* sein, das ein Gefäßname (vgl. TLE 151) und Beisatz zu *mi* ist.

Die Möglichkeiten, die zwei Sätze, aus denen die Inschr. besteht, zu übersetzen, sind:

a) „Ich (bin) des Venel Ache, er stiftete das *vrtun*" oder

b) „Ich (bin) von Venel Ache; er stiftete das *vrtun*". Die Interpretation a) wird aber durch die Überlegung ausgeschlossen, daß ein ἀνάϑημα nicht Besitz des Stifters ist; also kommt nur b) in Frage.

TLE 149 *cn.turce.murila.hercnas:ϑuflϑas.cver:* (s. NACHTRÄGE, Wortdeutungen, § 2 *cver;* beachte den zweiten Teil der Inschr. (*ϑuflϑas cver*) zwischen Doppelpunkten [zu dem nach *cver,* der in TLE fehlt, s. SE XX, 1948/49, 253, Faksimile]). Der Gegenstand ist anscheinend ein stilisierter Bronzephallus als Ex-voto): „Dies gab Murila Hercnas. Von Thufltha ein Knabe (gegeben wurde)".

h) Der emphatische Genitiv (*-śi*/*-si; -la*) drückt die Hervorhebung, Betonung, Verstärkung des Genitivobjekts aus (s. § 69).

Hängt von einem Genitiv ein weiterer Genitiv ab, dann steht der *gen. regens* in der Form des emphat. Genitivs:

AM X 6f. *hamφeś laeś s u l u ś i serφue acil* „von dem s u l (eine Flüssigkeit) des *hamφe* (und) des *lae* muß ge. . . . .t werden!"

§ 209.

Der Modalis fungiert als adverbieller Kasus

a) lokal: AM X 15 *heχz velϑe* „stelle nieder auf dem Boden!"

b) temporal bei Ordnungszahlen: *zaϑrumśne lusaś fler hamφisca ϑezeri* „Am Zwanzigsten ist das *hamφe*-Opfer für Lusa zu schlachten"

c) instrumental: AM II 10f. *nunϑenϑ cletram srenχve / tei faśei* „bringe dar mit der geschmückten Schale die(se) Brote!"

d) final: AM III 15 *trin ϑezine χim fler* „besprenge zum Geschlachtetwerden (= zur Schlachtung) das ganze Opfertier!"

e) modal: TLE 570 A 19f. *cnl velϑina zia śatene* /*t e s n e* „von diesen soll Velthina selbst(?) behalten von rechtswegen"

f) In Verbindung mit nachfolgendem *acil „opus (est)"* ergibt der Modalis von Verbalnomina und anderen Nominalformen einen Nezessitativkomplex nach Art von lat. *facto, properato opus est"*[2]:

---

[2] OLZSCHA, Interpr. 162; Kalenderdat. 345; SE XXIX, 1961, 155ff.; vgl. auch Verf., Studien zu den AM, S. 20.40

AM VI 15 *ture acil* „muß gegeben werden"
AM X 6 *zarve acil* „muß bereitet werden"

Diese Konstruktion tritt in AM ab Kolonne VI (N.Fr. b ist nach VETTER, Zur Lesung der AM 266ff. an den Beginn der Kol. VI zu stellen) an Stelle des Nezessitativs auf -*(e)ri* auf: (VI)N.Fr. b 3 *hilare acil;* VI 15 *ture acil;* VI 16 *scuχie acil;* VII 13f. *neχse acil;* VII 14 *hilare acil;* VII 15 *cepene acil;* VII 16 *rils̤ϑevene acil* (Lesung VETTER); X 6 *zarve acil;* XII 11 *aϑre acil.*

§ 210.

Der i n d e f i n i t e A k k u s a t i v (= Grundform) bezeichnet:

a) ein a l l g e m e i n e s direktes, nicht hervorgehobenes O b j e k t ;

b) er bezeichnet das k o n k r e t e O b j e k t , das durch ein vorausgehendes Pronomen hervorgehoben ist:

TLE 131, Z. 3: *an[·]cn ziχ acasce* „er dieses Buch verfaßte"
TLE 651, Z. 2: *cen fleres̀ tece*[3] „diese Statue stellte auf"
TLE 28,a: *mi qutun . . . zinace* „mich, den Krug, . . verfertigte"
TLE 27: *mlaχuta ziχuχe* „diese Weihegabe er beschriftete"

c) er ist auch Akk. der R i c h t u n g : AM II 6f. und öfter: *cisu-m pute tul ϑans* „einen Teil aber lege zum (auf den) Stein der Than"

AM V 10: *nunϑenϑ eiser s̀ic s̀euc* „opfere auf zu den lichten(?) und den dunklen(?) Göttern"

d) er ist Akk. der Z e i t (d a u e r) : *svalce/svalϑas avil* . . . „er lebte/ welcher gelebt hatte . . . . Jahre"

Nach *ril* „alt (*natus*)" steht in der Regel die Altersangabe in Ziffern, so daß der Kasus nicht bestimmbar ist.

§ 211.

Der d e f i n i t e A k k u s a t i v bezeichnet

a) ein b e s t i m m t e s , h e r v o r g e h o b e n e s O b j e k t ; er wird aber nicht gesetzt, wenn dieses Objekt schon durch ein vorausgehendes Personal=oder Demonstrativpronomen oder durch das enklit. Demonstrativpronomen als Artikel betont ist:

TLE 35: *mini muluvanice* „mich stiftete"
TLE 131: *tarχnalϑ spureni lucairce* „zu Tarquinii die(se) Stadt er regierte"

b) er ist a c c . r e l a t i o n i s : AM V 5ff.: *haϑrϑi repinϑi-c s̀acnicleri cilϑl s̀pureri meϑlumeri-c enas̀* „sei gnädig und neige dich zu den Heiligtümern des Volkes, seinen Städten und Gauen"

§ 212.

Der L o k a t i v bezeichnet

a) den O r t : *suϑiti* „im Grabe"; *tarχnalϑ* „in Tarquinii"

b) die Z e i t (in Datierungen): TLE 91 *z[i]lci vel[u]s hul/χniesi* „zur Zeit/ in der Prätur des Vel Hulchnie"

---

3 Außerhalb des AM ist *fleres̀* „Standbild, Statue" Nom.-Akk. auf -*s*.

Prinzipiell richtig erkannt von VETTER, Gl. 28, 1940, 168, jedoch morphologisch durch unrichtige Auffassung der (Gen.-)Formen auf *-si* und *-le* mißverstanden.

§ 212 bis.

a) Gruppenflexion liegt vor, wenn bei einer syntaktisch zusammengehörigen Gruppe nur ein Glied flektiert wird:

CII 2754 *ma(m)er·ce paziaϑes·mi* „Ich (bin) des Mamerce Paziathe". Das Genitivzeichen ist nur beim GN gesetzt[4].

TLE 324 *tute larϑ anc farϑnaχe t u t e a r n ϑ a l - s / h a ϑ l i a l - s ravnϑu* „Tute Larth; er weihte (dies) für sich (Satzgenitiv-*s*), (den Sohn) des Tute Arnth (und) der Hathli (Satzgenitiv *-s*) Ravnthu". Das Genitivzeichen der Filiation steht nur bei den notwendigen Gliedern (s. § 200), beim PN des Patronymikons und beim GN des Metronymikons (vgl. auch § 213,2).

Das Fehlen des Genitivzeichens in jüngeren Inschriften hat nichts mit Gruppenflexion zu tun, sondern ist eine Nachlässigkeit, die wohl aus der Umgangssprache stammt. Sie ist besonders in den Inschriften der niedrigen Stände, auf *ollae* und *tegulae sepulcrales* häufig (s. § 56)

b) Gruppenkonjunktion liegt vor, wenn bei einer zusammengehörigen Gruppe, die mit *-c* an Vorhergehendes angeschlossen werden soll, die enkl. Konjunktion nur an das letzte Glied tritt:

CIE 3088 [verbesserte Lesung VETTERS. (Die etr. Personennamen . . Sp. 86); TLE 550 berücksichtigt diese noch nicht] *h(astia) . ecnatei . atiuce . lautnic* „Hastia Ecnatei und Antiochus, der Freigelassene" (vgl. § 224,b, letzter Absatz). So auch CIE 379 (= TLE 660) . . . *ϑ la(utn) . eteri /[fa]ṣṭi : puiac* „Arnth (oder Larth), *cliens familiaris* (s. Übungsbuch I, h, Einleitung) und Hasti, die Gattin" (VETTER, a.a.O.).

§ 213.

Kasuskonkordanz wird durchgeführt

a) wenn die zusammengehörigen Glieder flektierbar sind: *tesnś teiś rasneś; calti suϑiti; etve ϑaure lautneścle; larϑiale hulχniesi* (zwei emphat. Genitive);

b) sie wird nicht durchgeführt, wenn Glieder nicht flektierbar sind (attributive Adj., Fremdwörter): *caperi zamϑic; eiser śi-c śeu-c*[5]; *cletram śrenχve;* zu *avil* „Jahr(e)" s. § 138,b.

c) sie fehlt in der Gruppenflexion (§ 212).

§ 213 bis. „Rideterminazione morfologica"[6]

Die Rideterminazione morfologica (R.M.) gilt heute als ein besonderes Charakteristikum der etr. Sprache; das gleiche gilt für den mit ihr eng verbundenen Begriff des „*Genitivus genitivi*". Da die beiden Begriffe weitgehenden Einfluß auf das Verständnis der

---

4 Zu diesem frühen Beispiel (Silbenpunktierung, ϑ = ⊗) s. SLOTTY, Beitr. I 173 mit noch drei anderen Beispielen aus Kampanien.

5 Aber *aiseraś śeuś*, da *śeu* hier festes Epitheton ist (s. § 77).

6 Vgl. Verf., Sprache VIII, 1962, 154ff.; man beachte aber die vorliegende, verbessernde und weiterführende morphologische Erklärung.

Morphologie und der Syntax des Etruskischen haben, ist eine eingehende Stellungnahme nicht zu umgehen.

Nicht immer wird beim Gebrauch dieser Termini zwischen den festen Tatsachen, auf die sie sich beziehen, und ihrer morphologischen und syntaktischen Erklärung unterschieden. Während die im Material aufscheinenden Tatsachen sicher sind und heute richtig verstanden werden, kann dies von ihrer Erklärung nicht gesagt werden. Es scheint im Gegenteil, daß es eine R.M. in dem Sinne, in dem sie dargestellt und definiert wird, nicht gibt, und daß der Terminus, der nun schon einmal seinen Platz in der Nomenklatur gefunden hat, richtiger definiert und in seinem Geltungsbereich stark eingeschränkt werden muß.

PALLOTTINO definiert in SE VII, 1933, 225 die R.M. als „tendenza . . . a determinare sempre meglio il valore sintattico di una forma per mezzo del suo ampiamento con successivi aggiunzioni di suffissi.“ Nach ihm sind Formen wie *arnϑal, arnϑals, arnϑalisa* gleichbedeutend, nämlich „S o h n des Arnth“. NEHRING erklärte dagegen in SE XII, 1938, 153ff. diese Auffassung für „restlos falsch“; nach seiner These, die auf den von BUONAMICI in SE VIII, 1934, 291ff. gegebenen Stammbäumen beruht, bedeuten die angezogenen Formen den E n k e l des Arnth. PALLOTTINOS Replik in SE XIII, 1939, 333ff. erklärte ihrerseits diese These für „restlos falsch“.

Tatsächlich ist PALLOTTINO s a c h l i c h im Recht; die von BUONAMICI aufgestellten Stammbäume, auf die sich NEHRING stützt, beruhen auf epigraphischen Irrtümern[7]. Es ist aber auch PALLOTTINOS Auffassung insofern zu korrigieren, als Formen auf *-śa/-sa* (Gen. *-śla/-sla*) nicht zweite, den syntaktischen Wert einer Form deutlicher bestimmende Genitive sind, sondern an einen Genitiv gefügte eigenwertige Suffixe, die ein possessives Adjektiv bilden, das absolut nominativische Funktion hat. Dies gilt besonders auch für die von RIX, Cognomen 54ff. behandelten „genitivischen Cognomina“ auf *-sa;* sie sind Possessivadjektiva im Nom., die das Patronymikon (mit Gen.) vertreten; bemerkenswert ist die Einschränkung a.a.O. 62 (letzter Absatz.) Der Gen. dieser Formen auf *-śa/-sa,* der pronominal gebildet wird (*-sla* < *-sa* wie *-cla* < *-ca* und *-tla* < *-ta*), ist nicht ein „Genitivus genitivi“ („zweiter“, „doppelter“ Gen.), sondern der normale Gen. einer nominativischen Ableitung aus *-śa/-sa.*

Daß das Possessivsuffix *-śa/-sa* an den G e n i t i v von Namen tritt (anderswo ist es bisher nicht beobachtet worden), ist in der Art begründet, wie das Etr. das persönliche Possessiv=oder Zugehörigkeitsverhältnis darstellt: „Arnth, (der Sohn) des Vel“ wird so ausgedrückt: *arnϑ veluś-sa* „Arnth, des Vel der sein(ig)e“ (wir legen hier die Bildung dar, noch nicht ihre graphische Darstellung). Hiervon lautet der Gen. „des Arnth, des (Sohnes) des Vel“: *arnϑal veluś-sla* „des Arnth, des Vel des sein(ig)en“. Formen wie *arnϑals* aber haben überhaupt nichts mit einer Verdeutlichung des possessiven Genitivs (im Patronymikon, Metronymikon, Gamonymikon) zu tun, sondern sind genitivische (indirekte) Glieder einer Namenformel, welche, von einem hinzutretenden Appellativ im Nominativ abhängig gemacht, als ganze in den Genitiv (=g) tritt: *vel* (=A) *marcna* (=B) *arnϑal* (=C) „Vel Marcna (Sohn) des Arnth“ wird, wenn z.B. *eca suϑi* (=D) „dies (ist) das Grab“ voraus-

---

[7] V e r f ., a.a.O. 160f.

tritt, zu *eca suϑi* (D) *velus̀* (A/g) *marcnas̀* (B/g) *arnϑals̀* (C/g) „dies (ist) das Grab des Vel Marcna, des (Sohnes) des Arnth". Das heißt, es tritt das Zeichen des von *eca suϑi* abhängigen Genitivs an alle Glieder der Namenformel: D ~ g (A + B + C). Das Genitiv-*s* in *arnϑal-s* hat nicht morphologische Funktion, sondern syntaktische. Ich nenne daher, um irreführende Bezeichnungen wie „Gen.-gen." oder „doppelter Gen." zu vermeiden, solche Formen „Satzgenitiv".

Sie werden, nach dem bisher bekannten Material zu urteilen, wenig verwendet und eher (weil nicht immer möglich[8]) vermieden; TLE verzeichnet nur die Belege 135, 321, 324 und 570 A 11, von denen der erste – *larϑals̀.atnalc.clan,* verschrieben für *larϑal. s̀atnalc.clan* (s. SE XXXII, 1964, 204, zu CIE 5470; zustimmend VETTER und RIX) zu streichen ist. Im allgemeinen wird in ähnlichen Fällen die Konstruktion mit dem possessiven Adj. vorgezogen: *vel marcna arnϑalisa* → *(eca suϑi) velus̀ marcnas̀ arnϑalisla,* bzw. *arnϑ marcna velusa* → (*eca suϑi*) *arnϑal marcnas̀ velusla.*

Die einzigen ernsthaften Belege für diesen „Satzgenitiv" sind TLE 324 und der gleichartige doppelte Fall in TLE 321 (Gattenbestattung). Es genügt, den einfachen Fall in TLE 324 (Sarkophag aus dem Grab der Familie Tute in Vulci) ausführlich zu besprechen: *tute : larϑ : anc : farϑnaχe : tute(s) : arnϑals / haϑlials ravnϑu(s)* (folgt *cursus hon.* und Altersangabe). – Die Ergänzungen *tute(s)* und *ravnϑu(s)* sind selbstverständlich; vgl. TLE 321 korrekt (mit Umstellung von GN und PN) *arnϑeals tetnis* und *ramϑesc vis̀naials.* Der in 324 erstgenannte Tute Larth ist der Bestattete selber, der sich den Sarkophag machen ließ: *anc farϑnaχe* „er selbst weihte (dedizierte)"[9]. Seine Abstammung gibt er nun weitschweifig mit PN und GN sowohl des Vaters wie auch der Mutter an (§ 200; zu den regulären Bestandteilen der Namenformel s. § 197ff.). Diese Angaben werden, von *farϑnaχe* „weihte" o.ä. abhängig, über ein gedachtes „für (sich,) den Sohn" in den Gen. dedicator. gesetzt. Überdies werden die beiden Namen des Vaters als Einheit aufgefaßt, ebenso die beiden Namen der Mutter; dies wieder veranlaßt die sogenannte Gruppenflexion (s. § 212bis). Von ihr sagt SLOTTY, Beitr. I 173: „Vorname und Familienname bilden gewissermaßen eine Einheit, so daß es genügte, den wichtigeren Teil der Benennung in den syntaktisch geforderten Kasus zu setzen". Man beachte nun, daß in unserem Fall ganz korrekt das PN des Vaters und das GN der Mutter als die regulären, wichtigen Bestandteile der Namenformel syntaktisch verändert werden, wie auch bei der Mutter zuerst das GN angeführt wird. Zum Gekünstelten der ganzen Konstruktion gehört schließlich auch die Übertreibung der Gruppenflexion, die uns oben zur Ergänzung veranlaßte: die vereinheitlichten Namen *tute-arnϑ* und *haϑli ravnϑu* werden zu *tute-arnϑal* und *tute-arnϑals* bzw. *haϑlial-ravnϑu* und *haϑlials-ravnϑu.*

Die Einheiten *tute(s) arnϑal* und *haϑlial ravnϑu(s)* erhalten nun, um das gedachte „des Sohnes des/der" auszudrücken, den Satzgenitiv mit normalem *-s,* das an die wichtigen Teile – PN des Vaters und GN der Mutter – tritt: *tute(s) arnϑal-s, haϑlial-s ravnϑus.* Hier wird übrigens ersichtlich, daß die Übertreibung der Gruppenflexion gar nicht

---

[8] Eine derartige Versetzung in den Gen. ist z.B. bei *arnϑ marcna velus̀* unmöglich, da sie ein (*eca suϑi*) *arnϑal marcnas velus̀-s̀* ergäbe; ein syntaktischer Gen. **velus̀al* wird aber nicht gebildet.

[9] Verf., Sprache VIII, 1964, 145ff.

so freiwillig war; ohne sie wäre genau das eingetreten, was eben in Anm. 8 erklärt wurde: ein monströses *tutes-s arnϑal-s* und *haϑlial-s ravnϑus-s!* Hätte der Verfasser der Inschrift – wohl Herr Tute Larth selbst – auf die umständliche, gesuchte Formulierung verzichten wollen[10], dann hätte er viel einfacher (immer die Abhängigkeit der Namenformel von *anc farϑnaχe* vorausgesetzt) sagen können (s. aber Anm. 258!): *tutes arnϑaliśla* und *haϑlialiśla ravnϑus* (immer noch mit einfacher Gruppenflexion, da er sich zu einem **tuteśla arnϑaliśla* bzw. **haϑlialiśla *ravnϑuśla* doch nicht versteigen konnte). Soviel zu dieser Inschrift, die bisher eine echte *crux* für die Interpreten war.

Daß man die Konstruktion mit dem Satzgenitiv nur bei Namen im Gen. auf *-al* (also nur bei den männl. PN *arnϑ, larϑ* und *laris* und weibl. GN auf *-nei* und *-i*) anwandte, zeigt deutlich TLE 321: [a]) *ϑanχvil tarnai* [b]) *an* ⁝ *farϑnaχe* ⁝ *marces* ⁝ *tarnes* ⁝ *ramϑesc* ⁝ *χ a i r e a l s* ⁝ [c]) *larϑ* ⁝ *tetnies* [d]) *an* ⁝ *farϑnaχe* ⁝ *a r n ϑ e a l s* ⁝ *tetnis* ⁝ *ramϑesc* ⁝ *v i ś- n a i a l / ś*

Hier finden wir nur die „einfache" Gruppenflexion (in den Filiationsangaben); aber auch diese Inschrift hat ihre individuellen Eigenheiten: *tarnai* für *tarnei; viśnaial* für *viśnal;* Nom. *tetnies,* Gen. *tetnis; arnϑeals* für *arnϑals; ramϑes* für *ramϑas; χaireals* für *χairials* (von einem GN **χaire,* w. **χairi*).

Nur bei dem in der Diskussion zwischen PALLOTTINO und NEHRING angezogenen GN *veluś* dient die Form *velusa* der „Verdeutlichung", aber des Genitivverhältnisses, nicht der Verstärkung der Genitivform als solcher. Dieses GN *veluś* ist nur der äußeren Form nach mit dem Gen. des PN *vel* identisch, denn es ist morphologisch *velu* + Nominativ *-ś*. Der Vater des in CIE 1222 angeführten *arnϑ veluś* hieß *vel veluś* (CIE 1219). Gäbe der Sohn – wie so häufig – als Patronymikon den Vaternamen im Gen. an, dann würde dies *arnϑ veluś veluś* ergeben. Tatsächlich aber lautet die Inschrift *arnϑ veluś v e l u s a .* Der Sohn (oder ein späterer Nachkomme) dieses Arnth wird in CIE 1223 als *larϑ : v e l u : arnϑal : tetinal : cl/an* „Larth V e l u , des Arnth (und) der Tetinei Sohn" bezeichnet. Hier folgt auch das Gentiliz, das nun *v e l u ,* nicht mehr *v e l u ś* lautet, der einfache Gen. *arnϑal.* Der Großvater (oder Vorfahre) *vel* hat aber die Inschrift *vel veluś arnϑalisa* (CIE 1219). Solange also das Gentiliz in der Form *v e l u ś* gebraucht wird, hat das Patronymikon die Form des vom Gen. des Vaternamens abgeleiteten Possessivadjektivs, um den Gleichklang von Gentiliz und Patronymikon zu vermeiden.

In allen anderen Fällen ist es gleichgültig und ändert nichts an der Erkennbarkeit des syntaktischen Wertes der Form, welche der beiden Möglichkeiten – einfacher possessiver Gen. oder Possessivadjektiv – angewendet wird; der einfache Gen. ist als solcher hinreichend determiniert. Ganz deutlich ist dies beim Gamonym zu sehen, das praktisch nur in Chiusi – und hier in der Regel nur bei Freien[11] – mit dem Possessivadjektiv auf *-sa* gebildet wird, während z.B. das benachbarte Perugia ausschließlich das einfache genitivische Gamonym auf *-ś* verwendet.

---

10 Die Inschriften der Familie Tetnie und Tute samt denen der verschwägerten Viśna (TLE 320.321.326) und Tarne (TLE 318.321) sind überhaupt auffallend gesprächig (und scheinen eine eigene Sprache zu lieben). Die Tute bekleideten, wie aus TLE 324f. hervorgeht, in Vulci die höchsten Magistraturen.

11 Sollte diese Form des Gamonyms auf *-sa* („des X die Seine"), welche für die Verehelichung zwischen Freien typisch ist, auf das rechtlich basierte und geschützte *connubium* hinweisen, im bewußten und

In allen Fällen aber, wo es sich um einen „Satzgenitiv" handelt, verstärkt das zweite Genitivsuffix nicht den ersten Genitiv, sondern setzt, wie bereits dargelegt, die ganze begrifflich zusammengehörige Gruppe in den aus syntaktischen Gründen geforderten Genitiv.

Es handelt sich also in keinem dieser Fälle um eine R.M. im Sinne der oben zitierten Definition – „den syntaktischen Wert einer Form durch ihre Erweiterung mittels nach und nach hinzugefügter Suffixe zu verdeutlichen". Was bleibt aber dann von der R.M. übrig? Wenn wir der Bezeichnung einen den Tatsachen entsprechenden, klar gefaßten Inhalt geben wollen, dann können wir ihn dort gebrauchen, wo ein Kasus, der morphologisch nicht ein Nom. ist – z.B. *unial* „der Uni" – als neuer Stammbegriff „ d a s der Uni" aufgefaßt und damit zu einem Nominativ „umgedacht" oder „hypostasiert" wird, wodurch eine Hinzufügung neuer Kasuszeichen möglich wird, z.B. *unial-ϑi* „in dem der Uni" = „im Tempel der Uni". So lassen sich dann auch Formen wie *truials* „der von Troja" = „Trojaner", *papals* „der des Großvaters" = „Enkel", *tetals* „der der Großmutter" = „Enkel" verstehen und ins System einordnen. Ein solcher „hypostasierter" Gen. dürfte auch *hinϑial* „Seele, Schatten" sein.

Ferner könnten als „redeterminiert" in diesem Sinne auch die obliquen Kasusformen *clϑi, clel, clal* des Demonstrativpronomens *ca* bezeichnet werden, bei denen der im pronominalen Genitiv auftretende Obliquusstamm *cl(a)* mit weiteren Suffixen versehen wird. Die Form *calti* (für *clϑi*) in TLE 135 mit anaptyktischem *a* ist sekundär.

Schließlich ergibt sich, daß auch für Formen mit dem Ausgang *-isla* die Bezeichnung „Genitivus genitivi" aufzugeben ist, da es sich auch hier nicht um den Gen. (*-la*) einer Genitivform (*-is*) handelt. Das *-i-* ist regulärer Bindevokal zwischen dem *-l* in *arnϑal, larϑal, larisal* – dies hat schon DEECKE, Etr. Fo. I 75 und Etrusker[2] I 504 erkannt – und *-sla,* dem (pronominalen) Gen. des Possessivsuffixes *-sa.* Ebenso unberechtigt ist die Bezeichnung „Gen. gen." in Fällen wie *arnϑ(e)als, larϑals* u.ä. (s.o.), bei denen es sich um zwei völlig verschiedene Genitivfunktionen (Bildung des Patronymikons etc. und syntaktischer Gen.) handelt.

Das Phänomen der „R.M." und des „Gen. gen." hat schon DEECKE beschäftigt, in Etr. Fo. I 71ff. und dann (einiges korrigierend) in Etrusker[2] II 493ff. Hier finden wir schon die wesentlichen Elemente der später von PALLOTTINO formulierten Definition: „An die männlichen Genitive auf *-s* (*-ś*) von Vor-, Familien und Beinamen tritt die Endung *-la* ohne erkennbare Aenderung des Sinnes . . .; ja, daran, mit Abfall des *a,* wieder *-isa, -iśa,* gleichfalls ohne Sinnesänderung" (S. 491). „An die Genitive auf *-al* tritt, ohne merkliche Sinnesänderung die andere Genitivendung in der Form *-isa* (*-iśa*)" (S. 493). „. . . wie ferner an das *-s*(*-ś*) des Genitiv, so kann auch an die Endung *-alisa* (*-aliśa*) oder *-alis* (*-aliś*) ohne merkliche Sinnesänderung noch das Suffix *-la* treten" (S. 495). „Durch Häufung der Suffixe entstanden einerseits *-s(a)-la; -s(a)-li-sa* oder *-s(a)-l(a)-isa* (,) andrer-

---

gewollten Gegensatz zum rechtlich geduldeten, aber ungeschützten *concubinatus* der Unfreien? – Es scheint auch irgendwie juridisch begründet zu sein, daß in der Regel von F r a u e n n a m e n keine Gen. der Possessivadjektiva gebildet werden; TLE 473 *alfnalisle* und 521 *varnalisla* (beide Chiusi) sind späte Entgleisungen, was sich auch darin zeigt, daß in beiden Fällen sinngemäß *-sa,* nicht *-sla* oder gar *-sle,* stehen müßte, wenn schon das Possessivadj. gebildet werden soll.

seits *-li-sa* od. *-l(a)-isa; -li-sa-la* od. *-l(a)-isa-la,* nebst ihren verschiedenen Abkürzungen" (S. 497). Daß hier Kraut und Unkraut durcheinanderwuchern, ist offensichtlich. DEECKE erkennt aber auch schon den „Satzgenitiv": „Die Formen auf *-alisla* finden sich demnach vorwiegend, doch keineswegs immer, wo ein Genitiv von einem andern Genitiv abhängt" (S. 496). In Etr. Fo. I 71 erklärt DEECKE auch *tetalś* (von dem er drei Belege untersucht) als „Genitiv des Genitivs"; allerdings faßt er *tetal* noch als Gen. eines weibl. GN *tetei* auf.

Der hochverdiente Forscher hatte in dieser Frage sich den Weg in dem Moment verbaut, als er den Unterschied zwischen dem Genitivsuffix *-s(-ś)* und dem „Ehefraunamensuffix" *-sa (-śa),* den er noch in Etrusker[2] I 504 festgehalten hatte, aufgab. Er sagt selbst (II 485): „Seitdem aber hat Moritz Schmidt im Index Schol. Hibern. in Univ. Jenensi 1877–8 p. 3 die geniale Vermutung ausgesprochen, dass beide Suffixe identisch und das erstere [*-sa*] nur die vollere Form [!] des letzteren [*-s*] sei. Ich stimme ihm jetzt, nach erneuter Prüfung des gesammten Materials, rückhaltslos zu." „Die Formen auf *-sa* sind hier [z.B. in *ϑania:aχnei:latinisa* F. 867] ebensogut Genitive des Gattennamens wie die auf *-s (-ś)* [z.B. in *veleϑnei:latiniś:pricesla* F. 760] . . ." „Es liegen hier [z.B. in *aule.amφare. aulesa* F. 861] einfach Genitive des Vornamens des Vaters vor, wie in *larϑ velimnas auleś* (F. 1492)". „. . . die Formen auf *-sa* [wie z.B. in *ar:tlesna:claucesa* F. 729] sind Genitive des Beinamens des Vaters" (S. 486). Hätte DEECKE doch mehr seiner eigenen Genialität getraut!

Er steht schon ganz nahe vor der Lösung des verwickelten Problems, wenn er in Etr. Fo. I 75 (nach Behandlung von *patacsalisa, perisalisa* und *pultusalisa*) sagt: „Fassen wir das Resultat der letzten Untersuchung zusammen, so ergibt sich die höchste Wahrscheinlichkeit, daß das Suffix *-sa* [!] an den Genitiv gehängt wird [!], nicht an den Stamm, und es folgt daraus, daß auch die übrigen Bildungen auf *-sa* demgemäß zu erklären sind [!]. Es müßten also die Formen auf *-asa, -esa, -isa, -usa* eigentlich ein doppeltes *s* haben [!], das nur nicht geschrieben wurde . . ."

Tatsächlich liegt in der „umkehrenden" *s*-Schreibung – Gen. *velus,* aber *veluśa* im Süden bzw. *veluś,* aber *velusa* im Norden; dazu *arnϑal-i-śa* im Süden, aber *arnϑal-i-sa* im Norden – und in der Erkenntnis, daß *-sa/-śa* so flektiert wie das Demonstrativpronomen und daher ein pronominales Element ist, die ganze Lösung. Wenn wir das akzeptieren, was DURANTE jüngst festgestellt hat (s. § 21) – *ś* und *s* bezeichnen einen „einfachen" bzw. einen „verstärkten" Sibilanten, wobei Nord- und Südetrurien die beiden Zeichen in entgegengesetztem Sinn verwenden –, dann können wir DEECKE rechtgeben und ihm sagen, daß das „doppelte *s*" wirklich vorhanden ist, zwar nicht direkt graphisch als Geminata, aber phonetisch. Die (auch DEECKE bekannten) Doppelschreibungen *presentessa* (CIE 100, Volat.), *vesialissa* (CIE 214, Sacna [D. hat noch die Lesung *aesialissa*]) und *causlinissa* (CIE 972, Clus.), dazu die lat. Transkriptionen PABASSA und HANOSSA (CIE 832. 1295, beide Clus.) zeigen, daß *s* (Sigma) in Nordetrurien einem lat. *ss* entsprach, *ś* (San) aber einem einfachen *s.* Es ergibt sich daraus für Nordetrurien: *papaś* (mit einfachem *s*) + *-sa* (mit „verstärktem" *s*) = *papa(ś)sa* = lat. *Papassa,* d.h., das (schon) „verstärkte" *s* des Pronominalelements „verschluckt" das phonetisch „einfache" *s* der Genitivendung und erübrigt so die ungebräuchliche Doppelschreibung, die in Einzelfällen wie *presntessa, vesialissa, causlinissa* gegen die orthographische Norm tatsächlich vorhanden ist.

Bedauerlicherweise spricht auch RIX, Cognomen 59 (s. aber 24f. 208) noch von *leusla, faltusla, sepiesla, sep(i)esl(i)sa, papasla, papaslisa, nusteslisa* als „doppelten Genetive(n)“. Er konzentriert sich freilich vor allem auf die Funktion dieser Formen im Namensystem. Es wäre aber auch dafür nötig gewesen, den Unterschied zwischen Formen wie *sepiesla* (CIE 2879), *papasla* (1061), *nustesla* (Gen. von *nustesa* 1395) einerseits und *sep(i)esl(i)sa* Bu. 374, *papaslisa* (CIE 1214, 3067) – dazu *papasliśa* (2956) –, *nusteslisa* (2147) zu klären.

Wenn wir diese Formen analysieren, erhalten wir in der ersten Reihe:

sepie,	Gen.	*sepieś;*	poss. Adj.	*sepiesa,*	Gen.	*sepiesla;*
papa,	Gen.	*papaś;*	poss. Adj.	*papasa,*	Gen.	*papasla;*
nuste,	Gen.	*nusteś;*	poss. Adj.	*nustesa,*	Gen.	*nustesla;*

in der zweiten Reihe aber:

sepies,	Gen.	*sepiesal;*	poss. Adj.	*sepiesal-i-sa,*	(Gen.	*sepiesal-i-sla*);
papas,	Gen.	*papasal;*	poss. Adj.	*papasal-i-sa,*	(Gen.	*papasal-i-sla*);
nustes,	Gen.	*nustesal;*	poss. Adj.	*nustesal-i-sa,*	(Gen.	*nustesal-i-sla*).

Die erste Reihe entwickelt die Namen o h n e Nominativ *-s*, die zweite jedoch m i t diesem *-s*. Diesen entscheidenden Punkt dürfte RIX übersehen haben. Dies zeigt sich besonders deutlich a.a.O. S. 122 zu (90), wo die Reihen

a)	*pultu,*	Gen.	*pultuś;*	poss. Adj.	*pultusa,*	Gen.	*pultusla* und
b)	*pultus,*	Gen.	*pultusal;*	poss. Adj.	*pultusal-i-sa,*	Gen.	*pultusal-i-sla*

durcheinandergeworfen werden. Es scheint, daß bei den Namen mit *-s* im Nom. das *-a-* der Genitivendung (das ja an und für sich sekundär ist) bei Anfügung von *-i-sa* ausfiel, und daß der Gen. solcher Formen der zweiten Reihe (oben in Klammern) ungebräuchlich war.

RIX setzt sich von der traditionellen Auffassung der R.M. ab, wenn er (Cognomen 56) ausdrücklich zugibt, daß zwischen *-sa* und *-ś* (*-alisa* und *-al*) ein „funktioneller Unterschied“ bestehe. Das relativ spärliche Auftreten von Formen der zweiten Reihe erklärt sich mit der auch von RIX (a.a.O. 58) festgestellten Seltenheit von Gentilizien und Cognomina mit *-ś* gerade in Clusium, wo *-sa* häufig verwendet wird (besonders im Gamonym, aber auch in der Filiationsangabe).

SATZBAU[12]

a) H a u p t s ä t z e

§ 214.

N o m i n a l s ä t z e sind in der Regel die Besitzerinschriften mit *mi* oder einem Demonstrativpronomen[13]:

---

12 Vgl. CORTSEN, Gl. 25, 1936, 65ff.

13 Als Nominalsätze sind auch gewisse scheinbare Mängel der Kasuskongruenz anzusehen:
TLE 130, Z. 1 *ravnϑus:felcial*[:]*felces:arnϑal:larϑial:vipenal*
Z. 2 *śeϑres:cuϑnas:puia* – „(Sarkophag) der Ravnthu Felci (‚der Tochter) des Felce Arnth

TLE 10 *mi venelus numclanies* (*numclaies* ist Druckfehler!)
„Ich (bin) des Venel Numclanie"
TLE 158 *ta śuϑi avles ϑansinas* „Dies (ist) das Grab des Avle Thansina"

§ 215.

Einfache Sätze haben in der Regel die Folge Subjekt – Prädikat oder Objekt – Prädikat (S - P, O - P):

TLE 370 (Kylix) *metru menece* „Metru brachte (dar)"
AM III 4 *vinum husina* „Wein wird geschöpft"
TLE 505 (Phallus aus Bronze) *cver turce* „Einen Knaben gab er"
Es kommt aber auch die Folge P - O vor:
AM VIII 5 *husina vinum* „es wird Wein geschöpft"

§ 216.

Einfache erweiterte Sätze:
Das Prädikat steht in der Regel am Satzende (s. aber § 219), das Akkusativobjekt an der Spitze oder zwischen S und P wie andere Ergänzungen:

TLE 419 *ϑaura clan line* „Das Grab der Sohn bereitete (o.ä.)" (O - S - P)
TLE 570 B 17ff. *aϑumicś afunaś penϑna ama* „des edlen(?) Afuna der Cippus ist" (O - S - P)
TLE 557 (. . .) (. . .) *lautni ϑufulϑaś turce* „Der *lautni* X.Y. gab für Thufultha" (S - O - P)
TLE 640 *v(elia) cvinti arnϑiaś culśanśl alpan turce* „Velia Cvinti (Tochter) der Arnthia, gab gern für Culśanś" (S - O - P)
TLE 566 *arϑ larϑ velimnaś arzneal husiur suϑi acil hece* „Arnth (und) Larth Velimnas, der Arzni Jungen, das Grab-(Bau)werk setzten" (S - O - P)
LP II 5ff.: *sal cluvenias turuce* „als Stiftung für Cluvenia gab er (dies)" (O - O - P)
LP III 4f.: *masan tiur/unias śelace* „das *masan*(-Opfer) für die Uni-Monate stiftete er" (O - O - P)
LP III 5ff.: *vacal tmial avilχval amuce* „die Libation für die immerwährende Cella war (= fand statt)" (S - O - P)
Mit Sperrung: TLE 769 *mi licinesi mulu hirunaiesi*
„Ich (bin) ein Geschenk des Licine Hirsunaie (P - O - S - O)

§ 217.

Dedikationen mit *mi* haben das Pron. pers. im Akk. an der Spitze; es folgt in der Regel das Prädikat im Präteritum:

TLE 35 *mini muluv[an]ece avile vipiiennas*
„Mich stiftete Avile Vipienas" (O - P - S)
Mit Sperrung: TLE 42,b *mini ϑaniršiie turice hvuluves*
„Mich gab Thanirsie Fuluves" (O - S - P - S)

(und) der Larthi Vipenei"; die zweite Zeile ist nicht mit „der Gattin des Sethre Cuthna(s)" zu übersetzen, sondern als Nominalsatz: „Des Sethre Cuthna(s) Gattin (war sie)".

irregulär: TLE 282 *mi titasi cver menaχe* (Spiegelinschrift)
„Mich gab der Knabe der Tita" [O(Akk.)-O(Gen.)-S-P, Typus des einfachen erweiterten Satzes]

§ 218.

Bei einem Komplex aus Nomen und Verbum (verbunden oder unverbunden) steht das Akkusativobjekt nach diesem Komplex:

AM II 10f. *nunϑenϑ cletram śrenχve/ tei faśei* „bringe dar mit der geschmückten Schale die(se) Brote" – *nunϑen* = *nun(a) ϑen-* „Gabe aufstellen", s. § 177.

AM VIII 10 *vacl ar flereri* „Libation mache für die Götterbilder"

Das Akkusativobjekt steht vor dem Komplex, wenn bei ihm ein Demonstrativpronomen oder ein Adverb steht (vgl. § 221):

AM V 9f. *eim tul var/ celi suϑ nunϑenϑ eiser śic śeuc*
„aber dieses *tul var* frische Milch(?) bringe dar zu den lichten(?) und den dunklen(?) Göttern"

AM IV 15 (u. öfter) *un(e)/unum mlaχ nunϑen*
„dann (aber) bringe die Opfergabe dar"

§ 219.

Der Imperativ wird in der Regel vorangestellt:

AM II 19f. *raχϑ tura nunϑenϑ cletram śrenχve / tei faśei*
„Stelle Weihrauch bereit; bringe dar mit der geschmückten Schale die(se) Brote"

Jedoch IV, N.Fr. a 5 *tur raχti* „Weihrauch stelle bereit"
VII 21 = VIII 10 = X 4 *vacl ar* „Mache die Libation";

Grund für die Voranstellung des Objekts scheint in diesen Fällen zu sein, daß hier ein neuer Abschnitt des Opfers beginnt, im letzten überdies die Funktion von *vacl ar* als fester Komplex (s.o. § 218).

§ 220.

Der Nezessitativ steht in der Regel am Ende des Satzes:

TLE 619 *cehen suϑi . . . caresri* „Dieses Grab . . . . war zu erbauen"

ebda. *ipa murzua cerurum ein heczri* „wo die Urnen und die Beigaben aufzustellen sind"

AM VIII 3f. *huϑiś zaϑrumiś flerχva neϑunsl śucri ϑezeri-c* „Am 26. sind die Opfer für Nethuns zu . . . . .en und zu schlachten." Das gleiche gilt für *acil* mit vorausgehendem Modalis („ . . . *opus est*").

§ 221.

Das Demonstrativpronomen steht in der Regel an der Spitze; in Dedikationsinschriften folgt ihm das Verbum im Präteritum:

TLE 115 *eca mutana cutus velus* „Dieser Sarkophag des Cutu Vel"
116 *eclϑi śu[ϑiϑ] / larϑ zalϑu* „In diesem Grab (ist) Larth Zalthu"
736 *ẹṇ turce vel sveitus* „Dies gab Vel Sveitus"

§ 222.

Sind solche Sätze durch andere Glieder erweitert, dann ist die Folge gewöhnlich O(Akk.) - P - S - O (Gen.):

TLE 696 *tn turce ramϑa ufta<ta>vi selvan(śl)* „Dies gab Ramtha Uftavi für Selvanś"

Anders: TLE 504 *vel śapu ϑ/n turce śelvanśl* „Vel Sapu dies gab für Selvanś" (S - O - P - O).

§ 223.

Der Modalis steht gerne zwischen Verbum und Objekt:

AM II 10f. *nunϑenϑ cletram śrenχve / tei faśei* „bringe dar mit der geschmückten Schale die(se) Brote" (P - M - O)

AM III 13 *trin ϑezine χim fler* „besprenge zum Geschlachtetwerden das ganze Opfertier" (P - M - O)

AM IX 8 *nunϑen zuślevе zar[ve faś]ei-c ecn zeri* „bringe dar mit dem bereiteten Rauschtrank und dem Brot dies alles" (P - M - O)

§ 224.

Das Genitivobjekt steht

a) nach dem Wort, von dem es abhängig ist[14]:

AM VIII 1f. *flerχva neϑunsl / śucri ϑezeric* „die Opfer des (= für) Nethuns . ."

AM V 13 *śacnicleri cilϑl* „die Heiligtümer (Akk.) des Volkes"

Jedoch TLE 575 *suϑiś:eka/penϑuna/cai:velś:caiś/ϑareś:lautni* „Dies ist der Cippus des Grabes des Cai Vel; (er war) Freigelassener des Cai Thare", um die Folge von zwei oder gar drei Genitivgruppen zu vermeiden. Normal wäre[15] *eka penϑuna suϑiś caiś velś caiś ϑareś lautni;* dies wurde durch Umstellung und Gruppenflexion vermieden.

Ebenso TLE 570 A 20f. *eca velϑinaϑuraś ϑaura helu . .* „Dieses eigene Grab der Velthina . . ."; hier ist der erste Vertragspartner hervorgehoben. Vgl. auch TLE 622 (Stiel einer Räucherpfanne) [a] *eca kauϑaś aχuiaś versie* [b] *avle numnaś turke* „Diese Räucherpfanne für Cautha-Achuia schenkte Avle Numnaś"; hier wird der Name der Gottheit, der das Objekt dediziert ist, herausgehoben.

b) Verwandtschafts= und bestimmte Standesbezeichnungen werden in der Regel dem Genitivobjekt nachgestellt:

TLE 99 *larϑ ceisinis velus clan . .* „Larth Ceisinis, des Vel Sohn . ."

TLE 583 *afli hustnal seχ farϑana* „Afli, der Hustnei geweihte[16] Tochter"

TLE 127 *larϑi spantui larces spantus seχ arnϑal partunus puia* „Larthi Spantui, des Larce Spantu Tochter, des Arnth Partunu Gattin"

TLE 566 *arnϑ larϑ velimnaś arzneal husiur* „Arnth (und) Lerth Velimnas, der Arzni Jungen"

TLE 461 *capiu ranazuś autleś lautni* „Capiu, des Ranazu Autle *familiaris*"

---

[14] Vgl. CORTSEN, Gl. 25, 65.

[15] Vgl. z.B. TLE 310 *eca śuϑi herin(e)s saties mancas* „Dies (ist) das Grab des Herine Satie Manca (= „Linkshand").

[16] *farϑana* „Geweihte" kann „Jungfrau", aber auch „Verlobte", „Braut" sein.

TLE 585 . . *velaral tetalś* „. . der Velarei Enkel“[17]

TLE 52 *ϑanχ[vil]velϑurus papa<·>l<·>ś* „Tanchvil, des Velthur Enkelin“

TLE 233 (Wandmalerei der Tomba Golini I in Volsinii/Sette Camini, neben dem Bild eines am Gelage beteiligten Mannes) *vel le[in]ies arnϑial* *ruva* *larϑialiśa clan velusum* *nefś* „Vel Leinies, des Arnth Bruder, des Larth Sohn, des Vel Enkel“

TLE 232 (ebda. neben dem Bild eines servierenden Knaben) *vel leinies larϑial* *ruva* *arnϑialum clan velusum* *prumaϑś* *avils semφś lupuce* „Vel Leinies, des Larth Bruder, des Arnth Sohn, des Vel Urenkel; er starb im Alter von 7 Jahren.“

Ausnahmen kommen bei all diesen Bezeichnungen nur in geringer Zahl vor. Arg verlesen (wegen irregulärer Zeilenfolge) ist TLE 550 *lautnic . hectaṃ (:) ei . atiuce;* zu lesen ist *h(asti) (.)ecnatei . atiuce/ lautnic* „Hasti Ecnatei (und) der Freigelassene Antiochos“. Es handelt sich um die Doppelbestattung einer freien Frau Hasti Ecnatei und ihres *familiaris* (Gatte oder *concubinus?*) Antiochos, eines Griechen.

c) *ati* „Mutter“, *ati na(c)na* „Großmutter“ und *papa* „Großvater“ werden in der Regel dem Genitiv vorangestellt:

TLE 176 . . . *at[i]* *cravzaϑuras velϑurs larϑalc* „Mutter von Cravza Velthur und Larth“[18]

TLE 95 (Wandmalerei der *Tomba Bruschi,* bei einer Frauengestalt im Trauerzug) *atinacna* *velus* „Die Großmutter des Vel“

TLE 96 (ebda. neben einem Mann in der Toga) *papa* *velus* „Der Großvater des Vel“

Es handelt sich bei TLE 95f. um die Großeltern des in TLE 93 Genannten: *ϑui clϑi mutniaϑi / vel velusa avils / cis zaϑrmisc / seitiϑialiśa* „Hier in diesem Sarkophag (ruht) Vel, der Sohn des Vel, im Alter von 23 Jahren; ein Sohn der Seitithi“. – Die Inschrift, ohne GN (wie bisweilen in Familiengräbern), befindet sich an der Wand neben dem Bild eines jungen Reiters; der Sarkophag stand wahrscheinlich unter diesem Bild.

Hier offenbart sich ein auf Pietät gegründeter fester Brauch: der Eltern= und Großelterntitel wird dem Genitivobjekt vorausgestellt, während die Bezeichnungen für Geschwister, Nachkommen und sozial Untergeordnete ihm nachfolgen.

Bei der Bezeichnung *puia* „Gattin“ schwankt der Brauch: bei den 16 in TLE gesammelten Fällen von *puia* mit Genitivobjekt folgen zehn, d.i. 62,5% der Regel, sechs, d.i. 37,5% jedoch nicht. Man darf darin die Tendenz sehen, die Gattin *in ordine pietatis* an die Eltern und Voreltern heranzurücken.

Die Stellung und der Stolz einer großen Dame[19], die alle ihre Standesbezeichnungen den Genitivobjekten voranstellt, verrät sich in folgender Wandinschrift eines Grabes in Tarquinii:

TLE 98 *ramϑa matulnai seχ marces matuln[as]* (Metronymikon zerstört)/ *puiam amce śeϑres ceisinies cisum tameru* (folgt ein zerstörter Name)/ *lafnasc matulnasc* . . . „Ramtha Matulnai, Tochter des Marce Matulna (und der . . . .); Gattin aber war sie des Sethre Ceisinie und Vormund der drei, (des . . . . . . ,) und des Lafna und des Matulna . . .“

d) Der Genitivus dedicatorius steht in der Regel vor dem Verbum (TLE 42. 58.282.557.625.640f.652ff.746.752 u.a.), es sei denn, daß (nach § 221) das Verbum von einem Demonstrativpronomen vorausgezogen wird (TLE 504.559.696.726 u.a.).

---

17 Zu *tetalś* „Enkel“ (der Großmutter) s. RIX, Sybaris, Festschrift Krahe, Würzburg 1958, 83ff.

18 Zu *cravzaϑur-* s. § 166,3.

19 Ein Verwandter ihres Mannes war dreimal Prätor, neunmal Camthi (TLE 99).

§ 225.

Der Name des Dedikanten geht in der Regel dem Gen. dedicator. voraus, kann aber auch nachfolgen:

TLE 557 (kleine Bronzestatue) (PN) (GN) *lautni ϑufulϑaś turce* „Der Freigelassene N.N. gab (dies) für Thufultha"

TLE 746 (Bronzekandelaber mit Gorgoneion) *mi suϑil velϑuriϑura(ś) turce au(le) velϑuri fniścial* „Mich als Grabbeigabe für die Velthuri(leute) gab Aule Velthuri, (Sohn) der Fniści"

§ 226.

Das attributive Adjektiv steht in der Regel nach dem Substantiv:

TLE 165, Z. 2 *marunuχ spurana* „und städtischer Maro"

AM VIII 10 *caperi zamϑic* „die goldenen Schalen" (Akk.)

Ist es aber Ersatz für den Genitiv, dann geht das Adjektiv dem Substantiv voraus:

AM IX γ 2 *aisna hinϑu vinum* „den Wein der Götter und der Unterirdischen" (vgl. lat. *vinum inferium = vinum inferorum*)

b) Nebensätze

§ 227.

Echte, mit einer speziellen Partikel eingeleitete Nebensätze sind im Etr. anscheinend hauptsächlich als Relativsätze und Vergleichsätze üblich; Parataxe mit Verbalnomina und Partizipien findet sich häufig.

Ein Beispiel eines mit *nac* (s. § 155) eingeleiteten Temporalsatzes scheint sich in LP III zu finden:

nac ϑefarie veliiunas ϑamuce cleva etanal masan tiur unias ślace . .

„Nachdem Thefarie Veliiunas das *cleva* der *Etanai* errichtet hatte, stiftete er das *Masan*(-Opfer) für die Uni-Monate" (vgl. Verf., Uni-Hera-Astarte 36ff.; DURANTE, Le formule conclusive dei testi etruschi di Pyrgi. Rend. Accad. dei Lincei, cl. scienze mor., stor. e filolog., ser. VIII, vel XX, 1965, 310).

Nach diesem Beispiele wäre die Konstruktion des vorzeitigen Temporalsatzes: *nac* mit Verbum finitum im Präteritum, dem der Hauptsatz mit Verbum finitum im Präteritum folgt. Vgl. lat. *postquam . . . construxit, . . . fundavit.*

§ 228. Relativsätze

a) eingeleitet mit *ipa* „welcher, welche, welches, wo", auf das sofort das Verbum folgt:

TLE 570 A 5f. *ipa ama hen naper / XII* „welche da sind die 12 naper"

Zur Stellung des Nezessitativs in solchen Sätzen s. § 220.

b) eingeleitet mit *iχnac* „wie (quomodo)":

TLE 399 (Spiegel mit der Darstellung der Adoption des Herakles durch Uni) *eca:sren:/ tva:iχna/c hercle:/unial:cl/an ϑra<:>sce* „Dies Bild zeigt, wie Hercle (als) der Uni Sohn trank (o.ä.)"

c) der auf ein Demonstrativpronomen folgende Relativsatz wird mit *in(c)* eingeleitet:

AM IV 2f. *χiś ec[n zeri] / inc zec fler ϑezince* „Zerteile dies alles, was . . . als Opfer geschlachtet wurde"

AM V 2 *ecn zeri lecin inc zec fasle hemsince* „dies alles . . . , was . . . als Brotopfer dargebracht wurde"

AM IX 1f. u. 8f. einfaches *in: ecn zeri lecin in zec fler ϑenzince.*

§ 228 bis.

V e r g l e i c h s ä t z e werden mit *iχ* eingeleitet; das Prädikat steht am Ende des Satzes:

TLE 570 B 20ff. *iχ ca ceχa ziχuχe* „Wie diese Satzung vorgeschrieben hat"

TLE 366 *nac eme . . . . uru . . . . iχ eme mulu* „S o . . . . (Verbalnomen), w i e . . . (Verbalnomen)"

§ 229.

1. Ein t e m p o r a l e r Nebensatz scheint nach der Stellung des Prädikats (s. o. § 216) in LP III 1ff. vorzuliegen: *nac ϑefarie veliiunas ϑamuce / cleva* (= Altar?) *etanal / masan tiur/unias ṡelace* „Nachdem Th. V. den Altar(?) der Etanai errichtete (= errichtet hatte) (S - P - O), stiftete er das *masan*(-Opfer) für die Uni-Monate" (O - O - P)

2. Temporale Nebensätze aller Zeitstufen werden parataktisch mit dem Participium coniunctum konstruiert[20]:

a) g l e i c h z e i t i g e : AM X 18 *vacl araṡ ϑui useti* „Sobald du die Libation machst, schöpfe hier . . ."

TLE 169,4f. *papalser acnanasa* VI *manim arce* / ril LXVI „er erwarb sich 6 Enkel und baute das Grabmal, 66 Jahre alt"

TLE 171,1f. *zilaχ[nuce] / spureϑi apasi svalas* „Er war Prätor, als er in der Stadt seines Ahnen (d.i. in Tarquinii; die Inschrift stammt aus Musarna im Norden von Tarquinii; vgl. TLE 174!) lebte"[21]

b) v o r z e i t i g e : TLE 126 , . . *zilχ ceχaneri tenϑas avil svalce* LXXXII „er hatte als *praetor iure dicundo* fungiert und lebte 82 Jahre"

AM VII 2ff. *ceia hia etnam ciz vacl*
trin velϑre / male
ceia hia etnam ciz vacl
aisvale / male
ceia hia trinϑ etnam ciz
ale / male
ceia hia etnam ciz vacl
vile vale / staile itrile hia
ciz trinϑaṡa . . .

Die Kol. VII der AM handelt – soviel läßt sich mit Sicherheit sagen – von einer Zeremonie, die sich von den Opfern in den Kolonnen II, III, IV, V und VIII/IX vollständig unterscheidet. Sie findet nicht im Tempel statt (keine der Opfergottheiten Crapṡti, Aisera, Nethuns wird genannt), sondern im Freien. Es muß sich um einen Fruchtbarkeitsritus handeln. In dieser Kolonne findet sich viermal das Wort *ceren* (VII 9.19.21.23), das wahrscheinlich archaischer Gen. (§ 49) von **cere* „Ceres" ist (*ceren* < **cere-in*).

Bei der Zeremonie ist mehrmals etwas auf den Boden zu streuen (*trin velϑre*) – das *male ?* –, und es sind dreimal je drei Libationen zu machen (*ciz vacl*). Das vor jeder Libation angeführte *ceia hia*

20 Vgl. PALLOTTINO, Elem. 71, § 134,5.

21 S. PALLOTTINO, SE XXIV, 1955–56, 62f.

wie auch die Formel *vile vale staile itrile* nach der dritten Libation erwecken den Eindruck, ein gesprochener (magischer?) Text zu sein. Dieser Teil der Zeremonie schließt mit *c į z t r i n ϑ a ś a* ab:

„*ceia hia!*" Wieder dreimal Libation.
Streue zum Boden *male.*
„*ceia hia!*" Wieder dreimal Libation.
[Streue zum Boden?] göttliches *male.*
„*ceia hia!*" Streue wieder dreimal *ale male*
„*ceia hia!*" Wieder dreimal Libation.
„*vile vale, staile itrile, hia!*"
S o b a l d e r dreimal g e s t r e u t h a t . . . ."

§ 230.

Auch das V e r b a l n o m e n auf *-u* (*-ve*) ist oft in einen Nebensatz aufzulösen: TLE 233: *vel le[in]ies* (folgt Genealogie) *marniu spurana eprϑne-c tenve* . . „der städtischer Maro und *dictatorius* gewesen war . ."[22]

§ 231. Z u d e n A u s s a g e s ä t z e n.

Am besten im Material vertreten und für uns ohne nennenswerte Schwierigkeit verständlich sind jene syntaktischen Gebilde, die uns über ein Geschehen in der Vergangenheit Mitteilung machen. In dem uns bekannten Material finden wir hauptsächlich drei Arten solcher Informationen, die wir in einem Beitrag „Zur präteritalen Information im Etruskischen" in der Gedenkschrift für W. BRANDENSTEIN[23] untersucht nach ihrem primären oder sekundären Aussagewert als „präteritale Aussage", „präteritale Erwähnung" und „präteritale Nebeninformation" bezeichnet haben.

a) Die präteritale Aussage ist die eigentliche, hauptsächlich beabsichtigte Mitteilung; sie findet ihren sprachlichen Ausdruck und syntaktischen Ort im Prädikat.

b) Die präteritale Erwähnung hingegen ist eine nicht hauptsächliche Mitteilung, sondern eine untergeordnete Erwähnung. Ihr sprachlicher Ausdruck ist ein qualifizierendes Verbalnomen von besonderer Form, das in syntaktischer Beziehung zum Subjekt steht. Der in ihm ausgedrückte Sachverhalt kann zur eigentlichen Aussage, zum Prädikat, im Verhältnis der Gleichzeitigkeit oder der Vorzeitigkeit stehen.

c) Die präteritale Nebeninformation steht in ihren Aussagewert zwischen den beiden anderen Arten. Sie hat in der Regel die Verbalform der präteritalen Aussage, ist aber der Hauptaussage untergeordnet und ist als echter Nebensatz anzusprechen.

Zu a): Die präteritale Aussage findet sich in zwei Formen, als Verbalnomen (s.o. § 134) und als finites Verbum im Präteritum (s.o. § 117,d und 125). Dabei ist ersichtlich, daß nicht nur der Aussagegehalt, sondern auch der Aussagewert, der Grad der Bestimmtheit der Aussage, vollständig gleich ist. Verschieden ist nur die grammatikalische Form:

---

22 Zur Differenzierung der Ableitungen von *purϑ* s. § 76.

23 Studien zur Sprachwissenschaft und Kulturkunde. Innsbrucker Beiträge z. Kulturwissenschaft, Band 14, Innsbruck 1968, S. 197–202.

TLE 129 (Tarquinia) *velϑur larisal clan cuclnial tanχvilus lupu avils* XXV
„Velthur (,Sohn) des Laris, Sohn der Cuclni Tanchvil, verschieden mit 25 Jahren"

TLE 172 (Tarquinia) [1]*larϑ.aleϑnas.arnϑal.ruvfialc.clan/* [2]*avils.* LX.*lupuce* etc.
„Larth Alethnas, des Arnth und der Ruvfi Sohn, verschied mit 60 Jahren"

Zu b): Auf das Subjekt bezogen und vom Prädikat verschieden sind die Verbalformen auf *-as* und *-ϑas,* die gewöhnlich als Partizipien bezeichnet werden. Der funktionelle Unterschied zwischen ihnen besteht darin, daß die Formen auf *-as* eine mit der Handlung des präteritalen Prädikats gleichzeitige, jene auf *-ϑas* aber eine vorzeitige Handlung angeben:

SE XXXIII, 1965, 508, 1 (Tarquinia) [1]*spitus.larϑ.larϑal.svalce.* LXIII /[2] *huśur maχ.acnanas* . . . „Spitus Larth, des Larth (Sohn), lebte 63 (Jahre), fünf Jungen sich erwerbend"

TLE 126 (Tarquinia) *velϑur:partunus:larisaliśa:clan:ramϑas:cuclnial:zilχ:ceχaneri: tenϑas:avil* / [2]*svalϑas:* LXXXII „Velthur Partunus, Laris-Sohn, Sohn der Ramtha Cuclni, (verschied) als *zilχ ceχaneri* fungiert habend, gelebt habend 82 Jahre"

Die Formen auf *-as* und *-ϑas* treten auch mit angefügtem *-a* (*-asa, -ϑasa*) auf, ohne daß ein wesentlicher Unterschied in der Bedeutung zu spüren wäre:

TLE 169 (Tarquinia/Musarna) [1]*aleϑnas.v.v.ϑelu.zilaϑ.parχis.* /[2]*zilaϑ.eterav.clenar. ci.acnanasa* /[3]*elsśi zilaχnu.ril.* XXVIIII /[4]*papalser.acnanasa.* VI.*manim.arce* /[5]*ril* LXVI „Alethnas Vel (,Sohn) des Vel, Thelu[24], *zilaϑ parχis, zilaϑ eterav*[25], drei Söhne besitzend war er das zweite Mal Prätor des *ϑelu* (?), 29 (Jahre) alt; 6 Enkel besitzend errichtete er das Grabmal, 66 (Jahre) alt."

Der Unterschied scheint nur darin zu liegen, daß die mit *-a* erweiterten Formen eine größere syntaktische Selbständigkeit haben (s.o. § 128–130). Jedenfalls ist die von den Verbalformen auf *-as(a)* bzw. *-ϑas(a)* bestimmte Gruppe als subordinierte, sekundäre Aussage zu betrachten, auch in jenen Fällen, in denen ein finites präteritales Prädikat nicht vorhanden ist, wie z.B. oben in TLE 169, wo wie in anderen Fällen nach der Altersangabe leicht *lupu* oder *lupuce* zu ergänzen ist.

Zu c): Enthält die sekundäre Aussage eine Angabe, die für das richtige Verständnis (zeitliche Einordnung, Begründung) der Hauptaussage wichtig ist, dann wird ein echter Nebensatz gebildet, den ein Bindewort einleitet:

LP III, 1ff.: *nac.ϑefarie.vel/iiunas.ϑamuce/ cleva.etanal./ masan.tiur / unias śelace...* Hier ist die primäre Aussage *masan tiur unias śelace* „das *masan*(-Opfer) der Tiur Unia stiftete er". Voraus geht, mit der temporalen Partikel *nac* (s.o. § 155) eingeleitet, die für den Zeitpunkt der Hauptaussage wichtige Nebenaussage *ϑefarie veliiunas ϑamuce cleva etanal* „Nachdem Th.V. das *cleva* der *Etanei* errichtet hatte." Wir sehen, daß in diesem Falle – einem vorzeitigen Temporalsatz – *nac* mit dem Präteritum auf *-ce* konstruiert wird (vgl. lat. *postquam fundavit*). Hier liegt der Akzent nicht wie bei der Konstruktion auf *-as(a), -ϑas(a)* auf einer näherhin das Subjekt betreffenden Aussage, sondern auf dem Zeitverhältnis zwischen Haupt- und Nebenaussage.

---

[24] *ϑelu* ist Cognomen; siehe RIX, Cognomen 169.

[25] *„praetor parchis, praetor peregrinorum"?*

IV. PRAKTISCHER TEIL

LESEBUCH

ÄLTERE INSCHRIFTEN

Tarquinii

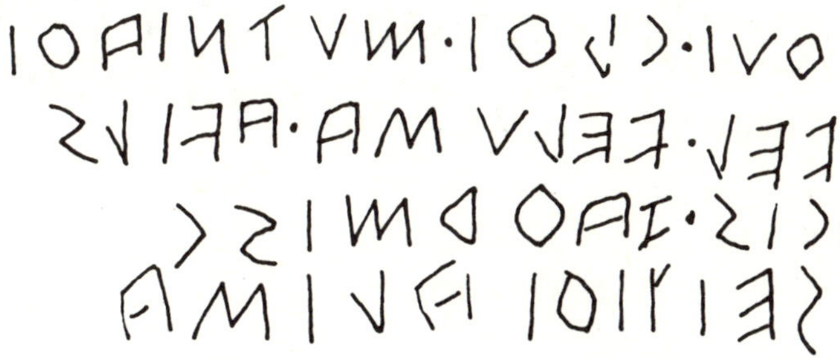

1. TLE 93 = CIE 5458, Tomba Bruschi. S. Übungsbuch I, a, 3

2. TLE 94 = CIE 5459, Tomba Bruschi 2. Jh. (?)

b a

3. TLE 95/96 = CIE 5460/61, Tomba Bruschi. S. zu § 224,c

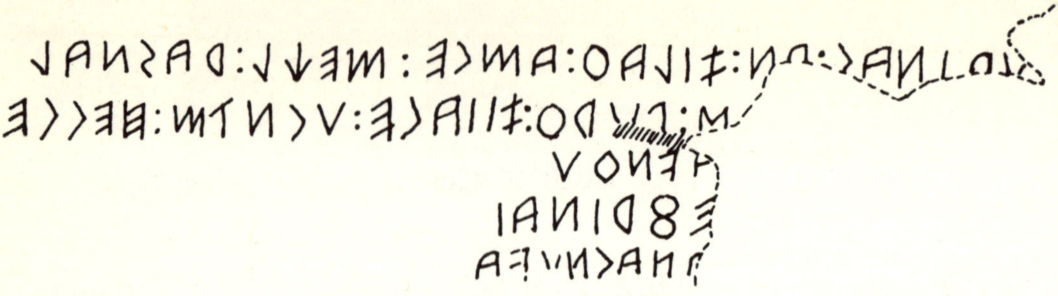

4. TLE 87 = CIE 5360, Tomba dell'Occo, 4.-3. Jh.

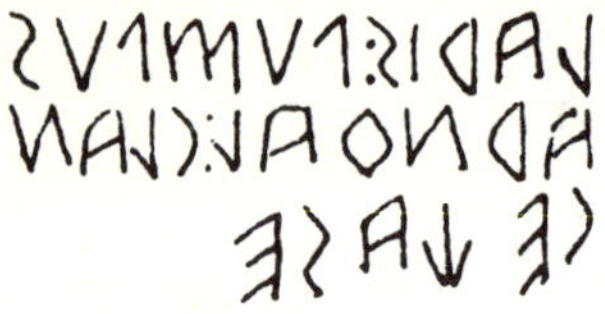

5. TLE 101 = CIE 5408, Tomba del Tifone, 1. Jh. v. Chr.

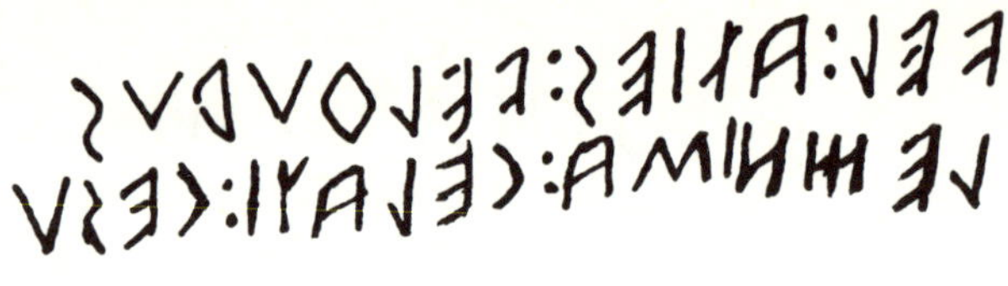

6. TLE 105 = CIE 5447, rez.

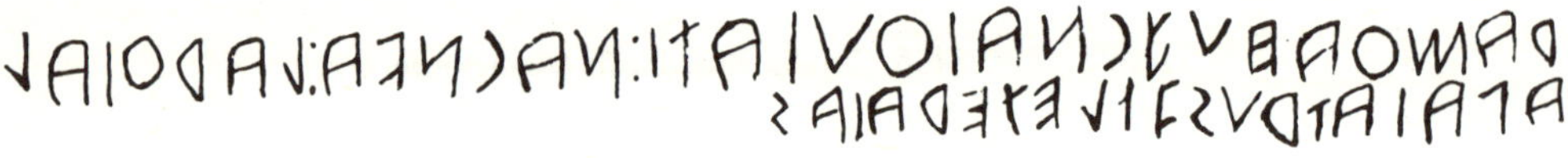

7. TLE 122,a = CIE 5451, Amazonensarkophag, 4. Jh. S. § 74

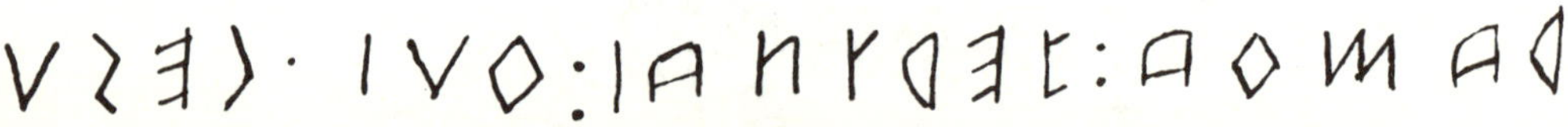

8. TLE 123 = CIE 5452, Sarkophag aus dem Grab des Amazonensarkophags 4. Jh.

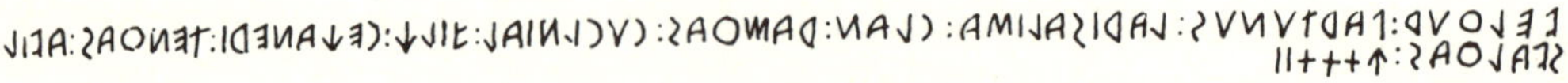

9. TLE 126 = CIE 5423, „Sarkophag des Magnaten" aus dem Grab der Familie Partunus 3. Jh. (s. ÜB. g,2)

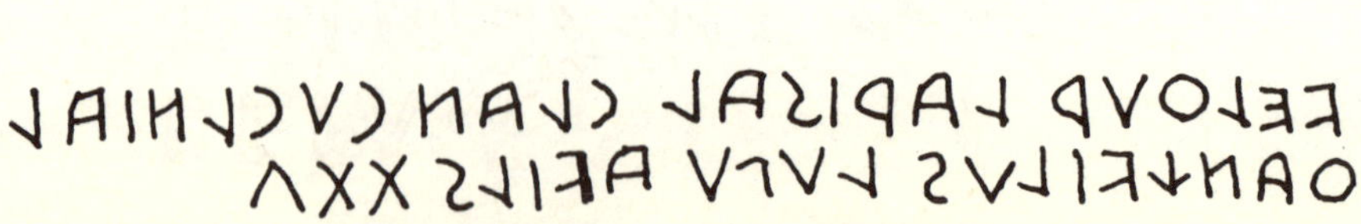

10. TLE 129 = CIE 5426, Sarkophag, jungetr.

11. TLE 130 = CIE 5378, Sarkophag aus der Tomba del Cardinale, 3.-4. Jh.

12. TLE 136 = CIE 5471, Sarkophag, jungetr.

Orvieto

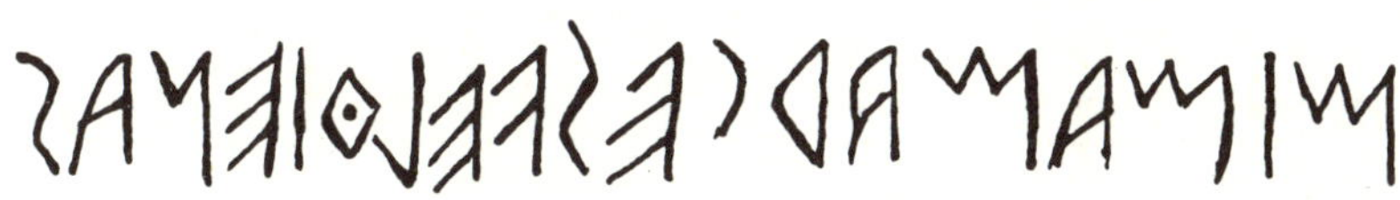

13. TLE 242 = CIE 4923, Architrav eines Kammergrabes, 6.-5. Jh.

Vulci

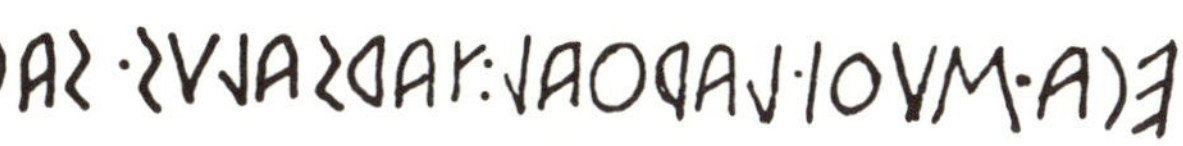

14. TLE 313 = CIE 5241, Cippus, jungetr.

Cortona

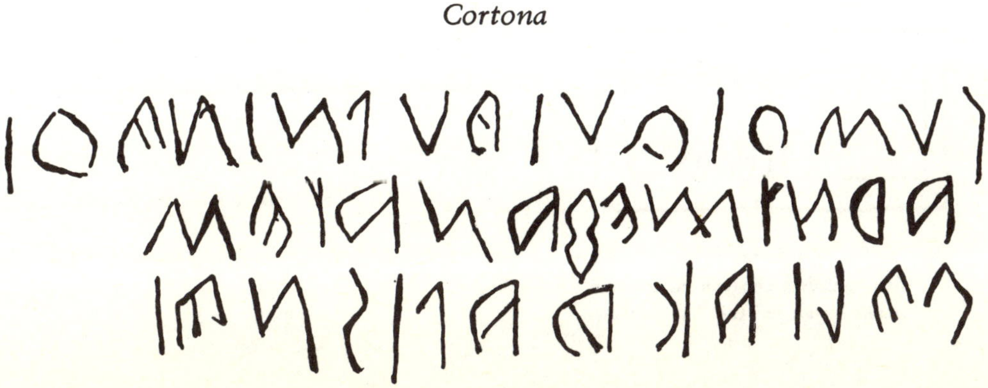

15. TLE 630 = NR 276, Tomba del Sodo (Melone) Epistyl, 4. Jh.

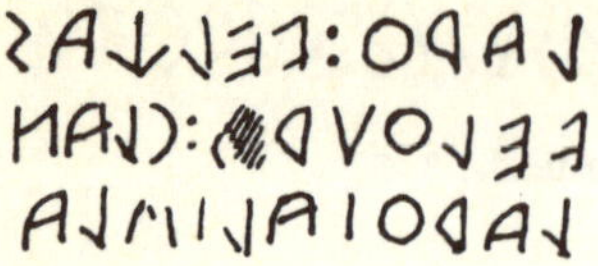

16. CIE 5389 Tarquinii, jungetr.

17. CIE 5395 Tarquinii, jungetr.

18. CIE 4, Faesulae, Cippus, jungetr.

19. CIE 13, Faesulae, Stein, 6.-5.Jh.

20. CIE 70, Volaterrae (operc.ossuarii alab.) auf dem Diptychon, das eine weibl. Gestalt geöffnet hält; jungetr.

21. TLE 416, Siena, operc. oss., jungetr.

22. 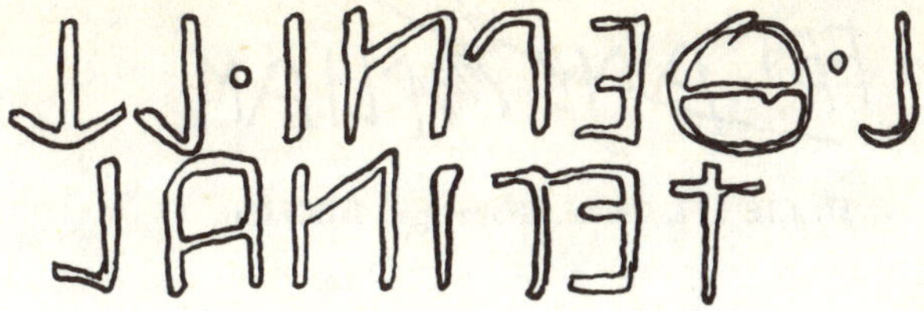 2. Grab Nr. 25

23.  Nr. 36

24.  Nr. 69

25.  Nr. 72

26. 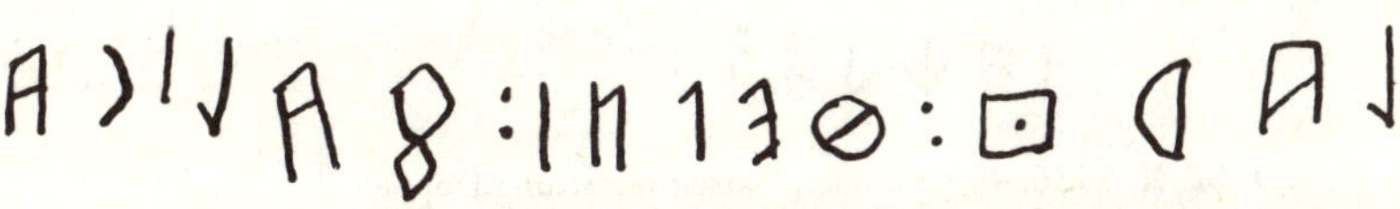 3. Grab Nr. 179

22.-26. Asciano bei Siena, Familiengrab der Hepni, gef. 1957. (SE XXVII, 1959, 277-300) 1. Jh. v. Chr.

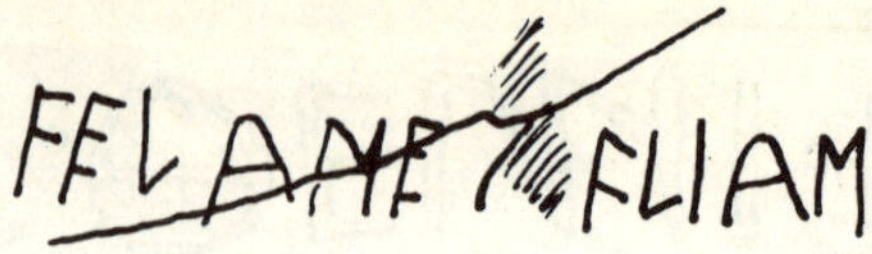

27. CIE 527, Chiusi, Grabziegel, 1.Jh.v.Chr.

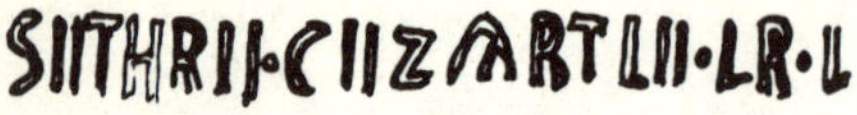

a) CIE 708, Chiusi, Grabziegel, 1.Jh.v.Chr.

b) CIE 709, Chiusi, Tonurne, 1.Jh.v.Chr.

28.

29. TLE 566, Perugia, Grab der Familie Velimna rechter Pilaster des Eingangs (2.Jh., archaisierend)

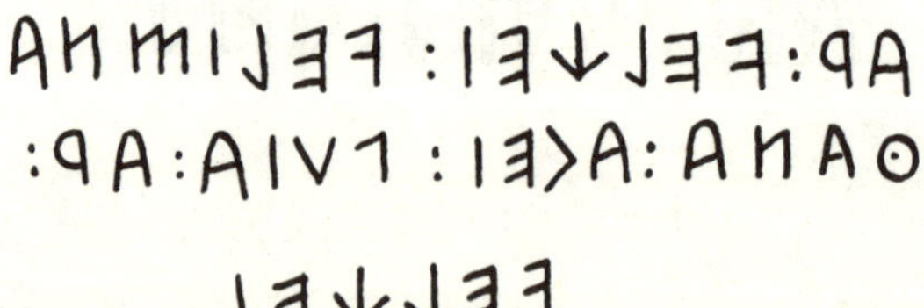

30. SE X, 1936, 409. Perugia, Gattenbestattung,Doppelurne mit 2 Deckeln, Museo cirico Inv. Nr. 178 : 2.-1. Jh.v.Chr.

Die Goldbleche von Pyrgi

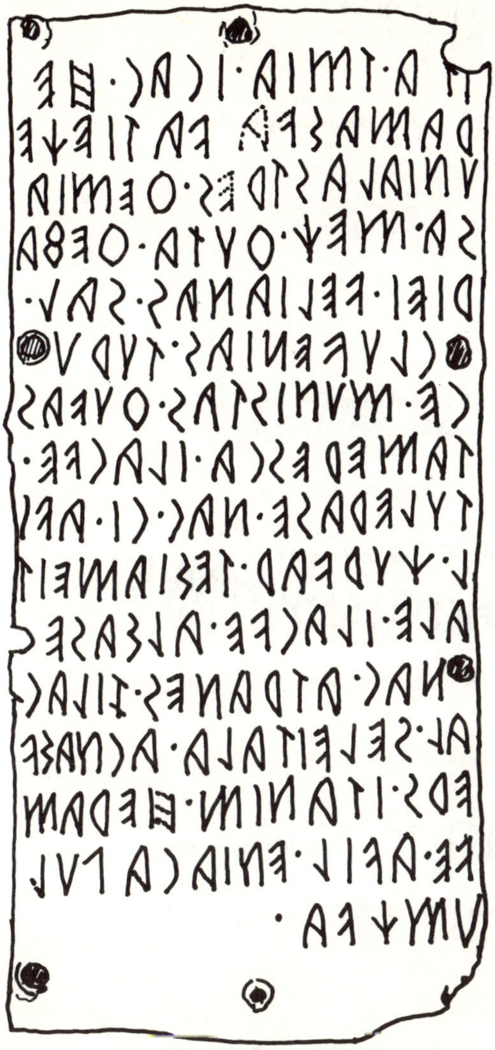

31. LP II (Paralleltext zu pun. LP I)

32. LP III

NEUERE INSCHRIFTEN

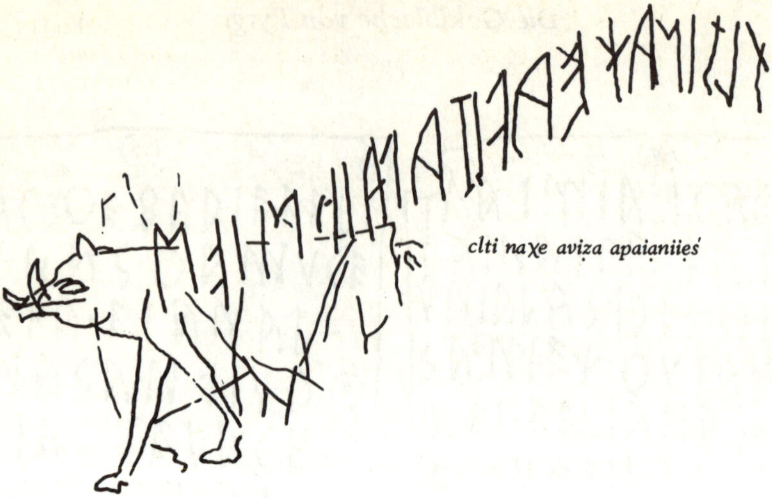

clti naχe aviẓa apaiạniiẹś

a) Graffito am rechten Türpfeiler der rechten Seitenkammer in der Tomba della Montagnola, Quinto Fiorentino. (SE XXXI, 1963, 179; 7.Jh.?)

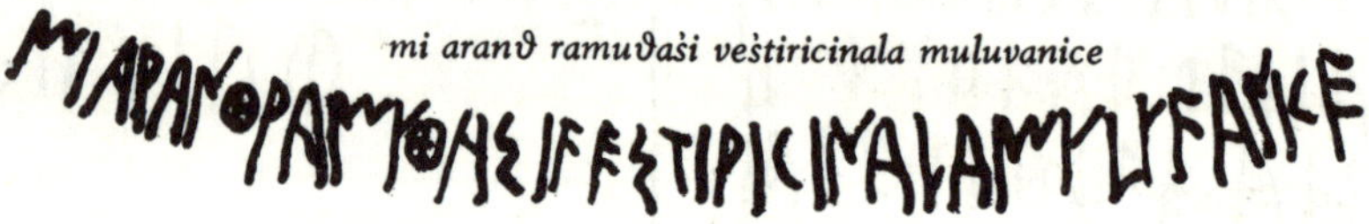

mi aranϑ ramuϑaśi veśtiricinala muluvanice

b) Caere/Monte Abatone. Amphore aus Bucchero (SE XXX, 1962, 296; 1.H.d.6.Jh.)

mi hirumesi mulu

c) Caere/Monte Abatone. Oinochoe aus Bucchero (SE XXX, 1962, 299; 6.Jh.)

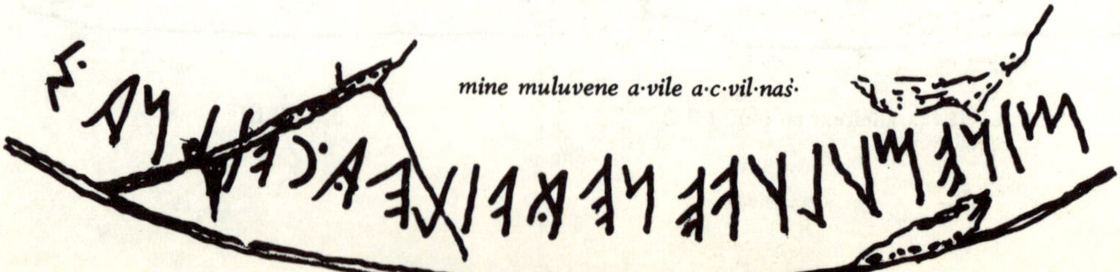

mine muluvene a·vile a·c·vil·naś·

d) Ischia di Castro. Oinochoe aus Bucchero pesante. (SE XXXIII, 1965, 471; Mitte 6.Jh.)

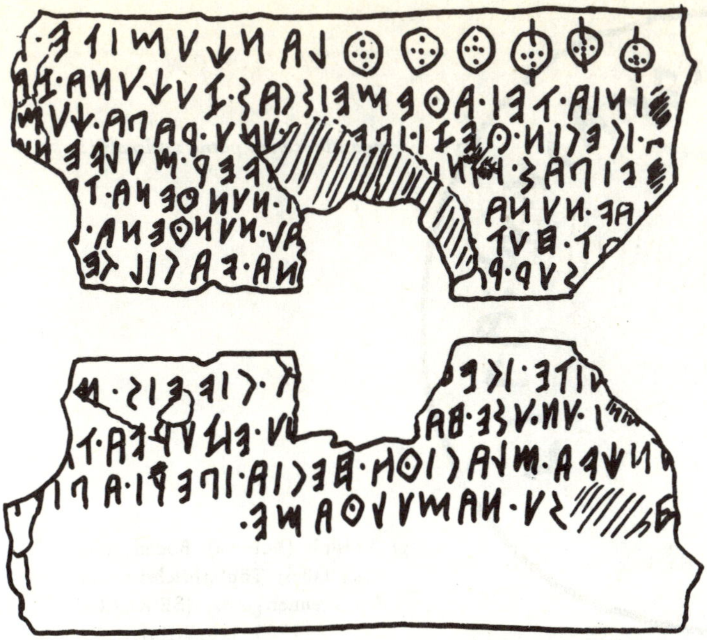

a) (3 + 3 Zeichen) *lanχumite.* ×
×inia.tei.aϑemeiścaś.zuχuna.zạ
x.icecin.ϑezi.ipe . . . .unu.rapa. χum
xvipaś.rinu cver.mulvenu
xav.nuna. . . . . x.nunϑena.te
xt.hut. . . . . . .al.nunϑena.x
sur.rx . . . . na.vacil.ce

b) *mite.icec . . . . a.civeis.m*
xxi.un.uśe.ha . . . . . iu.eizurva.tx
xnχva.mlaciϑa.heci.iperi.apirx
hxxxsu.namulϑame.

e) Rechte Hälfte des Bleistreifens von S. Marinella, a) Vorderseite, b) Rückseite (Archeologia Classica XVIII, 1967, 283ff.; Ende 6. Jh.)

selvans
sanχuneta
cvera

f) Volsinii (Bolsena). Cippus (SE XXXII, 1964, 162; rez.)

vipa : luncane : patna : velsnalϑi ⁝

g) Volsinii (Bolsena) Boden eines Tongefäßes; Töpferinschrift, vor dem Brennen geritzt. (SE XXXIV, 1966, 316; 2.Jh.)

[a]ṛnϑiu [pr]uślna[s?]
arnϑ : pruślnas
viśnei : ramϑa : h[atrencu?]
pruślnas . v . velus
pruślnas : a : velus

h) Vulci, Tomba delle Iscrizioni, links vom Eingang der 5. Kammer. (SE XXXI, 1963, 188; rez.)

felsnas : la : leϑes
svalcẹ : avil : CVI
murce : capue
tleχe : hanipaluscle

i) Tarquinia/Villa Tarantola. Wandinschrift in der Tomba IV/1963–64 (SE XXXIII, 1965, 473; 2.Jh.)

<> *eca : mutna : pein*
al : ϑanias : V : *lar*
isal : velisinal

k) Norchia / Tarquinii. Deckel eines Kindersarkophags. (SE XXXV, 1967, 526; 2.Jh.)

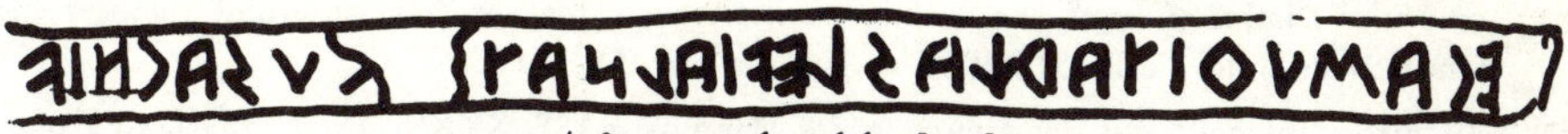

eca śuϑi tarχas levial hạṭ[ren]c̣u sacniv

l) Vulci, rundes Kapitell (SE XXXI, 1963, 199; rez.)

cn.turce.murila.hercnas:ϑuflϑas.cver:

m) Tarquinia. Bronzestab (Phallus?) (SE XX, 1948–49, 253; rez.)

ERLÄUTERUNGEN

Zu a) Es handelt sich augenscheinlich um die älteste Wandinschrift, die wir besitzen. Bemerkenswert der Eber, bei dem sich die Inschrift befindet.
„In diesem (*clti*) *naχe* (ist/liegt) Aviza (?) Paianiieś"
Wenn die Lesung richtig ist, liegt in *clti* wohl eines der ältesten Beispiele für verkürzte Schreibung (für *calti*) vor (Gramm. § 29, II).

Zu b) Bemerkenswert das hier für *s* verwendete vierstrichige Sigma (ṡ). Zwei emphatische Genitive: *ramuϑa-ṡi, veṡtiricina-la* (Gramm. §§ 69; 208,h)
mi = indefiniter Akk. für *mini* (Gramm. § 89).
„Mich widmete Aranth der (mit Berücksichtigung des Gen. emph.: seiner) Ramutha Vestiricinai"

Zu c) „Ich bin die Gabe des Hirume". Der Name wird später > *herme;* vgl. das von *hirume* abgeleitete GN *hirumina* in der Stele von Vetulonia TLE 363: *mini mul/uvaneke hirumi[n]a φẹrsnaχs* „Mich stiftete Hirumina Perusinus" nach der Lesung von VETTER, SE XXIV, 1955–56, 301ff. Dieses GN lautet im jüngeren Etr. *herm(e)na(s),* vgl. TLE 253.709 (Gramm. §§ 12,a,b; 18,1).

Zu d) Bemerkenswert *mini* > *mine,* ferner das starke Prät. *mulvune.* Korrekte Silbenpunktierung in *avile acvilnas* (Gramm. §§ 12a; 131).

Zu e) Länge des Stückes 69 mm, Höhe 27mm; Buchstabenhöhe in der 1. Zeile etwa 3mm, etwas weniger als 2mm in den folgenden. Bemerkenswert die Worttrennung mit einem Punkt (vgl. die Goldbleche von Pyrgi !).

Arch. Class. XVIII, 1967, 283f. Fundbericht (M.Torelli), 284–291 epigraph. Kommentar (M. Torelli), 291–299 kurzer linguistischer Kommentar (M. Pallottino); A.J. Pfiffig, Studien und Materialien zur Interpretation des Bleistreifens von S.Marinella. Österr. Akad. d. Wissensch., phil.-hist. Kl., Denkschriften Bd. 99, Wien 1968.

Zu f) Die beiden letzten Buchstaben von *cvera* sind gestürzt, was das Wort problematisch macht. Zur Weihung an *selvanś sanχuneta* (*Silvanus Sancius?*) s. COLONNA, SE XXXII, 1964, 162f. (Gramm. § 103,b).

Zu g) *vipa* bisher nicht belegtes Fem. des PN *vipe;* es scheint sich um eine Arbeiterin der Werkstatt des *luncane patna* zu handeln. Neu der Beleg für den Ortsnamen, bemerkenswert *s* für *z* (Gramm. § 21; zu den Töpfern mit Individualnamen, gefolgt vom Firmennamen im Gen., s. Übungsbuch e),3,4).

Zu h) *arnϑiu* = Dimin. < *arnϑ*. Ergänzung zu *hatrencu* in der 3. Zeile aufgrund analoger Fraueninschriften in Vulci (TLE 314.305, u.a.) s. Gramm. §§ 171; 177.

Zu i) Zu dieser Inschrift mit der Nennung des Hannibal s. SE XXXV, 1967, 559ff. „Felsnas Larth, des Lethe (Sohn); er lebte 106 Jahre. Er weilte (o.ä.) zu Capua; er diente (o.ä.) bei den Leuten des Hannibal" (Gramm. §§ 65; 175,2; 209c).

Zu k) Bemerkenswert die keilförmige Zerlegung der Buchstaben *m, n,* und *u.* Patronymikon und Metronymikon nach der Altersangabe nachgetragen.
„Dies ist der Sarkophag der Peinei Thania, 5 (Jahre alt, Tochter) des Laris und der Velisinei." Das Gentiliz der Mutter lautet normal *velisn-*, vgl. TLE 193 u. CIE 254; die Form *velisin-* (vgl. auch SE XXXIV, 1966, 363f., 3./3. Jh.) zeigt späte Anaptyxe und ist n i c h t archaiisch. (Gramm. § 30).

Zu l) Bemerkenswert *tarχa,* weibl. Form des PN *tarχi; sacniv = sacniu* (TLE 313.319). Ergänzung *hatrencu* nach analogen Frauentiteln in Vulci.
„Dies (ist) das Grab der Tarcha Levi, *hatrencu.* Geheiligt." (Vgl. TLE 313 *eca . śuϑi . larϑal : tarsalus . sacniu*) (Gramm. §§ 72 [s.a. 141]; 12,e; 177).

Zu m) Zu dieser Inschrift s. BEGRÜNDUNG NEUER DEUTUNGEN, § 2 *(cver)*

ÜBUNGSBUCH

I. Inschriften der verschiedenen Typen aus TLE mit Text, grammatikalischer Erklärung und Übersetzung

A. Grabinschriften

1. TLE 128 (Tarquinii, Sarkophag, 3. Jh.)

1	*partunus*	GN, männl., vorangestellt, typisch für Tarqu.	§ 45a; 185e	Partunus
	vel	PN, männl.	§ 181	Vel,
	velϑurus	Gen. d. PN *velϑur,*	§ 53; 181	des Velthur
		Patronymikon	§ 197	
2	*satlnalc*	Gen. d. GN *satlnei* + *-c*	§ 185a; 151a	und der
		Metronymikon	§ 198	Satlnei
	ramϑas	Gen. d. PN *ramϑa*	§ 53c; 182; 200	Ramtha
	clan	Appellat., *cas . rect .*	§ 45	Sohn,
	avils	Gen. (temp.) von *avil*	§ 53b; 208c	im Alter von
3	*XXIIX*	Ziffer für *eslem*	§ 103a, d;	28 (Jahren)
		cialχus	§ 112	
	lupu	Verbalnomen von *lup-*	§ 134	verschieden

2. TLE 144 (Tarquinii, Sarkophag, 3. Jh.?)

larϑi	PN, weibl.	§ 181	Larthi
aneinei	GN, weibl., von m. *anei*	§ 185d	Aneinei,
śeϑres	Gen. d. männl. PN *śeϑre,*	§ 53; 181	des Sethre
	Patronymikon	§ 197	
sec	Appellativ, *cas . rect.*	§ 45	Tochter
ramϑas	Gen. d. weibl. PN *ramϑa*	§ 53c; 182	(und) der
	Metronymikon	§ 198; 200	Ramtha
ecnatial	Gen. d. weibl. GN *ecnati*	§ 185c	Ecnati,
puia	Appellativ, *cas.rect.*	§ 45	Gattin
larϑl	Gen. d. männl. PN *larϑ*	§ 50b; 181	des Larth
cuclnies	Gen. d. männl. GN *cuclni,*	§ 53; 185c	Cuclni
	Gamonymikon	§ 199; 200	
velϑurus'la	pronom. Gen. des Adj. poss. zur Angabe des Patronymikons des Gatten	§ 91; 101,3a § 197; 200	des Sohnes des Velthur,
avils	Gen. (temp.) von *avil*	§ 53b; 208c	im Alter von

huϑs	Gen. des Grundzahlw. *huϑ*	§ 103a; 105	sechs (und)
celχls	Gen. des Grundzahlw.	§ 103d; 105	achtzig
	cealχ, für *cealχ(a)ls*	§ 106	

Zu dieser Inschrift s. § 224c, vorletzter Absatz!

3. TLE 93 (Tarquinii, Tomba Bruschi; Wandinschrift neben dem Bild eines jungen Reiters, 2. Jh.?)

1	*ϑui*	Adv. loc.	§ 156	Hier
	clϑi	Lok. des Pron. dem. *ca*	§ 91	in diesem
	mutniaϑi	Lok. von *mutnia* (Appell.)	§ 58	Sarg
2	*vel*	PN, männl., *cas.rect.*	§ 181; 45	(ist) Vel
	velusa	poss. Adj. von *vel*	§ 101,3,a; 197	Vels-Sohn,*)
	avils	Gen. (temp.) von *avil*	§ 53b; 208c	im Alter von
3	*cis*	Gen. des Grundzahlw. *ci*	§ 103a; 105	drei
	zaϑrmisc	Gen. des Grundzahlw. *zaϑrum*	§ 103a; 105f.; 151a	u. zwanzig
4	*seitiϑialisa*	poss. Adj. vom weibl. GN *seitiϑi*, Metronymikon (sollte regulär vor *avils* stehen)	§ 101,3b; 198	Sohn der Seitithi

*) Das Gentiliz des Verstorbenen fehlt, wie bisweilen in Familiengräbern; hier sollte (nach TLE 94) vor *vel* das GN *apunas* stehen.

4. TLE 119 (Tarquinii, Grabcippus, rezent)

1	*lucer*	PN, männl. (selten)	§ 45	Lucer
	laϑerna	GN, männl.	§ 45; 185a	Latherna.
2	*svalce*	Prät. von sval. 3. Sing.	§ 125	Er lebte
	avil	indef. Akk. (temp.)	§ 138b; 210d	Jahre
3	*XXVI*	Ziffer für *huϑ zaϑrum*	§ 103ad; 112	26

5. TLE 122 (Tarquinii, „Amazonensarkophag", 4. Jh.; die Inschrift a) befindet sich an der Vorderkante des Deckels, b) am oberen Rand des Sarkophags; sie ist etwas jünger und wurde angebracht, als der Sarkophag gehoben und die erste Inschrift dadurch schwer lesbar wurde [VETTER]).

a) 1	*ramϑa*	PN, weibl.	§ 182	Ramtha
	huzcnai	GN, weibl.	§ 185a	Huzcnai
	ϑui	Adv. loc.	§ 156	(ist) hier,
	ati	Appellativ, *cas.rect.*	§ 45	die Mutter,
	nacnva	Adj. III (< *nacnu-va*)	§ 72f.; 74 (Petit)	die erhabene(?), (= Großmutter)
	larϑial	Gen. des männl. PN *larϑ*	§ 50b; 181	des Larth
2	*apaiatrus*	Gen. des männl. GN *apaiatru*	§ 53; 185e	Apaiatru,
	zileteraias	Gen. des Titels *zil(aϑ) eteraia*, Adj. III plur. v. *etera*	§ 72f.; 172	des *praetor peregrinus*.

b)	*ramϑa*	PN, weibl.	§ 182	Ramtha
	huzcnai	GN, weibl.	§ 185a	Huzcnai
	ϑui	Adv. loc.	§ 156	hier
	cesu	Verbalnomen von *ces-*	§ 134	liegt,
	ati	Appellativ, *cas.rect.*	§ 45	die Mutter
	nacna	Adj. II (Synkope aus Adj. III *nacn(u)va?*)	§ 67 (72f.)	die erhabene(?), (= Großmutter)
	larϑial	Gen. des männl. PN *larϑ*	§ 50b; 181	des Larth
	apiatrus	Gen. des männl. GN *ap(a)iatru*	§ 53; 1852	Ap(a)iatru,
	zileterais	Gen. des Titels wie oben, für *zileteraias*		des *praetor peregrinus*

Die etwas spätere zweite Inschrift hat folgende Änderungen der ersten:

a) *cesu:* der zweite Schreiber empfand den Nominalsatz *ramϑa huzcnai ϑui* „R.H. (ist, liegt) hier“ als zu hart und setzte das Verbaladjektiv ein;

b) statt des Adj. III *nacn(u)va* setzte er das Adj. II *nacna* ein (doch s. die Möglichkeit *nacna* < *nacn(u)va);*

c) er gebraucht verschiedene verschliffene Formen der Umgangssprache: *apiatrus* für *apaiatrus*, *-eterais* für *-eteraias.*

Der in a) und b) auftretende Titel lautet sonst (TLE 169) *zilaϑ eterau* mit Adj. I auf *-u* von *etera* „Fremdling“;; hier steht in Gruppenflexion (§ 212a) *zil(aϑ)* + Adj. III *etera-ias* (§ 72f.).

6. TLE 138 (Tarquinii, Sarkophag; a) auf dem Deckel, b) am oberen Rand des Sarkophags)

a) 1	*ramϑa*	PN, weibl.	§ 182	Ramtha
	apatrui	GN, weibl.	§ 185a	Apatrui.
	larϑal	Gen. des PN *larϑ*, Patronymikon	§ 50b	des Larth
	seχ	Appellativ, *cas.rect.*	§ 45	Tochter
	larϑialc	Gen. des PN *larϑi*	§ 50a; 151; 151a	und der Larthi
	aleϑnal	Gen. des GN *aleϑnei*	§ 50a; 185a	Alethnei,
	camnas	Gen. des GN *camnas*, Gamonym.	§ 53; 185a;	des Camnas
2	*arnϑal*	Gen. des PN *arnϑ* (§ 200)	§ 50b; 199	Arnth,
	larϑaliśla	Gen. des poss. Adj. von *larϑ*	§ 101,2,b	des Larth-Sohnes.
	puia	Appellativ, *cas.rect.*	§ 45	Gattin;
	apatruis	Gen. des GN *apatru*	§ 54; 185e	des Apatru
	pepnesc	Gen. des GN *pepnas + -c*	§ 185a; 151a; 44b	und des Pepna
	[hu]zcnesc	Gen. des GN *huzcnas + -c*	§ 185a; 151a; 44b	und des Huzcna
	velznalc	Gen. des GN *velznei + -c*	§ 185a; 151a	und der Velznei
	[ati	Appellativ, *cas.rect.*	§ 45	Großmutter
	n]acna	Adj. II	§ 67	
	pures	Gen. des GN **puras ?*	(§ 44b)	des Puras (?)
	nesiϑras	Appellativ ? CN ?		?
	avils	Gen. (temp.) von *avil*	§ 53b; 208c	im Alter von
	cis	Gen. des Grundzahlw. *ci*	§ 103a; 105	drei
	muvalχls	Gen. des Grundzahlw. *muvalχ*	§ 103d; 105; 106	(und) fünfzig.

Aus dieser Inschrift ist klar ersichtlich, daß *nacn(u)va / nacna* „erhaben, groß(?)" nicht den Sinn eines Attributes zu *ati* „Mutter" hat, sondern mit *ati* zusammen den Begriff „Großmutter" bildet (es wäre evtl. noch an die Möglichkeit einer Bedeutung wie etwa „Pflegemutter, Adoptivmutter" zu denken). Die Bestattete, Gattin eines Larth Camnas, kann nicht die Mutter eines A p a t r u , eines P e p n a s , eines H u z c n a s und einer V e l z n e i sein, da die Kinder das Gentiliz des Vaters, C a m n a s bzw. C a m n e i , haben müßten.

Die Bestattete selber ist Nachkomme des in Nr. 5 (TLE 122) genannten Prätors Apaiatru; eine ihrer Töchter (Camnei I) heiratete einen Verwandten mütterlicherseits, eine andere (Camnei III) einen Sohn der Familie Huzcnas, aus der auch die Mutter des Prätors Larth Apaiatru stammte.

Die Inschrift verrät die stille Trauer einer Frau, die ihrem Manne v i e r T ö c h t e r , aber keinen Sohn gebar; sie spricht nicht von ihren Kindern, sondern zählt die vier Enkelkinder – drei Knaben und ein Mädchen – auf:

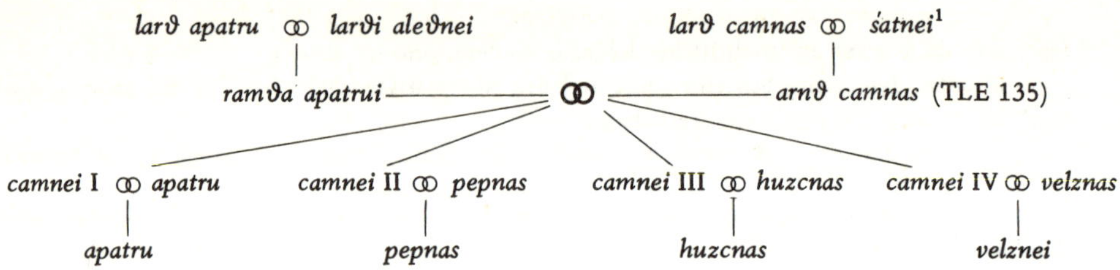

B. B e s i t z e r i n s c h r i f t e n

1. TLE 12 (Schwarzfirnisgefäß, Suessula, um 450 v. Chr., vgl. § 8d)

a	*minipi*	def. Akk., pron. poss. 1. Pers. + *pi*	§ 84; 158	Für mich (ist)
	capi[2]	Appellativ, *cas.rect.*	§ 45	das Gefäß.
	mi	Nom., pron. pers. 1. Pers.	§ 84	Ich (bin)
	χuliχna	Subst., < griech. κύλιξ, *cas.rect.*	§ 16; 45; 178	die Kylix
	cupes	Gen. des PN *cupe*	§ 181; 53	des Cupe
b	*alϑr·nas·*	Gen. des GN *al(e)ϑrna*	§ 53; 185a	Al(e)thrna,
	ei	pron. dem.	§ 90	dies (hier).

2. TLE 13 (Patera, Suessula, um 500 v. Chr.; Silbenpunktierung, § 4)

a	*ϑupes·*	Gen. des PN *ϑupe*	§ 53; 181	Des Thupe
	fuluś·la	pron. Gen. des poss. Adj. <GN *fulu*	§ 91; 101,3,e	Fulusa
	mi	Nom., pron. pers. 1. Pers.	§ 84	(bin) ich,
	e·i·	·pron. dem.	§ 90	dies (hier).
	min·pi	def. Akk., pron. pers. 1. Pers. + *pi*	§ 84; 158	Für mich (ist)

---

[1] S. TLE 135, wo *larϑal* [·] *ś* <·> *atnalc* . *clan,* also *larϑal.śatnal-c,* nicht *larϑalś.atnal-c,* zu lesen ist. Tarquinii hat s ü d e t r u s k i s c h e n Genitiv auf *-s* und häufigen Anlaut *ś-;* überdies ist für einen „Satzgenitiv" (s. § 213 bis; nur so wäre *larϑalś* zu verstehen) keinerlei Notwendigkeit vorhanden (s. V e r f ., SE XXXII, 1964, 204).

capi[2]	Appellativ, *cas.rect.*	§ 45	das Gefäß.
mi	Nom., pron. pers. 1. Pers.	§ 84	Ich (bin)
nunar·	Plur. Nom. von *nuna*	§ 42	ein Geschenk
b *ϑevr·uc·l·nas·*	Gen. des GN *ϑevruclna*	§ 53a; 185a	des Thevruclna

3. TLE 210 (Bronzesitula, Volsinii, 3. Jh.?)

larisal	Gen. des PN *laris*	§ 50b; 181	Des Laris
haṿrenies	Gen. des GN *haṿrenie*	§ 53a; 185c	Havrenie
śuϑina	Substantivisch gebr. Adj. II „Grabbeigabe" < *śuϑi* „Grab"	§ 67	Grabbeigabe

4. TLE 681 (Runde, reliefgeschmückte Basis; San Martino alla Palma)

mi	Nom., pron. pers. 1. Pers.	§ 84	Ich (bin)
cana	Appellativ, *cas.rect.*	§ 45	das Kunstwerk
arnϑal	Gen. des PN *arnϑ*	§ 50b; 181	des Arnth
prastnaś	Gen. des GN *prastna*	§ 53a; 185a	Prastna,
lavcisla	pron. Gen. des poss. Adj. *lavcisa* (Patronym.) < *lavci* < ital. **louci-*	§ 91; 101;3a (13b)	des Lauci- Sohnes

5. TLE 5 (arch. Oinochoe aus Capua; Silbenpunktierung)

limurces·ta	Gen. des GN *limurce* + enkl. pron. dem. als Artikel	§ 185c; 97a	Des Limurce das,
pruχum·	Appellativ, < griech. *πρόχουν*	§ 178,3	der Krug, (ist).

C. Dedikationsinschriften

1. TLE 34 (Oinochoe aus Bucchero; Veji, archaisch) NB Gleitvokal (§ 19b)

mini	Pron. pers. 1. Pers., def. Akk.	§ 84	Mich
muluvanice	Prät. des erweitert. Verbums *mulu-an-*	§ 125; 123; 145,2; 161	stiftete
mamarce	PN (ital.)	§ 181	Mamarce
apuniie	GN	§ 19; 185c	Apunie
venala(s)	Gen. des PN *venal* (= *venel*), Patronymikon *)	§ 52; 197	(der Sohn) des Venel

*) In arch. Dedikationsinschriften findet sich in der Regel kein Patronymikon (SLOTTY, Beitr. I 189)

2. TLE 328 (Inschrift auf dem Griff eines Bronzespiegels; Vulci)

1 *vipia*	PN, weibl.	§ 181	Vipia
alśinei	GN, weibl.	§ 185a	Alsinei *)
turce	Prät. von *tur-* „geben"	§ 125	gab

[2] *capi* < griech. *κάπη*; jünger *cape*, vgl. AM *caper(i)* (§ 12a) und lat. *capis, -idis*.

2	*verśenas*	Gen. des GN *verśena*	§ 53a; 185a	des Verśena
	cana	Appellativ. *cas.rect.*	§ 45	Kunstwerk

*) Das GN *alśina(s)*- vgl. TLE 140 und Nota zu 139 – ist ein Ethnikon, das von *Alsium* abgeleitet ist; dieser Hafen an der Caeretaner Küste wurde 247 v. Chr. röm. Bürgerkolonie.

3. TLE 336 (Gefäßinschrift; Vulci)

fuflunsul	Gen. (dedicat.) des Götternamens *fufluns* (= Dionysos)	§ 45; 50b; 208d	Für Fufluns-
paχies	Epitheton „*Bacchius*" (< ital. *-ios*) vgl. Gen. auf *-s*	§ 80b § 53a	Pachie (= Διόνυσος Βάκχιος)
velclϑi	Lokat. des Ortsnamens **velc(a)l*	§ 58; 78c	zu Vulci

D. Votivinschriften

1. TLE 42 (Buccherogefäß; Veji, archaisch: Gleitvokal; *ś; hv=f,* § 2; 19b)

a	*mi*	Nom., pron. pers. 1. Person	§ 84	Ego *)
	mla[χ]	Appellativ, Abstr. < *mul-*	§ 172c	donum votivum
	mlakaś	partizipiale Ableitung von *mlaχ*	§ 127; 145, zu b	vovens (eram).
b	*mini*	def. Akk., pron. pers. 1. Person	§ 84	Me
	ϑanirśiie	Göttername **)	§ 185g	pro Thanica
	turice	Prät. von *tur-* (*i*-Anaptyxe)	§ 125; 34g	dedit
	hvuluves	GN auf *-s* (vgl. TLE 41)	§ 45a	Fuluves

*) Hier wird die Übersetzung in Latein gegeben, um die Konstruktion des etr. Textes zu verdeutlichen.

**) Nach der Stellung muß dies der (die) Empfänger(in) der Weihung sein, vgl. § 224,d. Das Wort ist eine Ableitung von *ϑanr* „Than(r)", Geburts- und Todesgöttin (vgl. SLOTTY, Beitr. I 134f. mit Anm. 66f.; es ist aber die Trennung in *ϑannursi* und *annaś* unberechtigt, und das Bedenken gegen eine Weihinschrift unbegründet.), die mediterrane „*magna mater*" oder πότνια (vgl. Verf., Studien zu den AM, Denkschr. phil.-hist. Kl. Öst. Akad.d.W., 1963, 29.74f.); eine analoge Bildung ist TLE 58 (Caere) *ϑannursiannaś;* gleichfalls in der Stellung des Dedikationsempfängers. Vgl. dazu auch CIE 4947 (Volsinii, Architrav der *Tomba Bracardi* B 25) *ϑanursie*, hier theophores GN.

ϑanir-sie / *ϑanur-sie* ist das vom Namen der *ϑanr* abgeleitete Adjektiv von italischem Typus. In *ϑanur-sia-na,* einer Hybridbildung, ist noch zur Etruskisierung das etr. Suffix *-na* der Adj. II hinzugefügt. Zu diesen Hybridbildungen s. § 185g.

Die Weihungen TLE 42.58 gehen an eine weibliche Gottheit, die mit Thanr identifiziert ist („*dea *Thanica*"); vgl. die *Mater Matuta!*

2. TLE 66 (Attische Amphore des strengen Stils; Caere, späte Silbenpunktierung; s. § 4.8d)

mi	Indef. Akk., pron. pers. 1.Person	§ 84	Mich (ist)
arnϑ⁝	PN	§ 181	Arnth
ves:traes⁝	GN auf *-s*	§ 45a	Vestraes
mlaχas	partizipiale Ableitung von *mlaχ*	§ 127; 145, zu b	gelobt habend (vgl.lat.„*ex voto*")

S. auch TLE 27 (Übungsbuch I, e) Signaturen, 1)

E. S i g n a t u r e n (von Künstlern und Handwerkern)

1. TLE 28 (Oinochoe in Impastom, Inschrift auf dem Hals; Narce, arch.)

a	*mi*	Indef. Akk., pron. pers. 1. Person	§ 84	Mich,
	qutun	Appellativ, < *κώθων, cas.rect.*	§ 45; 178,2	den Krug,
	lema͡usnas	GN auf *-s*	§ 45a; 185a	Lemausnas,
	ranazu	Appellativ (CN ?) *)	§ 187	der Töpfer (?),
	zinace	Prät. von *zin(a)-* (Töpferwerkwort „drehen" oder „formen")	§ 125	geformt hat.

*) Vgl. umbr. *ranu,* Gefäßname in TIG II b 19 (Abl. sing.); dazu AM VIII 6 *rane(m)* und TLE 131 *ranv(is)?*

2. TLE 27 (Impastogefäß, Inschrift im Kreis auf dem Fuß; Narce, arch.)

mi	Nom., pron. pers. 1. Person	§ 84	Ich (bin)
aliqu⁝	Appellativ (Verbalnomen von *al-*)	§ 134	eine Gabe
auvilesi	emphat. Gen. des PN *a(u)vile*	§ 63; 181	des Auvile
......	(mehrere Wörter)		......
......			......
mlaχuta⁝	Appellativ *mlaχ* + enkl. pron. dem. (*u*-Anaptyxe)	§ 97a; 34a	diese Weihe
ziχuχe⁝	Prät. von *zic/χ-* „schreiben"	§ 125; 34g	er (be)schrieb;
mlaχta⁝	Appellativ *mlaχ* + enkl. pron.dem	§ 97a	diese Weihegabe
ana⁝	pron. pers. 3. Person	§ 85a,3	er (auch)
zinace⁝	Prät. von *zin(a)-*	§ 125	formte.

Zu *ziχuχe - zinace* vgl. griechische Keramiksignaturen mit *εγραφσεν - εποιεσεν*

3. TLE 342 (Töpferstempel auf einem Askos; Orbetello bei Cosa, rezent)

au	Abkürzung von *aule(s),* PN	§ 184a; 53a	Des Aule
afles	Gen. des Namens Afle	§ 53a	Afle
acil	Appellativ (Part. aor. pass.)	§ 138	Werk

4. TLE 215 (Töpferinschrift auf einem Askos; Volsinii, rezent)

ϑancesca	Gen. des Dimin. < weibl. PN *ϑana* + enkl. pron. dem.	§ 165; 97a	Dies (ist) der Thance,
numnal	Gen. des GN *numnei*	§ 50a; 185a	(der Sklavin) der Numnei,
acil	Appellativ (Part. Aor. Pass.)	§ 138	Werk

Aus Töpferstempeln mit *vel numnal* (es sind drei gleiche Stücke mit diesem Namen in Kartusche bekannt, von denen eines in Orvieto gefunden wurde, ein zweites wahrscheinlich in Kampanien (da in der Sammlung Bourguignon), das dritte aber – in Berlin befindlich – *orginis incertae* ist) – also mit männl. PN (ohne GN) im Nom. und weibl. GN in Gen. – ist ersichtlich, daß unfreie Arbeiter hier für eine freie Geschäftsfrau arbeiteten. Wie *vel* ein männlicher, unfreier Arbeiter, so ist *ϑance* eine weibliche, unfreie Arbeiterin (derselben Firma?). OLZSCHAS Interpretation der Inschrift (SE XXIX, 1961, 156) verkennt *ϑance* als Diminutiv von *ϑana* und die typische Namenformel der Unfreien (vgl. VETTER, *leϑe* 95ff.). Zu weiteren Stempeln mit *vel numnal* s. jetzt SE XXXV, 1967, 560.

F. Bauinschriften

1. TLE 51 (Cippus, Inschrift in zwei ineinander liegenden Kreisen; Caere)

1	*vel:*	PN, männl.	§ 181	Vel
	matunas.	GN auf *-s*	§ 45a; 185a	Matunas
	larisalisa	pron. pers. vom PN *laris,* Patronym.	§ 101,2; 101,3a; 197	Laris= Sohn.
2	*an:*	pron. pers. 3. Person	§ 85,a,1	Er
	cn	Akk. des pron. dem. *ca*	§ 90f.	dieses
	śuϑi	Appellativ, indef. Akk.	§ 45	Grab
	cerixunce	mediopass. Prät. von *cerixu,* Erweiterung von *car/cer-* „bauen"	§ 144g; 145,3	für sich errichten ließ.

2. TLE 84 (Wandinschrift der *Tomba dell'Orco;* Tarquinii, 4.-3. Jh.)

1	*larϑiale*	Temporaler emph. Gen. des PN *larϑ*	§ 208,c 2; 63b	Unter Larth
	hulxniesi	emph. Gen. des GN *hulxnie*	§ 63a; 185c	Hulchnie
	marcesic	emph. Gen. des PN *marce* + *-c*,„und"	§ 63a; 151a	und Marce
	caliaϑesi	emph. Gen. des GN *caliaϑe*	§ 63a; 185c	Caliathe,
	munsl^{2}e	Appellativ, Nom.-Akk.	§ 45	im Amte
	nacnvaiasi	Gen. dedic. von *nacnvaia,* Adj. III (plur.)	§ 74 (Petit) 63a	den Obersten(?),
	ϑamce	Prät. von *ϑam-*	§ 125	errichtete
	.....			.....

3. TLE 91 (Inschrift auf einem Diptychon, das ein junger Genius hält, Wandmalerei der *Tomba degli Scudi,* Tarquinii, 3.-2. Jh.)

1	*z[i]lci*	Temporaler Lok. des Appellativs	§ 58; 212b	Unter der Prätur
	vel[u]s	Gen. des PN *vel*	§ 34b; 54	des Vel
	hul^{2}xniesi	emph. Gen. des GN *hulxnie*	§ 63a; 185c	Hulchnie
	larϑ	PN, männl.	§ 181	Larth
	vel^{3}xas	GN auf *-s*	§ 45a	Velchas,
	vel[ϑu]rus	Gen. des PN *velϑur* (Patronym.)	§ 34d; 54; 197	des Velthur
	aprϑn[al]^{4}c	Gen. des GN *aprϑnei* (Metronym.) + *-c* „und"	§ 50a; 198; § 151a	und der Aprthnei
	clan	Appellativ, *cas.rect.*	§ 45	Sohn,
	sacniśa	Part. conj. < *sacni*	§ 129	weihte
	ϑu^{5}i	Adv. loc.	§ 156	hier
	[ei]ϑ	Lok. des pron. dem. *ei*	§ 90f.	in diesem
	śuϑiϑ	Lok. des Appellativs *śuϑi*	§ 58	(im) Grabe
	acazr	Plur. Nom.-Akk. von **acaza* (Wz. *ac-* „machen")	§ 42	die Werke (o.ä.)

4. TLE 619 (Hypogäum von S. Manno bei Perugia, über dem Eingang zur linken Cella; 3.-2. Jh.)

1 *cehen*	Pron. dem.	§ 99	Dies hier,
suϑi	Appellativ, *cas.rect.*	§ 45	das Grab,
hinϑiu	Adj. I		das unterirdische,
ϑueś	Gen.?		. . . .
sianś	Gen.?		. . . .[3]
etve	Adj. III, Modalis	§ 73; 59; 209d	zur immerwähren-
ϑaure	Appellativ, Modalis	§ 59	den Bestattung
lautneścle	Adj. II + Kollegialsuff. *-cla* im Modalis; beachte die Kasuskongruenz!	§ 59; 170	für die Familienangehörigen
caresri	Nezessit. am Intens. von *car-*	§ 132; 131	(war) zu bauen (= wurde gebaut)
auleś	Gen. (dedic.) des PN *aule*	§ 53a; 208d	für/von(?)[4] Aule
larϑial	Gen. (dedic.) des PN *larϑ*, Asynd.	§ 50b; 208d; 152a	(und) Larth
precuϑuraśi	emph. Gen. (dedic.) des Plurals des GN *precu*	§ 44a; 63a; 166,3	Precu,
2 *larϑialisvle*	emph. pronom. Gen. des poss. Adj. vom PN *larϑ* (Patronym.)	§ 63b; 197	des Larth
cestnal	Gen. des GN *cestnei* (Metronym.) Asyndeton	§ 50a; 198 § 152a	(und) der Cestnei
clenaraśi	Gen. Plur. (dedic.), emph., < *clan*	§ 42; 63a	Söhne,
eϑ	Lok. des pron. dem. *ei*	§ 90f.	an dieser
fanu	indekl. Appellativ (< umbr. *fesno*?)	§ 179	heiligen Stätte
lautn	arch. Gen. von *laut* „Familie“	§ 49a	der Familie
precuś	Gen. des GN *precu*	§ 53a; 185e	Precu,
ipa	pron. rel., adverbiell	§ 88; 156	wo (an welcher)
murzua	Adj. III (plur.) von *murś*	§ 74	die Urnen
cerurum	Plur. von *ceru*, Verbalnomen von *cer-*, + Konjunktion *-(u)m*	§ 134; 42; 151b	und die Werkstücke
ein	Akk. des pron. dem. *ei* (Akk. der Richtung)	§ 90f; 211,b	in diese
3 *heczri*	Nezess. am Intens. von *hec(i)-*	§ 132; 131	zu stellen sind,
tunur	Distributivzahl, < *ϑu(n)*	§ 110	je eine
clutiva	Adj. III (plur.) von *cluti* „Trinkgefäß“	§ 74	Trinkschale,
zelur	Distributivzahl, < *zal*	§ 110	je zwei
[*acaz(e)*]*r*	Plur. von **acaza* < *ac-* „machen“	§ 42	Werke (o.ä.)

[3] Trotz mehrfacher Belege von *s(i)an-* (TLE 104 *sanśaś*; 624.651 *sanśl*; 619 *sianś*; 476 *sianśl*) morphologisch und semantisch unklar.

[4] S. aber auch § 208g.

G. Inschriften mit Cursus honorum

1. TLE 99 (Wandinschrift eines jetzt unbekannten Grabes in Tarquinii)

1	*larϑ*	PN, männl.	§ 181	Larth
	ceisinis	GN auf *-s*	§ 45a; 68; 185a	Ceisinis,
	velus	Gen. des PN *vel,* Patronymikon	§ 34b; 54; 197	des Vel
	clan	Appellativ, *cas.rect.*	§ 45	Sohn;
	cizi	Zahladverb < *ci* „drei"	§ 109; 103a	dreimal
	zilaχnce	Prät. des verb. essiv. < *zilaχ* „Prätor"	§ 126; 172; 145, zu b,2	regierte er als Prätor
2	*meϑlum*	Appellativ, *cas.rect.* (indef. Akk.)	§ 45	den Gau
	nurφzi	Zahladverb < *nurφ* „neun"	§ 109; 103b	neunmal
	canϑce	Prät. des vom Nomen *canϑ/camϑ(i)* abgeleiteten Verbs „Camth-sein"	§ 125; 145, zu b,1	war er Camth(i).

2. TLE 126 (Inschrift des „Magnatensarkophags"; Tarquinii, Grab der Familie Partunus; s. Lesebuch Nr. 9)

1	*velϑur*	PN, männl.	§ 181	Velthur
	partunus	GN auf *-s*	§ 45a; 185e	Partunus
	larisališa	poss. Adj. von PN *laris,* Patronym.	§ 101,2; 101,3,a; 197	Laris- Sohn,
	clan	Appellativ, *cas.rect.*	§ 45	Sohn
	ramϑas	Gen. des weibl. PN *ramϑa,* Metronymikon	§ 53c; 182	der Ramtha
	cuclnial	Gen. des GN *cuclnei,* Metronym.	§ 50a; 198; 200	Cuclnei.
	zilχ	Appellativ, *cas.rect.*	§ 45; 172	Als Prätor
	ceχaneri	Nezess. von *ceχ(a)-an-* „Richter sein"	§ 123; 131	*iure dicundo*
	tenϑas	präteritales Part. conj. von *ten-* „eingesetzt sein, fungieren"	§ 130; 144e	eingesetzt gewesen,
	avil	Appellativ, *cas.rect.* Sing.	§ 45; 138b; 210d	Jahre
	svalϑas	präteritales Part. conj. von *sval-* „leben"	§ 130	gelebt habend
	LXXXII	Ziffer für *zal cezpalχ*	§ 103a,d; 112	82.

Zu *zilχ ceχaneri „praetor iure dicundo"* siehe Verf., SE XXIX, 1961, 149f.

3. TLE 137 (Sarkophag, Tarquinii)

	. . . .	(PN) (GN)		N. N.,
	[l]arisal	Gen. des PN *laris,* Patronym.	§ 50b; 197	Laris (f.),
	crespe	Individualcognomen	§ 187; 190	Crispus,
	ϑanχvilus	Gen. des PN *ϑanχvil*	§ 34b; 53c; 200	Tanacvilis
	pumpnal	Gen. des GN *pumpnei,* Metronym.	§ 50a; 185a; 198	Pumpniae
	clan	Appellativ, *cas.rect.*	§ 45	filius,
	zilaϑ	Appellativ, *cas.rect.*	§ 45; 172	praetor

[*meχl*]	Appellativ, Gruppenflexion	§ 45; 212a	rei
rasnas	Gen. des Adj. II	§ 78d	publicae,
marunuχ	Abk. für *marunuχva*[5], Adj. III (plur.)	§ 145, zu b,2; 74	maronum
[*cepe*]*n*	Appellativ, *cas.rect.*	§ 45	praeses,
zilc	Appellativ, *cas.rect.*	§ 45; 172	praetor
ϑufi	Appellativ, *cas.rect., Acc. relat.*	§ 45; 211b	poenalis
tenϑas	präteritales Part. conj. von *ten-*	§ 130; 144e	functus
marunuχ	Abk. für *marunuχva,* Adj. III (plur.)	§ 145, zu b,2; 74	maronum
paχanati	Lok. von *paχana* „Bacchustempel“	§ 58; 67; 77	in Baccheio
ril	Adj. I	§ 66; 210d	(annos) natus
LXIII	Ziffer für *ci śealχ*	§ 103a,d; 112	LXIII

4. TLE 169 (Sarkophag aus dem Grab der Familie Alethna, Musarna bei Tarquinii)

1	*aleϑnas*	GN auf *-s*	§ 45a; 185a	Alethnas
	v.	Abk. für *vel* (PN)	§ 184a	V(el)
	v.	Abk. für *velus,* Patronymikon	§ 184a; 197	V(elis)f.,
	ϑelu	Verbaladj. von *ϑe(l)-* (Aoriststamm)	§ 134; 138	fungens
	zilaϑ	Appellativ, *cas.rect.*	§ 45	praetor
	parχis	Gen. des Appellativs **parχi*	§ 53b	*parχis*
2	*zilaϑ*	Appellativ; Asyndeton	§ 172; 152a	(et)praetor
	eterau	Adj. I < *etera* „Fremdling“	§ 66	peregrinus.
	clenar	indef. Akk. Plur. von *clan* „Sohn“	§ 45; 42	filios
	ci	Grundzahlwort	§ 103a	tres
	acnanasa	substantiviert. Part. conj. < *acn-an-*	§ 144; 145a	sibi habens comparatus
3	*elśśi*	Zahladverb, iterativ?	§ 109	*iterum(?)*
	zilaχnu	Verbum essiv. von *zilaϑ*, partizipial	§ 145b,2; 134; 138; 129	**praetoriavit*
	ϑeluśa	Verbaladj. (s.o.) mit Suff. des Part. conj.		
	ril	Adj. I	§ 66; 210d	(annos) natus
	XXVIIII	Ziffer für *ϑunem cialχ*	§ 103a,d; 112[6]	XXIX
4	*papalser*	Nom.-Akk. Plur. von *papals* „Enkel“	§ 45b; 51; 42	nepotes
	acnanasa	s.o. Zeile 2		sibi habens comparatus
	VI	Ziffer für *huϑ*	§ 103a; 112	VI
	manim	Appellativ, *cas.rect.*	§ 45; 178,2	monimentum
	arce	Präteritum von *ar-* „machen“	§ 125	fecit
5	*ril*	Adj. I	§ 66; 210d	(annos) natus
	LXVI	Ziffer für *huϑ *huϑalχ*	§ 103a,d; 112	LXVI

---

[5] zu *marunuχ(va) cepen* vgl. TLE 133.171.

[6] Wenn VETTERS Deutung von *elśśi* („primum“) richtig wäre, hätten wir hier vielleicht die Andeutung eines etr. «*ius trium liberorum*».

5. TLE 170 (Sarkophag aus dem Grab der Familie Alethna, Musarna)

1	*arnϑ*	PN, männl.	§ 181	Arnth
	aleϑn[2]as	GN auf *-s*	§ 45a; 185a	Alethnas,
	ar	Abkürzung für *arnϑ(al);* Patronym.	§ 184a; 197	Arruntis
	clan	Appellativ, *cas.rect.*	§ 45	filius,
	ril	Adj. I	§ 66; 120d	(annos) natus
3	*XXXXIII*	Ziffer für *ci śealχ*	§ 103a,d; 112	XXXXIII,
	eitva	Adj. III	§ 72f.	perpetuus
	ta[4]mera	Appellativ, *cas.rect.*	§ 45	curator
	śarvenas	Gen. des Zahlsubstantivs (Adj.III/II)	§ 53b; 111	Xvirum,
5	*clenar*	Nom.-Akk. Plur. von *clan* „Sohn"	§ 12; 42; 44a	filios
	zal	Grundzahlwort „zwei"	§ 103a	tres
	arce	Prät. von *ar-* „machen"	§ 125	fecit
6	*acnanasa*	substantiviertes Part. conj. vom erweiterten Verbum *acn-an* „erwerben"	§ 144; 145a	sibi comparans,
	zilc	Appellativ, *cas.rect.*	§ 45; 172	praetor
	mar[7]unuχva	Adj. III (plur.) vom Verb. essiv. *maru-nu* „Maro-sein"	§ 145, zu b,2; 74	maronum
	tenϑas	präteritales Part. conj. von *ten-*	§ 130; 144e	functus (est).

6. TLE 171 (Sarkophag aus dem Grab der Familie Alethna, Musarna)

1	*avl[e*	PN, männl.	§ 181	Aule
	al]eϑnas	GN auf *-s*	§ 45a; 185a	Alethnas,
	[a]rnϑal	Gen. des PN *arnϑ,* Patronymikon	§ 50b; 197	Arruntis
	cla[n]	Appellativ, *cas.rect.*	§ 45	filius
	ϑanχvilusc	Gen. des PN *tanχvil* + Konj. *-c*	§ 34b; 151a; 200	Tanaquilisque
	ruvfial	Gen. des GN *ruvfi,* Metronymikon	§ 185c; 198	Rufiae,
	zilaχ[nuce]	Prät. des Verb. essiv. *zilaχ-nu* „Prätor-sein"	§ 126; § 145, zu b,2	*praetoriavit
2	*spureϑi*	Lok. des Appellativs *spura* „Stadt"	§ 58	in urbe
	apasi	emph. Gen. von *apa* „Vater, Ahn"	§ 63	patris
	svalas	Part. conj. auf *-as* von *sval-* „leben"	§ 127	vivens[7]
	marunuχva	Adj. III (plur.) vom Verb. essiv *maru-nu* „Maro-sein"	§ 145, zu b,2;74	maronum
	cepen	Appellativ, *cas.rect.*	§ 45	praeses
	tenu	Verbalnomen von *ten-*	§ 144,f; 134	functus
	eprϑnevc	Adj. II/I von *purϑ* „dictator" + Konj. *-c* „und"	§ 75a; 76; § 151a	dictatoriusque
	eslz	Zahladverb < *zal* „zwei"	§ 109	bis

[7] Zur Frage, ob der in Musarna Bestattete die Magistratur in Chiusi ausübte, s. PALLOTTINO, SE XXIV, 1955–56, 62f.

te[nu]	Verbalnomen von *ten-*	§ 144,f; 134	functus,
3 *eprϑṇeva*	Adj. II/III von *purϑ* „dictator"	§ 75c; 76	dictator suffectus
eslz	Zahladverb < *zal* „zwei"	§ 109	bis.

H. Inschriften von Unfreien

Zur Onomastik der Unfreien und Halbfreien s. die grundlegende Arbeit von VETTER. „Die etr. Personennamen *leϑe, leϑi, leϑia* und die Namen unfreier oder halbfreier Personen bei den Etruskern", ÖJh XXXVII, 1948, Beibl. Sp. 57–112. – Verf., Die Namen ehemals unfreier Personen bei den Römern und in Etrurien, BzN XI, 1960, 56–59.

Zur Bedeutung der Bezeichnungen *etera, lautni, lautneteri* s. außer VETTER (s.o.) die neueren Arbeiten (mit Angabe der älteren Literatur): MAZZARINO, Sociologia del mondo etrusco, Historia VI, 1957, 98f.; HEURGON, L'État étrusque, Historia VI, 1957, 63ff.; Les pénestes étrusques chez Denys d'Halicarnasse (IX, 5,4), Latomus XVIII, 1959, 713ff.; The date of Vegoia's prophecy, JRS XLIX, 1959, 44; Posidonios et les Étrusques, Festschr. A. Grenier, Coll. Latomus LVIII, 1962, 799ff.; FRANKFORT, Les classes serviles en Étrurie, Latomus XVIII, 1959, 3ff.; RIX, Das etr. Cognomen, 356ff.

Auf Grund dieser Forschungen kann als gesichert angenommen werden:

etera = a) der *Peregrinus,* d.h. ein in Etrurien lebender Freier ohne Bürgerrecht;
b) der *Cliens* nicht-etruskischer Abstammung.

lautni (u. *lautniϑa*) = „*familiaris*" (Adj. II von laut); dies ist im Prinzip jeder, der unter der *potestas* des *pater familias* steht. Als spezifische Standesbezeichnung meint *lautni*
a) einen οἰκέτης oder *servus domesticus;*
b) den *libertus* und in der Folge den *cliens* nach 90 v. Chr.

lautneteri ist ein *cliens,* der zur *familia* gehört, ein«*cliens familiaris*».

Auf keinen Fall ist *etera* ein Synonym für *clan* „Sohn" (TORP) und auch nicht die Bezeichnung für den *filius minor* (CORSSEN). Unrichtig ist auch die Deutung „adelig" (LEIFER, ROSENBERG), „*heres*" (MARTELLI), „Page" [«probabilmente il servo affrancato in tenera età per le delizie del padrone o della padrona»] (COLI).

Man beachte den wichtigen Hinweis VETTERS (mündlich), daß – wie in CIE 3965f. – die Angabe *etera* sich zwar auf der über dem Grabe befindlichen Stele, seltener aber auf dem dazu gehörigen Ossuar befindet. Dies erweckt den Eindruck, es wäre die Angabe *etera* in bestimmten Fällen vorgeschrieben gewesen. Vetter dachte an ein Verbot des Bodenbesitzes von seiten Landfremder, von dem aber eine Begräbnisstätte ausgenommen war. RIX (Cognomen 371, Anm. 164) hingegen weist darauf hin, daß sich die Namenformel der *etera* in keiner Weise von der der Freien unterscheidet.

1. CIE 2004 (Chiusi)

antipater	PN, = griech. Ἀντίπατρος, lat. *Antipater*	§ 181	Antipater,
cicuś	Gen. des GN oder CN *cicu*	§ 53a; 188	(Knecht) des Cicu

2. CIE 3678 (Ossuar, Perugia))

arntu	PN, Dimin. < *arnϑ*, für *arnziu*	§ 165	Arntu,
numsis	Gen. des GN *numsi*	§ 53a; 185d	(Knecht) des Numsi[8]

[8] Die Gattin dieses Unfreien s. Nr. 10!

3. CIE 3709 (Ossuar, Perugia)

ramϑa	PN, weibl.	§ 182	Ramtha,
cearϑiś	Gen. des GN *cearϑi(ś)*	§ 53a; 185d	(Magd) des Cearthi[9]

4. CIE 555 (Grabziegel, Chiusi)

seϑra	PN, weibl.	§ 181	Sethra,
χumtuś	Gen. des GN (CN) *χumtu*	§ 53a; 185e; (188)	(Magd) des Chumtu[10]

5. CIE 956 (Tonurne, Chiusi); lat. Schrift, etr. Sprache (§ 2,f)

THANNA	PN *ϑana*	§ 182	Thana,
NAEIPVRS	Gen. des Knechtenamens *(c)naepur* < lat. *Cnaei puer*	§ 53a	(Gattin) des (C)naeipur[11]

6. TLE 387 (Cippus, Volaterrae)

1 *ta*	Pron. dem.	§ 90	Dies (ist)
suti	Appellativ, *cas.rect.*	§ 16b; 45	das Grab
2 *mucetis*	Gen. des kelt. Individualnamens *muceti* (vgl. lat. *Mogetius)*	§ 53a	des Muceti,
3 *cneunaś*	Gen. des GN *cneuna*	§ 53a; 185a	des Cneuna
4 *lautuniś*	Gen. des Appell. *lautni* mit *u*-Anaptyxe	§ 28, zu a; 53a	*lautni*

7. TLE 461 (Steintafel, Chiusi)

1 *capiu*	PN, Demin. von *ca(r)pe*	§ 165	Capiu,
ranazu 2 *ś*	Gen. des GN *ranazu* „Töpfer"?[12]	§ 53a; 187	des Ranazu
autleś	Gen. des PN, Demin. des venet. PN *autu* (vgl. CIE 4250)	§ 53a; 167	Autle
3 *lautni*	Appellativ, *cas.rect.*	§ 45	*lautni*

8. TLE 556 (Tonurne, Ager Clusinus)

pilunice	Individualname = Φιλον(ε)ικος	§ 181	Philonikos,
lautni	Appellativ, *cas.rect.*	§ 45	*lautni*

---

9 CORTSEN, STBT 57, faßt die Formel falsch auf („Tochter" oder „Frau"); als Tochter müßte die Bestattete *r. cearϑia,* als Gattin aber (ohne GN unfrei!) in Perugia *r. cearϑiś puia* heißen.

10 PAULI, CIE ad nr. 555 „filia praecedentis" ist unrichtig. Die Tochter eines Chumtu heißt nach festem Sprachgebrauch *χumtui;* es kann auch nicht die legale Gattin eines *χumtu* sein, da diese in Chiusi *χumtusa* hieße.

11 Der zweite Name ist – wie *caepur, olipor* – typischer Knechtename; es handelt sich um die unfreie Gattin eines Unfreien.

12 Vgl. hiezu Übungsbuch e, 1.

heul	Appellativ (falls nicht überhaupt Verschreibung [für *veluś* ?])	§ 212a	
alfniś	Gen. des GN *alfi* („*Albius*")[13]	§ 185d	des Alfni

9. TLE 561 (Olla, Chiusi)

velia	PN (Chiusi!)	§ 181	Velia,
lavtnit	Appellativ, fem. *lautnita/ϑa*	§ 165	*lautniϑa*
rvs	Abk. des GN *rvsu;* zu lesen *rvsuś*	§ 185e; 53a	des Rusu

10. TLE 591 (Ossuar, Perugia)

1 *puia*	Appellativ, *cas.rect.*	§ 45	Die Gattin
arntuś	Gen. des PN *arntu,* Kosename < *arnϑ*, für *arnziu*	§ 165	des Arntu, des (Knechtes des)
2 *numsiś*	Gen. des GN *numsi*	§ 53a; 185d	Numsi,
3 *urnasis*	(umbr.) Individualname		Urnasis,[14]
lautniϑa	Appellativ, Fem. zu *lautni*	§ 165	die *lautniϑa*

11. TLE 496 (Grabziegel, Cetona bei Chiusi)

1 *φila*	PN, = griech. Φίλη	§ 181	Phila,
veratrsa	poss. Adj. von *veratru;* Gamonym.; silbisches *r*	§ 185,e; 101,1; 101, 3c	die (Gattin) des Veratru,
2 *lavtnita*	Appellativ, *cas.rect.*	§ 45	*lautniϑa*
purnal	Gen. des GN *purnei*	§ 50,a; 185,a	der Purnei

12. TLE 594 (Ossuar, Perugia)

1 *aule*	PN, männlich	§ 181	Aule,
scevi 2 *ś*	GN *scevi*[15]	§ 181	Scevi,
arnϑia 3 *l*	Gen. des PN *arnϑ*	§ 50,b	(Sohn) des Arnth,
etera	Appellativ, *cas.rect.* (< umbr. *et(e)ro-* „der andere")[16]	§	*peregrinus*

13. TLE 599 (Ossuar, Perugia)

1 *larϑ*	PN, männlich	§ 181	Larth,
śelva 2 *śl*	Gen. des Götternamens *Selvans*	§ 45,a; 50,b	des Silvanus
aϑnu	Appellativ, *cas.rect.*	§ 45	*vilicus? ianitor?*[17]

---

[13] Zur ganzen Inschrift vgl. CIE 77 (Volaterrae) *L. Vettius L. l. Philoni/cus annorum XLV.*

[14] Die Bestattete ist die Gattin von h) 2. – *urnasis* wohl „*Ordinaria*", vgl. TIG Va 2.15 *urnasier* (Abl. plur.) und III 3 *urnasiaru* (Gen. plur. fem.).
Die ungeschickte Anordnung der Zeilen ist in 3 - 1 - 2 zu ändern.

[15] Das GN *scevi* (auch *scefi*) stammt vom ital. CN *scaev-* „Linkshand". Die Scevi besaßen in Perugia ein Familiengrab, das um 200 v.Chr. zu datieren ist (CIE 3417–20).

[16] imbr. *etro-* wäre dann im Etr. auch als *etru* erhalten: TLE 577 [1](. . .) [*l*]*aruś aϑnu / etru ϑui;* TLE 597 *sertur e/tru cainiś;* CIE 3428 *larza etru.*

[17] VETTER, *leϑe* 102; RIX, cognomen 189, erwägt allerdings die Möglichkeit, daß es sich bei *śelvaśl*

14. TLE 4343 (Urnendeckel, Perugia)

lartia	PN, weiblich	§ 181	Lart(h)ia,
vetus	Gen. des GN *vetu*	§ 53,a; 185,e	des Vetu
nene	Appellativ, *cas.rect.*	§ 45	Amme[18]

II. Proben aus den Agramer Mumienbinden[19]

1. Aus Kolonne II

7	*haϑrϑi*	Imp. II vom Aoristst. *haϑ(i)r*	§ 122; 137	„Sei gnädig und
	repinϑic	Imp. II von *repin-*, Mediopass.	§ 122; 144; 151a	neige dich
	śacni[cl]eri	def. Akk. Pl. von *śacnicla*	§ 47; 170; 211	zu den Heiligtümern
8	*[cilϑl]*	Gen. des Appell. *cilϑ*	§ 50b	des Volkes,
	śpureri	def.-Akk. Pl. von *śpura*	§ 47	den Städten
	meϑlumeric	def. Akk. Pl. von *meϑlum* + *-c*	§ 47; 151a	und den Gauen
	enaś	Gen. des Pron. pers. d. 3. Pers.	§ 85a	seiner
	śveleric	def. Akk. Pl. von **svele* + *-c*	§ 47; 151a	und den Herden,
9	*svec*	Adv. + Konj. *-c*	§ 153; 151a	und ebenso
	an	Pron. pers. d. 3. Pers., Nom.	§ 85a	er,
	cś	nominal. Gen. des Pron. dem. *ca* (Gen. dedic.)	§ 90f; 97b; 208d	dem (für den)
	mene	Verbalsubstant. von *men-*	§ 132,2	die Gabe
	utince	Prät. mediopass. von *ut-*	§ 125; 144g	geleistet wurde
	ziχne	Modalis von **ziχna* „Schrift"	§ 59	nach (Vorschrift)
	śetirunec	Mod. von **śetiru* „Bestimmung" + *-na* (Adj. II) + Konj. *-c*	§ 59; 67; 137; 151a	und Bestimmung!"
10	*raχϑ*	Imp. II von *raχ-* „nehmen, bereiten"	§ 122	Nimm
	tura	Appellativ, Lehnwort (Pl.)	§ 45; 178,3	Weihrauch,
	nunϑenϑ	Imp. II von *nunϑen-*	§ 122; 143; 177	opfere auf
	cletram	Appell., Lehnwort, indekl.	§ 178; 179	mit der Schale,
	śrenχve	Adj. III von *śren* „Schmuck" im Modalis, Attribut zu *cletram* und an dessen Stelle flektiert	§ 72; 77b; 59	der geschmückten,

---

eher um eine gentilizische Ableitung vom Götternamen *śelvanś* als um dessen Genitiv handelt (s.a. Die Sprache VIII, 1962, 33f.). In diesem Falle könnte *aϑnu* als Verbalnomen aufgefaßt werden, das zuerst Berufsbezeichnung und dann CN ist (s. §§ 141,b; 193).

18 VETTER a.a.O. 102; vgl. Horaz, Epist. I 1,63 *puerorum nenia* „die Ammenlieder für Kinder" und als indirekte Bilinguis CIE 3479 (Perugia) *Floria . Cestiae . nutrix.*

19 S. Verf., Studien zu den AM, Denkschr. Öst. Akad. d. Wiss., Bd. 82, 1962.

11	*tei*	Nom.-Akk. Pl. von *ta*	§ 91	die(se)
	faśei	Appell., Nom.-Akk. (*cas.rect.*)	§ 45	Brote;
	zarfneϑ	Kausativ (Imp. I) von *zaru-*	§ 133	mische
	zuśle	Appellativ (< *ζύθος?*), *cas.rect.*	§ 45	das *zuśle* (Rauschtrank),
	nunϑen	Imp. I von *nunϑen-*	§ 117; 143; 177	opfere auf,
12	*farϑan*	Part. durat. von *farϑ-*	§ 123	weihend
	aiseraś	Gen. (dedic.) des Götternamens *aisera*	§ 53c; 208d	der Aisera
	śeuś	Adj. I, als Epitheton in Kasuskonkordanz flektiert	§ 66; 77; 213a	*śeu* (der Dunklen?),
	cletram	Appell., Lehnwort, indekl.	§ 178; 179	mit der Schale,
	śrencve	Adj. III, Modalis (siehe oben!)		der bebilderten.

2. Aus Kolonne III

13	*trin*	Imp. I	§ 117	Besprenge
	ϑezine	final. Modalis des Mediopass. von *ϑez-* „schlachten“	§ 209d § 144c	zum Geschlachtet-werden
	χim	Adj. I	§ 66	das ganze
	fler	Appell., *cas.rect.*	§ 45	Opfertier
	tarc	Appell. (eine Sache, die geopfert wird), *cas.rect.* + Konj. *-c*	§ 45; 151a	und das *tar*

3. Aus Kolonne IV

14	*heχśϑ*	Imp. II des Intens. von *hec(i)-*	§ 122; 132	Setze vor
	vin(u)m	Appell., *cas.rect.*	§ 45; 178,3	den Wein;
	trin	Imp. I	§ 117	besprenge
	flere	Appell., *cas.rect.* (Akk.)	§ 45	das Opferbild
15	*in*	Formans des arch. Gen., als präponierter best. Artikel	§ 49b	des
	crapśti	Göttername, umbr. Lehnwort, indeklinabel		Crapśti;
	un	= *une* (Modal. von *un-* „ausführen, vollenden“	§ 59; 155	hierauf
	mlaχ	Appell., *cas.rect.* (Akk.)	§ 45	die Opfergabe
	nunϑen	Imp. I von *nunϑen-*	§ 117; 143; 177	bringe dar.
	χiś	Imp. I	§ 117	Zerteile
	esviśc	Imp. I des Intens. von *esvi-* + Konj. *-c*	§ 117; 132; 151a	und heilige
16	*faśei*	Appell., *cas.rect.*	§ 45	das Brot;
	cisum	Verbaladj. von *c/χiś* + Konj. *-m*	§ 134; 151b	einen Teil aber
	pute	Jussiv von *puϑ/t-*	§ 120	sollst du legen
	tul	Appell., Akk. der Richtung	§ 207c; 210c	zum Stein
	ϑans	Gen. des Götternamens *ϑan*	§ 53c	der Than.

4. Aus Kolonne V

14	*śin*	Imp. I	§ 117	„Nehmt,
	eiser	Plur. von *ais/eis* „Gott" (Voc.)	§ 45; 207e	ihr Götter,
	śic	Adj. I + Konj. *-c*	§ 66; 151a	sowohl die *śi* (lichten?)
	śeuc	Adj. I + Konj. *-c*	§ 66; 151a	als auch die *śeu* (dunklen?)!"
	χiś	Imp. I	§ 117	Zerteile
	esviśc	Imp. I des Intens. von *esvi-* + Konj. *-c*	§ 117; 132; 151a	und heilige
15	*faśe*	Appell., *cas.rect.*	§ 45	das Brot.
	śin	Imp. I	§ 117	„Nehmt,
	eiser	Plur. von *ais/eis* „Gott" (Voc.)	§ 45; 207e	ihr Götter,
	faśeiś	Gen. (part.) von *faśe(i)*	§ 53b; 208b	von dem Brot!"
	raχϑ	Imp. II	§ 122	Stelle auf,
	sutanaś	Part. conj. + Part. durat. von *sut-*	§ 123; 127; 145	(dich) gesetzt habend,
16	*celi*	Adj. I	§ 66	frische(?)
	suϑ	Appell., *cas.rect.* (Akk.)	§ 45	Milch(?).
	vacl	Appell., *cas.rect.* (Nom.)	§ 45	Libation
	ϑesnin	arch. Gen. des Götternamens *ϑesan*	§ 49	der Thesan.
	. . . . .			
20	*unum*	= *une-um*, adv. Modalis von *un-* + Konj. *-(u)m*	§ 59; 155; 151b	hierauf aber
	mlaχ	Appell., *cas.rect.* (Akk.)	§ 45	die Opfergabe
	nunϑen	Imp. I von *nunϑen-*	§ 117; 143; 177	bringe dar;
	ϑeiviti	Imp. II von **ϑeiv(i)-* „?"	§ 122	. . . . . . e
21	*favitic*	Imp. II von **fav(i)-* „?" + Konj. *-c*	§ 122; 151a	und . . . . . e
	faśei	Appellativ, *cas.rect.* (Akk.)	§ 45	das Brot!
	cisum	Verbaladj. von *c/χiś* + Konj. *-m*	§ 134; 151b	Ein Teil aber
	ϑesane	temporal. Modalis von *ϑesan* „*aurora*"	§ 59; 209b	am Morgen
	uslanec	temporal. Modalis von *uslan* „Mittag"	§ 59; 209b	und am Mittag
22	*mlaχ*	Appellativ, *cas.rect.* (Nom.)	§ 45	als Opfergabe
	eluri	Nezessitativ von *i/elu-* „opfern"	§ 131	zu opfern ist.

5. Aus Kolonne VI

9	*zaϑrumsne*	temporaler Modalis des Ordnungszahlw. < *zaϑrum* „20"	§ 54; 59; 108; 209b	Am Zwanzigsten
	lusaś	Gen. des Götternamens *lusa*	§ 53a	des Lusa[20]

---

[20] Zu *Lusa / Lausus* s. E. KRAUSE, Zu den Namen der Etrusker in Vergils Äneis. Comment. Vindob. 3, 1947, 37f.

	fler	Appellativ, *cas.rect.*	§ 45	Opfertier,
	hamφisca	Gen. von *hamφe* „campus“ und	§ 93b; 97c	das des Feldes,
	ϑezeri	Nezessitativ von *ϑez-*	§ 131	zu schlachten ist.
	. . . . .			
	. . . . .			
14	*eslem*	Subtraktionszahl „zwei weniger“	§ 54; 103e; 105;	Am achtzehnten
		zal „2“	§ 208c	
	zaϑrumiś	Gen. (temp.) des Grundzahlw.		
	acale	Monatsname, temp. Modalis	§ 59; 209b	im *Aclus* (Juni)
	tinśin	arch. Gen. des Götternamens *tinś*	§ 45a; 49	des Tinś
	śarve	Adj. III (plur.) < *śar* „10“	§ 111	Zehner (10 Opfer)
15	*luϑti*	Lok. von *luϑ* „Stein“	§ 58	auf dem Stein . . .

6. Aus Kolonne VIII

1	*ϑucte*	Monatsname, temporaler Modalis	§ 59; 209b	Im Thucte,
	ciś	Gen. (temp.) von *ci* „drei“	§ 103a; 105; 106	am 13.,
	śariś	Gen. (temp.) von *śar* „zehn“	§ 103c; 105; 106; 208c	
	esvita[21]	Adj. I *esvi* + enkl. Pron. dem. *ta* (Nom.-Akk.)	§ 45; 66; 97b	Opfer
	vacltnam	Appellativ *vacl* + enkl. Konj. *etnam*	§ 151d	und auch Libation
	in	Formans des arch. Gen. als präponierter best. Artikel	§ 49b	der
2	*culścva*	Adj. III < *culś*, als Plural	§ 74	Culś-Götter[22]
	spetri	Nezessitativ von **spet-*	§ 131	zu vollziehen ist,
	etnam	Konjunktion	§ 151d	ebenso
	ic	Adverbielle Partikel	§ 153	wie
	esvita	siehe oben!		das Opfer
	enaś	Gen. des Pron. pers. der 3. Pers.	§ 85a	ihrer (= für sie).
3	. . *huϑiś*	Gen. des Grundzahlwortes *huϑ*	§ 45; 103a;	. . . am 26.
	zaϑrumiś	Gen. des Grundzahlwortes *zaϑrum*	§ 54; 103c; 208c	
	flerχva	Adj. III von *fler*, als Plural	§ 72; 74	die Opfer
	neϑunsl	Gen. des Götternamens *neϑuns*	§ 45a; 50b; 208d	für Nethunś
4	*śucri*	Nezessitativ von **śuc-* „?“	§ 131	zu . . . . . en
	ϑezeric	Nezessitativ von *ϑez-* „schlachten“ + Konj. *-c*	§ 131; 151a	und zu schlachten sind.
	. . . . .			
	. . . . .			
9	*usi*	Grundform als Imp. I	§ 117	Schöpfe (voll)
	clucϑraś	Gen. separation. des Appell.	§ 53c; 208e	aus dem Krater (?)
10	*caperi*	def. Akk. Plur. von *cape*	§ 47	die Becher

---

21 Zur Lesung *esvita* statt *esvitn* s. § 179.

22 S. Verf., Studien zu den AM, 75f.

	zamϑic	Adj. I	§ 66	aus Gold.
	vacl	Appellativ, *cas.rect.* (Akk.)	§ 45	Die Libation
	ar	Grundform als Imp. I	§ 117	mache
	flereri	def. Akk. Plur. von *flere*	§ 47; 211b	hin zu den Opferbildern;
	sacnisa	Part. conj. des denominalen Verbs	§ 129; 229a	sobald du weihst (geweiht hast)
11	*sacnicleri*	def. Akk. Plur. von *sacnicla*	§ 47; 170	die Tempelräume,
	trin	Grundform als Imp. I	§ 117	besprenge
	flere	Appellativ, *cas.rect.* (Akk.)	§ 45	das Opferbild
	neϑunsl	Gen. des Götternamens *neϑuns*	§ 45a; 50b	des Nethuns.
	. . . . .			
16	*ϑezin*	Mediopass. von *ϑez-*, Grundform = 3. Pers. Sing.	§ 144a	Es wird geschlachtet
	fler	Appellativ, *cas.rect.* (Nom.)	§ 45; 207a	das Opfertier.

7. Aus Kolonne IX

γ^1(Opferschluß)

	nacum	Temporal. Partikel + Konj. *-m*	§ 155; 151b	Dann aber
	aisna	Adj. II	§ 67	den göttlichen
	hinϑu	Adj. I	§ 66; 226	unteren (d.h. für die Unterirdischen)
	vinum	Appellativ, < griech. *οἶνον*	§ 178,3	Wein
	trau	Grundform für Imp. I	§ 117	gieße aus,
	prucuna	Adj. II < *pruχun* < *πρόχουν*	§ 178,3; 67; 226	den der Kanne.

8. Aus Kolonne X

14	*nac*	Temporale Partikel	§ 155	Dann
	cal	Appellativ, *cas.rect.* (Akk.)	§ 45; 207b	das *cal*
15	*hinϑu*	Adj. I	§ 66; 226	das untere (= für die Unterirdischen
	heχz	Grundform des Intens. von *hec(i)-* als Imp. I	§ 132; 117	lege (nieder)
	velϑe	Modalis, lok.	§ 59; 209a	auf dem Boden,
	śancve	Adj. III, lok. Modalis	§ 72; 59; 213	dem geheiligten.
	. . . .			
20	*ara*	Ind. Präs., 3. Sing.	§ 119	Er bereitet
	ratum	Adv. < *raϑ* „odo“	§ 81 (	ordentlich (= „rite“)
	aisna	Adj. II	§ 67	das göttliche
	leitrum	Appellativ (Lehnwort?), *cas.rect.*	§ 45; 207b	*leitrum*,
	zuϑeva	Adj. III (plur.)	§ 74	Rauschtrank

	zal	Grundzahlwort	§ 103a	zwei (Teile)
21	*eśic*	Konj. *eśi* + Konj. *-c*	§ 151a,c	oder auch
	ci	Grundzahlwort	§ 103a	drei,
	halχza	Appell., Deminut. <*halχ; cas.rect.*	§ 45; 165; 207b	*halχza*
	ϑù	Grundzahlwort	§ 103a	ein (Teil)
	eśic	Konj. *eśi* + Konj. *-c*	§ 151a,c	oder auch
	zal	Grundzahlwort	§ 103a	zwei.
	mula	Ind. Präs., 3. Sing.	§ 119	Er spendet
	santic	Adj. I (eine bestimmte Weinart)	§ 66	*santic*-Wein
22	*ϑapna*	Appellativ, *cas.rect.* (Richtung)	§ 45; 207c; 210c	in die (große) Schale
	ϑapnzac	Appell., Demin. < *ϑapna* + Konj. *-c* *cas.rect.* (Richtung)	§ 45; 165; 207c; 210c; 151a	und in die kleine Schale.

9. Aus Kolonne XI

12	*eslem*	Subtraktivzahl „zwei weg“	§ 103e; 106,2	Am 28.
	cealχus	Gen. (temp.) von *cealχ* „dreißig“	§ 54; 103d; 105; 208c	
	etnam	Konj.	§ 151d	auch (wieder)
	aisna	Adj. II als Appell.	§ 67	Opfer[23]
	ϑanal[24]	Gen. des Götternamnes *ϑan*	§ 50a	für Than
13	*tuχlac*	pronom. Gen. des Götternamens *tuχa* (< *tuf-ca?*) + Konj. *-c*	§ 91; 151a	und Tucha
	eϑri	Nezessitativ von **eϑ-*	§ 131	zu feiern(?) ist.
	. . . .			
	. . . .			
14	*cntnam*	Adv. (*cn* + *etnam* „dies auch“)	§ 151d	Diesen (selben)
	ϑesan	Appellativ, *„aurora“*, *cas.rect.*	§ 45; 210d	Morgen
	fler	Appellativ, *cas.rect.* (Nom.)	§ 45; 207a	das Opfertier
	veiveś	Gen. des Götternamens *veive*	§ 53a	für Veiovis (OLZSCHA)
	ϑezeri	Nezessitativ < *ϑez-*	§ 131	zu schlachten ist;
15	*etnam*	Konj.	§ 151d	auch
	aisna	Adj. II als Appellativ	§ 67	(Bei-) Opfer[25]
	iχ	Adverbielle Partikel	§ 153	wie
	huϑiś	Gen. (temp.) des Grundzahlw.	§ 54; 103a; 105f.	am 26.
	zaϑrumiś	Gen. (temp.) des Grundzahlw.	§ 54; 103c; 205f; 208e	
16	*flerχve*	temporaler Modalis von *flerχva* (Adj. III plur.) *fler*	§ 59; 74; 209e	bei den Opfern
	. . . .	.. . ..		

---

[23] Das *aisna*-Opfer ist ein unblutiges Opfer [Brotopfer] (OLZSCHA).

[24] Zur Lesung s. Verf., Studien zu den AM, 67f.

[25] Zu den Teilen des „Normalopfers“ s. Verf., Studien zu den AM, 41ff. 44ff.

	neϑunśl	Gen. des Götternamens *neϑuns*	§ 45a; 59b	des (für) Nethuns
	cn[26]	Akk. des Pron. dem. *ċa*	§ 90f.	– dies
	ϑunt	Lok. des Grundzahlwortes *ϑu(n)*	§ 103a; 105	beim ersten
	ei	Pron. dem. } Zitat	§ 90	„*ei*
	tul	Adj. I } aus	§ 66	*tul*
	var	Appellativ, *cas.rect.* } IX 16	§ 45	*var*".
17	*ϑunem*	Subtraktivzahl „eins weg"	§ 103e; 106,2	Am 29.
	[*cialχuś*	Gen. des Grundzahlw.	§ 54; 103d; 105; 208c	
	et]*nam*	Konj.	§ 151d	wieder
	iχ	Adv. Partikel	§ 153	wie
	eslem	Subtraktivzahl „zwei weg"	§ 103e; 106,2	am 28.
	cialχuś	Gen. (temp.) von *cialχ* „dreißig"	§ 54; 103d; 105; 208e	
18	*ϑanal*	Gen. (dedic.) des Götternamens *ϑan*	§ 50a; 208d	für Than.

10. Aus Kolonne XII

9	*etnam*	Konj.	§ 151d	Ebenso
	aisna	Adj. II als Substant.	§ 67	(Brot-) Opfer
	iχ	adverbielle Partikel	§ 153	wie
	matam	Adv.	§ 81; 155	vorher
	IIIIII	Ziffer, im Original rot geschrieben, wahrscheinlich XIIIX = XVII (= *ciem zaϑrumiś*)	§ 112	am 17.(?),
	vacltnam	Appell. *vacl.* + Konj. *etnam*	§ 151d	mit Libation.
10	*ϑunem*	Subtraktivzahl „eins weg"	§ 103e; 106,2	Am 29.
	cialχuś	Gen. (temp.) des Zehnerzahlw.	§ 54; 103d; 105; 208c	
	masn	Appellativ, *cas.rect.* (vgl. LP III 4 *masan*)	§ 45	masn-Opfer[26a]
	unialti	Gen. des Götternamens *uni* + Suff. des Lok. (Redetermination)	§ 51; 58; 213 bis, 5	im (Tempel) der Uni
	ursmnal	Gen. des GN *ursmnei*	§ 50a; 158a	Ursmnei
11	*aϑre*	Modalis des Aoriststammes *aϑ(i)r*	§ 59; 137; 140	
	acil	Appell., mit verbalem Modalis verbunden = *„opus est"*	§ 138; 209f	zu verrichten(?) ist.

26 TLE 1, XI 16 *ịṇ ϑunt;* RUNES [*i*]*n;* KRALL *ịn;* s. aber I 4 *cn.ϑunt;* vgl. Studien AM 67.

26a V e r f., Uni-Hera-Astarte 37; RIX, Gött. Gel. Anz. 220, 1968, 90.

III. Inschriften, die nicht in TLE enthalten sind (Übersetzungs- und Interpretationsübungen)

1. CIE 9 (operc. oss., Faesulae)
l. : tapsina : a. pumpnalisa
2. CIE 19 (operc. oss., Volaterrae, Grab der Fam. Caecina)
a . ceicna . caspu . l . curial
3. CIE 30 (Oss., Volaterrae)
a . cisie . armnal [.] *carca*
4. CIE 31 (Oss., Volaterrae)
]*nϑu : supnai . ls . ril . XIII*
5. CIE 73 (Oss., Volaterrae)
rav . velanei . ar . ril . XLII . leine
6. CIE 186 (Oss., Siena)
larϑ vete : larϑalisa : cainalisa
7. CIE 197 (Oss., Siena)
ϑana utanei / larisal vetes' puia
8. CIE 409 (Oss. ficit., Arezzo)
lart he[*im*]*ni kilnal klan*
9. CIE 870 (Oss., Chiusi)
φilutis : serturus : lautnita
10. CIE 1211 (Teg. sep., Chiusi)
(. .) *seianṭi viliania / tarχi(s)a . larcnalisa*
11. CIE 1299 (gesamte Grabausstattung einer Toten der Tomba Casuccini bei Chiusi)
a) (Teg. sep.) *fast / hermnei / tiusa / vetusal*
b) (Oss. ficit.) [*fas*]*ti h*[*ermnei . t*]*iusa vetusal*
c) (in pariete) [*f*]*as*[*t*]*i / hermnei*
12. a) CIE 1421 (Teg. sep., Grab „Le tombe" bei Chiusi)
velia se/nti aϑ un/atnal raϑum/snasa cumerunia
b) CIE 1422 (Ossuar derselben Person)
velia : seianti : aϑ : unatn(al) / cumerunia raϑumsnasa

Es ist zu beantworten:
a) Wie lautet der Name der Bestatteten ohne Patronym., Metronym. und Gamonym.?
b) Wie heißt der Vater der Bestatteten?
c) Wie heißt ihre Mutter, wenn als deren PN *ϑana* angenommen wird?
d) Wie heißt ihr Gatte, wenn dessen PN *vel,* das seines Vaters ebenfalls *vel,* und das Gentiliz seiner Mutter *tlesnei* ist?

13. a) CIE 1529 (Operc. Oss., Chiusi/Sarteano)
licantre : tetinas' : lautni
b) CIE 2067 (Oss. fict., ager Clusinus)
tinusi : lautni : cutnal

Es ist zu beantworten:
Nationalität dieser Freigelassenen und ihre Namen in ihrer Muttersprache.

14. CIE 1517 (Operc. oss., Chiusi/Sarteano)

ϑania : seianti : viliania : marcnal

Wie heißt der Bruder der Bestatteten, wenn sein PN *seϑre* ist?

15. CIE 1533 (Kleine Olla, Chiusi/Sarteano)

veliza celmnei . aϑ . śec

Es ist zu beantworten:
a) Warum ist zwischen PN und GN kein Trennungspunkt?
b) Wie lautet der volle Vor- und Familienname des Vaters?

16. CIE 1829 (Teg. sep., ager Clusinus)

L CΛE L MINIAS

Es ist zu beantworten:
a) Welche Sprache?
b) Wie lauten die Vornamen?
c) Ungefähre Datierung?

17. CIE 1893 (Teg. sep., ager Clusinus)

larti / cainei / cainiz

Es ist zu beantworten:
a) Wie sind die Rechtschreibfehler zu erklären?
b) Welches Verwandtschaftsverhältnis liegt vor?

18. CIE 2859 (Kleine Olla; ager Clusinus)

vel : titeś : urfa : ϑi

Pauli sagt CIE a.O. zu dieser Inschrift: „Quid sibi velit *urfa : ϑi*, non video.“ – Wie ist hier zu lesen und zu übersetzen?

19. CIE 2860 (= CIL XI 2458, Teg. sep., Chiusi)

V II L . TIT II . LARISAL . I'
CAINAI NATVS

Es ist zu beantworten:
a) Welche Sprache hat die 1. Zeile?
b) Wie lautet die 2. Zeile auf Etruskisch?
c) Wie ist diese merkwürdige Inschrift zu erklären?

20. a) CIE 3646 (Operc. oss., Perugia)

ar . tins . ar . vipinal

b) CIE 3647 (Operc. oss., aus demselben Grab)

C . IVENTIVS . C . F

Es ist zu beantworten:
a) Sind die beiden Bestatteten miteinander verwandt?
b) Was ist zur Zweisprachigkeit sprachlich zu sagen?

21. CIE 3716 (Operc. oss., Perugia)

larϑi : meteli : nufrznaś : veltsneal śeχ

Es ist zu beantworten:
a) Wie ist *veltsneal* phonetisch und morphologisch zu erklären?
b) Nenne den in Archäologie und Kunstgeschichte berühmten Verwandten!

22. CIE 3757–3763 (Prunkurnen aus dem Grab der Familie Velimna bei Perugia)
3757 *ϑefri : velimnaś / tarχiś : clan :*
3758 *aule velimnaś ϑefrisa / nufrznal clan*
3759 *larϑ velimnaś aules*
3760 *vel velimnaś auleś*
3761 *arnϑ velimnaś auleś*
3762 *veilia velimnei arnϑial*
3763 a) *pup . velimna au cahatial*
b) *P . VOLVMNIVS . A . F . VIOLENS / CAFATIA . NATVS*

Der Stammbaum der Familie ist möglichst lückenlos aufzustellen!

23. a) CIE 3892 (Ossuar, Perugia)
ar . veti . afle . navesial
b) CIE 3893 (Operc. oss., selbes Grab)
arnza . veti . naverial

Es ist zu beantworten:
a) Wie ist *naverial* – *navesial* zu erklären?
b) Welches Verwandtschaftsverhältnis besteht zwischen den beiden Toten?
c) Wie alt war *arnza* ungefähr, als er starb?
NB: *afle* ist GCN der Familie Veti

24. a) CIE 3916 (Ossuar, Perugia)
au . tite . marcna . vel / uś /
b) CIE 3915 (Ossuar, selbes Grab der Familie Tite-Marcna)
vel titeś marcnaś

Es ist zu beantworten:
a) In welchem Verhältnis stehen die beiden Bestatteten?
b) Woraus ergibt sich dies?

25. a) CIE 4143 (Operc. oss., Perugia)
se . venete . la . leϑial . clan
b) CIE 4144 (Operc. oss., Perugia)
la . venete . la . leϑial / etera

Es ist zu beantworten:
a) In welchem Verhältnis stehen die beiden Bestatteten?
b) Wie ist in 4144 *etera* zu erklären und zu übersetzen?

IV. Schwierigere Inschriften aus TLE
mit Darlegung der epigraphischen, grammatikalischen oder hermeneutischen Probleme

1. TLE 134 (Sark., Tarqu.). Inschrift mit zahlreichen Abkürzungen.

scurnas . m . a . maru . m . t . z . p . t . ril . XXXXV

a) GN an erster Stelle – wie üblich in Tarquinii –, daher 1. Sigel = PN *m(arce);* das folgende *a.* ist die Abkürzung des Patronymikon im Gen.: *a(ules)* (§ 184).

b) Zwischen *maru* und *ril* steht der *cursus honorum.* Der Bestattete war, als er starb, amtierender *maru,* hatte aber schon früher die Funktion eines *maru* bzw. eines *zilaϑ parχis* innegehabt. Vgl. dazu die Inschriften von Musarna (TLE 170.171), Norchia (TLE 165)und Tarquinii selber (TLE 126.137).

c) Die Ämterlaufbahn ist in der Regel *maru* - *zilaϑ* - *purϑ*.

Wir lesen also: *scurnas m(arce), a(ules* [*clan*]), *maru m(aru) t(enϑas), z(ilaϑ) p(arχis) t(enϑas),* ril XXXXV – „Scurnas Marce, des Aule Sohn, Maru, gewesener Maru und gewesener Prätor des *parχi,* 45 (Jahre) alt".

Das ausgeschriebene *maru* könnte – in guter Stellung nach der Filiation – auch ein CN sein (vgl. RIX, Cognomen 189); man denke an *Vergilius Maro* und das CN *Rex* bei einem Zweig der Marcier in Rom (RE XIV 1545, 20; MÜNZER, Röm. Adelspart. 80f.).

2. TLE 245 (Frons sepulcri, Orvieto). Die bisher nur in Abschrift bekannte Inschrift wurde bei den neuen Ausgrabungen in Orvieto *in situ* gefunden (SE XXX, 1962, 147). Sie ist *continue* geschrieben; die in TLE angegebenen Interpunktionen existieren nicht.

mi larϑia hulχenas velϑuruscles (velϑurus cles?)

Zu dieser Inschrift sagt RIX, Cognomen 194: „*cles* muß hier = *clens* und Genitiv von *clan* „Sohn" (archaisch auch 11 Fs./Ar.) sein (Fn. 132: Fabretti; Pauli; Bugge (→ Danielsson ad tit.); Cortsen, Titel 71; Hammarström, SE. 5 (1931) 365. Andere Belege für die obliquen casus von *clan* bei Slotty, Beiträge I 155 Anm. 97); *velϑuruscles* (Fn. 133: *-cles* wurde dabei als Suffix (Deecke, Lattes, früher auch Pauli), als enklitischer (Torp) oder in Zusammenrückung angefügter (Vetter, Gl. 28 [1940] 191) Genitiv des Pronomens *cla-* oder als ältestes Beispiel der ‚articolazione', d.h. der bedeutungslosen Häufung von Flexionselementen (Pallottino, SE. 21,235f.); man erwartet aber *-sla* oder *-slisa*) gefaßt. Die von älteren Herausgebern vermerkte Worttrennung vor und hinter dem Gentile, durch die diese Deutungen gefördert zu sein scheinen, existiert nicht (Autopsie 25.5.62). *lautnescle* 4116 Pe. bedarf selbst der Erklärung) wäre ohne Parallele."

Dazu ist zu sagen: Die Lesung *velϑurus cles* ist nur in der Annahme möglich, daß der Steinmetz das *n* von *clens* ausgelassen und den Fehler nicht korrigiert hat. Die Möglichkeit hätte aber bestanden. Ich halte die Lesung von *velϑuruscles* für richtig. Es handelt sich um den Gen. des Patronymikon *velϑur,* der mit einem Ableitungssuffix erweitert ist. Dieses ist aber nicht „Gen. des Pronomens *-cla*", weil es einen pronominalen Nom. *cla* nicht gibt. Wohl gibt es ein Pronomen mit dem Nom. *ca,* dessen (pronominaler) Gen. *cla* lautet. Wir haben hier aber ein homonymes *cla,* das selbst wieder nominal flektiert, wie die Formen *-cles* (Gen.) und *-cleri* (in *sacnicleri* AM mehrmals) zeigen. Dieses Ableitungssuffix, das bei Deklinabilia an den Gen., bei Indeklinabilia (wie das Adj. *sacni*) an den unveränderten

Stamm tritt, wurde oben (§ 170) als das Formans lokaler und personaler Kollektiva bestimmt. Es handelt sich auch nicht um ‚articolazione' (die nicht, wie Rix angibt, „bedeutungslose Häufung von Flexionselementen", sondern Abschwächung des Demonstrativpronomens zum bestimmten Artikel ist, siehe Pallottino, Elem. 46, § 78 und 49, § 88), da es dann *velϑurusca heißen müßte. Wäre das Patronymikon in der Form des possessiven Adjektivs (§ 101) gemeint, dann müßte dies *velϑuruśla (Gen. von velϑuruśa) sein (nicht *velϑuruslisa, wie Rix a.a.O. für möglich hält, weil -slisa, graphische Kürzung von viel häufiger belegtem -salisa, nur bei Namen auf -s vorkommt, vgl. larisalisa, von laris, Gen. larisal; papaś(a)lisa, von *papas, Gen. papasal).

Rix lehnt (a.a.O.) den morphologischen Vergleich mit lautnescle (TLE 619) ab, weil dieses selbst der Erklärung bedürfe. Es sind aber beide Formen in gleicher Weise morphologisch zu erklären (s. § 170).

a) Da *mi* von keinem Verbum regiert wird, ist es Nominativ „ich (bin)".

b) *larϑia* kann in dieser Inschrift des 6.-5. Jahrhunderts nicht die Spätform auf *-ia* des weibl. PN *larϑi* sein; daher ist *larϑia* hier die arch. Form für *larϑial* (§ 52), Gen. des männl. PN *larϑ*.

c) *velϑuruscles* = Gen. von **velϑurus-cla,* das selbst wieder Gen. des männl. PN *velϑur* + Kollegialsuffix *-cla* (§ 170) ist. Die **velϑuruscla* ist eine dem *velϑur* eigene oder von ihm abstammende Mehrheit, „Velthurs-Kinder" oder „Velthurs-Söhne". Es wurde in dieser Inschrift nicht *velϑurus* „(Sohn) des Velthur" als Patronymikon angegeben, weil zum Ausdruck kommen sollte, daß *velϑur* mehrere Kinder/Söhne hatte, bzw. daß der Grabinhaber *larϑ hulχenas* nicht der einzige Deszendent des Velthur war. Wir übersetzen: „Ich (bin das Grab) des Larth Hulchenas, eines der Söhne/Kinder des Velthur."

3. TLE 291 (Kandelaber und drei Gefäße aus Bronze mit identischen Inschriften; Gebiet Orvieto - Volsinii - Horta)

ϑania lucini śuϑina

Zwei Namen: PN *ϑania* (späte Form von *ϑana!*), GN *lucini;* ein Appellativ: *śuϑina.* Dieses ist das als Substantiv gebrauchte Adj. II von *śuϑi* „Grab", die Bedeutung ist „was zum Grab gehört" = „Grabbeigabe". Der häufige Typus der *śuϑina*-Inschriften verlangt einen Gen. poss., weil die Grabbeigaben als Eigentum des Toten betrachtet werden, vgl. TLE 210.211.216.219.263 u.a.

Wir haben daher die in späten Inschriften nicht selten fehlende Flexionsendung (§ 212) zu ergänzen:

*ϑania**s** lucinia**l** śuϑina*

4. TLE 345 (Gefäß aus Poggio Buco, antik Statonia?)

feriianezinacentenas

Zum Objekt sagt die Beschreibung in NScav. 1892, 261 bei der Aufzählung der Funde von Poggio Buco bei Pitigliano: „ . . *buccheri dell'ultimo periodo lavorati alla ruota. Tra questi merita di essere ricordata una coppa mancante del piede, la quale ha rozzamente graffite delle oche che si inseguono. Interrompe questa zona di oche il disegno rappresentante un cavallo. Sopra tre di volatili è incisa la leggende etrusca:*

I' EDI.IANE‡INACENTENAS

Das Gefäß, ein später Bucchero (5. Jh.) und die Inschrift mit kursivem l a t e i n i - s c h e m *f* (ı') können nicht gleichzeitig sein. Zu beachten ist auch die Ritzverzierung mit Enten (nicht Gänsen!). W. L i e d t k e (Münster) hat den Sinn der viel jüngeren Inschrift entdeckt: es ist ein l a t e i n i s c h e r Wunsch und Scherz:

feri I (= *unā*) *anetina(s) centenas*
„Triff mit jedem Schuß hundert Enten"

Vielleicht war der Empfänger der Schale ein etr. Münchhausen. Zum Entenschießen vgl. die Wandmalerei der *Tomba della caccia e pesca* in Tarquinii.

anetina = adjektiv. Ableitung von lat. *anās, -ātis,* vgl. *ovinus, porcinus*

5. TLE 398 (Kleine Vogelstatuette aus Bronze; Volaterrae)

fl . supri manince / ṿipinaltra ulχnisla / clẓ . tatanuś

a) *fl* als Abkürzung eines PN ist so wenig bekannt wie ein GN *supri.* W. DEECKE, Etr. Forsch. III 364 hielt *fl* für eine Abkürzung von *fl(eres)* „Statue"; *supri* ist sonst nicht belegt; es gibt nur *zupre* (CIE 2251) und *supni* (CIE 52a, 1.2.3.4).

b) Auf zahlreichen Plastiken finden wir das Wort *fleres̕*, das ein Nom.-Akk. sein muß, weil es in Verbindungen wie *cen fleres̕* (TLE 651) „dieses *fleres̕*" oder *mi fleres̕* (TLE 734) „ich (bin) das *fleres̕*" steht. Daraus geht die Bedeutung „Statue" ganz sicher hervor.

Es gibt also *fler* „Opfer(tier)" (AM),
flere, Gen. *fleres̕,* def. Akk. *flereri* „Opferbild, Numen, sakrale Statue" (AM) und *fleres̕,* Nom.-Akk., das als *flere* mit Nominativ-*s* anzusprechen ist und „Statue, Darstellung" im p r o f a n e n Bereich bedeutet.

c) *supri* ist mit PALLOTTINO als Appellativ anzusehen, jedoch – nach der Darstellung – nicht „Taube", sondern „Balzhahn" (R. Herbig).

d) *manince* = Präteritum eines Verbums, das als Grundform ein Nomen verwendet: *manim* „Erinnerungszeichen"; *manim* (*manin?*) verbal = „ein / als Erinnerungszeichen geben", Prät. *manin-ce* „gab(en) ein/als Erinnerungszeichen".

Vgl. zu solchen Bildungen s. § 152, zu b)1.

e) *vipinaltra ulχnisla* = Gen. *vipinal* (< GN *vipinei*) + Kollektivsuffix *-tra* (§ 169) und Gen. des poss. Adj. *ulχnisa.* Die beiden Namen nennen eine Frau *vipinei ulχnisa,* d.h. Vipinei, die Gattin des Ulchni.

Wie *sacnic-s̕-tra, s̕pure-s̕-tra, svel-s̕-tra* die G e m e i n s c h a f t derer von den Geweihten, Städten, Tieren ist, so ist eine *vipin-al-tra* die „Gemeinschaft derer von der Vipinei (, der Gattin des Ulchni)" = „die Kinder der Vipinei (, der Gattin des Ulchni)". Diese Konstruktion erweckt den Eindruck, daß es im Etr. ein generelles Appellativ „Kind" nicht gab, sondern nur die Spezifikationen *clan, husiu, s̕eχ* („Sohn", „Junge", „Tochter");

Wir übersetzen: „Die Balzhahn - Statue gab als Erinnerung die Kinderschar der Vipinei, der Frau des Ulchni für . . . (Gen. dedic.)"

Diese Inschrift wurde bereits von TORP, Beitr. I 93f. sehr gut interpretiert.

6. TLE 579 (Cippus; Perugia)

hermial . capznasl[a] / man . s̕eχis . capzna[s]

Die Frage ist, ob die beiden Ergänzungen [*a*] und [*s*] richtig sind. Nehmen wir *man* „Erinnerungszeichen, Gedenken, Denkstein, Cippus" weg und beseitigen wir die Genitive, dann ist der Name der Bestatteten *hermi capznasa.* Da die freie Etruskerin vor allem das Gentiliz angibt (§ 200), kann der zweite Name (ein Possessivadj. vom m. GN *capzna*) nur der Gattenname sein (§ 199). Nun wird aber auch angegeben, daß die Bestattete die Tochter (*śeχ*) einer Person sei, die ebenfalls *capzn-* hieß. Dies kann aber nicht ihr V a t e r sein, weil erstens im Patronymikon in der Regel der väterliche V o r n a m e , nicht das Gentiliz allein (§ 197), angegeben wird, und zweitens der Familienname des Vaters einer *hermi* nicht *capzna* sein kann, sondern *herme* lauten muß. Es kann sich also bei der zweiten Zeile der Inschrift nur – was wieder genau der Regel entspricht – um das Gentiliz der M u t t e r (§ 198) *capznei,* Gen. *capznal,* handeln.

Damit ist klar, daß nur *hermial . capznasl*[*a*] / *man . śeχis . capzna*[*l*] ergänzt werden kann, nicht aber *capznas* (TLE). Die Übersetzung ist „Der Hermi (, der Gattin) des Capzna Denkstein, der Tochter der Capznei". Die Bestattete war eben mit einem Verwandten ihrer Mutter, etwa mit ihrem Cousin, verheiratet.

7. TLE 730 (Runde Statuenbasis aus dem nördl. Etrurien [*e* und *v* wie in Inschriften aus Cortona u. Siena (§ 2,a)])

: *mename cana cliviniaịrecte veluś larϑu/rniś leprnal mlacaś mani*

a) Wir beginnen mit dem Namen *veluś larϑurniś;* dieser Genitiv ist von *mani* (= *manim* „Gedenken, Gedenkstein" mit Abfall des *-m*) abhängig. Zu *mani* gehört als Beifügung *mlacaś,* Part. conj. am Substantiv *mlaχ,* eine denominale Form wie oben Nr. 5 *manince.* Wie verbales *manim/n* „Gedenken geben" bedeutet, so besagt verbales *mlaχ* „Weihegabe geben, Gelübde erfüllen" (§ 145, zu b,1); *mlacaś mani* = *monumentum vot(iv)um.*

b) *leprnal,* Gen. des weibl. GN *leprnei,* gibt den Empfänger der gelobten Gabe an (vgl. § 225). Es handelt sich aber hier kaum um eine Privatperson. Laris Pulenas spricht in seinem *cursus honorum* (TLE 131) von einer Sache *culsl leprnal,* der Culs(u)-Leprnei; es ist dies die unter dem Kultnamen Culsu-Leprnei verehrte Unterweltsgottheit Culsu, die oft zusammen mit der Todesgöttin Vanth auftritt.

Culsu-Leprnei ist nicht als „gentilizische Gottheit" aufzufassen, da kaum anzunehmen ist, daß sich eine Familie unter den Schutz einer Gottheit des Totenreichs gestellt habe. Es ist vielmehr an den Namen eines Kultortes zu denken, vgl. modern *Leprignano* < *Leprinianum* < **Leprinius* = etr. *leprina,* in der Nähe des *Lucus Feroniae*[27]. [Vgl. SCHULZE, GLEN 180]

c) Das zweite Wort der Inschrift, *cana,* kommt öfters auf beschrifteten Kunstwerken vor, vgl. TLE 260 (Skarabäus); 284 (bemaltes Gefäß); 328 (Spiegel); 397 (Marmor [Alabaster?]statue); 681 (reliefgeschmückter Cippus); 682 (Marmor[Alabaster?]statue). Da *cana* häufig mit einem Gen. des Besitzer= oder auch Autornamens verbunden ist, ist als seine Bedeutung der allgemeine Begriff „Kunstwerk" anzunehmen.

---

27 Zur Lokalisierung des *Lucus Feroniae* auf dem Hügel *Bambocci* bei *Scorano* s. FOTI, NScav. 1953, 13ff.; BLOCH und FOTI, Rev. de Philol. 27, 1953, 66ff. – Frühere Lokalisierungsvorschläge BORMANN, CIL XI, p. 571, und NISSEN, Ital. Landesk. II 369.

d) *mename* ist zu trennen in *men(e) ame* „eine Gabe sei“; das auf *cana* folgende *cliviniaịrecte* ist in dieser Form undeutbar.

Wir übersetzen: „Eine Gabe sei das Kunstwerk . . . . , des Vel Larthurni gelobtes Gedenken für (Culsu-) Leprnei“

8. TLE 732 (Sarkophag aus Südetrurien)

. . . *ụrunas . velϑụṛ[us] / [ϑ]anχ[vilu]s : peṭṛụnials . spural . mạrvas* . . .

Die Frage geht nach der Bedeutung und Übersetzung der Form *petrunials*.

Wir setzen die onomastische Formel in den Nominativ:

. . . *urunas velϑur / ϑanχvilus petrunial* mit GN-Stellung von Tarquinii, oder (normal): (PN) . . . . *urunas, velϑurus* (Patronym.), *tanχvilus petrunial*.

Machen wie – wie sich dies bisweilen findet – diese ganze Formel von einem (gedachten) *mi śuϑi / mi mutana* „ich bin die Bestattung / der Sarkophag“ abhängig, dann muß sie in den Gen. treten: „(Ich bin der Sarkophag) des N.N., d e s Sohnes des X. und der Y.“ Dies geht ohne weiteres, wenn ein Appellativ (wie hier „des Sohnes“) diesen Genitiv aufnimmt: *(mi mutana) . . . urunas, velϑurus / ϑanχvilus petrunial* c l e n s .

Wird aber dieses Appellativ nicht gesetzt, dann tritt an seiner Stelle der „Satzgenitiv“ an das genitivische Patronymikon bzw. Metronymikon, aber nicht, um dessen Genitiv zu verstärken, sondern um die syntaktische Stellung, die Abhängigkeit von einem übergeordneten, aber nur gedachten Appellativ auszudrücken (§ 213 bis, 2.4).

Da in unserer Inschrift der Satzgenitiv nur beim Metronymikon, und zwar in Gruppenflexion (§ 212) nur beim GN als dem bestimmenden Teil steht, beim Patronymikon aber fehlt, ist tarquinische Formel anzunehmen.

marvas = maru-as, Part. conj. von verbalem *maru-* „Maro sein“, vgl. oben (Nr. 7) *mlacaś* (Gramm. § 152, zu b,1).

Wir übersetzen: „(Dies ist der Sarkophag) des . . . . urunas Velthur; des Sohnes der Thanchvil Petruni; er war städtischer Maro . . .“

SCHLÜSSEL ZUM LESE- UND ÜBUNGSBUCH

A (Lesebuch)

Nr. 1 *ϑui.clϑi.mutniaϑi/ vel.veluśa.avils/ cis.zaϑrmisc/ seitiϑialiśa*

2 *arnϑ[.]ạpunus[.]ṿelus.max.. / maχ.cẓpalχ.avil /svalce*

3 a) *ati.nacna / velus* b) *papa / veḷ[us] ..*

4 *[sp]uṛinaṣ:ạn:zilaϑ:amce:meχl:rasnal/ ....ś:purϑ:ziḷace:ucntm:hecce* /(...) *[r]avnϑu* / (...) *[ϑ]efrinai* / (...) *[at]ị nacnuva*

5 *laris:pumpus: / arnϑal:clan / ceχase*

6 *vel:aties:velϑurus / lemniśa:celati:cesu*

7 *ramϑa:huzcnai ϑui ati:nacnva:larϑial / apaiatrus zil eteraias*

8 *ramϑa:zertnai:ϑui:cesu*

9 *velϑur:partunus:larisaliśa:clan:ramϑas:cuclnial:zilχ:ceχaneri:tenϑas:avil / svalϑas: LXXXII*

10 *velϑur larisal clan cuclnial / ϑanχvilus lupu avils XXV*

11 *ravnϑus:felcial:felces:arnϑal:larϑial:vipenal / śeϑres:cuϑnas:puia*

12 *larϑ.arnϑal.plecus:clan:ramϑasc:apatrual:eslz./ zilaχnϑas:avils:ϑunem:muvalχls:lupu:*

13 *mi mamarces velϑienas*

14 *eca:śuϑi:larϑal:tarsalus:sacniu*

15 *tuśϑi ϑui hupnineϑi / arnt mefanateś / veliak hapisnei*

16 *larϑ:velχas / velϑur[u]ṣ:clan / larϑialiśla*

17 *velϑur:velχas:larϑal:seiti/ϑialc[:]clan*

18 *ṭular[.]śpuṛạl / au.papsinaś.l/a.cursniś.l*

19 *mi laris sanesnaś*

20 *setre cneuna / a.titial.ril / XIIII*

21 *laris.petei[.]ϑui* (*l* gedreht)

22 *l.hepni.lχ / tetinal*

23 *laχ.hepni.vu/isinal*

24 *herme.hepeni / larϑal* (umbr. *m*!)

25 *lart larϑurni*

26 *larϑ:hepni:falica*

27 *vel ane ạvlias*

28 a) *Sethre.Cezartle.Lr.L* b) *sethre.cezar(t)le.Lr.L*
in a) kursives *e*, Buchstaben etruskisierend, aber lateinisch; auch die Sprache ist lateinisch, die Namenformel römisch: *Sethre Cezartle L(a)r(tis) l(ibertus)*

29 *arnϑ larϑ velimnaś / arzneal husiur /suϑi acil hece*

30 *ar:velχei:velimna / ϑana:acei:puia:ar: / velχei = arnϑ velχei velimna / ϑana acei puia arnϑal velχeiś* (Gattenbestattung)

31 *ita.tmia.icac.he/ram aśva* (.) *vatieχe / unial astres.ϑemia/sa.meχ.ϑuta.ϑefa/riei . velianas.sal. / cluvenias.turu/ce.munistas.ϑuvas / tameresca.ilacve. / tulerase.nac. ci.avi/l.χurvar.teśiameit/ale.ilacve.alśase / nac.atranes.zilac/al.seleitala.acnaśv / ers. itanim.heram/ve.avil.eniaca.pul/umχva*

32 *nac.ϑefarie.vel/iiunas.ϑamuce / cleva.etanal. / masan.tiur / unias.śelace.v/acal.tmial. a/vilχval.amuc/e.pulumχv/a.snuiaφ*

B (Übungsbuch III)

Nr. 1 *l(arϑ); a(uleś),* da nordetruskisch; siehe auch das Possessivadj. mit *-s-!*

2 *a(ule); l(arϑal)*

3 *a(ule)*

4 *[rav]nϑu; l(ari)s(al)*

5 *rav(nϑu); ar(nϑal)*

8 Beachte *lart* für *larϑ* und nordetr. *k* für *c* in *kilna[l]klan*

9 Beachte griech. Φιλῶτις und *lautnita* mit *-t(a).*

11 Beachte: das Gamonym „(Gattin) des Tiu Vetus" wird in a) und b) beim GN mit dem Possessivadj., beim CN aber mit dem Gen. angegeben.

12 a) *a(rn)ϑ(al)* b) *a(rn)ϑ(al)*
Antworten: a) *velia seianti cumerunia*
b) *arnϑ se(ia)nte cumeru*
c) *ϑana unatnei*
d) *vel ratumsna(ś) veluś tlesnal*

13 Antwort: Zwei Griechen, Λύκανδρος und Διονύσιος

14 Antwort: *seϑre seiante vilia*

15 Antwort: Zwischen Namen wird der Trennungspunkt bisweilen zum Zeichen der Zusammengehörigkeit ausgelassen. Der Vater heißt *arnϑ celmna* (oder *celmni*).

16 Antwort: a) Unsicherheit der etruskisierten Italiker im Gebrauch von *t* und *ϑ*, *ś* und *z;* b) Gatten (Verwandtenehe)

17 Antwort: a) etruskisch; b) *larϑ, larϑal;* c) 2. Hälfte des 1. Jh.s v. Chr.

18 Antwort: *vel titeś urfa ϑ(u?)i* - „Vel Tites Urfa (liegt) hier" vgl. RIX, Cogn. 37, Anm. 40

19 Antwort: a) etruskisch; das kursive *f* ist *f(ilius)* und in *c (clan)* zu verbessern. b) *cainal* c) Sprachmischung seit der Romanisierung seit der 1. Hälfte des 1. Jhs. v. Chr.

20 Abkürzungen: *ar(nϑ); ar(nϑal); C(aius) I(u)ventius C(ai) f(ilius)*
Antworten: a) die GN haben gleiche Bedeutung; b) *Iuventius* (< *Iov-*) ist Übersetzung des theophoren GN *tinś* (< *tin* „Jupiter") (§ 205c); es handelt sich um tiefgehende Romanisierung.

21 Antworten: a) *ts* steht für *z,* was ein Hinweis auf die phonet. Qualität des etr. *z* ist (vgl. auch *citz* AM V 17.19 / *ciz* AM VII 2–6); *-eal* in Perugia (und auch sonst bisweilen) für *-ial* (§ 12,c). b) Aule Meteli; seine berühmte Bronzestatue im archäol. Museum zu Florenz

22 Auflösung von TLE 605: *pup(li); au(leś)*
Der Stammbaum ist:

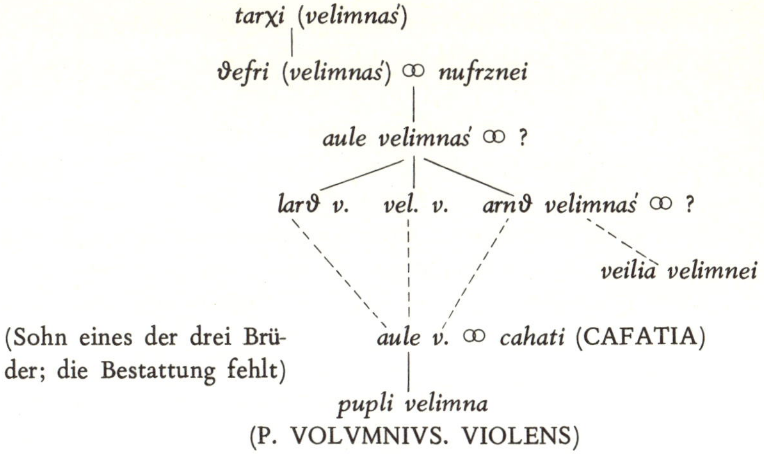

23 Auflösung: *ar(nϑ)*
Antworten: a) *naverial* zeigt umbr. Rhotazismus
b) Brüder
c) *arnza* starb als Kind; er hieß *arnϑ*, davon der Kosename *arnza* (§ 171). Ein nach seinem Tode geborener Bruder erhielt seinen Namen; wahrscheinlich war *arnϑ* I (= *arnza*) der Erstgeborene.

24 Auflösung: *au(le)*
Antworten: a) Herr und sein *lautni*
b) Der in b) genannte *vel* hat kein GN; *titeś marcnaś* ist der Gen. des Namens des Herrn (Vel d e s Tite-Marcna); *veluś* in a) ist das Patronymikon des Aule Tite-Marcna.

25 Antworten: a) Brüder
b) *etera* ist hier wohl mit „*peregrinus*" zu übersetzen; die Familie ist, wie das GN zeigt, aus venetischem Gebiet in Perugia zugewandert. Die Mitglieder der Familie sind nach der Namenformel Freie, aber es sind noch nicht alle etr. Bürger.
Während in a) *clan* die Gen. *larϑal* und *leϑial* regiert, sind in b) Patronymikon und Metronymikon nur durch den Gen. (ohne *clan*) angegeben. Die Bezeichnung *etera* ist ein Zusatz zum Namen des Bestatteten und regiert n i c h t das Patronymikon und Metronymikon (s. VETTER, *leϑe* 66).

BEGRÜNDUNG NEUER DEUTUNGEN

§ 1. *Aisera:*

Dieses Wort wird von vielen Etruskologen für einen Kasus von *ais* „Gott" gehalten; siehe z.B. CORTSEN, Gl. 18, 1930, 198: „Wegen des zweimaligen Vorkommens des Wortes *eiser* im fünften Abschnitt, ist es methodisch richtig, *aiseraś śeuś* als Gen. Plur. aufzufassen, nicht als Gen. des Namens der Gottheit *aisera,* die auf dem Maglianoblei auftritt, und sicher mit *aśira,* einem Todesdämon, Gerh. T. CCCLX (vgl. BUGGE, Etr. Fo. u. St. IV p. 116) und *esera* A.B. identisch ist."

C. nimmt also einen Individualnamen *aisera* und einen Nom. Plur. *aisera* (*śeu*), Gen. *aiseraś* (*śeuś*) an, weil er einerseits den Glossen zu sehr vertraut, andererseits sich aber nicht der Einsicht entziehen kann, daß mit *aisera* auf dem Diskos von Heba („Maglianoblei") eine individuelle Gottheit gemeint ist.

Was *esera* betrifft, so hat VETTER (Zur Lesung 253) nachgewiesen, daß das Wort überhaupt nicht existiert; es ist III 20 nicht *eśis esera muera cuśe* zu lesen, sondern *eśi sese ramue racuśe.*

Das *aiseraś* nicht ein obliquer Kasus von *ais* ist, läßt sich aus dem epigraphischen Material beweisen.

Der Diskos von Heba (TLE 359) hat folgende, durch besondere Interpunktion (⁝) getrennte Abschnitte:

cauϑas . . . . ⁝	*aiseras* . . . . ⁝	*mariśl menitla* . . . . . .
„Für Cautha . . . ⁝	Für Aisera . . . . ⁝	Für Maris Menita . . . ."

Es kann kein Zweifel sein, daß, ebenso wie *Cautha* (der etr. *Sol*) und *Maris Menita*[27a], auch *Aisera* eine individuelle Gottheit ist (vgl. z. Folg. V e r f., Studien z.d. AM, 68–75).

TLE 740 *tite:alpnas:turce:aiseras ϑuflϑicla:trutvecie*

„Tite Alpnas schenkte (dies) der *Aisera ϑuflϑica*[28] wegen . . . . ." Hier kann über die Singularfunktion von *aiseras* überhaupt kein Zweifel sein, da das Epitheton *ϑuflϑic-* im Gen. Sing. (*-cla* pronom. Gen. von *ca* wie *-tla* von *-ta,* siehe oben *mariśl menitla* und CIP A 2f. *eśtla*) steht. Ähnlich ist

TLE 558 *eiseras ϑufiϑi / cvei.a,* dessen Lesung in *eiseras ϑuflϑi(cla) / cver. a(lce)* „Für *Aisera ϑuflϑi(ca);* sie gab einen Knaben[29]" zu verbessern ist.

Trotzdem wird, z.B. von Pallottino bezweifelt, daß *aisera* ein Singular sei; man verweist (mit CORTSEN, s.o.!) auf V 10, wo der sichere Plural *eiser śic śeuc* steht. Dies ist

---

27a *men-i-ta,* von *men-* „bringen, darbringen"; wohl „der Bringer", der „Spender". Der etr. Mars ist (wie der umbrische) noch der ursprüngliche Feldgott (*Mars agrestis*); es zeigt ihn auch keine der Darstellungen auf den Bronzespiegeln als Kriegsgott.

28 Man beachte, wie das Epitheton ohne Interpunktion zum Namen gestellt ist.

29 S. im folgenden zu *cver.*

richtig; wir dürfen aber nicht übersehen, daß wir vorher (V 7f.) die Oblation (*nunϑenϑ*) für *aisera śeu,* dann (V 10) eine weitere Oblation für die *eiser,* sowohl die *śi* als auch die *śeu* (*śi-c śeu-c*) haben. Die „Götter" (*eiser*) sind differenziert in *śi* und *śeu,* „*aisera*" aber ist nur *śeu.* Aus V 14 *śin eiser śic śeuc* „nehmt, ihr Götter, ihr . . . . wie ihr . . . . ."läßt sich überhaupt nicht gegen eine singuläre *aisera* argumentieren, da diese Aufforderung an die *eiser,* die G ö t t e r , auch in den anderen Opfern an i n d i v i d u e l l e Gottheiten vorkommt. Vgl. IV 19ff.

śin flere in crapśti / *χiś esviśc faśe śin aiser faśe śin* / *aiś cemnac faśeis* „Empfange, o Gottheit des *C r a p ś t i !* " Zerteile und weihe das Brot. „Empfanget, ihr Götter, das Brot! Empfange, jeder einzelne Gott, vom Brote!"

Analog ist IX 22f. zu ergänzen: *śin vinum flere neϑunsl χiś* [/ *esviśc faśe śin aiser faśe* usw.] „Empfange den Wein, o Gottheit des N e t h u n s !" Zerteile [und weihe das Brot. „Empfanget, ihr Götter, das Brot! . . .]"

Dieses Brotopfer für a l l e G ö t t e r erscheint in allen Ritualen knapp vor dem Opferschluß (s. V e r f ., Studien z.d. AM, 41–53).

Weiter: In V 19f. (in der Libation für Thesan) steht *ϑesan tinś* „Thesan des Tin" – „Aurora des Tages = Morgenröte? " – neben *ϑesan* / *aiseraś śeuś* „Thesan der (dunklen?) Aisera – „Aurora der Nacht = Abendröte?".

Wollte man aber immer noch einwenden, daß *aiseraś* morphologisch nicht *aisera-ś* (Gen. Sing.), sondern *aiser-(a)ś* (Gen. Plur. mit a-Anaptyxe wie in *cliniiaras*) sei, dann ist es jetzt möglich, den Singular *aisera* (Nom.) zu belegen.

Der vor wenigen Jahren gefundene „Aryballos Poupé" (s. § 124,2) enthält a) . . .: *al·aalχuvaiseraturannuvei:* b) eine Gruppe *·litiltalipilekatur·anuveecmi,* schließlich c) *·araturanuvevelusi·* Natürlich ist in den drei Gruppen *turan(n)uve* auszugliedern[30]. Dies ergibt für a) die Trennung : *al.aalχuvaisera* / /*turannuve.* Aus CAP 10.18 ist *alχu* als selbständiges Wort „völlig sicher" (SLOTTY, Beitr. I 159 s.v.) und ist auch in TLE 29 (b) *alχuname* als *alχun ame* zu isolieren. In unserm Fall ist *alχuv* als Vokallängung wie *-ei:* in *turannuvei* zu betrachten. Damit ist auch *aisera* als selbständiges Wort gegeben, d.h. *Aisera* mit dem adjektivischen Epitheton „*Turanica*", *Aisera-Turan*[31].

Wer ist nun diese *Aisera,* die in den AM ausgedehnte Kultfeiern hat und die verschiedene *Ex-votos* erhält? Jedenfalls eine große Göttin. Man könnte fast annehmen, daß s i e , und nicht Nethuns, die Zentralgottheit des Tempels ist, dessen Ritual in AM vorliegt. Nach ihrem ganzen Ritual ist *Aisera* eine chthonische Gottheit. Der Diskos von Heba bestimmt Opfer für den Sonnengott, den Vegetationsgott und für *Aisera.* Ihr werden Votivstatuen geweiht, auch für die Geburt von Kindern. Damit ist sie genügend charakterisiert: sie ist die „große Göttin", die *Magna Mater,* die *Mater Matuta,* aber auch die *Potnia* der mediterranen Religion, Sie ist die mütterliche Erde, die Erdmutter, die Herrin über Geburt und Tod[32].

---

30 Die Interpunktion des Aryb.Poupé ist eine andere als die von VETTER festgestellte der arch. Inschriften.

31 S. dazu nun auch DEVOTO, Nomi di divinità etrusche III: Aisera. SE XXXII, 1964, 131.140.

32 Vgl. R. BLOCH, Les dépots votifs et l'étude de la religion étrusque et romaine, Rev. des Et. ancienn. (Ann. Fac. des Lettres de Bordeaux) LXIII, 1961, 98: „on y distingue une croyance profonde en une divinité féminine, multiforme, mais dont les caractères essentiels sont d'être une divinité des eaux,

Für diese Qualifizierung spricht sehr stark auch die Art der Opfergaben, die sie empfängt. Wohl wird ihr in II 11 ein Beiopfer von *zuśle* dargebracht, eine Art von Rauschtrank – man könnte im Licht der griech. und röm. Parallelen (Ceres, Pales, Rumina, Bona Dea, Maia (wichtig Arnob. Sat. I 12, 18ff.!) direkt an ein *μελίκρατον* denken –, in keinem der beiden *Aisera*-Opfer erhält sie aber *vinum*, den Wein[33].

§ 2. *Cver:*

Die TLE bringen das Wort in folgenden Inschriften:

148 = CIE 5549 (parva statua aenea pueri sedentis, Tarqu., rec.)
. . . . ṇas : veluśa
. . . . χis . selvansl :
. . . . ạs . cver : θveθli
. . . . . . : clan

149 = SE XX, 1948–49, 253 (hasta aenea, Tarqu., rec.)
cn . turce . murila . hercnas : θuflθas . cver

282 = NR 726 (in margine speculi aen., Polimartium, IV-III. s.)
mi titasi cver menaχe

505 = CII App. 380 (phallus aen., Castelluccio, rec.)
(. . .) *cver turce*

624 = CIE 4561 (parva statua aenea pueri, propo lac. Trasim., rec.)
flereś tec sanśl cver

735 = CII 2599 (parva statua aenea, orig. incertae)
flereś tlenaces cver

752 = CII 2582 (spec. aen., in scuto Minervae; orig. inc.)
title cale : atial : turce / malstria : cver

TROMBETTI, STOLTENBERG u.a. fassen *cver* als „Geschenk, Gabe, Weihegeschenk" auf; PALLOTTINO bemerkt in der Besprechung der Inschrift in SE XX, daß das Wort fast nur zusammen mit Götternamen vorkomme, und setzt darum als Bedeutung „*sacrum*" an. Sichere Verbindung mit einem Götternamen besteht aber nur bei TLE 148 und 149 (*selvansl, θuflθas*). Auffälliger ist hingegen, daß wir das Wort an diesen sieben Stellen bei drei Knabenstatuetten, einem Phallus und einem Bronzestäbchen (*claviforme*, „keu-

---

de guérir, de protéger les hommes et les troupeaux, d'assurer la fertilité des terres, divinité courotrophe et chtonienne à la fois."

33 Dieser war auch im Opfer für Ceres verboten (Latte, RRG); an dessen Stelle erhält sie Honig und Milch (vgl. Vergil, Georg. I 342f.). Auch Pales und Rumina erhalten Milch beim Opfer (Ovid, Fast. IV 746f.; Probus zu Vergil, Georg. III 1 (bezüglich der *Parilia*/ =*Palilia*/): *huius autem, cuius deae esset, etiam ritus declarat natura, nam . . . et lacte libant.* – Es ist auch das Opfer für die Bona Dea zu erwähnen, das in den Bezeichnungen für das Libament (Wein seit der Einführung des griech. Ritus um 272 v. Chr.) und das Libationsgefäß die ursprünglichen Gaben, Honig und Milch, bewahrt hat; s. Macrob. Sat. I 12,25: *quod vinum in templum eius non suo nomine soleat inferri, sed vas, in quo vinum inditum est, m e l l a r i u m nominetur et vinum l a c nuncupetur.*

Für Griechenland genüge das Zeugnis des Hesych bezüglich des Milchbrei-Opfers für die Mater Deum: Γαλαξία ἑορτὴ Ἀθήνησιν μητρὶ θεῶν ἀγομένη, ἐν ᾗ ἕψουσιν τὴν γαλαξίαν, ἔστι δὲ πόλτος κρίθινος ἐκ γάλακτος.

lenförmig" bezeichnet es PALLOTTINO a.a.O.), das wahrscheinlich gleichfalls ein (stilisierter) Phallus ist, finden. Das Wort hat also in wenigstens fünf von sieben Fällen eine Beziehung zum M ä n n l i c h e n . Natürlich könnte man, wenn man nach Gemeinsamkeiten sucht, auch notieren, daß es in jedem der Belege auf einem Gegenstand aus B r o n z e vorkommt. Es ist aber kaum anzunehmen, daß die Inschriften regelmäßig das Material des Objekts angeben wollen, das jedem auch ohne einen solchen Hinweis erkenntlich ist. Da liegt es doch näher, daß das Wort tatsächlich „Geschenk", „(Weihe-)Gabe" oder etwas ganz anderes – vielleicht „Knabe" – bedeutet.

Setzen wir diese als beachtenswerter angenommenen Bedeutungen in die Inschriften ein, dann ergibt sich:

TLE 148: In dieser Inschrift, in der die Zeilenanfänge fehlen, ist kein Prädikat (*turce, alce, menaχe* o.ä.) zu erkennen. Subjekt könnte der . . . *nas veluśa* sein, Empfänger der Dedikation ist *Selvans.* Das . . .*as* der 3. Zeile kann Gen. eines männlichen oder weiblichen Namens sein, *θveθli.* [. . . hingegen ist als der Stamm eines männlichen oder weiblichen GN zu erkennen (vgl. m. *θveθlie* TLE 177, Colle d'Arcione/Tarqu.). Es könnte allerdings . . .*as* der 3. Zeile auch zu *selvansl* gehören, auf welches trotz Zeilenende : folgt, wie in Z. 1 zwischen GN und Patronymikon. Wir hätten dann (im Nom.) einen *selvans : . . . . a,* zu vergleichen mit *selvanś sanχuneta* von SE XXXII, 1964, 161ff. Ähnlich sind *cver* und *θveθl*[. . . durch : zusammengefaßt, und in der 4. Zeile *clan* mit dem (verlorenen) vorausgehenden Wort. Dies ergäbe

] . . . *nas* : Vel-Sohn
] des/der . . . · für *Selvans :*
] . . . . *a, cver* : der/des Thvethli [. . .
] (des?) . . . : Sohn

TLE 282: Prädikat des kurzen Satzes ist *menaχe* „er (sie, es) schenkte"; deshalb kann *mi* nur indef. Akk. „mich" sein. Da *titasi* emphat. Gen. des weibl. Namens Tita ist (vgl. CIE 4871 *tita:ustiuś*), muß *cver* das Subjekt sein. Setzen wir dafür „Geschenk" o.ä. ein, dann ergibt sich: „Die Weihegabe schenkte mich der Tita", was ebenso sinnlos ist, wie „Als Weihegabe der Tita schenkte mich", weil dann das Subjekt des aktiven Verbums fehlt.

Setzen wir jedoch für *cver* das von uns vorgeschlagene „Knabe" ein, dann erhalten wir: „Mich schenkte der Knabe der Tita", wobei „der Tita" Gen. possessiv. oder Gen. dedicator. sein kann. In beiden Fällen erhalten wir nur mit *cver* = „Knabe" einen guten, passenden Sinn.

TLE 505: Pallottino setzt vor *cver* das Zeichen (. . .), womit er besagen will, daß der Name des Dedikanten fehlt. Das Objekt selbst hat nur die beiden Wörter und es besteht kein sachlicher Anlaß zur Annahme, daß vor *cver* etwas fehle. Die Deutung „Die Weihegabe schenkte" verlangt natürlich die Angabe des Dedikanten, weil in diesem Fall *cver* nicht Subjekt sein kann. Setzen wir aber *cver* = „Knabe", dann erhalten wir, mit Rücksicht auf das Objekt (den Phallus) die kurze Aussage „Er schenkte einen Knaben". Das Objekt ist ein Ex-voto für die Geburt eines Sohnes.

TLE 624: Zu *flereś tec sanśl* vgl. TLE 651 (Bronzestatue des „Arringatore"), Z. 2 *cen flereś tece sanśl* „diese Statue stellte auf als Widmung"; zu *sanśl* („der Widmung halber, ex voto", Gen. von **sanś* / *sianś* TLE 619) vgl. TLE 476 (Bronzegefäß) *mi marisl harϑ sianśl l()* *eimi* „Mich weiht für Maris als ex voto L(*arϑ*) Eimi"

In 624 ist *tec(e)* das Prädikat; als Subjekt kommen nur *flereś* oder *cver* in Betracht (zu *flereś* Nom.-Akk. s. § 45,e), die beide entweder Nominativ oder indef. Akkusativ sind. Dies ergäbe mit *cver*= „Weihegabe": „Die Statue (Nom.) stellte die Weihegabe auf" bzw. „Die Weihegabe (Nom.) stellte die Statue auf", was beides sinnlos ist. Mit *cver* = „Knabe" erhalten wir: „Die Statue (Akk.) stellte (als Widmumg) der Knabe auf", was in sich und in Hinblick auf das Objekt – kleine Bronzestatue eines Knaben – sinnvoll ist.

TLE 735: Es handelt sich, wie VERMIGLIOLI, Inscr. Perug. 44 angibt, um eine Statuette der Proserpina oder Juno, jedenfalls aber um eine weibliche Gestalt, die in der linken Hand einen Granatapfel hält. Eine Interpretation „die Statue (ist) eine Gabe des *tlenace* wäre möglich, ebenso „die Statue (ist) eine Gabe (ist „*sacrum*") f ü r den/die *tlenace,* falls *tlenace-* /*tlenaχei-* (TLE 652) ein Göttername oder eine Epiklese ist oder die Funktion eines Gottes aussagt, was nach TLE 652 nicht ganz ausgeschlossen ist: *veliaś. fanacnal.ϑuflϑaś* / *alpan.menaχe.clen.ceχa.tuϑineś tlenaχeiś* „Von Velia Fanacnei für Thuflitha. Sie brachte (dies) gern dar (*alpan turce*/ *menaχe* = lat. *libens dedit* / *posuit*) des Sohnes wegen für die städtische (?) Schutzherrin(?)". TLE 652 auf der Bronzestatuette eines Knaben(!) mit der Weihung an die chthonische Thuflitha könnte darauf hinweisen, daß die Göttin mit dem Granatapfel von TLE 752 eher eine Thuflitha als eine Proserpina darstellt – falls nicht letztere überhaupt die *interpretatio Romana* der ersteren ist[34].

TLE 752: Hier hängt viel davon ab, ob *atial* der Gen. des Appellativums *ati* „Mutter" oder eines weibl. GN *ati* ist. In TLE 70 (zwei Oinochoai, Caere) *mi atiial plavtanas* „Ich (bin Eigentum) der Ati, (der Gattin?) des Plautana" und in TLE 266 (zwei Gefäße, Orvieto) *mi atial* scheint *ati(al)* tatsächlich ein GN zu sein; als männl. Form wäre *atie(s)* von TLE 105 heranzuziehen. In TLE 752 dürfte – wie bei einigen anderen Inschriften – zuerst die 2. Zeile zu lesen sein, also *malstria cver* / *tite cale atial turce.* Dies zeigt noch deutlicher als die andere Lesung, daß wir hier mit *cver* = „*donum*" oder gar „*sacrum*" nicht durchkommen, da *atial,* in seiner Stellung vor *turce* als Gen. dedicator. aufgefaßt, – „schenkte der Ati" – den Begriff „*sacrum*" ausschließt. Mit *atial* als Metronymikon – „Tite Cale, (der Sohn) der Ati" – läßt die Inschrift bei einer „Weihegabe" (*cver*) den Namen der beschenkten Gottheit vermissen. Die Bedeutung von *malstria* ist nicht gesichert; wahrscheinlich bezeichnet es das Objekt, den „Spiegel", vgl. TLE 695 (Bronzespiegel) *mi malena larϑia puruhenas* „ich (bin das) *malena* des Larth Puruhena („der Larthi P." müßte *larϑia(l) puruhenal* lauten!)[35].

Setzen wir wieder *cver* = „Knabe", dann erhalten wir: „(Das) *malstria* der Knabe Tite Cale der Mutter (*oder* „der Ati" *oder* „der Sohn der Ati") schenkte".

---

34 Zur Weihung einer Statuette „*clen ceχa*" (*filii causa, pro filio*) als Dank für die Geburt eines Knaben s. auch TLE 737 (Apollostatue, aber der Artemis geweiht, nordetr.), Z. 2: *fasti : ruifriś : t(u)rce : clen : ceχa* „Fasti, (Gattin) des Ruifri, gab (sie) des Sohnes wegen", und vgl. dazu als Quasi-Bilingue CIL $I^2$42 (Nemi) *Poublilia Turpilia Cn. uxor hoce seignum pro Cn. filiod Dianai donum dedit.*

35 *larϑia,* in *larϑial* aufzulösen, ist wegen des folgenden männl. GN als Gen. des männl. PN *larϑ* aufzufassen; *larϑial* als Gen. des weibl. PN *larϑi,* gefolgt vom Gen. des männl. GN – was in diesem Fall wohl das Gamonym wäre – ist bei einer rezenten Inschrift wie dieser sehr wenig empfehlenswert.

Wir finden also *cver* auf Knabenstatuetten, auf Phallen, auf der Votivstatue einer weibl. Gottheit, die das Lebenssymbol in der Hand trägt, und zweimal auf Spiegeln, bei denen wenigstens einmal *cver* das Subjekt, also der Geber, sein muß. Diese Analyse zeigt doch mit großer Wahrscheinlichkeit, daß *cver* weder „*donum*" noch „*sacrum*" bedeutet, sondern schlicht und einfach „Knabe".

Schon PASSERI (CII III 950f.), LANZI (Saggio II 530f. 533. 784) und VERMIGLIOLI (Inscr. Perug. 44f.) haben *cver* als „Knabe" aufgefaßt. Sie verbinden das Wort etymologisch mit κοῦρος und *puer* – also mit einem möglichen und existierenden κορϝος (*ko-wo* Lin. B) und einem unmöglichen **quer;* daß diese Etymologien falsch sind, ist kein stringenter Gegenbeweis gegen die angenommene Bedeutung. Wie sind aber diese Forscher, die bestimmt niemand als Dilettanten in der Archäologie ansehen wird, auf die Idee gekommen, *cver* mit κοῦρος und *puer* zu verbinden? Doch wohl dadurch, daß sie im beschrifteten Objekt die „Sach-Bilingue" erkannten und damit die Bedeutung von *cver* auf dem Wege der kombinatorischen Methode erfaßten. VERMIGLIOLI weist a.a.O. 45 ausdrücklich auf die Verbindung des Wortes mit Knabenstatuetten hin. Dieser wirkliche und bedeutsame Treffer ist leider der (berechtigten) Ablehnung der etymologischen Verknüpfung zum Opfer gefallen. Nach meiner Ansicht ist bis heute keine bessere Deutung von *cver* als die jener Altmeister gefunden worden[36].

§ 3. *estrei alφazei:*

Die beiden Wörter kommen in jedem der drei großen Opfer der AM an einer bestimmten Stelle im Opfer vor:

IV 10ff. (Crapśti)	V 8ff. (Aisera)	IX 15ff. (Nethuns)
raχϑ suϑ /	*racϑ / suϑ*	*raχϑ cletram śrenχve*
zarfneϑ zuśleveś		
nunϑen estrei / alφazei	*nunϑenϑ estrei alφazei*	*nunϑenϑ / estrei alφazei*
cletram śrencve		*zusleve raχϑ*
eim tul var/ . . .	*eim tul / var . . .*	*eim tul var / . . .*

In allen drei Fällen ist zuerst etwas bereitzustellen (*racϑ / raχϑ*), dann mit *estrei alφazei* (Modalis) darzubringen (*nunϑenϑ*). Es gehört mit *suϑ* (s. hier *s.v.*) und *zuśleve,* Milch (?) und Rauschtrank, zum Beiopfer. Es ist unterschieden vom Brot (*faśe*) und wird mit der verzierten Opferschale (*cletram śrenχve*) dargebracht, auch zusammen mit Brot: IX 16f. *eim tul var / nunϑenϑ estrei alφazei tei faśi* „jedoch dies *tul var* bringe dar mit *estrei alφazei* (und) diesen Broten".

Wir wissen aus vielen diesbezüglichen Zeugnissen der Antike, daß beim Opfer regelmäßig auch Cerealien verschiedener Konsistenz (als Körner, Schrot, Schrotbrei, Mehl) dargebracht wurden, als Voropfer, Beiopfer oder Nebenopfer. Ursprünglich war das Cerealienopfer ein selbständiges Opfer, sei es an die Mutter Erde[37], sei es ein Totenopfer. Der Brauch,

---

[36] Das Beispiel zeigt, daß auch die „quasi-bilinguistische" Methode eine Ausweitung durch Einbeziehung der „Bild-Bilinguen" (Interpr. der Darstellung) und der „Sach-Bilinguen" (Interpr. des Schriftträgers) verträgt.

[37] EITREM, Opferritus und Voropfer 261.462f.471.

den Toten Körner (meist Spelt oder Weizen, aber auch Bohnen) zu spenden, ist nicht nur für den Orient, sondern auch für Griechenland[38] und für Rom belegbar, wie die archaischen Gräber des Forums beweisen[39].

Die *οὐλόχυται* sind *προθύματα* und wie die *καταχύσματα* ursprünglich Opfer für die Ahnenseelen[40]. Wir finden das Körneropfer (*arvia*) auch im Kult von Iguvium. Es ist auch dort – gleich, ob Voropfer oder Nebenopfer – „eine vereinfachte, versteinerte alte Opferhandlung"[41] wie das Bohnenopfer an den römischen Lemurien (Ovid, Fast. V 421).

Später trat an die Stelle der ganzen Körner Schrot (Rom), Mehl (Griechenland), der *πέλανος* und endlich das Brot. Diese Reihe ist geradezu ein Stück Kulturgeschichte des Brotes.

Das Mehl finden wir im Seelenopfer Od. XI 28, wo nach Honig, Wein und Wasser *ἄλφιτα λευκά* gespendet werden. Der Cerealienbrei als chthonisches Opfer wird im Euripidesfragment 912 N² genannt:

σοὶ τῷ πάντων μεδέοντι χοήν
πέλανον τε φέρω,
Ζεὺς εἴθε Ἅιδης
ὀνομαζόμενος στέργεις.

In Rom ist das Körneropfer schon in abgewandelter Form Voropfer: die kathartisch gebrauchte *mola salsa,* der aus *far* (Spelt) bereitete gesalzene Opferschrot. In den Tabulae Iguvinae sehen wir, daß parallel mit dem *sacrificium cruentum* ein vegetabiles Nebenopfer – einst Totenopfer, dann Voropfer –, mit der der Oblation der Exta aber ein vegetabiles Beiopfer, die *placentae,* vollzogen wird.

Es ist sicher mit Recht zu vermuten, daß das Cerealienopfer n e b e n dem Brot auch im etr. Kult nicht fehlte. Wir kennen weder die Bedeutung von *estrei* noch jene von *alφazei;* wir sind uns auch der Unsicherheiten und Gefahren der etymologisierenden Methode im Etruskischen bewußt. Es soll aber doch die Frage gestellt werden, ob nicht *alφaz-* in einem (vielleicht weit zurückliegenden) Zusammenhang mit *ἄλφιτον* „Gerstenmehl" steht.

Wenn dies zutrifft, ergibt es für unsere drei Stellen:

IV 10ff.: „Stelle die Milch(?) bereit; mische (etwas) von Rauschtrank; bringe mit dem . . . . Mehl dar mit der verzierten Opferschale; doch dieses *tul var* . . ."

V 8ff.: „Stelle die Milch(?) bereit; bringe mit dem . . . . Mehl dar; doch dieses *tul var* . . ."

IX 15ff.: „Stelle mit der verzierten Schale bereit; bringe dar mit dem . . . . Mehl, mit Rauschtrank; stelle aber bereit dieses *tul var* . . ."

§ 4. *hamφe - leive:*

Das Wortpaar tritt an mehreren Stellen der AM auf, in Deklinationsformen und Ableitungen:

VI 3: *hamφeś leiveś* „des *hamφe* (und) des *leive*"

5: *hamφeϑi etnam laeti* „im *hamφe* wie auch im *lae*"

---

38 In vormyken. Gräbern: Athen. Mitt. 1906, 402ff.; für Athen Cicero, *de leg.* II 63.

39 DUHN, Ital. Gräberk. I 423; Altheim, Röm. Rel. Gesch. I, 12, 19.

40 Eust. *Il.* I 449; Schol. *Od.* III 441.

41 EITREM, 262; s.a. V e r f., Religio Iguvina, 75f.

9ff.: *zaϑrumsne lusaś fler hamφisca ϑezeri / laivisca lustreś fler vacltnam / ϑez[eri]*
„Am Zwanzigsten ist für Lusa das Opfertier, das des *hamφe,* zu schlachten; das Opfertier des *laive* ist mit Libation zu schlachten."
X 6: *hamφeś laeś* „des *hamφe* (und) des *lae*"

Während *hamφe* stets unverändert bleibt, zeigt das andere Wort Varianten. Als ursprüngliche Form ist **laive* anzusetzen, das mit der bekannten Erscheinung *ai* > *ei* zu *leive* wird; monophthongiert mit Ausfall des *v* (*u̯*!) ist *lae.*

hamφete TLE 90 (in unklarer Umgebung) = *hamφeϑi; hamφeϑeś* AM XI γ 4 scheint ein hypostasierter Lokativ „das im/auf dem *hamφe*" im Gen. („dessen, was im/auf dem *hamφe* ist") zu sein.

Zweifellos ist *hamφe* ein Substantiv, ebenso **laive,* wie die Nominalflexion und die Artikulierung mit enkl. *-ca* zeigen.

Welcher Natur die Gottheiten *lusa* und *lustra* (Kollektiv!) sind, läßt sich kaum sagen, bevor wir nicht in die Bedeutung von *hamφis-ca / laivis-ca,* die ihre Opfer spezifizieren, eingedrungen sind. Mit den bisherigen Deutungsversuchen ist kaum etwas anzufangen. TORP, Beitr. II 89 sieht in dem Wortpaar „zwei Gottheiten", GOLDMANN, LATTES und VETTER (vgl. dazu CORTSEN, Gloss. 75f.) setzen „rechts" und „links" (λαιός, lat. *laevus*) an, CORTSEN (Gloss. 76) „groß" (und „klein"), STOLTENBERG „morgendlich" und „abendlich", OLZSCHA (Kalenderdat. 347f.) „auf dem Boden – auf dem Altar dargebracht (Quasibilingue zu TIG *peřae - ferine*). Brauchbar ist nur TROMBETTIS Deutung „Feld - Saatfeld" (LE p. 122) – Verbindung mit lat. *campus* und griech. λήϊον /λαῖον –, eine Deutung, der auch PALLOTTINO (Elem. § 15f.) zustimmt. Gegen ide. Termini in oder aus der Sprache der Ackerbau treibenden Bevölkerung (die italischen Hintersassen!) ist prinzipiell nichts einzuwenden; nur müßte dann, wie OLZSCHA (a.a.O. 348) bemerkt, zwischen *hamφe* und *laive* doch ein schärferer Unterschied bestehen, als bei Trombetti zum Ausdruck kommt, wobei aber nicht übersehen werden darf, daß die beiden Wörter „in engster Beziehung zueinander" stehen (GOLDMANN, Beitr. I 44).

Ich denke an die Möglichkeit, *hamφe* als „Land, Weideland", *laive* aber als „Saatfeld, Acker" aufzufassen, das eine das Aktionsgebiet des Hirten, das andere jenes der Bauern (und weiter *aniaχ* „Hirt", *urχ* „Bauer" in AM VI? ?).

Mit dieser Deutung von *hamφe - laive* wären dann Lusa und das Lusa-Gefolge als Feld= und Weidegötter bestimmt.

§ 5. *hetrn aclχn:*

Die Verbindung kommt dreimal in AM vor, V 17f. in der Libation für Thesan nach dem Opfer für Aisera, VIII 15f. in der Libation vor der Schlachtung des Opfers für Nethuns, X 9f. in der Vorbereitung der Libation für Scan:

V 17f.:	*trinum / hetrn aclχ̣n ais cemnac*	„streue/sprenge aber *hetrn aclχn* zu jedem einzelnen Gott"
VIII 15f.:	*χiś hetrn/aclχn ạiś cemnaχ*	„verteile *hetrn aclχn* auf jeden einzelnen Gott"
X 9f.:	*trinum hetrn acḷχn / eis cemnac*	„streue/sprenge aber *hetrn aclχn* zu jedem einzelnen Gott"

Die Wiedergabe des letzten Buchstabens von *aclχn* ist unsicher:

V 18: Herbig *aclχa*, Krall, Torp *aclχa* im Text, *aclχṇ* in d. Anm.; Runes *aclχṇ*, Pallottino *aclχạ*

VIII 16: H. *ạc̣ḷχn*, Kr. u. T *ạc̣ḷχṇ?*; R. *ạc̣ḷχn*, Pall. *aclχn*

X 9: H. *acḷχn*, Kr. *aclχṇ* im Text, *aclχạ?* in d. Anm.; T (Beitr. II 42) *aclχṇ* „fast sicher" ; R. *acḷχn*, Pall. *acḷχn*.

Demnach wäre *aclχa* der Vorzug zu geben (Verlöschen des oberen Teiles von *a:* A, H). Da *-c* nach *-l-* in der Regel zu χ wird, ist *aclχa* als *acl-ca* < **acil-ca* „dies(er, -e, -es) gemachte" aufzufassen. *hetrn* ist wohl mit *hetum* III 17, XI 4, XII 6.8 zu verbinden:

III 17 *hẹtụm ạle* (18) *vinum usi trinuṃ flẹre in crapśti*
„gibt *hetum*, schöpfe Wein und besprenge das Bild des Crapśti"

XI 4 *tur hetum vinum ϑic vacl*
„gib *hetum*, ... Wein; Libation."

XII 6 *nac ϑ̣ucạ unχva hetum hilarϑuna*
„dann . . . . er das fertige *hetum* des *hilarϑu*" (= ein Gefäß?)

XII 7f. *enac eisna hinϑu hetum hilarϑuna etertic*
„dann das göttliche *hetum* für die Unterirdischen aus dem *hilarϑu* . . . . . . !:

Auch dieses Wort *hetum* steht in Verbindung mit einer Libation; es bezeichnet einen Gegenstand, der n e b e n oder m i t dem Wein dargebracht wird und sich in einem Gefäß(?) (*hilarϑu*) befindet. Das *hetum* wird XII 6 als *unχva* „fertig" bezeichnet; wie das Brotopfer ist es *aisna* (XII 8) und wird im Opferschluß (ebda.) wie IV 22 *eisna pevaχ vinum*, IX γ 1 *aisna hinϑu vinum*, wo *vinum* in der Kanne (*pruχś, prucuna*) ist, genannt. *hetum* und *vinum* sind in XII 8 bzw. IX γ 1 *„hinϑu"*, „unterirdisch", d.h. für die Unterirdischen bestimmt.

Die Bedeutung von *hetum* ist umstritten. Torp (Beitr. II 42) setzt „Trankopfer" an; ebenso Goldmann (Beitr. I 10, Fn. 4) und Trombetti (LE, Lex. s.v.). Cortsen nahm Beamtentitel 13 „Trinkopfer", schließlich Gloss. 77 „unterirdisch" an. Letzteres geschah wegen CIE 4945 *śuϑi heϑu*, das Cortsen wie *śuϑi hinϑiu* (TLE 619) mit „unterirdische(s) Grab" übersetzte. Olzscha (Kl. Opfergaben 385) lehnt dies mit den Worten „als ob nicht immer ein Grab irgendwie unter der Erde wäre" ab. Dies geht aber zu weit; es bezeichnet ja in TLE 619 *śuϑi hinϑiu* prägnant das Hypogäum, das das Grab tatsächlich ist, andererseits weiß jeder Kenner der etr. Archäologie, daß weder die Steinkistengräber von Marzabotto noch die Ädiculagräber von Populonia oder die Kammergräber von Orvieto/Crocefisso del tufo „unterirdische" Gräber sind, von vielen Hügelgräbern ganz zu schweigen. Was bei Cortsen m.E. fehlerhaft ist, besteht darin, daß er die ausschließlich in Orvieto belegte Form *heϑu* (TLE 248. 249) nicht als **hēϑu* < *hinϑiu* erkannt hat; sie hat mit *het-* in *hetum* und *hetrn* nichts zu tun.

OLZSCHA (Kl. Opferg. 386) weist mit Recht darauf hin, daß sich *hetum* und *vinum* in der Schlußformel des Opfers entsprechen. Er erwägt die Bedeutung *„puls"* (Schrotbrei), zieht aber aus bestimmten, vom (m.E. zu weit gehenden) Vergleich mit den TIG hergeholten Gründen „Weihrauch" vor. Vetters Deutung von *hetum* als Konjunktion „tum demum" (ἐπειτάδε) in Wortd. I 59.61 wurde von den Mitforschern nicht akzeptiert. Ich glaube, daß Olzscha mit der Deutung *„puls"* dem Tatsächlichen nahe war, und sehe in *hetum* eine „Speise“ von einer bestimmten Konsistenz, die erst während des Opfers hergestellt wird (vgl. die verschiedenen „Gerichte“ der heth. Opferrituale) und schlage als Ansatz „Opferspeise“ vor.

Die Verbindung *hetrn aclχa* (mit *hetrn* < *het(e)r-ni,* def. Akk. Plur.?) fasse ich als „die fertigen (wörtlich: „die gemachten“ < **acil-χa*) (Götter-)Speisen“ auf. Die Übersetzung der drei Stellen ist dann:

V 17f., X 9f.: „streue aber die fertigen Speisen zu jedem einzelnen Gott!“

VIII 15f.: „Verteile die fertigen Speisen auf jeden einzelnen Gott!“

In V 17f. ist die „Speise“ in der Libation Beiopfer neben der Libationsflüssigkeit (*suϑ*), ebenso in X 9f. neben dem „göttlichen Trank“ (*aisna leitrum*); in VIII 15f. ist die „Speise“ mit dem Wein *Vor*opfer unmittelbar vor der Schlachtung des Opfertieres (VIII 16 *ϑezin fler* „Das Opfertier wird geschlachtet“).

§ 6. *hilar:*

Von *hil-* haben wir folgende Ableitungen:

hil: TLE 676 *tular.śpur/al.hil.puratum* (viereckiger Steinblock)

hil-ar: TLE 515a *tular:hilar:ṇeṣḷ* (Steinblock)

AM XI 5: *rasna.hilar*

XII 12f.: *cus.c̣luce.caperi.zamϑic.sve-m.ϑumsa / matan.cluctraś.hilar*

hil-are (Mod. von *hilar*): AM V, N.Fr. 3 *hilare.ạ[cil]*

VII 14 *etnạm.cilϑc̣veti.hilaṛe.ac̣ịḷ*

hil-ar-ϑu-na (substantiviertes Adj. II):

XII 4ff.: *puts/ muϑ.hilarϑuna.*
tec-um.etrinϑi muϑ/
nac.ϑucạ.unχva.hetum.hilarϑuna.
ϑenϑ hursi-c.caplϑu.
ceχam.enac.eisna.hinϑu/ hetum.hilarϑuna.etertic

hilarϑune (Mod. von *hilarϑuna*):

XII 3: *ϑunχule-m.muϑ.hilarϑune.etertic*

hil-χve-tra: Adj. III von *hil* + Kollektivsuffix *-tra:*

VI 2f.: *aniaχ urχ.ḥilχvetra/ hamφeś leiveś.turi*

hilar (Plur. auf *-r*) und *hilχve-* (Adj. III) zeigen, daß das Grundwort *hil* ein Substantiv ist. Von dem Plural ist ein Substantiv **hilarϑu* abgeleitet, dessen Adj. der Zugehörigkeit *hilarϑuna* ist, und dessen Modalis ganz regulär *hilarϑune* lautet.

Die bisherigen Deutungen sind folgende:

hil: „weihen, Weihe“ Stoltenberg; „limite, confine“ Pallottino; „privatus“ Vetter; „heilig“ Cortsen (SE XVII, 1943, 327ff.)

hilar: Trombetti LE 117 „dimora“ nach Torp, Beitr. II 19; „santuario (temenos)“ Pallottino; „ein Gefäß, Urne, Flüssigkeitsmaß“ Goldmann Beitr. II 51; „santo“ Ribezzo, RIGI XX, 1936, 212; „privat“ Vetter, Wortd. I 52ff.; „templum“ (in allen Bedeutungen) Cortsen a.a.O. 329 „consecratus“ (Gloss. 77); „territorium“ Mazzarino, Historia VI, 1957, 106.

hilarϑu-: „Priester“ Stoltenberg, *„privatus domesticus“* Vetter, a.a.O. 55; Cortsen (SE XVII,

1943, 329) „Tempelgebiet, Tempelbezirk", Gloss. 78 *„sacra aedes"* (nach *ϑun* = „Haus" [Bugge], das auch Vetter [a.a.O. 48, mit Berufung auf Trombetti] annimmt); Trombetti (LE, Lex.s.v.) „dimora, vide *ϑun*"

**hilχva:* „Heiligtum" Stoltenberg; „ein Ackerprodukt" Trombetti[42]

hilχvetra: „Heiligtümer" Stoltenberg; Pl. von **hilχva* nach Trombetti;

In TLE 515 (516.676)676 (Terminalcippen) ist *hil(ar)* ohne Zweifel eine Spezifikation von *tular* „Gebiet, Grenzen" wie in *tular rasnal* (TLE 632) *„fines publici"*; oder *tular śpural* (TLE 675f.) *„fines urbici"* und hat nichts mit einem Gefäß oder einem Tempel zu tun. Andererseits legen die Stellen der AM (abgesehen von XI 5 *rasna hilar*), besonders XII 12f., doch nahe – wegen *cluce* „zum Trinken" und *clucϑra-*, zu dem *culiχna, cluϑi/cluti, clutiva* zu ziehen sind[43] – in *hilar* und *hilarϑuna* Gefäßnamen zu sehen. Dies schließt aber sicher Begriffe wie „limite, confine", „dimora", „santuario", „templum", „territorium", „Priester", „Tempelbezirk", „Heiligtum", „Ackerprodukt" und wahrscheinlich auch „privat", „heilig, geweiht" aus. Wenn wir nicht Homonymie annehmen wollen, müssen wir nach einem Begriff suchen, der sowohl zu Grenzsteinen als auch zu Gefäßen paßt. Als solcher bietet sich „Erde, Land, irden, irdenes Gefäß" an. Setzen wir dies ein, dann erhalten wir:

TLE 515 *tular hilar* „Grenze der Ländereien", hier eines Privatbesitzes von *v(e)l. remzna.clanc* „Vel Remzna und Sohn" einerseits und *au(le).latini.cesu*[44] andererseits. In TLE 676 *tular.śpural.hil(ar)* handelt es sich um die Grenze von Ländereien im Besitz der Stadt. In AM XI 5 *muc-um.aniaχeś.rasna.hilar* wissen wir weder die Bedeutung des Verbums *muc-* noch des Appellativs *aniaχ* (Nom.-Akk. in VI 2.4!); da aber XI 4 *hamφeϑeś* vorausgeht und ebda. 6 *hamφes* (s. hier *s.v.*) folgt, dürfte hier von Gemeindeländereien oder dem *ager publicus* die Rede sein.

AM XII 12: *cus.çluce.caperi.zamϑic* „(Verb im Imp. I) zum Trinken die goldenen Schalen"

12f.: *sve-m.ϑumsa/ matam.cluctraś.hilar* „ebenso aber . . . . vorher des Trankes Gefäße"

XII 4f.: *puts/ muϑ hilarϑuna* „lege (setze, stelle) das *muϑ* des *hilarϑu* (nieder)" *tec-um etrinϑi muϑ* „ . . . . aber bestreue das *muϑ*"

6: *nac ϑucạ unχva hetum hilarϑuna* „Dann . . . .t er die fertige Speise (s.o. *s.v. hetum*) des/aus dem *hilarϑu*"

VII 14: *etnam cilϑçveti hilaṛe acil* „auch in *cilϑcva* sind (die) Gefäße nötig".

XII 3: *ϑunχule-m muϑ hilarϑune etertic* „zugleich aber das *muϑ* im *hilarϑu* . . . . . ."

---

42 Die Begründung ist typisch: cfr. lat. *holus* „ostaggi, cavolo"; umbr. *felsva* „holera"; phryg. ζέλκια „Grünkohl"; heth. *ḫalki-s* Name einer Feldfrucht.

43 *cluϑi/kluti* (TLE 72, Kylix, 710 Patera) bildet den „Sinnplural" (§ 74) *clutiva* (TLE 619) wie *fler* : *flerχva;* damit weist es sich als ein dem Deklinationssystem nicht voll angepaßtes Lehnwort aus. TLE 3 bezeichnet eine Kylix als *culiχna* < κυλίχνη. Der übernommene Stamm *kulik-* wird zu *c(u)luc* – in *cluce* und *clucϑ/tra*. Aus der Dissimilation des zweiten *k* ergibt sich der Stamm *clut-* (*kulik-* > *culit-* > *c(u)lut-*).

44 Hier ist *cesu* nicht das Verbalnomen *„situs"*, sondern das Gentilcognomen der Familie Latini in Montepulciano. Vgl. TORP, Beitr. II 121.

VI 2f.: *ḥilχvẹtra:* „Gesamtheit" (*-tra*) dessen, was voll Erde, was irden ist"; *aniaχ urχ hilχvetra hamφeś leiveś turi* „*aniaχ* (und) *urχ* (vgl. VI 4 *apniś aniaχ apniś urχ*) haben alle (irdenen) Gefäße zu geben".

Wir setzen demnach an: *hil* I „Erde, Land, Territorium";
hil II *met.* Gegenstand aus Erde, bes. Gefäß

Zu *hil* II gehört das Adj. III **hilχva* „voll von Erde, ganz aus Erde, irden". *hilar-ϑu* kann der Name eines Gefäßes sein; es besteht aber durchaus die Möglichkeit, daß es die Bezeichnung für einen kredenzartigen Tisch ist, auf den beim Opfer die Gefäße stehen. Ich erinnere an die Darstellung solcher Geräte auf den Grabfresken (Tomba dell'orco, T. dei vasi dipinti). Etwas ähnliches könnte AM XII 7 *caplϑu* (<*capr-ϑu,* < *cape/caper?*) sein.

§ 7. *ϑez-:*

Das Wort steht in einem deutlichen Gegensatz zu dem überaus häufigen *nunϑen* der AM. Während dieses mit verschiedenen Objekten verbunden ist, n i e aber in direkter Verbindung mit dem *fler*, dem Opfertier, steht, finden wir *ϑez-* nur in Verbindung mit *fler.* Als *verbum sacrificale* ist *nunϑen* der allgemeine Ausdruck für die Vollziehung des Opfers, wie griech. *ποιεῖν*, lat. *operari*, umbr. *feom* (s. V e r f ., Studien z.d. AM, 23).

ϑez- ist AM III 13.15; IV 5.18; VI 9.11; VIII 4.13.16 und XI 14 mit *fler,* III 14; X 14 mit *cal,* III 14 mit *tar* verbunden. Es heißt an diesen Stellen „das Opfer(tier) soll ge . . . . . . werden (*ϑezeri*)", „das Opfer(tier) wird ge . . . . . ." (*ϑezin*)", „das Opfer(tier) ist ge . . . . . . worden (*ϑezince*)", „das Opfertier und das *tar* sollen zum ge . . . . . werden (*ϑezine*) bestreut werden"; es wird geboten „. . . . . te das *cal* und das *tar!*"

Die nicht-präteritalen Formen kommen immer am Anfang des Opfers vor, die präteritalen aber in der *placatio,* dem Bittgebet bzw. in der Nennung der Opferintention, bevor die Beigaben dargebracht werden[45].

Ich zweifle nicht, daß in *ϑez-* der Terminus für das S c h l a c h t e n des Opfers steckt, der im Ritual ja nicht fehlen kann, bisher aber nicht festgestellt wurde. *ϑez-* entspricht im Effekt dem *ampenom* der Tab.Iguv. und bedeutet – wie dort *ampenom* – eine spezielle Art des Tötens, dort das Erdrosseln, hier das Niederschlagen („niederschlagen": *ϑe-z,* Intens. von *ϑe-* „legen, setzen, stellen").

§ 8. *ma - man - manim - manince:*

SLOTTY nahm in SE XVIII, 1945, 159ff. und SE XIX, 1946–47, 177ff. in ausführlicher Weise zu *ma - man - manim* Stellung und kam zu dem Beschluß, daß *manim* nicht „monumentum" bedeute, daß *man* nicht mit protoidg. **mān* „gut" zu verbinden sei, sondern mit einem Kern *man* „unterirdisch" in lat. Lehnwörtern (*manes, sum-manus, im-manis*) aus dem Etruskischen[46]. Trotz dieser tiefschürfenden Arbeit des verdienstvollen Forschers erscheint mir das Resultat aus sachlichen, im archäolog. Material liegenden Gründen als unrichtig.

---

[45] S. V e r f ., Studien zu den AM, 44ff. 53.
[46] S. auch Beitr. I 129ff.

Die wichtigsten bisherigen Deutungen sind:

ma:	Goldmann, Cortsen „pro= und enklitische Partikel“
	Danielsson, Leifer „vocula pronominalis sive verbalis“
	Pauli, Torp „eine Form des Verb. subst. *esse*
man:	Slotty „Manen“; Stoltenberg „Gedenken“; Pallottino „porre“?
mani(m):	Stoltenberg „Denkmal“
manimeri:	Stoltenberg „Denkmalerbauer“

Zur Deutung von Torp und Pauli ist einzuwenden, daß in der Annahme von *mi ma* = „ich bin“ die Inversion *ma mi* „bin ich“ für eine Besitzerinschrift (TLE 113!) ganz unverständlich ist; es liegt ja keine Frage vor (s. § 148).

Ferner muß doch auffallen, daß die Inschriften mit *mi ma* nur bei einer ganz eng umschriebenen Gruppe von Objekten vorkommen, was kein Zufall sein kann. Um dies deutlich zu machen, seien hier die in Betracht kommenden Titel aus TLE angeführt:

112 = CIE 5429 (Cippus, 5. Jh?) *mi ma mamarces spuriiazas*
113 = CIE 5543 (Cippus, rez.) *ma:mi:marχars senties χestes*
253 = CIE 5053 (Cippus, ant.) . . . *[h]ermenas ma*
382 = CIE 101 (Cippus, rez.) *mi:ma:veluś:/rutlniś:/avlesla:*
(Hier ist der Volaterraner Titel CIE 60 *mi.ma./l.clan/tị-* Neulesung v. Rix, 1959, anzuschließen), ebenfalls ein Cippus).
384 = CIE 51 (Cippus, rez.) *mi ma larisa(l) hekinas*
388 = CIE 99 (Cippus, rez.) *mi.ma/laris/ śuplu*
389 = CIE 148 (Cippus, rez.) *mi.ma [.]suϑil*[47]. *fuluś.l(ari)s(al)*
411 = CIE 14 (Steinblock, rez.) *mi.ma / l.tarcste*
513 = CIE 866 (Grabziegel, rez.) *ma.minie/larϑias*
671 = CIE 387 (Steinblock, ant.) *[l]aris halasaśnaś ma*
707 = NScav. 1881, 371 (Basis aus Stein, 5./4.Jh.)
[ar]nϑ veiane spụ(. .) / lariza ma turunke

Von zwölf Titeln befinden sich acht auf einem Cippus, zwei auf einem Steinblock, einer auf einer Basis aus Stein, einer auf einem Grabziegel. Davon sind zwei *„antiquiores“*, das heißt, sie belegen das fragliche Wort schon für das 7./6. Jahrhundert.

Wichtig ist TLE 389, wo das Objekt von sich sagt, es sei das *ma* des Grabes (*suϑil*) des Laris Fulu. Wenn man bei den anderen Titeln unter Heranziehung des Begriffes des „Seelensteines“ noch als möglich annehmen könnte, der Gegenstand stelle sich als ein Symbol des „Mani“, der abgeschiedenen Seele vor, so wird eine solche Möglichkeit durch TLE 389 absolut ausgeschlossen. Was sollte das heißen „ich bin die abgeschiedene Seele des Grabes des L. F.“?

Gerade die Beschränkung des Wortes auf Cippen und andere Grabsteine – die *tegula* von TLE 513 ist ein „Armeleutegrabstein“ – zeigt, daß nur die Bedeutung *„monumentum“* richtig sein kann.

Morphologisch ist *ma/man* eine Abkürzung von *manim*, das m.E. eine ganz reguläre Etruskisierung von griech. *μνῆμα* ist:

---

47 TLE *suϑi[.]l* ist unbegründet und zerreißt den *l*-Genitiv, der von *ma* abhängig ist.

a) *mn* am Wortbeginn erhält Einschubvokal, vgl. *puruϑ* < *pruϑ;*

b) griech. *η* in betonter Silbe wird etr. *i,* vgl. *catmite* < Γανυμήδης, *ziumite* < Διομήδης, *p/talmite* < Παλαμήδης (vgl. § 15);

c) der letzte Vokal, der zweite von zwei unbetonten (**mánima*), fällt schließlich ab, vgl. *arϑem* < Ἄρτεμις, *hamφiar* < *amφare* < Ἀμφιάραος, *metus* < Μέδουσα, *panϑsil* < Πεντεσίλεια;

Es ist also für *manim* wie für *μνῆμα* anzusetzen: „1. Erinnerung, Andenken; 2. Erinnerungsmal, Denkmal, Grabmal".

Die Entlehnung muß sehr alt sein, weil das Wort in das etr. Flexionssystem übergegangen ist: Pl. Nom. **manimer,* def. Akk. Pl. *manimeri.* Überdies wird *manim* als denominatives Verbum im Sinne von *μνήμην προσέχειν* „ein Andenken stiften" gebraucht: *manince* TLE 398 (< *manim-ce*) „gab als Erinnerung".

§ 9. *nes - nesl - nesna:*

Die Wortgruppe tritt besonders in der Gegend zwischen den Flüssen Fiora und Marta (Soana - Tuscania - Castel d'Asso) auf. Wie der Gen. auf *l* – neben dem bei einem *s*-Stamm irregulären auf *-ś-* und das Adj. II *nes-na* zeigen, ist *nes/ś* ein Substantiv. Eine Dialektvariante ist TLE 168 *neis-,* während in TLE 353 *ceṭse vel neś* nicht isoliertes *neś* – das in Suana *nes* geschrieben wird, s. TLE 351.252 – vorliegt, sondern das Gentiliz *velneś* (s. Pallottino *ad tit.*).

Von TORP (Beitr. I 35; II 8) wurde als Deutung „tot, Toter" gegeben und von Trombetti, Cortsen, Pallottino, Stoltenberg u.a. übernommen. Diese Deutung ist doch offensichtlich „etymologisch" gewonnen (< *νέκυς* „toter Leib"), also durch Zirkelschluß. Anders interpretieren nur Ribezzo (Metodo 79, Fn. 1 *„civitas, civicus"*) und Vetter (Gl. 28, 1940, 214 „Verwandtschaft, Nachkommenschaft"). Alle diese Deutungen sind abzulehnen. Wäre *nes* „tot", dann müßte *nesl* mit „des Toten" und *nesna* mit „zu den Toten gehörig" übersetzt werden. Es wäre wieder einmal eine „typisch etruskische" Absonderlichkeit, wenn man es für nötig gehalten hätte, auf Grabtiteln anzugeben, daß der/die N.N. tot, ein Toter, zu den Toten gehörig sei. Vetters Deutung „Verwandtschaft, Nachkommenschaft" wird ausgeschlossen durch Inschriften wie TLE 173, wo sich die Sarkophaginschrift auf einen konkreten Toten bezieht. Ribezzo ist auf seine Deutung durch *tular hilar neśl* (TLE 515) gekommen. TLE bringt folgende Inschriften mit *nes*(-):

167 = CII	2089,	Castel d'Asso, frons sepulcri: *eca śuϑi neśl . tetnie* (. . .)
168 = CII	2087,	Castel d'Asso, frons sepulcri: [*eca śuϑ*]*i neisl . . . .*
173 = CII	2059,	Suppl. III 330, Musarna, Sarkophag: *ạ*[*rnϑ*] (= *ạ*[*vle*]?) *ạleϑna:śeϑresa:neśś* usw.
178 = CII	2133,	Tuscana, Steinblock: *eca : śuϑi . neśl : pan . . . .*
198 = NR	773,	Valle Vidone, Basis eines Löwen aus Stein, 4. Jh.? : *eca : suϑi : neạznas : arnϑal : neṣ*[*l*] (. . .)

351 = NR 664, Sovana, Frons sepulcri:
suti ṇẹṣḷ (. . .)

352 = CIE 5220, Sovana, Frons sepulcri:
ϑestia : velϑurnas / nesna

359a= CIE 5237, Heba/Magliano, Diskos aus Blei:
. . . . *neśl . man . murinaśie . falzaϑi* ⁝

359b= CIE 5237, dass., *nesl . man .* . . . .

515 = CIE 886, Montepulciano, Steinblock:
a) *tular : hilar : ṇesḷ*
b) *ein . ser . ṿl . remzna . clanc / au . latini . cesu*
c) *claruχieś*

572 = CIE 4539, Perugia, viereckige Steinplatte (kleiner Cippus?):
ca : suϑi : ṇẹṣ[l] . . . . usw.

Ich glaube, daß *nes* in den Grabtiteln der „Bürgerlichen“ das ist, was der *cursus honorum* bei den „Großen“ ist: eine Standesangabe; ich schlage die Deutung „Besitzer“ vor. Die Inschriften stammen fast durchweg aus Landgemeinden und Agrargebieten. Der *nes,* der dies stolz zu seinem Namen setzt, wird wohl der „Grundbesitzer“ gewesen sein. Das stereotype *ca/eca suϑi neśl* ist ein auch für uns ganz normal klingendes „(Dies ist) das Grab des Besitzers N.N.“

Kein Grabtitel ist TLE 515, sondern ein Terminalcippus. Da sich a), b) und c) auf verschiedenen Seiten des Steines befinden, ist eine andere Ordnung der Glieder angezeigt: a - c - b oder b - a - c, was ich vorziehen möchte[48]:

ein.ser.v(e)l.remzna.clanc/au(le).latini.cesu
„Dies setzten (o.ä.) Vel Remzna und Sohn, (und) Aule Latini-Cesu
tular:hilar:nesl (als) Grenzstein(e) der Ländereien des Besitzers /der Besitzer
claruχieś der Klaruchie (der Landzuteilung)

Zu *hilar* „Ländereien“ s.o. § 6.

TLE 352 mit weibl. PN und männl. GN kann, da es sich um ein Kammergrab handelt, kaum der Grabtitel einer Unfreien, einer „Thestia (Magd/Sklavin) des Velthurna . .“ sein. Es handelt sich wohl um die unverheiratete Tochter des Velthurna, und sie „gehört zum Besitzer“; ich übersetze: „Thestia des Velthurna (für **Velthurnei*), Grundbesitzerstochter“.

§ 10. *suϑ:*

AM V 7, im Opfer für Aisera, steht *raχϑ suϑ* an der Stelle des Ritus, wo im Opfer für Nethuns (IX 6f.) *heχśϑ vinum* vorgeschrieben wird. Das Wort *suϑ* ist ein Substantiv, wie seine Abhängigkeit vom Imp. II *raχϑ* „nimm, stelle bereit, richte her“ zeigt. Da es immer im Bereich einer Libation auftritt, muß es eine Flüssigkeit sein. Wenn wir mit einiger Wahrscheinlichkeit herausbekommen wollen, was dieses *suϑ* ist, dann müssen wir uns die im Altertum gebräuchlichen Opfergaben ansehen.

---

48 Vgl. CIE 886.

Bei den Sumerern und Babyloniern opferte man als unblutige Gaben (*nindabû*) Brotscheiben, Datteln, Feigen, Milch und Honig, die auf Opfertischen (*paššūru*) aufgestellt und wohl später von den Priestern verzehrt wurden (vgl. die Schaubrote des alttest. Kults). Auch bei den Indogermanen[49] finden wir Libationen mit Milch, Honig, Wein und Wasser oder mit dem Blut der geopferten Tiere. Für uns scheidet „Blut" als Bedeutung von *suϑ* aus, da das Wort auch in den Opfern ohne *fler* (Kol. V) vorkommt.

Am ehesten ist zu erwarten, daß *suϑ* „Milch" bedeutet. Man vergleiche zu V 7 und IX 6f. den Ersatz des Weines durch Milch bei bestimmten röm. Opfern, z.B. Nonius *s.v.* Rumina: *Semonibus lacte fit, non vino* (vgl. auch Plin. n.h. XIV 88) (s. V e r f., Studien z.d. AM, 37f.).

§ 11. *truϑ:*

Neben dem unblutigen Brotopfer (*aisna*) und dem blutigen Tieropfer (*fler, flerχva*) kennt das Ritual der AM das in bestimmten Fällen selbständige Flüssigkeitsopfer (*vacl*). Ein solches ist in unserem Text AM V 16ff.:

vacl ϑesnin	Libation der Thesan.
raχ cresverae [17]*hẹṿṭạị trụϑ celi*	Bereite für Cresverae(?) . . . das frische *truϑ*,
ẹpc śuϑc<e> citz	. . . und Milch(?) dreimal.
trinum [18]*hetrn aclχṇ ais cemnac*	Besprenge mit *hetrn aclχn* jeden Gott.
truϑ traχś rinuϑ	Das *truϑ* gieße im *rinu*.
[19]*citz vacl*	Dreimal Libation.
nunϑen ϑesan tinś ϑesan [20]*eiseraś śeuś*	(Diese) bringe dar für die Th. des Tin, für die Th. der Aisera *śeu*.
unum mlaχ nunϑen	Dann aber bringe die Opfergabe dar.
ϑẹiviti [21]*favitiç faśei*	. . . . e und . . . . e das Brot;
cisum ϑesane uslanec [22]*mlaχ eluri*	ein Drittel aber für Thesan und Uslan als Opfergabe zu . . . en ist.
zeric zec aϑeliś	und alles . . . . . .
śacnicla [23]*cilϑl śpural meϑlumeśc enaś*	das Heiligtum des Volkes, der Stadt und ihrer Burg.

Zur Deutung von *truϑ* als Bezeichnung für das L i b a m e n t gehe ich von folgenden Stellen der AM aus:

X 21f. *mula santic* [22]*ϑapna ϑapnzac*[50]
„er gibt *santic* in die (große) Schale und in die kleine Schale"

X γ 1 *santic vinum ϑui ϑạpnai*
„*santic* (und) Wein hier in der Schale"

XI 2f. *ṿạc̣ḷ ṿinum śantiṣṭś celi pen trutum ϑi ϑapneśtś ṭṛịṇϑaśa*[51] *hanϑin*

[49] Schrader-Nehring I 21.

[50] Nicht *ϑapn*[.]*zac* wie in TLE nach Runes; *ϑapnza* ist Diminutiv von *ϑapna* wie *halχza* von *halχ*, *larϑiza* von *larϑi*, *arnza* (< *arnϑza*) von *arnϑ*.

[51] Nicht *tṛ*[*u*]*ṭanaśa* wie TLE 1 p. 17 im Text (Index p. 169 nur *tritanaśa* XI 3); Runes hat *tṛịtanaśa*, Krall *tṛịtanaśa*

„Libation: Wein von dem *santic,* dem frischen(?), *trut* aber von dem des Bechers gesprengt habend . . . .[52]“

XI 6 *ṇụṇϑẹṇ etnam ϑi truϑ etnam hanϑin etnam celucn etnam aϑumitn*
bringe dar auch selbst das *truϑ,* sowohl . . . ., wie . . . ., als auch . . . .“

Aus X 21f. geht hervor, daß *santic* in die *patera,* die Libationsschale[53] gegeben wird bzw. in der Schale ist (X γ 1). Bei der Libation geschieht zuerst etwas mit dem Wein von dem *santic;* dann folgt die Partizipialkonstruktion mit *trinϑaśa* „sobald er gesprengt hat“, deren Objekt das mit der Adversativpartikel *-(u)m* (§ 151,b) versehene *trut* ist, von dem wieder der Genitiv *ϑapneśtś* abhängig ist (X 2f.). Dies ist zu übersetzen: „jedoch gesprengt habend das *trut,* das der Schale (= das in der Schale ist)“.

Es scheint also *truϑ/t* das aus verschiedenen Bestandteilen gemischte L i b a m e n t zu sein, ähnlich der *vistiça feta* von TIG IIb 13. Einer der Bestandteile ist *santic,* das ich mit Vetter (Wortd. I 44.63) als „ungemischt(er Wein)“ auffasse. Vom Mischen spricht schon X 20f.: *ara ratum*[54] *aisna leitrum zuϑeva zal eśic ci halχza ϑu eśic zal,* worauf die schon zitierte Stelle *mula santic ϑapna ϑapṇzac* folgt; das heißt: „Er bereitet nach der Ordnung (= *rite*) das heilige Trankopfer[55]: *zuϑeva* 2 (Teile) oder auch 3, *halχza* 1 (Teil) oder auch 2; er spendet Ungemischten in die (große) Schale und in die kleine Schale.“

Trotz den unsicheren Stellen zwischen V 17 und 18 ist ersichtlich, daß hier von der Bereitung des Libaments die Rede ist. Hier haben wir auch das Voropfer *hetrn aclχn* (s.o. § 5), mit dem „jeder einzelne Gott“ bestreut oder besprengt wird. Dann wird das Libationsgefäß *rinu* genannt, mit dem das Libament geschöpft wird. Es folgt dann (V 20ff.) ein Beiopfer, nämlich Brot. Die Imperative *ϑeiviti faviti-c* dürften dem häufigen *χiś esviś-c* des Brotopfers entsprechen, da die Anweisung fortfährt *cisum* . . . „ein Drittel aber ist für Thesan und Uslan als Opfergabe zu . . . . en.“ V 22f. nennt die immer wieder genannten Interessenten des Opfers, Heiligtum, Stadt und Burg.

Der Verlauf der Libation ist nicht ganz klar. Auf den Titel *„vacl ϑesnin“* folgt eine Vorschrift (V 16f.) *raχ* „nimm, bereite“ *cresverae* (dativischer Modalis an einem Epitheton der Thesan?) *hẹṿṭạị* (nur der erste Buchstabe ist sicher!), dann *truϑ celi eṛc śuϑce citz,* (hier steht *celi,* das sonst Beifügung zu *suϑ* ist, bei *truϑ*). Zu *truϑ celi eṛc* vgl. XI 2 *celi pen trut-um.* Die Form *śuϑce* kann nach dem ganzen Zusammenhang nicht das Präteritum eines

---

52 *hanϑin* ist wie *hinϑ-ϑin* (< *hinϑ* „unten“), *celuen* und *aϑumitn* sicher eine lokale Bestimmung.

53 *ϑapna* (< *ϑapi-* sakrale *vox ambigua* „weihen; verfluchen“) bezeichnet spezifisch die *patera,* die flache Opferschale:
TLE 30 (schwarz gefirniste Patera) [*m*]*i tafina lazia vilianas* <*m*> „Ich bin die Schale des Larth Viliana“; TLE 341 (archaische Patera) *mi lareces śupelnaś*† *ϑafna* „Ich bin des Larce Supelna Schale“; TLE 375 (schwarz gefirniste Schale) *larceś* () ××*ϑapna* „Des Larce . . . . Schale“; TLE 488 (rot gefirniste Patera) *ta : ϑafna : raϑiu : cleusinśl : / ϑu /* „Diese Schale (ist des Rathiu Cleusinas?) / 2 /“. – Daß das wesentliche an der *ϑafna* die weite Form einer flachen Schale ist, beweist die Anwendung des Wortes auch für eine Lichtschale, wie sie der berühmte *lampadaio* von Cortona ist, an dem ein Bronzeschildchen mit der Dedikationsinschrift befestigt war (TLE 646): ^{1} *ϑapna musni* . . [*t*] ^{2}*inścvil : aϑmi* . . ^{3}*śalϑn.*

54 Zu *raϑ „ordo“* vgl. HAMMARSTRÖM, SE XI, 1937, 249ff.

55 VETTER, Wortd. I 44.75, Sprache VIII, 1962, 135f.

Verbums *śuϑ-* sein, das „setzen, sitzen" bedeuten soll (Trombetti, LE § 156; Vetter, Wortd. I 31), da ein solches hier völlig sinnlos wäre. Präteritalformen kommen in den AM – und dies entspricht völlig dem Inhalt, der kein historisch berichtender ist – nur in Relativsätzen wie *cś mene utince* „für den die Gabe geleistet wurde" oder *inc zec fler* (*fasle*) *ϑezince* (*hemsince*) „und das, was als Opfer (Brotopfer) geschlachtet (geboten) wurde", oder in Partizipialkonstruktionen wie *trinϑaśa* „gestreut, gesprengt habend" vor. Ich vermute hier *śuϑ-c<e>* „und *śuϑ*", da *śuϑ* im Normalopfer immer in der Nähe von *zuśelveś* (IV 11; IX 13f.) vorkommt, oder dort, wo es im Ritus offensichtlich *vinum* vertritt (V 7.9. 11). So spricht alles dafür, daß auch *śuϑ* eine Flüssigkeit ist.

Das Wort hat bisher verschiedene Deutungen gefunden. PALLOTTINO setzt verbales *śuϑ* „rimanere" an; VETTER, Wortd. I 31 übersetzt „setze dich(?)"; ebenso faßt es TROMBETTI als Imperativ auf, der LE § 156 auch an ein transitives Verbum („colloca") denkt. CORTSEN Gloss. 95 übersetzt *suϑ* mit „brenne". Alle diese Deutungen stammen aus der praktisch willkürlichen Annahme von *celi - raχ* = „links - rechts", so daß dann *raχϑ suϑ - celi suϑ* mit „sitze rechts - sitze links" oder „verbrenne rechts - verbrenne links" übersetzt wird. Unsere Deutung von *śuϑ* s.o. § 10.

§ 12. *trutnvt:*

Wenn wir *truϑ/t* als Bezeichnung für das Libament ansetzen, dann erhebt sich die Frage, in welcher Beziehung dieses Wort zu *trut(nvt)* in der Bilingue von Pesaro TLE 697 steht. Der in Pesaro bestattete 1 [*L.Ca*] *fatius . L.f. Ste(llatina tribu) . haruspe*[*x*] 2 *fulguriator* 3 *cafates lr . lr . netśvis . trutnvt . frontac* stammte nach der Tribus Stellatina und der Namenformel mit vorausgestelltem Gentiliz aus Tarquinii. Als seinen Beruf gibt der lat. Text *haruspex* und *fulguriator* an, während im etr. Text d r e i Appellativa, *netśvis, trutnvt* und *frontac* stehen.

Man bemühte sich bisher immer, die Frage zu lösen, wie die d r e i etr. Wörter den z w e i lateinischen entsprechen.

Wir haben dabei zu beachten, daß sich *netśvis* und *trutnvt* auch isoliert finden: TLE 524 (Chiusi) *nae . zicu* 2 *peϑnal netsviś*, TLE 118 (Tarquinii) *apries ar(nϑ) v(el)ϑ(urus)/ trutnuϑ*. Nae (= +cnae) Zicu, der Sohn der Pethnei, wird nur als *netśviś* bezeichnet, Arnth Apries aber, der Sohn des Velthur, nur als *trutnuϑ*. Ich glaube, daß *netśviś* allein[56] den Haruspex bezeichnet, *trutnuϑ* aber ein a n d e r e s sakrales Amt. Das dritte Wort, *frontac,* scheint mit ide. Ursprungs und mit griech. *βροντή* zu verbinden zu sein. H. Schuchardt hat nachgewiesen[57], daß in den roman. Sprachen „donnern" mit einer ganz bestimmten Formel: Verschlußlaut + *r* + *o/u* + *n/m* (+ Dental) ausgedrückt wird, vgl. span. *tronar;* die Formel hat aber über die roman. Sprachen hinaus Gültigkeit, vgl. lit. *grumete* „donnern", aksl. *gromŭ* „Donner", griech. *βροντή*. Dieser Formel entspricht auch unser *frontac* (mit *f* < *bh*), ein *nomen agentis* mit dem Suffix *-aϑ/-ac* (§ 172,b); auch lat. *fulguria-tor* ist so gebildet. Wir haben aber innerhalb des Begriffes „Gewitter

---

56 HAMMARSTRÖMS Verknüpfung mit vorgr. *νηδύς* „Bauch", *νήδυια* „Eingeweide" ist wohl nicht abzulehnen.

57 Zeitschr. f. roman. Phil. XV, 1891, 121.

mit Blitz und Donner" eine verschiedene Akzentlage im Lat. („Blitzmacher") und im Etr. („Donnermacher") (s. § 172,b).

So glaube ich, daß *netśviś* „haruspex," *frontac* „fulguriator", *trutnuϑ* aber – wie schon angedeutet – ein drittes Sakralamt bedeutet, das im lat. Text k e i n e Entsprechung hat. Die Form *trutnuϑ* (jünger *trutnvt*) fasse ich gleichfalls als Nom. agent. auf, aber mit *-uϑ* statt *-aϑ* aus vokalharmon. Rücksichten (vgl. *munϑuχ* „Schmückerin", Name einer Lasa auf Spiegeln, < *munϑ* „κόσμος", „*mundus muliebris*"[58]. Der *trutnuϑ* ist dann der „*truϑ*-macher". Dies könnte jenes Amt sein, das TIG Ib 15 *punicate,* VIb 51 *ponisiater* (Gen.) „*minister potionis*" (Devoto) genannt wird. (Siehe zu *truϑ* und *trutnvt* V e r f., Studien z.d. AM, 54f.).

[58] S. V e r f., Die Sprache VIII, 1962, 142ff.

WÖRTERVERZEICHNIS

zu Grammatik, Lese– und Übungsbuch (ohne PN und GN)

A

ac-		machen, bilden, bewirken
acazr	Pl.,	Werkstücke, Weihegaben
acale		Monatsname, Juni
acap		siehe § 88
acas	Part. conj.	machend
acasa	Part. conj. subst.	als machender
acasce	Prät. am Part. conj.	er machte, verfaßte
acasri	Nezess.“ “ “	ist (war) zu machen
acil		I das gemachte; Werk II mit Modalis: „ist nötig“ (*opus est*)
acilu		Werkmann (auch CN)
acilune	Futur.	wird machen
aclχn		siehe *hetrn*
acn-	Mediopass.	I für sich machen II erwerben
acnai(r)ce	Aor.-Prät.	erwarb für sich
acnan-	durat. Part.	erwerbend
acnanasa	Part. conj.	als erwerbend seiender
acnese	(Modalis)	Zubereitung, Erwerbung?
acnina	MP < *acn-*	er erwirbt für sich
**av-*		?
-avence	MP. Prät. < *av-?*	?
aviz		Lemn. für *avils*
avil-	Aor. Pass. < *av-?*	?
avil	Subst.	Jahr, Alter
aϑre	Mod., mit *acil*	Opferterminus unbek. Bedeutung
**aϑumi*	Appell.?	Ehre, Gunst?
aϑumica, -cś		der geehrte, edle?
aϑumitn	adv. Akk.	lokales Adv. „rechts“?
ais		Gott
aisera, -aś		A., weibl. Gottheit[59]
aisiu	Adj. I	göttlich
aisna	Adj. II	was zum Gott gehört; göttlich; Subst. Opfer, bes. Brotopfer (Olzscha)

---

[59] S. Verf., Studien zu den AM, S. 68ff.; hier, Begründung neuer Deutungen, § 1.

aisvale	Mod.?	Gottesgabe?
aisuna	Adj. II	= *aisna*
aita		Hades (Pluto)
akarai	arch. Prät.	er machte, verfaßte
al-		geben, spenden (bringen?)
alcu	Verbalnom.	I Gabe II Geber
ale		I Präs. Juss. „er möge geben“
		II arch. Prät. „er gab“
alicu		= *alcu*
**alp-*		gerne tun (*libēre*)
alpan	durat. Präs.	I gerne tuend (*libens*) II Name einer Lasa
alqu		= *alcu*
alφazei		siehe *estrei*
alfa		CN
am-		Verb. subst. „sein“ (esse)
ama	Ind. 3. Pers.	ist
amce	Prät. 3. Pers.	war
ame		I Präs. Juss. 3. Pers. „sei“
		II st. Prät. 3. Pers. „war“
**amer*	Nezess. < *am-*	soll sein
ampile		Monatsname, Mai
an	Pron. pers. (Personenklasse)	er, sie
ana	" "	= emphat. *an* „er (sie) auch“
ananc	" "	derselbe, dieselbe
anc	" "	= *an(a)*
aniaχ	Subst. (nom. ag.)	Hirt? ? (siehe Begründung neuer Deutungen *s.v. hamφe*
aomai	Lemn. st. Prät. f. **amai/ame*	er war
apice		CN
apniś	Konj. (*apniś - apniś*)	entweder - oder ?
aniaχ	Nom. ag. < **ani-* „?“	?
aprinϑu	Appell.	?
ar-		machen, verrrichten
aras	Part. conj.	machend, verrichtend
arasa	" " , subst.	als machender, verrichtender
**aś-*	Imp. II *aśϑ*	treffen, verwunden, rächen?
aśira		Name einer Erinys, „Rächerin“?
aślaχ	Nom. ag.	Rächer?
ati	Subst.	Mutter
ati nacn(uv)a	Subst. + Adj. II (III)	Großmutter
**ater-*	(Pl.), defin. Akk. *ateri*	Eltern, Vorfahren
at(e)rś		I Gen. Plur. II redet. Subst. „der der Eltern“ = „Nachkomme“

at(e)rś(e)r		Plur. von *aters* II
atren(c)u	Demin. < **atrena*, Adj. II < **ater*, Pl. < **ata*	Appellativ bei weibl. Namen „?“
aturś		= *at(e)rś*
ati(v)u	Demin. < *ati*	Mütterchen
a(u)fle		CN
**af(e)r*	Plur., Gen. *afrs*	Eltern?

C

-c	enkl. Konj.	und
ca	Pron. dem.	dieser, diese, dieses
**cav-*		?
caveϑ	Kaus. < **cav-*	?
caϑ		Sonne, Sonnengott Cath
caϑa, -as		dass.
caϑra/e	Mod.	zur Sonne, zu Cath
cala	Subst.	eine Opfergabe (Tier?)
calatnam	Kompos. *cala* + *etnam*	und (auch) *cala*-Opfer
cale		CN
calu		C., Totengott
calus		I Gen. von *calu*
		II red. Subst. „der des Calu“ = „Toter“
calusur		Plur. von *calus* II „die Toten“
calusurasi	emph. Gen. von *calusur*	der / für die / Toten
camϑ(i)		C., Amtstitel
cana	Subst.	Kunstwerk
canϑce	Prät. am Subst.	er war *Camth(i)*
cape	Subst.	Schale, Becher
capi	Subst.	dass.
caplϑu	Appell.	?
capra	Subst.	Gefäß, met. Urne
**capre*		Monatsname, April
car-		bauen, errichten, machen
cares	Intens. < *car-*	dass.
caresri	Nezess. am Intens. < *car-*	ist (war) zu errichten
caru	Verbalnomen < *car-*	errichtet, gemacht
casϑialϑ	Lok.	in dem des **casϑ(i)*
catica	Adj. I + enkl. Pron. dem. *ca*	das *cati*
catn(e)is	Gen. < **catni*, Adj. II < *caϑ*?	beim Opfer gebrauchter Gegenstand (Flüssigkeit?)
catru(v)a	Adj. III < **catru*	Appell. im Sinn-Plur.?
cauzna	= **cauϑna*, Adj. II von *cauϑ(a)*	„solarius“
cauϑa,	*-as*	= *caϑ(a)*

cealχ	Num.	dreißig
cezp	Num.	acht
cezpalχ	Num.	achtzig
cehen	Pron. dem. *ca* + *hen*	diese(r/s) da
cei	Pron. dem. (Pl.)	diese (Pl.)
ceia	" " " emph.?	diese?
ceiϑi	" " " Lok.	in diesen
cela	Subst.	Raum, *cella*
celi	I Adj. I II Monatsname	I morgendlich, frisch? II September
celu	Verbalnom. < **cel-* „aufgehen"?	I aufgegangen?
		II Aufgang, *oriens* ? met. rechts?
celucn	adv. Akk.	nach rechts?
celχls	Gen.	= *cealχls*
cemnac	Adj. I	jeder (einzelne)
cen	I Akk. von *ca* II **cen-*	I diese(n/s) II bearbeiten?
cena/e	Subst.	= *cana?*
cenu	Verbalnomen, < **cen-*	bearbeitet, bestellt?
cepen	Appell.	Vorsteher, Priester??? (Konjunktion?)
cer-		= *car-*
cerine		I Mediopass. Juss. 3. Pers. < *cer-*
		II " Mod.
		III " st. Prät. 3. Pers.
cerixu		I nom. Erbauer
		II verb. erbauen lassen
cerixun-	Mediopass. < *cerixu*	für sich erbauen lassen
cerixunce	Prät. 3. Pers. < *cerixu*	ließ für sich erbauen
ces-		liegen
ceseϑ	Kaus. von *ces-*	liegen machen, legen
ceseϑce	Prät.	legte
cesu	Verbalnomen	liegend, liegt; auch CN
ceχa	Subst. u. Verb.	Recht[60], richten
ceχam	Adv.	mit Recht
ceχane	Adj. II, Mod.	auf rechtliche Weise, *rite*
ceχaneri	Nezess. am durat. Part.	„*iure dicundo*"
ceχari	def. Akk. Plur.	die Rechte (Akk.)
ceχase	Appell.	Richter
ceχasieϑur	Koll.	Richterkolleg
ceχe	Mod.	mit Recht; *iure merito*
cver	Appell.	Knabe[61]
**cvil*	Appell.	Mädchen[61]

60 S. Verf., SE XXIX, 1961, 148ff.

61 S. hier Begründung neuer Deutungen, § 2.

ci	Num.	drei
cialaϑ		= *cialχ*
cialχ	Num.	dreißig
cicu	Verbalnomen	CN, männl.
cicunia		CN, weibl.
ciem	Num. (subtraktiv)	weniger drei
ciz(i)	Num. (iterat.)	dreimal
**cil-*		zeugen
cilen(s)		weibl. Gottheit; (dea) genetrix
cilϑ,	Gen. *cilϑl* u. *cilϑś*	Volk, Nation
cilϑcva	Adj. III (plur.)	Völker, Nationen
cilϑcval	Gen. von *cilϑcva*	
cilϑcveti	Lok. von *cilϑcva*	
cina		= *cena*
cisu		Teil; Drittel?[62]
citz		= *ciz(i)*
cla	pron. Gen. von *ca*	
-cla	Kollegialsuffix am Gen.	-schaft
clal	Gen. plur. von *ca*	
clan	Gen. *clens,* Plur. *clenar*	Sohn
clante		Adoptivsohn (Rix)
claruχie		Kleruchos; Nachbar?
clauce		CN
clel	Mod. Plur. von *ca*	
**cles*	Appellativ	?
clesna	Adj. II < **cles*	?
cletram	(Fremdwort)	Schale, Schüssel, Korb
cleusinśl	Ortsname	Clusium
clz		?
clϑ(i)	Lok. von *ca*	
cliniiaras		= *clenaras,* Gen. plur. von *clan*
clinsi		= *clensi,* emph. Gen. sing. von *clan*
**cltra*	Koll., Gen. *cltral*	all das (Gemeinschaft dessen)
clucϑra,	*-aś,* Appell.	Trank, Getränk
cluctra		= *clucϑra*
cluϑi	Appell.	Trinkgefäß, Becher, Schale
clute		CN
cluti		= *cluϑi*
clutiva	Adj. III (plur.)	Schalen, Trinkbecher
cn	Akk. von *ca*	
cnl	Akk. plur. von *ca*	

62 S. Verf., Studien zu den AM, 15.

cnticnϑ	Adverbieller Lok.?	?
cntnam	Kompos. aus *cn* + *etnam*	auch diese(n/s), den(die, das) selbe(n)
cntram		(Wohl irrig für *cntnam*)
cś	nom. Gen. von *ca*	
crapśti		Göttername (umbr.-etr. Bezeichnung für Tins?)
culiχna	(Fremdwort)	Kylix
culśanś		Göttername; Janus?
culścva	Adj. III (plur.)	Culse (Plur. von *culs*)
culs(u)		weibl. Unterweltsdämon
cupe		PN, nicht Appellativ („Becher")[63]
curtun	Ortsname	Cortona
cus-		Verbum unbek. Bedeutung
cusu	Verbalnom. von *cus-*	CN

X (Ch)

-χ	Konj. *-c* nach *l, m, n, r*	und
χaire	Ortsname	Caere
χaśri	Nezess. von **χaś-*	ist zu ..... en
χim	Nomen	Gesamtheit; gesamt, ganz
χimϑ	Lok. von *χim*	im gesamten
χiś-		zerteilen (in drei Teile?)
χisulic	Nom. agent.	Amtstitel
χuliχna		= *culiχna*

E

eca	emph. Form von *ca*	diese(r/s) da
eclϑi	Lok. von *eca*	in diesem/r
ecn	Akk. von *eca*	diesen, diese
ecnia	emph. für *ecn*	dies, diese(n) da
ecs	nom. Gen. von *eca*	von/für diesem/n
evitiur	(*as*, Gen.)	Vollmonde ?
eϑ		I Pron. dem. II Adj. I dauernd ? III Verbum „?"
eϑl	Plur. von *eϑ*(I)?	
eϑri	Nezess. von *eϑ* (III)	ist zu ....
eϑrse	mod. Intens. am Aoriststamm von *eϑ* (III)?	möge ....
ei	Pron. dem.	diese(r/s)
ein	Akk. von *ei*	
eiϑ	Lok. von *ei*	

---

[63] S. SLOTTY, Beitr. I 178ff. (zu Nr. 18).

eis,	Plur. *eiser*	I = *ais* „Gott" II nom. Gen. von *ei*
eiseraś		= *aiseraś*
eisna		= *aisna*
eisnev	(< **aisne-u*) Adj. II/I	„was zum Gott gehört seiend" = *sacerdotalis, pontificius*
eϑausva	(Adj. III)	Name einer Lasa (s. *iϑavusva*)
eit		= *eϑ* I
eita		*aita* (Hades)
eitva	Adj. III von *eϑ* II	immerwährend
eka		= *eca*
**eleiva*	Subst. (Lehnwort)	Öl
eleivana	Adj. II subst.	Ölgefäß, Salbgefäß
els	Appell.	Stele
elsśi	(unsicher)	Verschreibung für **es(a)lśi* „zweimal"?
**elu-*		opfern, darbringen
eluri	Nezess. von **elu-*	ist darzubringen
-em	enkl. Konj. *-m*	doch, aber, und
en		= *ein*
enac	temp. Adv.	dann
enaś	Gen. von *an/in*	seiner, ihrer
epc	temp. Adv.	darauf ? (Vetter)
epl	emphat. Form von *pul* (Adv.)	dann, weiter, bis
eprϑne	Adj. II < *purϑ*, s. *purϑne*	*dictatorius*[64]
eprϑni		= *eprϑne*
eprϑṇeva	Adj. II/III < *purϑ*	Mehrzahl derer, die zum Diktator gehören = *Dict. suffectus?*
eprϑnev	(= *eprϑne-u*) Adj. II/I < *purϑ*	*dictatorius*
**er-*		= *ar-*
erce	Prät. von **er-*	
ers-	Intens. von **er-*	
ersce	Prät. des Intens. von **er-*	
eśi	Konj.	oder (Vetter)
eśic	Konj.	oder auch (Vetter)
eśtac/estak	Pron. dem.	diese(r/s) § 98
eśtla	pron. Gen. von *eśtac*	
esal	emph. Form von *zal*	zwei
eslz	Num. (iterat.)	zweimal (*iterum*)
eslem	Num. (subtraktiv)	weniger zwei
esvui-		weihen, opfern; Weihung, Opferung
esviś	Intens. von *esvui-*	dass.
esvitạ,	nom. *esvui* + enkl. Pron. dem.	die Weihe, die Opferung

64 S. § 75f.

estrei alφazei	(Mod.)	Beigabe zum Brot= und Trankopfer in den großen Opfern der AM[65]
etera	Appellativ (Lehnwort), Gen. *-ś*	Fremdling, *peregrinus*
eterav/u	Adj. I von *etera*	
eteraia	Adj. III von *etera*	die Fremden
eterais	für *eteraias,* Adj. III, Gen.	der Fremden
eterau	siehe *eterav*	
eteri		= *etera*
eterś	Gen. von *etera*	
etva		= *eitva*
etve	Mod. von *e(i)tva*	
etnam	Konj.	auch, ebenso, wieder, und
etnam - etnam	Konj.	sowohl - als auch
etri		= *eteri*
etrinϑi	emph. Imp. II von *trin*	bestreue, besprenge
etru		= *etera* (umbr. *etro-*)
eχeϑ	Kaus. von *ac-*	läßt machen
eχeϑai	arch. Prät. des Kaus. von *ac-*	ließ machen

F

**favi-*		? (Aktion beim Opfer)
faviti	Imp. II von *favi-*	. . . . . . e!
**falza*	Appell.	Grabgewölbe?
falzaϑi	Lok.	im Grabgewölbe?
falśti	Lok.	= *falzaϑi ?*
fanu	(ital. Lehnwort)	*fanum,* heiliger Ort
faśe	(< umbr. *farsiu?*)	Brot
faśei		= *faśe*
faśeiś	Gen. von *faśe*	des Brotes, vom Brot
faśi		= *faśe*
**farϑ-*	Kausativ von **far-*	weihen
farϑan	Durat. Part. von *farϑ-*	weihend
farϑana	Adj. II	zur Weihe gehörig, geweiht; Jungfrau, Braut?
farϑnaχe	(*farϑ-an-a-ce*)	er weihte, war weihend
**far-*		weihen, stiften
farice	schw. Prät. von *far-*	er weihte, stiftete
farsi	(AM X γ 3; XI γ 1)	= *faśi ?*
fasle	Appell.	eine Opfergabe
feli	Appell.	Besitztum ?

[65] S. Begründung neuer Deutungen, § 3.

flanac/χ	Nom. agent.	Amtstitel
fler	Appell. (Gen. *flerś*)	Opfertier, blutiges Opfer
flere	Appell.	Opferbild, Numen
flereś	1. (im AM) Gen. von *flere*	des/dem Opferbild, Numen
	2. Appellativ	Statue
flereri	def. Akk. Plur. von *flere*	die Opferbilder, Numina
flerχva	Adj. III (plur.) < *fler*	die (blutigen) Opfer
frentinate	Ethnikon	von Ferentum, Ferentinus
frontac	Nom. agent.	*fulguriator*, Blitzschauer
fulu		CN
**fulum*	Appell.	?
fulumχva	Adj. III	voll . . . . , mit . . . . versehen
fuluśa	Poss. Adj. vom CN *fulu*	CN
fuluśla	pronom. Gen. von *fuluśa*	des Fulusa (CN)
fuśle	Appell.	Grundstück, Besitz (?)
fuśleri	def. Akk. Plur. von *fuśle*	die Grundstücke (Akk.)
fufluna	Ortsname	Populonia
fufluns	Götternamе	Fufluns, der etr. Dionysos
fufluns(u)l	Gen.	des Fufluns

H

haϑ-		gnädig sein o.ä.
haϑe	Juss. 3. Pers. von *haϑ-*	er, sie sei gnädig
haϑ(i)r-	Aoriststamm von *haϑ-*	gnädig sein o.ä.
haϑrϑi	Imp. II von *haϑ(i)r-*	sei gnädig!
halχ	Appell.	ein Getränk
halχza	Demin. von *halχ*	ein Getränk
halχze	Modalis von *halχza*	mit, für h.
hamφe	Appellativ	Feld, Flur? [66]
hamφeϑeś	Gen. von *hamφete?*	
hamφeϑi	Lok. von *hamφe*	auf dem Feld?
hamφeś	Gen. von *hamφe*	des Feldes?
hamφete	Appell.	?
hamφisca	Gen. von *hamφe* + enkl. Pron. dem. *ca*	das des Feldes
hanϑin	Adv. (Ablativ?)	von vorn
hante		fehlerhaft für *haϑe*
hapre		CN
har-		weihen, geloben?
hare		I Juss. 3. Pers. von *har-*
		II Modalis des Verbalnomens **haru*

[66] S. Begründung neuer Deutungen, § 4.

harϑ	Imp. II von *har-*	
harϑna		= *farϑana*
hate		= *haϑe*
hatrencu	Appell.	?
hec-	(Lehnwort)	legen, setzen, stellen
hecce		= *hecece,* Prät. von *hec-*
hece	Prät. von *hec-*	er legte, setzte, stellte (auf)
heci		er legt, setzt, stellt
hecia	expliz. Ind. Präs.	er legt, setzt, stellt
heczri	Nezess. von *hec-*	ist zu legen, setzen, stellen
heϑu		= *hinϑu* (< *hēϑu ?*)
hel(u)	Adj. I	eigen, proprius (Torp, Beitr. I 39, II, 104; EN 44)
hels	Gen. von *hel*	
**hem-*	Verbum	?
**hems-*	Intens. von *hem-*	
hemsin-	Mediopass. von *hems-*	
hemsince	Prät. des Mediopass. v. *hem-*	er wurde ge .....
hen	deikt. Part.	da
herme		CN
hetum	Appell.	Speise ?
hetrn aclχn		siehe Begründungen, s.v. *hetrn*
heul	Appell. oder für *helu ?*	Eule ? CN ?
heχz	Intens. von *hec(i)-*	
heχśϑ	Imp. II des Intens. von *hec(i)*	
hil		siehe Begründungen, s.v. *hil*
hilar	Plur.	” ” ”
hilare,	Pl., Mod.	” ” ”
**hilarϑu*	Appell.	” ” ”
hilarϑune	Mod. von *hilarϑuna*	” ” ”
hilχvetra	Koll.	” ” ”
hinϑu	Adj. I	unten befindlich, *inferus*
hinϑϑin	Adv. (Abl.?)	von unten (her)
hinϑia(l)	Appell.	das unten Befindliche, = Schatten(seele)
hinϑiu		= *hinϑu*
hinϑu		siehe *hinϑa*
hiuls		= *heul*
huzrnatre	Mod. von **husurnatra*	Jungenschaft, Ephebie
huϑ	Numerale	sechs
huϑizars	(Gen.) Zahlwort	sechzehn
huϑ(i)ś	Gen. von *huϑ*	
hulu		CN
hupni	Appell.	Ruhe, Schlaf

hupnina	Adj. II	was zur Ruhe gehört; subst. Ruhelager
hupnineϑi	Lok. von _hupnina_	
huśur	Pl. von _*hus,_ Appell.	Junge, Kind, Sohn
husina	Mediopass. 3. Präs. < _(h)usi_	er (sie, es) wird geschöpft
husiur		= _huśur_
husl	(< _*husil,_ Part. Aor. Pass.)	geschöpft, gezeugt; subst. Junge, Sohn
*huslna	Adj. II	jung
huslne	Mod. von _huslna_	
huslneśtś	(Gen.) Adj. II + enkl. Pron. dem. _ta_	des/ von dem jungen (Wein)
hut		= _huϑ_
*huzrna	(< _hus(i)urna_) Adj. II	was zu den Jungen gehört, jugendlich
*huzrnatra	Adj. II + Kollektivsuff.	Gemeinschaft derer, die zu den Jungen gehören = Jungmannschaft, Ephebie

I

_ic_	Adv.	wie
icap	TLE 401	= _ipa-c_ (§ 88, Kleindruck)
iϑavusva		Name einer weibl. Gottheit
icni		= _ecn_ (arch. Form)
ikam	(etr.-fal.)	ich
*ilu-		opfern
ilu	Verbalnom.	geopfert, Opfer
*ilucva	Adj. III von _ilu_	opfervoll; Opfer (Plur.)
ilucve	Mod. von _ilucva_	
_in_	I Pron. pers., Sachklasse	es
	II arch. Genitivsuffix, bei Indeklinabilien als Genitivzeichen vorausgestellt	des
inc	emph. Form von _in_ I	es, dieses
ininc	Pers. pron., Sachklasse	dasselbe
inpa		= _ipa_
inpein	(arch.), Akk. von _inpa_	
ipa	I (Gen. _ipas_) Pron. interr.	wer?
	II Relativpron.	welcher/e/e; wo
ipe ipa	Indefinitpron.	wer/was immer
ipei	Plur. von _ipa_ II	
itan		= _tn_ (arch. Form)
itun		= _tn_ (arch. Form mit Apophonie)
itun(i)	emph. Form von _itun_	
_iχ_		= _ic_
iχnac		wie, wie denn, wie also
iχutevr	(Plur.)	Amtsbezeichnung

K

-k		= *-c*
kape/i		= *cape*
kara	(für arch. Prät. **karai?)*	s. *car-*
ki		= *ci*
kihaχ	Appell.	Stein, Stele, Monument
klan		= *clan*
kluti		= *cluϑi*

L

lacϑ	Lok. von **lac* „?"	im **lac*
laei		s. *laivi*
laeś	Gen. von **lae*	s. *laivi*
laeti	Lok. von **lae*	s. *laivi*
laetiś	fehlerh. f. *laeviś*	s. *laivi*
**lavt*		= **laut*
lavti	TLE 525	= *lavtni*
lavtn	arch. Gen. von **lavt*	
lavtni	subst. Adj. II **lavt*	zur Familie gehörig, *familiaris* met. Freigelassener, Klient
lavtnita		= *lautniϑa*
lavtun		= *lautn* (arch. Form)
laivisca	Gen. von *laivi* + enkl. Pron. dem. *ca*	der (die, das) des *laivi*
laiscla	pron. Gen. von *lai(v)isca*	
**laivi*	auch **lai/e* Appell.	Flur? Hain? [67]
laran	Göttername	L., Kriegsgott
larun		= *laran*
lasa	Appell. (weibl.)	*Lasa,* dienende Gottheit, besonders im Gefolge der Turan
lasl	Gen. von *lasa*	
latn	TLE 637	= *lautni*
latni		= *lautni*
**laut*	Appell.	Familie
lauteriś	TLE 458	= *lautn eteriś*
lautn	arch. Gen. von **laut*	
lautna	Adj. II < **laut*	zur Familie gehörig; *familiaris*
lautna	TLE 560	= *lautniϑa*
lautnes	TLE 590 für *lautnis*	des *lautni*
**lautneścla*		Familiengemeinschaft
lautneścle	Mod. von *lautneścla*	
lautneteri		Klient der Familie

---

[67] S. Begründung neuer Deutungen, § 4.

lautni		s. *lavtni*
lautniϑa	Appell., weibl.	Freigelassene, Klientin
lautnita		= *lautniϑa*
lautuni		= *lautni* (sek. Anaptyxe)
lautuniś	(Gen.)	= *lautniś* (sek. Anaptyxe)
**lauχumna*	Adj. II < **lauχume*	lukumonisch
lauχumneti	Lok. von **lauχumna*	
**laχ*		= *lac*
laχϑ	Lok. von **laχ*	
laχuϑ		= *laχϑ*
lecin	Adj. I ?	?
leϑam(s)		Göttername
leϑamsul	Gen. von *leϑams*	
**leive,*	Gen. *leiveś*	s. *laivi*
lein-		sterben
leine	stark. Prät. 3. Pers.	er (sie) starb
leinϑ		L., Todesgöttin
leitrum	Appell.	Trank ?
lena	3. Pers. Ind. Präs. von **len-*	er (sie) . . .
**leś-*	Verbum; davon	?
leśe	I 3. Pers. Juss. Präs.	
	II 3. Pers. stark. Prät.	
leśce	3. Pers. schw. Prät.	
lescan	Appell.?	Ausdehnung (Länge, Breite)?
lescul	Adj. I im Plur.?	lang, breit?
**leχtum*	(Lehnwort) < λήκυϑον	Lekythos
leχtumuza	Demin. von **leχtum*	kleine Lekythos
**lvsa*		Feldgottheit L.
lvsl	Gen. von **lvsa*	
lin-		errichten, stiften o.ä.
line	stark. Prät. von *lin-*	er errichtete, stiftete o.ä.
luc-		herrschen, regieren; groß sein
lucairce	3. Pers. Prät. vom Aoriststamm von *luc-*	er herrschte, regierte, war groß (als . . .)
luϑ	Appell.	Stein; met. (Stein-) Tempel?
luϑcva	Adj. III < *luϑ*	voll von Steinen; steinern
luϑti	Lok. von *luϑ*	auf dem Stein; im Tempel?
lunaśie	Appell.	*lunarius?*
lup-		verscheiden, weggehen
lupu	Verbalnomen von *lup-*	verscheiden
lupuce	Prät. 3. Pers.	er (sie) verschied
**lur,*	def. Akk. *luri*	?
lursϑ	Lok. am Gen. von **lur*	in dem des *lur*

lusa, -aś		L., Feldgottheit
**lustra*	Kollektivbezeichnung, Gen. *lustreś*	Lusa-Götter, Lusa-Gefährten
lut		= *luϑ*
lutni		= *lautni*
lutniϑa		= *lautniϑa*

M

-m	Konj.	doch, aber; und
ma	Abk. von *manim*	s. *manim*[68]
mac	(AM V N.Fr. 4)	= *maχ* ?
macstrev	Adj. I < Lehnw. **macstre*	*magistralis*
maϑ	Appell.	Honig, Honigwein?
maϑcva	Adj. III < *maϑ*	voll Honig(wein)?
maϑra	Adj. von *maϑ*	
mal-		? (*verbum donandi?*)
male	I Juss. Präs. 3. Pers. von *mal-*	möge . . .
	II Verbalnomen auf *-e*	
malena	Adj. II < *male* II	Spiegel?
malstria	Appell.	Spiegel?
malu	Verbalnomen auf *-u* von *mal-*	
maluve	(Mod.) Adj. III < *malu*	
man	Abk. von *manim*	s. *manim*[68]
mancas		CN („Linkshand")
mani	Abk. von *manim*	s. *manim*
manim	Appell.	Gedenken, Gedenkzeichen, Mal
manim-	Denom. Verbum	gedenken, Gedenkzeichen geben[68]
manimeri	def. Akk. Plur. von *manim*	
manince	Prät. von *manim-*	
mar-		?
mare	Juss. Präs. 3. Pers. von *mar-*	
marv	Verbalnomen von *mar-*	
marvas	Part. conj. am Verbalnomen	
mariś,	Gen. *mariśl*	Mars
marniu	Verb. essiv. < *maru*	Maro sein (seiend)
maru	Appellativ	Maro, Beamtentitel
marunu	Verb. essiv. < *maru*	Maro sein (seiend)
marunuχva	Adj. III (plur.) < *maru*	die Maro seienden, die Marones
masn	(AM XII 10)	Monatsname?
masu	TLE 570 A 14. 17	= *maχ* ? [69]

68 Zu *ma(n), manim, manince* s. Begründung neuer Deutungen, § 8.
69 V e r f ., SE XXIX, 1961, 140.

matam	Adv.	früher, vorher
matan		= *matam*
maχ	Numerale	fünf
maχs	Gen. von *maχ*	
mean		Göttername; Victoria? Gloria?
meϑlum	Appell.	Gau
meϑlumeś	Gen. von *meϑlum*	
meϑlumeri	def. Akk. Plur. von *meϑlum*	
meϑlumϑ	Lok. Sing. von *meϑlum*	
meϑlumt = *meϑlumϑ*		
meiani	Adj. II < *me(i)an*	ruhmreich?
mele	Appell.	Besitz, Eigentum
meleri	def. Akk. Plur. von *mele*	
men-		geben, leisten
mena	3. Pers. Ind. Präs.	er (sie) gibt
menaś	Part. conj. von *men-*	gebend
menaχe	Prät. 3. Pers. von *men-*	er (sie) gab
mene	I 3. Pers. Juss. Präs. von *men-*	er (sie) gebe
	II Verbalnomen auf *-e*	gegeben; Gabe
menece		= *menaχe*
menitla	Gen. von **meni-ta*	Epitheton des Mar(i)s in TLE 359 („der Geber“)
meχ	Appell.	Sache, Angelegenheit; *res;*
meχ rasna		*res publica*
mi	Pron. pers. 1. Pers., Nom.-Akk.	ich, mich
mine		= *mini*
mini	def. Akk. von *mi*	mich
minipi	Pron. pers. + enkl. *-pi* „für“	für mich
minpi		= *minipi*
mipi		= *minipi*
mlac		= *mlaχ*
mlacaś	Denom. Verb. als Part. conj.	Darbringung machend
mlaϑ		= *mlaχ*
mlakas		= *mlacaś*
mlaχ	Appell., nom. actionis von *mul-*	Darbringung, Opfergabe
mlaχas		= *mlacas*
mlaχ(u)ta	Appell. *mlaχ* + enkl. Pron. dem. *ta*	diese Opfergabe
m(u)ant(u)rnś,	Gen. *m(u)ant(u)rnśl*	Göttername *Manturnus
muvalχ	Zahlwort	fünfzig
mul-		stiften, weihen (*ἀνατίθημι*)
mula	Ind. Präs. 3. Pers.	er stiftet, weiht
mulac		= *mlaχ*
mulaχ		= *mlaχ*

muleanice		= *muluanice*
muleven[e]ke		= *mulvenice*
mulenike		= "
mulvanice		= *muluanice*
mulveneke		= *mulvenice*
mulveni	TLE 359 a Futur. 3. Plur.?	sie werden weihen (?)
mulvenice		s. *muluanice*
mulvunuke		s. *muluanice*
mulu	Verbalnomen von *mul-*	geweiht; Weihegabe
muluevneke		= *muluenice*
muluemknie		= *muluenike* (Verschreibung!)
muluvanece		= *muluanice*
muluvaneke		= *muluanice*
mulu(v)anice	Prät. am durat. Part. von *mul(u)*	stiftend, weihend, darbringend war = stiftete, weihte, brachte dar (ἀνέϑηκε)
muluvanike		= *muluvanice*
muluvanuke		= *muluvanice*
mulune	Futur. 3. Pers. Sing.?	er (sie) wird darbringen
mulunice		= *muluvanice*
munϑ	Appell.	I Ordnung, Welt(ordnung) II (geordneter) Platz III Schmuck[70]
**municla,*	Lok. *municleϑ*	Örtlichkeit, Platz
municlet		= *municleϑ*
munisvleϑ	Lok.	= *municleϑ* (§ 25)
munisuleϑ		= *municleϑ* (§ 25)
munsle	Demin. von *munϑ* „locus"	*loculus*
murzua	Adj. III plur. von *murś*	Urnen, Ossuare
murinaśie	Adj. (ital.)	*Murinarius ?*
murś	Appell.	Urne, Ossuar
murśl	Gen. von *murś*	
murśś	(irregulär.) Gen. von *murś*	
mutana	Appell.	Sarkophag
mutzi	Zahladverb?	fünfmal ?
mut-		bringen o.ä.
mutin	Mediopass. von *mut-*	wird gebracht o.ä.
mutince	Prät. 3. Pers. von *mut-*	wurde gebracht o.ä.
mutna		= *mutana*
mutna	Mod. von *mut(a)na*	
**mutnia,*	Lok. *mutniaϑi*	= *mutana*

---

70 V e r f., Sprache VIII, 1962, 142–145.

N

nac	I Adv.	so; dann
**nac*	II Subst., Gen. *nac(e)s*	Größe, Erhabenheit?
nacna	Adj. II von *nac* II	groß, erhaben
nacnva	Adj. III von *nac* II	= *nacnuva*
**nacnvaia*	Adj. III plur. < *nacnva*	
nacnvaiasi	emph. Gen. von *nacnvaia*	
**nacnu*	Verb. essiv. von *nac* II	groß, erhaben sein (seiend)
nacnuva	Adj. III von *nacnu*	sehr groß, sehr erhaben
nap	Appell.	„*nap*" (ein [Boden-]Maß)
naper	Plur. von *nap*	
naperi	def. Akk. Plur. von *nap*	
**neϑśra*	Appell.	Haruspizin
neϑśrac	Adj. I	auf die Haruspizin bezüglich
neϑunś,	Gen. *neϑunśl* Göttername	Nethuns
neisl		= *neśl*
nene	Appell.	Amme
neri	Appell.	Wasser
neś/s	Appell.	Besitzer, Eigentümer[71]
neśl	Gen. von *neś*	
nesna	Adj. II von *nes*	zum Besitz/Eigentum gehörig[71]
netśvis / netsviś	Appell.	Haruspex
nefiś		= *nefts*
nefś		= *nefts*
neftś	Appell. (umbr. Lehnwort)	Enkel
**nun-*		schenken, darbringen
nuna	Appell.	Geschenk, Darbringung
nunϑ		
nunϑe	(Kompos.)	(Geschenk) darbringen
nunϑen	Mediopass. von *nunϑe-*	(Geschenk) darbringen
nunai	stark. Prät. von *nun-*	brachte dar
nunar	Pl. von *nuna*	
nunϑ	Imp. II von *nun-*	bringe dar!
nunϑene	Mod. von *nunϑen-*	zum dargebracht werden = zur Darbringung
nunϑenϑ	Imp. II von *nunϑen-*	bringe dar!
nunϑeri	Nezess. von *nunϑe-*	ist darzubringen
nurφzi	Zahladverb	neunmal

71 S. Begründung neuer Deutungen, § 9.

P

pacre	(ital. Lehnwort)	CN („Placidus“, vgl. umbr. *pacer*, päl.-mars.-mars. *pacr-*)
pacusnaśie	Adj. (Hybrid)	*bacchi(c)us*
palpe		CN
papa	Appell.	Großvater
papals	Appell.	der des Großvaters = Enkel
papacs	Appell.	= *papals*
papalser	Plur. von *papals*	
papasa		CN
papasla	Gen. von *papasa*	
parliu		CN
parniχ	Appell.	Amtsbezeichnung
parχi,	Gen. *parχis*	Amtsbezeichnung
paχaϑur	Appell.	Bacchusgenosse(n), *cultor(es) Bacchi*
paχaϑuras	Gen. von *paχaϑur*	
paχana	Adj. II von **paχa* „Bacchus“	zu Bacchus gehörig; met. Bacchustempel
paχanati	Lok.	im Bacchustempel
paχie	Adj. (ital.)	*Bacchius* (Epith. des Fufluns)
pevaχ	Appell.	Trank, Getränk (?)
**peϑera*	Appell.	Trage, Tragaltar[72] ?
peϑereni	def. Akk. Sing. von **peϑera* ?	
pen	Postpos. (mit Gen.?)	zu ?
penezś	Adv.	bei, neben ?
penϑ(u)na	Appell.	Stele, Cippus
peś	Appell.	?
pesna	Adj. II von *peś*	zu *peś* gehörig (GN)
pesnu	Verb. essiv. < *pes*	*peś* sein (CN)
pi	Postpos. mit Akk.	für
**pic-*		?
picas	Part. conj. von **pic-*	
picasri	Nezess. am Part. conj. von *pic-*	
pl(a)ute		CN
**pri-*	Verbum	?
priϑas	Part. conj. prät. von **pri-*	
prucun	(Lehnwort) < *πρόχουν*	Krug (Prochous)
prucuna	Adj. II von *prucun*	
pruϑ		siehe *pruχś*
prumaϑś	(Lehnwort)	Urenkel
prumts		= *prumaϑś*

72 S. Verf., Studien zu den AM, 65f.

pruśaϑne	(Ethnikon) Adj. II < **pruśaϑe*	CN *Perusinus*
pruχś	(Lehnwort)	Kanne, Krug, (Prochous)
pruχum	(Lehnwort) < *πρόχουν*	= *prucun*
puϑ-		legen, setzen, stellen
puϑce	Prät. 3. Pers.	er legte, setzte, stellte
puϑs	Intens. von *puϑ-*	
puia	Appell.	Gattin
puiian	arch. Gen. von *puia*	
puil	(TLE 682) = *puial*, Gen. von *puia*	
pul	Adv.	dann, hierauf; ferner, bis
pupluna	Ortsname	Populonia
purϑ	Appell.	Amtstitel (Diktator o.ä.)
purϑne/i	Adj. II von *purϑ*	zum *purϑ* gehörig; *dictatorius*
purtśvau	Adj. III/I von *purϑ*	zu den Diktatoren gehörig; *dictator designatus?* [73]
purtśvana	Adj. III/II	zu den Diktatoren gehörig; „*ex dictatoribus*"? [73]
pute	Juss. von *puϑ-*	lege!
putere	(Lehnwort < *ποτήρ*)	(Trink-)Gefäß
putiza	Demin.	(kleines) Gefäß
puts	I Appellativ	?
puts	II Intens. von *puϑ-*	leg-
putzs	siehe *puts* I	

Φ (Ph)

φave	(TLE 401)	= *φlave*
φersu	Appellativ	Maske, Maskierter (lat. *persona*)
φila	griech. Name	Phile
φlave	ital. Name	Flavus (CN)

Q

qutum	(Lehnwort < *κώϑων*)	Kothon (Gefäß)
qutun = *qutum*		

R

racϑ		= *raχϑ*
**raϑ*		Ordnung
raϑiu	Adj. I von **raϑ*	ordentlich, gewöhnlich

---

[73] S. § 76.

**ram-*		mischen ?
**ramu*	Verbalnomen von **ram-*	
ramueϑ	Kausativ von **ram-*	
ranazu	Appell.	Töpfer ? ; CN
rasna	Adj. II	*popularis;* „etruskisch“
rasnal	Adj. II, Plur.	
rasne	Mod. von *rasna*	
rasnas	Gen. von *rasna*	
rasneas	Gen. von **rasnea* < *rasnaia,* Adj. III plur. < *rasna*	der völkischen; der etruskischen
ratum	Adv.	ordentlich; *rite*
raχ-		nehmen, bereiten
raχϑ	Imp. II von *raχ-*	nimm, bereite!
raχti		= *raχϑ(i)*
**ren-*		erinnern, gedenken ?
rena	Subst.	Erinnerung, Gedenken ?
renana	Adj. II von *rena*	zur Erinnerung, zum Gedenken gehörig; Gedenk-
reneϑi	Lok. von *rena*	am Gedenkort ?
renin-	Mediopass. von *ren-*	
renine	Modal. des Mediopass. von *ren-*	zum gedacht werden = zum Gedenken
**rep-*		neigen o.ä.
repin-	Mediopass. von **rep-*	sich neigen o.ä.
repine	3. Pers. Juss. Mediopass. von **rep-*	er (sie) möge sich neigen
repinϑi	Imp. II Mediopass. von **rep-*	neige dich!
reuśce	Appell., Gen. *reuśceś*	?
reuχzina	Adj. II subst.	ein Gefäß
reuχzineϑi	Lok. von *reuχzina*	im *reuχzina*
ril	Adj. I	alt (*natus*)
**rinu*	Appell.	ein Gefäß
rinuś	Gen. von **rinu*	
rinuϑ	Lok. von **rinu*	
ruva	Appell.	Bruder
rumaχ	Ethnikon	*Romanus*
**rumitrina*	Ortsname, Lok. *rumitrineϑi*	*Rumitrina,* in *Rumitrina*

S/Ś

śa	Zahlwort	vier
sacni	Adj. I	geweiht, heilig, met. ins Jenseits eingegangen
śacnicla	Koll.	geweihte Orte; Tempel
sacncleri	def. Akk. Plur. von *sacnicla*	

śacnicn	(Akk.) Adj. I + enkl. Pron. dem. _ca_	den Geweihten, den Priester
śacnicśtra	Koll., Gen. _śacnicśtreś_	Priesterschaft
sacnisa	Part. conj. am Adj. I	weihend, als weihender
śacnitle	Mod. von _śacnita_	mit, zu dem geweihten
śacnitn	(Akk.)	siehe _śacnicn_
sacniu	erweit. Adj. I	= _sacni_
*sac-		weihen, heiligen
sacri	Nezess. von _*sac-_	ist zu weihen, zu heiligen
saϑ-		? (= _śat-?_)
śaϑaś	Part. conj. Prät. von _*saϑ-_	
śaϑ(e)	(TLE 100) Appell.	?
sal-		verrichten, ausführen, darbringen
śalϑn = _śal_	+ enkl. Pron. dem. _tn_	bringt dies dar
san-		weihen, heiligen
sane	Juss. von _san-_	er soll weihen, heiligen
śancve	Mod. des Adj. III _*sancva_	geweiht, geheiligt
*śanś-	Intens. von _san-_	weihen, heiligen
sanśaś	Part. conj. von _sanś-_	weihend, heiligend
sanśl	Gen.? Partiz. auf _-(i)l?_	„ex voto“
santi	Appell.	_santi_(-Wein)
santiśtś	Gen. von _santi_ + enkl. Pron. dem. _-tś_ (< _ta_)	des _santi,_ von dem _sanci_
śar	Numerale, Gen. _śariś_	zehn
śar(u)ve	Adj. III vom Num. _śar_	die zehn, Zehn-opfer
śarvena	Zahlsubstantiv	wer/was zu den Zehn gehört
*śat-		sitzen
*śaten-	Mediopass. von _śat-_	besitzen, behalten
śatena	Ind. Präs. 3. Pers.	er besitzt, behält
śatene	Juss. Präs. 3. Pers.	er soll besitzen, behalten
ścan	Göttername (Beiname?)	Scan
ścanin	Gen. von _ścan_	des Scan
scara	Appell.	?
scare	Mod. von _scara_	
scvetu	Verbalnomen	abgesondert ?
*scuv-		abtreten
scuvune	Futur. von _scuv-?_	wird abtreten
ścuna	(< _*ścuvuna_), Ind. Präs. 3. Pers.	er tritt ab
ścune	(< _*ścuvune_), Juss. Präs. 3. Pers.	er soll abtreten
scunu	Verbalnomen	CN
śealχ	Numerale	vierzig
śec		= _seχ_
seϑume	Lehnwort aus dem Umbr.	_Septimus_
śelvanś	Göttername	_Silvanus_

semφ	Numerale	sieben
semφalχ	Numerale	siebzig
**sen*	Nomen	Gedenken ?
śene	Modalis von **sen*	zum Andenken
śenis	Gen. von **sen*	des Gedenkens
sentinate/i	Ethnikon und GN	aus Sentinum
śepu		CN
ser(i)-		aufstellen?
seril	Part. Aor. pass.	aufgestellt ?
śerφue	(Modalis) + *acil*	soll ge . . . . . werden
śetirune	Modalis	nach der Bestimmung ?
śeu	Adj. I	dunkel ?
seχ	Appell.	Tochter
śval-		leben
svalas	Part. conj. von *sval-*	lebend
svalϑas	Part. conj. Prät. von *sval-*	gelebt habend
svalce	schw. Prät. von *sval-*	er lebte
**śvela*	Appell.	Lebewesen, Tier (ζῷον)
śveleri	def. Akk. Plur. von *svela*	die Tiere (Akk.)
śvelśtreś	Gen. von **svelśtra*	Gesamtheit der Tiere, Herde
sve	Adv.	gleichfalls
sveamaχ	Ethnikon	aus Suana
svec	*sve* + *-c*	und gleichfalls
svem	*sve* + *-m*	gleichfalls aber
śi	Adj. I	licht, hell ?
sianś(l)		= *sanśl*
śin-		nehmen, empfangen
**slapi-*		verfluchen, den Unterirdischen weihen
**slapin-*	Mediopass, von *slapi-*	(für sich) verfluchen
slapinaś	Part. conj. von *slapin-*	(für sich) verfluchend
slapiχun	schw. Prät. 1. Pers.	ich verfluchte
sleleϑ	adv. Lokativ	in einem, gemeinsam ?
snenaϑ	Nom. agent.	Name einer Lasa („Schmückerin“?)
**śpel(a)*	Subst.	Höhle, Grabgewölbe
**spelana*	Adj. II	was zum Grabgewölbe gehört
śpelϑ(i)	Lok.	im Grabgewölbe
śpelaneϑi	Lok.	in dem, was zum Grabgewölbe gehört
**śpura*	Subst.	Stadt
śpural	Gen. von *śpura*	der Stadt
spurana	Adj. II	was zur Stadt gehört, städtisch
spureϑi	Lok.	in der Stadt
spureni	def. Akk. Sing. von *śpura*	die Stadt (Akk.)
spureri	def. Akk. Plur. von *śpura*	die Städte (Akk.)

śpureśtreś	Gen. von **śpureśtra*	der Bürgerschaft
spurta	Lehnw. aus griech. *σπυρίδα*	Korb
śran	Appell.	*śran*, ein Flächenmaß
sren	Appell.	Schmuck, Bild
śrenc/χve	(Mod.) Adj. III	voll Bildern, geschmückt
**stret-*		?
streta	Ind. Präs. 3. Pers.	er . . . . . t
streteϑ	Kausativ von *stret-*	mache/lasse . . . . . en
**śuc(i)-*		?
śucri	Nezess. von *śuc(i)-*	ist zu . . . . . . en
śuvl(uśi	Gen.) Göttername	Sol
suϑ	Appell.	Milch ? [74]
śuϑi	Appell.	Bestattung, Grab
śuϑiϑ(i)	Lok.	im Grab
śuϑil	Gen.	(das) des Grabes; Grabbeigabe.
śuϑina	Adj. II	was zur Bestattung gehört, Grabbeigabe
suϑiś	s-Gen. von *suϑi*	des Grabes, der Bestattung
śuϑiti		= *śuϑiϑ(i)*
śuϑu		= *śuϑi*
sul	Appell.	beim Opfer gebrauchte Flüssigkeit
sulχva	Adj. III, abgel. von *sul-*	voll *sul*
suplu		CN
supri	Appell.	Vogel(name) ?
**śur-*		? (Opferaktion)
śurϑi	Imp. II von *śur*	
sut-		sitzen
sutan-	Durat. Part. Präs. von *sut-*	sitzend
sutanaś	Part. conj. am durat. Part.	sitzend, als Sitzender
suti		= *suϑi*
sutiϑ		= *suϑiϑ*

T

ta	Pron. dem.	dieser, -e, -es
tamera	Appell.	Pfleger, *curator*
tameru	Appell.	Pfleger, *curator*
**tamia*	Appell.	Pfleger; Diener ?
tamiaϑur	(*-as* Gen.) koll. Plur. von *tamia*	Pflegerschaft; Dienerschaft
tanasar	Pl. von **tanasa*	= *ϑanasa*
tanna	Adj. II	?

[74] S. Begründung neuer Deutungen, § 10.

tar	Appell.	eine Opfergabe (Tier)
tafina		= *ϑafna, ϑapna*
**te-*		legen, setzen, stellen
tece	schw. Prät, von *te-*	er legte, setzte, stellte
tevaraϑ	Appell.	Schiedsrichter; Agonothet
tez-		bestimmen
tezan	1. Durat. Part. Präs.	bestimmend
	2. adverb. Bestimmung	gemäß, bezüglich; entlang
tehamaiϑi	Lok.	im *tehama(i)*
tei	Plur. des Pron. dem. *ta*	diese
teis/ś	Gen. von *tei*	dieser, von diesen
teisnica	Pronominal. Adjektiv	der (die, das) zu diesen gehörige (§ 94)
ten-	Mediopass. von *te-*	eingesetzt werden
tenve		= *tenu*
tenϑaś	Part. conj. von *ten-*	eingesetzt worden seiend
tenine	Mod.	auf Grund der Bestimmung
tenu	Verbalnomen von *ten-*	eingesetzt
teśamitn	lok. adv. Bestimmung	?
teśamsa	(< **tez-an-sa*) Part. conj. am Part. durat. von *tez-*	als bestimmend seiender = bestimmend, mit der Bestimmung
tesim	lok. adv. Bestimmung	? (rechts, links ?)
tesinϑ	Nom. agent.	Aufseher, Schaffer ?
**tesana*	Appell. (Adj. II)	Bestimmung, Vorschrift
tes(a)ne	Mod.	gemäß der Bestimmung
tes(a)n(e)ś	Gen. von *tesana*	der Bestimmung (Gen.)
teta	Appell.	Großmutter
tetalś	substant. Gen. von *teta*	Enkel (der Großmutter)
**tuv-*		zeigen
tva	Ind. Präs. 3. Pers.	er (sie, es) zeigt
tiv		= *tiu*
tin	Göttername	*Tin(s)*, der etr. Jupiter
tinas	Gen. von *tin*	des Tin
tinana	GN	Familienname Tinana
tinani		= *tinana*
tinϑaśa	(AM VI 6)	= *trinϑaśa ?*
Tinia		= *tin*
tinś	1. Gen. von *tin*	
	2. *s*-Nominativ	
tinścvil	Appellativ	Tin-Sproß = Aisera/Menrva (Übersetzung von Dioskurē)
tinśi	def. Akk. Sing. von *tin*	den Tin
tinśin	arch. Gen. von *tinś* (2)	des Tin
tiu		Mond, Monat

tiur	1. Plur. von *tiu*	Monde, Monate
	2. Göttername	Tiur, Mondgöttin
tlenac	Nom. agent.	Amtstitel
tlenaces	Gen. von *tlenac*	des *tlenac*
tlenaχeis		= *tlenaces*
tn	Akk. des Pron. dem. *ta*	diesen, diese, dieses
trau-	(< lat. **trag-*)	abziehen, schöpfen
trce		= *turce*
trepu	(umbr. *trebo*)	CN („Zimmermann“)
trin-		(be)sprengen, (be)streuen
trinϑ	Imp. II von *trin*	besprenge, bestreue!
trinϑaśa	Part. conj. Prät. von *trin*	besprengt, be/gestreut habend
truϑ	Appell.	Libament[75]
truia	Ortsname	Troja
truials	Ethnikon (subst. Gen.)	der von Troja; Trojaner
trut		= *truϑ*
trutnvt	Appell.	sakrales Amt[76]
trutnuϑ		= *trutnvt*
tuϑi	(umbr. Lehnwort)	Stadt, Gemeinde
**tuϑina*	Adj. II von *tuϑi*	zur Stadt gehörig, städtisch
tuϑiu	Adj. I von *tuϑi*	städtisch
tul-		?
tula	Ind. Präs. 3. Pers. von *tul-*	er . . . . . t
tule	Juss. Präs. 3. Pers. von *tul-*	er soll . . . . en
tul	Appell.	Stein
tular	Plur. von *tul*	Steine, Grenzsteine; Gebiet
tularu	def. Akk. Plur. von *tul*	die (Grenz)steine, das Gebiet
tunt	Lok. von *ϑun*	in/ bei einem
tunur	Distributivzahlwort	je ein(e)
tupi	Appell.	Strafe
tupltia		= *ϑuplϑa*
tuś	Adj. I	gemeinsam
tuśϑi	Lok. von *tuś*	in dem gemeinsamen
tuśnu		CN
tuśti		= *tuśϑi*
tuśurϑir	Pl. von **tuśurϑi*	die Ehegatten („die auf den gemeinsamen [Lagern])
tur-		geben
tura	I Ind. Präs. 3. Pers. von *tur-*	er gibt
	II (Lehnwort)	Weihrauch

[75] S. Begründung neuer Deutungen, § 11.

[76] S. Begründung neuer Deutungen, § 12.

turan	Göttername (durat. Part. von *tur-*)	Turan, die etr. Aphrodite („die Gebende")[77]
turce	schw. Prät. von *tur-*	er gab
ture	I Juss. Präs. 3. Pers. von *tur-*	er soll geben
	II st. Prät. von *tur-*	er gab
turi	(*tur-ri*) Nezess. von *tur-*	ist zu geben
turice		= *turce*
turke		= *turce*
turmś	Göttername	Turms, der etr. Hermes
turns	(TLE 691)	= *turans,* Gen. von *turan*
turu	Verbalnomen von *tur-*	gegeben; Geber; CN
turuce		= *turce*
turune	Futur. von *tur-*	er wird geben
turunke	Mediopass. Prät. von *tur-*	er gab (für sich)
turza	Appell.	Weihrauchkorn ?
tusnutnie	Appell.	(Kriegs-) Gefährte ?
tusti		= *tuśti*
tusurϑir		= *tuśurϑir*
tutin	arch. Gen. von *tuϑi?*	der Stadt (Gen.)?
**tuχa*		Name einer Unterweltsgottheit
tuχla	Gen. von *tuχa*	des Tucha

Θ (Th)

**ϑa*	Appell.	Frau, Weib ?
ϑaca	Appell.	?
ϑaclϑ(i)	(< *ϑacalϑi*)	in dem des *ϑaca*
ϑahvna		= *ϑafna* / *ϑapna*
**ϑam-*		bauen, errichten
ϑamce	Prät. 3. Pers.	er baute, errichtete
ϑanasa	Appell.	Totenmaskenträger; Darsteller, Schauspieler
ϑan(u)r,	Gen. *ϑanras* / *ϑanrś*	Th., weibl. Gottheit
ϑans	Gen. des Götternamens	
ϑansur	Kontamination von *ϑanur(s)* und *ϑans*	
**ϑap(i)-*		weihen, verfluchen
ϑapicun	Prät. 1. Pers.	ich weihte, verfluchte
ϑapintaś	Part. conj. von **ϑap(i)* Mediopass.	(in meinem Interesse) verflucht habend

---

[77] Wenn die so oft behauptete Verbindung mit *τυραννος* (< **τυραν-jος*) richtig ist, dann ergibt sich für dieses die Bedeutung „der Geber, Spender", was dann zu „Herr" werden kann; vgl. iran. *boga* „Gott", wörtlich „der Verteiler", slaw. *bogr* „Gott" : *bogatr* : „reich".

ϑapna	Appell.	Schale
ϑapnza	Demin. von *ϑapna*	kleine Schale
ϑapneśtś	(Gen.) Appell. + enkl. Pron. dem *ta*	von dem (Wein) der Schale
ϑar	Appell.? Plural?	?
ϑarχ	Nom. ag.	?
ϑaura	Appell.	Grab
ϑaure	Mod. von *ϑaura*	
ϑaurχ	Nom. ag.	Grabmacher? Gräber?
ϑaχs(e)in	Appell.?	?
ϑafna		= *ϑapna*
ϑec-	Verbum?	?
ϑevrumines		Minotaurus
**ϑez(i)-*		schlachten[78]
ϑezeri	Nezess. von *ϑez(i)*	ist zu schlachten
ϑezi	I Ind. Präs. 3. Pers.	er schlachtet
	II Imp. I	schlachte!
ϑezin	Mediopass. 3. Pers. Präs.	er wird geschlachtet
ϑezince	Mediopass. 3. Pers. Prät.	er wurde geschlachtet
ϑezine	Mediopass. Modal.	zum geschlachtet werden = zur Schlachtung
**ϑeivi-*		sakrale Aktion
ϑeiviti	Imp. I	" "
**ϑe-*		bestimmen, festsetzen
ϑelu	Verbalnom. vom pass. Aoriststamm	bestimmt, festgesetzt
ϑeluśa = *ϑelu*	+ Suff. des Part. conj.	als bestimmter, festgesetzter
ϑenϑ	Imp. II Mediopass. von *ϑe-*	bestimme (dir)!
ϑesan		Morgenröte, Morgen; Aurora
ϑesane	Mod. von *ϑesan*	
ϑes(a)nin	arch. Gen. von *ϑesan*	
ϑes(a)n(e)s	*s*-Gen. von *ϑesan*	
**ϑeusnu*	Appell.	?
ϑeusnua	Adj. III (plur.)	die *ϑeusnu* (Plur.)
ϑi(i)	Pron.	beide (?) s. § 100
ϑil	Gen. von *ϑi-*	
ϑluϑ	Subst.	?
ϑluϑcva	Adj. III von *ϑluϑ*	?
ϑn		= *tn*
ϑresu	Appell.	Sklave, Diener?
ϑu(n)	Num.	ein(e/s)
ϑu(v)e	Appell.	?
ϑui	Lokaladv.	hier

---

78 Verf., Studien zu den AM, 23; hier, Begründung neuer Deutungen, § 7.

*ϑulut,	Plur. *ϑuluter*	Heroen= oder Götterbezeichnung
ϑunem	Subtraktionszahl	eins ab, eins weniger
ϑunz	Zahladverb	einmal
ϑuni	Akk. von *ϑu(n)*	
ϑunś	Gen. von *ϑu(n)*	
ϑunśna	Ordnungszahlw.	der (die, das) erste
ϑunt	Lok. von *ϑu(n)*	
ϑunχ	Appell. (Nom. ag. *ϑunaχ?)	?
ϑunχerś	Gen. Plur. von *ϑunχ*	
ϑunχule		mit diesem einen = zugleich[79]
ϑunχulϑe	(Mod.)	mit der Eintracht, einträchtig[80]
ϑunχulϑl	(Gen.)	der Eintracht (Gen.)
ϑuplϑa	Göttername	Thupltha / Thufultha, weibl. Unterweltsdämon
ϑuplϑal	*l*-Gen. von *ϑuplϑa*	der, für Th.
ϑuplϑaś	*s*-Gen. von *ϑuplϑa*	der, für Th.
*ϑur,	Gen. *ϑurś* Appellativ	?
ϑuruni	def. Akk. (adv.?)	?
ϑufi	Appellativ	Gericht, Strafe
ϑufiϑi	(TLE 558)	= *ϑuflϑi(cla)*
ϑuflϑas/ś	= *ϑuplϑas/ś*, Gen.	der, für Th.
ϑuflϑicla	Gen. von *ϑuflϑi-cla	der Thuflthica (Epitheton der Aisera)
ϑufulϑaś	= *ϑuflϑas*	

U

-um	Konjunktion *-m* mit Bindevokal	jedoch, aber; und
*un-		vollenden
una	Ind. Präs. 3. Pers.	er vollendet
une	Juss. Präs. 3. Pers.	er soll vollenden
uni	Göttername	Uni, die etr. Hera/Juno
unial	1. Gen. von *uni*	der Uni
	2. subst. Gen.	das der Uni; Uni-Tempel
unialϑ(i)	Lok.	im Uni-Tempel
unialti		= *unialϑ(i)*
*ur-		?
*urϑ-	Kausativ von *ur-*	. . . . machen/lassen
*urϑan	Durat. Part. von *urϑ-*	. . . . machen/lassen seiend
urϑanike	schw. Prät. von *urϑan*	er war . . . . machen/lassen seiend = er ließ . . . . . . en

---

79 Verf., Untersuchungen zum CIP, 137f.

80 S. § 94.

urste	Heroenname	Orestes
uru	Verbalnomen von *ur-*	ge . . . . . ; . . . . . er
urur	Plur. des Verbalnomens *uru*	die . . . .
urχ	Nom. agent.	Bauer ? ? (siehe Begründung neuer Deutungen *s.v.* *hamφe*
useti	dissimiliert aus **usi-ϑ/ti*	schöpfe!
us(i)-	(Lehnwort von lat. **haus-*)	schöpfen
Usil	Göttername (< sab. *ausel*)	Usil, der etr. Sonnengott; Sonne
us(i)lane	temp. Mod. von **us(i)lana,* Adj. II von *usil*	am Mittag
usli	(*usili*) def. Akk. von *usil*	den Usil
**ut-*		leisten
uta	Ind. Präs. 3. Pers.	er leistet
**utin-*	Mediopass. von *ut-*	geleistet werden
utince	schw. Prät. von *utin-*	wurde geleistet
utuśe	Mod.?	gemäß der Leistung ?
ufli-		? (Aktion beim Opfer)

V

vac(i)l	subst. Part. Aor. pass. < **vac-*	Libation
vacltnam	Kompos. *vacl* + *etnam*	und auch Libation, mit L.
**van-*		töten ?
**vanu*	Verbalnom. von **van-*	getötet; tot sein, tot ?
van(u)va	Adj. III (plur.)	die Toten ?
vanϑ		weibl. Todesdämon
var	Appell.	beim Opfer gebrauchter Gegenstand (Gefäß ?)
varχti	Lok. von **varχ*	im *varχ*
vatl(u)	Ortsname	Vetulonia
vaχr	Plur. von **vaχ-* < **vac-*	Libationen; meton. Vertrag[81]
veiane	Adj. II < **veia* „Veji“	Vejenter
veive, -ś		Göttername *Veiovis* (Olzscha)
**velc(a)l*	Ortsname, Lok. *velclϑi*	Vulci
**velznal*	Ortsname	Volsinii
velznani	Adj. II	Volsiniensis
velznaχ	Ethnikon	aus Volsinii, Volsiniensis
velϑa	Subst.	Erde, Boden
velϑe	Mod. von *velϑa*	auf dem Boden
velϑina	Adj. II < *velϑa*	irdisch
velϑite	Lok. von *velϑa*	auf dem Boden, in der Erde

---

81 S. Verf., SE XXIX, 1961, 123f.

velϑre	Adl. von *velϑa*	zum Boden, auf den Boden
**velϑuruscla,*	Gen. *-cles,* Koll.	„Gemeinschaft derer des Velthur" = Velthurkinder, Velthursöhne
**velχitna*		Monatsname, *Velcitanus* (März)
veś	Appellativ ?	?
vescu	Demin. von *veś* ?	CN
vinum	(Lehnwort < *οἶνον*)	Wein
vipinaltra	Koll.	„Gesamtheit derer der Vipinei" = die Kinder der Vipinei
visce		CN
viscri	Appellativ	Phallus ?
visul	Ortsname	Faesulae

Z

zaϑrum,	Gen. *zaϑrum(i)s,* Zahlwort	zwanzig
**zaϑrumśna*	Zahlw.	der zwanzigste
zal	Zahlw.	zwei
zamaϑi	Subst.	Gold
zamϑic	Adj. I	golden
**zan*	Appell.	„?"
**zat(i)-*		begleiten
zatlaϑ	Nom. ag.	Begleiter
zarv-		bereiten(?)
zarfn-	Mediopass. von *zarv-*	
zarfneϑ	Kaus. des. Mediopass. von *zarv-*	
**zatlχna*	Adj. II von *zatlaϑ*	was zum Begleiter gehört, begleitend
zec	Adj. I?	?
zelarvenas	(Gen.) Zahlsubst.	*XIIvir ?*
zea	Pron.?	selbst ?
zelur	Distributivzahlw.	je zwei, *bini*
zeri	Adj. I	jeder, alle
zia		= *zea*
zicu		= *ziχu*
ziv-		leben
zivas	Part. conj.	lebend, bei Lebzeiten
zil-		herrschen, regieren ?
zilaϑ	Nom. ag.	Z., Prätor
zilaχce	Prät.	er war Prätor
zilaχnce	Prät. von *zilaχnu*	er war Prätor (seiend)
zilaχnve		= *zilaχnu* (§ 136)
zilaχnϑas	Part. conj. Prät. von *zilaχnu*	(er war) Prätor seiend gewesen
zilaχnu	Verb. essiv.	Prätor seiend

zilaχnuce	Prät. von *zilaχnu*	er war Prätor (seiend)
zilc		= *zilaϑ/χ*
zilci	Lok.	in der Prätur
zilcte	"	" " "
zilcti	"	" " "
ziltcϑi	TLE 255	= *zilcϑi*[82]
zilχ		= *zilaϑ/χ*
zilχnce		= *zilaχnuce*
zilχnu		= *zilaχnu*
zin-		verfertigen o.ä.
zinace	Prät. von *zin-*	er verfertigte o.ä.
zinaie		= *zinace*
ziχ-		schreiben
ziχ		Schrift
ziχina	Adj. II	was zum Schreiben gehört, met. Tintenfaß[83]
ziχne	mediopass. Modalis	nach Art des Geschriebenseins = nach Vorschrift
ziχu	Verbalnomen	I geschrieben II Schreiber (auch CN)
ziχunce	mediopass. Prät. von *ziχ-*	wurde geschrieben; schrieb für sich
ziχuχe	Prät. von *ziχ-*	er schrieb
zuci	Appell.	?
**zuϑe*	Lehnwort	Zythos, Rauschtrank, Gerstenbier ?
zuϑeva	Adj. III < *zuϑe*	voll Rauschtrank
zuśle	Demin. von *zuϑe ?*	leichter Rauschtrank ?
zuśleva	Adj. III < *zuśle*	voll von leichtem Rauschtrank ?
zuśleve	Mod. von *zuśleva*	
zuśleveś	Gen. von *zuśleva*	

[82] *zilctϑi* nicht existierend; nach RIX, SE XXV, 1957, 534 ist *zilcϑi* zu lesen. Vgl. auch LAMBRECHTS, Bull. de l'Inst. hist. Belge de Rome XXXII, 1960, 11.

[83] TLE 331 . . . *ziχina ein* „dies(e) *ziχina*" auf einem Aryballos; *ziχina* „Tintengefäß" < *ziχ* „Schrift" wie *eleivana* „Ölgefäß" < **eleiva* „Öl".

BIBLIOGRAPHIE

BRANDENSTEIN W.,			Die tyrrhenische Stele von Lemnos. Mitt. Altorient. Ges. VIII, 3, Leipzig 1934
–			Zur Frühgeschichte der Tyrrhener. Rev. des Études Indoeurop. III, 1943, 66ff.
BUFFA M.,	Gramm.	=	Elementi di grammatica etrusca. Pescia 1950
BUONAMICI G.,	EE	=	Epigrafia etrusca. Florenz 1932
–			Il fenomeno così detto della redeterminazione morfologica in etrusco in fronte all'indagine epigrafico-combinatoria. SE VIII, 1934, 291ff.
–			L'interpunzione sillabica e di altre forme nell'etrusco. SE XVI, 1942, 263ff.
–	Langue	=	Langue, in: Neppi Modona A., Guide des Antiquités étrusques. Florenz 1958, II, 55ff.
CORTSEN S.P.,	Beamtentitel	=	Die etruskischen Standes= und Beamtentitel, durch die Inschriften beleuchtet. Kgl. Dansk Vidensk. Selskab, hist.-fil. Meddedelser XI, 1, Kopenhagen 1925
–			Zur etruskischen Sprachkunde, in: Symbolae Phil. Danielsson, 1932, 43–61
–	Gloss.	=	Glossar, in Runes M., Der etruskische Text der Agramer Mumienbinde, Göttingen 1935
DEECKE W.,	Etr. Fo.	=	Etruskische Forschungen I–IV, 1875–1880
DEECKE W.-PAULI G.,	Etr.Fo.u.St.	=	Etruskische Forschungen und Studien I–VI, 1881–84
DEVOTO G.,			*Alaces, anas* e le influenze fonetiche etrusche. Riv. filol. class. LIV, 1926, 518ff.
–			Tendenze fonetiche etrusche attraverso gli imprestiti del greco. SE I, 1927, 256ff.
–			I nomi propri in *-(e)na* e il sistema delle vocali in etrusco, Rend. Ist. Lomb. scienze e lett. LIX, 1926, f. 11–15
–			*Ais-* etrusco e *Ais-* mediterraneno. SE V, 1931, 299ff.
–			Il cippo di Perugia e i numerali etruschi. SE VIII, 1934, 217ff.
–			Contatti Etrusco-Iguvini, SE IV, 1930, 221ff.
–			Problemi sull'iscrizione di Pulena. SE X, 1936, 276ff.
–			Etruscho e periindoeuropeo. SE XVIII, 1945, 187ff.
DURANTE M.,			Prosa ritmica, allitterazione e accento nelle lingue dell' Italia antica. Ric. linguist. IV, 1958, 61–98
ERNOUT A.,			Les éléments étrusques du vocabulaire latin. Bull. Soc. Linguist. XXX, 1930, 82ff.
FIESEL E.,	Geschlecht	=	Das grammatikalische Geschlecht im Etruskischen. Göttingen 1922
–	Namen	=	Die Namen des griechischen Mythus im Etruskischen. Göttingen 1922
–			Etruskisch. Berlin 1931
–			x represents a sibilant in early Etruscan. Am. Journ. of Philol. LVII, 1936, 261ff.

GERHARD E., Etruskische Spiegel I–IV, 1839–67; V (KÖRTE), 1897

GIACOMELLI G., La lingua falisca. Florenz 1963

GOLDMANN E., Beitr. I/II = Beiträge zur Lehre vom indogermanischen Charakter der etruskischen Sprache. Heidelberg 1929/30

– Beitr. III = Neue Beiträge . . . Wien 1936

GRENIER A., L'alphabet de Marsigliana et les origines de l'écriture à Rome. Mél. d'arch. et de hist. Ecole franç. Rome XLI, 1924, 1ff.

GUSMANI R., Studi Lidi. Istituto Lombardo, Rendiconti, Classe di Lettere, Vol. 94, 1960, 275ff.

HAMMARSTRÖM M., Beitr. = Beiträge zur Geschichte des etr., lat. und griech. Alphabets. Acta Soc. Scient. Fenn. XLIX, n.2

– Zum lemnisch-phrygischen Alphabet. Comment. Heikel, Helsingfors 1926, 83ff.

HERBIG W., Die etruskische Leinwandrolle des Agramer Nationalmuseums. 1911

HEURGON J., L'état étrusque. Historia VI, 1957, 63ff.

HROZNÝ B. (Fr.) Die Inschrift von Lemnos. SE IX, 1935, 127ff.

HRKAL E., Beiträge zur etruskischen Sprachenfrage. Wien 1938

– Historische Grammatik der etruskischen Sprache. Wien 1939

– Miscellanea Etrusca. Leipzig 1941

– Der etruskische Gottesdienst, dargestellt nach den Agramer Mumienbinden. Mit einer grammatischen Skizze und Übersetzungen der bis jetzt analysierbaren Inschriften. Wien 1947

KLUGE Th., Die etruskischen Zahlwörter. Eine prinzipielle Untersuchung. SE IX, 1935, 153ff.

– CIE 4538, Cippus Perusinus. Eine zweite prinzipielle Untersuchung. SE X, 1936, 191ff.

KRALL J., Die etruskische Mumienbinde des Agramer Nationalmuseums. Denkschr. Öst. Akad. d. Wiss., phil.-hist. Kl. 41, 1892

KRETSCHMER P., Die Etruskerfrage und die Inschriften von Magrè. Festschr. Danielsson 1932

– Die vorgriechischen Sprach= und Volksschichten I, Glotta 28, 231ff.; II, 30, 84ff.

LAMBRECHTS R., Trois titres étrusques: *zilaϑ, maru, purϑ*. Étud. class. XX, 339

LANZI L., Saggio di lingua etrusca e di altre antiche lingue d'Italia . . . Florenz 1842f.

LATTES E., Saggio di un indice lessicale etrusco.
Mem. Acc. Napoli I, 1908/09, 3–179 (*a - af*); II, 1911, 181–294 (*b - c*);
Rend. Ist. Lomb. VLV, 1912, 303–317, 351–365, 412–429) (*d-e*);
Mem. Ist. Lomb. XXIII, 1914, 1–66 (*v*);
Mem. Acc. Napoli III, 1914, 139–241 (*z - h - ϑ*);
Rend. Ist. Lomb. LIII, 1920, 379–388 (*i - ica*);
Rend. Ist. Lomb. LIV, 1921, 130–145 (*ice - iχu*);
Rend. Ist. Lomb. LV, 1922, 167–174, 445–454 (*l - larϑalis*)

– Vicende fonetiche dell'alfabeto etrusco. Mem. Ist. Lomb. XXI/XXII, 1908

LEIFER F., Studien zum antiken Ämterwesen I: Das römische Führeramt. Klio Beih. 23, 1931

MARTHA J., La langue étrusque. 1931

MAZZARINO S., Sociologia del mondo etrusco e problemi della tarda etruschicità. Historia VI, 1957, 98ff.

MERIGGI P., Osservazioni sull' etrusco. SE XI, 1937, 129ff.

MÜLLER K.O.-DEECKE W., Die Etrusker ^{2}, Stuttgart 1877 (Nachdruck Graz 1965)

NEPPI MODONA A., Il nuovo monumento epigrafico protoetrusco del Museo Metropolitano di New York e la questione della provenienza dell'alfabeto in Etruria. Rend. Lincei, cl. sc. mor. serie VI, vol. II, 1926, 504ff.

OLZSCHA K., Aufbau und Gliederung in den Parallelstellen der Agramer Mumienbinde. SE VIII, 1934, 247ff.; IX, 1935, 191ff.

– Die Sprache der Etrusker. Neue Jahrb. f. Wiss. u. Jugendb. XII, 1936, 97ff.

– Bespr. von: Vetter E., Etr. Wortd. I, in: Gnomon 14, 1938, 358ff.

– Interpr. = Interpretation der Agramer Mumienbinde. Klio Beih. 40, Leipzig 1939

– Nachlese zur Interpretation der Agramer Mumienbinde. IF 50, 284ff.

– Die Schlußformel des Neptunsopfers in der Agramer Mumienbinde. Glotta 31, 1948, 105ff.

– Der erste Abschnitt der XI. Kolumne in der Agramer Mumienbinde. Glotta 32, 1953

– Götterformeln und Monatsdaten in der großen etr. Inschrift von Capua. Glotta 34, 1955, 71ff.

– Schrift und Sprache der Etrusker. Historia VI, 1957, 34ff.

– Die Passivität des etruskischen Verbs. Ist.Lomb.Scienz. e Lett. 1957, 140ff.

– Kalenderdat. = Die Kalenderdaten der Agramer Mumienbinden. Aegyptus XXXIX, 1959, 340ff.

– Kl. Opferg. = Die kleinen Opfergaben in den Agramer Binden und auf den iguvinischen Tafeln. SE XXVIII, 1960, 385ff.

– Confronto di parole etrusco-umbre. SE XXIX, 1961, 485ff.

– Studie über die VII. Kolumne der Agramer Mumienbinden. SE XXX, 1962, 157ff.

– Eine etruskisch-umbrische Parallele. Festschr. Grenier, Coll. Latomus LVIII, 1962, 1188ff.

– PB = Aus einem etruskischen Priesterbuch. Glotta 42, 1964, 229–268

PALLOTTINO M., Saggio di commento a iscrizioni etruschi minori. SE III, 1929, 532ff.

– Il plurale etrusco. SE V, 1931, 235ff.

– Aggiunta a „Il plurale etrusco". SE VI, 1932, 283ff.

– Questioni ermeneutiche del testo di Zagabria. SE VI, 1932, 273ff.

– Rideterminazione morfologica. SE VII, 1933, 221ff.

– Elem. = Elementi di lingua etrusca. Florenz 1936

– Il contenuto del testo della mummia di Zagabria. SE XI, 1937, 203ff.

– Sulla lettura e sul contenuto della grande iscrizione di Capua, SE XX, 1948–49, 159ff.

– Nuovi orientamenti nello studio dell'etrusco. Arch. Orientální XVIII, 1950, 159ff.

– TLE = Testimonia Linguae Etruscae. Florenz 1954

PALLOTTINO M., Etrusk. = Die Etrusker. Frankfurt a. M. 1965

– Nuovi spunti di ricerca sul tema delle magistrature etrusche. SE XXIV, 1955–56, 45ff.

– Spigolature etrusco-latine. Stud in on. Funaioli, 1955

– Note linguistiche. SE XIII, 1939, 331ff.

– Il culto degli antenati in Etruria es una probabile equivalenza lessicale etrusco-latina. SE XXVI, 1958, 49ff.

– Uno spiraglio di luce sulla storia etrusca: gli „elogia Tarquiniensia". SE XXI, 1950–51, 147ff.

– Was wissen wir von der etruskischen Sprache? Zürich 1955

– Un gruppo di nuove iscrizioni tarquiniesi e il problema dei numerali etruschi. SE XXXII, 1964, 107–129

PALLOTTINO M., (COLONNA G., GARBINI G., VLAD BORELLI L.,) Scavi nel santuario etrusco di Pyrgi. Relazione preliminare della settima campagna, 1964; e scoperta di tre lamine d'oro inscritte in etrusco e in punico. Archeologia Classica 16, 1964, 49–117

PAULI C., Etr. St. = Etruskische Studien I–III, 1879–80

PFIFFIG A.J., Der Akkusativ im Etruskischen. Glotta 37, 1958, 305–311

– Die Namen ehemals unfreier Personen bei den Römern und in Etrurien. Beiträge z. Namenforschung 11, 1960, 256–59

– Untersuchungen zum Cippus Perusinus (CIP). SE XXIX, 1961, 111–54

– Addenda und Corrigenda zu „Untersuchungen zum Cippus Perusinus (CIP)". SE XXX, 1962, 355–57

– Osservazioni su nomi veneti nelle iscrizioni etrusche di Spina. SE XXIX, 1961, 327–29

– Neues Namenmaterial aus einem etruskischen Familiengrab. Beiträge z. Namenforschung 13, 1962, 28–39

– Etruskisches. I. Zu lat. *mundus* und etr. *munϑ*; II. Zu (vor) = griech. *παρϑένος* und etr. *farϑan*. Die Sprache VIII, 1962, 142–48

– Zur „rideterminazione morfologica" im Etruskischen. Die Sprache VIII, 1962, 154–63

– La genealogia della famiglia Hepni a Asciano. SE XXI, 1963

– War die erste Schrift der Etrusker eine Silbenschrift? Kadmos II, 1963, 142–49

– Ist das Etruskische mit dem Hethitischen verwandt? Eine kritische Prüfung von V. Georgiev, Hethitisch und Etruskisch. Die Sprache IX, 1963, 48–68

– Studien zu den Agramer Mumienbinden. Denkschr. Österr. Akad. d. Wiss., phil.-hist. Kl., Bd. 81, 1963

– Religio Iguvina. Philologische und religionsgeschichtliche Studien zu den Bronzetafeln von Gubbio. Denkschr. Österr. Akad. d. Wiss., phil.-hist. Kl., Bd. 84, 1964

– Ist das Etruskische mit dem Griechischen verwandt? Eine kritische Prüfung von A.I. Charsekin, Zur Deutung etruskischer Sprachdenkmäler. Die Sprache X, 1964, 153–158

– Uni - Hera - Astarte. Studien zu den Goldblechen von S. Severa/Pyrgi mit etruskischer und punischer Inschrift. Denkschr. Österr. Akad. d. Wiss., phil.- hist. Kl., Bd. 88/2, 1965

RIBEZZO Fr., Carattere e contenuto del tegolo etrusco di S. Maria di Capua.

RIBEZZO Fr., La Parola del Passato I, 1946, 286ff.

RIX H., Die Personennamen auf den etr.-lat. Bilinguen. BzN 1956, 147ff.

– Zwei bisher mißdeutete etr. Verwandtschaftsbezeichnungen (*clanti, tetals*). Sybaris, Festschr. Krahe 1958, 83ff.

– „Italische" Einflüsse in etruskischen Personennamen. Stud. Onomast. Monac. IV, 1961, 622ff.

– Ein lokal begrenzter Lautwandel im Etruskischen. Die Sprache VIII, 1962, 29ff.

– Cognomen = Das etruskische Cognomen. Untersuchungen zu System, Morphologie und Verwendung der Personennamen auf den jüngeren Inschriften Nordetruriens. Wiesbaden 1963

– Forschungsbericht Etruskisch (seit 1951), Kratylos VIII, 1963, 113–158

RUNES M., Der etruskische Text der Agramer Mumienbinde. Göttingen 1935

SCHULZE W., LEN = Zur Geschichte der lateinischen Eigennamen. Berlin 1904

SLOTTY, F., Beitr. I = Beiträge zur Etruskologie I: Silbenpunktierung und Silbenbildung im Altetruskischen. Heidelberg 1952

STOLTENBERG H., Die Bedeutung der etruskischen Zahlnamen. 1943

– Etruskische Sprachlehre mit vollständigem Wörterbuch. Leverkusen 1950

– Die Agramer Mumienbinde als etruskischer Opferkalender. Nachr. Gießener Hochschulges. 21, 1952, 81–99

– Die wichtigsten etruskischen Inschriften. Leverkusen 1956

– Etruskische Gottnamen. Leverkusen 1957

– Die Sprache der Etrusker. Laut, Wort und Satz. Leverkusen 1958 (Hueber, München)

– Das Minoische und andere larische Sprachen (Etruskisch, termilisch, karisch). München 1961

STRZELECKI L., De littararum Romanarum nominibus. Trav. Soc. Sciences et des Lettres Wrocław, Ser. A Nr. 19, Breslau 1948

TAYLOR I., Etruscan Researches. 1874

– The Etruscan Language. 1896

TORP A., Etruskische Monatsdaten. Vid. Skelsk. Skrifter II, hist.-fil. Kl. 1902, Nr. 4

– Beitr. I/II = Etruskische Beiträge I/II, 1902/3

– EN = Etruscan Notes, 1907

TROMBETTI A., LE = La Lingua Etrusca. Florenz 1928

VETTER E., Wortd. I = Etruskische Wortdeutungen I: Die Agramer Mumienbinde. Wien 1937

– *leϑe* = Die etruskischen Personennamen *leϑe, leϑi, leϑia* und die Namen unfreier oder halbfreier Personen bei den Etruskern. Jahreshefte Öst. Arch. Inst. XXXVII, 1948, Beibl. Sp. 75ff.

– Lesung = Zur Lesung der Agramer Mumienbinden. Anz. phil.-hist. Kl. Öst. Akad. d. Wiss. 1955, 252ff.

– Etruskisch *ikam* und das Verhältnis des Etruskischen zu den indogermanischen Sprachen. Festschr. Kretschmer 1926, 279ff.

– Due parole etrusche: *penϑna, ceχa*. Rend. Ist. Lomb. di Scienze e Lett. LXX, 1937, 106ff.

– Die etruskische Fluchtafel von Volaterrae (CIE 52a mit Nachtrag auf S. 604). BzN. 11, 1960, 178ff.

VETTER E., Etruskische und italische Familiennamen. Stud. Onomast.Monac. IV, 1961, 769ff.

– Die etruskischen Zahlwörter von eins bis sechs. Die Sprache VIII, 1962, 132ff.

– Literaturbericht Etruskisch, Glotta 17, 1929, 291ff.; 18, 1930, 291ff.; 27, 1939, 145ff.; 28, 1939, 117ff.; 154ff.; 34, 1954, 47ff.; 35, 1956, 270ff.; Zur Silbenpunktierung: Glotta 24, 1936, 114ff.; 27, 1939, 158ff.

INDEX ZUR GRAMMATIK

(Die angegebenen Ziffern bezeichnen die §§ der Grammatik)
L = Lesebuch; Ü = Übungsbuch

S. 57, 4. Zeile von unten, fehlt: Ἀταλάντη
S. 58, 6. Zeile von oben, lies richtig: § 29, I, zu *m!*
S. 58, 8. und 11. Zeile von oben, lies richtig: s. § 29 bis
S. 60, 21. Zeile von oben, fehlt: Ἀλέξανδρος
S. 61, 17. Zeile von unten, lies richtig: § 29 bis
S. 66, 14. Zeile von unten, lautet: (s. § 165)
S. 81, 6. Zeile von unten, lies richtig: § 29, II, zu *l*